我们对童年的理解，不论是通俗的，还是科学的，都基于某一特定文化 的经验和数据。……我的目标是修正怪异社会那种"种族中心主义的"视角，即仅仅将儿童视为珍贵的、天真的、异常可爱的小天使。

儿童研究译丛

张斌贤 祝贺 主编

The Anthropology of
Childhood

Cherubs, Chattel, Changelings

SECOND EDITION

童年人类学

（第2版）

[美] 戴维·兰西 著
David F. Lancy

沈俊强 译

北京师范大学出版集团
BEIJING NORMAL UNIVERSITY PUBLISHING GROUP
北京师范大学出版社

赞誉之辞

在这本全面且令人愉悦的书中，兰西将其关于"童年"领域的包罗万象的知识编织成一系列发人深省的文章；它们描绘了世界各地儿童的广泛经历。在解读儿童日常生活背后的文化含义的同时，他对美国中产阶级的童年和养育方式进行了全面的文化分析。这本书的独特之处不仅在于，对人类学、社会学、心理学以及教育领域的学者及学生来说，它具有重要价值，而且对那些希望更清楚地看待自己及他人的家长和政策制定者来说，它也相当有趣。

——苏珊娜·加斯金斯(Suzanne Gaskins)，美国东北伊利诺伊大学

通过对人类学文献的广泛整合，兰西推动童年人类学领域形成了一个关于儿童及童年的整体且统一的视角；我想不出还有哪本著作能同时体现出如此的深度和广度。这一富于远见的目标将众多迄今为止被视为截然不同的理论视角融合成一个重新定义童年人类学的综合框架。

——约翰·博克(John Bock)，美国加州州立大学

在这部具有惊人洞察力且极为重要的作品中，戴维·兰西将我们从狭隘的、受文化约束的童年观念中解放出来，说明了极其多样化的儿童发展形态。通过打破狭隘的、种族中心主义的"正常"童年观念，他让我们能够在当今中产阶级儿童过度紧张、过度组织、过度商业化的童年世界之外，想象出别样的童年世界。

——史蒂文·明茨(Steven Mintz)，美国哥伦比亚大学

就我们对人类的理解来说，这是一个了不起的、独树一帜的、极其重要的进步。任何关心儿童的人(事实上，任何想了解自己的生活和现代社会的人)都应该读这本书。

——阿兰·菲斯克(Alan Fiske)，美国加州大学洛杉矶分校

戴维·兰西对儿童的生活以及成年人赋予童年的意义进行了细致入微、文笔优美、包罗万象的描述。他的书对来自人类学、心理学、社会学以及历史学的深刻见解进行了令人称快地说明和运用；对任何对跨文化童年研究感兴趣的人来说，这本书都是必不可少的。

——希瑟·蒙哥马利（Heather Montgomery），英国开放大学

如果要为学习儿童心理学的学生们指定唯一的一本必读书，我认为，就是这本了。它打开了我们实在太过狭隘的视野，让我们看到了童年的种种可能性。

——彼得·格雷（Peter Gray），美国波士顿学院

从学问的广度和所涉及的范围来看，这本书是非常恰当和全面的。

——丽贝卡·扎尔格（Rebecca Zarger），美国南佛罗里达大学

从进化生物学和社会文化人类学的意义上说，这本书是对人类儿童所进行的最全面或许也是目前仅有的研究。它以最出色的理论和田野民族志为依据；任何关于人性和人类发展的研究都绕不开它。

——巴里·博金（Barry Bogin），英国拉夫堡大学

戴维·兰西的《童年人类学》一问世就显得必不可少；第二版更佳！他吸收了更多的调查材料，使用了最新的资料，对当代欧美育儿问题的批评也更直率。

——苏珊·D. 布卢姆（Susan D. Blum），美国圣母大学

童年研究是一个快速发展的人类学研究子领域；本书为更好地理解童年提供了一个非常有价值的论坛。

——高田明（Akira Takada），日本京都大学

这本书的修订版非常受欢迎；它为对这一研究领域感兴趣的学生、教师和普通读者提供了一份内容广泛的童年人类学概述，以及一份全面的、有用的跨学科文献目录。

——萨利·克劳福德（Sally Crawford），英国牛津大学

主编序

　　20世纪八九十年代，曾有学者尖锐批评教育研究中"见物不见人"的现象。在这些学者看来，受凯洛夫和苏联教育思想传统的影响，传统教育学只关注课程、教学等"物"的因素，而完全忽视对儿童、青少年的研究，实际上是一种"无人教育学"。时至今日，这种状况似乎也没有从根本上改观的迹象。近二十年来，教育学界的"兴奋点"层出不穷，但大多与"物"（如课程改革、互联网、人工智能等）相关，而与"人"（确切地讲就是儿童）的关联不大。虽说研究主题的确定通常主要是研究者个人的选择结果，但如果"目中无人"成为学界的一种普遍倾向，那么，这实际上反映了教育研究者共同价值观念的偏差，反映了教育研究活动背后所深藏的文化局限。

　　从一方面看，媒介、技术手段和方法等"物"的变化确实曾对人类的教育活动发挥了具有革命性意义的巨大影响。文字的产生，印刷术的推广，特别是网络信息技术的广泛运用等，对教育活动的方方面面产生了深刻的作用，不仅极大改变了教育活动的外在样式，而且不断重构了教育活动的内在意义。但是，从另一方面看，如果没有儿童观念的革新，如果我们仍停留在将儿童视作"小大人"、将活生生的儿童当作知识和观念的"容器"上，如果仍然忽视儿童与生俱来的基本权利，那么，任何新的媒介、技术和方法的引入或者不能充分发挥其应有的积极作用，或者在更坏的情况下很有可能产生相反的结果。因此，我们既要以巨大的热情和超凡的勇气主动应对各种新媒介、新技术对人类教育所产生的影响和挑战，又要对运用科学技术的社会结果保持足够清醒的认识。而尤为重要的是，在"科学至上""技术崇拜"观念大行其道的年代，我们更应以前所未有的自觉高度关注教育中的"人"、关注儿童，充分借鉴科学技术以及各相关学科的研究方法和研究成果，不断拓展和深化对儿童的认识，并以此为基础，进一步探索教育教学的改革，切实促进儿童的全面、均衡和可持续发展。

近年来，哲学、历史学、人类学、社会学、法学、心理学、文学和医学等学科领域均有学者从自身学科的角度涉足儿童研究，并已产出了一系列科研成果。在教育学界，华东师范大学刘晓东教授、东北师范大学于伟教授、杭州师范大学张华教授和高振宇博士等学者不断倡导儿童哲学研究，先后举办多次学术论坛，出版《儿童学研究丛书》《新儿童研究》等。他们的开创性研究对于丰富关于儿童的认识，推动儿童研究在我国的开展无疑具有探索意义。但是，客观地说，由于儿童研究的长期缺失，更主要的是因为价值观的偏差，儿童研究要真正引起学界和业界的广泛重视，并将研究的成果真正应用到教育研究和教育实践中，还有很长的路要走。

要进一步推动中国的儿童研究，除了汲取中国传统的资源，运用当代人的智慧，还应采"他山之石"，广泛吸取世界各国一切有利于推动儿童研究的学术成果。在这方面，国内多个学科已经走在教育学界前面，相继推出了大量译著，产生了积极的影响。美中不足的是，由于种种原因，诸多译介工作缺乏系统性。就此而言，北京师范大学出版社组织翻译出版的"儿童研究译丛"具有重要的探索意义。

"儿童研究译丛"精选国外不同学科领域有关儿童研究的重要成果，试图在一个较为广阔的"图景"下呈现儿童研究的进展。这不仅充分反映了儿童研究本身所具有的综合性、跨学科的基本特点，同时也有利于教育学者更多地关注其他学科领域独特的研究方法和治学路径，从而进一步开阔视野。

在译丛出版之际，首先应当感谢北京师范大学出版社和周益群老师在译丛的选题确定、译者的组织和质量把关等方面所作出的重要贡献，同时也要感谢参与翻译、校对的各位学者。正是他们不计功利地无私付出，才使得中国读者又能近距离接触到一批好书。

张诗贤

2020 年 9 月 15 日于北京师范大学

第二版序言

《童年人类学》首次出版于 2008 年 11 月；不过，我向出版社交稿的日期更早。彼时，我觉得此书还不"完整"，而且"新的"资料不断涌现。于是，就像本书尚未完成那样，我继续撰写，持续收集和评注相关的研究成果。那时，我们这个此前规模相当小的、研究童年的人类学家（和考古学家！）群体也有了实质性的扩张。大量的期刊和图书也由此问世。新的学术组织如雨后春笋般涌现，这包括"儿童及青年人类学利益团体"［Anthropology of Children and Youth Interest Group, ACYIG, 隶属美国人类学协会（American Anthropological Association）］以及"昔日童年研究学会"（Society for the Study of Childhood in the Past）。北美和欧洲地区的一些机构定期主办公开研讨会，聚焦新近的研究；而且相关的国际会议在美国、加拿大、英国、比利时、希腊、挪威以及印度等国家都召开过。

本书第一版大概有 1400 条引文出处，而新版增加了 750 余条出处。在新版中，有些主题有幸获得了大量新材料，尤其是以下主题：婴儿期和"人格授予延迟"；童工；收养和寄养；婴儿和儿童作为自主学习者；教学活动在儿童习得族群文化的过程中所起到的有限作用；游戏机智；自发游戏的益处；杂务课程；学徒制；经济转型和国内冲突对童年的影响；儿童作为后备劳动力；学校教育在历史上的前身；抵制学校教育；学校教育对儿童思维的影响；街头流浪儿的文化；儿童的能动性。熟悉本书第一版的读者也将发现，新版增加了许多用以补充说明文本的新图表。

本书第二版也让我有机会调整本书的重点，使其更适用于潜在的读者。首先，考虑到我的文献调查十分全面，而且每一条出处都非常详尽，有明确的页码，我可以问心无愧地说，这是一本参考书。要是没有 Google Books 和 Google Scholar，我也不可能完成此书。其次，我非常清楚，读者会发现此书浅显易懂、包罗万象、引人入胜。学生们反馈说，在读过此书后，他们有理由相信自己对这一领域已有所了解。最后，我想为研究童年的学者们提供一部有参考价值的著作，不管他们是来自人类学，还是其他学科；特别是儿童心理学家——他们对于童年的认知可能受其理论、方法以及人口样本中占主导地位的西方文化的蒙蔽。而本书所提出的诸多观念，足以更正甚至颠覆关于儿童发展以及（特别是）父母角色的传统观念。

　　我曾将本书第一版的写作过程比拟为小心地应付一头笨拙又莽撞的大猩猩①。而第二版的写作则类似于社区成员合力建造谷仓（barn-raising）②的过程。合力建造谷仓的想法总是令我着迷，而且在1985年上映的电影《证人》（Witness）里，阿米什人（Amish）合力建造谷仓的那一幕，就是我最喜爱的电影场景之一。在过去的6年里③，我加入了一个了不起的学术共同体，它由一些朋友和学者们构成——他们创建了讨论并推广童年人类学的论坛；而且，在大家的讨论中，本书第二版中所介绍的许多"重大的"观念得以产生。我要感谢这些非常出色的论坛组织者/主持人：苏珊·布卢姆（Susan Blum），布勒斯·詹姆斯和布勒斯·塔尼娅夫妇（James and Tanya Broesch），阿莉莎·克里滕登，桑德拉·埃弗斯（Sandra Evers），佩姬·弗罗尔（Peggy Froerer），罗布·戈登（Rob Gordon），彼得·格雷，黛安娜·霍夫曼（Diane Hoffman），玛利妲·霍洛斯（Marida Holos），海迪·凯勒（Heidi Keller），斯蒂芬·劳伦斯（Stephen Laurence），艾丽丝·莱斯尼克（Alice Lesnick），考特妮·米恩（Courtney Mehan），莱斯莉·穆尔（Leslie Moore），埃洛迪·拉齐和查尔斯-爱德华·德苏莱曼夫妇（Élodie Razie and Charles-Edouarde de Suremain），安德里亚·谢洛（Andria Sherrow），以及格尔德·施皮特勒（Gerd Spittler）。心理人类学学会所提供的资金让我［还有我的同事约翰·博克（John Bock）和苏珊娜·加斯金斯（Suzanne Gaskins）］得以主持一

　　① 参见本书第 xii 页（"第一版序言"）。——译者注
　　② 这是18—19世纪北美农村地区中特别常见的一项集体活动，即村庄成员共同帮助某户人家新造或重建谷仓。——译者注
　　③ 第一版序言与第二版序言正好相隔6年。——译者注

场精彩的跨学科研讨会，以便解决"阶段分期(stage)"对于童年理论建构的作用。在我扩展研究范围、努力使这一版本更加全面时，许多耐心的学者给予了帮助，他们非常专业地回答了我的问题。我要特别感谢戴维·比约克兰(David Bjorkland)，约翰·博克，巴里·博金，亚当·博耶特(Adam Boyette)，苏珊娜·加斯金斯，希瑟·蒙哥马利(Heather Montgomery)，戴维·奥尔森(David Olson)，早苗·冈本-巴思(Sanae Okamoto-Barth)，还有艾丽丝·施莱格尔(Alice Schlegel)。最后，我要感谢(shout-out)"儿童及青年人类学利益团体"理事会成员克丽丝滕·切尼(Kristen Cheney)，吉尔·科尔宾(Jill Korbin)，戴维·罗森(David Rosen)，苏珊·谢普勒(Susan Shepler)，阿维娃·西内尔沃(Aviva Sinervo)，E. J. 索博(E. J. Sobo)，雷切尔·斯特莱克(Rachael Stryker)，以及汤姆·韦斯纳(Tom Weisner)；在建设这个庇护我们事业的团体的过程中，他们发挥了至关重要的作用。

2013 年 10 月 10 日

第一版序言

2002 年，《美国人类学家》(*American Anthropologist*)杂志刊发了一篇题为《人类学家为何不喜欢儿童?》的文章。该文章的作者提出，人类学家在对这个星球上的每个社会进行广泛研究的同时，却忽视或者错误地对待童年(Hirschfeld，2002)。由于我毕生致力于研究不同文化中的儿童，因此，我个人觉得这篇文章冒犯了我。而且，我能毫不费力地在民族志记录中找到几十则关于儿童的描述——它们证实了我在数年前出版的一本书中所提出的一个论点(Lancy，1996)。因此，我撰写了一篇详尽的反驳文章，以"评论性文章"的形式提交给《美国人类学家》杂志。该杂志的编辑以我的文章篇幅太长为由予以拒绝。我努力删减那篇文章，然而，它还是超出了该杂志评论性文章 500 字的限制。我不再试图缩减我的反驳文章，而是决定扩充它。您正在阅读的，就是它被扩充后的成果。

我意识到，虽然我可以注意到民族志记录中有大量不为人知的、关于儿童的宝贵材料，但是其他人却未必知晓。事实上，这一人类学研究领域看起来四分五裂。例如，我已经注意到，那些研究学校儿童的人类学家[美国人类学与教育委员会(Council on Anthropology and Education)有 700 多名会员]可能对于那些研究儿童如何学习耕种或狩猎的民族志学者的工作成果并无太多兴趣。人类学家研究语言社会化，考古学家研究丧葬习俗，生物行为人类学家研究生育——这些(以及许多其他的)研究路线平行展开，几无交集。而那些被视为对立的理论观点也使我们分离，可是它们更应被视为是互补的。

因此，本书旨在吸纳那些关注童年的人类学家的工作成果；迄今为止，他们可能还未被注意到，或者至少可以说，还未能欣赏彼此的工作。我能够统合这些成果，一定程度上是借助全面的文献综述；另外，我也避免开展冗长的理论建构，以免对入门者造成障碍。理想情况下，这本书应成为催化剂，以促成儿童研究者之间更多的互动。

本书锐意收集并勉力提及以儿童为主的人类学研究成果。所有的重大主题(例如婴儿期、儿童游戏、青少年的成年礼)在本书中都被详尽地介绍。此外，如果这些主题的某些方面与历史学和灵长类动物学相关，我也会随手引用这些学科的相关知识，以强化和充实各主题的内容。

有一部影响深远的著作为我提供了研究模型，它就是萨拉·布莱弗·赫迪(Sarah Blaffer Hrdy)的《母性》(*Mother Nature*)。赫迪在书中引用了主流文化①之外的关于母性(motherhood)②的文献，而且，在描绘更具典型性的母性形象时，她也摒弃了许多被视为理所当然的母性观念——将母性视为一种"本能"，就是其中一例。我一直想为"童年"做些什么，就如赫迪为"母性"所做的工作。在儿童发展领域，我们也会看到，有许多被视为是"正常的"或自然的假设，事实上是深受文化局限的狭隘观念。实际上，本书将推翻在儿童发展领域的文献中出现的套话。在那些文献中，关于欧美 xii中产阶级儿童的研究确立了儿童发展研究的规范，而来自人类学研究的"奇闻轶事"则被用来举例说明"偏离常态的个别现象"。在本书随后的论述中，我将通过人类学的视角审视西方童年的常见面貌。这一视角揭示了这样一种情况：相比于其他社会的习俗，那些我们认为理所当然的习俗会显得相当奇怪。这样做的目的并不在于提供一本与(西方)标准的儿童发展文献相竞争的著作，而是要提供一种补充或纠正。

本书副标题那三个头韵相同的词表明了世人对于儿童的三种不同定位。我们自己的社会认为孩子是珍贵的、天真的、异常可爱的小天使(*cherubs*)。然而，在人类历史的大部分时间里，人们并不认为孩子像小天使一般可爱。我将向读者介绍某些社会；实际上在这些社会的全部历史

① 作者在本书中经常提及"主流文化"，大而化之地说，他指的是西方中产阶级文化，尤其是美国主流文化。——译者注

② 此处的"母性"不仅仅是指(中文里)那种母亲爱护子女的本能，而是指"the state of being a mother"(身为人母的状态，有译"母亲身份")，另有"the qualities of a mother"(身为人母而具有的特质)的意思。——译者注

时期中，孩子都被视为不受欢迎的、麻烦的调换儿(*changelings*)①，或是让人渴求但也被务实地加以商品化的财产(*chattel*)。这些视角将用于研究以下主题：家庭结构与生殖、儿童照顾者(父母、亲属以及社区成员)的概况、儿童在不同年龄所受到的待遇、儿童的游戏、儿童的工作、儿童的学校教育，以及儿童向成人期过渡的情况。我们将儿童作为小天使来看待；这与人类学家和历史学家在其他社会的工作中所建构起来的儿童观，一次又一次地形成了鲜明对比。

我希望本书能够影响到的另一类读者是，为数众多的教师、田野工作者以及政策制定者；他们正在努力改善那些未能幸运地出生于富裕社会的儿童的生活。他们全都意识到要在工作中考虑文化的重要性，而且对他们来说，"多元文化主义"已是耳熟能详的口头禅。然而，这一概念经常被用来为儿童学校教育及儿童幸福的标准处方增添一些异域风味。在本书中，我们将深入探究文献，以发现文化真正塑造儿童发展的方式。不过，《童年人类学》一书超越了这一分析思路；它始终在民族志学者以往所记录的丰富文化传统和"干预主义者"②所面临的当代情景之间架起桥梁。

于是，我那篇500多字(word)的评论性文章渐渐变得厚重；它犹如一头五百磅重的大猩猩，主宰着我的生活，使我变成了一个令人难以忍受的同伴——不管是看戏、看电影、读小说，我都想要从中发现一些可能适用于本书的内容。乔伊丝(Joyce)不仅容忍了我对于写作此书的执迷，还经常帮我整理书稿；家里的其他成员和朋友也为它提供材料。纳迪娅(Nadia)、索尼娅(Sonia)、莱斯莉(Leslie)、鲍勃(Bob)、朱迪(Judy)、奎恩(Quinn)、里克(Rick)，还有梅利莎(Melissa)，感谢你们。另外有许多人经常询问这本书的写作情况和进展。其中就有我在犹他州立大学的同事：迈克尔·奇普曼(Michael Chipman)、里奇莱·克拉波(Richley Crapo)、克丽丝蒂·福

---

① 在欧洲民间故事中，精灵会用自己畸形或低能的后代换走人类的婴儿，而迫使精灵把人类婴儿还回来的方式之一就是虐待那个丑陋、虚弱或者脾气暴躁的婴儿，甚至将它丢弃在野外。这种观念和做法导致了许多事实上的弃婴事件。——译者注

② 指那些强调要对儿童的生活进行干预以促进儿童发展的人(尤其是指那些"精心"对待子女的西方中产阶级父母)。——译者注

克斯（Christie Fox）、克米特·霍尔（Kermit Hall）、诺姆·琼斯（Norm Jones）、里克·克兰尼希（Rick Krannich）、帕特·兰伯特（Pat Lambert）、林恩·米克斯（Lynn Meeks），以及迈克·斯威尼（Mike Sweeney），还有大学里的许多熟人。其他地方的同行也关心本书的写作进展，他们是凯蒂·安德森-莱维特（Katie Anderson-Levitt）、奈杰尔·巴伯（Nigel Barber）、杰伊·布莱克（Jay Black）、加里·奇克（Gary Chick）、加里·克罗斯（Gary Cross）、阿龙·德纳姆（Aaron Denham）、鲍勃·埃杰顿（Bob Edgerton）、希瑟·雷-埃斯皮诺萨（Heather Rae-Espinoza）、希拉里·福茨（Hilary Fouts）、罗布·戈登、朱迪·哈里斯（Judy Harris）、谢普·克雷希（Shep Krech）、乔恩·马克斯（Jon Marks）、吉姆·马滕（Jim Marten）、戴维·奥尔森、阿龙·波多列夫斯基（Aaron Podolefsky）、保罗·拉法埃莱、德博拉·里德-达纳海（Deborah Reed-Danahay）、贾保罗·罗普纳林（Jaipaul Roopnarine）、彼得·史密斯（Peter Smith）、布莱恩·萨顿-史密斯（Brian Sutton-Smith）、格伦·韦斯菲尔德（Glenn Weisfeld），以及贝姬·扎尔格。感谢你们的支持、指导，感谢你们容忍我没完没了地询问。

在本书初步成形时，我开始将它用于我的"童年人类学"课堂。选课的学生们为这本书的初稿做了不少贡献，尤其是海伦·布劳尔（Helen Brower）、杰里安·卢肯斯（JeriAnn Lukens）、埃米·蒙托罗（Amy Montuoro）、东尼娅·斯托林斯（Tonya Stallings）、玛丽·松德布卢姆（Mary Sundblom），以及詹姆斯·扬（James Young）。不过，就本书的写作过程来说，安妮特·格罗夫（Annette Grove）是最为关键的人物；她从一位杰出的学生成长为一名不知疲倦的、效率惊人的研究助理兼编辑。安妮特对我的帮助真是不可估量。塞西莉亚·马斯洛斯卡（Cecylia Maslowska）帮忙翻译了格尔德·施皮特勒的《放牧》（*Hirtenarbeit*）①，已故的雷娜特·波斯托

①　该书是施皮特勒先生撰写的关于［尼日尔阿伊尔（Aïr）高地］提米亚地区（Timia）图瓦雷格族埃维人（Kel Ewey Touareg）的民族志。在 1976—1997 年，他研究了该牧民群体（男性放牧骆驼、女性放牧山羊）的劳作情况。原德文书名中的"Hirtenarbeit"一词，本义为"放牧"（在德语中，该词偏向于强调这是一种劳动），本书全名为《放牧：提米亚地区牧驼男与牧羊女的世界》（Spittler, Gerd（1998）*Hirtenarbeit. Die Weltder Kamelhirten und Ziegenhirtinnenvon Timia*. Köln：Rüdiger Köppe Verlag. Studienzur Kulturkunde）。——译者注

芬(Renate Posthofen)教授帮忙翻译了芭芭拉·波拉克的著作。而萨拉·戈登(Sarah Gordon)教授帮忙翻译了法文资料。

在我形成明确的写作思路之前，许多同行就开始予以帮助，最终促成了这本厚部头的诞生。1995年犹他州立大学的荣誉学生(Honors Students)①选中我主讲年度"最后一课"，而我借此机会完善了本书结尾部分提到的"儿童作为商品"的观念。1999年2月，在加州大学洛杉矶分校的一次演讲上，我报告了本书第六、第七章的概要。艾伦·菲斯克(Alan Fiske)主持了那场演讲，随后我与艾伦、帕特里夏·格林菲尔德(Patricia Greenfield)、汤姆·魏斯纳、坎迪·古德温(Candy Goodwin)，还有其他人一道进行了富于启发性的讨论。2004年4月，皮埃尔·达森(Pierre Dasen)与让·雷茨基(Jean Retschitzki)邀请我到瑞士参加一个研讨会。在那个研讨会上，我报告了本书第五、第六章的早期版本；这两章分别探讨了学习和游戏。同年12月，在麦克唐纳基金会(McDonnell Foundation)②的资助下，锡德·施特劳斯(Sid Strauss)安排我给一群背景多样、反应热烈的听众做报告；报告主题是文化和儿童社会学习。而本书第六章原本是为了回应格尔德·施皮特勒的邀请而起草的；他邀请我于2005年7月在拜罗伊特市(Bayreuth)做一次报告。而布赖恩·施皮克曼所拍摄的那些充满灵感的儿童照片则为本书增加了特色。除了以上这些帮助我成书、令人感激的支持之外，还有许多人仔细地审阅了本书各章，并且提出了广泛且宝贵的反馈意见。在他们之中，我最想感谢的是罗布·博罗夫斯基(Rob Borofsky)、约翰·盖伊(John Gay)、巴里·休利特(Barry Hewlett)、霍华德·克雷斯(Howard Kress)、马克·莫里茨(Mark Moritz)、芭芭拉·波拉克、阿里·蓬波尼奥(Ali Pomponio)、艾丽丝·施莱格尔，还有，特别是，约翰·博克与苏珊娜·加斯金斯。剑桥大学出版社的两位匿名评论员提供了广泛的、有针对性的反馈意见。

我要将本书献给已故的南希·许林(Nancy Hylin)。她原本是我们的隔

---

① 美国大学里设有荣誉学院(Honors Colleges)，为卓越的本科生开设荣誉课程。——译者注
② 全称是"James S. McDonnell Foundation"。——译者注

壁邻居，后来实际上成为了我们亲密无间的姐姐。她在成年后与挪威人汉斯·雅各布·许林（Hans Jacob Hylin）相遇并结婚。之后，他们在挪威定居，并养育四个儿子，后来又协助抚养自己的九个孙子/女。她也是一位杰出的中学教师。她更是一位天生的参与式观察家，在近50年的时间里，她给我们寄篇幅很长的私人信件和照片，向我和我的家人分享她关于童年和青春期的观察所得。因此，虽然我的研究和田野调查断断续续，但是我能年复一年地依靠从挪威源源不断寄来的"田野报告"①。尽管南希在2000年去世，但她从头到尾都是我这一写作计划的缪斯，是一位无声的但一直在场的审稿人和评论家。最后，我要向一位别具一格的缪斯致谢。再过几天，凯瑟琳·艾丽斯·汤姆林森（Katherine Iris Tomlinson）就3岁了；从出生以来，她每周会与"戴维伯伯"进行游戏约会——这些约会让我身心舒畅、灵感迸发。当你们阅读本书时，请记住，我是更喜欢小天使的。

2007年4月23日

_____

① 此处指的是南希在信中对于自己子女和孙儿们的观察、描述和评论。——译者注

目　录

第一章

儿童从何而来？

人类学家的辩驳

1 美国有着世界上最具个人主义精神的人民。(Henrich *et al.*，2010：76)

发展心理学是由欧美视角主导的、具有种族中心主义的领域。(Greenfield and Cocking，1994：ix)

人类学具有一个根深蒂固的传统——至少可以追溯到米德(Mead)(1928/1961)的《萨摩亚人的成年》(*Coming of Age in Samoa*)；这一传统提醒人们注意心理学有着受特定文化局限的缺陷。米德的著作削弱了心理学家斯坦利·霍尔(G. Stanley Hall)的观点：青春期的压力无法避免。而马林诺夫斯基(Malinowski)基于对特罗布里恩群岛(Trobriand Islands)的田野调查，对弗洛伊德的恋母情结理论(Oedipal theory)提出了批评(Malinowski，1927/2012)；不过，对此有所了解的人并不多。至于那些普适性的认知发展阶段理论，例如皮亚杰的认知发展阶段论，也要面对类似的批评，因为诸多跨文化比较研究已经证实，文化和学校教育经历对于人的认知发展有着深刻且难以预料的影响(Greenfield，1966；Lancy and Strathern，1981；Lancy，1983)。奥克斯(Ochs)和席费林(Schieffelin)(1984)对成人与儿童间的语言互动情况的分析也表明，那些主流发展心理学文献中的主张，在基于非西方社会的民族志研究面前，"并不具有普遍性"。罗伯特·莱文(Robert LeVine)挑战了心理学最神圣的教条之一：母婴依恋(另请参阅 Scheper-Hughes，1987a)。莱文研究了务农的、东非古西族(Gusii)母亲；他发现，古西族婴儿对其母亲可能仅有弱依恋，而且这导致了婴儿发展滞缓。他指出，虽然古西族母亲能对婴儿的求救信号作出快速反应，但是对于诸如婴儿牙牙学语之类的其他发音，她们却置之不理。她们很少察看自己的婴儿或对他们说话——甚至在哺乳时，也是如此。后来，到了真的对自己的孩子说话时，她们使用的是命令和威胁，而不是赞扬或询问(LeVine，2004：

154，156）。尽管古西族母亲存在着这些明显的"反常"迹象，莱文及其同事（几十年来一直在研究古西族村民）发现，没有证据表明古西族孩子存在普遍的情感缺陷。莱文认为，这一过度主张母婴依恋具有普遍性的问题源于"儿童发展领域的双重身份——它既是意识形态宣传运动，倡导儿童应受到人道的对待，又是科学研究活动，致力于寻求对儿童的认知和理解"（LeVine，2004：151）。

人类学家所消除的另一个神圣的教条是"教养风格"（parenting style）理论（Baumrind，1971）。中非的波非族（Bofi）农民符合所谓的"专制的"教养风格，他们看重孩子对成人的尊敬和服从，对孩子实行强势控制。根据教养风格理论，波非族儿童应是孤僻的、缺乏同情心的、具有攻击性的，而且一定也缺乏主动性。事实并不如此，波非族儿童展现出来的恰恰是一组相反的特征，因而，福茨（Fouts）断定，该理论可能适用于美国人，但是"当用在波非族身上时，它几乎没有什么解释力"（Fouts，2005：361）。读者们将在本书中发现人类学家"行使其否决权"（LeVine，2007：250）的诸多类似例子。

心理学中许多公认的理论立场并不能（如它们的作者所设想的那般）被广泛推广；而这一看法在 2010 年发表的一篇论证严谨的论文中被进一步深化。乔·亨里奇（Joe Henrich）及其同事所质疑的正是这一学科的根基；他们认为心理学家未能说明文化或养育方式对人类行为的影响。通过一次大规模的文献调查，他们确认绝大多数的心理学研究都是以西方的（Western）、受过教育的（Educated）、工业化社会的（Industrialized）、富裕的（Rich）、民主制度下的（Democracies）公民（尤其是大学生）为对象；上述这些形容词的首字母构成了对这种社会的描述——"怪异的"（WEIRD）。他们指出，在能获得对照数据的领域中，"生活在（怪异）社会中的民众向来有别于其他人类，……若要通过研究某些人类群体以便得出关于智人（*Homo sapiens*）的结论，那么，怪异社会的民众就是最不适用的人类亚种群之一"（Henrich *et al.*，2010：63，65，79）。

灵长类动物学家也批评（依赖实验室实验的）西方心理学家，因为有证据表明野外生活的非人（non-human）灵长类动物身上也存在着心理学家所宣称的人类独有的特征。"实验心理学对观察数据的轻视，导致一些人忽视了动物的认知能力能达到某种高度的事实"（Boesch，2005：692）。

几年前，我也陷入了同样的悖论——我们对于童年的理解，不论是通俗的，还是科学的，都基于某个特定文化的经验和数据。在对利比里亚一个偏远内陆村庄的克佩列族（Kpelle）孩子进行研究时，我注意到他们的童年经历迥然不同于我学习过的教科书中的描述。为了理解这种差异，我将两类社会进行了颇具争议的对比：一类是创造了绝大多数概括性的童年观念的社会，另一类是世界上的其他社会。而要理解这种对比，采用"珍视幼儿"（neontocracy）与"尊崇长者"（gerontocracy）这两个术语是最好的选择——正如图 1 所示。

这种对比引导着本书中的诸多论述，而本书也将不断提及怪异社会的非典型性以及关于类人猿的田野研究成果。我的目标是修正怪异社会那种
3 "种族中心主义的"①视角，即仅仅将儿童视为珍贵的、天真的、异常可爱的小天使。[1]基于历史学、人类学、灵长类动物学坚实的研究成果，我希望本书能够揭示儿童生活规范及儿童照顾者行为准则的真实情况。我也将提出利用其他视角的理由；在那些视角下，儿童被视为不受欢迎的、麻烦的调换儿[2]，或者是被需要的但实际上已经被商品化的财产。[3]
4 然而，在对非人类学家的理论断言予以辩驳之余，我将更进一步。我认为庞大的民族志档案[4]中包含着几乎未被开采的数据，从中可以发掘出关于童年本质的真知灼见——有别于"珍视幼儿"的观点。民族志具有一些能确保其"数据"特别有价值的独特优点。[5]其中一个优点是，民族志学者以参与式观察家（*participant observer*）的身份收集信息，能将三种不同来源的信息汇合。首先，民族志学者描述他们正在观察的事物——编写一份令人

---

① 双引号为译者所加。——译者注

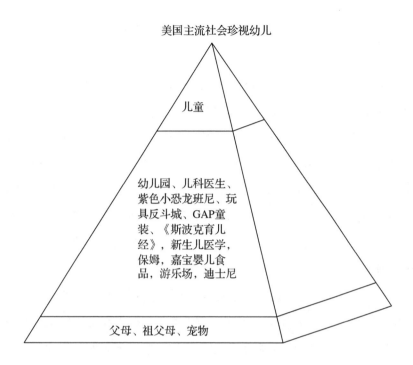

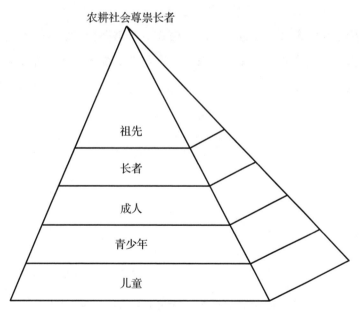

图 1　珍视幼儿的社会对比尊崇长者的社会

印象深刻的观察日志（辅之以照片和音频/视频记录），以便人们可以在其中发现各种模式①。其次，通过与信息提供人面谈或者让信息提供人讨论他们所目睹的一切，民族志学者就有可能获得一个局内人的（主位）②视角，而这种视角常常可以帮助人们理解外国的或异域的习俗。通常，各种视角可以结合起来，形成所谓的文化模型（Quinn，2005：479；Strauss，1992：3）或民族理论（Harkness and Super，2006）。而各种文化模型都有助于我们在更广泛、更全面的文化背景中理解特定的育儿习俗。最后，民族志学者会记录他们自己的（客位）视角。作为民族志的读者，我特别关注人类学家的"啊哈"时刻，也就是他们对与其童年文化模型相违背的事物感到惊讶或震惊的时刻。[6]

我所采用的是比较 [这一方法被称为民族学（*ethnology*）；Voget，1975] 和归纳的方法。请让我用第二章的一个"例子"来说明我如何运用这一方法；我在评注大量如何对待新生儿与婴儿的民族志记录时，某个模式浮现出来。这一模式是，（尽管具体细节差别很大，但是）世界上大多数社会都会推迟授予婴儿人格。反过来，这一模式对于杀婴行为、依恋理论、儿童疾病的诊断，以及低龄死婴的埋葬习俗，等等，都有极大的影响。而我所发现的那些模式成为了本书谋篇布局的各条主线，也是本书的各个主题。

不过，让我们先来回顾一下历史。

---

① "pattern"指重复或有规律地发生或完成某件事的方式。无从判断，此处的"模式"具体指什么。——译者注

② 简单点说，主位（emic）视角的研究是指研究者从当地人的视角去理解当地文化，而客位（etic）视角的研究是指研究者以外来观察者的视角去理解当地文化。[详见《当代西方社会学·人类学新词典》（黄平、罗红光、许宝强主编，吉林人民出版社，2003 年版，第 210 页）]。——译者注

真的有童年这回事吗？

> "孩童"本身并不是一个不复杂的词。(Boswell，1988：26)

> 就如等待播种的农民眼中冰冷的一月份，童年(children)被视为一个毫无价值、"缺乏智慧、力量或灵巧"的人生阶段。(Schorsch，1979：23)

> 在中世纪，儿童通常要到不再是儿童之时，才不会被忽视。(Schorsch，1979：14)

我们的工作要从一片空白处(a clean slate)着手。让我们思索一下：童年原本不存在，直到最近才出现。这一观念是法国哲学家/历史学家菲利普·阿里耶斯(Philippe Ariès)那本1962年出版的、极具影响力的著作①的主题。在该书中，他认为，作为一种独特的人生状态，童年的概念直到最近几百年才出现，而在早前它基本上是不存在的。他的论据主要基于对具象艺术(figurative art)作品的分析。

> 直到12世纪前后，中世纪艺术尚未在意或者试图描绘童年。很难相信这种疏忽是由于艺术家能力不足或者无能为力；更可信的解释是，在中世纪的世界里，童年没有地位。(Ariès，1962：33)

而且，如果我们把研究资料限定于肖像画中的儿童形象，我们就不得不承认，在肖像画中，很少出现儿童，或者即便出现了，看起来也不像儿童。在艺术品中，儿童的形象很罕见，这应被视为是儿童那无足轻重的地

---

① 指《儿童的世纪：旧制度下的儿童和家庭生活》一书［中译本(北京大学出版社，2013年)将作者译为"菲力浦·阿利埃斯"］。——译者注

位的写照（Wicksand Avril，2002：30）——这一地位也反映在墓葬习俗中。这就是说，人们通过对婴儿和儿童①墓葬的研究，发现了一种典型的模式：孩子被随意地埋葬在室内地板下、墙根、田地边，而且尸体没有经过任何特殊处理，或者墓中也没有随葬物品（Lancy，2014）。实际上，阿里耶斯说过，成年前的生活有两个阶段：一是婴幼儿（baby-toddler）阶段，这一阶段的儿童语言能力不足、不懂礼仪、行动不协调，还不是完全的人；二是准成人（proto-adult）阶段，这时的儿童被视为体型较小、能力较为不足的成人。这种描述可能符合人类文明史上的农民社会对于儿童的看法（Shon，2002：141），也可能适用于人类学家曾研究过的许多部落社会。而针对儿童遗骸的骨学分析虽然不多，却也发现了青少年从事成人活动（繁重危险的劳作、打斗）的证据（Thompson and Nelson，2011：269）。

不过，学者们很快接受了阿里耶斯公然发起的挑战。萨默维尔（Sommerville，1982）详细记录了童年自古埃及人开始就被视为一个独特 6 人生阶段的、几乎连续的证据。事实上，弗林德斯·皮特里（Flinders Petrie）在发掘拉罕（Lahun）这座埃及中王国时期（公元前 1900 年左右）的村庄时，发现了许多儿童玩具；它们包括球类以及拉绳类玩具，就是放在当代的玩具店里也不会显得突兀。

芭芭拉·哈纳沃特（Barbara Hanawalt）在探索各种文本资料的过程中，发现了大量关于中世纪儿童生活状况的证据；而且，事实上，她得以详细记录儿童的生活随着父母社会地位改变而持续发生的变化："到了 1400 年，专业玩具制造商在纽伦堡（Nuremburg）和奥格斯堡（Augsburg）开设店铺，并开始将他们的商品出口到意大利和法国。庄园里的孩子们还会下象棋，下西洋双陆棋，学习驯鹰和击剑。"（Hanawalt，1986：208）

的确，恰如沙哈尔（Shahar）通过细致的研究而证明的，疾病、婴儿高死亡率，以及儿童年纪还小就需要自食其力，或者，至少有必要帮助父母减轻负担，这都意味着无忧无虑、养尊处优的童年一定相当短暂。例如，

---

① 原文如此，并无错谬。例如，韦氏在线词典（https：//www.merriam-webster.com）将"Child"一词界定为处于婴儿期和青春发育期之间的少年。——译者注

"那些已被指定要过修道院生活的男孩和女孩，在 5 岁时就会被分别安置在修道院和女修道院中，而且，在某些特殊的情况下，他们甚至在更小的年纪，就被安置了"（Shahar，1990：106）。过去的社会里也有童年，这是证据确凿的，但是童年的长度以及儿童在家庭和社会中的角色，却迥异于我们这个珍视幼儿的社会。

人类的童年有何特别之处？

> 绝大多数哺乳动物从婴儿期到成年期是无缝对接的，没有任何中间阶段。（Bogin，1998：17）

在珍视幼儿的社会里"土生土长"的人，也许永远不会问"人类的童年有何特别之处？"但是，对于人类学家（他们对于人类生命史①的诸多独特方面以及童年巨大的跨文化差异性有深刻的体会）来说，这一问题却是人类进化过程中最重要的议题之一。当地球面临人口过剩的危险时，为何黑猩猩（跟我们人类的基因最相近）却徘徊在灭绝的边缘？巴里·博金为这一显著的差异找到了一种解释：童年早期②是"人类生命周期中一个独特的阶段，一个在任何现存哺乳动物的生命周期中都找不到的阶段"（Bogin，

---

① 在本节中，作者多次提及"生命史理论"（Life history theory）。巴里·博金对"生命史理论"的定义为，"生物学的一个领域，涉及生物体将能量分配给生长、维持生命、繁殖、抚养后代使其独立，以及避免死亡的策略。对于哺乳动物来说，这是一种何时出生、何时断奶、要经历多少及什么类型的生殖前发育阶段（pre-reproductive stages of development）、何时繁殖，以及何时死亡的策略。"（Bogin，2020：510）［详见 Bogin，Barry.（2020）*Patterns of Human Growth*. Cambridge：Cambridge University Press. 这是该书的第 3 版，前两版分别于 1988、1999 年出版。］——译者注

② 此处巴里·博金所指的"childhood"（幼年期），大体相当于通常意义上的"early childhood（童年早期）"。他将人的生命周期分为八大阶段：新生儿期（Neonatal stage）、婴儿期（Infancy）、幼年期（Childhood）、少年期（Juvenile）、发育期（Puberty）、青春期（Adolescence）、成人期（Adulthood）、死亡（Death）（Bogin，2020：73-77）。其中，"幼年期"年龄区间为3—6.9 岁，介于"婴儿期"和"少年期"（7—9 岁）之间（Bogin，2020：74，111）。具体来说，就是从婴儿断奶（不管是哺乳还是奶瓶喂养）之后，但仍需要特制饮食和年长者特别护理的时期（Bogin，2020：507）。此外，考虑到不同社会和文化习俗的区别，巴里·博金解释说，"幼年期"这一阶段的年龄期间为2—10 岁（Bogin，2020：507，510）。——译者注

1998：17）。与其他类人猿相比，人类有更高的生育力；博金将这一点归因于"童年"①所具有的类似托儿所的特征——人类"童年"的意义在于提供了一种"等待航线"②：在幼儿还有点依赖他人的时候，母亲可以给幼儿断奶，去分娩另一个孩子。

相比于黑猩猩，人类婴儿更早断奶；在他们达到出生体重的 2.1 倍左右，差不多 24 个月大，或者甚至更早的时候，人类婴儿就断奶了。黑猩猩幼仔在五岁到六岁时断奶，之后就能独立生活，并且很快就达到性成熟。因而，母黑猩猩在两次生育之间必须等待至少六七年，而人类母亲在有利条件下能够每两年生育一胎。不过，虽然人类的孩子可能在两岁或更早的时候就断奶，但是他们仍然需要成人的支持和供给。他们的大脑仍在发育，快速生长，疯狂吸收卡路里。实际上，那些其他物种用来促进身体生长的营养物质，在人类身上被用于供养大脑。(Bogin and Smith，1996：705）人类婴儿缺乏诸如说话之类的必要技能。他们体型小，行动缓慢，容易受伤害(prey)。他们不能咀嚼或消化成人的食物。因而，与大多数黑猩猩母亲(通常它们是其幼仔唯一的照顾者) 不同，人类母亲依靠孩子的近亲(孩子的父亲、哥哥姐姐、祖父母) 来协助照顾孩子。由于这些近亲的基因会在其妻子／母亲／女儿所生的每一个孩子的身上增殖，他们照顾孩子所能获得的基因利益(genetic interest) 就几乎与孩子的母亲一样多了(Hrdy，2005a)。

但是，在人类这一物种中，"童年"更长，绝不仅仅只是在 6 个月③到4 岁这段时期(其他人可以帮忙照顾孩子)。人类的童年中期④也是一个"额外的"阶段——不存于其他猿类⑤的生命史中。而且人类的青春期比猿类的

———————

① 此处的童年实际上指幼年期。详见上一条注释。——译者注
② 作为航空术语，"holding pattern"(等待航线) 指的是飞机在等待允许降落指令期间，在特定空域往返飞行的航线。——译者注
③ 通常来讲，6 个月大的婴儿可以开始吃辅食。——译者注
④ "童年中期"有着相对模糊的年龄界限；根据美国疾病控制中心(Centers for Disease Control and Prevention，CDC）网站上相关网页的说明，它指的是 6—11 岁。——译者注
⑤ 据《大英百科全书》网站的"Ape"词条(https：//www.britannica.com/animal/ape)：在动物学上，人类被归类为更广泛的猿类(ape) 家族的成员。——译者注

类似阶段要长得多。而最能解释这种延长了的未成熟期（juvenility）的理论模型被称为"具身化资本"（embodied capital）①（Bock，2002a，2010；Kaplan and Bock，2001）。人类孩子在很长的一段时间里需要依赖他人，并且在这一期间面临着未能将自己的基因传递给下一代就已死亡的更高风险，但是（他们将会拥有）更长的、更健康的、更有生育力的成年期，对此作出了补偿。虽然儿童的大脑和身体的发育相对缓慢，但是他们正在获得至关重要的免疫力和对病原体的抵抗力，也在掌握族群文化中累积起来的知识技能，以确保生存和生殖。他们日渐成熟，身体变得更强壮，脂肪更多，能力更强，社会联系也更广泛。[7]那些在成年之初就已积累了大量"具身化资本"的个体，很可能存活更久，生下更多后代，而且他们的后代将更健康、更有可能存活下去。对于自然选择来说，这样的生命史进程应该是更有利的。

然而，正如本书将要充分论证的，在不同的文化或人类群体中，童年的年限及其各个子阶段，有极大差异。在本书第七章中（第278—281页），我详细论述了童年被缩短的可能性——孩子们会"站出来"，并填补因年长者伤亡（例如，母亲亡故，长姐为母）而产生的家庭劳动力缺口。而在持续时间更长的童年期，不管是在生物学方面，还是在社交方面，儿童都能获得相当多的、可以在不利环境中启用的"储备能力"（Bogin，2013：34）。举例而言，失去双亲或者仅有单亲的儿童，可能会尽早择偶并组建家庭（Belsky *et al.*，1991；507；Draper and Harpending，1982）。儿童会"提早长大"，并从生命史的"慢"车道转向"快"车道（Schlegel，2013：303–304）。而这一"快"车道会促进个体的生殖活动，但是这样的个体在成年期寿命较

① 美国人类学家希拉德·卡普兰（Hillard Kaplan）等人提出了"具身化资本"理论。他在一篇论文中对这一理论作了这样的介绍："具身化资本理论通过将成长、发展以及维生的过程视为对身体（somatic）资本或具身化资本的投资，从而将（生物学中的）生命史理论和经济学中的资本投资理论整合起来。从躯体的意义上看，具身化资本是指有组织结构的身体组织：肌肉、消化器官、大脑等。而从功能的意义上看，具身化资本包括力量、速度、免疫功能、技能、知识，以及其他能力。"［Kaplan，H.，Lancaster，J.，& Robson，A.（2003）Embodied Capital and the Evolutionary Economics of the Human Life Span. *Populationand Development Review* 29：1555.］——译者注

短、不够健壮(Kaplan and Bock，2001：5566，Figure 2)。越来越多的证据表明，童年中期是人生的转折点——在这一时期，充满压力、朝不保夕的生活[8]会导致儿童发育提早、青春期缩短，以及投机式的择偶(del Giudice and Belsky，2011；Geronimus，1992，1996；Low，2000：333)。尽管子女的前景不太妙(Bogin，1994：32)，但是，青少年可能已经掌握了适应生活所需的重要知识技能，因而能够确保其自身以及至少部分子女存活。"街头流浪儿"(Lancy，2010b；本书第十章第387—393页)的生命史当然也符合这种"快"车道。这两种(twin)童年生活轨迹的模式①可以帮助我们理解人类是如何在不利条件下维持人口的。

正如我已指出的，我的目标是彻底检索民族志记录[9]，寻找浮现出来的模式——特别是那些与"重大的"问题(例如，不同的青少年期会导致什么不同的结果)相关的模式。在过去，人类生命史学者的调研范围较窄。其原因在于，他们以为，若要从进化的视角理解童年，就应该优先考虑狩猎-采集或者觅食社会；它们大概非常匹配"进化适应的环境"(Environment of Evolutionary Adaptedness②)(Bowlby，1980：40)。这就是说，如果人类进化的化石记录揭示了一种以觅食为主的生存方式，那么，我们就应该关注那些遵循这种原始生活方式的当代社会。关于昆人[(！Kung)可能是世界上被研究得最透彻的觅食社会]童年的开创性工作树立了此类研究的"典范"。然而，这种观点正在失去其价值。即使当代的觅食民族确实有一些共性(Konner，2016；本书第二章第66—70页)，但它们之间的差异也十分明显(Hewlett，1996：216)。此外，与其他觅食群体的儿童相比，昆族儿童有相当长一段时期，不必承担为自己及其家庭提供食物的责任，这一点也使得昆族现在看来有些异乎寻常。如今，有许多学者将晚更新世(Late Pleistocene)视为现代人类诞生(Ursprung)的时期，因为这是智人人口剧增并散布全球的时期。对于这些四处流动的智人来说，他们典型的生存策略

---

① 指被缩短了的童年与持续时间更长的童年。——译者注
② 相关文献将这一术语解释为，能产生适应行为的一系列选择压力。在此处是指觅食群体能够在迫于压力的情况下适应新环境。——译者注

是逐水而居，利用贝类等易于获取的水产资源。这种生活方式迥异于昆族那种饮食中长期缺乏蛋白质（肉类）的生活方式，它更像是[托雷斯海峡（Torres Straits）的岛民]梅里亚姆人（Meriam）的生活方式。不同于昆族儿童，在梅尔岛（Mer）①上，比学步儿稍大点的孩子不用克服什么困难就能获得可食用的水产资源（Bird and Bird，2002：262）。有越来越多的证据表明，进化适应也发生在全新世（Holocene），那时，人口快速增长，人类文化千姿百态（Hawks *et al.*，2007；Volk and Atkinson，2013：182）。因此，我的立场是，不管是研究街头流浪儿的文化，还是研究非洲干旱地区觅食群体的文化，都能使我们获得对童年"本质"的理解。

虽然人类学中有大量关于童年的资料，但是读者应该充分意识到它们可能来之不易。

在文化中研究儿童的挑战

> 只要我不问她们问题，只要她们不必跟我说话，（土著）少女就很乐意和我在一起，通常能待上几小时。（Young，2010：87）

考古学家写道，在大多数人类居住遗址中找到与儿童有关的事物是多么艰难。他们主要关注人工制品和实物遗存。然而，要将"玩具"从用具或献祭物品中区分出来，可能会很困难（Horn and Martens，2009：188；Crawford，2009）。举例来说，发掘某个早期图勒（Thule）文化遗址的考古学家认定，他们所找到的那些较小尺寸的"工具"很可能是玩具，因为它们是木制的，而成人尺寸的"工具"则是用其他材料制成的（Kenyon and Arnold，1985：352）。判断某一人工制品为儿童玩具的另一个线索是，它可能制作粗糙（Politis，2007：224）。人们可以通过回收来的陶瓷碎片上的指纹大小来辨别儿童是否参与了陶瓷制作（Kamp，2002：87）。先前我提到过，由于

---

① 也被称为默里群岛（Murray Island），它是托雷斯海峡最东部的岛屿。——译者注

人们往往认为，儿童还不是完全的人，因而，很少有人认为，需要在正式的场合埋葬他们的遗体。因此，虽然我们可以从千百年前的成人墓葬中获得许多发现，但是（如果找得到的话）儿童墓葬的保存状态则会差很多（Lewis，2007：31），考古的收获也就更少。

民族志研究同样具有挑战性。考虑到尊崇长者的社会里所固有的等级制，人们对于人类学家研究儿童的事情总会感到不解；毕竟，为何要自找麻烦，去观察那些"啥也不懂的"家伙或者与其交谈（Lancy，1996：118；Barley，1983/2000：61）？通常，民族志研究的第一个挑战是，要获得基本的人口统计和普查数据。父母很少留意孩子的年龄（Bril *et al.*，1989：310），而且回想孩子年龄可不是轻松活儿。克佩列人计算孩子年龄的常用辅助记忆手段是，回忆被询问的那个孩子出生时田地在哪里——在刀耕火种的文化中，耕地年年迁移，以便休耕土地。然后，被调查者煞费苦心地、年复一年地往前追忆耕地特定位置的细节或者其他值得一提的事件（例如一场蝗灾），与此同时，民族志学者则耐心地记录流逝的年份（Lancy，1996）。根据儿童的体型来估算其年龄，这种方法并不可靠；因为我们对年龄与体型关系的认知（notions）来自于某种儿童可能摄入过多而不是过少卡路里的文化。因而，我学会了如何逐步校准我的估计值①。而一生多变的命名惯例也会令我困惑；一个人从出生到死亡仅使用同一个名字的情况极其罕见。一个孩子可能被简称为，"老三"（third-born）或"小宝"（bornlate）"。而儿子、女儿、堂表兄弟姐妹（cousin）、父亲等名义上的称呼，可能与标准的欧美亲属称谓含义不同。在大家庭（extended）或者一夫多妻制家庭中，尤其如此。最重要的是，由于害怕引起善妒的邻居或者恶灵的注意，人们可能不愿意谈论孩子。或者，相反，人们会明确警告来访的民族志学者，不要与某些特定的孩子交往。在那些为我的研究提供了最多帮助的孩子中，有一个被说成是厚脸皮、狡猾（bright）、非常多话、口无遮拦的孩子；所有上述的特征都表明他是一个"坏孩子"，"不是克佩

---

① 指孩子的估算年龄。——译者注

列人"。

盘问他人的情况极其罕见。考虑到在关系紧密的小群体中几乎没有隐私，盘问他人的事看起来毫无必要。而且，让我们再次提及尊崇长者的社会。在那样的社会里，成人盘问孩子以便发现他们的想法或者做某些事的理由，这是特别不合适的（除非孩子行为不端）。因而，对于民族志学者来说，要让儿童成为信息提供人，这是富于挑战性的，正如以下例子所表明的：

> 研究者以成人的身份融入[阿萨巴诺族（Asabano）]儿童团体显然是困难的，特别是，如果研究者……对孩子们来说是陌生人。我花了一个多星期的时间，才使许多孩子能轻松地与我交谈或坐在我身边。有些孩子，特别是最小的女孩，则未能克服对我的恐惧；其中，有一个孩子更是在每次我走近她时，都会情绪失控、歇斯底里，那种情况持续到我离开前的最后一天。（Little，2008：29）

> 在受到询问时，巴玛纳族（Bamana）女孩和男孩要么是以单音节词回应，要么是鹦鹉学舌地复述他们听到过的某位成人的话。① （Polak，2011：112）

> 关于瓦格尼亚人（Wagenia）割礼的意义问题，问起来容易，回答 *11* 起来难。这是……因为信息提供人在这一点上帮不上什么忙②。（Droogers，1980：159）

考虑到上述这些问题，我倾向于认为，关于文化习俗的描述如果主要来自对成人的采访而没有观察数据的支持，就不能完全采信。正如克里斯·利特尔（Chris Little）（2011：152-153）在对阿萨巴诺人的研究中所发现

---

① 原文是德语。此句是作者的英译。——译者注
② 换句话说，被询问的孩子没有割礼的经验。——译者注

的，在谈及自己如何养育孩子时，父母会作出与其所接受的基督教教义十分一致的陈述，然而这些陈述与其实际的养育方式几乎没有相似之处。

本书大纲

> 诸如发育、怀孕或月经等现象，本来是平常的生理特征，而各个社会却围绕着它们编织起一些十分错综复杂的习俗、态度和信仰。（Broude，1975）

在本章的剩余篇幅里，我要重点介绍后续章节的内容。在文化人类学、灵长类动物学、考古学以及历史学中，关于童年的档案十分丰富；本书各章的众多例证就取自那些档案。而且，只要有可能，我都会对将要引用的资料进行"三角验证"，以便评定某种被检视的现象可能有多久远或者有多普遍。而各章中的主题都是从文献中提炼出来的。举例来说，各个社会虽然都承认儿童发展存在诸多阶段或里程碑，但在如何识别和标记它们的问题上存在着相当大的差异。因而，我们就需要在许多（关于儿童发展阶段的）个案中梳理出某些广泛的共性。

我们一旦注意到某些模式，就会尝试确认形成这些模式的深层成因（forces）。在某些案例中，生物适应度（biological fitness）①是一种大致准确的成因；而在另外一些案例中，生存系统影响着童年的某些方面。虽然觅食游群（bands）中的童年看起来不同于农业群体中的童年，但是，在其

---

① 在本节第 15 页中，作者对"fitness"一词有这样的表述："一名妇女的'适应度'或者说她的（存活下来并有能力繁衍后代的）子女数量……"，这其实指的是个体的"直接适应度（Direct fitness）"。此外，在本书中还出现了另一相关术语"总体适应度（inclusive fitness）"。即罗伯特·海因（Robert Hine）主编的第 8 版《生物学词典》对"总体适应度"的界定："个体自身的生殖成功（即直接适应度，通常以能生存到成年期的后代数量来衡量），以及个体行为对其亲属生殖成功的影响（即间接适应度），因为亲属与个体共享某些相同基因的概率高于人口中的其他成员。"（参见 Robert Hine（Ed.），A dictionary of Biology. Oxford University，2019.）——译者注

他的案例(例如，幼儿的物体游戏①)中，我们发现觅食游群与农业群体存在着真实的生物学共性。而且，显然，童年的许多方面不能简单地归因于儿童的生物学特点或是儿童对本地生态的适应。重要的是，正如我们将会看到的，儿童拥有大量的自主性和自由来构建某种新的"儿童文化"。

将童年某一特定方面主流的、现代的(例如，"怪异社会的""珍视幼儿的")观点与源自民族志案例的观点作对比，这也是本书各章的特点。在本书中，我们将常常看到关于童年的当代观点与更广泛、更古老的童年生活模式不一致，而且，我们也往往试图解释"为人父母"(parenthood)的实质以及现代信息经济的迫切要求如何改变了童年的性质。我们也将对比那些在未受外界影响的、自给自足的村庄中观察到的儿童与那些生活在受贫穷、疾病和内战折磨的社会中的当代儿童。

给儿童估价

正如我们将在第二章中探讨的那样，儿童的价值在不同文化、不同社会阶层，甚至在单个家庭(例如，可能更偏爱男孩的家庭)内部都有很大的差异。虽然在大部分人类历史里，一直普遍存在的，都是关注长者的社会(尊崇长者的社会)，但是我们的社会却是独一无二的珍视幼儿的社会。图1描绘了这两者的区别。(Lancy，1996：13；本书第26页)[10]在尊崇长者的社会里，儿童的价值可能会被贬低；在成长为有用的人之前，他们很大程度上会被视为一种负担。科罗威族(Korowai)的"成人表达了一种期望：他们要高兴地享用长大了的孩子的工作成果"(Stasch，2009：143)。而存活下来的孩子也必定会继承父母的基因和遗产。相比之下，在珍视幼儿的社会里，儿童(在某些地区更是从怀孕就已经开始)被授予大量的社会资本，而且几乎没有偿还投资的义务。他们的账目总是有盈余。

1978年，路易丝·布朗(Louise Brown)成为世界上第一个"试管婴儿"；

---

① 孩子利用物体进行玩耍的活动，都可以称为物体游戏(object play)，例如，学步儿搭积木，学龄儿童用塑料厨具玩过家家等。——译者注

与她形成鲜明对比的是，南希·舍佩尔-休斯(Nancy Scheper-Hughes)研究和交往的巴西东北部地区贫困母亲们所生的那些无名婴儿。考虑到她的父母渴求一个孩子，而社会各界乐观其成，路易丝可能会获得"最受欢迎的孩子"的称号。相比之下，那些巴西婴儿是如此不受欢迎，以至于他们的母亲实际上会把他们饿死，而且(除了那位"美国佬"人类学家)根本没人表示过关切(Scheper-Hughes, 1987b)。在孟加拉国农村地区，孩子们被要求帮忙做农活和家务，他们到了15岁就可以达到收支平衡：那时，父母就开始能够从孩子们身上"获利"了。不过，女孩往往在15岁前结婚，还必须为此付上一笔嫁妆，而其未婚夫却显然能在结婚时获得嫁妆。那么，女婴/女童的死亡率是男婴/男童的三倍之高也就不足为奇了(Caine, 1977)。

我承认自己采用了一些极端例子以便说明，在人类历史的大部分时间里，儿童曾被当作商品，而且在当今世界的大部分地区仍然如此。孩子们能够增进其父母的总体适应度(inclusive fitness)(例如，生殖成功)；他们会帮助照顾弟弟妹妹，也会干农活。他们可能被卖为奴隶，可能被赶进城里，去街上自谋生路，或者他们的工资可能会被计入家庭预算①。在中世纪，孩子们被捐赠给教会，充当修士，以代表其父母向上帝祈福。而且，对我们的情感来说，最离奇的是，在许多社会中，人们献祭儿童，以确保神灵的眷顾。

13　　　从前，"身心有缺陷的"或者不受欢迎的婴儿可能会被称作"调换儿"或者说他们被恶灵附体，从而为掩盖消除此类婴儿的行为提供一个社会可以接受的理由(Haffter, 1986)。在母亲被迫养育"不受欢迎的"婴儿的案例中，婴儿可能遭受足以致命的严重虐待。虽然我们的社会可能会将父母的这种杀婴行为视为十恶不赦的罪行，但是"这种对后代的品质、对生态环境及社会环境的品质作出反应，有选择性地杀婴的能力，从生物行为方面来说，对于智人有着重要意义"(Dickeman, 1975: 108)。

---

① 换句话说，他们的打工收入可能要交给家庭。——译者注

儿童的价值会被不断地重新校准。婴儿处于"人生初始"（liminal）①的位置。婴儿还不是完全的人类；人们对待他们，就如同他们生活在一个外部的子宫，在那里他们还处于"妊娠期"。他们被隐藏起来，常常被襁褓紧裹着。跟婴儿的眼神交流或者对其说话之类的刺激，应当避免，以便使其尽可能保持情绪稳定和安静。另一种观点认为婴儿身处两个世界，即人类世界和神灵世界。因此，他们就被视为在两个世界之间传递祈愿信息的合适人选。新生儿一旦通过了分娩创伤、疾病和蓄意扼杀等难关，就会受到亲人们满怀欣喜的迎接。人们可能通过某种命名仪式或其他方式来正式认可孩子"新生的"人格，承认其具有更充分的人性。而儿童也因其能为家庭经济做贡献而受到欢迎。5 岁左右儿童的埋葬习俗有所变化，这表明儿童在那时开始被承认为完全的人或社会的正式成员。此外，这个年纪的儿童可能会被"流通"，或者被寄养于其他家庭；而他们能否对那些家庭有所贡献，这就显得尤为重要了。

除了珍视幼儿的社会以外，在这世界上还存在着少量社会结构极其简单、人际关系极其平等的社会——人们会对孩子采取非常"溺爱的"态度。在那些社会中，人们四处迁徙，觅食为生，游群里的每个人都与孩子互动并照顾他们。人们从不责骂或惩罚孩子，而且没有人指望孩子会迅速"长大"，以便能照顾好他们自己和其他人。事实上，人类学家最早予以详细记录的此类群体是昆人（Draper，1978：37）。

儿童通常被视为财产，因此，当时世艰难时，家庭别无选择，只能强

① "liminal"一词有两个释义，一是指（生理学或心理学上的）"阈值"，二是处于两种状态、两种阶段、两种生活方式等之间的边界或过渡点。在本书中，它被用于形容孩子处于人生的起点，处于虚弱，无足轻重，不被当作人来看待，被忽视的状态，因而（除了此处），在本书中，统一将其译为"边缘的"——取其"处于主流人群（成人）之外"的意思。其实，此处作者采用了法国人类学家阿诺尔德·范热内普（Arnold van Gennep）在其著作《Les rites de passage》（英译本名为："The Rites of Passage"，中译本为《过渡礼仪》）中提出的概念"liminal rites"；在法文本里，阿诺尔德的表述为"rites liminaires（marge）"，也就是边缘仪式之意。需要说明的是，国内译者将阿诺尔德的这一著作的书名译为《过渡礼仪》，然而，"礼仪"一词在中文里，着重强调的是一个人的言谈举止合乎社会约定俗成的交际规范，因而，或许将该书书名译为"过渡仪式"更妥当；此外，国内译者将"rites liminaires（marge）"［英译本为"liminal rites（rites of transition）"］译为"阈限礼仪"不免给读者徒增了许多理解上的困难。——译者注

迫孩子"自谋生路"。儿童在种植园、矿山和工厂里从事低收入、重体力而且危险的工作。伴随着工业化的发展，儿童的潜在价值增加，因为他们现在可以通过固定工作赚取工资来增加家庭收入。而整个社会财富的增长也为儿童提供了更多的在"家政服务"领域就业的机会。不过，150 年前，"有用的孩子"的观念开始让位于"无用但无价的孩子"的现代观念(Zelizer，1985)。儿童变成了天真且脆弱的小天使，需要得到保护，免于成人社

14 会(包括工作领域)的伤害。我们(不论是书迷、热衷旅游的人、运动员，或是某个特定教派的信徒)也不再从经济回报或者甚至是遗传适应度的角度，而是从儿童让我们完善自身价值的角度，来衡量他们的价值。

生儿育女

这一章凸显生命机理与文化之间的相互作用。我热切地希望读者们能发现，童年的某些方面过去都被视为是与"养育"有关，实则深受生命机理的影响；而那些过去被视为与生命机理相关的方面，却也深受"养育"的影响。生命机理可以解释生殖背后的生理过程，但无法解释以下现象：在美国，虽然妇女首次怀孕的平均年龄略高于 25 岁，但在该国的一些地区，女性在 14 岁怀孕很常见，而且是当地社会可以接受的情况(Heath，1990：502)。本章将审视"生育决定"的各种变化和复杂性。我们将使用对比鲜明的案例(就如刚刚提到的这个)，来确认生育决定所涉及的关键利益相关者，并设法理解他们的意图(agendas)。

我在此前的一节中①提到了黑猩猩和人类的相对生殖成功率，但是人类的生殖能力在不同文化之间也会有很大的差别。那些人口已经达到其领土承载能力的社会(数量正在增多)，要么必须找到让人们自愿限制生育的办法，要么就得面对饥荒、内战和种族灭绝的风险。同样，个人必须根据其自身健康及物质利益作出艰难的生育决定。此外，由于罗伯特·特里弗斯(Robert Trivers)(1972，1974)的杰出贡献，如今，我们已意识到，母亲、

---

① 参见本书第 7 页。——译者注

父亲，以及孩子有着不同的意图。还在吃奶的孩子想成为他母亲可能生育的所有孩子中的最后一个，如此一来，他就可以独享母亲的照料和给养。而父亲在寻求交配机会方面带有投机性，并在供养后代方面表现出相似的反复无常。换句话说，他将"分散投资"，以最大限度地增加幸存子女的数量。然而，母亲却要作出最艰难的决定。她必须在自己的健康、寿命以及未来的生育机会，与现有的(包括任何即将出生的)子女的养育成本之间作出权衡。她也必须考虑到孩子们的父亲和她自己的亲属网络可能提供的任何资源。

在许多社会中，家庭成员们(对于"生儿育女")这些各自不同的意图决定了肥皂剧般的家庭生活的质量。而人类学家所研究的许多常见的习俗和制度(包括婚姻、多配偶制、大家庭、收养以及巫术)，都表明这些有着生物学基础的意图分歧已导致了不同的传统。例如，我认为一夫多妻制是一种重大的妥协；通过这一制度，男性可以增加其子女，而无须劫掠其他男性的妻子和女儿。而导致家庭不和的另一个非常普遍的根源是新生儿的性别及其父亲的身份。通常，女童不受欢迎，而且，父亲，尤其是继父，拒绝对任何未必是其亲生子女的孩子承担责任。

在这个多样化世界中的大多数社会里，妇女在怀孕期间继续工作，并且在孩子出生后不久就恢复工作。生儿育女对体力的要求很高，因而，就大多数妇女来说，她们有一个生命力的鼎盛期，在此期间，她们有精力和脂肪储备来从事工作和生孩子。她们能成功地养育多少孩子，这在很大程度上将取决于她们能否获得亲戚团体的支持；那些亲戚可以帮助她们做家务、照顾孩子，并提供补充性资源。因此，一名妇女的"适应度"，或者说她的(存活下来并有能力繁衍后代的)子女数量，至少在一定程度上取决于她的社交技能，即她赢得"盟友"的能力。

就生育决定来说，另一个需要考虑的因素是婴儿的死亡率。直到最近，仍有多达三分之一的婴儿未能活过一岁。通常，妇女会通过估算子女的理想人数来作出生育决定，并且根据婴儿早期死亡率①来倍增生育数。如果人们认为今日的世界太过拥挤，那么，这可能要归咎于已经大幅度降低了婴儿死亡率的公共卫生措施(如儿童疫苗接种、无菌产科手术)与数百万母亲的生育计算之间的脱节。这些母亲继续采用以前"理想的"子女人数标准来估算该生育多少孩子——奥卢桑亚(Olusanya)(1989)称她们为"生育殉道者"。而那些能够降低婴儿死亡率的机构却未能做好避孕和计划生育方面的干预工作，其结果是大量人口生活在贫困边缘。

　　人们可以采取隐忍的态度，或者捏造新生儿具有一种特殊的、非完全人格的说法，来接受婴儿的高死亡率，不过，怀孕和分娩却在很大程度上受到一些根深蒂固的、广受欢迎的习俗的支持。民间看法涵盖受孕过程(不是所有的社会都把它与性交联系在一起)、怀孕期间夫妻要遵守的禁忌，以及分娩的特定程序等。由于人们认为分娩天然地具有危险性(对于群体的安全来说，也是如此)，所以母亲及其婴儿可能被隔离一段时间。如果某位年轻母亲违反了众所周知的、恰当地照顾及喂养婴儿的方法，就会面临着被群体排斥的风险。同样地，人们用民间处方治疗常见的儿童疾病，但不幸的是，它们大多数都是对儿童有害的。然而，还有一种常见的诊断是，将儿童的疾病追溯为家庭内部的不忠行为或者因嫉妒引起的不和。

　　在满足某些特定条件的情况下，成人因有许多后代而受益。首先，母亲身边必须有可以充当帮手的亲属，以帮助她们减轻育儿的大量负担，这样她们就可以集中精力生育更多的孩子。其次，那些被额外生育出来的子女必须被视为农场或工厂里的"未来劳工"。当他们还是婴儿和学步儿时，人们给予他们投资，将他们视为是有偿还潜力而且会很快(在他们开始生殖之前)偿还他人投资的人。如果上述两种条件中的一种或者两种，都不能达成，那么，人们将会减少生育(Turke，1989)。对觅食群体来说，与其说孩子是帮手，不如说他们是负担。与那些以农业为生的邻近社会相比，

① 婴儿死亡率是指婴儿出生后不满周岁死亡人数同出生人数的比率。——译者注

觅食群体的孩子要少得多(LeVine，1988)。

随着社会的现代化，人们为获得经济机会，可能需要松开与大家庭的联系。远离了可以充当帮手的亲属，上班族父母就必须转变策略，生育较少的子女，并在其身上投入大量关爱。由于无法请其他亲属来帮忙照顾孩子，父母必须在育儿方面投入更多，包括与子女建立更牢固的情感纽带。最终的结果是，父母们利用现代避孕手段，仅仅生育他们能够"养活"的孩子。这种行为模式已经成为一种世界性现象，并被人口学家称为导致人口出生率急剧下降的"重大"转变(Caldwell，1982)。

全村育娃

在欧美中产阶级社会中，我们大致认为受孕、怀孕、分娩、哺乳和婴儿护理是自然而然的过程。对父母来说，他们真正的挑战，他们的工作(假如你愿意这么说的话)始于孩子开始发声、移动并且有学习能力之时。而在世界其他大部分地区以及在世界各地的历史记录中，育儿责任的分配情况与欧美中产阶级社会的情况正好相反。这就是说，受孕是至关重要的，因为确认了婴儿亲生父亲的身份，这就决定了丈夫(或者伴侣)及其亲属是否会为婴儿提供资源和照顾，是否会遗弃婴儿母亲和/或婴儿(Wilson and Daly，2002)。而怀孕也是一个关键期，因为这段时间孕妇面临着流产、死产以及婴儿出生缺陷的威胁。孕妇及其配偶被各种禁忌包围，其中最常见的是禁止在怀孕期间或分娩之后(最长可达三年)性交。还有，分娩也至关重要，因为这时母亲和新生儿都面临着巨大的风险(Hern，1992：36)。同样，在大多数社会中，人们用仪式、民间医学以及各种禁忌庆祝这一至关重要的过渡仪式。对于生活在马来西亚森林中从事自给型农业的西迈人(Semai)来说，分娩死亡占成年女性死亡率的一半，而且"分娩流出的血液和胞衣是如此危险，以至于人们要用委婉的说法来谈论它们"(Dentan，1978：110—111)。然而，在产后，婴儿所面临的威胁减少了，父母的角色通常也会随之弱化，这是因为从现在开始其他人会照顾婴儿。

几乎所有的社会都坚持认为，婴儿母亲或其他抚养人与婴儿之间有必要保持着几乎没有间断的接触。人们认为，婴儿应该被按需喂养，经常被抱着，并睡在母亲身旁。在照顾婴儿方面，年轻母亲们会因任何过失而遭到严厉的斥责。然而，婴儿一旦开始会走路，就会立即被纳入一个社交网络；在这个社交网络中，母亲的作用大大减弱（尤其是，如果她又怀孕的话），而父亲可能根本就不起作用。再说一次，这恰恰与我们对何为正常情况的看法①相反。在其他社会中，婴儿受到众人体贴入微的宠爱；"全村育娃"（本书第四章的标题）这一非洲谚语就表达了这一观念。

婴儿一旦被判定为值得抚养，就会被展示给某个很想与其互动的群体。特别是，婴儿的姐姐们会抢先于那些想要协助抚养婴儿的人伸出援手。婴儿照顾者的圈子可能会逐渐扩大，婴儿的姑妈、祖母、（偶尔）父亲也会参与进来。而当孩子在"母地"（mother-ground）②玩耍时，哪怕是平时较疏远的亲属也会"盯"着孩子（Lancy，1996：84）。实际上，学步儿必须从亲戚那里寻求安慰，因为当母亲准备好要下一胎时，他/她就会被突然断奶，被母亲强行拒绝。

在古代，从村庄到更复杂的社会，有各种各样的"专业人士"（例如奶妈和家庭教师）居家帮忙照顾孩子。而到了17、18世纪，育儿的责任更加确定无疑地落在父母的肩上。这呼应了某些日益现代化的观念——婴幼儿时期被视为传授道德价值观及培养读写能力的关键时期。而人口结构转型进一步凸显了此类观点：在人口结构转型的过程中，规模更小、流动性更强的家庭中，孩子没有哥哥姐姐、祖父母之类的照顾者。而知识的快速增长则促使"教育"不断提早，最终的结果是，幼儿很早就进入了幼儿园。

让孩子通情达理

我在第五章中采用"儿童发展"的视角。孩子是怎样长大成人的？他/她怎样获得祖先的文化？我们跟婴儿说话，就好像他们是有知觉能力的。

---

① 指的是欧美社会关于谁来带娃的看法。——译者注

② 戴维·兰西提出的一个术语，详情参见本书第四章"嬉戏于母地"一节（第139—140页）。——译者注

当新陈代谢的内在机制(例如,排便)唤起他们的一系列面部表情时,我们急于将这些面部表情解释为有意义的反应。然而,在其他社会(包括150年前的西方社会),婴儿被视为"半人"(semi-human)。婴幼儿缺少语言能力,身体控制机能不足。他们在地上爬行,把他们能够发现的任何东西都往嘴里塞,所有这一切都表明他们是一种最低等的动物。基督徒认为他们天生有罪。这些观点往往会引发两种极端反应中的一种。一种反应是"善意地忽视"——每个人都要等到孩子能够明智地说话之后才会承认他/她存在。而另一种典型的反应是激进地要将婴幼儿人性化,这包括无情地压制幼儿所有的"亚人类"(sub-human)倾向(例如号泣、爬行、吮吸拇指)。

尽管人们普遍认为婴儿不能参与社会活动,但是关于婴儿认知的研究显然表明,婴儿确实对他们周围的世界有很多的了解。这种理解能力的快速发展(与大脑的快速发育相关)在童年早期就表现为两种强大的动机:第一种动机是要"融入"群体(被喜欢、被欣赏,以及被接受);而第二种动机是要成为胜任者(要复制年长的、更有能力者的日常行为)。这些驱动力的存在说明了幼儿的学习能力;幼儿通过观察、模仿,乃至于以假装的方式进行物体游戏和观念游戏,从而获得了学习能力。 ¹⁸

在大多数社会中,在不需要太多干预的情况下,孩子自主的、符合社会规范的学习过程会达到预期的结果。然而,不同寻常的是,在大洋洲,家庭成员通过直接干预来塑造孩子的行为举止(礼仪),使其对不同社会等级的人和/或亲属表现出恰当的尊重。孩子们要学习的礼仪可能还包括互惠观念以及对亲属的无私关怀。虽然几乎所有孩子[11]都要自发形成这种社交头脑,但是在群体间关系格外正式的地方,人们可能会"督促"孩子提早习得正确的言行举止。

儿童在特定的社会环境中学习礼仪,这些社会环境的构造便利于这种学习。而那些被指派去照顾学步儿的家庭成员(通常是哥哥姐姐)也是学步儿的玩伴和榜样。他们所构成的"游戏团体"至少具有"课堂"的一些特征。一个"专断强横的"姐姐对身边的人发号施令,实际上,这就是教学。而当一名幼儿跟某个哥哥一起去跑腿时,他们是在"进行学徒训练"。而家务活动(例如，处理猎物和收集块茎，烹饪，做手工，还有干农活和盖房子)全都在孩子们的眼皮底下公开进行；一旦有适合的家务，孩子们就可以充当帮手。

人们不仅对儿童的自发学习采取了放任自流的态度，而且对儿童的整体发展基本上也采取了这一态度。然而，人们还是会采取干预措施，以改变儿童的活动，或者强迫他们学习一些他们自己无法学习或不愿学习的东西；这些干预的行为虽然不常发生，却也显而易见。人们可能会通过促进婴儿运动机能的发展，以便减轻照顾婴儿的负担。在一个勇士社会(warrior society)里，人们可能会培育孩子的攻击性，然而，在与之相反的(崇尚平等、和平的)社会里，人们可能会抑制孩子的攻击性。在利用(还是禁止)恐吓及体罚的问题上，人们也存在着相似的论辩。人们虽然不会明确地教导儿童要认同某种性别角色，但是会通过控制儿童的活动(比如，女童工作多，玩耍少)、穿着、交往对象来强化某种性别角色。

19 面对那些"已有理智"的孩子，人们的态度转变是相当明显的。虽然对我们来说，学校教育有可能是从胎儿开始的(如果你相信孕妇要听莫扎特音乐这样的宣传的话)，但是，在大多数社会中，人们并不认为，在孩子的认知和语言技能成熟之前，他们会是老练的学习者。通常，这种转变(即孩子成为有能力的学习者)会在 5 岁到 7 岁间发生，可能正值孩子冒出第一颗臼齿的时候①。从此时开始，孩子能够遵循指示，并能注意和模仿其他人的正确行为。虽然他们一开始做得不够好，但他们会不断练习(其间，他们的技能水平可能只是受到最低程度的认可)，直到被视为家庭经济的完全参与者。

这一章的最后一节仔细分析了主动的、刻意的教学或教导②在儿童习

---

① 一般情况下此牙(第一颗恒磨牙)在 6 岁左右萌出，故俗称为"六龄齿"。——译者注

② 大而化之地说，在英文中"instruction"(教导、指导)是要告诉孩子们具体做什么，而"teaching"还包括要向孩子们解释为何那样做。——译者注

得族群文化中的作用。需要再次强调的是，在怪异社会中流行的育儿观念(wisdom)①只有对我们这部分独特的人口来说，才确实可信。

弹珠游戏与儿童品德

伟大的瑞士心理学家让·皮亚杰因其利用精心设计的巧妙实验发现了儿童潜在的心智敏锐(mental acuity)度而闻名于世。但是，当他想要描述儿童关于道德和社会习俗的初生(nascent)想法时，他却是去关注正在玩弹珠的男孩们(Piaget，1932/1965)——这也是本书第六章题名中出现弹珠游戏的缘由，该章论述的是儿童游戏②)。然而，皮亚杰并不是唯一一个将游戏视为某种儿童"自然课程"的人。

游戏是一种真正普遍的童年特征。它是适宜儿童的活动(thing)，无需文化上的批准或父母的明确许可。它是随处可见的。婴儿会玩弄母亲的乳房。通过玩弄物体，婴儿形成关于自然界及其如何运作的最初见解。在(养育他/她的)母亲之外，幼儿与他人所建立的第一段亲密关系是玩伴(通常是其兄弟姐妹)关系。而幼儿最初主动参与的是那些将要占据其成年生活大部分时间的工作——打猎、做饭、盖房子、照看婴儿；这些工作都发生在假装游戏的过程中。儿童游戏是最具流动性的文化产物之一；在大众传媒时代到来前，"跳房子"游戏已经扩散到每一个大陆。即使是被安排了一大堆杂务，孩子们还是会设法将游戏融入自己的工作。

儿童的许多最基本的需求似乎都可以通过游戏获得某种程度的满足；这包括与同伴交往的需求，以及生理的、感官刺激的需求，还有程度较轻的认知刺激的需求(Lancy，1980a)。不过，儿童对游戏的渴望会逐渐地被

---

① 在本书中，作者习惯于用"wisdom"来表示社会长期积累下来的"知识""学问"，或者大多数人接受的"一般观点""普遍看法"，而不是我们通常理解的"智慧"(聪明才智，辨析判断、发明创造的能力)。——译者注

② 在英文中，"play"与"game"经常混用，二者都可以指娱乐性(entertainment)的活动，在这一种语义上说，这二者是等同的。本书第六章所谈论的是儿童的"play"；大多数情况下，作者谈及的都是"玩耍"，而不是严格意义上的，需要具体目标、特定规则、明确的参与和反馈机制的"游戏"[或"比赛"(game)]。然而，为了行文的方便，除个别情况外，译者还是将"play"统一译为"游戏"，读者可以结合文中的线索，加以判断。——译者注

谋生和生殖的需求所消除。这种情况在女孩身上发生的时间要早于男孩，而且在各个社会中几乎都普遍如此。然而，当谋生和生殖的需求不那么沉重时（例如，我们社会某些阶层中的男性就是这样），人们的游戏行为就会持续存在。尽管我们的社会会认真对待孩子们的游戏，但是在传统社会中，游戏的最大价值却在于转移孩子们的注意力，以免他们烦扰成人。通常，传统社会并不认为游戏对于儿童的社会化具有独特价值。

就像童年生活的许多方面一样，我们的社会并不满足于让儿童的游戏顺其自然地进行。成人掌管着孩子们的游戏。从母亲教婴儿如何与"以教育为导向的"物体互动，到高度紧张的有专业教练指导的青少年冰球运动，我们都利用孩子们对游戏的热情，来追求某些更为严肃的目的。这些目的可能包括向儿童灌输我们文化中的竞争精神、培养儿童的早期读写能力，以及给父母们提供文化资本——向同伴吹嘘的权利。然而，我认为，当代儿童"自由"游戏的减少可能有一个负面的影响，那就是他们失去了发展那种涉及合作、协商和妥协的社交头脑（我称之为"游戏机智"①）的机会。

杂务②课程

本书第七章的主题是儿童的工作，更具体地说，是儿童从各种"杂务"中获得相关技能的过程。"课程"一词传达了这样一种理念：孩子们试图学习，进而掌握，并最终从事杂务的过程，具有明显的规律性。不管是就童年的本质来说，还是就儿童获得成人的地位及能力的进程来说，工作都是至关重要的。我们的社会反对父母"剥削"儿童模特和儿童演员。可是，如

① 双引号为译者所加。本书的"gamesmanship"（游戏机智）一词，通常译为比赛策略、制胜手段，原本略带贬义，是指以并不违背规则却近似欺骗的聪明手段来赢得比赛，因而，译成游戏套路或制胜花招似乎更贴合词义。不过，作者在本书中所强调的是玩家间的互动，没有突出原词中那种为了获胜而在规则范围内不择手段地行事的意味。——译者注

② 就本书第七章的具体内容来说，"chore"并不仅仅指日常生活意义上的"家务"，它也指女孩居家做家务，以及男孩出门跑腿或上街兜售商品，还有儿童去矿山、种植园打零工；而且，大多数孩子都了解做杂务能够为家庭作出贡献，实际上并不感到厌烦。大致上说，本书中的"chore"是指由那些还留在家庭中的孩子来承担的"家务活"，而不是指那些离开家庭在街头流浪的儿童用以谋生的"杂活（small jobs）"（具体内容见第十章）。——译者注

果有人去基索罗（Kisoro）（乌干达西部的一个繁华地区）周围走走看，就会发现年纪更小的（4—8岁）孩子正在工作而不是玩耍。一个4岁的男孩可能照料着他的第一头山羊——这是他成长过程中值得骄傲的里程碑。而那位比他稍大一点的哥哥则赶着一小群山羊，还有，他那位10岁的堂兄照料着一头母牛和一头小牛，依此往上类推，就会看到那位15岁的少年正在把40头牛赶往另一个牧场。不仅仅是孩子们会以积极的眼光来看待这些"机会"，他们的父母也会滔滔不绝地讲述饲养牲畜对孩子性格及发育成熟所带来的诸多好处。我发现有几处参考文献提到，父母半开玩笑地说，孩子是他们的"小奴隶"。今天，儿童可能会被当作财产（chattel）①看待，而过去更是如此。

第七章将描述不同社会中正在工作的儿童的概貌，从而引出几个至关重要的概括性观点。例如，哈扎人（Hadza）的生育数多于邻近的族群，因为年仅4岁的哈扎族孩子就可以通过采集和加工大量的猴面包树果实，来满足自己的大部分营养需求。由于孩子们能够负责自己的一部分食物供应，他们的母亲就可以更快地再生一个孩子（Blurton-Jones，1993：405）。我们还注意到，在现代工业化社会之外，人们很少会将这些非常重要的工作技能教给孩子们。而孩子们学习这些关键技能的方式是，观察更年长、更熟练的人如何从事这些工作，并在假装游戏中使用小型工具来练习他们尚未纯熟的技能。

不同社会对儿童帮手的需求各不相同，不过，大多数女孩都是受欢迎的"巢中帮手"，而年仅4岁的男孩可能会被允许照料一只鸡。八九岁大的孩子一天的工作时间可能会比玩耍时间长，而且，他可能通过沿街叫卖和打其他零工，或是在工厂、矿山或种植园定期轮班，为家庭赚取实实在在的收入。事实上，大多数孩子都非常渴望获得这些机会，想要承担更多的成人责任。

各种"杂务"课程（从跑腿、推销到照料骆驼，乃至种豆）的复杂性在第

---

① 在英文中，除了"财产"之义外，"chattel"还有"奴隶"的意思。——译者注

七章中被详细描述。在每一个案例中，我们都能看到工作领域被便利地划分为不同难度的任务，这样，即便是年纪最小的孩子也可以试着"搭把手"。哥哥姐姐主要是作为弟弟妹妹的工作榜样，他们只是偶尔需要干预一下，以纠正某个弟弟/妹妹的错误。虽然习得至关重要的生存技能并不是一个紧迫的过程，但是，孩子们在较小的年纪就能掌握这些技能。这就产生了一个悖论，即早在人们认为孩子们应该完全承担起供养自己和他人的责任之前，他们就已经具备了获取或生产食物的能力。我试图用"儿童是后备劳动力"的理论来解决这一悖论。

在掌握了那些每个人都必须具备的核心技能之后，年纪稍大点的儿童会选择更进一步，去从事更有挑战性的工作，如学习制陶或编织。在有人会纤尊降贵，花费时间教导她或他之前，儿童必须表现出足够的力量、身体技能和动机——学徒制对这些方面提出了更严苛的要求，而且学徒制所具有的强制性也强化了师傅的崇高地位。尽管如此，不管是在非正式的手艺传授，还是正式的学徒制中，成人都不愿意在教学上花时间，学习者必须在很大程度上依靠自己取得进步。

向成年期过渡的生活①

青春期的永恒悖论是，当儿童在生理上已经准备好要求成人的诸项权利（例如，组建家庭）时，社会却不准备给予他们这些权利。不过，人们却仍然期望儿童放弃年轻人的消遣。因此，青春期的儿童就生活于迷惘状态（limbo）之中，并使其他人抓狂。各个社会已经发明了各种各样的方法来处理这一问题。东非牧民马赛人（Masaai）让年轻男子远离栖居地，去四处

---

① 原文为"Living in limbo"；从字面上看，这一短语可译为，生活于中间/过渡/不确定的状态之中。作者在书中采用这一表述，用以指示青春期儿童既不能像更小的孩子那样受到细心的关照（并承担较少的杂务和责任），又缺少成人的身份和相应的权利，处于某种没有着落的状态。结合本书的具体内容，为便于读者理解，将其译为"向成年期过渡的生活"；也可以译为"向成年生活过渡""青春期儿童的生活"。——译者注

巡逻；而克佩列族则要求年轻人①在"丛林"学校忍受为期4年充满挑战性的灌输，之后才能获准享有成人的权利；特罗布里恩岛的居民赋予青少年有限的权利：他们可以发生性关系，但不能开始组建自己的家庭。

就像童年②一样，青春期也可长可短。有几个因素，尤其是饮食质量，影响了发育期（puberty）③的开始。在世界范围内，出现月经初潮的平均年龄可提早至12岁，也可以推迟至17岁。女孩的发育期比男孩提早一两年，她们对异性的关注和对异性的情欲可能会更早开始。而男性与还未进入青春期的女孩调情，实际上，可能会促进女孩月经初潮的发生，从而促进其生殖系统的发育。女孩通常直接从妈妈的"家"（hearth）过渡到她们自己的家；因此，对女孩来说，青春期这样一个社会化的阶段可能相当短暂。不过，从另一方面来说，年长的男性可能会反对年轻男性接近发育期后（post-pubescent）的女性，而且/或者年轻男性可能要付出沉重的经济代价才能结婚。无论是哪种情况造成的推迟结婚和推迟组建家庭，都会导致男性青春期的延长。

在大多数社会中，青少年只能身不由己地接受指派给他们的未来——当学徒，当兵，当办公室职员，而且他们的婚姻也是被安排的。然而，在他们承担上述这些新角色之前，他们所处的边缘化状态有时是对社会有益的。生活在群体的边缘（在许多案例中确实如此），他们所冒的风险可能会导致他们发现有用的资源，或者，唉，潜在的危险——这一模式广泛地存在于灵长目动物的社会秩序中。在社会快速变迁的时期，青少年可能会比

---

①　在本章中，作者所提到的"年轻人"（不管具体采用了哪些措辞）都是指青少年（adolescents）。——译者注

②　在英文中，"childhood"（童年）和"adolescence"（青春期）是两个不同的人生阶段；后者对应的人群是"pre-teen"（9—13岁），以及"teen"或"teenager"（13—19岁）。从生物学上看，青春期孩子的生理、心理、行为都发生了较大的转变，与前一个阶段有明显差别。不过，由于大多数国家的法律都把青春期的儿童认定为未成人（minors），所以，从社会文化的层面上看，人们通常会把青春期划归于童年。而严格来讲，青春期是儿童发育为成人的时期，是处于童年期和成年期之间的人生阶段。——译者注

③　在英文中，"adolescence"是指"childhood"和"adulthood"之间的过渡期；而"puberty"是指身体达到性成熟，开始能够繁殖后代的时期。因而，虽然二者都是指青春期，但是，"adolescence"偏重强调的是儿童的社会及心理方面的成熟，而"puberty"仅是强调儿童的生理成熟。

成人更快地采用新的习俗和新的生存策略，从而成为社会变迁的"渠道"。

在我们的社会中，我们痴迷于标记儿童发展的里程碑事件：生日，生理事件(睡一整夜，出第一颗牙，能控制大小便)，以及，尤其是学业升级。而在我们将要研究的那些社会里，上述种种里程碑事件极少被记录。然而，即使是在结构最简单的社会中，儿童向青春期和/或成年期的转变也可能是以各种(有时是精心设计的)过渡仪式为标志。我在本书中将给出理由说明，人类的惯例是对年轻人采取放任自流的态度——这与珍视幼儿的社会所特有的那种小心翼翼照顾儿童的态度形成了鲜明的对比。然而，各种过渡仪式都表明在儿童生命轨迹中会出现一些被广泛认可的、无可否认的"航向修正"。这一里程碑①得到了整个群体的承认。儿童受到了与此前不同的对待；对他们的预期已经改变。

在发育期刚开始之前或之后实行的割礼仪式，是对个体"成年"的认可。诸如此类的仪式表明一种转变，即从对男女混合的放任态度转变为对(尤其是女孩的)性欲的严格控制。在那些以战斗为中心的社会②里，人们利用这些过渡仪式③强行把男孩从其母亲身边拉走，并以严酷的方式向其灌输严苛且隐秘的男性文化。这种训练和灌输的过程可能会持续多年，而且在少数案例中，这一过程也包括巩固男性压迫女性的现状。

23　　婚姻是后续的过渡仪式，但它可能是在青春期初始或青春期快结束时举行。在高度重视童贞的地方，女童会在发育期开始之时或更早的时候就被嫁出去。而在勇士文化中，年轻男子的婚姻被推迟。无论如何，婚姻通常是被严格管控的，因为它牵涉不同家庭间的财产转移。

在传教士和政府的干预下，伴随着现代通信系统的推广，上述这些习俗逐渐消失，从儿童期到成年期的转型方式也发生了改变。这往往意味着成人对下一代的影响减弱了，而且传统文化的口头传播也陷入了困境。取

---

①　原文如此。此处指的是儿童从青春期向成年期过渡的那个过渡仪式(也就是"成年礼")。——译者注

②　指勇士社会。——译者注

③　例如割礼。具体说明参见本书第八章中的"创造勇士"一节。——译者注

而代之的是，青少年似乎接受了一种流行文化，这种文化看重可口可乐、流行音乐，还有，尤其是上学（school attendance）。

驯服自主学习者

我在本章的前述部分提到，我所采用的是归纳法。[①] 这一点在本书第九章中得到了充分体现——该章专门论述学校教育的作用。而一旦从人类学的角度看待童年，我就强烈地意识到学校教育是多么怪异。正规教育里的许多做法与儿童学习的"惯常"方式背道而驰。在现代社会，儿童的成长道路千差万别，但他们都必须接受过学校教育或者至少参加能够衡量个人学术水平[②]的考试。

一个由归纳而来的见解是，学校教育似乎有两大模式。东地中海地区那些最早出现的、训练抄写员的学校，看起来与第七章中详细论述的各种学徒制一模一样。举例而言，在学徒制中，师父态度冷淡、性情孤僻，他的主要任务似乎是示范（而不是实实在在地传授）和惩罚，而学徒则要重复做各种低贱的杂务，还有，学习环境艰苦、要求苛刻，以及教学内容贫乏；上述这些学徒制的特征，也全都是学校教育的特征。而且，在西方进入现代社会之前，这一直就是学校教育的实情，直至今日，在经济不发达地区的大部分农村学校中，仍然如是。最近，（特别是怪异社会中的）学校已经是"进步的"，并且是更加温和的。然而，并不是每一位学生都能在这种更加强调要以学生为中心的机构里取得成功；事实上，在许多学校中，大部分学生都失败了。即使是"及格"的学生也表现出对学校学习的"抵制"。

当学校被引入本书所着重描述的各种各样的村庄时，它们可能会引发某种复杂的反应。尽管条件艰苦，孩子们可能会欣然接受"变得摩登"的机会，抛却放牧或锄地的辛劳，到城里找一份轻松的白领工作。当然，他们

---

① 见本章第一节最后部分（第4页）。——译者注
② 作者在此用了"measure one's progress up the academic beanstalk"的表述，这或许与英国民间童话《杰克与豆茎（Jack and the Beanstalk）》相关。——译者注

中的大多数人会发现，在停止发展并且/或者正在被贪污侵蚀的经济体，付薪的岗位非常少，学校为他们求职所做的准备远远不够。父母们对于送子女上学就没有那么热心了，尽管他们也可能梦想着分享其子女所期望的薪水。正如我们已经看到的，儿童是农村劳动力的重要组成部分，因而父母可能会抵制包括学费、书本和校服在内的额外支出。这种情况在女童身上尤为严重；她们的付出对于维持家庭生计至关重要，而且上学可能会损害其适龄结婚的可能性。不过，从另一方面来说，当女童确实有机会获得最低限度的读写能力时，她们的人生前景，特别是她们子女的人生前景，就会得到改善。受过几年的学校教育确实看起来改变了个体的世界观和推理能力——个人会以更具分析性的视角看待村庄生活的全貌。受过教育的村民现在能够(至在理论上是这样的)把自己置身于一个与其父母不同的世界(Lerner，1958)。

这一章的标题反映了这样一个事实：人们要把儿童变成求知心切、聪明且成功的学生，可能需要"驯服"他们，需要把他们变成"书呆子"。儿童必须学会服从、自制、守纪律，还有，最重要的是专心聆听教师的教导——最初的教师是父母。有两种普遍的文化模式会让人联想到那些能把家中自主成长的学习者成功转变为勤奋的学生的家庭。在欧美的或者怪异社会的群体中流行的"精细养育"(intensive parenting)①方式，还有，许多亚洲群体，以及生活在美国与欧洲的亚洲裔移民所患上的"虎妈"(Tiger Mom)综合征，都与这些文化模式相关。相反，我们也可以看到，生活在农村和城市贫民窟里的孩子即便有(不成功的)上学经历，也没有体验过上

---

① "intensive parenting"确切地说是"child-centered, time-intensive approach to parenting"(以儿童为中心、时间密集型的养育方式)，因而，国内译为"密集型养育方式"；为便于读者理解，译者将其译为"精细养育"。据美国的相关学者说，这是当前美国社会各阶层都赞成的主流育儿方式，是(此前主要在中产阶层中流行的)"直升机式育儿"(helicopter parenting/helicoptering)的新阶段(本书第368—369页对"直升机父母"有所论述)；举例来说，采用这种育儿方式的"好"父母，会帮助孩子参加课外活动，会在家里与孩子玩耍，会询问孩子的想法和感受，也会采取与孩子讨论的方式，帮助孩子了解自身的不当行为。不管采用的是哪种措辞，简单来说，这一表述就是指当代美国父母在育儿方面，投注了大量的时间、精力和金钱，并因此承受着巨大的身心压力。或许，我们可以说，这类似于中国社会"鸡娃"父母所采取的围着孩子转的育儿方式。——译者注

述此种积极的养育方式。

太少的童年？太多的童年？

大众误以为人类学独有的角色就是研究过去的人类生活。恰恰相反，当我们致力于研究当前的童年并展望未来的童年时，我们能看到，事实上，人类学家站在童年研究的最前沿。本书的最后一章将关注儿童生活中新出现的议题，这些议题有可能在未来的几年里成为政策制定者们的关注重点。希望查尔斯·狄更斯（Charles Dickens）莫见怪，我们也许可以说，这个时代，对于儿童来说，是最好的时代，也是最坏的时代。对于这世界上相当少的一部分儿童来说，生活是美好的。不过，要是考虑到儿童肥胖症流行的话，或许这生活也太过美好了。在人类文化中，珍视幼儿社会中的儿童的受宠及富有程度前所未有。然而，世界上还有很大一部分儿童生活于窘迫的环境中，他们要从事繁重的劳动，忍受贫穷，遭受剥削，置身于城市暴力或国内冲突的风险之中。而人口过剩的农村地区可能不再是安全的避风港。为了获得食物，"多余的"儿童可能会选择或者被迫离开自己的家，出门去找工作，或者加入街头流浪儿或"叛乱"民兵组织的行列。

然而，还是有许多贫困儿童会依附于家庭——即使他们可能受到剥削和虐待。在尊崇长者的社会中，儿童的义务感和责任心受到了传统习俗的强有力控制——这恰恰与"唯我"（me）一代①的习俗相反。在那些被艾滋病摧毁或者受到长期失业打击的家庭中，儿童是养家糊口的人。一旦儿童离开自己的家庭到街头谋生，他们可能会发现自己的生活水平实际上有所提高。关于"街头流浪儿的文化"的研究还处于起步阶段，但是我们已经可以看到一个正在成形的轮廓。年纪很小的孩子可能会得到那些年纪较大、更有经验的孩子的庇护。他们被允许追随（shadow）更有经验的孩子，以学习一门生意（例如，乞讨、沿街叫卖），他们的"学习环境"与离家前从事杂务课程时的学习环境有些相似。街头流浪儿可能会彼此分享资源，也会用一

²⁵

---

① 实际上是指珍视幼儿社会里的孩子。——译者注

些虚构的亲属称谓来表示特定的关系(比如称呼对方为"兄弟"或"老婆"),这样,他们的关系就演变成了"家庭"关系。街头流浪儿会占据特定的"家庭领地"(home territories),以便保护自己并能隐藏身份。还有,他们形成了独特的俚语和着装风格。简言之,街头流浪儿参与了一种新文化的构建工作。然而,正是这种街头流浪生活的独立性阻碍了救助机构的工作——把他们集中起来,赶入可以提供保护与照顾的机构里①。

在珍视幼儿的社会中,儿童所面临的问题主要在于,焦虑的父母对他们过度保护。尤其是,对于孩子是否快乐的焦虑会导致父母某种程度的过度反应,从而对孩子造成不良后果(例如,高糖饮食、情绪控制类药物、学业倦怠)。在养育孩子的过程中,父母高估了子女所面对的风险、陷阱以及挫折,给予他们过度的保护,这就意味着孩子们从环境中学习的能力将会受到损害。在珍视幼儿的社会中,儿童在适合的、"安全的"环境中接受教育,所使用的是"专家认可的"课程——由过度介入的父母、"最好的"教练与教师来提供。其结果就是,一个孩子如果不是"情绪低落"的孩子,那他就是一个经常无所事事、缺乏礼貌、体形臃肿的孩子。

关于童年的本质,我们已有许多广为流传的假设,然而,运用人类学视角,我们可以看到另一种"风景"(picture);本书第十章的最后部分,以对比的方式,列举了这两种"风景"的诸多不同之处。

注释

[1]"小天使"一词具有多种含义,依据特定的历史时期或者人们所查阅的文献而有所不同。在现代用法中,小天使是一个胖嘟嘟的、天使般的、稚气的生物,是天真无邪的化身。

---

① 此句的意思是,街头流浪儿会相互合作,他们能够自力更生、自给自足,他们喜欢独立自主,而不是被迫接受圈养式的救助。——译者注

[2]"调换儿"是中世纪基督教徒借用的一个异教概念。像杜鹃鸟①一样，山精(trolls)②或小精灵(elves)③可能会用它们古怪的后代替换人类婴儿。而婴儿的母亲只能求助于某些旨在摆脱那个"占巢者"的惩罚性措施，希望它的父母能把自己的孩子送回来，再次调换，把小怪物带回去。

[3]"chattel"一词起源于拉丁文的"*capitale*"(意为财富、财产)。而与其紧密相关的用语"cattle"(牛)也有类似的起源。典型的罗马贵族家庭可能役使一百余名奴隶，因而这些奴隶的货币价值占了奴隶主个人财产的很大一部分。即使在没有实行奴隶制的社会里，儿童也被视为户主的财产。

[4]其中一批重要的、但绝不是唯一的资料收录于人类关系区域档案(Human Relations Area Files)中。网址：www. yale. edu/hraf/collections. htm，检索日期：2014 年 2月 1日。

[5]关于民族志在童年研究中的价值，更广泛的论述参见 Lancy (2001a)。

[6]公平地说，大多数民族志学者都犯了个重大失误。由于人们认为每种文化都是独特的，并且期望民族志学者在收集数据时保持清醒的头脑，不受民族中心主义偏见的影响，因此，民族志学者对于自己感兴趣主题的其他民族志研究成果，也就很少予以关注。简言之，在民族志学者的研究中，文献回顾以及旨在评估研究结果普适性的分析可能相当粗略。结果是民族志的研究结果几乎没有什么积累和完善；但是研究结果的积累和完善在科学领域却很常见(Tooby and Cosmides，1992：44)。因此，民族志很少与学术网络发生联系，而且随着时间的推移，它们也被遗忘了。这在一定程度上解释了为什么民族志记录中有未被开发的材料，为什么这本书填补了空白。此处可能是向梅里尔-卡齐尔(Merrill-Cazier)图书馆的资源及其工作人员致敬的一个适当时机。如果没有该馆工作人员的帮助，我就无法复活这些鲜为人知的或者被遗忘的珍贵资料。

[7]童年早期儿童发育缓慢，这意味着喂养成本较低(孩子身体小，不需要那么多的卡路里)；而青春期儿童发育迅猛，这表明儿童现在能够满足自身大部分的营养需求(Gurven and Walker，2006)。

---

① 杜鹃鸟(俗称"布谷鸟")一般不筑巢，而是将自己的蛋偷偷地下到其他鸟类(宿主)的巢里，让宿主来孵化和育雏，而且杜鹃鸟的雏鸟在出壳后，会把巢里宿主的鸟蛋和雏鸟推出巢外。因而，称之为"恶魔"并不为过。——译者注
② "troll"是指斯堪的纳维亚神话中长得像人(侏儒或巨人)、居住于洞穴中或者在山上出没、专门偷小孩的丑陋怪物。——译者注
③ 具体点说，"elf"这个词是指神话故事中会戏弄人、爱搞恶作剧的小妖精。——译者注

［8］然而，如果压力主要是由食物短缺引起的，例如由饥荒造成的、为期不长的食物短缺，那么，在儿童身上出现的反应可能只是发育和成熟速度的短暂减缓（Lasker，1969：1485）。

［9］我大体上检阅了相当多的历史二手资料。历史学家关注的是长时间的变化以及特定事件或个人所造成的影响，而我将历史案例与民族志案例等量齐观。例如，我发现，关于学徒制本质的历史记录和民族志里的记录近乎一致（Lancy，2012a）。

［10］关于这种现象的一个生动例子是"防止儿童开启的"包装；可惜的是，它也是年长者开启不了的包装。

［11］珍视幼儿的社会可能是奇特的例外：那里的成人可以容忍"无礼的"孩子。参见本书第二章第71—72页。

第二章

给儿童估价

引言

> 在（公元 6 世纪欧洲的）《萨利克法典》（Salic law）中，……杀死一名育龄期的年轻、自由民妇女必须赔偿 600 苏（sous）；（但是）杀死一名男婴只需赔偿 60 苏（如果是女婴的话，仅赔偿 30 苏）。（Alexandre-Bidon and Lett，1999：10）

> 对于科罗威人来说，……诸如"饥荒""饥饿"和"缺少西米"之类的词语都是受欢迎的儿童名字……孩子明显就是一个处于匮乏状态的人，需要依靠他人来获得幸福。（Stasch，2009：168）

> 《旧约》见证了这样一种观点，儿童本质上是上帝给予成人的一种恩典。就像牲畜或庄稼之类的各种恩典一样，他们被视为圣恩的明证。（Horn and Martens，2009：43）

许多关于儿童的当代文献都确认，亲子关系对于社会的运行至关重要。此外，这些文献也认为，这种关系在很大程度上是单向的。换言之，父母对子女有多方面的责任，而子女对父母的责任即使有，也是少之又少的。然而，当回顾其他社会中关于儿童的文献时，我们可以看到不同的景象。例如，西非的"伊柔人（Ijo）认为，父亲继承儿子的遗产，与儿子继承父亲的遗产一样容易"（Hollos and Leis，1989：29）。本书第一章图 1 所描绘的尊崇长者的社会与珍视幼儿的社会的两个"价值金字塔"，就呈现了这种反差。维维安娜·泽利泽（Viviana Zelizer）详述了过去一个世纪欧洲、北美和东亚地区"儿童价值"观的逐渐变化，即儿童从（为家庭经济作出重要贡献的）未来农民或工厂工人转变为经济上昂贵但情感上无价的小天使："在 19 世纪，一个孩子的劳动能力决定了他的交换价值，然而 20 世纪，一个孩子的市场价格却是由他的微笑、酒窝和卷发决定的"（Zelizer，1985：

171）。从一个更普遍的视角来看待我们的文化，我认为，我们生活在一个珍视幼儿的社会，它与我在一个西非村庄的研究中所发现的尊崇长者的社会截然不同；那个村庄名为邦加苏阿奎勒（Gbarngasuakwelle）①，居民主要是克佩列部落成员（Lancy，1996：33）。在珍视幼儿的社会里，儿童说了算。举例来说，我们全部的节假日，传承数千年，如今几乎全都变成了儿童的庆祝（和花钱）日（Cross，2004：6）。只要是逛超市，人们不免会撞见这样的情形：一位疲惫不堪、身材走样、不修边幅的母亲身边站着她那芭比娃娃般完美的女儿。在我们这个以儿童为中心的社会里，道学家们对那些选择工作而不是每时每刻都在照顾子女的母亲们大加谩骂（Eberstadt，2004）。

珍视幼儿的观念还孕育了这样一种趋势：我们称为"童年"的那一部分生命周期被稳步延长了。如今，20多岁的男女青年们仍然"窝在巢里"，而在早前的时代里，他们本已结婚、建房、生了几个孩子（Armstrong，2004）。在"童年"的另一端，在医疗界和宗教界相关人士的稳步推动下，童年的起点被提前到了胚胎细胞开始分化（conglomeration）②的时候。

本章以一些引人注目的案例开头③；那些来自美国和日本的案例说明，父母会将极其无私的爱给予自己所喜欢的子女。这种做法与我们随后要仔细研究的、广为流传的习俗——为了父母、家庭以及整个群体的、更为重要的利益，儿童会被牺牲掉，形成了鲜明的对比。牺牲婴儿的行为不仅仅是被容忍的，而且可能会受到令人尊重的古老习俗的保护。看待儿童的功利主义态度也与某种被广泛接受的观点有关，即人们认为，儿童应该通

---

① 在《嬉戏于母地：儿童发展的文化惯例》一书中，戴维·兰西对"Gbarngasuakwelle"的发音做了介绍——"barn-ga-suuaah-k（plosive sound）-weh-leh"（Lancy，1996：33）；他称"邦加苏阿奎勒"为一个"town"（镇），不过从他对这个镇的具体描述来看，它更像是一个村（比如说，公共机构稀缺，没有足够多样的工作岗位等）。在本书中，戴维·兰西有时会明确说邦加苏阿奎勒"村"，有时又说这是一个镇。因而，译者不做区分，照原文直译。——译者注

② "conglomeration"原意是聚合物；在生物学里，它也用来表示（细胞的）分裂过程。不过，对于胚胎细胞来说，它们不只是分裂，还有分化（即分裂成不同类型的细胞）。此处，用了"分化"一词，既指胚胎细胞的分裂（由一个变为多个）也指它们的变化（由一种变成多种）。——译者注

③ 此一节是"引言"，作者所指的是下一节的"开头"。——译者注

过(当农场工人、保姆、商贩和工匠)劳动，为增进自己家庭的福利作出贡献。这一观点与当代观点形成了鲜明对比，它也影响了人们对待被收养儿童的传统态度。但是，有一类社会——觅食游群，不能充分利用儿童的劳动。其原因是，儿童缺乏觅食所需具备的身体素质。而且，在这些具有高度流动性的社会中，生育及育儿习俗所强调的是，确保人数较少的后代能存活下来。因此，觅食群体内的成人—孩子的互动行为与珍视幼儿社会里的情形有些相似。本章的结尾部分简要地叙述了我们的孩子是如何变成我们眼中的小天使的历史，并指出事关珍视幼儿社会未来前景的、一些令人担忧的问题。

昂贵的小天使

> 父母们谈到，他们为一个 5 岁孩子的生日派对花费了 450 美元……还有，花费了数百美元购买万圣节服饰。(Pugh，2009：84-85)

在美国，儿童已经成为最重要的"大额"消费品。早在孩子出生前，计价器就开始长时间运行了。1999 年，洛杉矶一位著名的产科医生放弃行医，转而为准父母们提供售价为 250 美元的胎儿三维超声波图。到了 2014 年，售价只需 300 美元的胎儿三维和四维的影像服务①遍布全美。[1] 而另一个蓬勃发展的、专为儿童而设的生意是生日派对。关于"公主派对"，有一个能提供有用资讯的网站"发出邀请"："你准备好把你的家变成家庭娱乐城堡，把你的门廊变成宫殿桥了吗?"人们预料父母们将付出数个小时的努力，支付一大笔钱，来举办这个令人难忘的独特活动。时间紧迫的父母可以与"纳塔利娅(Natalie)"公司签订合同，让其负责组织一场两小时的"公主"派对，为此仅需支付 180 美元(包括运费)。[2] 希拉·查普曼(Sheila Chapman)乐意为她儿子的生日派对花费 3000 美元，她说，因为"我想让他

---

① 国内通俗说法为"三维和四维彩超"；三维彩超只是"摄影"(胎儿静态的立体图像)，四维彩超是"摄像"(胎儿动态的图片)。——译者注

知道，我认为他是多么重要和特别"（Mitchell，2008：B1）。为了我们的小天使，我们似乎可以无限付出。美国农业部 2007 年发布的一份报告估算，一个家庭要把一个孩子从出生养育到 18 岁，全部花费将超过 20 万美元（50年间，花费增长了 18 倍）；[3] 但是，这是最保守的数字，并没有把拍摄超声波图、举办生日派对、雇佣保姆等方面的费用，或者私立学校的学费计算在内（Paul，2008）。在库斯罗（Kusserow）关于纽约市三个社区的儿童养育情况的民族志研究中，"园畔区"（Parkside）是最独特的：

> 三岁时，园畔区的孩子们已经被认为是小竞争者了：这些个头小但身心完整的"小人们"有自己的品位、渴望、需求和欲望……孩子们在私立幼儿园入学……入学竞争极为激烈……（一位父亲看到了）……风险投资和抚养孩子之间的（相似性）……（一位母亲）……说，"什么也阻止不了她的孩子们出类拔萃"……虽然上各种各样的课程、报各式各样的班，花费甚多……这是必须做的……"我女儿在国际象棋和滑冰方面很出色，我可是为此花了大价钱的。"（Kusserow，2004：81，82）

像奴隶一样侍奉子女的现象也在日本出现，那里的"母亲满足婴儿的每一次心血来潮"（Shwalb *et al.*，1996：170）。例如，日语中的"胎教"一词，是指用以指导孕妇的一套复杂的习俗和重要观念，孕妇的生活节奏必须与其尚待出生的孩子同步。她应具有积极乐观的想法，置身于赏心悦目的风景、声音和香气之中，同时避开与上述情形相反的事物（Kim and Choi，1994：239-240）。有句韩国谚语说："胎教十月比出生后教育数年更有效。"（Shon，2002：141）如今，日语中的胎教一词也含有采用新技术以促进儿童学业成功的意思，例如，"孕妇在腹部系上一种共鸣装置，大声地朗读英语教材"（White，2002：134-135）就是其中一种做法。 ²⁹

虽然上述那些父母看起来有点"溺爱"孩子，然而，没有人会认真地质疑现代美国或日本的父母是否应该承担这样的义务：父母在子女身上投入大量的时间和金钱，而除了子女回馈的爱和情感之外，并不期望他们给予任何物质的或有形的回报。实际上，父母对子女近乎痴迷，他们过于担忧子女的健康和安全，这使得他们陷于一种"过度警惕"的状态。除了销售量破纪录的"保姆监视器"外，人们现在用一系列精密的、受五角大楼启发的监听设备来监控儿童(Katz，2005：109)。有些高度警惕的美国父母尽管采取了所有必要的预防措施，但最终还是生下了"有缺陷的"孩子，那么，他们就会觉得自己是极大不公正的受害者(Landsman，2009：30)。正如我们将在本章中看到的，现代的、珍视幼儿的社会中的育儿状况，不同于几乎所有被研究过的前现代社会。

在如何对待死胎、婴儿夭折以及早产儿、有医学缺陷的婴儿方面，我们的观点与某种更为普遍的模式形成了鲜明对比：古希腊人和古罗马人将病弱的、难看的或者不想要的婴儿"弃置荒野"或者以其他方式扼杀；在古代，中国人和印度教教徒会杀害刚出生的女儿，以便母亲有机会再次怀孕，生下更令人中意的男婴；日本人把杀婴比作在自家稻田里"间苗"；而对于诸如因纽特人或黑瓦洛人(Jivaro)之类的觅食群体来说，他们会把不想要的婴儿留给大自然去"认领"；还有，在19世纪的伦敦，人们把婴儿尸体丢弃在公园和街边(Scrimshaw，1984：439)。即使在今天，[4]让婴儿足月出生并予以养育的决定也绝不是自动作出的。让我们来仔细研究一下，某些在其中起作用的因素。

计算育儿成本

当后代的生存概率很低或需要付出太多精力照料时，母猕猴脑中的某种机制就会"关闭"母爱。(Maestripieri，2007：113)

(在丘克环礁①上)如果占卜显示那个孩子是一个 *soope*(鬼魂或幽

---

① 丘克环礁(Chuuk Lagoo)以前称为特鲁克环礁(Truk Atoll)，位于中太平洋地区，是构成密克罗尼西亚联邦(Federated States of Micronesia)的四大岛屿之一。引文原文所写的是"Truk"。——译者注

灵)，孕妇可能也会被①堕胎。如果婴儿先天畸形……人们有时也以类似的迷信为理由而将其杀害。(Fisher，1963：530)

对于某个特定的孩子，父母究竟是如何决定要投入多少时间和精力的呢？试想一下：一个"生病的婴儿既增加了父母的投资成本，同时，又降低了投资回报的可能性"(Volk and Quinsey，2002：439)。赫迪认为，婴儿会注视母亲及其他照顾者，密切关注他们的面部表情与情绪，婴儿还具有胖嘟嘟的身体以及其他稚嫩的特征，所有这一切都旨在向母亲及其他照顾者发送一个明确的信号："养我！"相比之下，婴儿自闭行为所发出的信号则是"不要养我！"(Shaner et al.，2008)一个社会是否愿意接受一名新生儿，这通常取决于这名新生儿是否有一对父母。举例而言，婴儿的父亲或母亲已亡故，就是(巴拉圭的一个觅食社会)阿切人(Aché)杀婴的理由。

那个婴儿个头很小，没有什么头发。阿切人不喜欢出生时没有头发的孩子。母亲身处分娩后的恢复期，这时没有哪个妇女会自愿抱那个婴儿，也没有男人走上前去帮忙割断脐带。这些迹象很明显，所以库钦吉(Kuchingi)仅仅说了一句话就把事情定下来了。"埋了那个孩子，"他说："它②是有缺陷的，没有头发。""此外，它没有父亲(被美洲虎吃了)。而且，贝塔盘吉(Betapangi，婴儿生母的现任丈夫)不想要这个孩子。如果你要留下孩子，他会离你而去的。"皮拉珠吉(Pirajugi，婴儿的生母)一声不吭，老妇人卡妮吉(Kanegi)开始默默地用一截破损的弓挖洞。那个孩子和胎盘被放在洞里，盖上红色的沙土。几分钟后，阿切人将他们的什物打包，婴儿的祖父贝普朗吉(Bepurangi)开始用他那张松了弦的弓在矮树丛中开辟一条小路。虽然

---

① 结合引文原文上一句的意思，堕胎"手术"通常是由孕妇的母亲来执行的，她会按压孕妇的腹部，直到胎儿被挤出体外。(Fisher，1963：530)——译者注

② 在本书中，有多处提及婴儿(甚至幼儿)时用"it"来指代(或许这更符合某些人类群体未授予婴儿/孩子人格的现实)。——译者注

皮拉珠吉感到疲惫，但她不用背东西，因而她也能跟上众人。（Hill and Hurtado，1996：3；另请参阅 Mull and Mull，1987）

在处置"多余的"孩子(大概占出生婴儿总数的五分之一)的问题上，阿切人是特别直接的。这是因为他们那种四处游荡、采集食物的生活方式，给父母们带来了巨大的责任。父亲是主要的食物供给者，而母亲既要提供食物也要警惕着丛林中的危险。在他们相对短暂的一生中，不论男女都面临着重大的健康和安全风险，因此，他们将自身的福利置于子女的福利之上。针对数个觅食社会所开展的一项调查显示，杀婴的意愿与"在四处游荡的路上携带不止一名婴幼儿"(Riches，1974：356)的艰巨挑战之间有紧密的关联。

类似的态度也普遍存在于南美洲的其他觅食群体中。[5]巴西中部的塔皮拉佩人(Tapirapé)仅允许每个家庭有三个孩子；所有多出来的孩子必须被丢弃在丛林里。因为整个群体都受到了季节性资源短缺的影响，这就决定了他们必须采取此种措施(Wagley，1977)。事实上，人们要作出是否养活一个看似健康的婴儿的决定，其最普遍的判断标准是，是否有足够的资源(Dickeman，1975)。在玻利维亚的爱约列族(Ayoreo)觅食群体当中，按惯例，女性在进入某种类似婚姻的稳定关系之前，会有几次短暂的、通常会导致怀孕的风流韵事。① 通常，"不合法的"后代在出生后会立即被埋掉。在布格斯(Bugos)和麦卡锡(McCarthy)开展田野调查(1984)期间，当地出生的 141 个孩子中，有 54 个在出生后就被杀害了。

在农业社区中，人们通常欢迎更多的农活帮手的加入。尽管如此，在日本乡下，一个家庭会因为生育"太多"孩子而受到指责，而且可能会因为未能"遗弃'多余人口'"而遭到排斥(Jolivet，1997：118；另请参阅 Neel，

---

① 照字面意思来说，作者在这里的行文有可能会使中文读者产生一个误解，似乎这些女性在尝试性生活后，导致了怀孕，由此才与"孩子他爹"建立起了婚姻式的关系。然而，结合前后文的叙述，我们可以看到，即便是生育了孩子，这些孩子只要不被认可，也会被扼杀掉。显然，这些女性未必都是"奉子成婚"。——译者注

1970)。我们要知道,从新陈代谢的角度来说,母乳喂养的"成本"比怀孕高得多(Hagen,1999:331)。在贫困的巴西东北部地区,妇女几乎不能指望从孩子的父亲那里得到什么支持,她们自己所拥有的资源也很贫乏。因此,在当地人看来,"孩子死于匮乏(*a mingua*)[1](伴随着母亲的冷漠和忽视),这是母亲对有缺陷的子女所作出的合适反应。在关于如何当母亲的学习内容里,有一部分是……包括学习何时把孩子'放手'[2]"(Scheper-Hughes,1987b:190)。提早停止哺乳的做法(这是母亲尽量减少育儿投资的一种表现),得到了一套精心设计的民间观念的支持——人们认为,母乳具有"脏""苦""咸"或者"带病菌"(infected)的特点,可能是有害的。母亲们会灵活地利用另一类民间疾病——"*doença de crianca*"[3]来作为理由,决定是将某个孩子交还上帝之手,还是将其养育为一名真正的"斗士"。在一项以72名妇女为样本的研究中,妇女们总共怀孕686次,而在她们生下来的所有婴儿中,有251名未能活到一岁(Scheper-Hughes,1987a)。在(南非)金伯利钻石矿场附近的一座贫民窟中,我们也在母亲们身上看到了相似的宿命论。她们的婴儿经常死于"*skelmsiekte*"(rogue-sickness),这是由于:

"*Vuil melk*"(肮脏的母乳)——这是滥交对母乳所造成的影响……母亲们靠卖淫……得钱,给子女买食物……如果有人要问,谁是"*skelmsiekte*"中那个"rogue"(流氓),她们会不约而同地说,"生活状况"就是那个流氓。(Lerer,1998:239,243)

───────────────

① 此处的"a mingua"实际上应是葡萄牙语里的短语"à míngua de"(for want of,因缺乏)。经查证引文原文:该作者的调查对象是一群贫民窟里的妇女,这些妇女将生活比喻为强者与弱者之间的斗争,并引用这一比喻来说明,让一些婴儿,尤其是身患重病的婴儿死于"a mingua"(即不给予关注、照顾和保护)的必要性。该作者随即进一步解释道,"It means to die of want"。而且,该作者继续解释道,妇女们会用上述的比喻来看待为婴儿哺乳的行为——她们会被孩子吸干(Scheper-Hughes,1987b:187-188)。——译者注
② 此处即是说,让孩子自生自灭。——译者注
③ 在葡萄牙语中,"doença de crianca"意为"儿童疾病"。——译者注

儿童营养不良的情况不仅仅在"穷人"中出现。当尼泊尔塔芒族 (Tamang)母亲去远处的田地里干活时,她们把断奶的婴儿留在家中。而孩子们整天自个待着,吃不干净的剩饭剩菜(Panter-Brick,1989)。在喜马拉雅山脉的某些地区,高海拔地区的生活让整个孕期都要干农活的孕妇付出了额外的代价。她们所生下的孩子不可避免地出现了出生体重过轻及其他并发症,因而存活的机会大大减少了(Wiley,2004:6)。在那些地区,相比其完全成熟的、多产的母亲的价值,一个新生儿的价值总是微乎其微的。人们会密切关注婴儿母亲的健康状况,并予以细心的照顾,却对于婴儿的死活不那么在意。对于婴儿之死,人们"会感到悲伤,但也会有一种听天由命的感觉……死婴被埋葬,而不是像成年死者那样被火化"(Wiley,2004:131-132)。

生活于第三世界的母亲们疏于照顾自己的婴儿,或者,更主动地遗弃或杀死他们,她们这样做是因为她们有些"未开化",或者缺乏任何生孩子的渴望、意图或乐趣吗?根本不是这样的。阿切人(就是上文提到的、把他们不想要的婴儿埋掉的那群人)总是相互谈论自己孩子的生长状况,以及孩子已经通过了哪些重要的人生发展节点。"'切朱吉(Chejugi)会坐了';'我的孩子现在会走路';'她真的会说话了';'他已经长成个小伙子了';'她的月经初潮快来了,她开始思春了'。诸如此类的评论在任何的闲聊中都是重要的插话"(Hill and Hurtado,1996:341)。

有两位终身致力于研究母亲育儿活动的人种学家——莎拉·赫迪(Sarah Hrdy)与南希·舍珀-休斯(Nancy Scheper-Hughes)分别指出,"养育行为必须被诱发,强化和保持。养育行为本身也需要被培育"(Hrdy,1999:174),而且"诸如'联结''依恋''关键期'……定义不明确、脱离文化语境的术语的有用性……(必须受到质疑)……这些术语似乎不足以描述和囊括那些在资源极度稀缺以及儿童死亡风险高的情况下的育儿(mothering and nurturing)经验"(Scheper-Hughes,1987a:149)。

虽然新手妈妈可能正在评估育儿的精算赔率(actuarial odds)①,[6]但是

---

① 此处作者或许是要表明,新手妈妈可能会在育儿过程中随时评估继续(或放弃)育儿的风险和收益。——译者注

我们知道，有许多新手妈妈患上了产后抑郁，而那些情况相对不严重的新手妈妈则会疏远并漠视她们的子女。有人会说，母亲不能立即与婴儿建立联结，这是"适应性行为"，因为它允许母亲有作出选择的余地，也保护母亲免于婴儿死亡的情感冲击——大多数婴儿都可能夭折（de Vries，1987a；Eible-Eibesfeldt，1983：184；Hagen，1999；Konner，2010：130，208；Laes，2011：100）。在印度斋浦尔（Jaipur）开展的一项研究中，所有受访的（印度教徒和穆斯林）母亲都经历过多次流产和孩子夭折（Unnithan-Kumar，2001）。生活在苏禄海（Sulu Sea）上的巴瑶人（Bajau）居住在船上，以打鱼为生，这个民族的"婴儿死亡率是如此之高，以至于一些父母甚至记不起自己死了多少个孩子"（Nimmo，1970：261）。

在本章结束之前，我们必然已经列出一份内容广泛的效用清单，用以证明生育和抚养孩子的成本是合理的，但是，这份损益表的底线是，每个成人都怀有未宣之于口的、可能是无意识的目标，就是要把他或她的基因遗传给下一代。这意味着不仅要生孩子，而且要以确保他们存活并能成功生殖的方式养育他们。一个人在这项基础性的"事业"上所取得的成功——将自身的基因传给后人，这被称为"总体适应度"。在婴儿的存活决定中，大家庭也有其自身的利益——家庭成员的某些基因会随着新成员的出生而遗传下去。人们时常或者通常认为，养育一个存活概率低的孩子是浪费资源，而这些资源要是投资于现存的健康后代、母亲本人或者将来的后代身上可能会更好。而且，任何人只要观察过父母竭尽全力供养其残障子女的情形，就会意识到，残障儿童的父母为此所付出的努力和花费，可能比养育一名"正常"孩子要高出两三倍。然而，正如赫迪所指出的，"母亲会杀死出生时机不好的新生儿，并感到后悔，如果境况改善，这同一位母亲也会慈爱地照顾后来出生的子女"（Hrdy，1999：314）。

扮演一位"精于算计的"母亲，这并不等同于"走邪路"；相反，这是"适应性行为"。[7]在本章第一节中①，富裕的母亲们似乎是"为子女而活"，

---

① 指本章"昂贵的小天使"一节。——译者注

而在接下来的一节中，我们会发现此类态度是多么晚近才被纳入西方社会的。我们将追溯自古以来婴儿价值的波动情况，并发现，那些如今我们认为骇人听闻的针对婴儿的罪行，在早前的时代里，却是生育控制的主要手段。

古代社会赋予婴儿的价值

> 童年的历史就是关于死亡的历史。（Volk and Atkinson，2013：182）

> 杀婴……在日本被合理化，人们坚称，新生儿的死亡不是生命的灭绝，而是回归另一个世界，以便在未来某个更适宜的时间重生。（Kojima，2003：116）

> 黄六鸿①将杀婴与果树枯死、道路失修并列，认为这违反公序良俗。（Waltner，1995：209）

古典时期的希腊声名鹊起——当时的人们对社会的各个方面都进行了批判性审查。有史以来，哲学家们第一次质疑了传统的做事方法并提供了理论上的备选方案。杀婴就是这样一种引发了大量思考的传统做法；然而，似乎没有人怀疑它的必要性。由于婴儿不会说话、肢体不协调，古希腊人认为他们跟动物差不多（Kleijueqgt，2009：55）。实际上，古希腊人对于古埃及官方劝阻杀婴的事情感到困惑（Sommerville，1982：23）。有证据表明，古埃及人会以合乎仪式的方式仔细地埋葬死婴（Halioua and Ziskind，2005：75），而且在妇女健康问题方面（包括生育控制），古埃及医学特别先进。柏拉图认为，在一个理想的社会里，父母应该只养育那些他们自己能够负担得起的子女；最贫穷的人不应该生儿育女（Boswell，1988：82）。毫无疑问，上述这些观点受到了这样一个事实的影响：古埃及可以享有富饶

34

---

① 黄六鸿著有《福惠全书》；该书第三十一卷有"育养婴儿"（主要论及设立"育婴堂"的具体办法）"禁溺子女"两节与杀婴问题相关的议论；未查到与此则引文直接对应的文字。——译者注

的尼罗河流域定期出产的丰盈物产，而与之不同的是，古希腊长期粮食短缺。

私生子通常会被弄死。婴儿的"身份由家庭认定，没有公认的父亲和家庭的婴儿就没有适当的监护人（kurios），因为母亲在法律上不能给予婴儿身份。没有父亲，婴儿在父系的亲属结构中就没有真正的地位，没有冠父姓的权利"（Patterson，1985：115）。至少在18世纪末之前，任何有可疑血统的威尼斯婴儿都会被遗弃或被杀害（Ferraro，2008）。

在古希腊，新生儿的生命体征会受到长达10天的严密监测；如果弃婴的决定被否决，随后，人们就会举行"amphidromia"或者说命名仪式，以欢迎婴儿成为家庭的一员。在古希腊遗址中，人们已发掘出大量与儿童有关的人工制品——玩具、儿童尺寸的家具，包括"便盆"椅，以及刻有人们温情脉脉的育儿场景的花瓶；这些文物表明，古希腊人既对可能"多余的"婴儿抱持着"精于算计的"态度，也对那些他们想要的婴儿怀有一种深切关怀的积极态度，这二者是并存的（Golden，1990）。

古罗马社会完全接受每个婴儿都要受到评估的观念。几乎每个公共市场都设有"lacteria"或者说"哺乳柱"，也就是让人遗弃小奶娃的地方（Boswell，1988：110）。有许多被遗弃的婴儿会被那些需要孩子的人认领。"婴儿的父亲……（或者他的祖父，如果还健在的话）……有权决定是否养育那个婴儿。"[8]通过"举起这个婴儿（tollere）①，（他表示了）养育它的意愿"（Rawson，1991：12）。在男婴出生后的第9天（女婴是第8天），人们会举行下一个过渡仪式："lustratio"。在这个仪式上，婴儿会被命名，并获得一个公认的正式身份（Rawson，1991：13）。然而，受到承认的婴儿与其父母的关系并不密切，这是因为婴儿高死亡率会妨碍亲子间形成牢固的情感联结（Rawson，2003：220）。

在中国古代，堕胎是较为常见的现象。迄今为止所发现的最古老的中国医学文献已有近5000年的历史，其中提到水银可以当作堕胎药。尽管婴

---

① 在拉丁文中，"tollere"一词有"举起"的意思。——译者注

儿死亡率高，人们还是认为，家庭应该限制人口的增长，以维持家庭的经济活力。商朝"遗弃"①一词的象形文字显示的是，一双手抱住一个篮子，倒出一个婴儿。另一个标志性的图像是分娩过程中放置在一旁的"溺死桶"（Colón with Colón，2001：57，262）。

人们对待婴儿的态度转变得非常缓慢。犹太作家菲洛（Philo of Alexandria）在公元 1 世纪就曾下笔谴责杀婴行为，因为它意味着性交是为了享乐而不是为了繁衍后代（Noonan，1970：6）。与此同时，随着基督教的影响力扩散至罗马帝国各地，越来越多的教会领袖撰文谴责弃婴和杀婴行为；他们都遵循圣保罗（St. Paul）训谕——实际上，弃婴和杀婴的父母将避免不了要遭受"罪恶的报应"。一个更离奇的观点被［亚历山德里亚（Alexandria）的主教克莱门特（Clement）］提出；他发出了这样的警告：由于有如此众多被遗弃的孩子最终会沦落到妓院，父亲可能会在无意间犯下乱伦。公元 318 年，第一位信仰基督教的皇帝——君士坦丁一世（Constantine）宣布杀婴违法，[9]公元 374 年，杀婴被规定为死罪（Sommerville，1982：43），但是，直到公元 600 年，弃婴行为才被有效地禁止（Colón with Colón，2001：108）。把杀婴定为一种罪（sin）或罪行，却没有为父母提供限制受孕的手段，这无法解决根本问题。结果是，在父母身下意外闷死的婴儿的数量增加了（Nicolas，1991：38）。在罗马帝国晚期到中世纪早期，人们建立了数以百计的修道院和女修道院，它们也为多余的婴儿提供了一个去处。母亲们受到鼓励，将不想要的婴儿丢弃在教堂；这种做法逐步发展为官方认可的献祭行为。

修道院无法应付大量涌入的婴儿，而且许多修道院很快发现，收容一群吵吵闹闹的婴儿很快就破坏了修道院赖以设立的原则。因此，教会开始为被遗弃的孩子设立名为"*brephotrophia*"的收容所，最早的一家于公元 8 世纪末期在米兰开设（Sommerville，1982：50）。然而这类机构满足不了需求。佛罗伦萨的孤儿院（Ospedale degli Innocenti）（仅托斯卡纳大区就有 16 个

---

① 即甲骨文中的"弃"字。——译者注

"*brephotrophia*"，这是其中之一)第一年就收容了100名婴儿，随后几年收容了多达1000名婴儿；最终，它接收了5000名弃婴，**其中三分之二未满一周岁就死亡了**(Kertzer，1993，强调为作者所加；另请参阅Guy，2002：144，147，关于殖民时代的南美洲)。此类问题所面临的重大挑战源自这样一个事实：在1860年李比希(Liebig)完善婴儿配方奶粉之前，世界上并不存在一种广泛适用的、合格且安全的母乳替代品(Sunley，1955：154)。奶妈忙于照顾那些父母愿意留下的婴儿，要是她们不再分泌乳汁，就得不到报酬，但是，如果她们照顾的婴儿死掉了，她们也不会受到惩罚。因此，毫不奇怪，她们通常不会把自己身体状况有所改变的事情①告知婴儿父母，婴儿难免会死掉(Gavitt，1990：197)。

36

这种悲剧的当代版本出现在俄罗斯，在那里有80万孤儿(大多数是被仍健在的父母所遗弃的)被收容在不合格的机构里。俄罗斯人对收养表现出某种恶意，因为他们不是把孤儿视为天真的小天使，而是认为孤儿已经被其颓废的酒鬼父母的"坏血"污染了(Fujimura，2005：17)。目击者对俄罗斯孤儿院有如下的描述：

> 健康的婴儿整天躺在医院的病床上……完全被忽视。没有人陪他们玩或者提供任何刺激……在俄罗斯中部的一家医院里，有位病人注意到一屋子被遗弃的婴儿，他们的嘴巴被胶带封住，以制止他们哭泣……关于婴儿被绑在婴儿床上的报道很常见……访问者常常立即明了这些被遗弃的婴儿是被留在那里"活着等死"。[10](Feifer，2007)

俄罗斯孤儿被外国养父母"抢购"(仅美国就收养了6万名)(Carey，2012)，但俄罗斯会根据其政治的需求，关闭和开启收养通道。

在中国，曾经有些父母可能会收养一个孤儿女婴，把她和自家的男婴一起养大(raise)。养女渐渐长大，就可以照顾自家的儿子，最终，父母会

---

① 指奶妈停止泌乳。——译者注

安排他们两人结婚——这样父母就可以保证儿媳顺从，还可以省掉彩礼（Johnson，2004：7，29）。

父母会根据自己的个人标准作出与子女有关的决定。如果他们选择不养育孩子，那么，我们从前文中就可以清楚地看到，即使是最富有同情心的公立机构和宗教机构也不准备承担代养孩子（*in loco parentis*）①的全部费用。即使在相对富裕的生活条件中，许多儿童可能无法得到适当的家庭照顾，国家或教会（如果有的话）也很少提供适当的替代性或补充性照顾。跨入 21 世纪，我们在今天的美国看到了类似的情况，即数量不足的公共学前教育服务不能充分履行父母的职能，孩子们也因此遭受痛苦。

37具有讽刺意味的是，教会和政府虽然禁止杀婴，却没有给予婴儿死亡率同等的关注，而且甚至在 20 世纪初之前都不承认这一问题。[11]经济机会变化（减少）的必然结果是生育率下降，但婴儿死亡率并没有随之下降。英国一位忧心忡忡的政治家竟然向刚分娩的妇女分发本票，并承诺，如果她们能让其孩子活满一年，就给她们每人 1 英镑的奖金。"这些本票的背面印着……关于婴儿卫生和喂养的建议"（Dyhouse，1978：249）。正如我们已经看到的，教会的禁令并不是很有效，而且贫困群体继续通过仅有的可用手段②来限制人口——尽管这些限制人口的行为经常隐藏在民间信仰的迷雾中。

目前，社会评论家认为，"（杀婴行为）无论多么令人发指和违背自然，它都是贫穷、虐待儿童及配偶、精神不稳定等公认的弊病的极端后果"（van Biema and Kamlani，1994：50）。研究还表明，引发杀婴行为的同一组变量也与产后抑郁症有关（Hagen，1999）。终止胎儿或婴儿生命的决定通常是由父母作出的，而且我们已经看到了这种行为的众多可能的成因，然而，这个决定常常是由社会加以合法化。人口过剩、群体无力养育孩子、非法生育破坏社会和谐；这些问题都使社会意识到，它与"杀婴"这项关键决定利害相关。从根本上说，群体也必须重视经验丰富、有生产力的成年女性的生活及情感方面的幸福，而不是一个小小的婴儿可能拥有的

---

① 此拉丁文短语意为代替父母，指个人（或机构）以父母的身份行事。——译者注
② 指杀婴。——译者注

任何潜在价值。因而，哪怕是在今天，即便人们对于杀婴行为的惩罚和谴责比以往任何时候都要严厉，那些把自己的新生儿丢进垃圾桶里的年轻妇女们也会"被原谅，因为社会没有对她们伸出援手"（Lee，1994：74）。

人类学家吉尔·科尔宾认为"在跨文化文献中，疏于照顾……出现的频率似乎比蓄意杀害要高，尽管最终的结果往往是一样的"（Korbin，1987a：36）。例如，匈牙利的一项研究发现，相比于自己的正常孩子，母亲给予高危婴儿的哺乳时间更短；而且，她们对高危婴儿微笑的次数更少，给予高危婴儿的刺激以及陪他们玩耍的频率更少。在生下高危婴儿后，她们也会更快地怀上下一个孩子（Bereczkei，2001）。总之，她们缩减了对高危婴儿的投资，并表现得好像她们没有指望那些婴儿能存活下来。[12]但是，当高危婴儿日渐长大，尤其是当他/她度过了死亡率最高的前5年之后，人们对他/她的估值就上升了。

上述论述可以概括为新生儿实际上处于察看期（probation）。它的抚养成本显而易见，但它作为资产的价值却是不明确的。正如我们已经看到的，婴儿在出生之后的某段时间甚至数年间，其生存状态都是不稳定的。婴儿的这种边缘状态是由各种各样的文化信念塑造出来的，但是这些文化信念有一个共同特征，即它们都提出要延迟授予婴儿人格。

人格授予延迟

> 在这段时间里，没有人能确定那个[阿善提人（Ashanti）]婴儿是否会变成人类的孩子，或者，在这段时间过去之前死去，从而证明它只不过是某个游荡的鬼魂。（Rattray，1927：187）

在最近发表的一篇文章中，我发现了许多影响婴儿生命的问题；这些问题导致人们对婴儿采取"观望"的态度，并推迟对其人性的承认（Lancy，2014）。其中，有些问题在前面已经详细论述过，包括婴儿高死亡率的问题。从古到今，来自诸多社会的资料表明，五分之一到一半的孩子活不过五年(Dentan, 1978：111；Dunn, 1974：385；Kramer and Greaves, 2007：720；Le Mort, 2008：25)。公元 1 世纪的哲学家爱比克泰德(Epictetus)告诫道："当你亲吻你的孩子时，对自己说，明天早上它可能就死了。"(Stearns, 2010：168)根据那些数字①推断，我猜想，与现代的、后工业化的社会相比，当时流产和死产的情况也是常见的。我估计，如果有一半的孩子死亡，那么大多数孩子在童年期很可能都得过重病。实际上，在人类学家所研究的许多村庄里，儿童临床营养不良的程度是百分之百，儿童患上慢性寄生虫感染和痢疾的程度也是百分之百。因此，在那些社会里，人们有充足的理由停止对婴儿的投资，并对他们保持某种程度的情感距离。

在人类历史的大部分时间里，怀孕被视为一种严重的疾病。分娩过程可能非常危险(Dentan, 1978：111)，即使母亲活了下来，她也可能成为包括嫉妒、巫术在内的众多邪恶力量的目标。她和婴儿都受到了分娩过程和产后出血的污染。妇女在月经和怀孕等关键时期可能需要遵守饮食禁忌，而这些禁忌往往需要限制她们摄入高品质的、富含脂肪和蛋白质的(营养丰富的)食品(de Vries, 1987b：170；Spielmann, 1989：323)。在她生育的高峰期，年轻的母亲也通过采集、耕种或制作手工艺品对家庭经济作出重要贡献。她很可能还负责维持家庭，照顾丈夫、年纪大点的孩子以及父母或公婆。因而，人们认为，母亲的健康和产后康复情况远比婴儿的健康更为紧要(Wiley, 2004：132)。

在下一章，我将详细论述家庭内部普遍存在的不和谐——特别是那些
39 实行一夫多妻制的家庭。失和的家庭氛围对儿童来说确实是有毒的。多贡人(Dogon)就是一个臭名昭著的例子，他们的孩子因家庭失和而死亡。

> 人们普遍假定共事一夫的妻子们常常会毒死对方的孩子。我目睹了丈夫们为了阻止这种行为而准备的特殊的蒙面舞仪式。共事一夫的妻子的侵害行为被记录在……招供投毒并被定罪的法庭案件中……巫

---

① 原文如此，应是指前文提到的有部分儿童活不过五年的统计数字。——译者注

术可能对人口有某种显著的影响——（考虑到）相比于女婴，男婴有着异乎寻常的高死亡率。据说，男婴是首选的加害对象，这是因为女儿会嫁给父系以外的人，而儿子则留下来争夺土地。即使妇女们没有毒害彼此的孩子，对婴儿来说，来自父亲的其他妻子的普遍敌意必定也是一种压力来源。（Strassmann，1997：693）

面对这些威胁，焦虑的母亲的反应是让其子女远离众人的视线。如果要谈论自己的孩子，母亲不是吹嘘子女的美貌或成就，而是抱怨他们的过错和缺点。例如，富拉尼人（Fulani）把孩子放到动物粪便里打滚或者给他/她取一个"*Birigi*"（牛粪）这样的名字，以减少孩子的吸引力，使它免于居心险恶的嫉妒（Riesman，1992：110）。

导致婴儿人格授予延迟现象的因素不胜枚举。但是让我们回顾一下为界定（frame）或解释正在发生的事情而创造的诸多文化模型（Strauss，1992：3），这会更有意思一些。这些文化模型主要源于对信息提供人就其信仰而开展的访谈，以及对其习俗的观察。此外，还有展示了婴儿期文化模型的两个生动例子的电影片段。其中一个例子是，德苏莱曼（de Suremain，2007）展示了一位艾马拉族（Aymara）母亲，她用那样高效且机械的方式将自己的婴儿裹进襁褓，以至于人们可以很明显地看出，她还没有把他或她当成一个"人"。另一个同样引人注目的例子（Bonnet，2007；另请参阅 Edel，1957/1996：173；Worthman，2010：67）展示了一位莫西族（Mossi）母亲，她把自己的孩子放入一盆（pan）水中，非常粗暴地擦洗它，然后用一只手拎起它，把它甩干。在这两个例子中，婴儿都被当作一个无生命的物体加以对待，而且婴儿抗议式的嚎哭基本上被忽视。直到母亲完成了这些操作，她才会通过摇晃或喂奶来安抚婴儿。

这些文化模型共有的一个特征是，在大多数社会中，婴儿被视为处于"两极"（poles）之间的动态变化中；人们通过诸如硬与（versus）软，或者有色（天然肤色的皮肤）与苍白等概念表述这"两极"。婴儿在这些"两极"之间的变动情况受到严密监控和精心安排。然而，关于婴儿获得人格的年龄，人类社会没有什么共识。事实上，在我的数据库里有婴儿人格授予存在明显延迟的 200 个案例，其中仅有 43 个案例（调查者指出）可能存在某个特定的人生阶段或转折点，孩子只有度过它之后，其人格才会得到承认。就授予孩子人格这件事来说，最常见的标志是给婴儿取名（而不是喊"宝宝""晚上生的"），例如，巴鲁人（Barue）会在婴儿 6 个月大时给它取名（Wieschoff，1937：498）。就我搜集到的样本来说，在大约 15 个案例中，授予孩子人格的时间点出现在婴儿出生后第一年里；而在另外的 16 个案例中，授予孩子人格的时间点出现在其 5 到 9 岁之间，也就是孩子到了"有理智"的岁数。

我在调查（Lancy，2014）中发现了一些至少有点独特的文化模型。我将依次简要说明其中几项，让我先从新生儿仍然身处某种外部的，或者说第二个子宫的观念开始。

外部子宫模型

进化人类学家已经注意到，在许多方面，人类婴儿（像小袋鼠似的）在出生后至少 3 个月内仍然处于近乎胎儿的状态（Trevathan and McKenna，1994：91）。许多社会似乎构建出了一种反映上述事实的婴儿期文化模型（Gorer，1967）。婴儿被单独放在室内，或者大多被包裹（hidden）在母亲宽大的衣服里（例如，艾马拉人-Tronick *et al.*，1994），仍然类似处于子宫的状态。而将婴儿裹在襁褓里，这种曾经极其常见的做法，也为婴儿创造了一个外部子宫。

> ［瓦拉几人（Vlach）］新生儿睡着时会被襁褓紧紧裹住，放入一个木制的摇篮里，这个摇篮从头到尾被一条毯子蒙住，因而他就躺在这种不见光、不通风的帐篷里。（Campbell，1964：154）

> （日本人）新生儿仍然是其母亲不可分割的一部分。在排除他人、仅有母亲在场的类似子宫的、保护性环境里，婴儿继续发育。（Lebra，

1994：261）

"为了让婴儿感到舒服"，（巴卡瓦尔人）一直把婴儿包裹在襁褓里，直到婴儿开始爬行为止。人们认为，婴儿四肢频繁乱动（*kisiti marnan*），这不利于其小胳膊小腿的健康。（Rao，1998：93）

许多……产后的习俗都（涉及）逐渐去除母—婴联结的象征物……对于尚未通过首个过渡仪式（例如，"*banaan bixin*"仪式）以确认其所属的父系血统的［胡贝尔人（Hubeer）］孩子，人们会说"他的骨头还没长硬"。（Helander，1988：150）

［特里福人（Telefol）］妇女分娩后，婴儿仍与其保持密切接触……婴儿生活在通风但安全的"*men am*"（网袋）空间里……这个网袋为婴儿提供了相当于"*man am*"（子宫，字面意思是婴儿的房子）的外部空间……这个"摇篮"常常挂在母亲胸前，有点像有袋动物的育儿袋……在觅食途中，如果有必要，母亲能够给婴儿哺乳，这时她仍能空出双手去搜寻食物。（MacKenzie，1991：130）

人们拒绝给予婴儿人格，理由是，作为社会人，婴儿有着明显的缺陷。在普南巴人（Punan Bah）中，"婴儿……不被视为人……（它）就像未成熟的果实，必须变得成熟，直到那时你才会知道它的味道"（Nicolaisen，1988：209，202）。同样，瓦里人（Wari）也将婴儿比作未成熟的果实或说它"还在成形中"（Conklin and Morgan，1996：672-673）。除了缺乏语言能力之外，婴儿的各种特征也被特别指出来，包括，举例来说，婴儿身体柔弱，缺乏运动控制能力。值得注意的是，这些婴儿期文化模型既被用于解释婴儿无人格的原因，也被用于说明把婴儿"变成人"的方法（Bonnet，2007）。因而可以说，这些模型有"指示性的力量"（Strauss，1992：3）。此处有几个例子能用来说明婴儿变成熟的过程：

当被问及为什么婴儿要用襁褓包裹起来时，[努尔扎伊部落（Nurzay）]妇女们解释说，新生婴儿的肉身还"*oma*"（字面意思，未成熟的），就像未煮过的生肉一样。只有用襁褓包裹起来，它才会变得强壮和结实，像煮熟的（*pokh*）肉一样。（Casimir，2010：16）

[正在影响华欧拉尼族（Huaorani）父母的]食物禁忌旨在"强化"（婴儿的）身体……其目的是让婴儿精力充沛，身体强壮，以使它快速成长，成为长屋（longhouse）①中的独立成员。（Rival，1998：623）

[阿美乐人（Amele）]新生婴儿的身体又冷又软……必须通过在火上烘暖的手掌的抚摸来强化……随着力量的发展，婴儿可以抬起头，这被称为"*momo memen*"，字面意思是"婴儿变成石头"。（Jenkins *et al.*，1985：39）

其他被特别指出的、需要变成熟才能把婴儿转变成人的领域包括：语言能力（Bird-David，2005：97；Kleijueqgt，2009：55）、自主移动能力[爱约列人－Bugos and McCarthy，1984：510；姆比亚人（Mbya）－Remorini，2011]、牙齿和咀嚼能力[巴里巴人（Bariba）－Sargent，1988：82]、获得社会知识和技能的能力[Montague，1985：89；瓦尔皮瑞人（Warlpiri）－Musharbash，2011；66]，以及"理性"或智力[爪哇人（Javanese）－Geertz，1961：105；富拉尼人－Riesman，1992：130；Woolf，1997：71]。要完全成为人，婴儿必须离开那个隐喻性的子宫，接受另一次出生，从而与其父亲、亲属（clan）和大家庭一起生活（Blanchy，2007；Fricke，1994：133）。为达到这一要求，新生儿需要存活并长大（maturation）成熟，不过，各种关于分离及依恋的仪式也同样势在必行。索宁克人（Soninké）的（母－婴）分离仪式包括对脐带和胎盘进行适当处理，而依恋仪式（attachment rites）则

---

① 美洲土著所建造的狭长的单间公共住所。事实上，在世界上其他地区也有类似的建筑物。——译者注

是（include）举办一个典礼——有艺人（griot）①演唱，仪式主导者会交换礼物并承认婴儿的身份（Razy，2007）。

延迟授予婴儿人格的最常见理由是，婴儿自身还没有下决心要成为人。人们认为，婴儿存在于两个世界中：一个是人类世界，而"另一个"是属于幽灵、鬼魂、先人以及神明的世界（Montgomery，2008：93）。爪哇人解释说，夭折的婴儿"不想被人照顾"（Keeler，1983：154）。

"两个世界"模型

婴儿生命部分属于幽灵世界/部分属于人类世界的模型（part-spirit/part-human model）涵盖了婴儿的诸多特征；它或者强调婴儿的纯洁和天真（见下文"小天使"一节），或者强调婴儿有可能成为邪恶力量的渠道（见下文"小恶魔"一节）。"两个世界"模型存在于诸多特定的文化中，以下是其中的 6 个例子：

[门迪人（Mende）]能察觉到婴儿与幽灵世界的关系，他们认为，这种关系会使婴儿作出与生者（living）世界相冲突的、效忠幽灵世界的行为……他们推测，婴儿可能会发展出一些不寻常的视觉能力和跨越不同感官领域的能力。（Fermé，2001：198）

[奇契克塔缪特（Qiqiktamiut）的因纽特人（Inuit）解释说]婴儿出现普通的或持续很久的哭闹，拒绝吃东西或者表现出明显的病态……这些就是幽灵退出婴儿身体的症状。（Guemple，1979：41-42）

那个[伊乔人（Ijaw）]幼儿惊叫起来，因为他认为他看到了一些东

_____

① "griot"指西非部落中负责以音乐、诗歌以及故事的形式传承口耳相传的部落史和家族史的人。——译者注

西，而在森林里，他(可能)看到的是"*bouyo*"("森林人")——这是一种成人无法经常看到的、具有潜在危险性的生物。(Leis，1982：155)

[尤库伊人(Yukui)]新生儿被(产褥期的)血液污染，而且更有可能会在生命的最初几周内死于疾病或出生缺陷。因此，婴儿被认为还没有完全属于人类世界，而是处于幽灵世界和生者世界之间的某处。(Stearman，1989：89)

作为一个边缘存在，(古罗马)儿童只是这个公民社会里具有部分资格的成员；但这也意味着他比(人类)更接近神明的世界。(Wiedemann，1989：25)

在西藏文化的传统中，人们认为婴儿可能具有成人不再具备的某些特殊属性或能力，或者说，婴儿可能与某些超自然因素有关系。(Maiden and Farwell，1997：127)

"两个世界"的文化模式不仅解释了被观察到的现象，而且规定了婴儿照顾者应该采取的行动。在玻利维亚的安第斯山脉，人们采用一种细致且复杂的程序来用襁褓包裹婴儿，使其免受"*susto*"病的侵袭——据说，这是一种导致身体和灵魂分离的疾病(艾马拉人- de Suremain，2007)。有一种照顾方式强调要使婴儿处于类似子宫中的状态——总是感到安静和安全；人们常常认为这种照顾方式是合理的，理由是它能确保婴儿的灵魂没有溜走[科吉人(Kogi) - Reichel-Dolmatoff，1976：277；博内拉泰人(Bonerate) - Broch，1990：31]。

[曼多克岛(Mandok)]新生儿的内在自我(*anunu*)还没有牢牢地固定在其身体内……出于这个原因，在孩子出生后，新手父母们会遵守许多饮食和行为上的禁忌……随着孩子渐渐长大，曼多克岛人相信，"*anunu*"会逐渐地从皮肤表面移动到身体内部；而这也是在美拉尼西亚群岛(Melanesia)其他地区普遍流行的信念。(Pomponio，1992：77)

43

（在日本乡下）婴儿被认为是由神送到人间的。接生婆……的作用是将婴儿从神明的世界导引到人类的世界，并给予其社会认可，使其成为社会的成员。（Yanagisawa，2009：88）

[阿赞德人（Azande）]婴儿在出生时，它的灵魂还没有完全且永久地附着于自己的身体内。因此，人们担心婴儿的灵魂会飞走，而这就是把婴儿及其母亲关在小屋里的原因之一。（Evans-Pritchard，1932：404）

"两个世界"的文化模式引发了人们对婴儿脆弱性的关注；他/她的生命还很纤弱。但是婴儿生命的这种无常状态可以从更积极的角度来加以解释。在相当多的社会中，特别是在古代，人们在婴儿这种部分幽灵、部分人类的不确定状态中看到了机会。

小天使

在某些社会中，儿童被视为是纯洁的，没有被罪恶或腐化人心的世俗知识污染。[13]他们所具有的天真使其既能成为适合（worthy）供奉给神明的祭品，又能成为潜在的通灵人。人们认为，儿童的"灵魂"能够用来安抚祖先和神明，要不就是用来与祖先和神明所在的另一个世界沟通[穆奇克人（Muchik）– Klaus *et al.*，2010]。在民族志记录的一个例子中，博洛波人（Bolobo）相信，用婴儿未被污染的灵魂与成人中邪了的灵魂交换，如此一来，就可以拯救那个成人。而当成人逐渐恢复健康时，婴儿却会患病并死亡（Viccars，1949：223）。下面是来自古代的其他例子。

奥尔梅克人（Olmec）是后来更著名的中部美洲（Mesoamerican）①文明的先驱。他们似乎献祭处于不同发育阶段（point）的儿童（从胎儿开始），以配

---

① "Mesoamerica"（中部美洲）有译为"美索亚美利加""美索美洲""中亚美利加洲"，是一个历史文化区域，它大约是从墨西哥中部延伸到伯利兹、危地马拉、萨尔瓦多、洪都拉斯、尼加拉瓜和哥斯达黎加北部。——译者注

合玉米的生长节点(Orrelle, 2008：73)。在中美洲的大部分地区,[14]人们认为,孩子的泪水和雨水有直接的关联。阿兹特克人(Aztecs)在阿特拉库洛月(the month of Atlachualo)的第一天献祭儿童,以安抚雨神特拉罗克(Tlaloc)。根据德萨阿贡(de Sahagun)的说法,被献祭者哭泣得越多越久,降雨的可能性就越大(de Sahagun, 1829/1978)。阿兹特克人的孩子——"当纸带的人"(human paper streamers)①,穿着色彩艳丽的服装,在7个不同的地点被献祭。阿兹特克人认为,孩子们流下的眼泪确保了雨水的降落(Carrasco, 1999：84-85)。这种模式一直延续到现在,(安第斯山脉)艾马拉人认为,孩子们会在死后带着下雨的祈愿"回家"(Arnold, 2006：95, 97)。阿兹特克人也会把孩子献祭给死神,有48个孩子就遭受了这样的命运(其中大部分男孩的年纪在6岁左右)——贝雷莱扎(Berrelleza)和巴尔德拉斯(Balderas)(2006)分析了他们的遗骸。

在发生干旱或饥荒的情况下,来自低地各处的玛雅人(Maya)会聚集在某处神圣的天然井旁,祭司在那里主持献祭仪式,向神明表达敬意和祈愿。在黎明时分,孩子们被扔进天然井里,到了正午时分,那些还奇迹般地活着的孩子会被救起,祭司会询问任何他们可能收到的、来自神明的信息(Sharer, 1994：10-11)。印加人(Inca)将献祭儿童的活动高度制度化。作为"capacochas"或者说"王室的罪过"的代表,将要被献祭的孩子命中注定要被用于安抚那些可能被统治者无意间激怒的神明。盛宴和仪式持续数天,之后,这些半神的(semi-divine)孩子们可能被麻醉(drugged),然后被祭司带到(海拔6000米高)的安第斯山脉的高峰上活埋——实际上是让他们被冻死(Besom, 2009：117)。他们被仔细地包裹在昂贵的纺织品中,与一些类似玩具的微型雕像(动物、庄稼、人类和工具的形状)一起被埋葬。历史记录和考古证据都表明,这些孩子被高度重视,而且,极有可能是精英阶层的后代(Sillar, 1994)。由于峰顶积雪层的消失,登山者们可以探索一些新区域,这些已经木乃伊化的孩子们(有些已有十几岁)遗骸,最近才

---

① 阿兹特克人报答雨神特拉罗克的方式是向他供奉纸带。——译者注

得以被人们发现。

在太平洋地区，人们献祭孩子，以吸引神明的关注（attention）：

> 很多去过汤加（Tonga）的早期欧洲访客都提到过……那里有两种旨在安抚发怒神明的做法（practices）：把孩子勒死（no'osia）和切掉孩子的手指头……（举例来说）当一位高级首领生病时，（或作为）对亵渎圣地的一种赎罪形式，人们就会施行①……而那些被选中的孩子是首领们与"地位较低"的侍女所生的。（Morton，1996：175，176）

在希腊—罗马社会（Greco-Roman society）里，儿童的不确定状态②意味着他们拥有神圣的预言天赋，以及"作为神的世界与人的世界的中介"发挥作用的能力（Horn and Martens，2009：179）。这种观念的自然延伸就为迦太基人（Carthaginian）献祭儿童的行为提供了正当性。迦太基婴儿或者4岁以下的幼儿被献祭——在祭坛上烧死，然后被放入陶瓮中埋葬（Stager and Greene，2000：31）。来源众多的证据表明，这些被献祭的都是受重视的孩子，但人们却要求他们的父母要抑制哀悼的冲动。没有子女的夫妇购买孩子来献祭（Brown，1991：35，24）。在紧急情况下，例如在叙拉古（Syracuse）的暴君阿加索克利斯（Agathocles）入侵时，许多孩子可能会在同一时间被献祭给巴尔哈蒙（Ba'al Hammon）③。迦太基人留出一个特定的区域，或称为"托非特"（Tophet），用以举行献祭活动并存放遗骸。在公元前750年到公元前146年（迦太基被罗马摧毁）期间，"托非特"被广泛使用（Lee，1994：66）。死胎或流产胎儿的遗骸非常罕见，这表明腓尼基人（Phoenicians）像印加人一样，献祭了他们真正重视的孩子，而不仅仅是为了限制人口而杀害孩子（Stager and Wolff，1984；对照性的观点参见 Schwartz *et al.*，2010）。

45

---

① 无法查证引文原文，无从判断面对这两种不同的情况，人们会具体施行哪一种做法。——译者注

② 参与上一节（"'两个世界'模型"）。——译者注

③ 迦太基人信仰的主神。——译者注

在营造建筑物，特别是那些具有宗教色彩的建筑时，通常需要举行仪式，在重要建筑物的地基里埋入"镇基物"。其中，往往包含被献祭的儿童[特林吉特印第安人（Tlingit Indian）- Colón with Colón，2001：64；铁器时代的欧洲-Green，1999：65；罗马帝国时期的不列颠行省-Scott，1999：86；新石器时代晚期的土耳其-Moses，2008：49]。在对（11世纪开始建造的）河内（Hanoi）皇城进行发掘时，人们发现了一些8岁儿童的骸骨，这些骸骨被埋在地基里——他们很可能是被活埋的——用以驱除恶灵（Sachs and Le，2005）。另一种相当普遍的做法是献祭孩子（还有成人），让他们在死后的生活中陪伴死者。最近在洪都拉斯（Honduras）北部出土的一个皇室墓穴证实，玛雅统治者用妇女和儿童陪葬（McGirk，2012）。希尔（Hill）和乌尔塔多（Hurtado）相当详细地描述了阿切人的这种做法，尤其是选择陪葬儿童的过程（Hill and Hurtado，1996：68-69）。

儿童被视为神圣的，但又可以免于被献祭，这是可能的！在古埃及，死者希望他那些孝顺的子女会在他死后祭祀（provisioned）他。很早以前，古埃及人就从杀死仆人及家庭成员以陪侍死者的做法，转变为采用雕刻在墓墙上的替代品或独立式雕塑来陪葬。在古埃及第六王朝墓地督察员尼考-安浦（Nikau-Anpu）的坟墓中，墓墙上有这样的画像：他的五个孩子"做着各种低贱的工作……（他们从事这些）过于低贱的活计，是为了展示他们的谦卑和对父亲的依赖……以及他们在父亲死后生活中的用处"（Roth，2002：110）。几个世纪以来，父母会把他们年幼的儿子捐入佛寺。在马斯坦（Mustang），家中次子会在六七岁时加入寺庙（Peissel，1992）。在印度教的"*devadasi*"①仪式中，低种姓的女童可能会被捐赠给村庄寺庙，以满足僧侣的性需求（Verma and Saraswathi，2002：127）。有一封信描述了4世纪一名信奉基督教的女童（她是"*hostia*"，或者说"祭品"）的"无趣"童年；她要接受"没完没了"的教导，以便在女修道院中度过一生（Katz，2007：118）。中世纪盎格鲁-撒克逊圣徒们在其传记中描述了他们被献给修道院成为儿童修士（child oblates）后忍受贫困和殴打的生活。（Crawford，1999：151）。

---

① 该词意为，印度寺庙里的舞女（或妓女）。——译者注

图 2　缅甸仰光的小和尚

科特迪瓦(Ivory Coast)的本恩人(Beng)认为，婴儿是从"*wrugbe*"(死亡之地)转世回来的祖先。[15]因此，本恩族的成人不仅是怀着极大的敬意和奉献精神来对待婴儿，而且还会与婴儿交谈，因为婴儿/祖先可以充当强大精神力量的中介。而关于婴儿的这种观念也有助于减轻婴儿死亡给人带来的心理冲击(Gottlieb，2000：80-81)。在印度尼西亚，种植水稻的巴厘岛人也有类似的信仰。[16]祖先的灵魂会返回人间，栖居于胎儿身上。人们认为，婴儿在出生后的210天内是保有神性的(Hobart *et al.*，1996)，是"人类可能知道的最接近神的事物"(Belo，1949：15)。一个巴厘岛的妇女如果嫁给了一个地位更高的男人，那么她所生的孩子可能会比她的地位高。妇女必须对孩子表现出适当的尊重，否则孩子可能会死亡；孩子会选择回到神明那里，而不是和一个无礼的母亲待在一起(Mead，1955)。在日本，类似的、具有普遍性的信念合理化了婴幼儿在公共场所经常出现的不端行为。也就是说，孩子具有半神性，不能像成人一样遵守行为准则，而且任何试图控制他/她的行为都可能会打断孩子从神的世界转入我们的世界的进程(Naito and Gielen，2005：69)。

上述这些例子着重指出，婴儿处于一种边缘状态——尚未具有完全的人性，也未完全地依附于家庭。家庭与婴儿间尚未建立起完整的情感纽带，这可能会使家庭能更轻易地舍弃婴儿，以服务于仪式的目的。不论一个特定的婴儿的最后结局是在"托非特"的骨灰瓮里，还是最终能在其个人舞台上展现光彩，他的命运都受到文化中存在的儿童形象的极大影响。而我们的社会只有在与腓尼基之类的社会相比较时，才看起来像是以儿童为中心的——要知道我们的孩子也必须满足我们的需要。

小恶魔

在许多文化模型中，人们认为婴儿或者凭借自身力量，或者作为鬼魂和恶灵的容器或化身，会对社会产生威胁；而这些文化模型都得到了同样的

图 3　参加古宁安节（Kuningan Festival）的孩子，巴厘岛姆杜克村（Munduk）

"两个世界"观念的支持［索宁克人-Stoller，1989：45；毕尔族（Bhils）-
Nath，1960：187］。包括古希腊、古罗马以及盎格鲁-撒克逊在内的各种各
样的社会都采取措施，以遏制力量强大且具有危险性的新生儿的潜在恶意
行为（Wileman，2005：82, 86）。如果婴儿出现问题，人们通常会调用"两
个世界"模型来加以解释。［居住在新几内亚塞皮克（Sepik）地区的］邦比塔
人（Bumbita）认为，患腹绞痛的婴儿正忍受着"*ambohis*"这类恶灵从里到外
的吞噬。人们指控邦比塔族巫师会使用从死婴身上获得的强效液体来使自
己隐形（Leavitt，1989）。纳瓦霍人（Navajo）认为患癫痫病的儿童是违反乱
伦禁忌的结果。[17]巴里巴人担心身体异常或发育迟缓的婴儿是会对家庭造
成威胁的巫师，必须将其处死，或将其交给邻近部落去充当奴隶，或
者（在更晚近的时期）将其交给传教士（Sargent，1988）。"有缺陷的"新生儿
很容易被认为是具有威胁性或腐蚀性的。

> 在松耶人（Songye）（索宁克人也一样）中，那些被认定为"坏的"或
> "有缺陷的"孩子，包括得了白化病、侏儒症或者脑积水的患儿，被认
> 为是与敌对世界的巫师接触过的超自然生物；人们认为他们不是人
> 类，而且预料他们不会存活下来。（Devleiger，1995：96）

> 乳婴（nursling）最初的哭声……经常被（基督教）牧师解释为表明
> 某人有罪的一个迹象，或者魔鬼的一次显灵。这就是为什么存在平息
> 这些哭声的配方——（比如）给孩子喂食婴粟花（鸦片）的原因。
> （Alexandre-Bidon and Lett，1999：12）

> 在中国汉朝，人们认为在某些时辰里诞生的"不祥"婴儿是不吉利
> 的。新生儿"狼嚎一样的哭声"是其天生邪恶的证据……预示着……未
> 来的不孝行为。

> 什么是鬼孩子？它是一个大头孩子，生下来就长着牙齿或胡子，
> 会暗中监视它的父母，在父母没有注意它的时候会隐身……如果有妇

女生孩子后，持续不断地生病，一直不舒服，她所生的就是鬼孩子(一位南卡尼族老妇人如是说)。(Denham *et al.*，2010：608)

由于婴儿被视为一种潜在的渠道——能将危险势力导入家庭或社区，因此，在婴儿尚未被认定为人类时，人们必须采取措施以防止这种可能性。这些措施包括类似洗礼、襁褓、避免与婴儿的目光接触，或者放血之类的习俗。

人们认为，婴儿距离彻头彻尾的恶灵只有一步之遥，而这就是要把他们绑缚或用襁褓包裹得那么久、那么紧的原因之一。(Haffter，1986：11)

一个[帕米尔人(Pamiri)]孩子被生下来后，如果总是动来动去、哭闹(不止)，嘴巴和眼睛周围有黑圈，这就意味着，他可能被精灵(妖怪或鬼魂)附身。要解决这种问题，有人必须把孩子的嘴打开，查看他的上颚。如果在婴儿的上颚看到了黑色的静脉，那就需要用针在这些静脉上戳洞，然后用棉签把流出来的血液擦干。孩子就会好起来，不再哭闹。(Keshavjee，2006：75) *50*

图4 一名被指控为"*khakhua*"(巫师)的科罗威族孩子

（在密克罗尼西亚的特鲁克群岛，女人可能会生下）鬼……畸形的孩子（会因此）被扔进海里，烧死或活埋——而形体正常的孩子如果表现出一些古怪的行为，比如缺乏食欲（也会遭受同样的下场）。（Fisher，1963：533）

在新几内亚，食人行为曾经很普遍，但现在仅存于一些像科罗威人这样与世隔绝的群体中。这类群体之间的冲突和袭击如此频繁，以至于为了安全起见，他们的房子都建在离地20米的高台上。在这类群体中，恐惧巫术威胁的氛围普遍存在，并影响了新生儿。"他们不认为杀婴行为本身是不道德的，（因为）分娩过程是令人反感的、充满危险的，（而且）新生儿是有魔性的（laleo）而不是有人性的（yanop）"（Stasch，2009：151）。还有，科罗威人会迅速指控、宣判，然后吃掉施行巫术的人。记者保罗·拉法埃莱发现了图4里的男孩；在族人指控他要对其父母的死亡负责之后，他藏身于担心其生命安全的远亲间（Raffaele，2006）。[18]

51 "恶魔"儿童会引发其照顾者的消极反应，而调换儿则是其中一个特殊的亚群体。在法国，调换儿被称为"*enfant change*"，在德国是"*Wechselbag*"，在英国则是"fairy child"①。而扭转（reverse）调换情形的策略包括折磨婴儿或者将其遗弃在一个人迹罕至的地方（Haffter，1986）。一个本恩族准妈妈如果打破了某项禁忌，她的子宫就可能被蛇侵入。蛇会取代胎儿，并且，在出生后，这一事实会因婴儿奇怪的行为而逐渐暴露出来。"那个孩子可能会被折磨，被石头砸；然而，由于它像蛇一样没有骨头，人们就认为这个'蛇人'感觉不到疼痛"（Gottlieb，1992：145）。帕佩尔人（Papel）认为，异常的婴儿可能是进入母亲子宫的鬼魂。有两种程序可以用来确定这个孩子是不是人类，但是被任何一种程序折磨过的婴儿都不可能存活下来（Einarsdóttir，2008：251）。多贡族的婴儿如果被认为是恶灵就会被：

带进丛林并遗弃……它们会变成蛇，然后溜走……第二天再去

___
① 可译为"精灵儿"。——译者注

看，它们就不在那里了。这样你就可以确定它们根本不是（多贡人）的孩子，而是恶灵。（Dettwyler，1994：85-86）

据说，在努尔人（Nuer）那里，残疾婴儿被说成是误认人类为父母而投错胎的河马；残疾婴儿会被扔进河里，让其回到它正确的家。（Scheer and Groce，1988：28）

在……北欧，调换儿被留在森林里过夜。如果精灵拒绝把它带回，调换儿就会在夜里死去——然而，由于它不是人类，所以没有人认为有杀婴行为发生过。（Hrdy，1999：465）

［在鲁尔人（Lurs）看来］精灵（Djenn）……会嫉妒婴儿，尤其是在婴儿出生后的头 10 天，或者更确切地说，头 40 天里；它们可能会把婴儿偷走，或者用其体弱多病的后代来调换。婴儿如果哭闹不止、身体虚弱，或者生长迟缓，这就表明它可能是调换儿。（Friedl，1997：69）

我们的资料并不局限于民族志学者或历史学家的记录。考古发掘以及对婴幼儿死后处理方式的分析，都为婴幼儿人格授予被延迟的说法提供了强有力的支持。

死后处理与人格授予延迟

儿童的遗骸葬在公共墓地的界限之外，这在世界各地都很常见，而且在任何时期都是如此。（Lewis，2007：31）

民族志研究揭示了一种相当一致的婴儿及儿童①死后处理的模式。而且 *52*

---

① 原文为"infants and children"；关于"children"的界定，参见本书第一章的相关脚注。——译者注

此种模式有力地支持了婴幼儿人格授予延迟的论点(Senior，1994)。对于5岁以下(Fricke，1994：133；Ndege，2007：103)或者甚至是直到10岁(Rawson，2003：104)去世的孩子，葬礼和哀悼可能是最低限度或者被明确劝阻的。(因儿童年龄不同而呈现出来的)这种葬礼和哀悼方面的差异是与儿童被认定为人的年龄的差异相一致的(Conklin and Morgan，1996：679；Lancy，2014)。人们认为，家庭和群体应当关注"下一个"孩子，而不是已死掉的那个孩子。例如这样的观点："婴儿死亡，或是存活，都会影响母亲生下一胎的时间，总的来说，在前一种情况下，母亲的平均生育间隔时间会更短"(Kramer and Greaves，2007：720)。有一些例证如下：

> 对于(爱约列人)婴儿来说，特别是在这个孩子非常虚弱的情况下，人们在其出生后几周或几个月内都不予以命名，这种情况并不罕见。人们给出的理由是，万一那个孩子死掉了，不会让人觉得损失那么沉重。(Bugos and McCarthy，1984：508)

> [东非巴格苏人(Bagesu)]孩子常常在出生时或婴儿期死亡，他们的尸体被扔到灌木丛中。(Roscoe，1924：25)

> [当一个奇佩瓦族(Chippewa)婴儿死去时]人们不赞成哭泣，因为他们害怕悲伤会传递给下一个孩子。(Hilger，1951：79)

> 当一个[南非通加人(Tonga)]孩子在被命名前就死了，没有任何哀悼，因为它没有灵魂……老太婆们会告诉那位母亲不要哭泣，她们说这不过是一只鬼(cello)。(Reynolds，1991：97)

让我们翻开考古记录。考古挖掘者发现，除了诸如古埃及(Meskell，1994)、城邦时期的雅典(Houby-Nielsen，2000)等少数几个社会，以及皇室或上层人士的墓葬(古希腊- Lebegyiv，2009：27；Berón et al.，2012：59)之外，婴儿及儿童，不会跟青少年(older children)及成人埋葬在同一个地方(中部美洲－King，2006：185)。

　　在中部美洲的哈尔托坎(Xaltocan)①……人们发掘了婴儿以及4岁以下幼儿的墓葬……位于房间地板下，而且……也有被埋进房屋墙壁里的。(de Lucia，2010：612-613)

　　(马普切族)婴儿不会被埋在公墓里，而是被埋在祖传的小地块或者家宅附近的某个地方。人们认为，如果把死去的婴儿埋在离家更近的地方，它就不容易变成恶灵。(Faron，1964：91)

　　在迈锡尼文明早期的希腊，未满1岁的死婴完全不会被埋入划定的城外公墓区域内，在他们的坟墓中也没有完整的随葬陶瓶……从一两岁到五六岁大的孩子仍然只有在特殊情况下才会被埋入正规的城外公共墓地。(Lebegyiv，2009：27)

　　有一项对塔尔奎尼亚(Tarquinia)②的埃特鲁斯坎人(Etruscan)③的　*53*儿童墓葬的分析，使得人们可以得出这样的结论：主要的公共墓地中没有5岁半以下的儿童遗骸，这就表明在这一年龄有一个重要的转变。(Becker，2007：292)

　　中世纪英格兰的儿童……通常被埋在教堂墓地的小土堆之下。那些土堆没有永久性的或者没有长久存在的墓碑，原因是那块土地经常会被重新用作墓地，特别是在城镇里(这种情况普遍存在)……能够葬入教堂内的对象仅限于成人和有地位的儿童。(Orme，2003：120)

---

① 墨西哥中东部内陆地区特拉斯卡拉州(Tlaxcala)的一个城市。——译者注
② 意大利小镇。——译者注
③ 即伊特鲁里亚人(Etruria)。——译者注

对婴幼儿死后处理方式（包括葬礼和埋葬习俗）进行思考，这丰富（complementarity）了婴幼儿期（infancy）民族志记录。考古报告也强调了婴幼儿的边缘性以及缺乏融入群体社会生活的能力（Alexandre-Bidon and Lett，1999：29；Wileman，2005：77）。婴幼儿死了，人们会私下哀悼，或者根本不进行哀悼，没有举行仪式，就不声不响地把它们埋掉了。

孩子被遗弃、被杀害或者受到致命性的忽视（就如前文详细论述的那样），如果父母和更大的群体都对这些情况予以默许，那么把孩子卖掉似乎也不是不可能的事情。而且，实际上，无论父母售卖子女所能获得的预期经济回报有多么少，这一做法都有可能让许多孩子活了下来。

孩子作为财产

（克佩列族）孩子是某种形式的财产，父亲如果要成为合法的拥有者，就必须支付费用并维持孩子的生存。（Bledsoe，1980a：91）

公元 6 世纪，意大利南部的农民在大集市上把他们的孩子卖掉。（Alexandre-Bidon and Lett，1999：38）

（巴基斯坦的土地所有者认为）利用孩子比使用拖拉机省钱，孩子们也比牛聪明。（Silvers，1996：82）[19]

人们必须从功利主义的角度来看待售卖儿童的问题。尼日利亚的伊博人（Ibo）认为，孩子是社会资本：儿子会加入各种秘密团体，以提升父亲的声望，而女儿出嫁是为了巩固与其他家庭的关系。西蒙·奥滕伯格指出，在撒哈拉以南的非洲，"婴儿被视为物质商品"（Ottenberg，1989：3）。密克罗尼西亚也有类似情况：特鲁克群岛的"儿童很容易被视为资本商品"（Fisher，1963：527）。"财产"（chattel）一词可以指任何一种真正的资产（property），人也算是其中一种。在人类历史的大部分时间里，儿童和奴隶是没有什么区别的（Woolf，1997：71）。[20] 他们的主人/父母掌握着生杀大权；可以而且经常使用体罚来管教他们；为他们（或者不）提供食物、衣服和栖身之所；规划他们的工作和休闲生活，并决定他们将要和谁结婚或者是否结婚。而且富人家的孩子也有着同样的命运。实际上，相比那些社会地位较低的同龄孩子，富人家的孩子在生活中往往受到更严格的管束。

在古罗马，奴隶的数量远远超过其他社会阶层，而且，毫不奇怪的是，古罗马有规范儿童售卖行为的法令。（在此类法令中）当被遗弃的孩子长到会赚钱的时候，生身父母把这个孩子从其养父母那里"召回"的权利一直在变化（Sommerville，1982：44）。被遗弃的孩子被"拯救"，被养大，然后再被卖为奴隶或妓女，或者被阉割后送去当宦官。"如塞内卡（Seneca）所描述的，用'*expositi*'（弃儿）当乞丐，甚至可能弄残他们，让他们显得更可怜（以增加乞讨得利的机会），这可能是常见的现象。"（Boswell，1988：113）

售卖人口（包括儿童）的行为，曾是西欧社会的一个显著特征，并在全球范围内存在了 2000 多年。"整个中世纪……领主拥有成百上千的农奴。那些农奴常常都是孩子……他们被当成人形家畜（对待），任由主人随意使唤"（Alexandre-Bidon and Lett，1999：36）。奴隶制在欧洲被废除后，却在美洲大陆继续蓬勃发展；而且在里约热内卢的奴隶市场上，大部分奴隶是8 到 14 岁的儿童（Kuznesof，2007：191）。在亚洲，儿童奴隶制根深蒂固。人类学家对于促成这种制度的条件已经进行了研究。举例而言，在印度北部，低种姓新娘供不应求，偷盗儿童的人就利用这种稀缺谋利。"在那些严格实行暴虐的地主制度且频繁杀害女婴的省份，人们可以看到将妇女卖为姘妇、情妇①、妓女、长工或奴隶的现象"（Dickeman，1979：345）。在前哥伦布时代（Pre-Columbian）的社会中，儿童可能会被交给当局抵税（Dean，2002：44）。在欧洲，从中世纪晚期到相当晚近，囊中羞涩的贵族们通常会让其子女与想要提升社会身份的商人家庭联姻，以便重新获得财富。

---

① 简单点说，此处的"concubines"（姘妇）是指男人养在家里侍寝取乐的女人，并无婚姻关系，而"courtesans"（情妇）是指为有钱有势者提供性服务的高级妓女。——译者注

人类学家伍迪·沃森(Woody Watson)记录了中国珠江三角洲地区售卖男童的普遍做法；这种做法一直持续到20世纪初。那些被售卖的男童被称为"*hsi min*"(细民)或者"小民"(little people)；巡回米商能认出他们是来自哪户生活贫困的人家。"在奴役他们的主人死后，"*hsi min*"也会像其他任何形式的财产一样，被分配给还健在的遗产继承人"(Watson，1976：364-365)。在日本乡下：

55

> 最贫困的家庭会把发育成熟的女儿卖为妓女。为了不让邻里知道他们有一个女儿要卖掉，父母会在夜里小心翼翼地生起一把火，从很远的地方就能看到①……在 1889 到 1894 年间，3222 名来自岛原(Shimabara)地区的年轻姑娘就以这种方式被贩运……这些年轻女子……出于孝心接受了自己的命运，而且会给自己父母寄钱。(Jolivet，1997：124)

战争往往给父母们提供了从其子女身上获得回报的机会。在美国独立战争期间，父母们把无所事事的男孩送去当兵，并从其军饷、入伍奖金以及作为"替身"代他人服兵役而获得的报酬中捞钱。15 岁的奥巴代亚·本奇(Obadiah Benge)"被他的继父送去服兵役……作为某个詹姆斯·格林(James Green)的替身，而对方通过以物换'物'的形式，(为此提供了)……马、笼头和马鞍"(Cox，2007：20)。

尽管法律禁止杀婴行为，但杀婴现象仍然存在，而售卖儿童的情形也恰似如此(Raffaele，2005)。许多人认为，奴隶制在非洲从未结束，而且相关报告持续出现，尤其是那些关于儿童被奴役的报告。2012 年底，联合国报告称，有 175 名马里儿童参加了叛乱，他们是被其父母以每人 1000 多美元的价格出售给叛乱分子的(Callimachi，2013)。在科特迪瓦繁荣的现代城市阿比让(Abidjan)，人们在"女仆市场"买卖女童(Bass，2004：149)。在

---

① 显然，这是为了通知人贩子上门来交易。——译者注

塞内加尔，数千名男童住在一所古兰经（Qur'anic）学校里，他们是被父母"捐赠"进去或者被人贩子拐卖进去的。这些"*almajirai*"①每天在达喀尔街头乞讨，如果不能乞讨到每日的最低数额，他们就会遭到"老师"的殴打（Callimachi，2008）。男童可能会被其离异的父母捐给这些"学校"（仅有的教导是熟记《古兰经》的片段），原因是这些父母需要遗弃孩子以取悦新伴侣（Hoechner，2012：161）。在整个非洲，儿童在种植园工作，报酬很少或没有报酬（Bourdillon，2000：168；Chirwa and Bourdillon，2000：134）。在尼日利亚和贝宁进行的调查发现，年仅4岁的儿童奴隶在采石场恶劣的条件下工作。而奴隶主仅需要向其父母支付少得可怜的15美元，就能获得这些孩子（Ahissou and McKenzie，2003；Polaski，2011）。直到相当晚近，约鲁巴人（Yoruba）还可能抵押（*iwofa*）他们的孩子，用孩子的劳作支付借款的利息。孩子们必须为债权人工作，直到债务还清为止（Renne，2005）。在美索不达米亚（Mesopotamia），把孩子作为贷款的抵押品，这是普遍现象；如果贷款未被偿还，那么，这就会导致孩子沦为奴隶（Mac Ginnis，2011）。"特洛科西（Trokosi）②女孩，有些仅有10岁，被迫成为神殿祭司的体力奴隶和性奴隶，以取悦神（并）为其家人的罪行赎罪。"（Bass，2004：151-152）

在尼泊尔和孟加拉国，年纪大到适合工作的孩子被以50-75美元的价格出售给煤矿主，充当抵押劳工，以偿还购买他们的费用。矿井塌方（通常是致命的）只是众多危险中的一种（Anonymous，2009）。许多孩子被卖到孤儿院，然后孤儿院再把他们转售给渴望收养孩子的父母。[21]富裕父母对健康的、可合法收养的婴儿有需求，这催生了"婴儿养殖业"（baby farming）；在厄瓜多尔，收养机构向某些农村母亲提供秘密资金，让她们

56

---

① 查证引文原文，并无此词，无从判断作者为何要在此处特地使用这一词汇。相关文献表明，"almajirai"是豪萨语（Hausa）中的"almajiri"一词的复数形式；该词源自阿拉伯语词汇"Al-Muhajir"——字面意思是移民，其起源可以追溯到先知穆罕默德从麦加迁移到麦地那的著名事件（迁移结束的日子就是伊斯兰纪元的开始）。参见网址：https://dailytrust.com/educating-the-almajirai-for-national-development，访问日期：2022-06-30。——译者注

② 指在加纳、多哥、贝林等国流传的一种奴役仪式（Ritual servitude）或习俗；它是指家庭将童贞女奉献给祭司，以作为对家族成员过去所犯罪行的一种赎罪。——译者注

将自己的婴儿"遗弃"（give up）给收养机构（Liefsen，2004：185）。

我想强调的是，儿童奴隶制更多的是与复杂的、存在社会分层的社会联系在一起，不过它在民族志的记录中很少被发现。然而，儿童价值取决于其有用性的基本模型几乎是普遍存在的。当一个孩子从婴儿期向幼儿期逐渐成熟时，没有什么比工作能力更能使其人格得到认可。回想一下，在一个尊崇长者的社会中，孩子们处于尊卑次序（pecking order）①的最底层；这意味着，年长者希望得到年轻人的照顾。人们认为，在孩子身上投资（满足他们的衣食需求，照顾他们），这是为安享晚年"投保"。而且，孩子的劳动也减轻了父母的操劳。我与格罗夫把儿童从隐形的、未获得人格的成员转变为社会成员的过程，称为"获得注意"（Getting Noticed）②（Lancy and Grove，2011a）。

乳债③

> 依据泌乳会耗尽母亲不可替代的身体物质的信念，（在墨西哥农村）人们认为孩子一方（因为吃奶而）④欠下了债务，因而有义务在母亲晚年时照顾她。（Millard and Graham，1985：72）

> （邦比塔人）孩子吃着父母生产（grown）和喂给他们的食物，确实是在消耗父母的精力。（Leavitt，1998：193）

> 人们认为，［拜宁人（Baining）］妇女每生育一个后代，就会失去更

---

① 1913年，托里弗·谢尔德鲁普-埃贝（Thorleif Schjelderup-Ebbe，挪威动物学家）创造出"pecking order"（啄序）一词，用以描述他观察到的事实：母鸡中存在着严格的社会等级制度，这种等级制度决定了某只母鸡可以在打斗中啄另一只（些）母鸡。该词很快被用于描述其他动物（尤其是人类）的社会支配地位。——译者注

② 原引文以此短语为标题。它指出儿童在童年中期获得了群体的承认，表现出自己的人格，有能力承担杂务；这意味着儿童在群体生活中受到了注意。——译者注

③ 结合本节内容，乳债（Milk debt）可以理解为父母的养育之恩。——译者注

④ 此处为译者根据上下文补足。——译者注

多的肌肉和血液。而男性也经历着这种逐渐衰弱的过程。(Fajans,
1997：62)

每个社会都期望孩子能为家庭经济作出贡献，除了过去那些富贵人家的孩子、少数觅食社会的孩子(参见本书第 66—70 页"乐园中的儿童")以及让孩子致力于学校教育的现代家庭的孩子。在欧洲，直到 19 世纪，"7 57岁是一个非正式的转折点，农民和工匠会期望这个时候的子女能开始帮助他们做一些家中的、农场或作坊里的零碎工作"(Heywood，2001：37)。"*moço* 这个词最初的意思是'孩子'，后来在西班牙语和葡萄牙语中被用来指年轻的仆人……在意大利语中，"*fante*"这一用语……源自"*infante*"(孩子)一词……适用于指称家仆"(Stella，2000：33)。(波利尼西亚)朗伊罗阿环礁的居民(Rairoans)认为：

> 孩子们，同家庭中的其他所有成员一样，都应该发挥自己的作用，所以即使是很小的孩子也会被指派去从事令人惊讶的繁重且困难的任务。四五岁的孩子经常被派去从大型公共水箱中取水；他们中的许多人在一天中要带着能装一加仑水的瓶子来回不下十趟。(Danielsson，1952：121)

在伊努皮亚人(Iñupiaq)中，儿童通过自身的劳动为家庭提供重要的支持。孩子们欣然接受这种能做贡献的机会："他们尊重我，因为我能做……我的杂务……不用他们吩咐。这就是我的奖励①，(但有时)我还能得到一顿美餐作为奖励"(Sprott，2002：229)。

当我问克佩列族父母，怎样才算是一个"好"孩子时，一位母亲毫不犹豫地回答："怎样才算一个好孩子？如果你让她去打水，她就把水带来。如果你叫她去做饭，她就去做饭。如果你叫她照看孩子，她就照看孩子。

---

① 指得到家中成人的尊重。——译者注

当你叫她种水稻时，她没有抱怨。"(Lancy，1996：76；另请参阅 Dybdahl and Hundeide，1998：140；Cronk *et al.*，2009：331)在加纳(Ghana)，城镇市场上的女商贩洋洋自得地把几乎所有的家务活(特别是照看婴儿)都指派给其子女[阿善提人(Asante) - Clark，1994：332]。一位要求孩子们服从并努力工作的基里亚马族(Giriama)母亲赢得了群体的尊重[Wenger，1989：93；另请参阅塞贝人(Sebei) - Goldschmidt，1976：259]。汤姆·韦斯纳完成了一项出色的工作；他将西方儿童发展教科书中所描述的那种一向关心孩子的父母与他在东非一个阿巴卢亚人(Abaluyia)的农业村庄中所观察到的情况进行了对比。阿巴卢亚族父母和成人很少帮助孩子完成工作；更多的时候，帮助是由其他孩子提供的。甚至(父母所提供的)那种装装样子的帮助"常常是间接且延迟的"(Weisner，1989：72)。成人与孩子之间唯一的直接交流就是，父母把杂务分配给孩子；而间接交流也包括戏弄和抨击。"食物总是被用来奖励和认可孩子的贡献，反之，孩子要是拒不服从杂务安排，则会被剥夺食物"(Weisner，1989：78；另请参阅 BarLow，2001：86)。同样，"克沃马人(Kwoma)的孩子……从经验中学到，不劳作者不得食"(Whiting，1941：47)。

　　莫妮·纳格(Moni Nag)及其同事仔细观察了爪哇儿童与尼泊尔儿童对家庭经济的贡献。他们发现，"在爪哇和尼泊尔的村庄，6-8 岁的女孩平均每天要花 1.7 小时照顾孩子"(Nag *et al.*，1978：295)，"15-19 岁的爪哇男孩和女孩每天从事的所有工作，分别需要耗费他们 7.9 小时和 10.2 小时，而尼泊尔村庄的相应数字为 9.5 小时和 11.3 小时"(Nag *et al.*，1978：294)。与东亚地区不同的是，在爪哇和尼泊尔，女孩同男孩一样受到家庭的热切欢迎，杀婴现象似乎很少见。实际上，人们的态度似乎是"只要负担得起，就尽可能多地生孩子，并发现孩子的用处"(Nag *et al.*，1978：301)。这一民间智慧是有根据的："对……几个较不发达国家生育率的经济计量分析表明，儿童劳动(labor-force)参与程度与出生率之间存在显著的正相关"(Nag *et al.*，1978：293；另请参阅 Ember，1983)。

　　随着社会"现代化"以及挣钱机会的增多，我们可以预料，父母会为他们的孩子找工作——即使这意味着，孩子们的童年会被缩短（例如，"付给儿童较高的报酬，这会导致男孩和女孩的闲暇时间减少"；Skoufias，1994：346）。蒙哥马利试图了解泰国父母如何从子女的卖淫活动中捞到钱，他解释说：

> 根据泰国佛教徒的道德尺度，父母有权成为"道德上的债权人"（*phu mii phra khun*），因为他们在生育和抚养孩子方面必定是付出了辛劳，作出了自我牺牲……而孩子则是道德上的债务人……人们养育孩子是为了得到明确的回报。女儿向母亲偿债的方式就是留在家里照顾年迈的父母，而儿子则出家当和尚以偿还"母乳"①。（Montgomery，2001a：73）

人类学家也提醒我们注意童年的一个极其普遍的方面：孩子是"有用"的。收养和寄养提供了合法的途径，使儿童得以"流通"；通过这些途径，儿童能够作出更多的贡献，并且/或者获得更多的机会。

收养

> 在土地稀缺、农业生产无法吸纳过剩儿童的地方，儿童会被送到能够利用他们的较为富裕的家庭里去生活。（Ravololomanga and Schlemmer，2000：301）

> 弗法奥（Fofao）被继父领出了学校，并"送给"了一位姑妈。姑妈安排6岁的他在累西腓的大街上卖冰棍。（Kenny，2007：78）

> （拜宁人）没有与不孕相关的污名。如果配偶没有生育子女，他们就直接收养孩子。（Fajans，1997：68）

---

① 在泰国，年轻人会短期进入寺庙当和尚，为父母祈福，以报答他们的养育之恩。——译者注

在民族志记录中，收养是很常见的现象；之前，我们就已经提到，在古代有一些习俗可以帮助父母将不想要的婴儿转移到乐意养育他们的人那里。类似的习俗可以在民族志记录中找到（Balicki，1967）。例如，在瓦纳特奈岛（Vanatinai Island），"动词'收养'的字面意思是'喂养'"。父母会把不想要的婴儿放到一棵树的树杈上，然后任何人都可以"自由地捡走这个婴儿，给它洗澡，把它当作自己的孩子来抚养"（Lepowsky，1985：63）。人们不太了解的是，在有些社会或者甚至整个地区的所有儿童中，有很大一部分是被收养的；例如泛北极地区（pan-Arctic region）（Bodenhorn，1988：12）、大洋洲（Shore，1996：290），以及西非（Martin，2012：203），都是如此。让孩子在不同家庭之间流动似乎有几个动机。一个显而易见的动机是，让孩子在父母一方或双方死亡的情况下，能够活下去；失去父母一方或双方的事件是非常可能发生的，不管是就部落人口（阿卡人-Hewlett，1991a：19），还是就过去那些预期寿命33岁至35岁的人（盎格鲁-撒克逊人-Crawford，1999：129-130）来说。正如西尔克（Silk；1980，1987）所表明的，孩子很可能被近亲收养；在这一过程中，那些近亲增强了他们自身的总体适应度。但是正如之前提到过的阿切人①的故事，当家庭成员没有能力抚养时，婴儿不会被留下。最近，艾滋病的流行使得"对孤儿的传统上的亲属义务"被取消了（Cheney，2012：101）。

另一个动机似乎是把孩子从有子女的家庭重新分配给没有子女的家庭（Fajans，1997：67），或者把孩子从不能充分利用他们的家庭重新分配给能够利用他们的家庭或个人（就像弗法奥的姑妈）。特鲁克群岛[现在的丘克群岛（Chuuk）]居民的生育率很低，有生育能力的妇女会把自己的一个或者多个孩子送给不孕的妇女，而对方会回赠食品和礼物（Fisher，1963：530）。类似的情况也在东非牧民中存在着，例如，马赛人就是如此（Talle，2004：64）。另一种常见的儿童转移是"跨代"转移。正如我们将在第四章中看到的，祖母极有可能充当刚断奶婴儿的养母，或者替代婴儿生母的角

---

① 见第30页，阿切人杀婴的例子。——译者注

色。① 再进一步，还有一种可能是将孩子几乎永久性地转移到祖父母的住所。对祖父母来说，这些孩子大有用处，他们能帮忙跑腿，并承担那些有可能损害其声望的低贱工作（Clark，1994：367）。爪哇男童的父母会把他送去"服侍"某个亲戚，以"换取有形或无形的商品"；而那位亲戚可能也希望从这个小家伙身上得到情感方面的安慰（Jay，1969：73）。

最常见的情况是，儿童被转移，"以满足另一个家庭的劳动力需求"［菲伊族（Fée）- Martin，2012：220］；他们会充当"帮手"（因纽特人 - Honigmann and Honigmann，1953：46）。而缺乏女性劳动力的家庭可能要求收养女孩［科斯雷岛岛民（Kosrae）- Ritter，1981：46；贝洛纳岛居民（Bellona）- Monberg，1970：132］。在拉罗亚环礁（Raroia），有些家庭则要求收养男童，这是因为他们能够帮忙加工椰肉（Danielsson，1952：120）。不过，从另一方面来说，这种推动力②可能先出现于孩子过剩的家庭（Bodenhorn，1988：14），或者是子女年龄太接近的家庭，或者是内部不和的家庭；还有原生家庭会将孩子作为偿还债务的手段。为了给继父或继母的亲生子女"让路"，继子女通常会被赶出其出生的家庭。在苏奥（Suau）③，"被收养的孩子遵循着同样的交换'路线'④——就像被用作彩礼的猪群以及巫师提供的服务"⑤（Demian，2004：98）。

---

① 换句话说，让祖母照顾的孩子其生母可能过世了，或者还健在。——译者注

② 指孩子被送往其他家庭。——译者注

③ 德米安（Demian，2004）写道，这是巴布亚新几内亚马西姆南部（Southern Massim）地区的一个社会（society）。（Demian，2004：98）——译者注

④ 德米安在其论文（Demian，2004）中写道："'roads'或者说'paths'是整个巴布亚新几内亚非常普遍的用语，它被用来将诸如婚姻支付（marriage payments）、仪式性交换以及其他正式的预付活动（prestations）中出现的人与人的关系具体化。在苏奥的语境中，'road'一词被用来表示通常需要第三方付出劳作来加以维持的关系。"（Demian，2004：102）——译者注

⑤ 在德米安（Demian，2004）的论文中，此句引文的意思是：孩子被送到收养他的新家庭里，原生家庭的父母就不再需要养育这个孩子，而他的养父母则需要通过劳作来养育他并为他准备结婚的彩礼。因此，被收养的孩子就欠下了债务，他必须通过自己的劳作来偿还这些债务。这种被收养的孩子先欠下"债务"，长大成人后再以劳作偿还的关系，就类似于结婚前男方送给女方猪群，而女方在婚宴时再偿还猪群的关系一样，也类似于巫师先提供服务，而被服务方需要在事后偿还债务的关系一样。因而，可以说，它们都遵循着同样的"路线"。另外，需要说明的是，他指出苏奥人所说的"work"不仅仅是指体力劳动，而且也指体力劳动的成果，例如所有被用于交易的田地产品以及猪群等。（Demian，2004：103）——译者注

有众多社会重视通过收养来改善儿童的"结局"(outcome)。在许多社会中，人们认为，(生身)父母无法在子女身上施行足够多的管教手段，以使其举止得体地参与社会生活。而养父母则较少受到情感纽带的束缚，他们可以成为更有效的父母(爪哇人-Geertz，1961：116)。实际上，巴统布人(Baatombu)赞同"孩子由养父母抚养比生身父母抚养更好的观点"(Alber，2012：182)，因为后者"对他们太宽容"(Alber，2004：41)。[22]他们采取措施尽量减少孩子和生身父母之间的情感纽带。"甚至在婴儿出生后的最初几个小时里，我就观察到，母亲在一群旁观的朋友和亲戚面前，有意疏远刚生下来的孩子"(Alber，2004：40)。

在养父母支付了费用后，帕劳人(Palauan)会高兴地作出安排，让自己的孩子"成为更有影响力和更富有的人的门生(protégé)"(Barnett，1979：54)。在塞拉利昂，那些希望被培训成加拉布(*garrah*-cloth)织女的女孩乐意被寄养到制布家庭里(Isaac and Conrad，1982：244)。越来越多的农村女孩被送到城市亲戚家中当"女佣"，在那里她们希望挣到自己的嫁妆(Jacquemin，2004：384)。事实上，这种富裕家庭"收留"穷亲戚家孩子的通常做法，一直是历史上最持久的财富向下转移方式之一。然而，今天的现实可能不那么温情。"以'帮助'贫穷的农村亲戚为借口，(在阿比让)有些妇女建立了安置小女佣的网络，虽然是打着寄养的名号，但这种做法近似贩卖儿童"(Jacquemin，2006：394；关于加纳的情况参见 Derby，2012)。莱纳韦弗(Leinaweaver)详细论述了秘鲁社会中的这种道德困境，以及它给儿童福利机构带来的困难。

> "改善自己"①是把孩子安置到富裕的城市亲戚家里的一个原因……通过这种迁移，儿童②为接收自己的家庭提供帮助，而接收他们的家庭则照顾和培养他们……(但是)儿童流通可能涉及无偿劳动(有时达到剥削的程度)、性虐待和其他严重风险。(Leinaweaver，

---

① 指孩子改善自个的生存境况。——译者注
② 查证引文原文，此类孩子年龄从4岁到18岁不等。——译者注

2008a：60，65）

莱纳韦弗（2008b）的研究表明，随着农村社会的转变，儿童收养的性质也有所改变。[23]相比"收养"或"寄养"，"儿童流通"[24]这个术语能更好地描述出儿童的流动性。儿童可以通过加入一个较富裕的家庭来"改善自己"，并且改变原生家庭的经济状况。通常，富裕家庭的年轻成员能够接受学校教育，而他们在家庭经济中的职责则由流通来的孩子承担。安第斯地区的内战促使许多父母把孩子转移到其他更安全的村庄。而且，父母能获得的经济机会往往需要他们搬迁到工作地点，但拖家带口不方便，因而他们会把孩子暂时安置在大家庭中或当地的孤儿院里。

> （有位母亲）策略性地把她的孩子散置在这个地区：大女儿住在她母亲的房子里，以确保没人来抢夺财物；二女儿长久地住在她阿姨和叔叔家；唯一的儿子和他的另一个叔叔在丛林地区工作。（Leinaweaver，2008b：86-87）

因此，毫不奇怪，我们看到父母让孩子在社交中尊敬长辈或上级。他们会"通过责备、打巴掌，甚至殴打，来把这种态度装进孩子心里"。孩子们也被"教导如何恰当地称呼亲戚，以及……如何举止得体地（对待他们）"（Leinaweaver，2008b：124，141）。

我们可能会从珍视幼儿的视角来看待收养问题。我们收养孩子的推动力不在于确保遗传连续性，因为我们很可能收养无亲属关系的孩子。它也不在于身体方面的相似性，因为跨国和跨种族的收养行为也很常见。我们并不指望通过使用儿童劳力来增加我们的收益（harvests）。我们并不把孩子当作一份为我们提供晚年社会保障的保单。我们收养孩子是因为我们"想要"，并且"爱"孩子，尽管这样做的成本收益率并不令人满意。正如赫迪解释的那样："与其他动物不同，人类能够自觉地作出违背自身利益的选择。实际上，很

多我们所认为的'道德行为'都属于这一类。"(Hrdy, 1999: 460)

由于人们早就期望孩子参与家务劳动以及诸如放牧之类的家庭营生，因而，他们从事劳动以赚取报酬的门槛是很低的。孩子们乐意把任何一点收入都交给家人——履行其作为家庭经济单位固定成员的职责(Baas, 2011: 197)。尽管贩卖儿童的问题受到新闻媒体的高度关注，但是童工是一种更为普遍的现象。儿童可以被视为财产——他们的劳动是免费提供给家庭的——即使在没有公开奴役的情况下也是如此。

童工

> 在巴西，超过 600 万 10 到 17 岁的儿童和 29.6 万 5 到 9 岁的儿童都在工作，(生产)大部分巴西人吃的、穿的和睡的东西……可可、宝石、矿产、大豆和葡萄产业都需要使用廉价的(儿童)劳动力。(Kenny, 2007: 2)

62　　在世界上许多贫困地区，土地承载力的下降并不对应着生育率的下降(Chirwa and Bourdillon, 2000: 128)。在最糟糕的情况下，比如在几内亚比绍，母亲几乎不能养活自己，却继续遵守这样的格言："孩子永远不嫌多"(Einarsdóttir, 2004: 63)。而孩子们却承受着这种马尔萨斯(Malthusian)困境的后果。父母不顾一切地卸除抚养孩子的负担，并且/或者利用子女的劳动捞取一点微薄的收入(Baas, 2011: 106)。在津巴布韦，人口过剩的结果是，贫困的父母不得不强迫其子女长时间地在铬矿和金矿工作，因为他们的农场再也无法养活一家人。那些矿区的特征是"环境严重退化，……年纪较小的孩子在地面上收集铬矿石，淘洗金子。而年纪大点的孩子在矿井里工作，在那里'他们过早衰老'"(McIvor, 2000: 176, 179)。

在危地马拉，米格尔(Miguel)和他的 8 个兄弟姐妹每天把石头敲成碎石子(手工操作)，以此来帮助自己的父母(Ruiz, 2011a: 87)。他们每个人都有一把大小合适的锤子，用来将夹在两脚之间的较大块的石头敲碎(van de Berge，2011a：71)。与人口过剩、耕地稀缺并存的是农村经济的货币化。村民们需要现金来缴税、给孩子交学费、购买药品和其他生活必需品，但他们很少能找到赚取现金的机会。从孩子的劳动中获得收入可能是他们最好的选择(bet)。

> [盖丘亚人(Quechua)]孩子从4岁起就活跃在采石场上，其主要原因是他们不得不为家庭收入做贡献……所有家庭都有一小块土地(0.5或1公顷)，用来种植玉米或土豆。大多数家庭也养(一些牲畜)。有些家庭也会出售一些诸如牛奶和黄油之类的产品，以换取现金。但是，这并不足以支付家庭的日常开销。(van de Berge，2011a：75)

在哥伦比亚(事实上在整个安第斯地区)，孩子当(煤)矿工赚钱，而父母从中获益：

> 矿主们更喜欢让孩子们在最深、最狭窄的矿道里开采矿石，因为他们个子小，身体灵活。孩子们在炎热、潮湿、受污染的空间里工作，没有通风设备，经常暴露在损伤肺部的有毒气体和粉尘中。年方6岁……(他们)就已开始工作——只要他们可以搬起物体并拖走。年纪最小的孩子在矿井口干活：分拣煤块，搬运木头、工具、水以及食物。年纪大点的孩子从事更耗体力的工作。孩子们通常是从凌晨一两点工作到早上八九点，然后去上学，之后再去田里干活。(Sastre and Meyer，2000：87-88)

在玻利维亚，典型的农村家庭有很多孩子；所有孩子都会被送去矿山工作。在他们之中，年纪最小的孩子不能合法受雇，但可以跟随他们的父母，一起工作，增加产量(Baas，2011：112)。毫不奇怪，儿童矿工的健康 *63*

状况很差。他们表现出明显的营养不良症状，并伴有寄生虫、贫血和龋齿等疾病。而危害他们的还有其他与采矿有关的疾病，包括咽炎、扁桃体炎、鼻窦炎、流感、肺部疾病和矽肺病。那些长期在矿山工作的孩子身上也会出现明显的皮肤和肢体感染，以及身体畸形（Sastre and Meyer，2000：89）。[25]

城市化进一步增强了儿童的经济潜力。在泰国的农村里，子女被视为需要谨慎管理的资产；就家中的女儿来说，尤其如此。由于弟弟妹妹承担了她们的杂务，女儿可能会去上几年学；然后她们会被送到城里，在街头谋生，从事包括卖淫在内的工作。而那些能收到女儿寄回的一部分收入的农村家庭明显日子过得更宽裕（Taylor，2002）。

在本书中，我们通过不同的视角来看待儿童，避免用一个社会所信奉的理念来评价另一个社会的童年。但是，不言而喻，与发达世界当代儿童相比，第三世界贫困儿童的生活是悲惨的——包括那些生活在城市贫民窟或偏僻农村相对贫困的儿童。不过，在我看来，与我们刚刚读到的那些孩子相比，生活在尚未受到人口过剩及外界影响摧残的传统村庄里的孩子也享受着恬静宜人（idyllic）的生活；在我作出这样的断言时，我不认为自己受到了"高贵的野蛮人"（noble savage）①这一"神话"的影响。然而，我们还可以采用的另外一个视角是历史的视角；通过它，我们可以看到历史上有许多儿童有着与当代儿童矿工及雏妓相似的经历。

过去的童年

（在那不勒斯）和母亲一起工作的女儿不太可能得到任何工资，她们直接通过劳动对家庭作出贡献。（Goddard，1985：19）

---

① Merriam-webster 在线词典对此短语的释义是"一种虚构的（mythic）观念，认为非欧洲文化的人具有天生的自然纯朴以及未受欧洲文明腐蚀的美德"。——译者注

我清醒地意识到，我刚刚讲述过的那些可怕的故事在西方直到最近都是司空见惯的事情。儿童挣工资或是帮父母增加产量，这种事情在历史上都是存在的。在迈锡尼出土的一些 B 类线形文字（Linear B）泥板①（公元前 1400 年）上记录着，当时的儿童受雇从事各种各样的低贱工作（Aamodt，2012：37）。人们在（美索不达米亚）西巴尔古城（Sippar）的神庙中发现的公元前 535 年的档案表明，当时有五分之一的建筑工人是 5 岁或 5 岁以下的儿童（Mac-Ginnis，2011）。《查士丁尼法典》（Code of Justinian）（公元 534 年）规定，儿童 10 岁就开始工作，特殊情况下可以提早到 5 岁（Bradley，1991：115）。一些古罗马时期（ancient Rome）的墓碑碑文有力地表达了孩子对父母的经济重要性：

> 纪念维珊提娅（Viccentia），一个非常可爱的姑娘，一个金矿工人。她活了 9 年。
>
> 纪念皮里斯（Pieris），一个理发师。她活了 9 年。她的母亲伊拉拉（Hilara）立了这块墓碑。（Shelton，1998：112）

人们倾向于使用儿童来从事诸多最恶劣的工作②，比如清理烟囱和水井，当矿工到地下挖隧道（Alexandre-Bidon and Lett，1999：77-78），因为他们身材瘦小。工业革命对育儿的成本收益计算产生了重大影响，因为工厂为父母提供了通过子女赚取工资的机会。虽然个人所拥有的土地规模限制了儿童就业的范围，但是工业革命却放宽了对生育的限制③（Sommerville，1982：152）。早在 14 世纪，"孩子们在法国（南部）蒙塔涅黑山地区（Montagne Noir）的矿山工作，在黏土（地面）上留下了他们的小脚

---

① 也译为"线形文字 B"或"线性文字 B"，是古希腊迈锡尼文明时期迈锡尼人所使用的文字。——译者注

② 此处指的是中世纪的情况。——译者注

③ 此句意思是，因为工业革命，儿童有了更多的就业机会，家庭也倾向于选择多生孩子。——译者注

印"（Wileman，2005：64）。到了 18 世纪 20 年代，4 岁的孩子受雇于法国的纺织厂；而 100 年后，在英国兰开夏郡（Lancashire），有四分之一的 10 到 15 岁的女童在棉纺厂工作（Sommerville，1982：250）。

在 18 世纪，俄罗斯的纺织厂里有四分之一的劳动力年龄在 8 岁或 8 岁以下。有一项指派给儿童的典型工作是，让他们爬到嗡嗡作响的纺纱机下面和周围去清理棉绒。他们的工作时间和成人一样（通常是 24 小时内轮两个长达 6 小时的班），工作要求苛刻，但儿童工资只是成人工资的一小部分（Gorshkov，2009）。机械化对儿童构成了非常直接的威胁，"掉进啤酒酿造桶里，跌到磨面粉机或水力磨轮机的轮子下，（在跌倒后）遭到推磨的驮畜（pack animals）或驴子的践踏"（Alexandre-Bidon and Lett，1999：76）。

在西方，限制童工的措施逐步推行，结果是，到了 1830 年，工厂工人必须年满 8 岁；尽管如此，长达 14 小时或更长时间的工作日仍是常态，而且童工可能会因迟到而挨打（Sommerville，1982：103）。事实上，在 19 世纪，针对儿童的第一波改革所关注的并不是童工（人们认为使用童工是一件好事），而是"四处流浪"的儿童（Zelizer，1985：61）——不知何故，他们摆脱了家庭和工厂的束缚，就如狄更斯在《雾都孤儿》（*Oliver Twist*）里描写的那些男孩一样。终结童工制度的措施遭到了强烈抵制；抵制的力量主要来自父母，他们认为这侵害了他们从子女身上获得的经济利益，而且，在许多情况下，这会被当作关键家庭收入的损失。1895 年，美国开展了一项关于童工的研究；研究结果表明，尽管童工来自有父亲的家庭，但他们的父亲往往无法养家糊口（Hine，1999：125）。

一项在 1909 年开展的针对棉纺厂的调查指出，父母们激动地声称，如果他们希望"让孩子去工作"，国家无权干涉，而且只有让孩子"开始偿还养育费用"才是公平的。据报道，在纽约的罐头厂，意大利移民采取了更为激进的立场……针对一名企图把幼儿赶出厂房的罐头制造商：愤怒的意大利女人（将他）包围，其中一个女人把他的手指

"完全咬断"。父母们经常通过谎报孩子的年龄来蓄意破坏监管法规。(Zelizer, 1985: 69)

图 5 莫拉汉(Mollahan) 纺织厂里的纺纱工与落纱工(1908 年)

移民父母也基于同样的理由拒绝子女接受义务教育(Lassonde, 2005)。 *66* 然而，正如泽利泽(1985)所指出的，尊崇(sanctify)儿童，使其脱离成人操纵的运动势不可挡(Clement, 1997: 132)。在 1900 年，有五分之一的 10 到 15 岁的儿童被雇用。"到了 1930 年，儿童参与经济活动的人数急剧减少"(Zelizer, 1985: 56)。对童工的需求减少，这主要是因为技术进步使得孩子们曾经非常擅长的一些能敷衍了事的、低贱的杂务被消除了。而且，正如"儿童价值"(Value of Children, VOC)系列调查①所证明的，在现代世

① 这是土耳其心理学家齐丹·库查巴莎(Cigdem Kagitcibasi)在 20 世纪 70 年代开始主持的系列研究项目。具体的介绍参见本书对应的参考文献。——译者注

界中，人们正在从重视儿童的经济贡献转向重视儿童所给予的心理回报（Kagitiçbasi and Ataca，2005：318）。

在下一节中，我想谈谈另一组社会（既类似于我们自己的社会，又与之截然不同）；在那些社会中，儿童被当作小天使来对待。他们受到了宠爱和高度的关注——尤其是在婴儿时期。

乐园中的儿童

（南美洲森林里的觅食群体）凯敢人（Kaingáng）重视孩子，因为他们认为，孩子就像大多数宠物一样，具有让人情感愉悦的潜能。他们没有表达过孩子长大后要赡养并保护父母的想法。（Henry，1941/1964：31）[26]

（昆人）孩子受到重视……因为他们能让生活更美好。（Shostak，1981：179）

有这样一个世界：那里的孩子几乎总能感到自己"被需要"，人们"对婴儿的性别没有文化上的偏好"（Howell，1988：159）。母亲按婴儿所需给予哺乳；当母亲不在时，则由其他妇女哺乳。婴儿受到父亲、祖父母和兄弟姐妹的纵容和宠爱。孩子们需要很长的一段时间来自行断奶，在此期间，他们被喂食有营养的食物（Robson and Kaplan，2003：156）。他们很少或者根本不受约束或强迫。人们带着婴儿和学步儿进行长途旅行，在其痛苦时给予安慰。如果婴儿死亡了，人们会予以哀悼（Henry，1941/1964：66）。孩子们很少或从来没有受到体罚甚至责骂（Hernandez，1941：129-130）。他们无须对家庭经济作出重要贡献，可以一直自由玩耍到青少年中后期（Howell，2010：30）。他们的青春期经历相对没有压力（Hewlett and Hewlett，2013：88）。这样的乐园存在于一批散布全球各地的孤立社会中；

这些社会全都严重依赖觅食活动来维持生存。而且，它们还具有人与人之间相对平等、社会关系紧密的特点，包括男女之间的相对平等（Hewlett *et al.*，1998）。[27]

在巴拉圭的热带雨林中，阿切族婴儿几乎从未与母亲分开过，他们可以随时吃奶；"他们绝不会被放在地上，也不会被单独留下超过几秒钟"（Hill and Hurtado，1996：219）。在其他觅食社会中，人们经常陪婴儿玩耍。著名的人类行为学家艾布尔–艾贝斯菲尔特（Eibl-Eibesfeldt）周游世界，研究复杂程度较低的觅食和/或园艺社会①中的婴儿照顾模式。他注意到母亲及其他照顾者会亲吻婴儿、碰婴儿的鼻子、跟他们玩躲猫猫，还会爱抚并刺激他们的外生殖器(Eibl-Eibesfeldt，1983：194)。其他研究觅食游群的人也发现了大量的母婴亲昵玩耍的证据（Gusinde，1937；Burling，1963）；然而，此类玩耍活动可能在婴儿 1 岁左右就结束（Morelli and Tronick，1991：104）。"［阿格塔人（Agta）］热切地挨个传递婴儿，直到所有人……都有机会搂抱、蹭脸、嗅闻婴儿，并对其外生殖器(给予)温柔地刺激"（Peterson，1978：16）。艾布尔–艾贝斯菲尔特（Eibl-Eibesfeldt，1983)报告说，父亲参与婴儿游戏的频率比其他人低，而且，尽管在阿卡族(Aka)觅食者中，父亲参与照顾婴儿的程度很高，但父亲与婴儿/孩子间的游戏活动却很少（Hewlett，1991b：95）。

在马来西亚中部，巴特克族（Batek）小游群靠森林里丰富的物产维生。不论婴儿何种性别，巴特克族父亲与母亲都会花很多时间搂抱婴儿，并和他们交谈。父母对孩子的管教也很宽松：一个两岁的孩子把他父亲刚做好的竹笛当锤子乱敲。他的父亲对此毫不在乎，因为他可以轻易地再做一把。父母很少打孩子或对他们使用武力；他们所用的"sakel"一词，既意味着打，也意味着杀，但对他们来说，这是可憎的想法（Endicott，1992）。在亚马孙河流域、秘鲁境内的艾罗–派族（Airo-Pai）觅食群体中：

①　继狩猎采集社会之后出现的一种人类社会类型，在这种社会里人们使用手工工具种植农作物。——译者注

男人和女人对家庭规模和子女的出生间隔都有明确的想法。他们说理想的孩子数量是 3 个，在上一个孩子能够独立吃饭和活动之前，妇女不应该怀孕……据说，出生间隔很近的孩子会受苦、爱哭、性情暴躁。(Belaunde，2001：136；另请参阅华欧拉尼人‐Rival，1998：630)

生活在婆罗洲(Borneo，今加里曼丹岛)沙捞越(Sarawak)地区的普南巴人解释说，给予婴儿悉心的照料，是因为相信婴儿是转世祖先的化身。而且，婴儿的身体和灵魂只有微弱的联系，因此它是脆弱的；当与母亲分离时，它会感到痛苦，很容易因此而受到伤害。至少在孩子 4 岁之前，人们都会非常小心地对待他们，"绝对不会体罚他们，以免吓走他们的灵魂"(Nicolaisen，1988：198‐199)。生活在孟加拉森林里的加罗人(Garo)集体共有婴儿，共同照顾他们，父母"很少与自己的孩子嬉闹，而是与他们安静地、亲密地、充满柔情地玩耍"(Burling，1963：106)。在加拿大西北部的领土上，因纽特人(曾称爱斯基摩人)绝不会让孩子一个人待着，也不会任由他自个哭上一段时间。人们尽心尽力地照顾婴儿，给予婴儿大量的触摸安慰——期待"相互依赖且亲密的人际关系，这是因纽特人生活的一个重要组成部分"(Condon，1987：59；Sprott，2002：54)。

人们给予孩子无微不至的照顾，而与之相伴随的是，对孩子作为独特个体的尊重；这一点值得注意。对于生活在北美洲西部大平原(Great Plains)上的苏人(Sioux)来说，婴儿从一出生就被赋予了许多的个性。人们小心翼翼地照顾孩子，不去抑制或改变其人格发展的自然进程："苏人社区……非常尊重个体的自主权"(Wax，2002：126)。在卡拉哈里沙漠(Kalahari)的昆族觅食群体中，德雷珀(Draper)也观察到了类似的心态(mindset)：

成人完全可以容忍孩子发脾气以及他们对成人的攻击。我曾见过一个 7 岁的女孩哭喊着、狂怒着，朝她的母亲扔树枝、果壳，最后还把烧着的木炭扔向她……巴乌(Bau)(那位母亲)偶尔会举起胳膊来挡

住那些被扔过来的东西，但还是若无其事地继续与人谈话。（Draper，1978：37）

正如先前的例子所表明的，整个游群都可能会参与养育（nurturing）孩子。居住在森林里的卡内拉人（Canela）（巴西的觅食群体）就是典型的例子；他们生活在由有亲属关系的妇女及其子女组成的小规模血缘社区里。

> 虽然每位母亲基本上都致力于照顾自己的孩子，但是，如果她出于什么目的需要离开，她可以从她的亲姐妹、堂表姐妹以及她的母亲那里得到帮助；当她想与他人婚外幽会时，也会获得帮助。因为女性亲属喜欢以这种方式互相帮助，以便让彼此都有机会度过一段美好的时光。每个原有的家庭单位都会加入一些乐意帮忙的临时看娃人。如此一来，那个……家庭单位就会包括 10 到 20 个不同年龄的孩子。孩子们互称兄弟姐妹，尽管他们之中可能有些人只是有着共同的祖父母，甚至有些人仅是有着共同的曾祖父母。（Crocker and Crocker，1994：177）

类似的平等主义、集体主义精神[28]也使得俾格米人①[阿卡人、姆布蒂人（Mbuti）、波非人——中非热带雨林觅食群体]的育儿活动充满愉悦（animates）（Fouts，2005：355）。例如，对于一个波非族孩子来说，如果他没有留意到某项要求，他是不会受到处罚的，而且人们也不会用重复的要求去"烦扰"他（Fouts，2005：358）。

有一系列因素支撑着这种婴儿及儿童的照顾模式。第一，与农业社会和工业化社会不同的是，在大多数觅食群体中，儿童由于缺乏体力和耐

---

① 俾格米人（pygmy，此词原意为矮子、侏儒）并不是一个特定的种族，而是泛指全族成年男子身高不足 1.5 米的所有种族，他们在中非、东南亚、大洋洲及太平洋部分岛屿都有分布。——译者注

力，无法为家庭生计或家庭收入作出很大贡献（Kaplan，1994）。第二，根据定义，觅食就是主动寻求食物资源的活动，而母亲却必须一直把新生儿带在身边，除非能把它交给另一个照顾者。第三，如下一章要详细论述的，觅食群体采用"存活"的生殖策略。日夜不停地哺乳与产后的性生活禁忌共同发挥作用，以确保较长的生育间隔，从而导致了较低的生育率。不过，母亲将有限的关注给予少数子女，以此来提高他们的生存机会，这就抵消了低生育率（Fouts *et al.*，2001）。一位年长的阿卡族妇女告诉邦妮·休利特（Bonnie Hewlett）：

> 年纪太大生娃，或者两胎之间间隔太短，这都不好。因为你会担心生产时流太多血。你冒着死亡的风险。你要是失血过多，就会生病，然后死掉。对于这个婴儿来说，就是你已经有的这个小宝宝，这个宝宝会生病，生病会要了宝宝的命。你拿这个宝宝冒险，而肚里的那一个也可能会死。有些女人，刚生完不久，如果又怀上了，就会服食一种传统的堕胎药物，一种树的树皮。你这样做是为了让你的宝宝活下来。（Hewlett，2013：135）

第四，在觅食群体里，绝对没有其他的生命历程可供选择。孩子们要么学到必需的生存技能（包括重要的社交技能），以喂饱自己并找到伴侣，要么就得饿死。因此，成人没有约束、引导或者教导他们的必要。

> 华欧拉尼人认为学习是孩子成长过程中不可或缺的一部分。孩子们……通过更多地参与正在进行的社会活动，通过采集和分享食物，通过帮成人制作吹箭筒、锅或者吊床，成为长屋的正式成员……成人从不对身边的孩子发号施令；他们不会命令、强迫孩子，或者对孩子施加任何身体上或道德上的压力，他们仅仅是提出建议，还有询问情况。（Rival，2000：115-116）

诚然，觅食群体中的儿童所享受的乐园与我们社会中的小天使们所享受的乐园并不完全相同。例如，博登霍恩(Bodenhorn)把因纽特社会描述为"'儿童包容的'而不是儿童中心的"社会(1988：9)。阿卡族婴儿几乎一直被人抱着，被按需喂养，不能哭泣或吵闹，然而我们的婴儿却经常被放入(held)诸如婴儿床、婴儿围栏、婴儿车之类的无生命容器里，并依据某个时间表来加以照顾(Hewlett et al.，1998：654；Lozoff and Brittenham，1979：478)。[29]与觅食群体相比，欧美社会的人们更有可能胳肢(tickled)婴儿，与他们一起玩耍，并与他们交谈(Hewlett et al.，2000：164)。此外，即使是在最溺爱孩子的觅食游群里，儿童也常常营养不良(Howell，2010：64)[30]，并常常遭受伤害和感染，却未能得到治疗。尽管婴儿/儿童死亡率高达45%，但是觅食群体的儿童和青少年仍然保持着愉快、乐观的生活态度(outlook)(Hewlett and Hewlett，2013：95)。觅食群体中的儿童要面对暴力(特别是在群体领地遭到更强大的外来者的抢夺时)，还有，他们必须应对近亲早逝的情况。觅食群体中的孩子所享有的这种乐园(生活)可能在人类史前的大部分时间里都很常见。不过，以觅食为生的生活方式是无法持久的(ephemeral)。而类似的、乐园般的童年生活环境只有到了现代社会才能出现。

无价的孩子

> 好父母有责任基于孩子的利益而不是基于成人的关切来培养孩子的幸福感。(Stearns，2010：167)

维维安娜·泽利泽在其代表作《给无价的孩子定价》(*Pricing the Priceless Child*)一书中，描述了19世纪人们对婴儿态度的戏剧性转变。[31]在那之前，"……很少有人意识到需要珍惜婴儿，给他们安全、温暖的家(nest)，并在他们成长的过程中，给予帮助，促进其发展"(Mitterauer and Sieder，1997：100)。婴儿的死亡不会引发深切的悲痛，而且人们通常用"它"或"小陌生人"来称呼新生儿。上一个婴儿去世后，接下来出生的婴儿会取代"前任"的地位；实际上，"用刚去世的兄弟姐妹的名字给新生儿命名是一种常见的做法"(Zelizer，1985：24—25)。有其他学者特别提及，在宗教改革时期，父母的身份发生了一个最初的转变，其新意在于强调父母应该承担这样的神圣职责：养育所有子女并为他们度过清白的一生做好准备。然而，新教教徒听取了一些改革者的劝告，在自己的孩子身上投入更多的资源(劝人养育子女的小册子从 15 世纪开始印行)，却也冒着(根据 15 世纪的一位大主教的话)"把孩子当偶像服侍，要遭天谴!"的风险(Cunningham，1995：38)。

到了维多利亚时代，(特权阶层的)孩子看起来越来越像天使般可爱，原因是父母会通过改变孩子的着装和发型来模糊他们的性别特征。这样做的目的是创造一种"雌雄同体的(即天使般的)天真"的理想形象(Calvert，1992：109)。琳达·波洛克(Linda Pollock)研究了英国近代早期①的日记，让我们得以初步认识这种(至少在"绅士阶层"中就存在着的)态度。早在 18 世纪，人们就认为供养和养大孩子的成本相当昂贵；然而，孩子开始被视为：

> 情感满足的来源，并且给人生带来利益和多样化……孩子能为人提供娱乐和陪伴，因此受到重视。孩子……为一个人提供(了)另一次机会，使他为了自己的孩子去实现他之前未能成功达成的目标，也为其晚年生活……提供了……快乐。(Pollock，1983：208)

同样，在第二次世界大战结束后不久，日本人就浪漫地将孩子描述为"可爱的、黏人的、需要悉心照顾的……这与早前关于儿童的功利主义观念相反"(Uno，1991：398)。最近的研究表明，此类态度有了进一步的发展，原因是父母不遗余力地促进孩子的社会化，要使他们体现"外向、热情、有爱心……开朗……之类的品质……这些可能都是任何朋友身上受人

① 大体是 16—17 世纪。——译者注

欢迎的品质"(Hoffman，1988：118)。[32]孩子们受到了越来越多的重视，这是因为他们对父母的情绪健康有贡献，而不是因为他们能给予父母物质方面的享受。到了20世纪初，儿童的死亡事件也越来越会引起公众的关注；报纸上的社论指责父母未能使其子女在迅速发展的交通中避免经常发生的致命事故。限制童工以及为儿童提供保险，实际上也是限制任何允许父母从孩子身上赚取回报的做法，为此引发的斗争是20世纪最伟大的民权运动之一，具有强烈的道德色彩。应受谴责的"疏于照顾"开始取代宿命论的"上帝的意志"，成为儿童死亡后最常见的验尸结论(Zelizer，1985：37)。

而且，尊崇长者的社会渐渐地变成了珍视幼儿的社会。但我认为，珍视幼儿的观念近来已经失控了。例如，有人"认为胎儿的权利现在已经凌驾于孕妇自身的权利之上"(Landsman，2009：53；Paltrow and Flavin，2013)。有一项在马德里开展的民族志研究跟踪记录了这样一个进程：儿童(用品，例如玩具、家具以及专门食品，而且"危险的"或易碎的物品会被移除)逐渐"接管"住所，留给"成人"的领地越来越少(Poveda *et al.*，2012)。在珍视幼儿的社会里，"权力斗争"现在已经成为亲子关系的一个组成部分(Hoffman，2012；Paugh，2012：153)。美国的一项调查发现，有六成的就业妇女将"照顾孩子"列为偏好量表中的垫底项目——仅仅排在做家务和通勤之前(Kahneman *et al.*，2004：1777)。孩子的需求让中产阶级父母感到"负担沉重"(Kremer-Sadlik *et al.*，2010：47)。导致这种倦怠感的一个原因可能是，原本在几乎所有的传统社会中，孩子都是家中的可靠帮手(在本书第七章将有更全面的论述)，而现在孩子已经变成了寄生虫。最近有一系列研究关注中产阶级儿童对家庭的贡献——或者说，缺乏贡献的问题。在其中最早的一项研究中，英裔澳洲人(Anglo-Australian)父母表达了这样的观点：除了让孩子照顾好自己外，他们不能要求孩子做更多的事情。而那些涉及照顾其他家庭成员及其财产的杂务则是孩子的"额外"工作，父母应该支付报酬(Goodnow，1996)。还有如下的其他例子：

（在西柏林）父母独自负责……日复一日的生活……儿童接受照顾和服务。（Zeiher，2001：43；另请参阅 Wihstutz，2007：80）

在一项来自洛杉矶的案例研究中，有一位家长耗费大量时间诱导/指导一个 5 岁的女孩自己铺床。她一开始就拒绝，声称自己做不到，此后这一诱导性活动就变成了一部大型戏剧作品。在罗马的一个类似（comparative）案例中，有位父亲甚至懒得劝导其 8 岁的女儿去铺床，而是自己动手，在此期间，他抱怨女儿在床上堆放了大量毛绒玩具，还抱怨女儿要搬到上铺（睡）的决定让他更难把床铺好。（Fasulo *et al.*，2007：16-18）

（日内瓦的儿童）使用大声叫嚷的反抗策略。他们服从要求，但是……哭泣、尖叫、摔门，把自己锁在房间里生闷气，等等……如果父母能证明他们的要求是理由充足的，有些孩子……愿意顺从。（Montandon，2001：62）

有一份冗长的记录描述了一名 4 岁瑞典孩子在夜里被"引导"到床上睡觉的过程；它表明这是一项耗费母亲时间及精力的重要任务。（Cekaite，2010：17-19）

（在关于洛杉矶 30 个家庭的另一项研究中）在没有被要求的情况下，没有一个孩子会常常承担家务……总的来说，是父母努力请求孩子帮忙，然而他们却（经常）撤回请求，自己做完家务……（实际上，他们成了）孩子的仆人。（Ochs and Izquierdo，2009：399-400）

在珍视幼儿的社会中，孩子们拥有权力（对其仆人似的父母发号施令），却几乎没有自由，也不承担责任（Lancy，2012b）。相比之下，在塔伦西人(Tallensi)那种尊崇长者的社会里,孩子们"明显没有受到过度关切式的监督……他们可以去他们想去的地方,做他们想做的事,(但是)要对托付给他们的任务完全负责(Fortes,1938/1970:41)。

"时代已经变了",没有什么比美国青年就业统计数据更能说明这一点了:"(虽然)大多数高中高年级学生……整个学年都在做兼职……这不是学校教育计划所要求的,也不是为了上大学存钱或者为家庭经济做贡献"(Bachman *et al.*,2003:301)。他们几乎把自己的全部收入都用于炫耀73性消费(Mortimer and Krüguer,2000:482)。而且,青少年在工作上投入的时间越长,就越有可能吸烟、喝酒、吸食大麻,对于大学及职业的规划与志向也就越薄弱(Bachman *et al.*,2003:307;Mortimer and Krüguer,2000:482)。美国中上层阶级的父母没有从子女的工作中得到经济回报;事实上,他们可能还会蒙受损失。与这些案例相反,奥雷利亚纳(Orellana)对洛杉矶的中美洲移民家庭的研究表明,孩子们,尤其是女孩,为家庭的维持(care)和幸福作出了重要的贡献(而且他们还在上学)。他们不仅做家务,也打零工,为家里挣点急需的现金,还有,他们也帮助父母及年长的亲戚克服文化和语言的障碍(Orellana,2001,2009;Eksner and Orellana,2012)。

当孩子变成小天使,而不是财产时,父母和整个社会就不再把他们视为能为家庭经济作出重要贡献的帮手。在纳瓦人(Nahua)的村庄里,孩子们的工作减少了,长辈们感到遗憾的是,"现在的孩子不像以前那样了,他们很容易生病,变得更脆弱了"(Sánchez,2007:94)。孩子们吸收了这样的价值观——舍弃模仿和帮助成人的意愿,热切地表达需求和喜好。[33]不过,养育像天使般可爱的孩子虽然是负担沉重的,但是他们是如此迷人,如此可爱,如此能反映我们对天真单纯(naiveté)的渴望(同时仍然允许我们追求感官享受和物质主义)——他们已经成为"美好生活"的重要组成部分。现代美国人和欧洲人哪怕不想经历怀孕或结婚的痛苦和/或麻烦,也常常想要个孩子。别管什么美食烹饪、兰花栽培,还是摄影,"为人父母"才是当下的终极爱好——它允许我们将自己的价值观和品味尽情地倾注到一个活生生的人身上（Matchar，2013）。当我们的孩子，那些天赋优良的小天使们因其自身的美貌、聪明以及多才多艺而赢得公众的赞誉时，我们也会心满意足地沐浴在他们的光辉里。

"珍视幼儿"观念的另一个演变阶段正在出现。教皇本尼迪克特①（Pope Benedict）呼吁"各国领导人对处于最初阶段的人类生命表现出更多的尊重，他说，胚胎是生机勃勃、独立自主的个体"（Associated Press，2010）。而美国社会已经变得越来越：

> "痴迷胎儿"，（这是因为）从19世纪晚期到现在，美国人对早产儿的认知和分类发生了巨大的变化。以前分类中的流产儿……现在被称为"未成熟的婴儿"，人们会运用各种医疗和社会的干预措施，来完成大自然的未竟之功。（Isaacson，2002：89）

这种坚持不懈地延长并神圣化（sanctify）童年的努力是有代价的；在美国，仅仅是与"早产儿"相关的分娩、特别护理以及另外的产后并发症所耗费的资金就高达每年260亿美元（Muraskas and Parsi，2008：655）。这一关于"珍视幼儿"观念的消极影响的警告，提醒我们对于报纸上的某些报道不应无动于衷：依赖救济维生的未婚母亲生下了她的第6个孩子；一个女人溺死了自己的多个儿子，以便自己在未来的丈夫眼里成为更有吸引力的伴侣；男人摇晃女友的婴儿，致其死亡；丈夫遗弃妻子及4个子女，与一个更年轻的女人结婚。相比我们视为理所当然的"珍视幼儿"观念，所有的这些报道都反映了某种存在时间更长、影响过更多儿童的童年观。

注释

[1] 内窥超声波（Inner View Ultrasound），网址：www.innerviewultrasound.com/

---

① 即教皇本笃十六世（Pope Benedict XVI）本名约瑟夫·阿洛伊斯·拉青格（Joseph Alois Ratzinger）。——译者注

pricing/pricing. html，访问日期：2014 年 2 月 1 日。

[2] The Princess Party，网址：www. birthdaypartyideas. com/html/the_ princess_ party. html，访问日期：2012 年 12 月 20 日。Princess Parties，网址：www. princesspartiesbyn atalie. com/Services. html，访问日期：2014 年 2 月 1 日。

[3] 家庭育儿开支报告（Expenditures on Children by Families，2007），网址：www. cnpp. usda. gov/Publications/CRC/crc2007. pdf，访问日期：2014 年 2 月 1 日。

[4] 人口统计研究表明，杀婴现象在很大程度上仍然存在。

[5] 杀婴和/或堕胎曾经在世界各地普遍存在。之所以在此处的论述中单独指出南美雨林地区的族群，只是因为他们的习俗在传教士及政府努力制止杀婴行为之前就被研究过。

[6] 联合国儿童基金会在 2007 年发布的一份报告中指出，"2006 年，自有记录以来，5 岁以下死亡儿童人数首次降到 1000 万以下"。然而，在撒哈拉以南非洲，每千名儿童中就有 174 名在 5 岁之前死亡，而且这些统计数据仅显示出小幅下降（UNICEF，2007：20）。

[7] 从这个意义上说，所有的继母都应该是"邪恶的"，因为她们拒绝将资源给予她们的继子女，而优先用于自己的子女，这是适应环境的选择。

[8] 目前的"证据表明，男性可能会通过暗示自己的父亲身份来影响婴儿及儿童受到照顾、虐待或遗弃的可能性"（Volk and Quinsey，2002：439）。

[9] 具有讽刺意味的是，他要杀死自己的儿子①。在罗马帝国时代，处死直系亲属绝非罕见之事。

[10] 其他报道给出了一幅更有希望的图景（Garrels，2008）。

[11] 惩罚罪恶比拯救生命更重要。事实上，死亡和疾病总是被归因于"上帝的意志"。

[12] 与发展中国家的中产阶级一样，欧洲中产阶级对高危后代也往往表现出同样的适应性反应（Mann，2002：373）。

[13] 当然，不难想象，"珍视幼儿"的母亲们会以崇拜的态度对待自己的"小天使"。实际上，维维安娜·泽利泽称这种现象为"神圣儿童的崛起"；她在 1985 年的著

---

① 君士坦丁一世确实在公元 326 年下令秘密杀死了自己的长子克里斯珀斯（Crispus）。——译者注

作中首次指出现代儿童观的独特性(Zelizer, 1985:52)。

[14]对拉丁美洲儿童遗骸的研究呈现出极为不同的图景:(秘鲁)钦克罗人(Chinchorro)甚至会将胎儿制成木乃伊——因此表明孩子从出生起就被视为人(Arriaza et al., 1998:195);在特诺奇蒂特兰城(Tenochtitlan)著名的阿兹特克(Aztec)神庙里,48个孩子的遗骸塞满了一个献祭容器(Berrelleza and Balderas, 2006:240);在(墨西哥)沿海的瓦哈卡州(Oaxaca),死掉的孩子被排除在屋葬(house burials)之外,这表明儿童地位低下或者不被视为完全的人(S. M. King, 2006:185);在后古典时代的(墨西哥)乔鲁拉城(Cholula),死掉的孩子被正式埋葬,但没有成人安葬时会有的陪葬品(Mc Cafferty and McCafferty, 2006:42)。

[15]同样,约鲁巴人会"观察孩子是否展现出与其转世的祖先的相似之处"[(Zeitlin, 1996:412;塞内加尔的沃洛夫人(Wolof)也有此特性-Rabain, 1979)],而且在"传统的(伊努皮亚-因纽特人)文化中,新生儿被认为是不久前过世的亲人再生的灵魂"(Sprott, 2002:48)。古希腊存在一种有趣的信仰,即人们认为,因为婴儿还是空的容器,当他们死亡时,他们的身体可以用来将死者的灵魂运往阴间(Liapis, 2004)。

[16]在摩门教(Mormon)神学中,孩子实际上是在天堂里等着一对已婚夫妇收养他们的"小天使"。他们必须与世人同住一段时间,以便在天堂里获得能与"他们的天父"待在一起的某个永久位置。要把这些"小天使"接到人世,这就是摩门教徒维持极高出生率的部分原因。

[17]与艾丽丝·施莱格尔的私人交流,2006年4月6日。

[18]当然,正如我们在上文关于阿切人的论述中所看到的,孤儿,甚至是那些早就度过婴儿期的孤儿,常常会被处死,因为没有人能够养活他们。因此,指控孤儿瓦阿(Waw'a)施行巫术,这种做法可能会产生的效果是,要么将杀害这个男孩的行为合理化,要么激发亲属对其施以人道主义援救。保罗·拉法埃莱将这个男孩送到了一个文明程度更高的科罗威村庄,让他在那里上学。事后,在保罗·拉斐尔发我的照片里,这个男孩看起来相当快乐(私人交流,2009年2月4日)。

[19]这是巴基斯坦拉瓦尔品第市(Rawalpindi)一位土地所有者的评论。他雇佣年仅4岁的儿童当农场工人。

[20]"(古希腊人)用同一个词——'pais'来指称孩子和奴隶"(Beaumont, 1994:88)。

[21]孤儿院在提供童工方面有着悠久的(robust)历史:从17世纪的葡萄牙和巴西(dos Guimarães Sá,2007:29)到18世纪的俄罗斯(Gorshkov,2009:30),再到19世纪美国的"孤儿火车"(Kay,2003:iii),类似的情况比比皆是。

[22]反过来说,为了逃避繁重的工作和家庭冲突,孩子们可能会搬去与诸如祖母之类更宽容的亲属同住(Hewlett,2013:75)。

[23]每当一个群体受到以经济变动(上升和下降)、战争或持续的冲突以及瘟疫为特征的社会动荡及变化的影响时,儿童流通的现象就很可能出现(Alexandre-Bidon and Lett,1999:54;dos Guimarães Sá,2007:30)。

[24]欧洲中世纪的儿童流通看起来也非常相似,也是出于同样的原因(Alexandre-Bidon and Lett,1999:54)。儿童流通研究的一个新兴领域与"收养失败"有关;比较图伊(Twohey)(2013)的研究。

[25]在其他的国家和行业中也存在类似的情况。例如,惠考尔人(Huichol)的孩子在烟草农场工作,他们面临着杀虫剂和尼古丁中毒的严重威胁(Gamlin,2011)。

[26]亚马孙河流域的另一个民族皮拉罕人(Pirahã)对待宠物也像对待婴儿及儿童一样,包括给它们喂奶(Everett,2014)。

[27]想到马林诺斯基关于特罗布里恩群岛岛民的民族志研究,我不禁认为,任何一个明显具有性别平等的特征的社会都可能是儿童的乐园(Malinowski,1929:18)。

[28]东非的山地觅食群体奥凯克人(Okiek)并不具备这种精神。他们的"蜂蜜经济"(honey economy)在男性之间制造了等级,反过来,男性则支配(并且殴打)女性(Blackburn,1996:208-209)。

[29]在育儿方面,觅食群体也并非完全不使用容器。在德赖斯代尔河(Drysdale River)流域,土著婴儿会被安置在一个槽形容器内;这个容器被称为"'puluyur'……里面铺着厚厚的白千层树皮……当作婴儿的垫子,也便于母亲清理婴儿的大便——这是土著人最反感的一项工作"(Hernandez,1941:125)。

[30]未发表的阿卡人资料,由考特妮·米恩提供(私人交流,2012年11月5日)。

[31]小天使在中国历史上出现得相当早,但它们与维多利亚时代出现的那种小天使并不完全相似。有来自公元11世纪的证据表明,中国人宠爱孩子,会赠送玩具给孩子;那时的花瓶上常常描绘(富裕人家的)孩子在玩耍的形象。然而,为了在频繁的"文官"考试中取得成功,必不可少的、繁重的学业负担限制了儿童的游戏时间

（Barnhart and Barnhart，2002：55）。

[32]有些父母可能更为极端。有越来越多的人使用胚胎植入前遗传学诊断技术（pre-implantation genetic diagnosis，PGD）来故意增加其后代跟他们一样身患侏儒症（Sanghavi，2006）或耳聋（Templeton，2007）之类残疾的概率。

[33]"珍视幼儿"的模型已经逐步占据了公共政策领域，成为指导育儿的"正确"路线；如此一来，移民、贫困阶层和少数族群的育儿策略就被界定为有缺陷的策略（Bernstein and Triger，2011）。美国的一些州坚持要求日托服务提供者接受培训，以便在实践中采用这种见解。乌塔尔（Uttal，2010）记录了一场小规模的反抗，它发生在恰巧是拉丁裔移民的潜在日托服务提供者身上。"拉丁裔的日托服务提供者尤其……对'自尊'这个概念持批评态度。他们想知道为何它是如此重要……特别是，如果它造就出来的是一个以自我为中心的、奉行个人主义的孩子的话"（Uttal，2010：734；另请参阅 Ochs and Izquierdo，2009：296）。

第三章

生儿育女

引言

（希萨拉人）有许多子女的父亲会赢得他人的尊敬，因为其子女作为潜在的劳动力最终将为他的财富和社会地位作出贡献。（Grindal，1972：11）

在前一章中，我全面研究了儿童在不同时期和不同文化中的相对地位。儿童可能居于社会的顶端(珍视幼儿的社会)，也可能垫底(尊崇长者的社会)，或者介于两者之间。在这一章中，我的目的是观察在更常见的尊崇长者的社会中个体生命的开端状态。图 6 描述了帕梅拉·雷诺兹(Pamela Reynolds)关于赞比亚通加人的研究中的一个具体案例。请注意，个体地位的最底层是泥土，而死胎会被直接扔到荒郊野外，没有举行任何仪式。当婴儿存活下来，她或他的价值就会上升；埋葬他们的地点从荒郊野外升级为家庭的或人造的坟墓，而且埋葬的方式也不同了。一直要等到 10 岁时，死去的孩子才会获得成人规格的葬礼，但与成人不同的是，他们不会在葬后一周年的纪念日里被追悼。"只有那些生殖后代的人(作为父母和户主)才会在死后被授予完全的成人地位，只有他们的灵魂才享有对生者产生影响的地位"(Reynolds，1991：96-98)。

本章是建立在一个悖论或一系列悖论之上的。在我们自己的社会里，我们认为要少生孩子，并以近乎崇拜的方式对待他们——然而，我们的孩子却患有近似流行病的心理疾病(Lancy，2010c)。我们否认荷尔蒙的指令，推迟生育——直到我们创造出一个家具齐全、物资充足、可用以养育自家"小天使"的家之时。而且，如果到了那时，自然挫败了我们，我们已无法生育自己的孩子，我们就会竭尽全力(旅行大半个地球并花费毕生积蓄)去收养(或者在实验室里创造)一个可能不能体现我们自身任何基因及文化传统的婴儿。[1]另外的一些社会也喜欢孩子——越多越好；然而，在那些社会中，儿童可能遭受明显的饥饿、疾病和疏于照顾。而在能够"养活"大量孩子的最富裕的群体中，出生率很低，反之亦然。

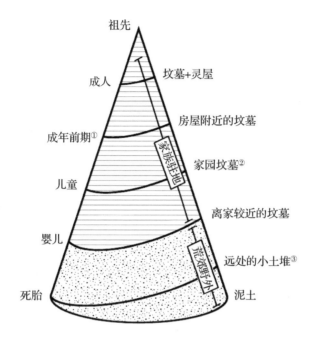

图6 通加人生命周期中的相对地位模型

"尊崇长者"的模型或许更能代表"人类"社会，至少在统计上是这样。根据美国人类学家沃尔特·戈尔德施密特（Walter Goldschmidt）的记录，乌干达从事农耕的塞贝人所表达出来的态度就体现了这种模型。戈尔德施密特以反映出其自身文化偏见的态度说：塞贝人"看起来渴望后代，但不见得特别想要孩子"（Goldschmidt，1976：244）。在阿善提族农民中，无子女的成人会受到嘲弄，"死后，人们会用粗大的棘刺……刺进死者的脚底……念上这句话：'……别再回来'"（Rattray，1927：66-67）。"以色列社会认为，如果一个男人死时没有子女，对这个男人来说，这是一种诅咒，一种相当于终结了他的名字的状况，（而且）不孕……会给女人带来羞辱，因

---

① 结合本书相关的年龄分期来看，此处指通常意义上的青春期。——译者注

② 从本书此前相关的论述来看，死去的孩子有可能被埋在家中地面之下，也可能被埋在房屋附近的自家田地里。此处的"家园坟墓"（grave within homestead）不是指特定的家族墓地。——译者注

③ 指的是找个远处的地方把死胎草草掩埋。——译者注

为她终结了一个世系"（Horn and Martens，2009：73）。对于东亚地区说闽南语（Hokkien）的乡下人来说，"结婚仪式的主题是生育……然而……分娩被认为是不洁的，并且实际上对其他人是危险的"（Wolf，1972：56）。"（罗马）公民对于城邦所负的职责之一……就是生育后代，但是……这……旨在扩充……特权阶级，而不是鼓励爱孩子"（Boswell，1988：58）。

与生育行为密切相关的，是对生育率更为普遍的关注。人们通过典礼和象征物，将生育行为与家畜、庄稼以及野味的丰饶多产联系起来（Gray，1994：92）。这种"繁衍众多"的要求（imperative）是如此强大，它可能导致在极度贫困地区发生的马尔萨斯噩梦；在那些地区饥荒很普遍，然而出生率却居高不下。[2]

尽管男人和女人必须合作才能创造出孩子，但他们可能对于必然出现的抚养孩子的任务会有截然相反的看法。我们所看到的人类家庭在结构及功能方面的差异，就源自这种不一致性。我们将特别关注一夫多妻制；这是一种非常常见的家庭模式，在这种模式下，一名男性控制着一个由多个妻子及其子女组成的家庭。

尽管高生育率几乎到处受到欢迎，但是人们有时更渴望男孩而不是女孩，反之亦然。男性与女性在社会中各自扮演什么样的经济角色，会影响人们在生儿育女方面的盘算。在妇女无法对家庭经济作出贡献的地方，女婴的价值就会被贬低。出生顺序等因素也会起作用（例如，长女会受到欢迎，因为她将会成为帮手，协助抚养那些父母更偏爱的儿子们）。在觅食社会里，由于孩子在十几岁之前，都要仰赖成人，不事生产，所以人们会倾向于少生孩子。在农业社会中（例如本恩人），孩子能当"小奴隶"，因而人们可能愿意多生孩子（Gottlieb，2000：87）。在畜牧社会里，幼儿能承担放牧的工作，而在工业社会中，幼儿能配合机器做重复性的工作；在这两种社会中，妇女都会生育更多孩子。此外，尽管村庄里的传统文化为保护孕妇及婴儿提供了远超所需的大量习俗和禁忌，但是，与它们同时存在的，还有那些强行要求或者至少是默许堕胎及杀婴的习俗。

在近代历史上，社会经济基础的变化（特别是考虑到未来的工人需要接受长时间的学校教育以适应工作岗位）已经导致了某种人口转变（demographic transition）。"现代"家庭通过使用有效且廉价的避孕方法显著降低了生育率。儿童已从经济资产变成了债务，又变为了个人奖励"项目"（projects）①。但是并非世界上所有的人口都实现了这一转变；而且，即使父母没有机会从子女身上获得经济利益，高生育率仍可能是世界上某些人口的理想选择。

在父母的生育决定中，子女的幸福和快乐是很少被考虑的问题。事实上，生育决定涉及许多当事人，他们有着截然不同的利益诉求。

不幸福的大家庭

> 交配制度不同于婚姻制度。（Low，2005：16）

> 那些确保个体交配成功的行为往往与那些确保成功养育子女的行为相互排斥。（Bereczkei and Csanaky，2001：501）

大众媒体充斥着关于"功能失调的"家庭的不实之词；此类言论已经广泛包括家庭中任何形式的严重冲突，甚至包括轻微的冲突。在接下来的这一节中，我想提出这样一个论点：我们很可能希望看到家庭成员为了共同的利益，特别是为了孩子而团结合作，但实际上，家庭成员有时会追求各自不同的目标，而这些目标可能会相互冲突。

在此，我们需要介绍两个重要的观点。第一个观点是，"自私的基因"②指出每个有机体都具有尽可能频繁地进行自我生殖的强烈欲望（Dawkins，1989）。第二个观点是，男人、女人和孩子的生殖利益是不同的（Trivers，1972）。前一个观点的推论是人们会组建大家庭；而后一个观

---

① 意指个人能够从育儿活动中得到某种满足。——译者注
② 此处指的是理查德·道金斯（Richard Dawkins）的著作《自私的基因》（*The Selfish Gene*）。——译者注

点则意味着这个大家庭可能很难有幸福。男人和女人已经各自进化出根本不同的生殖偏好。在理想的情况下，男人会让尽可能多的女人生娃（impregnate），而且他们的投入仅够维持其子女的生命（Borgerhoff Mulder，1992：362）。而在理想的情况下，女人为了孩子，也为了保护自己的身体，想要较少的孩子。[3]她们希望孩子的父亲或父亲们成为可靠的（good）供养者。许多社会都赞成男性滥交[大男子主义（machismo）]和女性反抗（捍卫她们的名誉）——就连最保守的社会也是如此。其他已被科学证实的常识还包括男性有使用欺骗手段的倾向（"当然，我爱你"），而"女人的伎俩"则表现为一系列旨在揭露男性意图的策略（Grammer et al.，2000）。

知道女人在寻找什么的男人可能会"炫耀"自己。在一个捕鲸人当家作主的社会里，"[楠塔基特岛（Nantucket）]上的年轻女人……发誓只嫁给那些已捕杀过鲸鱼的男人。为了帮助……年轻女人认出他们是捕鲸人，捕鲸船的水手们会把导绳钉（chock-pins）①别在……自己的外套翻领上。捕鲸船的水手们都是孔武有力的人，有望成为获利丰厚的船长，他们被认为是岛上最为抢手的单身汉"（Philbrick，2000：13）。研究人员在男性狩猎的社会中发现了一些有趣的事实——其中有着更为巧妙的男性炫耀行为。首先，猎人有时放弃容易捕获的小猎物，去追逐更大、更壮观的猎物。其次，回到社区后，猎人会以引人注目的方式与其他家庭分享他的捕获物（Blurton-Jones et al.，2005：235）。再者，成功、慷慨的猎人比不成功的猎人享有更多的交配机会（Hawkes，1991）。在南美洲的一些森林部落里，男人即使可以通过耕作为自己的家庭谋取更多食物，也宁可去打猎，因为猎物提供了一个更明显的指标，能表明男人是否有能力养活女人及其孩子（Kaplan and Hill，1992：189）。在南部非洲，昆桑人（! Kung San）[4]解释说，技术不够熟练的（poor）猎人会一直单身，因为"女人喜欢肉"（Biesele，1993）。

男人还有另一种炫耀方式——"婴儿游行"（baby-parading），即原本很少花时间与其子女相处的父亲会抱着孩子在村子里散步；而实际上他们只

---

① "chock-pin"意为用来把鱼叉绳固定在捕鲸船船头的凹槽中的小橡木钉。——译者注

是从孩子母亲那里"借用"一下孩子。这里有三个例子:

> 在(巴布亚新几内亚的)艾波人(Eipo)中,父亲会在妇女扎堆的地方抱起自己的宝宝,把它抱到男人扎堆的地方,并待上半小时左右,从而获得其他男孩和男人的友善关注。(Eibl-Eibesfeldt,1983:208)

> 经常可以看到[奇佩维安人(Chipewyan)①]男人抱着自家的小娃娃,在村子里走来走去。(van Stone,1965:53)

> 他的父亲(斐济人)不经常和他一起玩,但偶尔会背着他去参加会议或拜访邻居。(Thompson,1940:39)[5]

一个男人炫耀他健康的婴儿,展现其在养育子女方面的人格,就像一个炫耀的猎人一样,有可能会改善其交配前景(Konner,1975:101)。然而,父母任何一方的滥交都可能被视为对孩子的威胁。有一种名为"*Phiringaniso*"的儿童"疾病,被认为是由于父母中的一方违反了[聪加人(Tsonga)]的性行为规范"(Green *et al*.,1994:11)。

即使是原本结构简单、关系平等的社会(例如昆人)也会出现暴力冲突——通常是男性为了获得接近女性的机会(Edgerton,1992:71)。人类学家描述了南美洲(Chagnon,1968/1992)和巴布亚新几内亚(Gardner and Heider,1969)未开化的(和"不消停的")族群之间无休止的部落战争,其起因往往是为了给自己族群增加妇女。出于同样的原因,族群外交(diplomacy)、婚姻和父子关系的习俗就植根于这样一项需求:有必要交换已达到生育年龄的女性,从而避免近亲繁殖(Fox,1972:309)。而相互竞争的男性之间的公开冲突可以通过创建和巩固相对地位(relative rank)的机制来加以避免。在南美洲的亚诺马莫人(Yanomamo)中,那些上升到首领阶层的

80

---

① "Chipewyan"也被称为"Chippewa"或"Chippeway",在本书"社会索引"中,将其写成"Chippewa"。——译者注

人有机会接触更多的女性，他们的总体适应度也明显更高（Chagnon，1979）。

通常情况下，在被纳入由年长男性组成的团体（society）之前，年轻男子往往无法接触到女性[6]（Fox，1972：308）。而要获得接触女性的资格，他们就得"证明自己的男子气概"，其途径是在狩猎中取得成功（Spencer，1970），或是历经了艰辛的精神考验（Benedict，1922），或是他们及其家人已经攒够了"聘礼"（Rappaport，1967）。与此同时，在尊卑次序的顶端，富有的和/或有权势的男人，通过一夫多妻制或多次婚姻，可以垄断接触年轻女性的机会（Low，2005：17）。

然而，虽然在我们这一物种中也存在着支配等级①（Weisfeld and Linkey，1985：110），但是，它在交配过程中所起的作用远小于它对我们的灵长类"近亲"的作用（Strier，2003：168–169）。无论是统治者隔离大量女性（由太监看守）的后宫，还是骑着马在乡间四处游荡、引诱少女的唐璜（Don Juan），都是不常见的——因此才有其传奇的地位。相反，每个社会都会通过诸如婚姻、财产管理规则，以及对男人、女人及其孩子的居住安排等制度，对交配行为实现一定程度的控制。这并不是说，这些制度在抑制交配博弈（mating game）方面是百分之百成功的。[7]

在交配问题上，由男性之间的竞争以及男女各自采取不同的策略所引起的冲突，可能会因婚姻以及明示的或暗示的忠诚契约而减少，但肯定不能彻底消除。在（克佩列人居住的）邦加苏阿奎勒镇上，酋长法庭的"待审案件清单"上充斥着对通奸的指控。一个非常典型的案件是，一位年老的丈夫控告妻子的情人；这位丈夫相对富有，因而能够娶到一个年轻的妻子，但他妻子却找了个年轻的情人——这是她的"底牌"，用以应对她年迈的丈夫过世时可能没有给她留下遗产的情况（Lancy，1980a）。

81 相对于婚姻关系"松散"的社会，另一个极端是，那些将有可能导致私生

---

① "支配等级"（dominance hierarchy）涉及这样一个事实：群体里的某些个体相比于其他个体更容易获得某些有助于生存或繁殖的关键资源。[参见 D. M. Buss（2019），*The handbook of evolutionary psychology*. New York：Wiley. p. 277.]——译者注

子的婚前关系和通奸视为死罪的社会。割阴①，即通过手术切除女孩的外生殖器，已经成为国际人权运动的一个焦点问题（Wilson and Daly，2002：302）。阴蒂切除术表面上的目的是，通过消灭女性可能产生的任何性欲望，来保护女性的贞操并减少非婚生子的可能性（Ciaccio and el Shakry，1993：47-48）。

对育龄妇女施加的其他具有压迫性的性行为限制，包括中世纪（欧洲）的贞操带（Potts and Short，1999：92），全身式的服装及头部遮盖物（例如伊朗妇女使用的罩袍）（Ansar and Martin，2003：177），以及印度高种姓群体对其妻子实质上的家庭软禁[即深闺制度（purdah）]（Deka，1993：126）。而在印度低种姓群体的婚姻中，妻子可能因遭受丈夫的频繁殴打，极度害怕，从而保持忠贞（Rao，1997）。在马里的多贡族中，监督妇女的性行为是一项群体性事务；具体来说，妇女们的月经期会被核实，以确保她们在婚前没有因结婚对象之外的某个男人而受孕（Strassmann，1993）。在古代中国，上层社会的妇女让自己的脚永久畸形（也就是"缠足"），这在某种程度上象征着她们实际上已被囚禁的状态（Wilson and Daly，2002：301）。

人类学家发现，对妇女施加的限制与其对家庭的经济贡献成反比关系。也就是说，在妇女的劳动起着重要作用的地方，人们必定会对妇女的忠贞持有更宽松的（relaxed）态度。妇女忍受着种种限制以保持自身的贞洁，甚至是被作为用来抬高（valorizes）滥交男性价值的一个群体。然而，考虑到滥交的风险及其对身心的损耗，忠诚于某个伴侣（Hrdy，1999：231）（或者是一夫多妻制中的多个妻子），可能更符合男性的长期遗传利益；而对这些决定起作用的盘算过程，人类学家已有研究（Hill and Reeve，2004；Kanazawa and Still，2000）："男性面临着对自己的生殖努力作出何种安排（budget）的问题，一方面，他们要寻找、追求和争夺新配偶，另一方面则要尽其所能独占那些他们已经得到的配偶"（Wilson and Daly，2002：291）。对哈扎族男人来说，如果其配偶生殖力旺盛，生出来的是充满活力的健康婴儿，那么，他就会维持与

---

① 即阴蒂切除术。这一手术的核心是部分或全部切除女性的阴蒂。它在世界上某些地区被作为标志着女孩转变为女性的过渡仪式；通常不是由训练有素的医学专业人员操作，会严重影响女性的性生活质量。——译者注

这个配偶的关系，并且会努力工作，为其家庭提供大量生活所需的资源（Marlowe，2004：365），同时，对其他配偶不感兴趣（Apicella and Marlowe，2004：372）。而妇女的忠诚也会因类似的关切而坚定（leavened），特别是在她的配偶是一个"好的供养者"而且不会伤害自己和孩子的情况下。研究证实，女性对看似喜欢孩子的潜在配偶表现出明显的偏好（Brase，2006：151）。

住处也是一个影响因素。如果婚后"居住在夫家"——与丈夫的家人住在一起，那么，丈夫就可以依靠亲属来密切监视自己的配偶（们），并帮助他确保所有子女都是亲生的（legitimacy）。研究表明，父亲的亲属更有可能关照（invest）那些父子关系明确的孩子（Huber and Breedlove，2007）。显然，这样的"家庭"不仅包括丈夫、妻子，以及乳婴；也可能会有多个妻子（或者，罕见的，有多名丈夫）——我们稍后会详细论述这种情况，而且还会有大家庭的成员，比如同住的婆婆。就照顾孩子来说，祖父母可能扮演着重要的角色。实际上，在南美洲的阿切族中，除非得到祖父母的救助，否则孤儿很可能会被处死（Hill and Hurtado，1996：438）。不过，从另一方面来说，很少有婆婆不试图篡夺妻子的权威，而且，在印度，婆婆通常被认为是频繁发生的"焚烧新娘"（bride-burnings）这种恶行的罪魁祸首。祖父可能无法帮助照顾孩子，因为（至少在离婚和多次婚姻现象很普遍的东非哈扎人中是这样的）他正忙着跟自己年轻的妻子生小孩（Blurton-Jones et al.，2005：224）。

在我们所假设的人口众多、不幸福的家庭中，正在断奶的孩子可能就是最不幸福的成员。罗伯特·特里弗斯（1974）提出了每个备受烦扰的父母都能明了的理论观点，即在生命周期的某个时刻，孩子和母亲的利益会发生冲突。早在婴儿愿意放弃只有乳房才能提供的营养和安慰之前，母亲可能已经做好准备，要开始"投资"下一个孩子。母亲也渴望摆脱已经变得沉重的"附加物"——但是这个蹒跚学步的孩子还不愿意放弃"搭便车"的机会，不愿自己行动。这些冲突的结果会使整个家庭不得安宁："在所有的社会中，母亲都会把幼儿针对其随后出生的弟弟或妹妹的攻击性行为视为竞争或嫉妒行为……在（东非）基库尤人（Kikuyu）的语言中，有用来表示先后出生的两个孩子中那个年纪更小的孩子的词汇，其词干意为'竞争对手'"（Whiting and Edwards，1988a：173）。尼萨（Nisa），一个在晚年接受采访的昆族妇女，对其生命中的重大创伤仍然保持着鲜明的记忆："有些天的早上，我只是待在家里，我掉眼泪，我哭，我拒绝吃东西。那是因为我看到他（弟弟）正在吸奶。我亲眼看到母亲的乳汁溢出来。我原以为那些乳汁都是我的"（Shostak，1976：251）。

在所有的类人猿物种中，丧失原本地位的幼仔通过发脾气就很有可能且会有效地获得额外的食物及照料（Fouts *et al.*，2001：31）。一个刚断奶的因纽特婴儿，看到她妹妹正在吸奶，就尖叫不止，一直持续到她母亲让她吸奶（Briggs，1970：157）。布里格斯（Briggs）记录了学步儿与成人之间一些令人着迷的谈话：成人鼓动幼儿考虑杀死兄弟姐妹的事情，显然是有意帮助幼儿说出其内心里的嫉妒之情（Briggs，1990：35）。

即便是新生婴儿，人们也可能会认为他或她对其家庭具有危险性。在整个西非，人们认为，婴儿来自于不愿离去的"前世生命"（beforelife）。而且，"使怀孕、临盆以及分娩变得困难的女巫灵魂"可能就躲藏在婴儿身上（Ferme，2001：199）。

孩子虽然很麻烦，但他们可能是家庭的黏合剂。萨拉·赫迪令人信服地指出，人类，像许多其他物种（比如，狼）一样，都采取合作的方式养育后代（Hrdy，2005b）。（本书第一章已有提及）博金的理论认为，相对于其他猿类，人类的生育能力得到了增强，因为人类的幼儿在还不成熟、不能完全自给自足的时期，哪怕没有母亲的关注，也能很好地生存，这样一来，母亲就可以脱身去生（have）下一个孩子（Bogin，1998）。幼儿可以通过其他家庭成员的照顾生存下来，这一现象我们将在第四章中进行研究。人类会分享食物，这是人类的另一个重要特征，而其他灵长类物种不具有这一特点。人类的年长者，不论男女，通常都会将食物分享给年幼者（Lancaster and Lancaster，1983）。男人会把食物分享给他们想要交配的女人，反过来，女人又会将食物分享给她们的后代。因此，照顾和喂养孩子可能就是我们所知道的"组建家庭"的理由。

爱那个跟你在一起的人

> 克佩列人对父亲身份的社会认定，是一个复杂的问题，这往往涉及诸多算计（intrigues），远远超出了对父子生物关系的简单认定。（Bledsoe，1980：33）

有一种错误的观点认为女性在交配博弈中没有可以利用的资源。虽说"情人眼里出西施"，但长久以来，形体优美或者姿色诱人一直是女性挑选配偶的"武器"。美国的一项研究表明，形体优美的女性更有可能将性行为开始的时间延后，并"坚持"要找一个社会地位更高的男性（Elder，1969）。西非的门迪族妇女"尤其以拥有丰满的、浑圆的臀部而自豪，她们系紧衣服的方式以及她们的舞姿，都展示着这一优势……（她们）展示（自身）浑圆的曲线，以表明自身旺盛的生殖力"（MacCormack，1994：112）。

女性隐瞒自身的排卵周期，以保持对受孕的自主控制权，这可能是符合其利益的做法。与其他灵长类动物不同，人类女性从来没有明显的发情期。她们几乎一直是性伴侣和生殖行为的目标。这一现象被用来解释男女配对（pair-bonding）行为的起源，但是这种配对行为（例如）在黑猩猩中是不存在的。也就是说，如果人类男性想要频繁的性接触，并且想要阻止其他男性的介入，那么，他最好"守在附近"以阻挡其他求爱者（Alexander and Noonan，1979）。而刚当上妈妈的女人们常用的另一个策略是夸大新生儿和她们丈夫之间的相似性（Apicella and Marlowe，2004：372）。尽管人们会自信地声称，"他长得就跟他爹一样"，但实验研究表明，凭借婴儿的外表，人们并不能将婴儿与其父母可靠地配对（Pagel，2012：315）。在我们这个一夫一妻制、谴责通奸行为的社会中，有一些相关的研究表明，在被指认的男性中，有10%并不是某个特定孩子的生父（Buss，1994：66-67），因此，婴儿那特性并不鲜明的（anonymous）外表实际上赋予了他们生存上的优势。

就上述这种常常是有意为之的混淆来说，它具有诸多更加令人感兴趣的且极端的表现形式，其中之一被称为"可分父权（partible paternity）"（Conklin and Morgan，1996：657）。据说，克佩列人的孩子"与某个男人的相似程度，与其母亲和那个男人的性交次数成正比"①（Bledsoe，1980：33）。邦比塔人认为，在妇女怀孕前的三个月内，与该名妇女性交最频繁的男人，就是婴儿的"父亲"（Leavitt，1989：117）。在那些已被发现的、散布在南美洲大片区域内的觅食群体中，不论它们的分布地和语言有何不同，人们都认为，婴儿是由所有（everyone）与其母亲性交过的男人"造出来的"。虽然，对婴儿来说，"真正的"父亲是在他出生前一段时期适内与其母亲联系最紧密的那个男人，然而他那位深谋远虑的母亲，一旦发现自己怀孕，就会去勾引（Hrdy，1999：35）[8]几名优秀的猎人，随后这些猎人就会被指定为婴儿的"第二位的"父亲（Crocker and Crocker，1994：83-84）。在居于首位的父亲死亡或者违背其抚养义务时，这些男人构成了婴儿的"保险单"，而且，对他们的称谓也与居于首位的父亲的称谓相同（Hill and Hurtado，1996：249-250）。这种策略显然是有效的：针对居住在南美洲森林里的巴里人的研究表明，与仅有一个父亲的孩子相比，有多个父亲的孩子的存活率更高（Beckerman *et al.*，1998；Beckerman and Valentine，2002）。不过，从另一方面来说，在阿切人中，就男性抚养孤儿的意愿来说，父亲"太多"反倒会使孩子的"保险单"失效（Hill and Hurtado，1996：444）。

对女人来说，虽然维持与某个可靠的供养者的关系，始终符合她的利益，[9]但是为那个男人尽可能多地生孩子就不一定符合她的利益。而每一次怀孕、分娩、将孩子养到会走路，都会让女性的身体付出巨大的代价。如果说"性吸引力"是确保女性获得第一个配偶的因素之一，那么，接连生下多个孩子，就会使这一"资产"迅速消失。考虑到自己的健康以及现有的和未来的孩子的幸福，女性可能会认为，在某一特定的时间怀孕是不利的。如果幸运的话，女性可能会获得具有一定效果的草药避孕法

---

① 此处引文原句用了"men"一词，表明孩子生母的性交对象不仅仅是一个。此句意为，如果某个男性与孩子的母亲性交数越多，孩子就与那个男性更相似。——译者注

(Lindenbaum，1973：251)。[10]在(巴布亚新几内亚)塞皮克地区，妇女们吃
"*kip*"———一种"有魔力的"树皮，能成功地避孕(Kulick，1992：92)。非洲南部霍屯督人(Hottentots)的药典中有好几种堕胎药物(Schapera，1930)。在秘鲁，高耸的安第斯山脉中，没有现代的避孕方法；因此，村民们"依靠传统知识来避孕"(Bolin，2006：16-17)。

在西方的道德准则产生影响之前，堕胎和杀婴本是很普遍的现象(Ritchie and Ritchie，1979：39)。不过，"母亲"可能需要对丈夫本人及其亲属隐瞒她的行为，因为避孕或堕胎通常会被视为对滥交的默认(Einarsdottir，2004：69)。而一夫多妻制这种组建家庭的策略，可能有助于减少此类冲突。

一夫多妻制是伟大的折中

> 有证据表明，在过去的人类社会中，一夫多妻制相当普遍。这就使得人们认为，这种做法在某些条件下是具有适应性价值的，而且在继续奉行一夫多妻制的人口中，个体也会认为事实就是如此。(Sellen，1999：331)①

> [奥斯曼帝国(Ottoman)]苏丹(sultan)的每个妻子都被称为"*kadin*"，意思就是"女人"；(不过)最先生下儿子的那两个女人……作为第一位(*birinici*)和第二位(*ikinci*)的"*Kadin*"，占有优先地位。(Freely，1996：195)

当代欧美社会深受基督教传统的影响，高度重视一夫一妻制。为了支持这种"非自然的"状况，我们发明了精心设计的结婚典礼、新居(夫妻俩在远离各自父母的地方建立自己的住所)，以及广为流传的罗曼蒂克的爱

---

① 此句照引文原文翻译——译者注

情文化。而一夫多妻制却是一种特殊形式的多配偶制①，在这种制度中一个男人可以合法地娶一个以上的女人，这看似"自然"得多，或者说至少更为常见。据估计，在所有有记录的社会（大约 1200 个）中，有占比85%（Murdock，1967：47）到93%（Low，1989：312）的社会都奉行过一夫多妻制。如果我们把觅食社会包括在内的话，这个比例可能会更高；在觅食社会中，两性之间和两性内部的平等关系几乎排除了一夫多妻制，但是离婚和再婚的情况却如此普遍，以至于人们认为这是实行了"接力赛似的一夫一妻制"（Marlowe，2007：179）。[11]

　　之所以会出现一夫多妻制这种折中的做法，是因为男性能够将财富和权力转化为生育机会，同时减少唐璜模式②带来的危险。而处于一夫多妻制关系中的女性则可以获得一个地位更高的、可靠的供养者，其代价是承受与其他女性共享资源（包括丈夫的欢心）时的情感压力。有一项研究指出，在一夫多妻制婚姻中，地位较高的妻子所生的孩子有着比一夫一妻制婚姻中的孩子更好的营养状况；反过来，一夫一妻制婚姻中的孩子的营养状况则好于一夫多妻制婚姻中"妾室"（later wives）所生的孩子（Isaac and Feinberg，1982：632）③。妇女必须在以下两种选择中作出权衡：一是嫁给一个年轻男人，组建一个一夫一妻制家庭，二是嫁给一个老男人，以"小

86

----

　　① "polygamy（多配偶制）"意指同时拥有一个以上的配偶的婚姻制度；它有三种主要的形式，一是一夫多妻制（polygyny），二是一妻多夫制（polyandry），三是群婚制（group marriage）——即在一个家庭中，有多个男子和多个女子互为夫妻。其中，一夫多妻制最为常见，它包括三种情况：姐妹共夫（sororal polygyny）、非姐妹（non-sororal）共夫、利未婚（levirate marriage）——已故男子的继承人（或其兄弟）继承他的妻子。而一妻多夫制有两种形式，一是兄弟共妻制（fraternal polyandry），另一种非兄弟共妻制（non-fraternal polyandry）。——译者注

　　② 作者在此或许要表明某种不断改变对象的性生活模式。——译者注

　　③ 此引文出处有误。经查证，这一研究并未提及这一观点。该研究探讨的是门迪族妇女的婚姻形式与其生殖成功率的关系；它以婴儿能够存活18个月为标准，来衡量门迪族妇女的生殖成功率。该研究得出的结论是，门迪族婴儿的存活率在统计上与其母亲的年龄和婚姻形式无关。在该研究中，研究者将门迪族母亲的婚姻形式分成三种：一夫一妻制（monogamous）、一夫多妻制的"大妻"（polygynous "Big Wife"）、一夫多妻制的"小妾"（polygynous Junior Cowife）；依据初步统计出来的情况，他们指出，在这三种婚姻状态中，婴儿的存活率没有一致的模式；与一夫多妻制中对应年龄组母亲的婴儿相比，两组较高年龄（30—39岁、40—49岁）的一夫一妻制母亲的婴儿的存活概率更高。此外，这一研究并未具体探讨身处不同婚姻形式或地位的门迪族母亲为其婴儿提供生存资源（包括食物、居住、情感支持等）的问题。——译者注

妾"的身份加入他那已组建多年的（well-established）家庭。研究表明，如果妇女选择一夫一妻制，那么，她们的生育率会略高一些（Josephson，2002：378），她们的孩子可能营养状况会稍好一点（Sellen，1998a：341）。然而，可能，她们更容易被丈夫遗弃或被迫离婚。

人类学家已经记录了一夫多妻制的衰落对孩子的潜在负面影响。在乌干达，一夫一妻制导致婚姻不太稳定。现如今，一个男人不再带另一个妻子入户，而是遗弃了第一任妻子和她的孩子，与他的新配偶单独组建另一个家庭（Ainsworth，1967：10 - 11）。有一个关于肯尼亚尼安松戈族（Nyansongo）某位母亲的典型案例：在一夫一妻制的家庭里，那位母亲必须独自照顾孩子；她却是在一个一夫多妻制的大家庭里长大的，那时她身边总有几个会照顾她的人。在从事诸如把母牛从草场赶回家之类的差事时，那位母亲会让自己 3 岁的孩子照看两个婴儿——一个是 6 个月大，另一个是 2 岁。不幸的是，那个 3 岁的孩子根本还不够成熟，不足以胜任这项任务，事实上，他以"粗鲁且忽视危险"的方式照看弟弟妹妹（Whiting and Edwards，1988a：173）。

在一夫多妻制的婚姻中，年长的妻子可能会发现自己被忽视了，而且她们在家中所能享用的食物份额可能也会减少，但她们极少会被逐出家门。实际上，在一夫多妻制婚姻中，住处的营造往往是为了便于重新安排家中女性的尊卑秩序（Altman and Ginat，1996：214）；举例来说，在中国电影《大红灯笼高高挂（Raise the Red Lantern）》（Yimou 1991）中，就有关于这一方面的精彩描述。不过，从另一方面来说，分开且各自不同的住处也可能代表着，妇女们各自所能获得的自主权和向上流动的机会。特别是西非妇女往往会利用其在一夫多妻制家庭中所享有的高级地位，来谋求族群里的重要职位。她们成为家庭经济的管理者，有时真正掌权，并且，可以指挥其他妻子、子女以及任何亲属从事劳动（Clark，1994）。

在一夫一妻制的婚姻中总是存在着离婚的风险。最常见的离婚原因是妇女不孕或者丧失生育能力——（英国国王）亨利八世与阿拉贡（Aragon）的凯瑟琳①离婚就是一个著名的例子。通奸几乎被普遍认为是离婚(或者更严重：亨利八世砍掉了他的第二任及第五任妻子的头)的合法理由。不过，人们也能找到更为平淡无奇的离婚理由。随着社会的流动性越来越强，男人们四处移徙寻找工作，为了在城里建立新家庭，他们抛弃(或忽视)自己乡下家庭的可能性越来越高(Bucher and d'Amorim, 1993：16；Timaeus and Graham, 1989)。而且，在所有离婚理由中，最常见的一个理由或许是，生育能力正在衰退的妇女会被生育能力处于巅峰期的年轻妻子取代(Low, 2000：325)，这也就是如今的人们通常所说的"老少配"(May to December)②婚姻。

87

被遗弃的妻子和她的子女可能会面临严重的困难。有人可能会认为，一个明显具有生育能力的妇女是一个"适婚对象"(catch)，但是"带着一个孩子，让新丈夫不得不承担继父的责任，这会降低而不是提高一个妇女的适婚性"(Wilson and Daly, 2002：307)。[12] 在关于一位年轻的、有身孕的寡妇的判例中，古罗马法律允许她堕胎或遗弃婴儿，以便其获得更多的再婚机会(French, 1991：21)。拉法埃莱描述了一个发生在中非巴亚卡族(Bayaka)[13] 觅食游群中的不幸案例："米姆巴(Mimba)曾有过试婚……她丈夫的父亲拒绝支付彩礼，她不久前被迫返回父母家。她已有两个月的身孕，但是对巴亚卡族妇女来说，未婚生子是一种耻辱。"(Raffaele, 2003：129)米姆巴是幸运的，她们部落的药典里记着"sambolo"这种非常可靠且安全的草本堕胎药，[14] 可以为其所用。米姆巴又将成为适婚对象，并且，有希望找到一个愿意支付彩礼的家庭；这样，她就能和那家的儿子一起组建家庭——这是她自己无法达成的事情。

在下一节中，我们将看到，人们会通过怀孕及分娩期间的众多复杂习俗来完善那些授予/拒绝授予儿童合法身份的制度。

---

① 亨利八世共有6次婚姻，他的第一位王后是阿拉贡的凯瑟琳。——译者注

② 在西方社会，有"May to December relationship/couple"之类的表述，用于描述一种浪漫的关系。其中的 May 和 December 分别指称处于不同生命阶段的人；年轻人的年龄被比作五月，而老年人的年龄则被比作十二月。——译者注

怀孕与分娩

[卡科人(Kako)]妇女把烹饪食物和在子宫里烹饪(cooking)孩子进行类比。(Notermans，2004：19)

88

"妇人怀孕就是一只脚踩进了坟墓"，这是法国加斯科涅地区(Gascony)的一句谚语。(Heywood，2001：58)

(西藏)妇女极少在产前准备新生儿的全套用品，因为人们认为，"要是事先准备过多，婴儿可能会在出生时死亡"(Craig，2009：150)。

在人类的大部分历史中，怀孕都被视为一种严重的疾病，而且，直到最近，分娩都是极其危险的。"分娩是(西迈人)妇女在其育龄阶段所面临的最大危险，在29起死亡案例中，有13例是分娩死亡(占45%)，而且在所有已知原因的死亡案例中，分娩死亡占半数"(Dentan，1978：111)。为了适应这一现实，人们通过文化建构的方式创造出了诸多关于妊娠及分娩过程的理论，并且发明了一些补救措施或预防策略，以便保护母亲和胎儿。生活在肥沃的、有火山的新不列颠岛(New Britain)上的卡里艾人(Kaliai)(和世界各地的人们一样①)认为："妇女要成功怀孕就得有多次的性交行为，性交行为应该一直持续到胎儿……频繁蠕动为止"(Counts，1985：161)。为了得到健康的宝宝，卡里艾族父母可能会乐意采取这个特殊的"处方"，然而，其他的"处方"可能就不那么受人欢迎：

如果父母中任何一方吃了飞狐的肉，婴儿可能会有智力缺陷，或者可能会像飞狐一样摇晃并颤动身体，或者，婴儿可能无法在正常的

---

① 原文如此。——译者注

时间内学会自行坐着，像飞狐一样不能坐直。孕妇不（应该）吃沙袋鼠，因为婴儿可能会患上癫痫，并在满月时发作。（Counts，1985：162）

巴布亚新几内亚塞皮克地区的迈辛人（Maisin）禁止孕妇食用各种鱼类；由于他们认为蟹类会抑制母乳的分泌，也一并予以禁食。在哺乳期，产妇要避免吃芒果和南瓜，因为它们会间接导致婴儿的皮肤变黄（Tietjen，1985：129）。对于班巴拉人（Bambara）和巴贡人（Bakong）来说，怀孕禁忌包括禁食大多数种类的猎物（Bril *et al.*，1989：309）。德赖斯代尔河（Drysdale River）流域的土著禁止孕妇食用许多"丛林美食"，包括野生火鸡和鸸鹋（Hernandez，1941：125）。不过，从另一方面来说，我们确实发现了一些纵容孕妇口腹之欲的例子，例如赫蒙人（Hmong）就有这种情况（Liamputtong，2009：162）。

食物禁忌常常被纳入一大套与疾病和健康相关的理论中：在危地马拉，人们认为，怀孕会使孕妇"上火"，因此，为了保护母亲和胎儿，推荐孕妇吃清凉的食物（Cosminsky，1994：201）。几乎没有证据表明这些食物禁忌是有效的；[15]恰恰相反，它们实际产生的可能是负作用，特别是在那些禁止妇女食用富含脂肪及蛋白质的肉类的地方（Einarsdottir，2004：70）。有几项研究表明，营养不良的妇女所生出来的是体重较轻的婴儿（Spielmann，1989：323）。有一项周密的、针对四个非洲社会的研究确认，（其中至少有一个社会的）妇女因遵守食物禁忌而出现营养不良，从而导致总和生育率下降了5%（Aunger，1994）。（东非牧民）马赛人的孕期饮食肯定会伤害胎儿，因为"孕妇放弃正常饮食，采取了近乎绝食的活法"（de Vries，1987b：170）。

当然，"食物"并不是唯一要避免的东西。"在斐济，孕妇不能在脖子上戴任何围颈的东西，以免脐带绕颈，勒死胎儿"（Ritchie and Ritchie，1979：43）。出于同样的原因，迈辛族准妈妈不能戴项链，不能制作网兜，也不能碰见蜘蛛网。"当沿着通往田地的小路前行时，她们必须要么跟在另一个人后面，要么在自己面前举着一片大树叶，以扫除任何可能挡道的蜘蛛网"（Tietjen，1985：125）。

人类学家把这种信仰称为"交感巫术"（sympathetic magic）。人们把孩子的某个症状与母亲在怀孕期间摄入的或遇到的某些事物的类似属性联系起来。在上文提到的卡里艾族癫痫病的例子中，要注意的是，沙袋鼠这种小袋鼠，会猛然出现，跃动着前进，有点类似于癫痫发作。

妇女可能会过于担心流产、生出畸形儿，或者新生儿夭折之类的事情，以至于她们会精心虚构出一套说法。（东非自给自足的农民小群体）巴干达人（Baganda）没有用以称呼胎儿的专门名词，而且会用一些委婉的说法来谈论怀孕，比如，"我有些失调"，或者，甚至会说"我染上了梅毒"（Kilbride and Kilbride，1990：104）。在喜马拉雅山脉某些地区，妇女会"隐瞒或掩饰自己怀孕的事实以避开邪恶之眼①"（Wiley，2004：103）。怀孕的阿善提族妇女处于一种边缘的或过渡的状态，她们既是脆弱的，也是对其他人有危险的（Rattray，1927：187）。

我们假定每个族群都有一本民间医疗手册，其中必有一章关于临盆和分娩的内容。在菲律宾米沙鄢人（Bisayan）的村庄里，正在分娩的妇女可能会被喂食一种掺有干粪便②的混合物，因为人们认为，孕妇的胃会猛烈地排出这种恶心的东西，那时她的子宫也将排出胎儿（Hart，1965）。民俗学家收集到了许多这样的习俗；此类习俗以事物交感的观念为基础，用解锁、打开、解开和排出等行为来模仿分娩过程③（Bates and Turner，2003）。一般来说，人们认为，在分娩时，妇女应该以坚忍的态度，"默默地忍受痛苦"（孟加拉人- Afsana and Rashid，2009：128）——尽管在许多社会中，

---

① 在许多不同的文化中都有"邪恶之眼"的说法，人们认为它们会带来伤害和不幸。——译者注

② 查证原引文，实际上是干马粪灰的水。——译者注

③ 在引文原文（Bates and Turner，2003）中，作者举了这样的例子：菲律宾群岛的居民会在正在分娩的孕妇的枕头下放置一把钥匙（unlocking）和一把梳子（untangling）；而中南半岛村庄里的居民会将所有的门窗橱柜打开（opening and unlocking），甚至把挂在天花板上的任何东西都取下来。——译者注

她们也会得到在场的助产士和/或其他女性的安慰(特鲁克群岛岛民——Fisher，1963：535)。

另一种常见的做法是，在森林中为实际的分娩活动准备一个单独的建筑物或一个专门指定的区域。奇契克塔缪特人(因纽特人)会建造并提供帐篷或冰屋——将其作为分娩小屋，把临盆的准妈妈安置进去(Guemple，1969：468)。生活在崎岖不平的卡拉哈里沙漠的芎瓦西族(Ju/'hoansi)妇女信奉一种"在户外灌木丛中独自分娩的文化观念。不过，这种观念通常是在妇女生过头胎后才会实行，在生头胎时，年长的女性亲属会在旁照顾"(Biesele，1997：474)。亚诺马莫族妇女会在居住地附近的森林里分娩，只有妇人能在旁照顾。据说，男人要是在场的话，他们就会生病。分娩时，孕妇要蹲在一根原木上，另一个妇女(通常是她的母亲或姐妹)在她身后抱住她。生出来的婴儿会掉到母亲身下的香蕉树叶上。在场的妇人会迅速抱起婴儿并用水清洗他(她)，然后，把他(她)交给母亲(Peters，1998：123)。而南美雨林的皮拉罕人则偏好让孕妇在河里分娩(尽管河里有凯门鳄、食人鱼和水蟒)，而且孕妇是在无人援助的情况下独自分娩的(Everett，2014)。

把母亲及其新生儿隔离起来，这是一种极其普遍的做法(Holmes，1994：222)。[16]"在分娩后的头40天里，(瓦拉几人的)小屋或房子在黄昏后就像一座被包围的城市，窗户都用木板封住，门全都闩上，在诸如门槛和窗缝之类的关键(strategic)地点会撒上盐和香料，以此来抵御恶魔的入侵"(Campbell，1964：154)。虽然"隔离"所起的功能之一可能是保护母亲及新生儿不受传染病的侵袭，但是，它的另一个功能可能是(实际上也是)提供一道隐秘的帘幕，以便不露痕迹地把不想要的婴儿扼杀掉(Caldwell and Caldwell，2005：210)。这一功能被明确承认：(尼日利亚农业群体)奥尼察族(Onitsha)认为，妇女生下双胞胎是一件令人憎恶的事情，而这一事件可以在隔离期间被不露痕迹地抹除(Bastian，2001：18)。

新妈妈在分娩后可能无法摆脱这些限制；相反，她和新生儿仍然很脆弱，需要休息和康复。"在'产小屋'(Ubugoya)，(日本母亲)被免除日常工作，可以集中精力照顾宝宝"(Yanagisawa，2009：88)。在相当长的一段时间里，那个用来分娩的房子可能就是他们的家。在巴布亚新几内亚塞皮克地区那些说加彭语(Gapun-speaking)的村庄里，人们认为孕妇可能会受到巫师的威胁——他们会用魔法物质攻击孕妇，以阻止她们将婴儿或胎盘排出。而在分娩后，还会有不断出现的危险，这就导致母亲将会待在"产房里……几个星期或几个月"(Kulick，1992：93)。母亲和孩子不仅容易受到伤害，而且人们可能也认为，他们会危害到其他人(Stasch，2009：151)。在中国，"坐月子"(zuoyuezi)或者隔离是为了"对抗出生污物(birth pollutants)的不良影响"(Harvey and Buckley，2009：64)。"(赫蒙族)认为，妇女的身体在月子期间是特别不干净、肮脏和受污染的"，这就导致产妇会被隔离起来，直到她不会危害其他人时为止(Liamputtong，2009：168)。要分娩时，泰米尔族(Tamil)准妈妈进入产房，这间产房：

91
在分娩期间和……产后污染期的大部分时间里都是关窗闭户的……其目的是保护母亲和婴儿免受贪婪的精灵、鬼魂和恶魔的侵害，这些鬼怪会被血和污染物吸引过来……长达31天的产后污染期结束的标志是……净化产房，为母亲举行沐浴仪式，以及给婴儿剃头。(McGilvray，1994：48-50)

在基督教历史的大部分时间里，分娩都让人感到害怕，甚至恐惧……分娩完全是女人的事……男人对于不用参与此事而心怀感激，他们小心翼翼地避开……分娩时孕妇所忍受的疼痛……被认为是夏娃(Eve)的诅咒，而且，人们认为，分娩本身就是对人类堕落(the Fall)①的重演，这就要求母亲和孩子(在)"安产感恩礼拜"的仪式中消除分娩污染所造成的影响……而且，在"洗礼"这项保护性行为发生之前，新生儿都会被认为是充满罪恶的肮脏存在。甚至是到了洗礼之

———————
① 在基督教神学中，这是指亚当、夏娃违反上帝的禁令，被逐出伊甸园。——译者注

时，这个常常被称为"小小陌生人"的婴儿还是会被仔细检查是否有原罪的迹象。(Gillis，2003：88)

关于怀孕和分娩的民间智慧中，还有另一个共同的要素，即在"不幸福"的家庭中，到处都弥漫着紧张不安的情绪。对门迪人来说，一次艰难的分娩可能会引发一次猎巫行动——名副其实的。在找不到女巫的情况下，正在分娩的孕妇就会被迫承认任何最近发生的、将相互竞争的精子引入其子宫的通奸行为(MacCormack，1994：118-119)。人们认为，难产是由于其他嫉妒的妻子(co-wives)、不孕的妇女或是争夺丈夫感情的竞争者施行了巫术——这是一种常见的诊断。无论如何，准妈妈或新妈妈都有必要转移敌人的视线。对于突尼斯外海的克尔肯纳群岛(Kerkennah Islands)的居民来说，

> 男孩……比女孩更受欢迎，因而，人们有时会采取这样一种计策——假装正在为生个女孩做好准备，来使嫉妒的精灵失去兴趣……母亲……会出门恳求村里的单身妇女帮自己的婴儿购买耳环……(以此表明她)生了一个女孩，并且希望能够转移嫉妒的精灵(以及村子里的单身妇女)的视线，不让它们发现她那健康的男婴……分娩后……一个忧心忡忡的母亲可能会当众给(她的儿子)取一个女孩的名字，并在一段时间里给他穿女装，以避免因嫉妒的影响而引发的不幸。(Platt，1988：273-274)

在某些社会中，比如非洲南部的阿赞德人，父亲及其家人会对婴儿构成威胁，特别是在有私生子迹象的情况下。"分娩通常会在丈夫家里进行，如果神谕已经将丈夫的家判定为一个危险的地方，那么，妻子就会去她父母或兄弟的家里分娩"(Baxter and Butt，1953：72)。妇女可能会感受到威胁，尤其是来自其他妻子(co-wives)和婆婆的威胁，因而，她们会选择在娘家或者在提供西方医疗服务的诊所里分娩(Einarsdóttir，2004：73)。在

埃塞俄比亚的马夏加拉人（Macha Galla）中，孕妇返回娘家分娩，以躲避知名的有害力量［布达（budda）和托卡（tolca）］；它们是由其丈夫所在社区的其他妇女释放出来的（Batels，1969：408）。在民族志记录中，常见的其他预防恶意嫉妒的措施，包括加拉人在给婴儿取名时采用"孬名字……通常是毛人（Mao）或努阿克人（Nuak）的名字——加拉人从这些土著群体里夺取奴隶，（因为使用）好名字可能会激发敌对民族或幽灵的攻击"（Batels，1969：417）。东利亚人（Dongria）认为，新生儿的灵魂来自于某位会照顾他的祖先，但是"当那位祖先被触怒时，孩子可能会发烧并患上其他疾病……（因此父母必须采取措施）取悦……祖先"（Hardenberg，2006：66）。

在母系社会里，例如（加纳）阿善提人，孕妇将在其父母的家中分娩，由母系近亲来照顾。这种传统除了能够确保母亲和婴儿的幸福之外，还"以一种非常明显的方式确定了婴儿的……血统关系"（Fortes，1950：262）。甚至是在那些夫妻婚后住在夫家的族群里，例如阿卡人（Meehan，2005：71）和罗图马岛岛民（Rotuman）（Howard，1970：27），在分娩时，还有子女处于婴儿期时，妇女可以选择居住在其父母所在的村庄里。研究证实，"住在母亲娘家里的婴儿明显会有更多的代父母，而且他们从母系亲属那里能得到更多的（frequencies）照顾"（Meehan，2005：76）。在此起作用的力量是，与父亲的亲属相比，婴儿和母亲的亲属之间存在着更为确定的遗传关系。

一旦隔离期结束，母亲就会回去工作，随后人们可能会举行一个庆祝性的过渡仪式。例如，阿赞德人会举办一次宴会，在宴会上，婴儿会被抱出小屋①，并穿过用未枯干的树枝燃起的浓烟。整个社区都参与其中，尤其是父母双方的亲属。然而，这个庆祝活动是有限度的——在"人们确定婴儿身体健康（hale）"之前，助产士不能拿到报酬，而婴儿也不会被命名（Baxter and Butt，1953：72）。在锡金（Sikkim）的雷布查人（Lepcha）中，新生儿要在出生三天后，才会得到人们的承认。实际上，人们认为，在头

---

① 即前文所指的隔离式的产房。——译者注

三天，新生儿还住在子宫里①，并把他（她）称为"鼠儿"（rat-child）。只有在产房及其"房客"②被彻底清洁后，人们才会在一场特别的宴会上，欢迎婴儿进入人类的世界（Gorer，1967：289）。在（斐济群岛）恩高岛（Gau③Island）上，人们会在婴儿出生后的第4个晚上举行名为"脐带脱落"的欢迎晚宴（Toren，1990：169）。在某些地区，在新生儿出生一个月后，人们才会聚集在一起举行欢迎宴会（rdun），在这个庆祝活动上，人们载歌载舞，畅饮大麦啤酒；然而，即使在那时，孩子也不一定会被命名，而且"人们似乎也不急于这么做"（Wiley，2004：125）。

但是，婴儿可能并不总是会受到其亲属，甚至是其母亲的欢迎。那么，他们的命运会是怎样？在下一节中，我们将对普遍存在的杀婴行为进行分析。

基因轮盘赌

> 雄性与幼仔存在亲子关系的概率更低④，这确实会使它们不太可能像雌性那样照顾幼仔。（Queller，1997：1555）

> 当必须牺牲一个孩子才能拯救其他孩子时，最年幼的孩子最有可能成为受害者；显然，这是一种跨文化的普遍现象。（Salmon，2005：509）

93

种种迹象表明，在缺乏可获得的可靠避孕措施的情况下，堕胎、遗弃和杀婴一直是并将继续是"常见的"现象——至少现代人的感受是这样。后

---

① 原文如此。结合上下文，此句的意思是婴儿出生后，还住在与世隔绝的产房里，这就类似于住在母亲的子宫里。——译者注

② 双引号为译者所加。此处指母亲、婴儿及其他（如果有的话）照顾者。——译者注

③ 也就是"Ngau"岛。——译者注

④ 此处意思是，雄性动物更难确定交配伴侣所生出来的后代与自己存在血缘关系（parentage），因而，相对缺少照顾后代的意愿。——译者注

续的民族志研究都证实了这一观点（Devereux，1955：134；Ford，1964：51）。约翰·怀廷（John Whiting）（1977）发现，在由99个社会构成的样本中，有84个社会的案例中都特别提到了杀婴现象。一项针对近400个社会的规模更大、更为复杂的研究发现，在占总数八成的社会里存在着杀婴行为（Mays，2000：181）。考虑到杀婴行为很容易被掩盖，而且可能会带来耻辱，因而，这种行为无疑比上述数据所显示的更为普遍。而且，还有针对婴儿的身体虐待和疏于照顾（Das Gupta，1987），这也造成了几乎无法估计的损失。例如，人类学家已经记录了诸多文化上认可的、关于婴儿饮食禁忌及喂养模式的案例；这些饮食禁忌和喂养模式可能都具有某种不可明言的效果：淘汰活力较弱的孩子（Lepowsky，1987；Scrimshaw，1978；Langness，1981；Miller，1987；Cassidy，1980）。在最近一项针对60个社会里的杀婴行为的调查中，有明确证据表明，其中的39个社会存在这种行为（Daly and Wilson，1984：490）。

对（南美森林游牧民）尤基人（Yuqui）来说，有多种可能会导致堕胎或杀婴的情况。

> 第一胎总是会被堕掉，因为人们认为这个胎儿身体虚弱。[17]堕胎的方式是让孕妇的丈夫或母亲跪在她的腹部上，直到她把胎儿排出体外。这种做法被称为"打碎胎儿"（taco siquio）……仍在给婴儿哺乳的妇女或是因其他原因不想生娃的孕妇也会使用同样的方法终止妊娠。当妇女对自己的丈夫生气时，她们可能会杀死自己的孩子，尤其是男孩，以示报复……在母亲过世而婴儿尚在吃奶的情况下，人们会献祭那个婴儿，以此来安抚其母亲的灵魂，同时也解决了需要找人照顾那个婴儿的问题，这是很常见的做法。（Stearman，1989：88-90）[18]

许多杀婴的理由都得到了群体的积极认可；包括那个婴儿是通奸行为的产物（在艾波人中观察到的15起杀婴事件中，有6起是通奸行为的结果- Schiefenhovel，1989）。在马赛人中，每一个新生男婴都要接受亲子鉴

94

定。傍晚时分，男婴被放在该家族牛群的返家路上。"在这一过程中，如果男婴被踩死了，或者伤重而死，他就会被认为是一个私生子"（de Vries，1987b：171）。

众所周知，在预料到男性会因狩猎事故、凶杀以及自杀等原因而出现极高死亡率的情况下，因纽特人（还有其他种族）仍然会剔除女婴（Dickemann，1979：341）。多胞胎通常被认为是不吉利的（de Vries，1987b：171）。在中世纪欧洲，人们认为一位妇女不能（同时）怀孕两次，所以双胞胎不可能来自同一个父亲。为了保护自己的名声，妇女可能会遗弃双胞胎（Shahar，1990：122）。而且母亲无法抚养两个婴儿，尤其是在两个婴儿都可能体重不足的情况下。正如格雷（Gray）（1994：73）所指出的，"即使在今天，有西方医疗服务的支持，要让双胞胎存活下来也是有难度的"。在巴厘岛上，人们异乎寻常地将婴儿的地位提得很高，但孕妇要是一次生下一个以上的孩子，这仍会被视为乱伦的证据。祭司认为，孕妇生下双胞胎，这不是人干的事，这是禽兽的行为（Lansing，1994；Barth，1993；Belo，1980）。同样，（几内亚比绍）帕佩尔人认为：

> 像动物一样在同一时间生下好几个婴儿是"*mufunesa*"①。猪有很多后代。人类每次只生一个孩子。因此双胞胎必须被扔掉。否则，父亲、母亲或村里的某个人就会死掉。（Einarsdóttir，2004：147）。

南希·豪厄尔（Nancy Howell）发现，在昆人中，有学步儿尚未断奶的母亲可能会终结新生儿的生命。在一个婴儿死亡率很高的社会里，把生存资源投注给一个没有断奶但身体健康的孩子，要比投注给一个生存能力未

① "*mufunesa*"一词在原著中有如下解释："在几内亚比绍，克里奥尔语（Kriol）里的'*mufunesa*'一词，经常被使用。它意指一件晦气事（mishap）或一场悲剧，它是由某种怀有恶意的东西（agent）造成，那种'东西'要么是一个人（可能是死人也可能是活人），要么是一种超自然的力量。在识别出那个'东西'并采取仪式性的行动来消除它之前，'*mufunesa*'无法被消减。'*mufunesa*'的含义是基于一个假设，即许多超自然的、不可见的存在物（entities）影响着人类世界的事件和社会关系。"（Einarsdóttir，2004：33）——译者注

知的新生儿更稳当。游群中的母亲会(expected)杀死双胞胎中的一个，或者杀死有明显缺陷的婴儿。母亲并没有因此类行为而犯下谋杀罪，因为在那个婴儿被命名并正式在营地出现前，人们并不认为它是人(Howell，1979：120)。世界各地的前现代族群都有着类似的杀婴行为，不过，昆人却对其婴儿表现出近乎传奇般的柔情和钟爱，我们可以将这两种景象并置观察。同样，(巴布亚新几内亚)特罗布里恩群岛的妇女会将大量的爱意倾注到子女身上，然而，"得知西方妇女没有权利杀死一个自己不想要的婴儿，她们感到惊讶……(在她们看来)婴儿还不是一个社会存在，只是女人在自己身体里制造出来的一个产品"(Montague，1985：89)。

人们所作出的抚养、遗弃或者毁灭新生儿的决定，不仅仅取决于眼前的问题(concerns)。生育行为可能是由一系列广泛的信念驱动的，这些信念确立了"理想的"家庭规模，并设定了男性后代和女性后代的相对价值。

95 生女还是生男①，多生或者少生

> 嫁妆制度使得每个[西西里人(Sicilian)]女儿都成了迟早要偿还的债务。(Chapman，1971：30)

> 如果你有很多孩子，家里就会有很多人帮忙……如果你生病了，你的子女可以帮助你。[恩甘杜人(Ngandu) - Hewlett，2013：128]

在安第斯山脉，盖丘亚族农民/牧民创造了一个男女相对平等的社会。男女双方都在维持生计方面发挥着至关重要的作用，都在一定程度上参与了现代经济。这也许可以解释为什么博林(Bolin)发现南美洲奇利瓦尼

---

① 原文为"pink ribbons or blue"。在西方文明里，不同颜色的丝带都有诸多不同的含义。例如，在当代，"粉红丝带"被用作全球乳腺癌防治意识(Breast Cancer Awareness)运动的标识；而"蓝色丝带"的含义更为宽泛，当人们面临欺凌、疟疾、性交易、水安全等问题时，蓝色丝带会给他们带来希望。——译者注

村(Chillihuani)的父母对待其子女的方式，不分性别，大致一样；孩子们在婴儿期的着装①就体现了这一点(Bolin，2006：36)。在觅食群体中，人们能以平静的态度面对新生儿的性别，这是较为常见的情况。同样，在觅食群体中，任何类型的地位差异，尤其是性别差异，都被减少到了最低程度。

> 奇旺人(Chewong)是马来半岛(Malay Peninsula)热带雨林中的一小群土著。传统上，他们是猎人、采集者和轮耕者……他们不对性别附加价值判断……也不把性别当成进一步的社会差别或象征性区别的基础……他们对于婴儿的性别没有文化上的偏好。(Howell，1988：148，158-159)

我们发现，更普遍的情况是，婴儿的性别是决定其命运的重要因素。几年前，我偶然看到一份联合国的报告；那份报告的封面照片是一位母亲把一个男婴和一个女婴抱在膝上，那两个婴儿年龄差不多，可能是双胞胎。女婴瘦骨嶙峋，显然处于严重的营养不良状态，而男婴充满活力，身体健康。男婴坐得笔直，双眼注视着摄像机；而女婴像个布娃娃，四肢摊开，两眼望空。从那以后，这幅照片及其所表示的一切一直在我脑海里萦绕。在高种姓的印度人口中，女儿既不能为家庭经济作出贡献，也找不到结婚对象，[19]因此，女孩被视为负担，她们会被自己的家庭轻易舍弃。据估计，印度"失踪"妇女的人数为4100万②(Deka，1993：123)，而且"有些令人沮丧的报告说，印度西北部平原上有几个村庄从未养育过一个女儿"(Miller，1987：99)。印度的一些医院现在禁止羊膜穿刺术(可能还有超声波检查)，原因是(被检查出来的)女性胎儿不可避免地会被堕掉(Miller，1987：103)，而中国出于同样的原因已彻底禁止此类医学操作。[20]

埃丝特·博塞鲁普(Esther Boserup)率先指出，随着人类社会向犁耕农业转型，妇女对农业的贡献，连同她们的相对价值和自主权，都骤然下

---

① 此句引文的原文是"在婴儿期，男婴和女婴穿着一样的衣服……"。——译者注
② 无法查证引文原文，无从判断这是多长时间的统计结果。——译者注

降(Boserup，1970)。其他形式的农业集约化，包括采用灌溉技术，也减少了妇女对生计的贡献(Martin and Voorhies，1975)。在巴布亚新几内亚高地，妇女是主要的粮食生产者，各宗族必须用群猪和其他贵重物品来支付一大笔彩礼，才能娶到一个女人。相比之下，在高种姓的印度人口中，妇女在维持生计方面几乎不起作用，[21]（因此有待嫁女的）家庭必须提供嫁妆，以诱使地位较高的家庭迎娶他们的女儿(Rao，1993；Naraindas，2009：99)。

照顾老人的惯常安排也影响了对（养育）孩子的性别偏好。除了极少数的母系社会，人们都希望儿子继承家庭的农场或生意，并利用这些资源照顾年迈的父母。女儿是要被嫁出去的。她们离开父母，加入丈夫的家庭。在孟加拉国，儿童的农场劳动和家务劳动补偿了经济学家所测算出来的养育"成本"。"收支平衡"的年龄在 15 岁左右，之后，儿子要在父母的家里多待几年，为父母生产"利润"。女孩在 15 岁之前出嫁，以嫁妆的名义，带走贵重的家庭资源(Caine，1977)。这种局面创造出一种社会氛围，就像在有些地区的村庄里所发现的那样——女孩的命运在出生后不久就被决定了。"如果家里的女孩过多，只会任由她滑进一桶水里"。刚生下的女婴的母亲可能会被"责怪、虐待，或者有时会被遗弃"。或者更糟糕的是，她们可能会被迫舍弃女婴，以便更快地"获得另一个生男孩的机会"(Johnson 2004：30)。同样，在土库曼斯坦的尤穆特人(Yomut)中：

97   当一个孩子死去时，邻居们前来慰问，按照惯例，他们会对死者的家属说："愿上帝再给你一个儿子！"无论死者是男孩还是女孩，这句话都适用。当一个女孩出生时，特别是如果之前一连串出生的都是女孩，那么，通常的做法是给这个女孩取一个表达求子愿望的名字。诸如"需要男孩"(Oghul Gerek)或"最后一个女儿"(Songi Qiz)这样的名字在女孩中很常见。(Irons，2000：230)

哺乳是性别偏好发挥作用的另一个舞台(Wolf，1972：60)。在黎巴嫩农村，女孩比她们的兄弟早一年断奶，因为：

长期的哺乳会宠坏她。如果这个女婴不及早学会控制自己，她以
后就会给她的家庭带来耻辱……在那些用奶瓶喂养的婴儿中，人们更
可能用商店里购买的标准奶瓶来喂养男婴，而女婴则是用临时凑合的
瓶子喂养。(Williams，1968：30，33)

虽然偏好男孩以及选择性杀害女婴是常态(Dickeman，1975：129)，但是
人类学家仍在寻找偏好女婴的例子。在偏好男孩的日本，由于女孩可以有效
地充当"家中帮手"，父母们希望第一个孩子是女孩，这样她就可以帮忙照顾
未来的弟弟们(Skinner，1987 cited in Harris，1990：218)。若干研究证实，如
果头胎是女儿，妇女的总生育数就会提高(Turke，1988；Crognier and Hilali，
2001)。在波利尼西亚，汤加人(Tongans)承认，女孩比男孩更容易管理；她
们更顺从。[22]在社交和身体发育方面，她们成熟得更快(Morton，1996：105)。
在相对罕见的母系社会里，人们更喜欢女孩(Lepowsky，1985：77；Clark *et
al.*，1995)。北美霍皮族印第安人(Hopi Indian)母亲们说，"你为自己养大了
一个女儿"，然而"你为别人养大了一个儿子"①(Schlegel，1973：453)。

有一项深入的研究对匈牙利吉卜赛人(母系社会)和匈牙利主流社
会(父系社会)做了比较。在这两类群体中，性别偏好是意料之中的事，而
且他们的行为也会依循性别偏好。吉卜赛女孩对其母亲非常有帮助，往往
比她们的兄弟待在家里更久，甚至在婚后也会回来帮忙。吉卜赛女孩吃奶
的时间比她们的兄弟长，而匈牙利男孩吃奶的时间却比他们的姐妹长。
"吉卜赛母亲在生下一个或多个女儿后比较有可能堕胎，而匈牙利母亲则
在生了儿子后比较有可能堕胎"(Bereczkei and Dunbar，1997：18)。

牙买加也有类似情况，在那里，女性就业率远高于男性，男性被视为
烦人的害虫。这种看法导致了父母偏好要女儿；由于这种偏好，儿子存活
率比女儿低很多(Sargent and Harris，1998：204)。在美国也存在类似的研
究结果："家庭年收入低于 1 万美元或家中没有成年男性的妇女，更有可

98

---

① 意思就是，养大女儿是为了自己，养大儿子是便宜了别人。——译者注

能用母乳喂养女儿，而平均下来，相比于给儿子哺乳的时间，给女儿哺乳的时间要多出五个半月"（Cronk，2000：214）。

　　生存模式的变化会影响人们对女儿或儿子的偏好。李·克朗克（Lee Cronk）所研究的东非穆客戈多人（Mukogodo），已经从狩猎和采集生活转变为与邻近的马赛人类似的畜牧生活。但是，由于穆客戈多人是畜牧生活的新手，他们的牧群规模很小，男性很难凑足支付彩礼所必需的牛群。而从另一方面来说，穆客戈多族妇女却深受盛产牛群的马赛族群的欢迎，因此她们就充当了自己家庭的财源。结果是，在穆客戈多人中，性别比例严重失衡；而造成这种情况的原因是，相比儿子来说，母亲给女儿哺乳的时间更长，而且，父母更有可能带女儿去看病（Cronk，2000：206）。然而，祖传的文化仍然占主导地位，因为"尽管她们的行为是偏好女儿的，但是大多数穆客戈多族母亲都声称喜欢儿子"（Cronk，1993：279）。对于（北极地区的狩猎采集群体）奈特西里克人（Netsilik）来说，孩子的出生可能会引发父母双方的冲突。理想情况下，性别比例应该是均等的，但是父亲更想要儿子——是他未来的帮手；反之，基于类似的理由，母亲更想要女儿（Freeman，1971：1015）。

　　生存模式也会影响父母偏好的子女人数。对于适时穿越卡拉哈里沙漠的昆桑人来说，孩子是一种负担。在青春期之前，孩子都无法在恶劣的环境中养活自己；婴儿被一直抱着，按需哺乳（每小时数次，整晚都这样）。人们宠爱婴儿，从不管束，而且允许他们自行断奶。因此，母亲的生育间隔相对较长，可达4年之久（Draper，1976）。同样，对于阿切人来说，他们经常穿越艰险的地形，要是把孩子放在地上就会使其立即处于险境，孩子在5岁以前不会"从背上下来"（Konner，2005：53）；母亲的生育间隔算起来是3年多一点。[23]相比之下，在（另一个东非觅食群体）哈扎人的居住地，孩子在很小的时候就有办法喂饱自己，父母的负担也就小得多；他们会在两岁半断奶；从3岁起就被留在营地；而且常常受到母亲的严厉对待（Blurton-Jones，1993：405）。

　　在中非，人们对同一地区的觅食群体和农民进行了系统的比较。说波非语的觅食群体遵循昆人模式。婴儿一直被母亲和父亲背着或抱着；他们一哭就会得到安抚或哺乳，3 岁到 4 岁时就可以自行断奶。人们关爱并尊重孩子，这与让孩子做好在一个平等的社会里生活的准备是相一致的；这个社会的主要生存策略是用网合作捕猎（*cooperative* net-hunting）。而从另一方面来说，说波非语的农民却往往不会那么快地回应婴儿的哭闹，他们很可能会把婴儿交给年龄稍大一些的孩子去照看，而且他们会对孩子施以口头上的辱骂和身体上的虐待，把他们当成农场帮手一样对待——孩子很快也会成为农场的帮手。说波非语的（农民）母亲"用红色指甲油涂盖乳头，并且/或者使用绷带粘住乳头，假装有伤口"（Fouts，2004a：138），以此开始断奶，这一过程可能在孩子 18 个月大时完成（Fouts，2005：356）。毫不奇怪，"说波非语的觅食群体中的父母会批评说波非语的农民母亲给孩子断奶的时间太早，他们描述农民的孩子在断奶时是如何频繁哭泣的"（Fouts，2004b：71）。这一比较研究与早前的一项研究近乎一致；早前的那项研究对比的是东非觅食群体阿卡人和他们的农民邻居恩甘杜人（Hewlett *et al.*，2000）。恩甘杜人对他们的后代持有达尔文式的态度①，这似乎与他们所处的那种竞争性文化相一致——在那种文化中人们的社会地位差异是显著的。

这些相互竞争的生殖策略（或者说权衡；比较 Kaplan and Bock，2001：5562）可以归为两大类，一类被称为"存活"（survivorship）策略，即（典型的觅食群体）父母[24]将大量资源集中在相对较少的孩子身上，而另一类被称为"生产"（production）②策略，即父母在许多婴儿身上花费较少的精力——其中的一些婴儿会活下来（Blurton-Jones，1993：406）。[25]后一种策略被观察到的可能性更大；在某些地方，母亲要去较远的田地里干活，她们可以较容易地把子女交给住在村子里的自家兄弟姐妹或孩子的祖母"照看"（Nerlove，1974），而且，在村子里，孩子们很小就可以帮忙做家务、干农

①　达尔文主义有较丰富的内容。作者在此或许是要表达物竞天择、适者生存、优胜劣汰的意思。——译者注
②　"production"有"大量"生产、制造的意思。——译者注

活，以及放牧（Sellen and Mace，1997：888；Zeller，1987：536）。此外，通过驯化动植物而获得的各种食物以及多样化的食物制作方式，有助于制作出合适的"断奶"食物，这也为父母选择"生产策略"提供了便利（Fouts，2004a：135）。（马里）多贡族农民可以作为"生产"策略的典型例子。他们孩子的营养状况如此糟糕，以至于有不少孩子饿死。妇女几乎不停地怀孕。但是，有一名妇女在生下第 9 个孩子后，开始偷偷地服用避孕药，她的丈夫就以为她已经进入更年期，于是又娶了一个更年轻的妻子（Dettwyler，1994：158）。有意思的是，在 20 世纪 70 年代，当昆人放弃了他们四处游荡的生活方式，定居下来当农夫和牧场工人时，他们的生殖策略也发生了转变（Lee，1979）。

100　　克雷默（Kramer）对南美洲的三个觅食游群进行了比较，在那些群体里，长到 18 岁的孩子仍然依赖亲戚提供大约 20% 的卡路里（Kaplan，1994），然而在玛雅人的农业村庄：

> 　　早在年轻男女离开父母家并开始建立自己的家庭之前，他们青少年期的经济依赖就已结束，而且实现了正净生产（positive net production）。女性实现正净生产的年龄是 12 岁，她们的平均结婚年龄为 19 岁……男性在 17 岁成为净生产者（net producers），这也早于男性的平均结婚年龄——22 岁。（Kramer，2002：314）

在南美洲/中美洲①，有两种截然不同的生殖模型（LeVine，1988）。玛雅人重视生育很多孩子（不论性别），然而马奇根加人（Machiguenga）、皮罗人（Piro）和阿切人显然都重视节制生育。但是，不管哪种生殖策略看起来是至关重要的，人们都会采用堕胎和杀婴的方法来消除自己不想要的孩子，也会设计一系列的习俗来保护那些自己想要的孩子。

---

　　① 原文如此。——译者注

促进存活

> 胖娃娃被认为是健康的孩子。(Lepowsky，1985：64)

> 在米昂杜村(Miang Tuu)出生的(博内拉泰人)孩子，有六成以上在 3 岁之前就夭折了……这个严峻的事实可能体现在人们对待婴儿的态度上。对父母来说，头三年的主要目标就是确保孩子能活命；让孩子习得(enculturation)社会文化的要求比较低。(Broch，1990：19)

在本节中，我们从众多能为婴儿保育提供支持的习俗中，选取一些进行研究。其中，有一整套支持长时间持续哺乳的习俗，而母亲持续长时间的哺乳既可以为现有的婴儿提供营养，又可以防止怀孕。丹尼尔·塞伦(Daniel Sellen)提出了一个理想的婴儿喂养计划模型，既包括在婴儿出生后立即开始哺乳(这样婴儿就能受益于母亲初乳里的免疫原)，也包括至少持续 18 个月的母乳喂养，[26]并(从婴儿 6 个月大开始)辅之以适当的食物。不幸的是，很少有婴儿能享受到这种理想的喂养模式，即便在发达国家也是如此(Sellen，2001)。(东非牧民)达托加人(Datoga)认为"母亲的初乳会导致婴儿消化问题，因为早期的奶水对婴儿的胃来说'太浓了'"(Sellen，1998b：485 - 486)。这种疏忽①也不是不寻常的。在一项针对 57 个社会的调查中，只有在 9 个社会中，婴儿会在出生后不久就被哺乳(Raphael，1966)。

生育间隔的长度是婴儿能否存活的关键因素。理想的最小生育间隔是 3 年到 4 年。有一项研究指出，在美国这样一个产科学发达、国民喜欢高热量饮食的国家里，有些妇女会在前一胎出生后的 18 个月内就生下一个孩子，在这种情况下生出早产儿和/或一个带有"不良围产期②结局"的婴儿的概率要比其他孕妇高出 50%(Conde-Agudelo *et al.*，2006：1809)。而在村

101

---

① 即母亲不给新生儿喂初乳。——译者注
② 围产期，是指怀孕 28 周到产后一周这一分娩前后的重要时期。——译者注

庄里①，母亲会提早给婴儿断奶，那些可能不卫生的、难消化的、缺乏营养的食物取代了卫生的、易消化的、营养丰富的食物②。一个常见后果是婴儿会频繁腹泻——随之而来的是，婴儿身体虚弱，易患疾病，并较易感染寄生虫（Gray，1994：72）。

事实证明，母亲频繁的、长期的哺乳行为，并且允许婴儿自由地抓握（handle）乳房，都会增加催乳素的分泌，而催乳素的分泌反过来又会降低受孕的可能性（Konner and Worthman，1980）。另一种大自然促使生育间隔拉长的方式是，随着流产、死产或婴儿死亡而来的产后抑郁症。宾瑟（Binser）指出，抑郁症会导致皮质醇升高，使母亲昏昏欲睡；这可能正好有助于母亲推迟下一次怀孕，直到她有机会恢复活力为止（Binser，2004）。

文化协助大自然，一起促进了生育间隔的延长；人类文化要求母亲每次哺乳的时间间隔不能过长。而频繁的、全天候的哺乳会使催乳素维持在高水平。此外，在促进生育间隔方面，夫妻间产后性交禁忌也发挥了重要作用。在斐济，哺乳期母亲必须停止捕鱼，因为冷水会使她的奶水变酸。除了不能捕鱼，她还应该避免远离村子，以防当孩子饿了，她可能不在身边。如果她怀孕了，她的乳婴可能会得名为"save"（也就是双腿无力，站不稳）的毛病。如果她忍不住诱惑而恢复性生活，她自己也有生病的危险（West，1988：19）。

惠特莫尔（Whittemore）的（塞内加尔的）曼丁卡族（Mandinka）信息提供人解释说：

> 我③先把乳房给了法图（Fatu），他拥有它，之后给了塞古（Séku），以此类推，她用她的方式依次点了子女的名字。这不仅表明她的乳房定义了她作为母亲的角色，而且还表明它们暂时属于在吸奶的那个孩

---

① 从参考文献的相关题名来看，此处是指巴布亚新几内亚高地一个恩加人（Enga）的村子。——译者注
② 此处所谓的"卫生的、易消化的、营养丰富的食物"是指母乳。——译者注
③ 原文如此。——译者注

子。(Whittemore，1989：97)

在冈比亚，与一连串婴儿先后"拥有"乳房的观念相辅相成的另一个观念是，妇女的年纪不是用岁月的线性增加来衡量的，而是用连续生育"耗尽"了多少生命力（a reservoir of life）来衡量的（Bledsoe，2001）。

伴随着频繁的哺乳而来的是对母乳质量的关注。例如，卡里艾族父母被告诫要避免发生性行为，因为精液会污染母乳[27]——尤其是来自婴儿父亲之外的男性精液。哺乳以及产后性生活禁忌应该一直持续到孩子能够讲述"自己的梦境，或是大到足以采集贝类……大约是 3 岁"为止（Counts，1985：161）。在巴布亚新几内亚的其他社会，恩加人（Enga）将男子的精液视为其战争巫术的一部分；如果这种强效物质与母乳混合，就会对婴儿产生致命的后果（Gray，1994：67）。夫妻可以通过分居来避免性交的诱惑。妻子可以安置在产房或用来"分娩"（lying-in）的房子里（Lepowsky，1985：64），或者隔离在自己家中，直到（在特罗布里恩群岛）"母亲褪去了晒黑的皮肤，肤色变得和婴儿一样"（Montague，1985：89）。准妈妈可以在分娩前搬回娘家，并在那里停留一段规定的时间。一个刚有了孩子的父亲可能会搬进"男人屋"，或者（如果夫妻俩住在一个较大的公共住所里），他要把自己的睡垫移到离他妻子的睡垫有一些距离的地方。

在哺乳期怀孕的母亲，可能会被人厌恶（Basden，1966：188）。年轻的戈高族（Gogo）妇女如果在哺乳期怀孕将会受到群体，尤其是年长妇女的公开嘲笑（Mabilia，2005：83）。然而，这里面肯定有着相当多的不安，因为哺乳期的妇女也必定担心与婴儿父亲的感情疏远。在密克罗尼西亚（Micronesian）的特鲁克群岛（Truk），一旦"产后的性禁忌让丈夫表现得特别沮丧，他可能会被安排去与妻子的姐妹及兄弟的妻子发生性关系"（Fisher，1963：532）。中非的穆布提族（M'buti）觅食群体没有实行一夫多妻制，但是"没有……禁止丈夫与其他女性，尤其是未婚女孩睡觉"（Turnbull，1978：212）。

当然，哺乳并不是母婴关系中唯一需要关注的方面。在民族志记录中，有许多旨在帮助母亲产后恢复健康的文化传统的例子。例如，马来人（Malay）的传统观点（不过，这一观点在整个东南亚都很普遍）认为，怀孕是一种"热"的状态，而在分娩时，母亲会进入危险的"冷"状态。除了饮食之外，人们还将采取思虑周详的措施——确切地说是"烤母亲"（mother roasting）①，来使产妇恢复平衡状态。[28]

其他的文化传统强调婴儿的脆弱性，并敦促照顾者作出特别的努力，以确保婴儿存活下来（Guemple，1979：42）。在沙捞越的村庄里，孩子们"从来不会被体罚，以免他们的灵魂被吓跑……至少在（他们）4 岁左右变得更安全之前，人们必须极其小心地对待他们"（Nicolaisen，1988：199）。

> 爪哇人觉得婴儿是极其脆弱的……如果婴儿突然地或严重地受到噪声、粗暴对待、刺激性味道的打扰……他脆弱的心灵防御就会崩溃，那些在母亲和婴儿周围不停徘徊的恶灵（barang alus）就可能……使他生病……照看婴儿可以被视为防止这一危险的一种尝试。人们以一种……温和的、不带感情的方式对待婴儿。（Geertz，1961：92）

一个"吵闹"的婴儿通常被认为是被鬼魂附体了。在吕宋岛（Luzon）上，治疗这种婴儿的方法是让母亲和孩子在烟雾缭绕的火堆上进行熏蒸。烟雾"遮蔽门窗……具有抵御性的力量"（Jocano，1969：30）。在此后的生活中，生病的孩子接受这种熏蒸疗法，而被点燃的是婴儿初次理发时保留下来的头发（Jocano，1969：32）。

在更复杂的社会中，在婴儿出生后采取的预防措施可能会相当复杂。在日本，只有在确信新生儿能够存活后，母亲才会带着孩子离开外祖母的家。在去"hatsu-miyamairi"（守护神神社）②参拜祈福之前，一系列在家中举行的仪式被用来巩固婴儿的生命，因为"人们认为婴儿的灵魂在此期间尚未牢牢地扎根于体内，所以会面临（surrounded）许多危险"（Sofue，1965：152）。有各种仪式被用来促进婴儿的持续健康和成长，如"yuzome"（洗第

---

① 东南亚地区流行的，让产后妇女躺在火上平台，旨在使其"子宫变干"的习俗。——译者注
② 指日本的婴儿第一次去神道教神庙参拜，举行过渡仪式。——译者注

一次热水澡），"*kizome*"（穿外婆提供的新衣服），"*kamisori*"（第一次剃头）（Sofue，1965：150）。在爪哇，类似的一系列仪式每隔一段时间就会发生，比如，孩子第一次被允许触碰地面，或者第一次理发；这些仪式标志着婴儿迈向"生命中更安全的阶段"的每一次过渡（Jay，1969：99）。

整个村庄的人都会仔细观察这位新妈妈，并觉得自己可以随意地训斥和纠正她。[29]事实上，这种监管（policing）机制可能会扩展到访客身上。我和阿克萨·卡里尔（Achsah Carrier）都曾带着孩子在北俾斯麦海（North Bismark Sea）的博纳姆岛（Ponam Island）做过田野调查（岛上居民是海洋觅食群体和商人）。我有着和她非常相似的经历：

> 当我第一次带儿子回去的时候……那些女人马上开始纠正我的行为，并坚持要我……喂儿子，给他洗澡，穿衣服，要一直以恰当的方式抱着他。如果我不这样做，她们会生气，也不会容忍任何借口……女人们从家里跑出来，对我大喊大叫，说我抱他的方式不对，或者说我没有把伞举到正确的角度以便给他遮阳。（Carrier，1985：189-190）

务实的忠告与超自然力量的诉求混杂在一起。一位曼丁卡族母亲需要从一位萨满巫师那里购买一些装满"药"的羚羊角，将其戴在腰间，以便在怀孕期间保护胎儿不受恶灵的伤害。在婴儿出生后，人们习惯于给婴儿提供各种各样的护身符："母亲收集婴儿出生地的沙土，从壁炉里取一点木炭末，接着就将它们全部包起来，封入皮革缝制的符袋（*boro*），很快就将它系在婴儿的手腕上"（Whittemore，1989：86）。"在波非人中……婴儿和儿童都佩戴有魔力的腰索、项链、手镯和护身符来保护他们……免于禁忌、巫术、危险动物……以及低温的伤害"（Fouts，2005：353）。值得注意的是，这些具有预防性的习俗是基于所有孩子都处于危险之中的假设。"通过特殊处理可以使孩子免遭已经突然降临到其哥哥姐姐头上的死亡，这一观念在东非各地被广泛表达"（James，1979：204）。尤杜克人（Uduk）为留住"*Gurunya*"（即母亲之前所生的子女都难以存活的新生儿）付出了更多的努力：

把婴儿抱出门的正常仪式，包括抱着婴儿穿过小屋①的前门……但是对于"Gurunya"宝宝来说……就得在小屋的墙上凿出一个特别的洞②。"Gurunya"宝宝被抱到……村里各处，放在每个小屋的门口，在每个小屋门口他都会得到一些小礼物，比如一根玉米棒……有两个重要的主题主导着这个仪式……一个主题是人们认为，应该小心翼翼地"引导"他进入人类世界……另一个主题是……整个族群都要为这个婴儿负责。每个人都应该为"拯救"或"收养"他而作出贡献。（James，1979：213-215）

不少研究报告都提及，各文化中都规定了一些促进婴儿强健的方法。人们可能会按摩婴儿，这样做的原因不一而足，从刺激婴儿的身体发育（Einarsdottir，2004：93）到"安抚他们入睡"（Morton，1996：62）。曼丁卡族祖母按摩婴儿，以使它的"身体准备好适应其所依赖的众多照顾者的照顾"（Whittemore，1989：89）。不管按摩婴儿的民间理由如何，我们如果依据新生儿医学研究成果加以推论，就会发现这种刺激确实有可能增加婴儿的存活概率。

不幸的是，客观的评价表明，许多习俗（customs）并无效用；如果有的话，也可能是有害的。在下一节中，我们将仔细研究文化上认可的、旨在诊断并治疗婴幼儿的育儿习俗。

疾病和民间医学

婴儿的高死亡率也许可以解释，为何（希腊）阿提卡地区（Attic）所

---

① 应该是指（前文提到的）在分娩和产后，将婴儿及产妇与其他人隔离开来的小屋。——译者注
② 原文如此。应是指婴儿从洞口抱出室外。——译者注

有描绘婴儿的浮雕都是献给埃斯科拉庇俄斯(Asklepios)①和潘克拉提斯(Pankrates)②这类医者的。(Lawton，2007：45)

根据17世纪法国神职人员皮埃尔·德·贝吕勒(Pierre de Bérulle)的说法，童年"是人类本性中最可鄙、最卑贱的状态，仅次于死亡"。(引用自Guillaumin，1983：3)

(在维多利亚时代)婴儿期代表着一种不稳定的存在状态，以至于父母认为它本质上是一种疾病状态。(Calvert，2003：67)

这似乎是一个细思极恐的话题，但是普遍存在的对婴儿健康有害无益的治疗，至少值得引起我们的一些关注。婴儿可能长时间被用襁褓紧紧地包裹住，导致皮肤生脓疮(de Mause，1974：11；Friedl，1997：83)。在朝圣者时代③，一份治疗佝偻病的处方上写着："把婴儿浸入冷水里，在早晨脱光婴儿的衣服，头先浸"(Frost，2010：34)。在古埃及，有一些被广泛记载的、用以治疗儿童疼痛的"灵丹妙药"，其成分包括某种鸦片制剂，以及苍蝇粪便(Halioua and Ziskind，2005：83 - 84)。在伊朗西南部德高村(Deh Koh)④，为了"保护"婴儿，祖母会用一根手指蘸牛粪，然后将其捅入新生儿的嘴里。据说，这样做可以防范"童石"(child-stone)——它是嫉妒的巫师们喜欢使用的一种工具。"为了清除婴儿血液中的杂质——这些杂质是婴儿出生前在子宫内因吸收母亲血液中的营养而沾染上的，人们用小刀或剃须刀片在婴儿身体各处割出许多伤口。据说，每当婴儿啼哭不止时，这样的净化过程就需要再来一次。"(Friedl，1997：59)塔吉克斯坦的

①　希腊神话中的医神。——译者注
②　希腊神话中的巨人之一。——译者注
③　"Pilgrim"一词是指任何一名在1620年到达北美洲、创立了普利茅斯(Plymouth)殖民地的首批英国清教徒殖民者。此处的朝圣者时代(Pilgrim-era)是指英国清教徒殖民美洲的时代。——译者注
④　引文作者写道："Deh Koh 的意思是山城(Mountainville)，它是我对伊朗西南部高山地区一个大村庄所用的化名。"(Friedl，1997：1)——译者注

帕米尔人（Pamirs）会给生病（或脾气暴躁）的婴儿放血。而不同的放血部位（例如，上颚）取决于婴儿的不同症状（Keshavjee，2006：76）。

疟疾是一种十分常见的儿童疾病，扎拉莫人（Zaramo）将其症状归因于"一种海边的精灵（*mdudu shetani*），化身为鸟，在月光皎洁的夜晚，将其影子投射到脆弱的儿童身上"。遭殃的孩子应立即被浇淋母亲的尿液："人们相信尿液的气味可以把占据孩子身体的精灵驱逐出来"（Kamat，2008：72-74）。此类驱逐策略是相当普遍的。当伤寒或霍乱流行时，杜松人（Dusun）相信超自然生物会拒绝"吃"一个非常肮脏的孩子，并据此采取适当的措施（Williams，1969：92）。当被问及为什么扎拉莫人把孩子送到巫医（*mganga*）那里，而不是送往政府开办的诊所时，父母们解释说，注射用的"针头会刺穿皮肤，让恶灵得以进入孩子的身体，这会导致孩子迅速死亡"（Kamat，2008：75）。

在非洲南部地区，小儿腹泻被归因于"胃里有蛇"。如果孩子被污染了，比如被他那出轨的父亲抚摸，或者父母没有为去世的亲人举行葬礼，胃里的蛇就会使孩子腹泻，从而排出污染物。然而，治疗方法显然是有害的，还包括不给孩子饮食（Green *et al.*，1994：11-15）。阿尔玛·戈特利布（Alma Gottlieb）在其关于西非自给农民的研究中，描述了本恩人频繁给婴儿灌肠的做法，因为"如果婴儿由于如厕训练不足而弄脏了衣服，母亲会感到非常羞愧"（Gottlieb，2000：86；另请参阅 Riesman，1992：4）。鉴于腹泻及其导致的脱水是全世界婴儿死亡（infant mortality，IM）的主要原因（造成 220 万婴儿和儿童死亡；比较 Mabilia，2000：191），这种（至少是在西非）被广泛报道的做法似乎有悖常理。

¹⁰⁶ 对儿童疾病的一种常见的民间诊断是家庭冲突，比如一个嫉妒的妻子（co-wife）（Strassmann，1997）或其他亲戚施行的诡计。阿美乐人常常将孩子的慢性病归咎于母亲的兄弟所施加的诅咒，"因为他没有收到已应许的全部彩礼，尤其是有猪肉的那部分"（Jenkins *et al.*，1985：43）。在厄瓜多尔的圣加布里埃尔村（San Gabriel），孩子们经常死于"*colerin*"病，发病的原因是他们饮用了有毒的母乳——母亲因丈夫外遇而抓狂，就会分泌这种有毒的母乳。因此，那位出轨的丈夫要对孩子的死亡负责（Morgan，

1998：70）。当一个阿善提族孩子生病时，神庙祭司会将父母之间可能出现的不和视为诊断的重点。毫不奇怪，这样的不和常常出现，而且，人们认为，父母适当的自责和改变必定会产生治愈的效果（Field，1970：119）。在邦加苏阿奎勒从事田野调查时，我（作为访客）住在一个一夫多妻制的大家庭里，能够明显感受到那个大家庭中的紧张气氛。人们认为，这种紧张气氛对于孩子们是有害的。萨满巫师（在这个例子中，他是村里的铁匠）经常来占卜这种紧张气氛的成因，并且，试图通过使用适当的仪式（免不了要献祭一只鸡），来减轻它（Lancy，1996：167）。正如马克·弗林（Mark Flinn）及其同事的研究所证实的，在民族志年鉴中，儿童疾病与家庭不和的配对关系反映了一种非常真实的现象。弗林在多米尼加（Dominica）农村地区的长期研究表明，家庭的不稳定性和压力对儿童内分泌功能（例如，皮质醇水平）有显著影响（Flinn and England，2002）。这表明，减少家庭冲突对儿童的健康有影响；尽管这往往看起来像是"尾巴摇狗"①的情况：儿童的疾病为解决"真正的"问题——家庭失和，提供了一个便利的由头（Howell，1988：155）。

对孩子来说，父母离婚可能会减少眼前的威胁，但从长远来看，他的生活前景堪忧。进化人类学领域最为成熟的发现之一——利他主义，或者说关爱他人，受到了遗传学的引导。人们倾向于关心与自己相关的个体。从最不复杂的社会（哈扎人－Marlowe，1999）到最复杂的社会［居住在城镇里的科萨人（Xhosa）－Anderson et al.，1999；新墨哥州阿尔伯克基市的居民（Albuquerque），NM－Anderson et al.，2007］，相关的研究一致表明，父亲更有可能在其亲生子女，而不是其继子女身上投入资源和精力。相比于亲生子女，非亲生子女更有可能受到虐待——这被称作"灰姑娘效应（Cinderella Effect）"（Burgess and Drias-Parillo，2005：315）。流向"孩子他（她）妈"的资源被归类为"亲本精力"（parental effort）。对继子女的投资被称为"交配精力"（mating effort），因为这似乎是出于获得或维持与继子女

---

① 狗有时会不断地摇动尾巴，使得身体跟着晃动起来，这一现象看起来像是狗被尾巴摇动了。换句话说，这一短语所表达的情况是小或弱的东西控制着大或强的事物，也可以说是"主次颠倒""本末倒置"等。——译者注

的母亲性交的欲望（Borgerhoff Mulder，1992）。[30]

继父母们通常符合他们在虚构故事里的名声（在中世纪英格兰，"量少质差的一份食物……被称为'继母给的一份'"；Orme，2003：56）。实际上，美国的研究表明，与继父和继兄弟姐妹生活在一起，会导致儿童皮质醇水平升高、免疫力低下，以及全身性疾病（Flinn and England，1995）[31]，还有较差的教育结果（Lancaster and Kaplan，2000：196）。戴利（Daly）和威尔逊（Wilson）发现，一个孩子被继父或继母杀死的概率比被生身父母杀死的概率高出一百倍（1984：499）。在某些方面，当代的城市孩子可能比农村孩子更容易遭到母亲的男友/新丈夫的威胁。流动性高的城市居民与亲属分开，而亲属本来可以在母亲工作时照顾孩子，保护它①不受伤害。

但是，对这个孩子②的最大威胁可能是随后出生的弟弟妹妹。例如，一个未能怀孕或把胎儿养到足月的伊乔族妇女会被占卜师告知，她"活着的孩子……不想要更年幼的对手，而且它正在杀死她未出生的宝宝"（Leis，1982：163）。在（非洲畜牧部落）卢奥人（Luo）中，如果孕妇继续为她的婴儿哺乳，婴儿就会感染"*ledho*"病。这种疾病"症状是患者日益消瘦，变得骨瘦如柴，腹泻，皮肤变色，以及腹部鼓胀"（Cosminsky，1985：38）。我们可以在"*ledho*"病中发现营养不良所能导致的全部症状，这种病并不是由"有毒的"母乳，而是由断奶食物不足引发的。正如布兰达·格雷（Brenda Gray）所指出的，加纳人给儿童营养不良所贴的最常见标签是"*Kwashiorkor*"——一个加纳本土的术语，可以翻译为"失宠的宝宝在其弟弟或妹妹出生时患上的疾病"（Gray，1994：75-76）。在摩洛哥，有一个将胎儿和婴儿联系起来的术语，其语义基于动词"抢走"（Davis and Davis，1989：80）。

虽然许多社会承认需要为正在断奶或仍在哺乳的孩子[32]提供"特殊饮食"（Lepowsky，1985：80），但这种饮食的功效是令人生疑的。在某些地方，人们从婴儿4个月大时就开始给它喂成人食物，这导致了"诸多健康问题，尤其是腹泻病"（Craig，2009：156）。不过，哈扎族婴儿在断奶后所

---

① 原文如此。据此可以推断此句谈论的对象是婴儿。——译者注

② 原文如此，根据上下文推断，此处指的是处于婴儿期的继子女。——译者注

吃的是"从斑马身上获取……的软脂肪，还有骨髓……随后是一种薄粥样的混合物……由猴面包树果实的种子磨碎加水制成"，这种饮食养出了临床上营养良好的婴儿（Jelliffe *et al.*，1962：910）。除了明显的食物短缺之外（Hill and Hurtado，1996：319），婴儿营养不良可以被归因于那些支持缩短哺乳期的习俗，例如有些东非牧民就认为某些婴儿吃奶"太多"，因此，应该尽早断奶（Sellen，1995）。在斐济，要是婴儿的哺乳期超过一年，人们就会谴责孩子母亲，说她维持着"孩子的婴儿期，（导致其变成）虚弱的、老爱傻笑的人"（Turner，1987：107）。阿洛岛人（Alorese）用恐吓来劝阻哺乳："如果你继续哺乳，蛇就会出现……癞蛤蟆会吃了你。"（Du Bois，1941：114）

108

　　用奶瓶喂婴儿吃（有时品质可疑）配方奶粉，这样母亲就能够尽早停止哺乳，这成了全球性的趋势。人们谴责这种趋势，因为这种做法对婴儿的存活非常有害（Howrigan，1988；Trevarthen，1988）。[33]

　　人们通常不让断奶期的孩子吃肉。这可能是有害的做法，特别是，因为刚刚断奶的婴儿常常会出现蛋白质摄入不足的情况。然而，父母很少认为，营养不良是儿童疾病的根源。凯瑟琳·德特威勒（Katherine Dettwyler）将她研究多贡人的著作尖锐地命名为《舞动的骷髅》（*Dancing Skeletons*），她在该书中形象而细致地描绘了儿童严重营养不良的可怕景象。她发现，虽然母亲们意识到有些地方出了差错，但他们把这一问题归咎于当地发明的民间疾病，并向她这位人类学家寻求能够治病的有效药物。当凯瑟琳告诉她们要给孩子提供更多食物时，她们对此表示怀疑。她们认为，孩子不能从好食物中获益，因为他们没有通过努力工作去得到食物，而且他们不能欣赏食物的美味或者食物给人们带来的满足感。不管怎么说，"老年人应该吃最好的食物，因为他们很快就会死去"（Dettwyler，1994：94 - 95）。与母亲的食物份额相比，约鲁巴族孩子所能吃到的残羹剩饭几乎聊胜于无。约鲁巴族母亲认为，好食物可能会破坏孩子的品德（Zeitlin，1996：418；特林吉特族也是如此–比较 de Laguna，1965：17）。埃塞俄比亚西南部的古拉吉人（Gurag）为生病的孩子开出的药方通常是献祭一头羊："献祭动物的肉仅能由生病孩子的父母和出席治疗仪式的其他人食用；病人却一点肉也吃不到，尽管他的疾病很可能是由于饮食不足造成的"（Shack，1969：296）。

总的说来，人们有这样一种印象，在资源贫乏的社会中（让我们回想一下本书第一章图1尊崇长者的"金字塔"），父母对婴儿的"投资"仅够维持其生命。但是，由于营养不良，婴儿容易受到许多其他问题的影响，婴儿死亡的概率很大。2010年的一项估计表明，有40%到60%的婴儿死亡是因营养不良而"加剧"的（Worthman，2010：41）。

为死亡提供解释

> （富拉尼人）关于孩子死亡原因的最常见解释是，孩子的"时间到了"。母亲对孩子的死亡表现出明显的悲伤，或者甚至是表现出挂念，都会被认为是……不尽母道（un-motherly），因为人们认为，母亲为孩子的死亡而哭泣会损害（impending）那个孩子在来世里的机会。（Castle，1994：322）

> 贫穷的村民必定需要一副硬心肠，以保护他们免于婴儿一再死亡所造成的悲伤。（Heywood，1988：39）

在现代工业化的世界里，婴儿死亡率几乎鲜为人知：每10000个活产婴儿中，有5例死亡。相比之下，非洲的这一数字是每10000个中有150人，而在非常贫穷或饱受战乱蹂躏的地区，这一数字明显更高。儿童①死亡率与新生儿生存环境的质量以及传染病和寄生虫病的流行有关。"在发展中国家，有大约三分之一的5岁以下儿童死亡事件，根源在于急性呼吸道感染和腹泻"②（UNICEF，2004：4）。1994年，在伊朗乡下的德高村，有100%的幼儿患有"维生素缺乏症，蛋白质不足，营养不良，慢性体内寄生虫感染，包括贾第虫病和阿米巴病……呼吸道感染，湿疹，割伤和擦伤，

---

① 结合上下文来看，此处具体指的是婴幼儿。——译者注
② 此句根据引文原文对具体细节做了修正。——译者注

骨折，眼病，牙痛"（Friedl，1997：131）。

即使在相对富裕的牧民中，例如达托加人（Sellen，1998b：482）和克什米尔地区的牧民（Wiley，2004：6），婴儿死亡率也不少于20%，而其中，因营养不良而死亡的婴儿人数就占到了40%。城市化的兴起对缓解这一问题并无帮助。如果要说有什么变化的话，那就是在率先（first）城市化的环境中，婴儿死亡率还要高一些。在古代雅典，婴儿死亡率估计为25%至35%（Golden，1990：83）[34]；在中世纪欧洲，估计是30%至50%（Hanawalt，2003）；在18世纪末和19世纪初的俄罗斯，估计是50%（Dunn，1974：385）；在18世纪和19世纪的日本略低于50%（Caldwell and Caldwell，2005：213）。

人类总是不得不去应对婴儿死亡的问题，各个社会都已经发展出一系列精心设计的"托词"（cover stories）来减少悲伤和相互指责（Martin，2001：162；Scrimshaw，1984：443）。正如前一章所论述的，主要的应对策略是把婴儿当作尚未具有完全人格的人来对待。最重要的是，如果婴儿一开始就与世隔绝，并被视为处于一种边缘状态，那么它的死亡可能不会被广泛注意到。婴儿不具有确定的社会身份，这反映在部落社会的命名仪式中；此类仪式在当代众多部落社会的历史记录和跨文化记录中普遍存在（de Vries，1987b；Sharp，2002）。在（新几内亚高地的一个部落社会）贝纳贝纳人（Bena-Bena）中，"婴儿通常不被视为真正的人类，他们要活过数年，才会被认定为人"（Langness，1981：14）。在瓦纳特奈岛上： *110*

> 人们通常要在婴儿出生几周后，才会给婴儿取名字。而且母亲的家庭会向父亲的亲属赠送贝壳货币项链或绿宝石石斧，以"感谢他①"为母亲一系生下了一个新成员，这样的仪式也要在婴儿出生大约6个月之后才会举行。而延迟举行的原因可能是为了确保"命名"以及"婴儿-财富"（child-wealth）的交换活动②仅是针对那些有望存活下来的孩子。（Lepowsky，1987：78-79）

---

① 指婴儿的生父。——译者注
② 指上一句提到的"感谢"仪式。——译者注

在古希腊，人们绝不会(或者几乎不会)说两岁以下的幼儿去世是"*ahoros*"(过早的)(Golden，1990：83)，而且在文艺复兴时期的意大利，在婴儿满一岁之前，父母不会给孩子作出生注册(放弃了一出生就注册的税收优惠)——因为很多婴儿都没能活下来(Klapisch-Zuber，1985：98-99)。

把孩子当作"半人"来对待，人们由此获得了对不利结果[1]作出其他解释的机会。例如，约鲁巴人认为，一名妇女经历多次的流产或婴儿过早死亡，是因为该妇女在夜间外出，她的子宫被"*abiku*"入侵了。一个"*abiku* 婴儿会一次又一次地回来，用它暂时的存在来折磨父母，却会在期满时死掉"(Maclean，1994：160)。其他社会使用我所说的"捣蛋鬼理论(trickster theory)"来解释婴儿的死亡(Lancy，2014)。在苏拉威西岛的托拉查人(Toradja)中：

> (这类)孩子(的尸体)……被放进一个树洞里，这个洞是在一棵生长着的大树(树干上)挖出来的……尸体……竖放，头朝下……然后用一块小木板把洞封(nailed)死。如此一来这个孩子的"*tanoana*"[2]就不会重生并召唤其他孩子的"*tanoana*"，否则后者也将是死胎或在出生后不久死亡。(Adriani and Kruijt，1950：708-709)

毕尔人采取了更为极端的措施，来摧毁死产或异常分娩以及婴儿死亡事件所反映出来的恶灵。他们肢解死婴的尸体，用木桩把尸块钉在地上，然后焚烧，以驱逐"*Jam*"[3](Nath，1960：188)。要知道，这些民间看法和处理方式，不仅有助于减轻人们的悲痛或失落感，更重要的是，它们可以转移人们对生者的指责。南卡尼人(Nankani)精心编造了一个关于"灵童并不适合这个世界"的神话，用以解释分娩过程中母亲或婴儿死亡，以及/或者婴儿患慢性疾病并最终死亡之类的悲剧(Denham，2012：180)。事实上，如果不责怪死去的孩子或"邪恶势力"，那就只能责怪父母或者其他的家庭

---

① 指婴儿死亡。——译者注
② 参照上下文，此处应是指(死婴的)灵魂。——译者注
③ 结合上下文，此处应是指恶灵。——译者注

成员/社区成员。我们已经看到，"不幸"的家庭是会多么轻易地采用这种推理方式。反映这种"屏蔽"效果的一个例证是，富拉尼人将婴儿的死因诊断¹¹¹为"*foondu*"（"鸟"）或"*heendu*"（"风"）。"这些诊断倾向于为婴儿的照顾者开脱，而且，由于这些诊断是由父系家族中的女性长者作出的，所以它们……也会鼓励姻亲们为死了孩子的妇女提供社会支持"（Castle，1994：314）。

不幸的是，婴儿死亡普遍存在的现象与传统悠久的应对机制结合在一起，就使得人们对这一现象习以为常；然而，考虑到医学知识和药典足以胜任拯救婴儿的任务，[35]这样的现象不应该继续发生。婴幼儿生命的消逝及其所造成的削弱母亲身心健康的后果，都是令人震惊的，而且不可能是合理的。在西方，我们在很大程度上对第三世界的儿童营养不良和死亡问题视而不见，只有等到这一问题有新闻价值时才予以报道。而我们的回应是提供数量庞大却依然远远不足、供给太迟的粮食援助——这无助于解决根本问题（UNICEF，2004：2）。

高生育率和低生育率的两个极端

> （在伊朗西南部的农村地区，妇女们尽管由于高生育率，健康状况很差）不采取避孕措施，因为她们担心，如果每年不生一个孩子的话，她们的丈夫就会另娶一个妻子。（Friedl，1997：38）

> 在现代化的进程中，一个又一个的社会……都出现了生育率大幅度、持续性下降的现象，其背后的主要动因是父母对子女的需求发生了改变。（Turke，1989：61）

生活方式从觅食转向农业，这不管是在过去还是现在，确实都会对生育率产生重要影响。对农场劳动力的需求创造了对儿童的需求，导致了更短的生育间隔，更早的断奶，更高的生育率，以及更高的婴儿死亡率。研究美国西南部地区人类遗骸的考古学家发现，随着玉米成为主食，人们饮食中的肉类和野生植物类食物减少了。在妇女的饮食中，蛋白质含量变少，这导致妇女营养不足，进而导致胎儿和新生儿的健康状况下降（Whittlesey，2002：160）。因此，"在引进农业后，美国西南部儿童的健康状况呈现出一种以婴儿死亡率高、营养不良以及疾病多发为特点的普遍模式"（Sobolik，2002：150）。最近，在越南的一个新石器时代遗址，考古学家发现了类似的由于人口生活方式向农业转型而出现的儿童严重营养不良的模式（Oxenham *et al.*，2008）。

112　　许多研究表明，在农业人口追求"生产"策略①的过程中，儿童的健康受到了有害的影响。然而，随着土地被充分开垦，人口限制机制（比如产后性禁忌）也会出现，以抑制人口的进一步增长（Sear *et al.*，2003：34）。这种机制看似在许许多多的案例中都曾出现过。然而，由于西方文明的影响，这些机制（尤其是堕胎和杀婴）在过去 100 年里，似乎已经被逐步摧毁了。[36]改善母亲及婴儿的营养和医疗状况无疑是有益的（Kramer and Greaves，2007：722）。但是传教士努力根除一夫多妻制等"异教"习俗，却也破坏了产后的性交禁忌；他们甚至同时阻止了现代避孕措施的引进（Morton，1996：53；Hern，1992：33）。此外，推广婴儿"配方奶粉"的"时尚"及其商业利益，已经导致接受母乳喂养的婴儿的人数极大地减少了（Small，1998：201）。其结果是，在世界许多地方，人口增长已超过就业或粮食生产改善所能提供的生存机会（Hern，1992：36；Condon，1987：35-36）。例如，在南太平洋的马莱塔岛（Malaita Island）上，夸拉埃人（Kwara'ae）的传统习俗是让男人与其哺乳的妻子至少分开一年。然而，"禁忌（*tabu*）制度的废除和基督教影响的扩张意味着……仪式性的分隔不再被实行"（Gegeo and Watson-Gegeo，1985：240-241）。结果是，夸拉埃人的生育率大幅上升，有 10 个到 13 个孩子的家庭并不少见。

> 生活品质……已经开始恶化……（森林出产的）建筑材料……现在很稀缺……土地的承载能力已经达到极限……这导致田地没有休耕，地力衰竭，生产力低下，作物多样性减少……溪流近乎无鱼……传统上，家庭之间的食物交换可以确保在……饥荒或洪水时期共享食物，（但是）在

---

①　本章两种被提及的生殖策略之一（参见本书第 99 页）。——译者注

过去 20 年，受田地出产率下降及现金经济增长的影响，家庭之间的食物交换行为减少了。(Gegeo and Watson-Gegeo，1985：239-240)^[37]

在人口限制机制停用之后，生活条件会迅速恶化。巴西中部的沙万提族(Xavante)妇女忙于照顾其人数众多的子女，她们"渐渐地不再参与舞蹈和仪式，仅仅是因为她们工作太累了"，文化遗产也因此丧失(Nunes，2005：219)。

就这种生活条件恶化的情形来说，下一个阶段就是人口陷入极端贫困以及环境退化，对此，乔尼娜·艾娜多蒂尔(Jónína Einarsdóttir)和南希·舍佩尔-休斯提供了一些深入的案例研究。前者研究了(西非)几内亚比绍的一个非常贫困的地区；而后者研究了巴西东北部更为贫困的拉代拉斯(Ladeiras)地区。相当长一段时间以来，人口严重过剩一直是一个问题。土地和工作的匮乏共同导致男人无法养家；这种情况如果没有导致夫妻双方解除婚姻关系，也会造成夫妻关系破裂。艾娜多蒂尔(2004：27)认为："我体验到了母亲们的无望和绝望。尽管工作繁重，不得停歇，她们却几乎无法养活自己和孩子。她们的丈夫，以及一般的男人，经常被评论为'kabalinada'(彻彻底底的废物)。"不过，当艾娜多蒂尔问母亲们想要多少个孩子时，许多母亲回答说："孩子永远不嫌多。"(Einarsdóttir，2004：63)避孕措施遭到抵制，^[38]部分原因是，人们认为使用避孕用品的动机是为了通奸(Einarsdóttir，2004：69)。在拉代拉斯，妇女会因为多次怀孕而"被耗尽"(acabado)。她的虚弱状态会影响到胎儿，因此，她们生出来的婴儿虚弱且瘦小，缺乏为了自身生存而奋斗的意志或力量。人们将婴儿死亡的问题归咎于母亲耗尽身体以及婴儿缺乏活力，以此来为母亲忽视并疏远孩子的表现作出辩解(Scheper-Hughes，1987b，2014)。

虽然我们似乎看不到严重贫困地区母亲和婴儿的困境，但是我们可以在过去的历史中找到大量先例。在历史上，欧美社会曾经有过与今天的拉代拉斯或比翁博(Biombo)一样高的婴儿营养不良和死亡率。然而，婴儿挨饿、受虐待和被忽视的情况，在很大程度上是不为人知的，因为它们发生在"下层社会"中(Scheper-Hughes，1987a：135)。在社会等级的另一端，

在 18 世纪的(法国)巴黎,生育间隔、生育率和婴儿死亡率都受到了母亲社会地位的影响。最富有的妇女有最短的生育间隔、最高的生育力和最低的婴儿死亡率。当她们很快又怀孕时,富有的妇女[39]可以雇佣最好的奶妈来哺育她们的婴儿。然而,不利的一面是,妇女的身体要忍受与高生育率有关的各种病症(包括贫血和子宫脱垂)(Hrdy,1992:422)。

但是,在欧洲的一个小角落里,变化正在发生。17 世纪的荷兰社会正在转向类似觅食群体的"存活"生殖模型①。当时,尼德兰是"现代的",也就是说,社会高度城市化,商业利益优先于宫廷习俗。新教和韦伯的"工作伦理"(work ethic)一并被人们欣然接受。艺术与文学蓬勃发展。这种社会的自由化也适用于儿童。[40]

> 在 17 世纪,异邦人士对荷兰父母纵容孩子的态度表示惊讶,并加以记录……荷兰父母宁愿对子女的过错视而不见,也拒绝使用体罚……异邦人士还谈到了另一件事情:自 16 世纪以来,大多数荷兰儿童(不论男女)都在上学。(Kloek,2003:53)

在日益壮大的中产阶级中,儿童不再仅仅被视为财产,而是被视为具有内在价值的人。因此,人们生育较少的孩子,这样他们就可以负担得起"宠爱"和教育孩子的费用(Heywood,2001:87)。1663 年至 1665 年间,简·斯蒂恩(Jan Steen)将一个美妙的情景留在了他的画作里——那幅画名为《圣尼古拉斯的盛宴》(The Feast of St. Nicholas)描绘了一个刚刚被圣尼克②(St. Nick)拜访过的家庭。圣尼克给孩子们留下了玩具、糖果和蛋糕。[41]那个时代的一些绘画也会描绘这样的情景:一位穿着考究的母亲给她的一两个孩子读书。那些女性有闲暇时光可以享受,也能教育她们(相对)较少的子女(Durantini,1983)。1685 年至 1688 年,流亡荷兰的约翰·洛克(John Locke)深受其所见所闻的影响。他在 1693 年发表的那篇关于育

---

① 本章两种被提及的生殖策略之一(参见本书第 99 页)。——译者注
② 圣尼古拉斯,也称圣尼克,是圣诞老人的原型。——译者注

儿的论文,把荷兰人的育儿理念带到了英格兰(Locke,1693/1994)。在 18世纪末,贵格会教徒(Quakers)也接受了人口控制的观念,并使用各种手段降低自身的生育率。"出生率的下降也反映了……人们抛弃了女性是财产的观点,不再认为女性应该将其成年后的生命投入无休止怀孕和分娩的循环之中"(Mintz,2004:78)。

欧洲其他地区花了几个世纪才赶上荷兰——例如,"从 1730 年到 1750年,大伦敦地区 75% 的儿童活不过 5 岁"(Sommerville,1982:156 –157)——不过,后来的变化是巨大的。意大利曾是世界上人口出生率最高的国家之一,但现在却是世界上人口出生率最低的国家之一[42]——尽管大多数意大利人至少名义上信奉强烈谴责避孕的天主教。在瑞典,妇女将生育年龄推迟到 24 岁到 29 岁,尽管有政府补贴的、极度慷慨的支持父母育儿的服务,但是该国生育率仅为 1.67(Welles-Nyström,1988)。而在全球范围内,生育率从 1960—1965 年的平均每位妇女生育 4.95 个孩子下降到2010 年的 2.59 个孩子。[43]

许多因素促成了所谓的"大"转型或人口转型(Caldwell,1982)。第一,我们已经一再提及,在资源匮乏的情况下,个体在共同认可的社会习俗的支持下,会(*have*)找到限制家庭规模的办法。第二,"随着社会的现代化,人们愈加能够在亲属圈之外取得社会上和经济上的成功"(Turke,1989:67)。[44]也就是说,一个人不再依靠家庭获得就业机会,而且,实际上,现代经济的一个特点是,它会迫使那些追求成功的人经常搬迁。因此,现代家庭的周围都是一些没有血缘关系的邻居。第三,如果父母不再能够方便地获得大家庭的帮助,为他们那些尚处于依赖阶段的孩子提供兼职的照顾者[45],他们就需要购买托儿服务。这种服务的成本和质量应该会对生育率产生抑制作用。[46]第四,成功的就业需要多年的正规教育,这与育儿是不相容的;因此,结婚和第一次怀孕的年龄现在被推迟了,至少是在个体发育期开始 10 年之后。

第五,与村庄不同的是,现代城市环境不利于自由放任的游戏团体。[47]现在,孩子的游戏活动必须有人指导,这给父母造成了新的支出和负担。第六,正如我们将在本书第五章中详细论述的,村里的孩子通过观察和模仿来学习大部分的族群文化，成人只需给予他们最低限度的指导。而在当代社会中，要把个人培养成为一个能干的社会成员，却需要由专职教师、私人教师（tutors）以及教练提供的费用昂贵的服务。父母不能只是把他们的孩子作为一块未发展完全的"原生质"交给这些专业人员（Jolivet，1997）。他们必须投入大量宝贵的时间为孩子们进入学校以及其他要求很高却不可或缺的机构做好准备。西摩（Seymour）记录了（印度）布巴内斯瓦尔（Bhubaneswar）向上流动的家庭在这一方面的转型，他提供的"证据表明，中上层家庭的育儿策略正在适应一个日益强调正规教育、日益强调要为新型工作而竞争的社会"（Seymour，2001：16）。

最后，父母可能仍然"需要"孩子："孩子让一对夫妻组成家庭。对许多人来说，没有子女是人生的一大悲剧"（Cross，2004：5；Braff，2009：5）。但是，人们再也不能从增加帮手（additional worker）或加强老年保障的角度，来衡量这种需要了。简而言之，当前，人们更在意的是孩子的质量，而不是数量（Lawson and Mace，2010：57）。[48]上述这些变化及其他变化都在奖励限制生育的父母，惩罚那些不限制生育的父母（Kaplan and Lancaster，2000：283）。在19世纪90年代以及20世纪30年代的经济萧条时期，受过教育的中产阶级成员降低了生育率——主要是通过推迟结婚的方式（Caldwell，1982）。这与本章所引用的那些案例形成了鲜明对比；在那些案例中，面对饥荒，妇女的生育率却并未下降。[49]

尽管这种转变已经很普遍，但它绝不是必然的。墨西哥就是一个有趣的新旧习俗的混合体（patchwork）。在教会和国家都反对使用避孕药物的时代，新兴的中产阶级妇女会在黑市上寻求此类药物。当政府姗姗来迟地[50]开始提供计划生育（family planning）的时候，受过7年或7年以上教育的妇女都对这一政策表示热切的欢迎，但它却遭到了受教育程度较低的妇女的拒绝（Uribe et al.，1994）。在一个被布劳纳（Browner）称为"旧金山"（San Francisco）的农村里，接受采访的妇女"对生育及养育子女的问题表达了极为负面的看法"（Browner，2001：461）。她们感到沮丧，因为强制上学的政策剥夺了其子女的劳动。她们也坦率地表示，频繁生育削弱了她们的健康。然而，她们的丈夫和其他男性普遍反对降低生育率和控制生育。然后，女人们也"透露，她们极其不愿意从事不被社会认可的行为"(Browner，2001：466)。

图7　奥塔瓦洛市场，厄瓜多尔

　　同样，克雷斯发现，在手工艺品销售方面大获成功的厄瓜多尔北部土著的生育率大幅下降，然而在那些不参与手工艺品生产的邻近社区，生育率却并未下降(Kress，2005，2007)。实际上，我参观了奥塔瓦洛市场，那里的许多孩子衣着华丽，让我印象深刻——他们必定是被当成小天使一样对待。

　　尽管世界范围内的婴儿死亡率一直在稳步下降，但在最贫困的社区，婴儿死亡率下降的速度要慢得多，或者根本没有下降。[51] 1970 年，世界上最贫穷的五个国家的儿童死亡率①是五个最富裕国家的 8 倍；到 2000 年，这一比

118

---

　　① 此句引用和出处有误。查证引文原文(Gielen and Chumachenko，2004：91)，此句中所采用的原始数据来自联合国开发计划署的《人类发展报告(2002)》(Human Development Report，2002)第 177 页——吉伦(Gielen)和丘马琴科(Chumachenko)利用其中的"五岁以下儿童死亡率(每1000 名活产)"1970 年和 2000 年(低收入国家、中等收入国家、高收入国家、世界)的数据，制作了柱状图。因此，此句中所谓的"五个最贫穷国家"和"五个最富裕国家"并无根据。吉伦和丘马琴科的书中倒也提到了十个国家：巴西、中国、埃及、德国、印度、印度尼西亚、日本、尼日利亚、俄罗斯和美国(Gielen and Chumachenko，2004：84)。《人类发展报告(2002)》第 177 页所提供的相关数据是，1970 年五岁以下儿童死亡率，以每 1000 名活产儿童来估算，低收入国家为 202 人，高收入国家为 26 人；2000 年，低收入国家为 120 人，高收入国家为 6 人。对照来看，实际上，低收入国家五岁以下儿童死亡率已经有大幅度的降低。而作者后面那一句"格言"的评论，显然也会令人产生误解。——译者注

例已升至 20 倍(Gielen and Chumachenko, 2004: 9491)。这些趋势是一个全球性现象的一部分, 而最能体现这一现象的格言是"富人越来越富, 穷人只有许多体弱多病的孩子"。例如, 尼日利亚的总和生育率是 5.9, 人均国民总收入(gross national income, GNI)为 260 美元。不过, 西欧的总和生育率为 1.5, 人均国民总收入却为 25300 美元(Gielen and Chumachenko, 2004: 85)。

事实上, 在世界上最贫穷的地区, 似乎所有理性的残余都消失了。几十年来, 索马里一直备受生存系统迅速退化(原因是过度使用贫瘠的土壤和周期性干旱)和内战这两大(twin)祸患的困扰。尽管如此, 索马里妇女仍在争夺世界上最多产的生育者的头衔, 当被问及她们想要多少个孩子时, 答案平均数是 12 个(Dybdahl and Hundeide, 1998: 139)。在布基纳法索, 人口过剩已使整个村庄①处于饥饿的危险之中——假如不是艾滋病毒/艾滋病(HIV/AIDS)首先将他们消灭的话。然而, 村民们完全不知道避孕方法, 也不了解性关系和艾滋病之间的关联(Hampshire, 2001: 117)。

马达加斯加是另一个因维持"生产"策略而导致可怕后果的国家。在马达加斯加, 祖先崇拜一直是非常重要的, 成人必须依靠他们的后代确保"祖先死后生活的品质……(在)婚礼上……人们(祝愿)新婚夫妻生育'七个儿子和七个女儿'"。然而, 几十年来, 由于土地被过度使用, 马达加斯加岛已经出现了(witnessed)严重的土壤侵蚀和蔓延的荒漠化。因此, "许多家庭甚至不再能养活他们的孩子, 更不用说关心他们的穿着了……父母拒绝让有残疾的子女安装免费的假肢, 因为孩子当残疾乞丐会为父母带来更高的收入"(Ravololomanga and Schlemmer, 2000: 300, 310)。

对世界上许多地方来说, 现代化来得太迟了, 因而, 与人口"大"转型相关的自愿降低生育率, 并没有出现; 同样的人口控制效果将由历史上最古老的人口控制形式——饥荒和流行病, 来实现(Boone and Kessler, 1999: 261; Kovats-Bernat, 2006: 1)。而且, 令人惊讶的是, 在后工业社会里的一些飞地[例如, 下层非洲裔美国人和犹他州的摩门教徒(Lancy, 2008: 63—69)], 人们继续追求高生育率的"生产"策略——尽管这会对子女产生不利后果。[52]

① 此处指的是布基纳法索北部地区的一个村庄。——译者注

注释

[1]在印度，婴儿工厂如雨后春笋般涌现，年轻女性通过向不孕的夫妇"出租子宫"而挣得不错的收入（Dolnick，2008）。

[2]正如戴维斯（Davis）所指出的，在（苏丹）达尔富尔，"饥荒是日常社会生活的基本组成部分，而不是正常社会经验的瓦解"（Davis，1992：151）。

[3]正如我们将在下一章中看到的，祖母经常会帮忙照顾孩子，对孙辈的生存和幸福有积极的影响。但是外祖母的影响要明显得多。显然，由于遗传关系的不确定性，内祖母对儿媳及其子女的投入较少（Leonetti *et al.*，2005）。

[4]关于非洲术语的一个注释：孔布须曼人（！Kung Bushmen）是世界上被研究得最深入的群体之一，在本书中会经常被引用。然而，还有其他相关的群体也被研究过，这些觅食民族被统称为桑人（San）。在最近的文献中，昆人（更准确地）被称为芎瓦西族（Ju/'hoansi）。此外，他们不再被称为布须曼人（Bushmen），部分原因是这个词有轻蔑的意味，部分原因是他们不再生活在"丛林中"①。在本书中，我使用的是我所引用的特定文章或书籍的作者所选择的称呼。

[5]婴儿游行的其他例子：巴厘岛民 - Covarrubias（1937：132）；多贡人 - Paulme（1940：439）；阿姆哈拉人（Amhara）- Messing（1985：205）；玛雅人 - Elmendorf（1976：94）；恩甘杜人 - Hewlett（1991b：148）；爪哇人 - Geertz（1961：106）；鲁尔人 - Friedl（1997：115）。通常情况下，孩子一出现吵闹或即将排便的迹象，父亲就会把孩子送回日常的照顾者那里。

[6]阿切人可能会在周期性的群体持棍械斗中攻击性欲高涨的青年男子（Hill and Hurtado，1996：227）。人们会倾向于阻止青年男子的交配行为，但是南美洲热带地区的几个觅食群体在这一方面却是有趣的例外，比如瓦里人，他们会让年轻男子与青春期前的女孩配对。在他们看来，年轻男子的精液是使女孩性成熟的必要条件，正如他的精液日后会在子宫里形成他的后代一样（Conklin，2001）。

[7]德雷珀与哈彭丁（Harpending）（1982）提出，雄性哺乳类动物有两种备选的交配②策略——"慈父"策略与"渣男"策略；它们可以说明大部分被观察到的交配行

---

① "Bushmen"的字面意义为丛林人。——译者注
② 此处根据德雷珀与哈彭丁论文中的相关表述补足（1982：261）。——译者注

为(variation)。换言之，男性可以达到更高的适应度，要么一心扑在其妻子(们)和子女身上，以确保父亲身份的高度确定性和子女的更高存活率，要么"纵横情场"四处播种。

[8]赫迪(Hrdy)(1999)在其关于哈努曼叶猴(Hanuman langurs)(灵长类)的研究中指出，雌猴是滥交的，在机会允许的情况下，会与猴王以外的雄猴交配。还有一个事实：新任猴王通常会杀死被废黜的竞争对手①所生下的幼仔。我们将这两个事实结合起来考虑，就会清楚地知道，雌猴是通过模糊父亲身份来保护自己的后代；因为雄猴很少杀死自己的后代。另请参阅杉山(Sugiyama)(1967)。

[9]克拉克(Clark)指出，在许多社会中，母亲更依赖于与自己亲属的长期关系，而不是与短暂相处的或不负责任的丈夫的关系。她在西非的信息提供人坚持认为"把丈夫置于自己亲属之上，实际上被认为是道德上错误或自私的"(1994：103)。

[10]林登鲍姆(Lindenbaum)还详细论述了众多促进或降低整体生育率的文化习俗，并指出这些习俗受到资源可用性的影响。在巴布亚新几内亚，多布岛民(Dobu)和其他族群奉行提高生育率的信仰和习俗，然而，包括恩加人在内的其他族群则信奉不利于高生育率的习俗。

[11]在南美的觅食群体中，两性关系甚至更加不稳定，而且通常不要求男女任何一方保持忠诚(Howard Kress，私人交流，2007年2月7日)。

[12]随着婚姻变得更加脆弱，女性面临着一个典型的两难境地(Catch-22)。如果她们的孩子"太少"，她们就会因为低生育率而面临离婚的危险。如果，从另一方面来说，她们有"很多"孩子，后来却被配偶遗弃，她们就会面临无法养活"一大窝"孩子的前景。

[13]巴亚卡人(也称为比亚卡人)只是本书中提到的非洲中部雨林里的几个觅食民族之一。其他的，还有埃费人(Efe)、阿卡人、巴卡人(Baka)、穆布提人和波非人。除了共享雨林栖息地以及同样过着只拥有最低限度物质文化的生活，所有这些民族都表现出异乎寻常的身材矮小，被称为俾格米人(pygmies)——一个现在被认为带有贬义的术语。所有这些群体都与定居的农业民族处于一种共生关系中。总的来说，他们的生活所反映出来的几种独特的适应模式，让研究文化及童年的学生特别感兴趣。

[14]从进化的角度来看，堕胎似乎是无须掩饰、不在意料之外的事情。如果妇女身体不适，缺乏支持系统，一起生活的男人不是胎儿的父亲，特别是，如果她们更想要一个能让孩子在支持性环境中成长的未来，她们就会寻求堕胎的方法(Low，2000：325)。

[15]一个当代的类似例子是，为了"保护"婴儿使其免受普通婴儿食品中杀虫剂和添加剂的影响，高价"有机"婴儿食品销量激增。

---

① 指上一任猴王。——译者注

[16]巴西的梅西纳谷人（Mehinacu）是一个罕见的例子：在第一个孩子出生后，父母双方都要进行长达一年的隔离（Gregor，1970：242）。

[17]亚诺马莫人也有此种做法，这表明它可能更广泛地存在于南美洲。年轻母亲的营养状况如此之差，以至于她们的头胎都处于危险中（Peters，1998：123）。

[18]但是，斯蒂尔曼（Stearman）的民族志也清楚地表明，尤基人在有利的情况下会悉心保护胎儿和新生儿的生命力。历史记录还表明，不受限制的杀婴行为与改善子女待遇的意图有关，而待遇改善的儿童"在死后更容易受到深切哀悼"（Golden，1990：87）。

[19]印度高种姓家庭处于典型的两难境地。高种姓家庭通过把女儿嫁给地位更高的家庭来提高地位——以支付嫁妆来实现这种安排。因此，处于种姓结构顶端的家庭，就找不到比他们的女儿地位更高的人来配婚。从另一方面来说，女孩没有接受某种手艺或者职业的培训——要是她们去做男人的工作，去闯荡世界，这就会损害其未来作为妻子/母亲的价值。不过，随着印度经济的现代化，女孩和妇女的机会将会增加。

[20]在20世纪80年代中期，能帮助父母鉴定胎儿性别的技术已经出现，它有助于妇女有选择性地终止妊娠。其结果是巴基斯坦和印度的性别比例严重失衡。因此，今天，有成千上万的年轻亚洲男人成了家谱上"光秃秃的枝丫"，不会结出果实。他们无法交配，因为他们缺乏获得如今稀缺的妇女的手段。社会分析人士认为，这将产生深远的影响，使社会处于动荡的状态，因为"光秃秃的枝丫"是犯罪和暴力的主要候选人（Hudson and den Boer，2005）。此外，古坎德（Goodkind）认为选择性堕胎比选择性杀婴（或者虐待与忽视）更可取，如果没有这一选项，人们可能就会选择杀婴（Goodkind，1996）。令人关注的是，因为美国没有禁止医学辅助的性别选择（加拿大和欧盟已经禁止了），它已经成为外国准父母的"圣地"（Mecca）。一对夫妇可能会花掉毕生积蓄去美国，用受精卵培育出特定性别的胚胎，将其植入母亲的子宫中（Hudson and den Boer，2005）。

[21]此处有一个未被详细论述过的言外之意，即照顾孩子（the care of children）并没有被视为女性应扮演的重要角色，因为照顾孩子的工作通常会被委托给孩子的哥哥姐姐和祖母。

[22]即使不存在这种明显的偏见，有研究发现，从生理方面来说，生男孩对母亲造成的损害（costly）更大①（Blanchard and Bogaert，1997）。

[23]霍华德·克雷斯关于阿切人和华欧拉尼人的报告指出，随着这些觅食群体在

---

① 查证原引文，相关内容所讨论的主题是前一胎是男婴的生育间隔比前一胎是女婴的生育间隔更长；研究人员提出的假设有两个，一是生了男婴的父母更满意，不急于生下一胎，二是男孩更难养，生了男婴的父母要花更长的时间才能准备好生下一胎。（Blanchard and Bogaert，1997：115-116）——译者注

永久性的村庄定居，公共区域也清除了蛇和子弹蚁（它们的叮咬就像枪伤一样疼）之类的生物，他们的"出生率暴涨"（克雷斯，私人交流，2007年2月7日）。

[24]阿格塔人是这种模式的例外。阿格塔族觅食群体居住在菲律宾的偏远山区里，而且，与其他觅食群体不同，阿格塔族妇女会使用男人"通常"使用的工具和方法进行狩猎。尽管有这项平等主义的证据，但是"妇女生育（have）很多子女，生育间隔很短，很多婴儿丧生……有大约49%的孩子在青春期前死亡"（Griffin and Griffin，1992：300）。

[25]描述这种区别的另一种方法是将"慢"和"快"两种生命史策略（life history strategies，LHSs）进行对照。采用前一种策略的物种、群体和个体会花更多的时间生长，开始繁殖的时间延后，后代更少，给予后代的关注更多。而采用"快"生命史策略则意味着繁殖开始得较早、生育后代众多，给予后代最低限度的照顾（Schlegel，2013：303）。

[26]在塞伦的调查中，母乳喂养的时间范围为6到36个月（2001：236）。

[27]这种观念在欧洲很普遍，至少在19世纪之前都是如此（Pollock，1983：50）。

[28]存在由于这种治疗而导致三度烧伤的案例（Manderson，2003：142-143）。

[29]菲尔德（Field）及其同事研究了生活在迈阿密的海地移民母亲，他们发现，这些母亲往往不懂得如何喂养子女，因此，她们的子女因脱水和营养不良而住院的比率很高（Field *et al.*，1992：183）。我认为，这可能是因为这些年轻的移民妇女没有机会从年长妇女那里学习如何照顾婴儿。

[30]不过，从另一方面来说，当男人对刚出生的孩子的父亲身份没有把握时，他们更有可能与妻子离婚（Anderson *et al.*，2007）。

[31]也许有必要在此事先声明。我们都知道有很棒的继父——我能想到几个。然而，我们之所以能够违抗遗传的命令，是因为我们拥有巨大的财富以及我们在年老时没有任何明显的需要子女照顾的情况。

[32]然而，绝不是所有社会都这样；艾马拉人没有特殊的断奶食品："什么东西都可以喂给孩子吃，他们会慢慢习惯的。"（de Suremain *et al.*，2001：52）

[33]联合国儿童基金会估计，用配方奶粉喂养的孩子要是生活在不卫生的环境里，死于腹泻的可能性要比母乳喂养的孩子高6到25倍，而死于肺炎的可能性要高4倍。这些统计数据已经促使许多发展中国家禁止销售配方奶粉和婴儿奶瓶（www. unicef. org/ nutrition/index_ breastfeeding. html，访问日期：2013年1月9日）。

[34]一项针对智利和秘鲁沿岸发掘的、几乎跨越3500年（从公元前2000年到公元1500年）的、数百具保存完好的遗骸所进行的大规模人口调查发现，当时婴儿和儿童的死亡率一直居高不下（15岁以下儿童的死亡率达到50%），并且没有因为生活形态向群体定居及农业生产转型而出现明显下降（Allison，1984）。

［35］例如，使用清洁的饮用水可以减少寄生虫和传染病，或者，低价疫苗便于获得，然而，却没有被普遍分发。信息来自"Lifewater International"网站，www. lifewater. org，访问日期：2013年1月5日。

［36］就生育模式和儿童健康来说，来自西方的影响并没有得到很好的记录。卡里尔（Carrier）在博纳姆岛上的信息提供人谈到，第二次世界大战期间，在外国军队入侵之后，岛上妇女的生育间隔缩短、婴儿出生率提高（Carrier，1985：202）。还有类似的口述史表明，随着军事、传教、政治、商业（例如种植园）等领域的永久性西方设施在部落地区的建立，当地人口的生育率急剧上升。

［37］相比之下，巴布亚新几内亚马努斯省（Manus）的岛民显然已能获得避孕用品，而且正在利用它们应对人口过剩的问题（Ataka and Ohtsuka，2006）。

［38］施特拉斯曼（Strassman）报道了马里多贡人（2006年，他们的人均收入是470美元）的情况，"2010年，美国国际开发署①提供了安全套以及……避孕用品；然而……农村地区对这些产品没有需求。每个妇女一生的生育众数是10次活产"，只有不到一半的孩子能活过童年（Strassman，2011：10895）。

［39］上层社会可能总是认为，生育本身就是目的；孩子未来作为工人而可能具有的任何效用，并不是促使他们生育孩子的动机。尽管有些研究仍然发现子女数量与财富之间存在正相关，但是，相比于18世纪的法国资产阶级社会来说，这种关联已弱化许多。实际上，同一项研究发现"受过良好教育的人所生的子女较少"（Hopcroft，2006：106）。

［40］在促进面向儿童的自由政策（liberal policies）方面，荷兰人仍处于领先地位。他们已经将患有严重疼痛的绝症儿童的"安乐死"合法化，并拒绝对预计会出现严重残疾的胎儿和围产期儿童（Vermeulen，2004）以及问题严重的早产儿（Lorenz et al.，2001）进行"义无反顾"（heroic）的医疗干预。2007年，有一项关于富裕国家儿童福利状况的调查发现，在各项指标②中排名前两位的国家是荷兰和瑞典。而（在被调查的21个国家中）垫底的两个国家是美国和英国（Adamson：2007）。

［41］阿姆斯特丹国立博物馆永久收藏。可在线浏览：www. rijksmuseum. nl/en/collection/SK-A-385，访问日期：2013年1月9日。

［42］信息来源：www. cia. gov/library/publications/the-world-factbook/rankorder/2054rank. html，访问日期：2013年1月9日。

［43］从美国获得的信息，查询：www. cia. gov/library/publications/the-worldfactbook/

---

① USAID：United States Agency for International Development。——译者注
② 在原报告中，列出了6个衡量儿童福利状况的维度（dimensions）：物质福利、健康与安全、教育福利、家庭和同伴关系、行为和风险、主观幸福感（Adamson，2007）。——译者注

rankorder/2054rank. html，访问日期：2013 年 1 月 9 日。

[44]在坦桑尼亚的帕雷人（Pare）中，霍洛斯（Hollos）发现了一个人口转型前和转型后家庭并存的村庄：一些家庭想要"小天使"，而另一些家庭想要"财产"（Hollos，2002：187）。

[45]研究表明，大家庭关系（ties）的持久性和祖母参与照顾孙子（女）的情况，存在着相当大的跨国差异——在波兰、西班牙以及意大利，祖母参与程度高，而在美国、荷兰以及瑞典，参与程度低（Harkness et al.，2006）。2011 年，我花了一个月的时间走访了意大利一些最受欢迎的度假胜地，一个反复出现的场景让我印象深刻：在那些地方度假的、数代同堂的家庭中，仅有的（single）那个孩子是占据舞台的明星。家庭成员们似乎在轮流（甚至是相互竞争）吸引孩子的注意力。总的来说，在大家庭中，代替父母的照顾者群体仍在发挥作用——尽管提供这种服务的必要性已经大大降低了。

[46]这一论断得到了研究的支持。有研究表明，在挪威和荷兰等北欧国家，中产阶级的出生率较高。在这些国家中，政府大力支持育儿假（childcare leave）和日托服务（Shorto，2008）。

[47]正如我们将在本书第四章中看到的，村民们很乐意"照看"邻居家的孩子。而在现代城市（郊）的社会中，邻里之间甚至谈不上友好，更不用说有亲戚关系，这种针对邻居孩子的临时监督是不存在的（Spilsbury and Korbin，2004：197）。

[48]然而，只生育一两个"珍贵"孩子所产生的后果之一是，父母对孩子的关切近乎达到了偏执的地步。许多人担心他们的孩子会被绑架或杀害，尽管这类事件发生的可能性微乎其微（Glassner，1999）。

[49]在尼泊尔，我们可以观察到农村贫困与高生育率相结合的另一个例子（Baker and Panter-Brick，2000：165-166）。造成这种情况的一个重要变量似乎是人口的预期寿命，而它与生育率呈负相关。显然，当个体预期寿命较短时，他们会在发育期就开始生育，并在此后持续生育，生育间隔较短（Low et al.，2008）。

[50]墨西哥的经济（即使包括美国移民经济）无法跟上"二战"后该国人口指数级增长的步伐——尽管墨西哥的人口出生率现在正在下降。

[51]对于许多欠发达国家来说，现在是关键时刻。这就好像是有一场竞赛，一方是人口过剩、环境灾难，另一方是人力资本投资（包括生育控制）（Caldwell et al.，1998）。

[52]有一项十分深入的研究发现，"母亲和父亲只能在牺牲个别孩子的照顾质量的情况下，建立起大家庭"，但这会导致对孩子不利的结局（Lawson and Mace，2009：180）。

第四章

全村育娃

在大部分时间里，孩子是由其他家庭成员而不是由(爪哇人)母亲照顾的。(Nag *et al.*，1978：296)

[恩索人(Nso)]有句谚语说："孩子在子宫里仅属于一个人，出生后则属于每个人。"(Keller，2007：105)

1973年秋天，在利比里亚邦加苏阿奎勒村，我住进了沃力科略(Wolliekollie)酋长的一夫多妻制家庭里(Lancy，1996)。虽然村长非常亲切地欢迎我，帮助我研究村里的孩子，并在他那占地广大的(sprawling①)房子里为我提供住处，但他没有把我介绍给他家里的其他成员。陌生人很少来邦加苏阿奎勒，一旦来了，酋长知道他们通常意味着麻烦和费用，所以他会尽最大努力确保他们逗留的时间短且不引人注目。但是，要如何与一位住下来的民族志学者打交道，他是没有任何社交礼节可以奉行的。

这个家庭包括酋长四个妻子中的三个、其中一个妻子的未婚妹妹、他们的孩子②，以及源源不断的临时住客——酋长及其妻子们的亲属。我渐渐地能认清楚所有的成人，而要把正在哺乳的婴儿与其母亲配对起来也相对容易，不过，之后我努力了好几个星期的时间，才把其他孩子与他们各自的母亲配对起来。请记住，至少刚开始时，由于我不能流利地说他们的语言，我不得不在很大程度上依赖于观察。我在这一方面进展不顺，原因在于，孩子一旦不再像有袋动物那样被母亲用一块长布系在身上，他们就不是待在母亲身边，而是会花更多的时间与小伙伴还有其他亲戚(尤其是住在附近房子里的祖母和姑妈们)待在一起。就酋长而言，我只能猜测，

---

① 从作者相关著作里的描述(Lancy，1996：33)来看，当地的一个家庭(household)并不是只有一个房子(house)，而是随着人口的增加，不断地增建房子。——译者注
② 指酋长及其妻子们所生的子女。——译者注

既然这些女人都是他的妻子，那么附近的大多数孩子肯定也是他的子女；除了在家庭的晚餐上看到他偶尔逗弄一下膝上的婴儿外，我从没见过酋长与某个孩子有过最短暂的互动。[1]

我的印象是，生身父母远远没有在子女的生活中发挥主导作用，他们只是众多潜在的儿童照顾者中的两个。而且，即使承认母亲与哺乳的婴儿几乎总是保持着近距离接触，这种母婴关系也最好被描述为"漫不经心地养育，（在那里）……母亲们把婴儿背在背上，经常给他们喂奶，但这样做时并没有真正给予他们许多直接的关注；她们继续工作或者……社交"（Erchak，1992：50）。马萨瓦族（Mazahua）母亲在哺乳时经常表现出一种"心不在焉的样子，对婴儿几乎没有关注"（Paradise，1996：382）。除非婴儿出了什么问题，否则普什图族（Pashtu）母亲在哺乳时很少与婴儿进行眼神交流（Casimir，2010：22）。这种表面上的冷漠可能会因为某种习俗而得到强化，即在习俗的规定下，如果母亲过于喜欢自己的孩子，她就会受到同伴的斥责（Toren，1990：172）。图8很好地说明了这一现象。

由于我迷恋异国情调（哪个人类学家不是这样的？），所以那些奇怪的家庭习俗令我兴奋。然而，在完成邦加苏阿奎勒的工作20年后，我开始认为，他们的家庭安排和育儿习俗既不独特也没有异国情调，而是更接近人类社会的常态（norm），同时，我也开始认为，我现在居住的犹他州中产阶级社区的习俗异乎寻常。我的邻居主要是后期圣徒教会（Latter-Day Saints，LDS）或者说耶稣基督后期圣徒教会（Church of Jesus Christ of Latter-Day Saints）的信徒［摩门教徒（Mormons）］；而对于家庭的性质，他们的教会持有一种非常明确的立场——反映在接下来的这句话里："当孩子的母亲，这种神圣的服务只能由母亲提供，不能由其他人代办。护士不能做；公立幼儿园不能做；雇来的帮手也不能做"（Packer，1993：24）。该教会的掌权集团发布了一连串的道德禁令，大意是，生育和照顾孩子是摩门教徒妻子的天职。此外，这项工作应该被视为一个要求严格、全时投入的职业。[2]虽然丈夫被指定为养家糊口的人，是一家之主，但是后期圣徒教会在责成父亲参与照顾孩子方面，比任何当代道德权威都走得更远。

图 8　一位白克伦族（White Karen）母亲在给婴儿喂奶时吹口簧琴（mouth-harp），泰国北部

与此观点相反，[3]我想指出，数量庞大且不断增长的关于育儿模式比较的档案表明，母亲的角色可能被大大地削弱，[4]而在许多社会（也许是大多数社会）里，父亲的角色实际上是不存在的（Gray and Anderson，2010：168）。有一项关于西非豪萨族（Hausa）孩子识别亲属并建构家谱的能力的研究，吐露了实情："有一些孩子漏掉了他们的父母；超过三分之一的女孩没有提到她们的父亲"（LeVine，1974：41）。

代父母是母亲的帮手

> 圭凯利族（Guaiqueríes）孩子……几乎一直与其他人的皮肤有直接接触。（McCorkle，1965：73）

> 哈扎族母亲非常愿意把自己的孩子交给任何愿意照看他们的人。（Marlowe，2005：188）

"全村协力"（It takes a village）养育孩子的理念，已经成为我们国家民间智慧的一部分；它被永远铭记在希拉里·罗德姆·克林顿（Hillary Rodham Clinton）那本题为《全村协力》的书中（Clinton，1996）。但似乎很少有人清楚地意识到，最初这句格言是如何获得其影响力的。对许多人来说，我怀疑他们脑海中浮现的景象是，孩子集家人和邻居们的宠爱于一身。正如我将论证的，一个人如果真正地察看真实村庄里的小孩，要么看到没有成人照顾的婴幼儿与同伴在一起，要么看到孩子正在被其母亲（或父亲，或姐姐，或祖母）照顾。在人类学中，那些伸出援手的家庭成员被称为"代父母"。支配他们行为的准则不一定是"每个人都渴望参与照顾孩子"，而是"谁最容易从更重要的任务中解脱出来，谁就去照顾孩子"。我们从观察中得出的下一条行事准则可能是，"母亲经常太忙而没有时间照顾孩子"。同时，婴儿不仅仅是被动的受照顾者。他们不仅看起来可爱，而且还会通过凝视、微笑和模仿动作来诱导照顾者（Spelke and Kinzler，2007：92）。尽管代父母可能都想用最省力的方式照顾孩子(Trivers，1974)，但婴儿总可以通过综合利用他们为数众多的(诱导)①策略来确保获得更多的资源(Povinelli *et al.*，2005)。

我们将仔细研究(至少能部分地减轻母亲负担的)襁褓及其他类似技术的作用。我们也将对比照顾婴儿与照顾学步儿的模式；在许多案例中，人们对待学步儿的方式无异于排斥(Lancy and Grove，2010：148-149)。村庄是由许多照顾者组成的社区；在本章中，我们将系统地研究母亲、父亲、哥哥姐姐和祖父母以及整个社区所扮演的角色。例如，"在斐济，一个未断奶的婴儿是被母亲抱着，还是被别人抱着，这两种情况的概率是差不多的"(West，1988：22)。这种现象在不同文化中如此普遍，以至于有了专属的名称："儿童轮养"(child shifting)(Lange and Rodman，1992：190)。在仔细研究了农村育儿的本质之后，我们将对当代西方中上层父母所采用的截然不同的育儿方案进行功能分析，以得出结论。以下是一些相当典型的案例，它们都引入了"整个村庄"可以共同承担育儿责任的观念。

> 在西非，怀孕的门迪族母亲"回家"生孩子，直到孩子学会走路后才回到丈夫家里。她这样做是为了在她的孩子生命中最不稳定的时期利用自己近亲(而不是不够给力的姻亲)的支持。(Isaac and Feinberg，1982：632；富拉尼族也如此-比较 Dupire，1963)

> 中非埃费族母亲并非总是第一个给自己刚出生的孩子喂奶的人；新生儿在 4 个月大的时候，有 60% 的时间都是由游群里的许多其他成员照顾的。事实上，这个孩子将"在游群成员间被传递，平均每小时8.3 次"(Tronick *et al.*，1987)。埃费族的人口预期寿命很短，这导致许多孩子成了孤儿。一个从出生就被别人养育的孩子，如果其生身父母死了，他也会得到游群里其他人的照顾。(Morelli and Tronick，1991)

---

① 此处为译者根据句意补足。——译者注

一个被称为"*tapare*"的(妇女)……负责照顾……出生头几天的(阿切族)孩子……如果孩子的母亲去世了，她有时就会收养这个孩子当她的教子……一个被称为"*mondoare*"的……单身男人会用一把竹刀割断孩子的脐带。他应该在有需要的时候供养他的教子，而且……其他在婴儿出生最初几分钟内抱起婴儿或为它清洗的人被指定为"*upaire*"，即"抱起婴儿的人"，他们与那个孩子也有一种类似于教父或教母的关系。(Hill and Hurtado，1996：66-67)

　　从断奶开始，(卡科族)孩子就习惯了和母亲之间的等级关系……没有一起玩耍，没有交谈，没有搂抱；这是一种权威和顺从的关系。通过这种方式，孩子学会了在情感上独立于母亲，并融入一个更广泛的照顾他们的亲属网络中。(Notermans，2004：15)

　　在阿拉伯社会，有一个特别的亲属称谓："*rida' a*"；它表示的是一个孩子与一位妇女的关系——这位妇女会给孩子哺乳，但不是孩子的母亲。(Altorki，1980：233)

　　新妈妈并没有把生孩子当作一个开始，而是把它当作"一个项目完成了"。由她单独负责的为期9个月的共生关系结束了。照顾孩子的责任现在可以由其他人一起来分担了。(Martin，2001：164)

　　在阿根廷农村的农民们看来，孩子需要母亲的关注，并依附母亲而不是代父母，这是疾病的症状。(Remorini，2012：152-153)

　　[在印度奥里萨邦(Orissa)]年轻的母亲们受到许多限制，以防止她们把太多的注意力放在新生儿身上。亲近的、私密的母子关系被认为可能会对大家庭的集体幸福造成破坏……在这样的家庭中，许多早期的育儿安排都是为了巧妙地迫使婴儿摆脱对母亲的独家依赖，使其成为更大群体里的成员。(Seymour，2001：15)

上述这些都不是孤立的案例；事实上，正如我在第一章中所解释的，（在西方社会中）我们将母亲指定为婴儿的主要照顾者（如果不是唯一的照顾者）的做法是非典型的。我们很可能会问，这种群体成员分担育儿工作的做法是如何产生的。对于这一问题的讨论，有几位学者已经作出了贡献。正如第一章所提及的，博金（1998）阐述了独特的人类生命史模式及由其产生的生殖优势。尽管人类的儿童需要相当长的时间才能达到自理的状态，但他们却能在"提早"（3岁或不到3岁时）断奶的情况下很好地存活。这是因为其他人会站出来喂养并抚养婴儿，这样母亲就能脱身去生下一个孩子（Hrdy，2005a）。"代养"也意味着，在母亲死亡的情况下，断奶的婴儿很有可能存活下来（Sear and Mace，2008：5）。有一项关于阿卡人的系统研究发现，从两岁起，孩子从他人那里得到的食物比从他们母亲那里得到的更多（Fouts and Brookshire，2009）。豪厄尔重新分析了20世纪60年代末收集的昆人数据（当时昆人几乎完全依靠游牧觅食），结果表明，如果没有游群同伴额外提供的食物，一个有着两个或多个孩子的核心家庭无法养活自己家中的孩子（Howell，2010）。哈扎人的婴儿从各种各样的人那里得到照顾，但从统计数据来看，大部分照顾是由关系更密切的个人提供的（Crittenden and Marlowe，2008：249）。萨拉·赫迪（2009）将家庭成员（所有家庭成员都对婴儿有基因投资）帮助抚养婴儿的过程描述为"合作养育"。（就合作养育婴儿来说）负担最重的可能是没有自己孩子的女性，也就是婴儿的小姐姐、堂（表）亲和祖母。

照顾婴儿

在哺乳期间，背负在身上的婴儿就像沉重的背包。（Strier，2003：173）

（玛雅人）与婴儿的对话性互动极少。（de León，2000：143）

昆族母亲对哭泣的婴儿一贯给予快速回应（Kruger and Konner，2010：323）。除了极少数例外，母亲"按需"给婴儿哺乳。[5] 当然，这种做法仍然存在许多变化；例如，有一项研究比较了从事农业的恩甘杜人与其觅食维生的邻居阿卡人，结果发现后者平均每小时哺乳 4 次，而前者是 2 次。此外，阿卡族母亲一天中抱婴儿的时间比恩甘杜族母亲更长——尽管这么做，对于身材矮小的阿卡人来说，需要耗费的精力也更多（Hewlett *et al.*，1998，2000）。如前一章所述，这些差异可能反映了两个社会不同的生殖策略：恩甘杜人采取的是"生产"策略，而阿卡人和昆人则是"存活"策略。

在许多社会中，母亲用背巾（sling）①、编织袋或长布把婴儿背负在身上，于是婴儿就骑坐在母亲的胸前、背上或臀部上。通过靠近母亲的身体，婴儿得以同时保持温暖和舒适，也能保持清洁并远离伤害，而且能随母亲四处移动。简而言之，如果婴儿需要照顾，母亲随时会在婴儿身旁。自然而然，母亲会根据自己所感知到的婴儿的需要，随之变换照顾方式。[6]古西族母亲"对于那些表现出脆弱迹象的婴儿，在他们出生后的最初几个月里，会给予更多的保护性照顾。那些……被认为健康不佳的婴儿……会被母亲抱得更多……而那些体重较轻的婴儿在头 9 个月里会被母亲和其他照顾者抱得更多"（LeVine and LeVine，1988：31-32）。

母乳喂养以及背负着一个正在成长的婴儿，会给妇女带来额外的（高达 5 倍）能量消耗（Lee，1996）。在传统社会中，"产假"很短（哈扎族母亲在分娩后三天至四天恢复觅食活动；比较 Marlowe，2010：65），然而对妇女的劳动要求却通常很高。阿卡族母亲依靠营地里的其他人来照顾自己稍大点的婴儿，这样，当她们在森林里艰难地四处觅食时，就不必背着婴儿（Meehan，2009：389）。[7]在邦加苏阿奎勒，跟我住在同一间屋子里的女人和住在附近的女人，刚生完孩子就在稻田里辛勤锄地。毫不奇怪，母亲重视精瘦结实、敏捷灵巧、很早就学会走路的子女（Zeitlin，1996：412）。降低育儿成本的一种方便的方法是用襁褓包裹孩子，或者使用类似"摇篮板"（cradleboard）②的设

---

① 陆谷孙主编的《英汉大词典》（上海译文出版社，2007 年 3 月第 1 版，第 1889 页）对它的具体释义是："（把吊带吊在脖子或肩膀上的一种）背婴儿袋"。——译者注

② 陆谷孙主编《英汉大辞典》（第 427 页）对该词的释义是："绑婴板（指将婴儿捆扎在上面后，通常背在北美印第安妇女身上的木板）"。从检索到的图片看，样式有点类似我国的"背篓"。——译者注

备保证孩子的安全，而不是一直把孩子和母亲拴在一起：

> 一个襁褓中的婴儿，就像一只待在壳里的小乌龟，可以由另一个仅仅稍微大一点的孩子照看，而不用担心它会受到伤害，因为襁褓的做法会使……照顾婴儿变成根本不用脑子的事情。（Calvert，1992：23-24）

127 纳瓦霍族母亲欣赏摇篮板的用处，它在保护孩子的同时，也保护她的工作环境免于一个笨手笨脚、充满好奇、四处乱摸的婴儿的打扰（Chisholm，1983/2009：218）。毫无疑问，纳瓦霍人（北美牧民）是最著名的"摇篮板"倡导者；但它在整个北美都被广泛使用（例如 Pearsall，1950：340）。它被设计成从小到大的 4 种不同尺寸，以便能够在马鞍上绑定，这样就可以从鞍头上拉出一种遮篷来保护婴儿。关于如何使用它，纳瓦霍人有一套详尽的道理；例如：

> 婴儿被养……在摇篮里，以便他们长得挺直且强壮。有些妇女让自己的孩子躺在羊皮上打滚，但那样的孩子总是体弱多病。（Leighton and Kluckhohn，1948：23）[8]

（在世界其他地方）我们还可以看到许多不同的"摇篮板"。在苏门答腊岛（Sumatra）的武吉丁宜（Bukkitingi），我观察到一些无人照管的婴儿躺在摇篮里，篮子挂在长长的绳子上，就像钟摆一样，在微风中摇晃。就在 2007 年，我在乌兹别克斯坦的市场上发现有人贩卖能固定婴儿的摇篮。它们的特色是有一个神奇的附加装置，可以用来收集婴儿的尿液——婴儿能保持身体干爽，不用穿尿布。在一篇关于蒙古国牧民转场放牧的文章中，有一张照片显示的是，一个绑在牛背上的类似摇篮的器物里躺着一个婴儿，周围是拥挤的牛群。那群牛正被赶过一个山口，前往冬季牧场。照片的文字说明是："骑牛远行有时很危险，而且总是很艰苦，但是别无选择：成人放牧太忙，没法照顾婴儿。"（Hodges，2003：108）当萨米人（Sámi）（亚北极地区游牧民族）驯鹿人迁移营地时，同样的场景也会出现（Kleppe，2012：78）。

生活在安第斯山脉高处的盖丘亚族农民使用的方布育儿袋（manta pouch）①是最有趣的婴儿看护设备之一。事实证明，这种低技术含量的设备在促进婴儿健康方面相当有效。[9]在它所创造出来的微环境中，有较高的温度和湿度能使婴儿呼吸更顺畅，更容易入睡，不易觉醒。哺乳时，婴儿被留在育儿袋内，这能避免过多刺激，减少婴儿变得兴奋的机会，从而进一步节省母亲的精力，不用浪费宝贵的卡路里（Tronick *et al.*，1994：1009-1010）。在当代，诸如婴儿推车、婴儿床和婴儿围栏之类的替代品，已经将"摇篮板"的概念传播到了世界各地。[10]另一个流行的育儿"工具"是 128"看娃设备"（图9）。

图9　中国人的看娃设备②

---

① "manta pouch"也专指盖丘亚族用布和毯子将婴儿紧紧包裹起来的照料方法。陆谷孙主编的《英汉大词典》（第1172页）对"manta"一词的释义之一："（西班牙及拉丁美洲女子用作斗篷、披肩等的）布，方毯。"——译者注
② 从图片上看，应称为婴儿站桶。——译者注

婴儿总是和母亲睡在一起，这和它白天依附在母亲身边的道理是一样的：便于哺乳。这表明母亲可能没有和婴儿的父亲同寝，[11] 而且，实际上，产后的性交禁忌很普遍。每个社会对生育间隔应该是多长时间都有着心照不宣的看法，但是，如果父亲威胁要在性关系恢复之前停止供养，这可能就会迫使母亲加速断奶。

较长的哺乳期通常伴随着较随意的断奶过程。一位埃费族母亲因其还在给她3岁的儿子喂奶而被嘲笑，她的回应是："'我试过让他断奶，但他拒绝了，所以看来他还没准备好。'所有人都笑了"①（Wilkie and Morelli，1991：55；参见 Fouts *et al.*，2001）。相比之下，克佩列族母亲会停止哺乳，强行给婴儿喂米汤，以加速断奶。20世纪60年代，怀廷对断奶的突发性和严重性进行了深入的研究（Whiting and Whiting，1975）。在许多社会中，人们用各种方式恐吓孩子，以阻挠孩子吃奶（Williams，1969）。对孩子来说，这可能是一次创伤性经历，而在弗洛伊德的人格发展理论中，这是一个关键事件（element）。

对于断奶采取随意且宽松的态度，这通常也意味着对于如厕训练采取宽松的态度。在这一方面，巴布亚新几内亚东部高地的福尔人（Fore）具有代表性：

> 虽然处理人体排泄物是福尔族成人极为关切的一件事情，原因是这些排泄物能被用于施行巫术，但如厕训练并不具有强制性……一个学步儿可以屡次在村庄的院子②，甚至是在宴会上排便，也不会受到责骂……（有人）会……清理……随着孩子长大，他开始通过……向大一点的孩子……模仿来练习控制排泄……而年纪大点的孩子经常纠正……学步儿行为上的"错误"，以此取乐。（Sorenson，1976：177）

---

① 原文如此。——译者注
② 原文是"yard"，可译为园圃，种果蔬的田地。不过，结合上下文来看，应该是指房子前的空地。——译者注

这一（对幼儿不强制进行如厕训练）观点被广泛认同。它当然也是我的克佩列族信息提供人所奉行的观点。在下一节中，我们会看到，婴儿对群体里的其他成员具有吸引力，而这是人们习以为常的现象，也是非人类灵长类动物的典型特征。

陪宝宝玩耍

> 所有的雌性灵长类动物都会发现幼仔……富有吸引力。（Hrdy，1999：157）

> 我曾见过一个[西非阿菲克波族（Afikpo）]五六岁的小女孩背负着刚出生的婴儿，或者坐下来喂它喝水。（Ottenberg，1968：80）

婴儿的母亲受益于这样一个事实：其他女性，特别是她自己的女儿和其他较年轻的女性亲戚，会发现她的宝宝具有让人难以抗拒的魅力。2003年，我在乌干达观察并拍摄了许多灵长类动物——在休息、进食和玩耍之余，它们最常见的消遣活动是"交换幼仔"（baby-trading）。我经常观察到哺乳期的母亲和它的女儿们为争夺幼仔而出现相当于"拔河"的行为，这可能会导致萨拉·赫迪（1976）所说的"姨妈代养致死"（aunting to death）。相比之下，母亲往往会阻止幼年雄性对其幼仔表现出兴趣（Strier，2003）。[12]

有几项研究已经详细记录了"渴望宝宝"（baby lust）的行为中的性别偏好（Hrdy，1999：157）。与男性相比，女性对婴儿、婴儿图片甚至婴儿剪影都表现出更大的兴趣。事实上，有一些证据表明，在没有活着的幼仔的情况下，年轻的雌性黑猩猩会抱着一个"娃娃"（doll）（一根棍子或一只死去的动物），给它梳毛，并带着它四处走动（Kahlenberg and Wrangham，2010：1067）。有些出乎意料的是，这方面的研究也显示，女性的这种兴趣在进入其生育年龄之前就达到了顶峰（Maestripieri and Pelka，2001），这表明她们正在为新手妈妈所需要（对婴儿保持）的情感距离做准备①——在本书第二章中有详细论述。

对哺乳期的母亲来说，有"巢中帮手"（Turke，1988），好处多多。它可以在自然环境中四处走动，更容易地觅食，消耗的能量也更少，而且它还有一两个额外的盟友帮它应对被猛兽捕食的威胁或者雄性（有时是无差别的）的掠夺或攻击。在棉花顶面绢毛猴中，有一个女儿能帮忙背负幼仔，这是成功养育后代的关键变量（Bardo et al.，2001），而且有些女儿显然受到了其母亲释放的弗洛蒙（pheromones）②的影响，从不排卵。由于它们从未有过自己的后代，它们可以继续为母亲提供"代养"幼仔服务，直到母亲不再生育（Ziegler et al.，1987；Savage et al.，1988）。简·古多尔（Jane Goodall）（1973）详细记录了黑猩猩幼仔（juvenile chimps）在母亲死后不久就丧生的几个案例，只有一个例外——那个孤儿因被一个姐姐"收养"而存活。

虽然针对人类的类似研究很少，但马克·弗林在特立尼达（Trinidad）的农村所进行的研究已经证明，帮助照顾弟弟妹妹的年轻妇女会推迟怀孕，而且母亲也会在 30 岁之后通过支持（investing）女儿的生殖努力来作出"回报"（Flinn，1988，1989）。保罗·特克（Paul Turke）在西太平洋的伊法利克（Ifaluk）环礁作出了另一项关键性的研究，该研究发现"在生育生涯（reproductive careers）早期生下女儿的父母……生育总数超过在生育生涯早期生出儿子的父母"（Turke，1989：73）。在刚果的埃费族觅食群体中，"能协助母亲的婴儿照顾者的数量，与母亲离开营地去寻找食物的时间呈正相关"（Henry et al.，2005：202）。在印度裔斐济（Indo-Fijian）农民中，同胞照顾（sib-care）"与子女存活数增加 1.3 倍有关"③（Mattison and Neill，2013：121）。

---

① 从行文看，是指第二章"人格授予延迟"一节中的相关内容——因为婴儿可能出现夭折等情况，新手妈妈会疏远并漠视自己的子女（第 38 页）；结合上下文来理解，在此句中，作者具体要表达的是，年轻女性会在青春期之前就对婴儿表现出兴趣，愿意帮新手妈妈带娃。——译者注

② 学名"信息素"。——译者注

③ 换句话说，年长的孩子照顾年幼的孩子，这种育儿上的协助，使得父母能够生养的孩子数量增加了 1.3 倍。——译者注

在前一章中，我详细论述了"婴儿游行"，即父亲利用自己健康的孩子作为推销自己遗传适应度的工具。在几个社会中，母亲可能也会以类似的方式向潜在的代父母展示或推销孩子。婴儿小天使般的特征有助于母亲找到帮手。一般来说，年幼的哺乳类动物，尤其是人类，会表现出一系列对他人具有普遍吸引力的生理特征，而这些特征在人类身上的存留时间比其他哺乳类动物更长久（Lancaster and Lancaster，1983：35；Sternglanz *et al.*，1977）。同样重要的是，人类婴儿从很早的时候起就会发出声音、使用眼神交流，还会微笑（Chevalier-Skolnikoff，1977）——（比如）黑猩猩幼仔就不会如此，它们的母亲较少利用帮手。

母亲可能并不总是依赖婴儿天生的娇小可爱；她们可能会煞费苦心地展示自己的宝宝——至少在近亲之间是如此。我观察到克佩列族母亲乐此不疲地频繁清洗自己的宝宝。她们给宝宝抹油，直到他们全身闪闪发亮——这是在一群乐于欣赏的观众注视下的公开沐浴。在巴布亚新几内亚，邦比·席费琳（Bambi Schieffelin）所研究的卡露力族（Kaluli）母亲不仅仅是抱着婴儿让其面朝社会群体里的其他人（这是民族志记录中经常提到的一种做法），而且把婴儿当作"腹语术表演者"的傀儡，让他或她对那些聚集在一起的人说话（Schieffelin，1990：71）。本恩人给年轻母亲的忠告如下：

> 确保宝宝看起来漂亮！……把草药制成的化妆品涂在她的脸上，让她尽可能地明媚动人……我们本恩人有很多用于婴儿脸部的妆容（designs）……那样，宝宝就会美得让人无法抗拒，以至于有人会觉得有必要在那天抱着她四处走一会儿。如果你够幸运，那个人甚至会主动提出做你的"*lengkuli*"①。（Gottlieb，1995：23）

> 当邻居来访时……[瓜拉人（Guara）]会用亲属称谓一再地教孩子辨认其中的亲戚（Ruddle and Chesterfield，1977：29）

---

① 引文原作者的释意为"a baby carrier"（背婴人）（Gottlieb，1995：23）。——译者注

（马克萨斯群岛上的母亲）……花很多时间喊婴儿的名字，指导他看着别人，向别人招手……指导三岁到六岁的哥哥姐姐和他一起玩。（Martini and Kirkpatrick，1981：199）

在所罗门群岛（Solomon Islands）的夸拉埃族中，当6个月大的婴儿拿到一块水果时，它就会立即被吩咐要"分一点给你的姐姐/哥哥"……在帮助婴儿把这块水果递给它的哥哥姐姐时，照顾者告诉婴儿，要说："给你水果。"哭泣或拒绝分享的婴儿会被温和地责备、取笑或嘲笑。（Watson-Gegeo and Gegeo，1989：61）

大多数婴儿喜欢与许多人接触，这种情况发生在任何随意的聚会上；然而，有些婴儿却倾向于躲进母亲的怀里。奇加人（Chiga）认为这是不合时宜的闷闷不乐，象征着一种不愉快的、坏脾气的性格。（Edel，1957/1996：174）

在萨摩亚人中……照顾者经常提醒婴儿注意……其他人。婴儿被脸朝外抱着，能看到……附近人们的互动。而学步儿在被喂食时也要把脸面向他人，并被提醒要留心并称呼他人。（Ochs and Izquierdo，2009：397）

（瓦尔皮瑞人）孩子从出生的那一刻起……在接下来的几年里……她将每天都会听到："看，你的奶奶。""那是你的姐姐，你的表姐，你的阿姨。"事实上，这些话构成了人们与婴幼儿的大部分口头交流。（Musharbash，2011：72）

在巴布亚新几内亚的塞皮克地区，人们鼓励新近断奶的孩子要对新生儿表现出关心，如果它们希望"待在……母亲的乳房附近"①（BarLow，2001：97）。在人类学文献中有许多关于母亲积极教导孩子礼貌或者礼仪方面的习俗和用语的例子，以上提到的是其中的典型案例（Lancy，1996：23）。正如我们将在第五章中看到的，除了上述的情形外，母亲很少充当孩子的教师，这可能与她们依赖年纪大点的孩子和亲属来帮助照顾孩子有直接关系。例如，一个刚断奶的卡什凯族（Qashqa'i）孩子在接受了礼貌和尊重亲属的教育后，向其他家庭乞求食物并且成功了（Shahbazi，2001：54 55）。然而，母亲必须接受这样的结果：几乎任何比自家孩子大的人都可以责骂甚至惩罚他们（Whiting，1941）。在像我们这样的社会中，育儿是在核心家庭里进行，并且/或者由专业人员来处理的，因而学习礼仪和亲属关系奥秘的必要性就减少了。与此同时，我们往往不愿意将管教孩子的权利转让给外人，哪怕是"专业人士"也不行。

"好母亲"是那些能够积聚社会资本的母亲，这一点在对野生灵长类动物的研究中得到了证实。琼·西尔克（Joan Silk）及其同事进行了一项关于草原狒狒（savannah baboons）适应度（存活后代的数量）的研究，他们发现："有些雌性狒狒比其他雌性更有可能成功地养育幼仔，它们与狒狒群体的其他成年成员有更多的社交接触并且能更充分地融入群体。"（Silk *et al.*，2003：1234）有一些研究也表明，地位较高的狒狒母亲更温和，它们允许自己的幼仔更自由地游荡，相信自己的高地位能确保群体成员会给予援助，不会伤害它们的后代——与之形成对比的是地位较低的狒狒母亲；后者必须更具保护意识和警惕之心（Altmann，1980）。地位更高的雌性会把社交技能传给积极为它们梳毛的雌性后代，而且，事实上，雌性后代正是通过这种方式在群体内获得社会资本（Walter，1987：365）。

关于人类的类似研究很少，但我们应该预料到，（举例来说）在一夫多妻制家庭中，地位较高的妻子所生的孩子会有更好的生存条件。一项关于门迪人的研究发现，（相比于一夫一妻制婚姻中的妻子）一夫多妻制中地位

---

① 结合该句引文的上下文，此处的意思是倒数第二出生的孩子如果对新生儿表现出热心，就有机会继续吃奶。——译者注

较高的妻子确实拥有更高的适应度，而且地位较低的妻子所拥有的存活子女人数更少（Isaac and Feinberg，1982）。同样，在博茨瓦纳，地位较高的妻子的子女享有营养和就学方面的优势（Bock and Johnson，2002：329）。我们这个物种在处于最原始的状态时，作为觅食群体在物产贫乏的（marginal）环境中生存，仍然设法养育了大约50%的后代，而其他灵长类动物却只养育12%至36%的后代（Lancaster and Lancaster，1983：37）；考虑到这一事实，我们就必须把母亲招募育儿助手的能力视为单个母亲及整个物种获得成功的关键。

虽然女儿代为照顾婴儿对母亲有明显的好处，但是，无疑，女儿也因学习如何照顾婴儿而明显受益（Fairbanks，1990）。一项针对圈养黑猩猩的 *133* 研究表明，如果雌性黑猩猩与其母亲及弟弟妹妹的互动被阻止，它们自己就完全不能胜任母职（Davenport and Rogers，1970）。巴西的卡内拉人每年都会在其圆形村庄的中心场地举办一轮节日，以宣扬和强化价值观；在"鱼节"（Fish Festival）上演的一个"滑稽"短剧嘲笑了那些没有学会照顾子女的年轻妇女（Crocker and Crocker，1994：124）。

里斯曼（Riesman）针对西非以畜牧为生的富拉尼人的情况所作出的描述，可以适用于世界上几乎任何传统的非城市社会：

> 所有妇女在照顾自己的第一个婴儿之时，都已有多年照顾婴儿的经验……（这些经验）是在母亲、姑（姨）妈、堂（表）姐或自己姐姐的警惕的、有时严厉的目光的注视下获得的。其他女人……会立即注意到、评论，而且可能强烈地批评婴儿母亲所作出的任何违背习俗的行为。（Riesman，1992：111）

上述情况可以与怪异社会的情况做一个值得注意的对比；在"怪异社会"里，女孩通常没有照顾弟弟妹妹的职责，年轻的母亲在没有年长女性亲戚指导的情况下独自照顾子女。[13]"核心家庭的相对孤立状态……意味着每个妇女都要从零开始抚养自己的新生婴儿"，而且年轻的城市母亲对大声啼哭、动个不停（active）、非常不开心的婴儿毫无准备（Hubert，1974：46-47）。缺乏育儿知识的父母出现一些小过错，确实很搞笑，而这一点已经被一些"真实"电视秀节目证实；例如，2004—2007 年在美国播出的《保姆911》（*Nanny* 911），还有记录一位称职的保姆为功能失调的家庭带来了秩序与和谐的《超级保姆》（*Supernanny*）①（2004-2011）[14]。

拒绝学步儿

> 婴儿的"退位"（dethronement）不仅发生在断奶之后，而且通常与下一个孩子的出生同时发生。（Prothro，1961：66）

> （在马莱塔岛上）人们督促（pushed）孩子尽快长大成人。（Watson-Gegeo and Gegeo，2001：3）

如果"躲猫猫"或者父母与婴儿一起游戏是不常见的（Lancy，2007），那么父母与学步儿一起游戏更不可能存在。学步儿的母亲不仅要面对育儿和工作之间的潜在冲突，而且很可能再次怀孕。[15] 在断奶的问题上，中非觅食群体②表现出了更长的生育间隔和较宽松的断奶过程——人们溺爱学步儿。而他们那些从事农业的邻居却有着截然不同的模式，即更短的生育周期和强制性的断奶；福茨对此模式做了详细记录（Fouts，2004a：138）。通常，母亲会在乳头上涂辣椒③，这种做法非常有效（Culwick，1935：338）。即使是在"溺爱"孩子的昆人中，当母亲拒绝继续背着她那完全可以自己活动的孩子，或者当她外出觅食试图把孩子留在营地时，孩子都会发

134

---

① 也有的译为《超级育儿师》。——译者注

② 查证引文原文，此处指的是波非族觅食群体，而下一句中提到的他们的邻居是指波非族农民。（Fouts，2004a：138）本书第三章"生女还是生男，多生或者少生"一节中有相关内容（第98-99 页）。——译者注

③ 从引文出处对应的文献来看，此处描述的是东非乌兰加山谷（Ulanga Valley，坦桑尼亚境内）贝纳人的情况，不是波非人的做法（参见本书第99 页的相关引用）。——译者注

脾气（Shostak，1981：47）。皮拉罕人给予婴儿和儿童极大的关注和关爱；但是当断奶的幼儿大发脾气，尖叫数小时，并在像癫痫一般的"痉挛"中伤害自己时，所有人都会故意忽略他们（Everett，2014）。在母亲离开营地后，埃费族学步儿显得"孤独且凄凉"（Morelli and Tronick，1991：48）。埃费族母亲也渴望"让孩子从（她们的）背上断奶"①，而孩子可能就会像断奶时一样泪眼汪汪地抗拒那种安排（Maretzki and Maretzki，1963：447）。

有点令人啼笑皆非的是，我们发现许多族群（包括昆人）会加快孩子从婴儿期向学步期的过渡（Lancy and Grove，2010：146）。昆族觅食群体会让孩子快速学会坐、立、行，因为"在传统的迁徙生存模式中……不会走路的儿童是一大负担"（Konner，1976：290）。以种地为生的恩索人声称，"能够站立的婴儿……会免除母亲的一些辛劳"（Keller，2007：124），因此他们会加快婴儿运动能力的发展。其他有记录的、加速婴儿向学步期过渡的族群包括姆比亚瓜拉尼人（Mbya Guarani）（Remorini，2011）、巴卡人（Hirasawa，2005：166），还有旬桑人（！Xun San）。与其他许多族群一样，旬人（！Xun）会用手架在婴儿的腋下，带动婴儿在自己大腿上（lap）弹跳。这种做法刺激了婴儿的"踏步"反射，而且，如果这种"体操"练习保持下去，婴儿将会更快学会走路，而照顾者也就能摆脱运送婴儿的负担（Takada，2005：290）。[16]学者们已经报告的、使用这种方法和其他方法以加速婴儿发展的农业群体，包括吉普塞吉斯人（Kipsigis）（Harkness and Super，1991：226-227；Super，1976：290）、班巴拉人（Bril *et al.*，1989：315）、巴玛纳人（Polak，1998：106）、奇加人（Edel，1957/1996：174）、艾马拉人（de Suremain *et al.*，2001：50）、古吉拉特人（Gujarati）（Keller，2007：122）、干达人（Ganda）（Ainsworth，1967：321）、马莱塔岛民（Watson-Gegeo and Gegeo，2001：3），还有科吉人（Reichel-Dolmatoff，1976：277）。

南非的祖鲁人（Zulu）使用一种更直接的方法：他们把婴儿放在蚁巢

① 意指母亲不用再背负孩子，让孩子自己行走。——译者注

上，（通过蚂蚁的叮咬来）刺激婴儿站立和行走（Krige，1965/2005）。同样，在美拉尼西亚，高铭岛岛民希望孩子快速长大，他们严厉对待任何依照他们的儿童发展时间表看起来落后的孩子。一个两岁大的孩子如果哭哭啼啼地要人抱，就会被责骂和嘲笑，说它就像个宝宝（Toren，1990：174）。同样，一个 14 个月大的婴儿如果还不会走路，就会被用红辣椒灌肠①（Toren，1990：171）。巴卡族觅食群体用带刺的种子荚（seed-pod）②戳着学步儿，鼓励他们继续沿着林间小径跋涉（Higgens，1985：101）。③ 当即将出生的婴儿可能会吸引照顾者全部的注意力，还有/或者因为人们需要孩子开始为家庭作出有益的贡献时，父母会加快孩子的运动机能的发展。如果并未出现上述情况，而且/或者有热心的哥哥姐姐作为照顾者（sib-caretakers）④，婴儿将继续被溺爱。

　　母亲拒绝抱孩子且不让孩子接近乳房，这只是众多的拒绝迹象之一（Du Bois，1944：51）。长期观察昆人的研究者已经指出，当这一觅食群体放弃流浪生活并定居下来务农时，孩子的童年发生了显著的转变。昆族母亲的生育间隔缩短，生育率提高，还有，以前慈爱的、纵容孩子的母亲不得不无情地把孩子和自己分开（Draper and Cashdan，1988；Lee，1979：330；旬族布须曼人也是如此－比较 Takada，2010：165）。这时，孩子"要求多"（demanding）的性格可能被描述为一种"对等级特权的攻击，因为只有高等级的个体才有在互动中提要求的权利"（Howard，1973：119）。"拒绝学步儿"（Toddler rejection）的现象[17]绝不仅仅出现于母亲身上；这一主题十分常见，[18]这表明"拒绝学步儿"是整个群体的行为。

---

　　① 查证引文原文（Toren，1990：171），具体的描述是，这个还不会走路的孩子，其实是健康而有活力的；为了刺激他走路，他/她的外婆或奶奶就会把一小块浸泡过红辣椒汁的布塞进他/她的肛门里。——译者注
　　② "seed-pod"为植物学名词"心皮"。——译者注
　　③ 从上下文来看，似乎巴卡人的学步儿也遭到了严厉的对待。但引文原文并无此意，它说，母亲用一个小小（small）有毛刺的种子荚轻轻地（gently）戳学步儿的屁股和大腿后侧。（Higgens，1985：102）——译者注
　　④ 在本书中多次出现的"sib-caretaker"一词，其具体所指的是负责照顾弟弟妹妹的孩子们（哥哥和/或姐姐），译者将结合上下文进行翻译，或译为"同胞照顾者"。——译者注

在阿坎人(Akan)对待孩子的态度中，最惹人注目的特点之一是，人们给予婴儿无节制的喜爱……却严重漠视大多数年纪大点的孩子，这二者形成了鲜明的对比。(曾经)被热爱的小孩子不得不忍受这种成长的创伤——它正成长为被轻视的对象。(Field, 1970: 28)

(鲁尔人)成人和哥哥姐姐很可能会拒绝学步儿的任何要求，干涉学步儿的任何活动，否定学步儿可能产生或表达的任何意图。(Friedl, 1997: 124)

随着孩子越长越大，不再是婴儿，并且开始变得有点惹人生气和任性——因为他们"正为自己着想"，[塔希提人(Tahitians)]也就开始觉得孩子不那么好玩。孩子不再占据家庭舞台的中心，而是……变得烦人。(Levy, 1973: 454)

(博内拉泰人)母亲不会与仍在吃奶的(学步儿)进行眼神交流，孩子……快速地吃完奶，其间母亲和孩子双方都没有明显的情感流露。(Broch, 1990: 31)

一个步履不稳的(巴卡瓦尔人)学步儿在跌倒后哭泣，没人抱起它；人们的观点是"它必须自己学习"。两个学步儿打架后尖叫，没人会去帮忙；人们的格言是"强者才是人生赢家"。(Rao, 1998: 100)

136　莱维特(Leavitt)非常关注讲邦比塔语的阿拉佩什人(Bumbita Arapesh)的"拒绝学步儿"现象。断奶时间相对较早的婴儿有明显的营养不良迹象。断奶婴儿发脾气是意料之中的事，而且(如此一来)，他们往往能成功地获得短暂接近乳房的机会①。不过，母亲会与整个大家庭通力合作，用各种

---

① 原文如此。根据上下文，可以推断这个孩子又吃到了母乳。——译者注

恐吓战术，还有承诺（大部分没有兑现）将会给予礼物，来转移孩子的注意力。另一个常见的"断奶"策略是，建议父母在另一个子女面前，给予抱怨的孩子优先待遇，举例来说，父亲承诺给一个孩子很多（可食用的）甲虫，给另一个孩子的却仅有几只（Leavitt，1989：143-152）。

幸运的是，当母亲和其他成人对学步儿失去兴趣时，学步儿会得到哥哥姐姐的照顾；哥哥姐姐可能更有耐心、更愿意把他或她当成"宝宝"来对待。

姐姐是弟弟的保姆

像许多头胎孩子一样，我通过给我的两个弟弟当保姆而学会了照顾孩子。（Clinton，1996：9）

（玛雅人）孩子会为自己的弟弟妹妹安排游戏活动，负责让他们不要烦扰成人，并让他们开心快乐。（Maynard，2004a：245）

虽然我们确实看到了"全村协力养育孩子"这句非洲谚语的真相，但是有些成员所起的作用比其他人更大。在一项具有里程碑意义的研究中，韦斯纳（Weisner）与加利莫尔（Gallimore）仔细研究了"人类关系区域档案"（Human Relations Area Files，HRAF）①中的数百份民族志，并发现在育儿方面，占比40%的婴儿和占比80%的学步儿主要是由母亲以外的人（最常见的是姐姐）照顾的（Weisner and Gallimore，1977）。对于游牧的普什图人来说，在婴儿出生后的头几周，大部分的照顾工作是由其哥哥姐姐接手的（Casimir，2010：24）。在恩戈尼人（Ngoni）［班图族（Bantu）牧民］的村庄里，人们会看到"保姆女孩"把学步儿"赶"到村庄外围的一个"游乐场"，在那里她们和遇到的同伴"练习跳舞、穿珠子，还有闲聊"（Read，1960：82）。有一项关于居住在亚马孙地区的提斯曼人（Tsimané）的研究表明，对

---

① "人类关系区域档案"是1949年在耶鲁大学成立的、会员制的非营利组织，在文化人类学领域享有国际声誉；其使命是促进对过去和现在的文化多样性和共同性的理解。——译者注

弟弟妹妹的"投资"可能会产生明显的成本。在提斯曼人中，充当弟弟妹妹的照顾者的女孩，相比于那些不承担这种职责的女孩，其所能积累的脂肪和肌肉更少（Magvanjav *et al.*，2012：17）。

负责照顾弟弟妹妹的孩子们不能太专注于自己想做的事。"（霍皮族）女孩所能做的最糟糕的事情之一就是忽视她负责照顾的婴儿。这可能会导致她被排斥好几天，让（她）深感羞愧"（Schlegel，1973：454）。在吉普塞吉斯人的村庄里，"儿童保姆①不仅要抱着婴儿四处走动，还要陪它玩耍，给它唱摇篮曲，喂它吃粥……帮助婴儿学习说话和走路"（Harkness and Super，1991：227；参见 Sigman *et al.*，1988：1259）。在邦加苏阿奎勒，人们经常看到由哺乳的母亲、一个陪在母亲身边的女儿、在那个女儿背上熟睡的婴儿所构成的"三重唱"。婴儿只要一哭，就会被交给母亲哺乳，然后，一旦婴儿吃饱了，又会被送回姐姐那里；而那个姐姐可能只有5岁（Lancy，1996：146）。哥哥姐姐的参与也促进了婴儿断奶的过程。在曼丁卡人中：

> 对婴儿来说，随着下一个弟弟（妹妹）的到来，婴儿期就结束了。现在，孩子要开始去玩了，而且加入一个同伴的社会团体对"*nyinandirangho*"来说至关重要；"*nyinandirangho*"的意思是忘记乳房②——这个学步儿此前已经自由吮吸了将近两年或更长的时间。就如一位母亲所说的："现在她必须去玩了。"（Whittemore，1989：92）

母亲不跟孩子们一起玩耍的原因之一可能是她们不想削弱游戏团体的诱惑力（Konner，1975：116；Shostak，1981：48）。除了加快断奶进程，游戏团体还有其他功能。"3岁的孩子能加入某个游戏团体，只有在那样的游戏团体中，孩子们才能真正成长"（Eibl-Eibesfeldt，1989：600）。

对于学步儿在哥哥姐姐陪伴下成长，马克萨斯群岛上的母亲有一

---

① 此处应是指照顾婴儿的姐姐。——译者注
② 从上下文来看，"nyinandirangho"实际上指的是给幼儿断奶。——译者注

套论述充分的理论。学步儿想要而且喜欢和年长的同伴在一起，她①向他们学习如何照顾自己，如何正确地排泄，如何从事分配给孩子们的各种家务。（Martini and Kirkpatrick，1992）

有几位作者仔细记录了负责照顾弟弟妹妹的孩子们所采用的策略，毕竟，在很多情况下，这些孩子们只是比他们负责照顾的弟弟妹妹的年龄大一点。与母亲相比，年纪大点的哈扎族孩子更加溺爱他们年幼的亲属②。[19]而福尔人认为，年纪大点的孩子应该宽容学步儿，以温和、逗趣的方式接受学步儿的攻击性行为。当年纪大点的和年幼的孩子想要同样的东西时，年纪大点的孩子通常会顺从年幼的孩子。因此，毫不奇怪，"兄弟姐妹之间的竞争"[20]可能并不存在（Sorenson，1976：162，180，187）。[21] 苏珊娜·加斯金斯报道说，在玛雅人中，哥哥姐姐们都很清楚弟弟妹妹"必须总是保持快乐"。这些照顾者不能指望成人的帮助或者监督；除非是有工作需要孩子们做，或是孩子们玩得太过头，或是有孩子开始哭泣的时候，成人才会插手，突然终止游戏活动（Gaskins et al.，2007）。在曼丁卡人中，负责照顾弟弟妹妹的孩子们采用了一套策略来管束他们负责的孩子；"manené"一词涵盖了一切管教的方法（treats），包括从劝说、口头上的或针对身体的威胁以及作势要打，以至于戏弄以及承诺给予好处（通常是未兑现的）（Whittemore and Beverly，1989）。

然而，虽然玛雅儿童游戏团体应该待在能听见家中宅院里成人呼唤声的范围内③，但是在马克萨斯群岛（Marquesas），儿童游戏团体不受附近成人的欢迎。因而，马克萨斯群岛上的孩子就不那么迁就他们负责照顾的弟弟妹妹④（Martini and Kirkpatrick，1992）。在厄瓜多尔那些说盖丘亚语的地

①　原文如此。——译者注
②　指弟弟妹妹。——译者注
③　简言之，离家不远的地方。——译者注
④　结合上下文，此句意指在远离成人监督的地方，年纪大点的孩子会对自己负责照顾的弟弟妹妹缺少耐心、教训得比较严厉。——译者注

区，儿童照顾者①在控制学步儿的行为方面也有很大的自由度：戏弄、羞辱和威胁都被认为是合理的策略（Rindstedt and Aronsson，2003）。在高铭岛上，一个孩子"教训另一个甚至更年幼的孩子，给他一巴掌或者用指关节迅速地在他头上来个栗暴，却很少会受到责备"（Toren，1990：183）。玻利维亚的农村孩子对于管教自己负责照顾的弟弟妹妹有相当大的自由度，他们将杂务安排给弟弟妹妹并对其不当行为进行惩罚（Punch，2001：29）。盖丘亚族男孩偶尔会被招募来照顾弟弟妹妹，包括"帮他们梳头……以消灭头虱……帮他们进行如厕训练……（并且充当）'翻译'向其他人解释他/她负责照顾的那个孩子刚刚说了什么"（Rindstedt and Aronsson，2003：8）。

有证据表明，村庄里年纪大点的孩子能够胜任照顾弟弟妹妹的工作，而在我们自己的社会里，孩子们却对此无能为力，这两者形成了鲜明的对比（Farver，1993）。布莱恩·萨顿-史密斯对于韦斯纳和加利莫尔关于哥哥姐姐照顾弟弟妹妹的研究提出了以下这些评论：

> 婴儿最大程度的……发展是由母亲以各种具有刺激性且好玩的方式与婴儿互动来促成的……儿童照顾者根本不具备这样做的智力，不能以更富于刺激性的方式照顾婴儿。况且要把这些刺激婴儿发展的想法传授给母亲都有点困难……那些作为婴儿主要照顾者的孩子维持着非常低水平的社交生活。（Sutton-Smith，1977：184）

布莱恩的观点无疑是正确的，并且得到了大量的实证研究的支持（Rogoff，1990：165）。但是他的这一评论带有文化偏见。他是在用"怪异社会"的标准来评价非西方人的社会化习俗。其他研究人员已经证明，在以村庄为基础的农业社会中，照顾弟弟妹妹的孩子们是非常有成效的（Watson-Gegeo and Gegeo，1989）。事实上，有些研究者指出，面对学步儿的情绪波动，负责照顾他们的哥哥姐姐往往会比成人更耐心、更宽容

---

① 结合上下文，此处是指负责照顾弟弟妹妹的孩子们。——译者注

（Zukow，1989），而且更有可能使用特别的说话方式帮助他们理解事物（Toren，1990：175）。除了一些值得注意的例外（比如在上面提到的马克萨斯群岛的情况），村庄里的儿童游戏团体都会待在能被村里人 （community）清楚看到的场地——附近就有警惕的成人。

嬉戏于母地

（古西族）孩子很快就懂得，任何大人都可以训斥他们，并有权管束他们。（LeVine，1973：135）

（帕劳孩子）通常会在父亲正在工作或闲聊的地方玩耍。（Barnett，1979：6）

一个了不起的能减少育儿工作量的"神器"是克佩列族所称的 "*pananglè-ma*"或者说"母地"（mother ground）——它是指村庄或花园里的一个平坦的开放区域；[22]孩子们聚集在那里，在成人的注视下玩耍；而这些成人就在附近工作或休闲。[23]这些地方并不是专门建造的游戏场地，而是为了方便交通和防止蛇的出没而清理出来的，偶尔也会用作工作场地，比如用来堆放房屋建筑材料，或者用来晾晒衣物或农作物。在母地玩耍的是混龄的儿童游戏团体；团体里年纪大点的孩子在自己玩耍的时候，会漫不经心地照看一下婴儿和学步儿（Takada，2010：171）。在罕见的冲突或伤害事件中，或者当一个痛苦的孩子无法得到安慰时，离得很近、注意到问题的成年人就会加以干预。将游戏区域设置在接近成人的地方有两个目的：它为成人提供了几乎毫不费力就可以监督孩子的机会，但是它也为善于观察的（watchful）孩子们提供了一个成人活动场景的来源，孩子们会将这些场景融入游戏中（Lancy，1996；本书第六章也有更全面的详细论述）。然而，成人很少干预孩子的游戏，除非是在打斗有失控危险的时候。有趣的是，灵长类动物学家注意到，灵长类动物中也存在着同样的针对爱嬉戏的幼兽的监督行为、善意忽视，以及由母亲一方作出的快速干预（Baldwin and Baldwin，1978）。

对塞内加尔的勒布人（Lebou）来说，母地上的人经常变换，但是有一项观察性研究发现，平均 9 个 2—6 岁的孩子会由两个成人随意监督一下（Bloch，1989：143）。类似的安排也能在婆罗洲种植水稻的杜松族农民中发现（Williams，1969：75）。在查加人（Chaga）的村庄里，人们会发现"一个儿童游乐区，通常位于村庄公地的边缘或附近"（Raum，1940：95）。从巴里·休利特的描述中，我们可以清楚地看出，整个阿卡人营地起到了母地的作用——而且，其他觅食游群当然也是这样（Turnbull，1978）。休利特描述这个最多可容纳 25 人到 35 人的阿卡人营地，说它"大约有欧美国家大型起居室那样的大小"（Hewlett，1992：225）。在营地里，即使是一岁大的孩子也可以自由地在周围到处走动，并按自己的意愿与任何人互动。这个营地并非"对儿童安全的"（child-proof）：如果孩子拿着刀，或者游荡到（比如说，）牲畜屠宰场，没有人会因此感到恐慌。

事实上，在阿卡人中那种著名的共担看娃责任的做法，曾经在美国偏远角落的小城镇里存在过。下面的情况来自 20 世纪 50 年代缅因州农村。

> 整个镇上的人都会注意到孩子们的胆大妄为……如果孩子们行为不端，就会有人联系他们的父母，而父母似乎对此做法（idea）感到满意。这种联合的、低调的监督方式允许孩子们自由自在地玩耍，也吸引了许多其他的成人来当……观众，来观看戏剧、马戏、动物表演以及（被采访者记得自己演过的）其他演出（productions）。（Beach，2003：192）

母地很少在文献中被提及，而学者们可能已经忽略了它，原因是它到处存在，还有，可能大多数语言都没有用来描述它的专门术语。人人皆知却视若无睹的例子是，彼得·勃鲁盖尔①（Peter Breughel）创作于 1560 年的

① 彼得·勃鲁盖尔是 16 世纪尼德兰地区最伟大的画家，以农村生活为主要创作题材。——译者注

杰作《儿童游戏》(*Children's Games*)；这幅油画现收藏于维也纳艺术历史博物馆(Kunsthistoriches Museum)。画家描绘了84个不同的儿童"消遣活动"或者说游戏，而且，孩子们都在成人的视野或听力范围内（不论成人是在工坊，还是在家中）玩耍，极少有例外。然而，令人遗憾的是，现代社会不太可能再为孩子们提供母地。[24]在一项关于某郊区邻里关系的民族志研究中，人类学家发现，成人不愿干预儿童活动场地上发生的事情①，而是遵从公共机构的意见。人们还担心，干预可能会被误解为"企图绑架或以其他方式伤害男孩或女孩"(Spilsbury and Korbin，2004：197)。

在村里母地的看护者中，我们很可能发现孩子的祖父母。祖父母可能会对孙子孙女、侄子侄女、外甥外甥女有各种各样的担忧，而且他们恰好(simply)是能够提供帮助的人。也就是说，那些待在母地周边、常常久坐不动的（他们所从事的是静态的、离家不远的工作）监管者更有可能是孩子的祖父母，而不是父母。

去祖母那里 *141*

> （哈扎族）祖母（作为孙辈的照顾者）提高了自己的②遗传成功率，因为她们的女儿可以更快地生更多的孩子。(Hawkes *et al.*，2000：253)

> （印度北部的民间智慧称）只有祖母才应该照看孩子。母亲只适合生育。(Kipling，1901/2003：120)

---

① 引文原文里与此相关的具体陈述是，有12位成人（占深度访谈对象的19.4%）表示，一些邻居不会帮助在社区里流浪的、可能迷路的孩子。他们中的大多数人解释说，这是因为社区里的孩子经常出门，无人监督，因此，流浪的、迷路的孩子不会引起人们的注意，而且社区居民的流动性很高，出现邻居们不认识的孩子也很正常。其中，仅有两位表示，某些邻居的不作为，是因为他们对孩子的处境漠不关心。另外，其他6位成人说，居民们不会直接干预，但是会帮忙联系警察或其他社会机构。——译者注

② 女性在出生时，卵巢内就已经有未成熟的卵子；换句话说，女儿生下来的子女有着母亲（孩子的祖母）的基因。——译者注

民族志文献中充满了祖母照顾女儿后代的例子。相比于孩子的父亲，祖母更加频繁地替代孩子的母亲，充当孩子的主要照顾者（Black *et al.*，1999：974）。但是，研究哈扎人的克丽丝滕·霍克斯（Kristen Hawkes）及其同事率先提出了这样一种观点，即这种将母亲从育儿中解放出来的特殊解决方案可能有着深刻的进化根源。他们指出，与其他类人猿相比，我们这个物种的独特之处在于，女性的寿命通常远远超过了生育期——她们在绝经之后还活着。[1] 霍克斯及其同事对这一现象的解释是，年纪较大的妇女通过放弃生育来保护自己的身体，这样她们就可以把自己的精力和技能用于抚养孙辈，从而提高自己的遗传适应度（Hawkes *et al.*，2000）。在一项关于伊法利克环礁居民的研究中，保罗·特克也发现，父母在世的成人比那些没有"祖父母"[2]帮助的成人有更多的后代（Turke，1988）。在另一项关于埃塞俄比亚奥罗莫人（Oromo）的研究中，研究者也发现，祖母可以间接地提高孙辈的存活率。在这项研究里，一些祖母会去看望有婴儿的女儿，以便帮助她们做那些最繁重的家务。这种干预措施显然解放了母亲，让她们有更多的时间照顾孩子，从而增加了孩子的活力（Gibson and Mace，2005）。

当然，母亲不仅仅只关注生育更多孩子的机会。她必须满足（address）自己和伴侣的个人需求；伴侣可能会为她和孩子提供重要的资源。她将不可避免地扮演一个至关重要的经济角色。在所有这些努力中，孩子可能真的"碍事"。对塞皮克地区的妇女来说，她们主要的蛋白质来源是鱼，"婴幼儿是捕鱼为生的障碍"（BarLow，2001：85）。据观察，狩猎中的阿卡族母亲们会把（哭闹的）婴儿放在地上，以便追逐猎物（Hewlett，1991b：79-80）。在马克萨斯群岛，成人在把生椰子加工成干椰子肉（copra）时，会把孩子们赶走，因为孩子们可能会打断他们的工作。父母无意把这些技能教给孩子，他们认为，实际上，孩子在足够大的时候自己就会弄明白（Martini

---

① 引文原文里相关的表述：其他猿类，最长寿命通常不超过 50 年，在大限将至前，包括生育能力在内的各种生理机能，一起下降；而人类最长寿命将近 100 年，但是女性的生育力通常会在最长寿命的一半（50 岁）左右结束，这比生理上其他方面的衰弱要早得多。（Hawkes *et al.*，2000：238）——译者注

② 原文如此。此处应该是指孩子的祖父母，成人的父母。——译者注

and Kirkpatrick，1992：205）。那么，在许多案例中，孩子可能由祖母照顾——祖母通常更能容忍孩子的好奇心和"干扰"。特林吉特人声称，孩子从祖母那里得到的爱比从父母那里得到的更多，而且这种爱也更加恒久（de Laguna，1965：8）。

祖母在关键时刻会进行干预，特别是在婴儿断奶期间（de Laguna，1972：507；Fouts，2004a；Hawkes *et al.*，1997；Hilger，1957：30；Raphael and Davis，1985）。有研究者记录了这样一个事件：有一位祖母正用"她干瘪的乳房"给哭闹的婴儿喂奶（Rohner and Chaki-Sircar，1988：71）。如果母亲去世了，"奇加人坚持认为，祖母……在过去生过孩子，如果有个婴儿足够迫切地吮吸她的乳房，她就能再次产奶"（Edel，1957/1996：72）。图 10 显示的是苏拉威西岛（Sulawesi）的托拉查族地区，一位祖母正在照看她的两个孙子。

图 10 正在照顾两个孙子的祖母，苏拉威西岛马兰特（Marante）村。

当孩子生病或受伤时，祖母会讲一大堆能安慰孩子的故事（Raum，1940：160）。当母亲生病、要做重要的工作或照顾后来出生的婴儿时，祖母就会来帮忙，让母亲可以休息一段时间。祖母从"兼职"转变为"全职"照顾孩子的现象并不少见（Bove *et al.*，2002：459）。对塞拉利昂的门迪人来说，"奶奶"（grannies）①插手照顾以下几种情况的婴儿：母亲还在读高中，婴儿被怀疑是私生子；婴儿的未婚母亲发现了结婚机会；还有，婴儿的母亲急于恢复与丈夫的性关系，并且/或者急于怀上孩子。与年轻的母亲相比，"奶奶"被认为更有育儿知识、更为耐心、更加细心（Bledsoe and Isiugo-Abanihe，1989：453）。不过，从另一方面来说，祖母也有自身的局限性——萨顿-史密斯也曾指出同胞照顾者的局限性（Sutton-Smith，1977）。由祖母抚养长大的孩子就有一些不讨人喜欢的特征。他们"被认为要么言行轻率、'问七问八'，要么'幼稚'，不能承担适合其年龄的任务"（Toren，1990：172）。

> 从门迪族的观点来看，"奶奶"对孩子是出了名的纵容。据说，她们会按照孩子的意愿给孩子喂食，不会因为孩子行为不端或不工作而打他们或者不让他们吃饭……据说这样养大的孩子会逐渐变得懒惰、不诚实……孩子甚至可以在玩耍或生气时侮辱其"奶奶"……门迪族教师……认为……由"奶奶"养大的孩子在学校里表现最差。他们只是断断续续地上课，因为据说"奶奶"鼓励他们待在家里，避开教室里的严格要求和规章制度。（Bledsoe and Isiugo-Abanihe，1989：454—455）

门迪族"奶奶"可能并不是孩子的亲生祖母；其他亲属也可能被召唤来帮忙，而且"寄养"是极其普遍的现象。一项关于加纳贡贾人（Gonja）的寄养情况的研究发现，调查样本中至少有一半的人是在生身父母之外的成人的照顾下度过他们的整个或大部分童年的。这通常发生在一个家庭孩子过多而另一个家庭却缺少孩子的情况下（Goody，1982b）。在克佩列人中，孩子会被交给无子女的成人抚养，并培养出"亲情"（ties），这样他们在年老

---

① 在本节中，作者多次使用"grannies"一词，该词与"grandmother"的主要区别在于，它能够用以指称年老的妇女，类似于我们中国人经常要孩子喊年纪大的妇女（亲戚、邻居甚至是路人）为"奶奶"。在本节中，译者将该词统一译为"奶奶"。——译者注

时就会得到孩子的照顾(Lancy，1996：145)。事实上，正如本书第二章所详细论述的，旨在为孩子提供可靠照顾者并确保其在未来能发挥作用的习俗，可能比我们常见的"收养"观念更加多变(fluid)。在茨瓦纳族(Tswana)牧牛人中，孩子：

> 在不同的照顾者之间移动，与母亲或叔叔在镇上生活几个月，然后回到家乡与祖母住一起，再到农场或牧牛场住上几个星期或几个月。(Durham，2008：168)

正如我们所料，养父养母(要么是寄养，要么是收养)往往与孩子有近亲关系。在非洲西南部的赫雷罗族(Herero)牧民中，寄养的孩子比例很高，但是只有不到4%的孩子是由非亲属照顾的(Pennington and Harpending，1993)。西尔克一直在积极探索这个问题，她指出，在波利尼西亚(Silk，1980)和北极地区(Silk，1987)，亲属关系(kin-ties)对收养孩子的行为具有重要影响。她也指出，在一系列灵长类物种中，动物能够区分近亲、非近亲和远亲，而对于亲属关系的认知会调节动物的利他行为(Silk，2002)。事实上，"举全村之力"这句话改成"举大家庭之力"可能会更妥帖。

144

然而，在这一节结束时，我们要承认，祖父母带娃的现象，可能会消失在历史长河中——就像上一节结束时，我们承认母地可能已经被忽视。在美国，有一些类似亚利桑那州太阳城(Sun City)①的社区，因"无孩规则"(no-child rules)(即禁止有孩子的家庭入住)而臭名昭著。太阳城及其他类似的社区是一个更大趋势的一部分；这个趋势是将老一辈和年轻一代隔离开来。许多当代的日本祖母对于被要求帮忙照顾孩子感到愤懑，"在最终摆脱了自己的孩子之后，她们想要享受新获得的自由——有些人想要做点编织，有些人想练习书法或合气道"(Jolivet，1997：56)。如果祖父母不

---

① "太阳城"是由美国戴尔·韦伯开发公司(Del Webb Development Company，DEVCO)设计开发的养老房地产项目。亚利桑那州太阳城是最早的一个(1960年启用)。从相关的报道来看，这些名为"太阳城"的社区受到退休老人的欢迎，其经验被各国房地产开发商借鉴。——译者注

来帮忙，父亲能收拾这个残局①吗？让我们来看看。

与(不与)父亲一起生活

令人惊讶的是，父亲对孩子生存的影响微乎其微。(Sear and Mace，2008：1)

虽然看起来很奇怪，但在儿子的自传中，父亲很少被赋予重要地位。(Wu，1995：131)

在育儿这部情节剧的所有角色中，父亲这个角色最易受到剧本改动的影响。赫迪指出，"对于抚养孩子的事，人类男性可能只投入一点点，投入很多，或者完全置身事外"(2009：162)。造成这种差异的一个原因是，很难找到像孤立的核心家庭里那种承担领导角色的父亲，或者说我们所认为的那种"正常"的父亲角色。在邦加苏阿奎勒，我所借住的那户人家中，家中"首领"无疑是那个享有高级地位的酋长妻子；酋长本人实际上是这所房子周围一个可有可无的(shadowy)人物。在非洲的其他地区，观察者可能会发现人们生活在一个人口众多、团体林立的"大杂院"里。那里有很多男性，包括兄弟、堂(表)兄弟，还有孙子外孙；要把他们与院子里对应的女性群体的亲属关系分辨清楚，并不容易。在巴布亚新几内亚的大部分地区，已婚妇女与其年幼的孩子住在简陋的小屋里，然而，不管是已婚的还是单身的男子则住在像宿舍一样的单身汉住处里，在那里同性恋行为被完全接受。

在苏门答腊岛西部的米南加保族(Minangkabau)村庄里，男性家长(paterfamilias)会在共住的房屋上附建一些部分(这样那个房子看起来就像

---

① 此处的意思是，祖母带娃的做法会逐渐消失，父亲是否能够担负起照顾孩子的责任。——译者注

一个垂直的多层蛋糕），以供已婚的女儿和她们的后代居住。同样，在印度南部的纳亚尔族（Nayars）中，丈夫和妻子分开生活，除了夫妻之间的探视，父亲和孩子几乎没有关系（Menon，2001：354）。在纳人（Na）中，妇女会与其情人秘密交配，但情人的父权从未被承认（Hua，2001）。而阿富汗的游牧民族普什图人（我要以之为例）却是另一种情况，普什图族女性承担着比男性更重的工作负担（尤其是在牛奶加工季），因此"男性比女性更经常照顾婴儿"（Casimir，2010：23）。同样，在中国，女性的教育水平及就业水平与男性同步，而且有许多父亲会全职照顾自己的孩子——直到最近之前，这都是一种难以想象的状况（Jankowiak，2011）。简言之，在不同社会中，父亲的育儿角色各不相同；这一现状的部分原因在于，大体上说，丈夫和/或成年男性的角色在不同的文化中有很大的差异。

在世界上的大部分地区，男性长期不在家中，他们要么放牧牲畜，要么服兵役，要么四处务工挣钱。在加勒比地区的一个加利福纳人（Garifuna）社区里，芒罗（Munroe）记录了一段谈话，在谈话中，（很少）来探望的父亲询问孩子母亲——他们 7 岁的儿子叫什么名字（Munroe，2005）。在这种情况下，夫妻双方不仅很少有机会公开展示育儿方面类似"奥齐和哈里特"（*Ozzie and Harriet*）①风格[25]的亲密合作，而且夫妻间仅有的亲密关系事件②可能是在灌木丛中偷偷进行的。

看看我们的灵长类表亲，它们的情况同样不乐观。在非人类灵长类动物中，普遍的"父子"模式是成年雄性与幼仔保持着距离，因为幼仔母亲认为它们对幼仔有潜在的威胁。而在红毛猩猩中，年轻的雄性猩猩不仅不和生父互动，在成长过程中甚至可能看不到其他的雄性猩猩（Horr，1977）。大猩猩父亲经常在野外和它们的幼仔玩耍，而黑猩猩父亲则很少与幼仔玩耍。然而，"黑猩猩父子的血缘关系通常不为观察人员所知，显然也不为

---

① "Ozzie and Harriet"指的是一对在美国电台和电视节目里广受欢迎的夫妇：奥齐·纳尔逊（Ozzie Nelson）和哈里特（Harriet Nelson）。他们（及其两个儿子）使用真名在关于家庭生活的系列电视喜剧《奥齐和哈里特的冒险》（*The Adventures of Ozzie and Harriet*）（1952—1966）中，展现了其乐融融的家庭生活；他们一家被视为是完美家庭的典范。——译者注

② 此处应该是指夫妻间的性行为。——译者注

黑猩猩所知……然而在大猩猩的'后宫'中，父子关系是确定的"（Bard，1995：36）。当然，与大猩猩相比，人类与黑猩猩更相近。我们可以说，父亲对孩子的主要贡献发生在怀孕时——这是一个相当可靠的概括。[26]例如，在一个居住在森林里、自称为奇旺人的部落看来，父亲用自己的精液"制作"胎儿，接着由母亲在怀孕期间给予滋养。"产前阶段是父母责任心最强烈的阶段，因为婴儿任何类型的先天性功能障碍都会被归因于父母一方或另一方在此期间的行为"（Howell，1988：155）。

146

在伊法利克环礁上，任何男人，甚至是丈夫，都不许目睹孩子的出生（Burrows and Shapiro，1957），这一禁令具有典型性（但是，另请参阅Huber and Breedlove，2007：214）。产后，人们也劝父亲不要去照顾自己的妻子和新生婴儿："（吉普塞吉斯人）禁止父亲看望自己的妻子或新生婴儿……因为人们担心父亲可能会受诱惑而打破产后的性禁忌，或者担心正是他的出现可能会无意中伤害脆弱的新生儿，或者，甚至担心他自己的男子气概可能会因为与婴儿的密切接触而受到损害"（Harkness and Super，1991：223）。许多社会为父亲"缺席"育儿室构建了详尽的合理解释（Makey，1983：394；Munroe and Munroe，1992：218；Hewlett，2001：49）。在夸拉埃人中，"尿液和粪便具有污染性的信念限制了男性与婴儿互动的程度。[27]在天然肤色①形成之前，婴儿的皮肤也被认为具有潜在的污染性"（Gegeo and Watson-Gegeo，1985：248）。南非的聪加人（Thonga）（Junod，1927：169-170）和东非的罗格利人（Logoli）（Munroe，2005）有父亲不能抱婴儿的禁忌。中国人认为男人不会照顾婴儿，而且，举例来说，可能"犯迷糊，就把孩子丢了"（Jankowiak 2011：114）。斐济孩子很早就学会"不要碰或拿……父亲的任何东西——他的垫子、枕头、梳子，或印花短围裙②（lavalava）……孩子如果……违背……就会被责骂，也可能被鞭

---

① 原文为"full pigmentation"。陆谷孙主编的《英汉大词典》（第1479页）将其释义为"色素沉着，着色，染色；（动植物的）天然颜色（如肤色）"。此处的意思应是说婴儿的肤色颜色较淡，还没有变成与自己族群成人一般的肤色。——译者注
② 萨摩亚等太平洋岛屿土著人的穿着。——译者注

打"（Thompson，1940：39）。

日本社会历来嘲笑"帮助妻子的'善良的'或'乐于助人的'男人"（Jolivet，1997：58），但是人们的态度正在发生巨大的转变，人们越来越多地认为父亲在照顾孩子方面扮演着重要作用（Nakazawa and Shwalb，2012）。虽然父亲育儿的观念在美国可以追溯到 1966 年①（Pleck，1987：84），但是下面的这则轶事有力地说明了以往的态度仍然存在：

> 桑迪（Sandy）和本（Ben）②对于父亲身份的想象截然不同。本对新生婴儿的看法就像运动员对奖杯的看法一样：得奖后，就把它摆在架子上，远观就好。桑迪则以更加个人化的方式来思考父亲身份的问题，并想象本会积极参与金（Kim）的童年生活。孩子出生后，本逃避了自己的责任，而桑迪对本的幻想开始破灭。（Berrick，1995：43）

希拉里·福茨（Hillary Fouts）对波非族（中非农民）父亲的描述，可能会引起全球田野工作者的共鸣。虽然，在村里，波非族父亲会有许多日子"在家"，但是"他们很少照顾孩子，而是把大部分时间花在与其他……男人从事为自己谋利的政治活动"（Fouts，2005：358）。即使父亲"照看"孩子，他们也不会完全复制"母亲的"行为。亚诺马莫族（南美觅食群体）男人：

> 和婴儿在一起会感到不舒服——他们害怕婴儿（在自己身上）撒尿或排便……当他们抱着婴儿时，他们的手臂会稍微远离自己的身体……而妇女在抱婴儿时会把婴儿紧紧地贴近自己身体。如果婴儿在男人照看时哭了，男人就会迅速把婴儿交给女人。（Peters，1998：89）

在森林里跋涉时，亚诺马莫族母亲可能会把要携带的物品（material）放入一个篮子里，用挂在前额的背巾来固定那个篮子，而孩子会坐在那个篮

---

① 未查到原文，无法确信这一观点。——译者注
② 桑迪和本是夫妇，而金是他们的儿子。——译者注

子上，或者被母亲用背巾系在臀部（hip）上。"沿着森林小径行走时，丈夫可能会一直空手走在妻子前面"（Peters，1998：135）。

巴里·休利特一直是父亲育儿角色这一主题最专注的研究者，他的研究兴趣源于他发现，阿卡族觅食群体异乎寻常——父亲在育儿方面发挥了至关重要的、直接的作用。休利特将这一现象归因于两种普遍现象：一是布网狩猎（阿卡人主要的生存活动之一）的性质，二是两性平等的社会风气。布网狩猎使母亲不得不从事繁重的工作——照顾孩子就特别累人，不过，其他女性也同样负担沉重。而哥哥姐姐可能缺乏足够的力量来抱着婴儿和学步儿远距离行走（每天 8 千米到 12 千米），可能不能充分保护他们远离森林里的危险，并且哥哥姐姐还要积极参与觅食活动。因此，父亲在狩猎中以及在营地里，都会替母亲照看一下孩子；在营地里，祖母也在育儿方面作出重要贡献（Hewlett，1986）。然而，休利特在随后的研究中还发现，男性的地位与其分配给育儿活动的时间呈负相关（Hewlett，1988）："与育儿活动相比，男性通过维持地位或积累资源，在适应度方面，能获得更大的回报"（Hames，1992：225）。此外，他也承认，阿卡族（以及另一个中非觅食群体波非族）新手父亲要为他们的新姻亲提供彩礼劳役（bride-service）①，因此，他们往往会离开营地，长时间在外打猎。在这些情况下，祖母填补了空缺（Hewlett，1991：41-42）。福茨对波非人和阿卡人的研究也界定了父亲的参与程度；当有其他（尤其是绝经后的）妇女在营地里时，父亲的参与程度会降低（Fouts，2008：300）。虽然民族志学者（尤其是研究昆人、哈扎人和阿切人的学者）都注意到男性偶尔会直接参与育儿，但是有更多的证据表明，男性提供的是间接的照顾或供养。然而，研究人员发现，猎人们往往会以"散播财富"的方式来展现他们的勇猛，从而吸引更多潜在的配偶（Hawkes，1991），因而，毫不奇怪，哈扎族父亲的去世对其子女的存活或健康没有明显影响②（Blurton-Jones *et al.*，2000）。

148　　离婚在觅食社会中极为普遍。离婚的男性总是选择更年轻的配偶，这

---

① 新郎向女方家庭提供的服务，用以支付一部分彩礼。——译者注
② 也就是说，失去父亲的孩子能从猎人们那里获得供养。——译者注

些年轻的配偶有着比他们所遗弃的配偶更大的生育潜力（Low，2000）。在畜牧和园艺社会中，一夫多妻制取代了频繁离婚的"连续多配偶制"①，但家庭关系仍然不稳定，离婚也并不少见。因此，在传统社会中，父亲相对较少参与育儿活动，反而可能会减轻离婚对孩子的负面影响。

父亲一方的近亲所扮演的角色也可能大不相同。正如我们已经看到的，许多女性都向自己的家庭寻求育儿支持，并且认为丈夫的家人本质上是有敌意的。在父权制深重的社会中，父亲简直就"占有"自己的孩子。孩子的母亲与其说是照顾者，不如说是"孵化器"。因此，父亲把孩子从母亲的手中带走，将他们置于自己家庭的照顾下，这是完全可以接受的做法（Fernea，1991：450）；有些美国籍妻子在与中东男人分居后，才发现了这个让她们惊恐并且永远悲伤的事实（phenomenon）②。

与现代化相关的就业机会为农村儿童及其母亲带来了新的成本和收益。博克和约翰逊（Johnson）在博茨瓦纳进行了一项非常复杂的自然实验，研究的是博茨瓦纳的父亲对其孩子的影响。他们比较了迁徙工人的子女③和父亲在村庄里的子女。研究人员推断，由于前者无法享受到父亲直接参与照顾的好处（如果有的话），与同龄人相比，他们在传统技能的习得方面应该呈下降趋势。但是，研究人员没有发现这种下降，这表明迁徙父亲对子女的技能习得影响很小。博克和约翰逊还推断，迁徙父亲寄回家的汇款可能被用于改善子女的营养，这一预测在男孩和女孩身上都得到了证实，与同龄人相比，迁徙工人的子女有着更大的体重（Bock and Johnson，2002：329）。

但是，目前尚不清楚母亲及其子女如何持续地受益于这些新的经济机会。在爪哇岛，妇女抱怨她们那些寄生虫式的、不负责任的丈夫，他们"缺乏在一天结束时把钱带回家而不是挥霍掉的自律"（Brenner，2001：147）。

在子女的生活中，父亲看来确实扮演了一个积极的角色——严厉的管

①　参见本章第86页的相关内容。——译者注
②　也就是说，她们离开后，就失去了孩子的抚养权。——译者注
③　通俗点说，此处所比较的孩子是"父亲外出打工的孩子"与"父亲在家的孩子"，这两种类型的孩子都生活在村子里。下文中的"同龄人"是指"父亲在家的孩子"。——译者注

教者（Munroe，2005）。在中亚，塔吉克族（Tajik）"孩子们害怕父亲，因为他很严厉，并且具有伤害他们的能力"（Harris，2006：66）。土耳其父亲"扮演着相对疏远的权威角色，他们的主要职责是为孩子们设定严格的行为准则并强制推行"（Kagitçibasi and Sunar，1992：82）。这一角色还延伸到保护女儿的贞操（Davis and Davis，1989：78）；在女儿的生命中，要是缺乏一个父亲式的人物的管束，女儿更有可能出现滥交（Howard，1970：76；另请参阅 Draper and Harpending，1982；Coley *et al.*，2009）。因此，父亲的缺席可能会产生社会适应不良的青少年。在本节结束时，我要引用一段描述约鲁巴族父亲身份的话，它很有代表性，让我印象深刻：

> 父亲身份的存在几乎与任何……生娃的约定（engagement）无关。仅仅是让一个女人怀孕，一个男人就成了一位父亲——并且一直是"孩子的所有者"，无论他是否为抚养孩子作出了贡献。男人对自己亲生的孩子保留应有的权利……而且，孩子要被公开承认为某个男人的后代，女人才能够宣称男人是其孩子的父亲。孩子要是没有公认的父亲，就会受到侮辱和欺凌，会在愤怒和羞愧中转而反对他（她）的母亲。因此，对孩子来说，有父亲很重要，这就像有孩子对男人来说很重要一样，无论父子俩是否有任何接触。（Cornwall，2001：147）

正如我们在前一章中提到的，父亲对于新生儿的首要利益体现在，父亲要对它的存活与否作出决定。这一决定不仅取决于婴儿及其母亲的身体状况，而且父亲对父子血缘关系的担忧也对这一决定产生影响。"如果他相信孩子是自己的，通常来说，他会接受'照看'（minding）婴儿的责任"（Lange and Rodman，1992：188）。在加勒比地区的这个例子中，"照看"指的是对孩子的间接照顾或供养，而不是直接照顾——前者比后者更为常见。帕劳父亲是"尽责的供养者"，但是，论及直接照顾时，他们却是"旁观者"（Barnett，1979：7）。关于这一问题最彻底的研究之一是，一项关于6个营地220名觅食者的研究；该研究发现，哈扎族父亲带回家给自己的亲生子女的肉，（以卡路里来计算，）比给继子女的多了一倍（Hawkes，1991）。在马洛（Marlowe）（1999：401）的研究中，间接照顾看来确实对生殖成功和儿童存活率有显著的影响。然而，调查人员并没有发现父亲的缺席或死亡对儿童的健康、生存或者适应度有多大影响（Winking *et al.* m，2010：87）。

接下来让我们看看，随着社会变得更加复杂，不同阶层之间的社会距离越来越大，"育儿"会发生什么变化。

职业的儿童照顾者

> 如果我们转向瓶画，去寻找雅典父亲及其年幼的儿子共同从事了哪些活动的证据，其结果（picture）确实是贫乏的。（Shapirom，2003：98）

> （罗马王国①）一直贬低……父母直接参与养育子女的愿望或需求。（Boswell，1988：82）

在向更复杂的城市社会转型时，儿童生活所受到的最显著影响是，对富裕家庭而言，生身父母参与育儿的程度甚至比以前更低。哪里有财富、闲暇、仆人或奴隶，母亲就会在哪里迅速摆脱自己任何剩余的育儿责任（Janssen and Janssen，1990）。奶妈、保姆和家庭教师都是家中必不可少的、而且通常很受重视的成员（Emery，2010：751）。事实上，在埃及发现的最壮观的陵墓之一是法老图坦卡蒙（King Tut）的奶妈玛雅（Maya）的陵墓。"从汉朝到明朝，皇帝对奶妈滥授贵妇头衔、滥施其他恩惠的事例数不胜数"（Wu，1995：133）。雕塑和瓶画给我们提供了许多关于古希腊社会家庭生活的线索。坟墓里已经出土了成千上万的怀抱孩子的妇女的小雕像；她

150

---

① 查证引文原文，原作者（Boswell，1988：81-82）所论述的是，柏拉图《理想国》中提到的那种将儿童交由城邦抚养的做法——反之，它客观上贬低了父母直接抚养儿童的做法。换句话说，贬低父母直接育儿行为的不是现实中的"Roman state"，而是《理想国》里的那个城邦。根据原作里的相关表述（Boswell，1988：76），可以推断"Roman state"指的是罗马王国，也就是罗马王政时期。——译者注

们是"*kourotrophoi*"，或者说"儿童养育者"（child rearers）。有一个（大约公元前4世纪的）大型的花萼状双耳喷口杯（calyx krater）①的杯身上描绘着一个揭露真相的场景：有两个孩子死掉了，他们的父母在一旁看着，似乎无动于衷，而他们的保姆和家庭教师则表现出明显的哀伤。（Neils and Oakley，2003）。

　　罗马人比他们的前辈走得更远，遗弃和杀婴至少受到了宽松的管制，有关儿童的法律地位及其财产权利的法律也被颁布了，还有，在奥古斯都（Augustus）②及其后的皇帝们的统治时期，罗马帝国鼓励生育，并向父母提供补贴。但是罗马帝国从不认为，提倡父母（或者哥哥姐姐或者祖父母）在育儿方面发挥任何直接作用的观念是重要的。不如说：

　　　　是"*nutrix*"（奶妈）……负责……早期婴儿护理：哺乳，扑粉和使用襁褓，沐浴和按摩，轻摇并且唱歌以便哄孩子入睡，断奶让孩子改吃固体食物……事实上，"*nutrix*"只是影响儿童早期生活的一系列育儿工作者中的一员。（Bradley，1991：26-27）

　　　　被称为"教仆"（Paedagogues）的……男性奴隶……照顾孩子。他们和孩子一起玩耍，带他们出去玩，教他们餐桌礼仪，通常还会做保姆的工作……教仆护送（孩子）上下学……来回澡堂、剧院，还有护送他们参加社交活动。教仆可能……负责教孩子一些简单的阅读和写作……（然而，）上层阶级的孩子与其奴隶或下层阶级的照顾者之间的紧密联系（是不被鼓励的，因为）双方必须保持社会距离。（Shelton，1998：33）

　　在罗马帝国，关于如何选择奶妈的问题，人们需要专家的建议；因为，人们认为婴儿吃奶妈的乳汁有可能会获得奶妈的人格特质（Dasen，

---

① 古希腊的调酒器。——译者注
② 罗马帝国第一位元首盖维斯·屋大维·奥古斯都（Gaius Octavius Augustus）。——译者注

2010：669）。利用职业人员照顾孩子的做法逐渐向下层阶级推广。到了中世纪，嫁给熟练工人的妇女能够雇得起一名奶妈；这是一项交给农民的任务①。"有一位传记作家提到米开朗基罗的奶妈是一位石匠的妻子，以此来解释米开朗基罗对雕塑的兴趣"（Sommerville，1982：80）。婴儿通常寄养在奶妈家里，很少被探望，在断奶后，如果存活下来，会被带回家。由于奶妈提供服务是为了钱，而不是出于对婴儿的爱，[28] 所以，在她工作时，被照顾的 *151* 婴儿通常会被襁褓裹得紧紧，摆在远离危险的地方（Sommerville，1982：80）。

这种做法几乎没有引起人们的担忧，因为婴儿被普遍认为是无知觉的。几乎就像植物一样，婴儿只需受到基本的照顾，"实际上对一个照顾者的要求并不高……几乎任何人都可以安全地照看或抱着襁褓中的婴儿"（Calvert，1992：23）。1780 年在巴黎登记的 21000 名婴儿中，只有 5% 是由自己的母亲哺乳的（Sussman，1982）。赫迪把这一统计数据作为母亲漠不关心的明确证据以及她"反对人类具有母性本能的主要证据"，加以大肆宣扬（Hrdy，1999：351）。然而，雇佣奶妈照顾婴儿，这也是那些负担得起的人在孩子身上加大投入的证据。有钱人还雇佣了保姆来照顾和保护他们的孩子免于各式各样的危险：

> 摇篮里的婴儿可能会被皮带或绳子缠住……被火烧，被烟呛，或者被动物袭击……猪是一种特别的危险源，它们会穿过敞开的门进入房屋。（Orme，2003：99）

大多数父母既没有时间"照看"孩子，也没有足够的钱雇一个保姆。孩子被留在室内或是成人看不见的其他地方。弟弟妹妹的潜在照顾者在农场或手工作坊里有经济上更重要的工作要做。六七岁的"打工仔"并不少见。因此，近 60% 的中世纪英国儿童在一岁之前死于火灾。"大多数……事故……发生在工作日，那时（家庭成员）因忙于工作而分心"（Colòn with

① 此处的意思是，那些奶妈的出身是农民。——译者注

Colòn，2001：207）。

从中世纪以来，如果孩子们不当农场工人，他们会在年纪很小的时候离开自己出生的家庭。贵族的孩子通常被送到亲戚或地位更高的庇护人那里居住，以期"晋升"（Colòn with Colòn，2001：209）。年仅5岁的孩子被父母捐给修道院，去过修道生活（Shahar，1990：191）。贵族之外的父母把他们5岁到7岁的孩子（在他们看来，这些孩子已经不再是孩子）送到老工匠或商人家里当学徒，在那里，第一个十年的服务很可能是"打杂"，而不是学习有用的技能。而女儿则被送到别人家里"当帮佣"。

16世纪的英格兰父母被认为是特别冷酷无情的，因为他们在孩子还很小的时候就把他们送走（匿名的威尼斯外交家，1847）。然而，琳达·波洛克（1983）在对一些私人日记的分析中发现，17世纪逐渐出现了转变。① 漠

152 不关心的态度让位于悉心关怀。尽管对母亲来说，相比于生育和管理家庭，照顾孩子仍然是一项次要的职业，但是她们现在会定期去看望由奶妈照顾的婴儿（Calvert，1992：23）。随着17世纪的进步，在接下来的200年里，育儿的观念发生了深刻的变化，这一变化在某种程度上得到了宗教改革的推动。

育儿的新隐喻

> 父权制家庭是清教徒社会的基本组成部分……男性户主对家庭成员行使不同寻常的权威……因而，育儿手册是写给男人的，不是写给他们妻子的。（Mintz，2004：13）

渐渐地，人们对于婴儿的普遍看法发生了变化，于是人们越来越意识到需要让孩子社会化。

---

① 查证引文原文，琳达·波洛克的相关研究结论是，从16世纪以来，父母照顾孩子的方式看起来没有什么变化，但是，从17世纪开始，人们越来越强调童年的意义及父母育儿的重要性（Pollock，1983：269）。——译者注

像野人(或野兽)一样，婴儿缺乏推理、说话，或者站立及直立行走的能力。(他们)烦人、粗野、肮脏，用没有语言的哭喊、咕哝以及尖叫来交流，在能像人一样走路之前，他们惯于四肢着地爬行……如果任由他们自行其是，他们将依然是自私的、兽性的、野蛮的。父母[29]认为，他们必须强迫自己的宝宝长大，他们预料到自家孩子会抗议和抵抗。(Calvert，1992：26，34)

襁褓仍然很受欢迎，不仅是因为它能方便婴儿照顾者，还因为它能防止婴儿爬行；人们认为爬行会强化婴儿的动物本性，而且会造成危险——因为房屋不是"对儿童安全的"设计。人们认为，襁褓还有助于伸展婴儿的双腿，否则婴儿的双腿可能会萎缩。[30] "站立凳"(Standing stools)[如今称为"助行器"(walkers)]也起到了同样的作用。在启蒙时代(17、18世纪)，富裕的父母会雇佣女家庭教师——尽管"专家"认为她们中的许多人不适合教育儿童以适应资产阶级社会这种艰巨任务。在法国，"行为指南"一类的书为正在社会化的女孩们提供了一种替代性的学习途径；这些女孩的职业照顾者都来自"不恰当的"社会阶层(Bérenguier，2011：67)。

清教徒是第一个创造出真正全面的育儿理论的群体，这反映在从17世纪开始源源不断出版的育儿指导手册中。他们相信，孩子本质上是兽性的、邪恶的，而驯服这种天性正是父母所面临的重大挑战。清教徒(预先表达了本章前面部分①提到过的当代摩门教的观点)认为，养育真正正直的个体的艰巨任务，既不能指望职业照顾者(例如奶妈)，也不能指望邻居去完成。随着越来越多的人认识到婴幼儿的可塑性，人们渐渐地将关注点从作为孩子性格"设计师"的父亲转移到母亲身上(Mintz，2004：71)。但是，父母被告诫不要盲从"天生"的育儿本能。例如，父母不应该"溺爱"或者纵容自己的子女，或者因他们的嬉闹而发笑，因为(如果这样做的话)他们在以后

153

---

① 见本章"引言"的相关内容(本书第121页)。——译者注

的生活里就不得不去纠正子女的任性(Sommerville, 1982: 110)。事实上，孩子的任何游戏行为都会被视为"浪费时间的恶行"(Mintz, 2004: 19)。清教徒可能是第一批焦虑的父母，他们担心自己的育儿方式可能会失败，担心自己的孩子会变得很糟糕。有许多清教徒迁徙他处，去建立新的社区，以便使自己的孩子免于不信教的同伴的有害影响(Sommerville, 1982: 112-113)，这就很像当今的父母把家搬到另一个街区，原因是那里有"好"学校。

但后来达尔文出现了，他的自然选择理论影响了思维的各个领域，包括儿童心理学。襁褓被指责为过度地保护和约束孩子，使其无法在大自然的"明枪暗箭"(slings and arrows)下变得强壮。与此同时，快速的工业化吸收了以前靠当奶妈和/或佣人为生的妇女劳动力。因此，孩子的母亲所面对的育儿选择越来越少，"许多母亲转而采用酒精、鸦片或其他药物来安抚哭闹的婴儿"(Calvert, 1992: 76)。

进入现代，西方父母发现，让孩子为严格的正规教育做准备，什么时候开始都不算太早。然而，相比于西方社会，这件势在必行的事情已经对东亚社会的育儿哲学产生了长时间的影响(driven)。在东亚社会中，由于儿子能为年迈的父母提供社会保障，让儿子为公务员考试做准备，这符合父母自身的利益[31]。成功需要自律、专注和死记硬背。像"胎教"或者说"T' aekyo"这样的概念，以及像"三岁看到老"这样的说法，反映了一种育儿哲学——强调孩子的可塑性(Uno, 1991: 396)和父母充分利用这种可塑性的责任。

人们对于如何照顾孩子的态度发生了如此戏剧性的转变！我们现在理所当然地认为"需要"通过身体接触、妈妈语(motherese)①，以及玩躲猫猫之类的游戏来刺激婴儿，以促进婴儿的身体和智力发展。与这些假设相比，前现代社会的育婴目标是让婴儿保持静止不动，这样婴儿就不会对照顾者提出太多要求，也不会伤害到自己(LeVine et al., 1994)。[32] 玛雅人育儿的首要目标是让婴儿保持安静。他们为婴儿提供安心、舒适的生活，从

154

---

① 指成人与婴儿说话时，采用简单的重复性的语言，以及夸张的语调和节奏。——译者注

不予以刺激；玛雅婴儿探索环境或与他人互动的机会是有限的（Howrigan，1988：41）。同样，奇加人让婴儿保持安静，不跟他们说话（Edel，1957/1996：175），而传统的中国人也会为婴儿提供"一个安宁的、具有保护性的环境"（Bai，2005：11）。

如果父母要成为孩子仅有的照顾者，而且，更进一步说，如果人们现在认为需要与孩子建立一种更具互动性、更亲密的（demanding）关系，那么父母的生育数（broods）必定会减少。

人口"大"转型

> 随着社会的现代化，对父母来说，生儿育女的成本越来越高，而这一不断提高的成本导致了父母对（子女）的需求减少。（Turke，1989：76）

既然我正在埋头调查邦加苏阿奎勒村邻居们的生活（Lancy，1996），那么只有向他们公开我的私人生活才是公平的。他们对我的家庭特别感兴趣，而且，看到我这般年纪（当时28岁），生活明显富足（我的衣服没有破洞，我有一台收音机，还有鞋子），却没有子女，他们深感震惊。实际上，他们很惊讶于我只有一个配偶，而我在从事田野调查的整个过程中，不得不礼貌地避开媒人们。我向他们解释为什么我们觉得有必要限制生育，但对他们来说，我的解释没有任何意义。而且，对于这个世界上99%的前现代民族来说，这样的解释也不会有什么意义。显然，衣食无忧、生活普遍富裕的成人会选择少生孩子，这是学者们所谓的"大"转型或者说"人口"转型的悖论①——在本书第三章中②有详细论述。

原本可以由散布各处的亲属承担的育儿负担正在持续地转移到孩子的生身父母身上。用来代替亲属的照顾者，既昂贵又不可靠（Turke，1989：

---

① 此处的意思是，生活富足的成人本该生养更多的子女，然而，他们却会选择少生孩子。——译者注

② 指"高生育率和低生育率的两个极端"一节。——译者注

67，71）。本章充满了关于这一复杂问题（equation）的首要部分的文献资料。① 在其他条件相同的情况下，你越是能把育儿负担转移给那些没有自己的小孩需要照顾的人，你能生育的子女就会越多，这就会提高你的遗传适应度。不过，一个人要参与现代经济活动，就必须离开家庭去上学，接受离家很远的工作，并脱离父母建立一个独立的家庭[33]，因而，联合亲属来共同照顾孩子的做法不再可行。

世界各地都在监测人口转型。在爱尔兰，童工法和义务教育法被严格执行，这就剥夺了父母从子女身上获得直接回报的机会。不过，有取就有予，政府提供了新的社会安全保障，这"使得穷人没有必要把孩子看作他们面对不幸、失业，或者残疾的主要防御手段"（Sommerville，1982：159）。生育率骤然下降。[34] 墨西哥在全国范围内努力遏制人口增长。

> 和许多旧式的墨西哥女家长（matriarchs）一样，埃玛·卡斯特罗·阿马多尔（Emma Castro Amador）生了太多的孩子，以至于她连孩子们的生日都记不清楚。有时，她甚至弄不清奥斯卡（她的第 10 个孩子）是不是比大卫（她的第 11 个孩子）出生早，还是相反。"但我从不后悔生了这么多孩子。"在 25 年里生了 14 个孩子、现年 59 岁的卡斯特罗夫人如是说。然而，卡斯特罗夫人的后代却有不同的看法。数以百万计的墨西哥家庭都重复着同样的代际分歧——卡斯特罗夫人的 14 个孩子全都表示，他们下定决心要将自己的家庭规模限制在只有 2 到 3 个孩子。[35]（Dillon，1999）

人口转型正在成为一种全球性现象。贝丝·斯瓦登纳（Beth Swadener）及其同事研究了桑布鲁地区（Samburu）的村民；村民们投资建造了一所幼儿园并为它配备了教职员工，他们还为孩子们购买或者制作了玩具，而

---

① 此句的意思是，这一章有大部分的内容是关于非生身父母的儿童照顾者——亲属。——译者注

且，最值得注意的是，他们声称这些新支出导致了一夫多妻制家庭中的子女和妻子的数量减少（Swadener et al.，2000：94）。即使妇女的工作从家庭转移到公共领域，并且随着她们对家庭经济的现金（dollar）贡献增加，她们在家庭领域的责任却没有相应减少（Tingey et al.，1996：184）。一个"婴儿每月为家庭增加大约 10 天的工作量"（Seiter，1998：304）。虽然口头上说得好听——丈夫是家里的"拍档"，但是他们顶多就是在妻子干活时"帮个忙"（Mederer，1993）——当然，这还是假设丈夫正好在妻子身边的情况。"自 20 世纪 60 年代以来，与父亲一起生活的美国儿童的比例一直在稳步下降"（Black et al.，1999：967）。

与此同时，育儿任务也变得更加艰巨。让孩子做好准备，以便将来能在现代经济中获得成功（这样她①就可以离开家并建立自己的家庭），这既需要时间，也需要金钱。我们所认为的父母的大部分日常职责（比如，睡前故事；比较 Lancy，1994）或者日常开销（例如牙齿矫正），在现代主流的社会之外是完全不存在的。而且，正如我们在本书第二章中看到的，儿童所具有的经济利益也急剧下降。

当社会发生这些变化时，童年文化也正在发生巨变。泽利泽（Zelizer，1985）记录了这种情况，而我们在本书第二章中对此也有详细论述。大致说来，社会将非经济性的价值赋予了儿童，以之来抵消明显增加的育儿成本。孩子变得可爱、珍贵、特别重要、讨人喜欢，成了父母骄傲和快乐的源泉，成了母亲最好的朋友。

在 21 世纪养育孩子

> 育儿不是物理学。②（Harris，1998：86）

---

① 原文如此。——译者注

② 查证引文原文（Harris，2009：80），结合上下文理解，原作者大体上要表达的是，物理学可以用来理解真实的物理世界，但是关于童年和育儿的观念是文化的产物，是与人的情感相关的事务，不能用测试物理世界的冷静（dispassion）方式来检验关于童年和育儿的理论。——译者注

用餐时间是（中产阶级）家庭生活的象征性支柱之一。（Fiese *et al.*，2006：85）

　　在法国人看来……美国孩子似乎是当家人……父母从来不说，"不"。（Druckerman，2012：68）

　　如果孩子能在一群（crosssection）村民（包括，特别是，其他孩子）的照顾下成长为具有完全能力的成人，那么，套用朱迪丝·哈里斯（Judith Harris）的话来说，育儿肯定不是物理学。或者，它就是物理学？在本章的结尾部分，我想提出的观点是，要让孩子做好准备，以便在我们当代这个快节奏、技术推动、信息主导的社会中获得成功，这是一项极具挑战性的任务。例如，在东亚，通往成功的道路被称为"考试地狱"；孩子们要想成功地通过这条道路，没有母亲"舍己为子"式的关心是不行的（Lebra，1994：264）。

　　不幸的是，育儿已经不再能够遵循村庄模式了，因为，在当今，由你的哥哥姐姐抚养长大可能意味着你正在成为一名帮派成员（Achpal *et al.*，2007）。实际上，有人可能会合理地辩称，电子游戏和电视已经成为典型的同胞照顾者。2005 年秋天，在法国，年轻的非洲裔移民暴徒点燃了数百辆汽车，这一悲剧性的事件就向我们证明，以村庄为基础的文化濡化（enculturation）①模式未能在现代城市背景中成功转型。当被问及为什么那些非洲裔父母无法阻止他们的儿子胡作非为时，一位清真寺负责人回应道："法国是一个民主国家。它赋予了妇女和儿童权利，现在父母们什么也不能做——如果他们打了 12 岁的子女，警察就会上门。孩子可以拨打热线电话举报父母的虐待行为。"（Faramarzi，2005）在美国，事实上，人们常常通过对孩子的母亲说"你要对你的孩子全权负责，确保她②不要干涉我们的生活"之类的话，来表达对别人家孩子的厌恶。人们可能会担心，如果

---

① 个体学习某种文化的传统内容并吸收其习俗和价值观的过程。——译者注
② 原文如此。——译者注

插手去约束他人子女的危险或非法的行为，就会遭到报复。（Spilsbury and Korbin，2004）。

为了衡量育儿这项任务的要求有多高，我浏览了亚马逊网站上的"育儿指南推荐"（parenting guides selection）。在该网站的这一栏目下真的有数百种图书可供选择，而且大多数父母都将"拥有一个关于这一主题的小型图书馆"（Harkness *et al.*，1992：175），包括斯波克博士（Dr. Spock）的育儿指南（该书销售量已超过 3000 万本，仅次于圣经）（Sommerville，1982：12）。在亚马逊网站上，我找到了儿童生命中每个成长阶段和每个成长里程碑的书籍。有为基督徒父母，犹太教父母，玩音乐的父母（combos）①，以及那些从占星术中获取灵感的父母准备的书；有为同性恋父母和恐同父母准备的书；有为年轻父母和上了年纪的父母准备的书；有为自信的父母、焦虑的父母以及一无所知的父母准备的书；有为每个种族和每个宗教团体准备的育儿书籍；有为离异父母和想要避免离婚的父母准备的书；有如何对待学业不良的孩子和成绩优异的孩子、生病的孩子和有运动天赋（super-athletes）的孩子的书；有指导父母准备饭菜、布置卧室、组织生日聚会、规划假期、选择儿童读物、选择幼儿园（保姆、音乐教师、团队以及教师）的书。这个清单几乎是无穷无尽的。因此，我们不是依靠祖父母的智慧，而是通过书籍、报纸和杂志来获取育儿的"最新科学信息"（Welles-Nystrom，1988：79）。

尽管存在"妈咪战争"（Mommy Wars）②（Steiner，2007），但是诸多研究一致表明，"母亲就业对儿童幸福的影响（是）可以忽略不计的"（Bengston *et al.*，2002：158）。然而，有两个因素[36]对于儿童幸福有非常重要的影响：家庭收入和母亲受过的教育（Black *et al.*，1999：974）。家庭收入在一

---

① "combo"一词意指（演奏爵士乐、舞曲或流行音乐的）小型乐队。——译者注
② 指《华盛顿邮报》（Washington Post）高管莱斯莉·摩根·施泰纳（Leslie Morgan Steiner）编著的《妈咪战争：全职妈妈和职场妈妈的对抗——她们的选择、生活和家庭》（*Mommy Wars：Stay-at-Home and Career Moms Face off on Their Choices，Their Lives，Their Families*），该书所论述的主题是女性当上妈妈后所要面临的两难选择：在家带娃还是继续职业生涯。在该书中，26 位直言不讳的母亲受莱斯莉委托写下她们的生活、家庭以及她们所作出的选择。——译者注

定程度上影响母亲购买诸如婴儿围栏、助行器、宝宝餐椅、折叠式婴儿车、汤美星婴儿水杯(Tommee-Tippeecups)和纸尿裤等有助于减少育婴劳动的辅助用品。相比于非洲村庄里的婴儿，美国婴儿被抱的次数要少得多，他们"有相当长的时间是待在各种各样的'容器'(例如宝宝餐椅和婴儿围栏)中"(Richman *et al.*，1988：70)。还有，面向儿童的"视频让疲惫的妈妈有时间去做饭、喂奶，或者打扫房间。而当他们一起(乘车)……去办事时，玩具能让孩子有事可做(entertained)"(Berk，1985：306)。

158   富裕的母亲可以购买各种设备来减少家务劳动；例如，"厨房面积非常小……(而且)没有洗碗机，(这就意味着)日本母亲每天至少洗三次碗(dishes)；而美国母亲平均下来大约每天洗一次"(Fogel *et al.*，1992：38)。她①的高档住宅或公寓会有私人娱乐区，并且/或者位于公共游乐场或公园附近；当她做家务时，她可以放心地让自己的孩子(在家附近的公共游乐场或公园)玩耍，而不用在旁监督他们。她可以花钱请人来帮她做家务。高收入的母亲购买优质的日托服务[37]——相关研究一再表明，与"全职妈妈"抚养的孩子相比，接受日托服务的孩子的人生机会并不会减少(Scarr，1997)。富裕家庭的孩子放学后，有青少年足球、少年棒球联盟、女童子军，以及音乐、芭蕾舞和跆拳道课程——所有这些都与提高孩子的学业成绩或提高其在同伴中的地位有关。

    教育以许多(有时是非常微妙的)方式为母亲的成功育儿作出了贡献[38]。"接受教育"通常意味着推迟生育——直到女性得到了一个教育程度相当、能够给予支持的丈夫(Fogel *et al.*，1992：38-39)。而继续接受大学教育，可能会使女性推迟生育——直到她在情感和财务方面达到了某种程度的稳定。受过良好教育的妇女可能拥有学习技能和动机，能获得与成功育儿相关的文化资本——即使面对不利的情况，例如孩子有注意力缺陷障碍②，学校教育质量低下，或者离婚，她们也能成功养育孩子。受过良好教育的妇女能更明智地选择育儿辅助用品和育儿助手；她们知道该从亚马逊网

---

① 原文如此。从本段首句来看，此处应该是指富裕的母亲。——译者注

② 即多动症(Attention-deficit/hyperactivity disorder，ADHD)。——译者注

站购买哪些育儿（parenting）指南！母亲的教育水平与特定的育儿行为密切相关。

在中产阶级中，抱婴儿的习惯做法是面对面，并使用一种特殊的语言形式（即所谓的妈妈语）对婴儿说话。而且我们会针对婴儿的反应作出回应。[39]婴儿情绪低落、兴奋、专注和分心的迹象都会引发照顾者微妙且富于变化的言语（包括语调和非语言信号）。在比较研究中，"在婴儿主导的谈话中……美国中产阶级父母表现出最极致的韵律变化"（Fernald，1992：399-400）。此外，有一项研究令人信服地表明，成人要是经常对婴儿说话，婴儿会更早地学会某些语言技能，比如断词（Thiessen *et al.*，2005：68）。孩子能说出第一个句子，这被视为重要的发展里程碑，而且他们的词汇量会因玩各种命名游戏而得以加速扩展。孩子会将"这是什么"的提问逐渐扩展为包罗万象、没完没了的苏格拉底式追问。

美国儿童心理学家推广了教导前语言期（pre-linguistic）婴儿使用美国手语①（American Sign Language，ASL）的观念。充满热情的奉行者提供了以下这些令人印象深刻的推荐语：

> 我们大儿子（现在 3 岁）的词汇量超过了大多数 5 岁的孩子。甚至我们的儿科医生也称赞了他的词汇能力……我儿子只有 12 个月大，他能表达他想要的和需要的东西，当我学习理解他所说的"话"时，他会非常耐心地用点头来表示"是"或"不是"。我们没有语言障碍，他比大多数两岁的孩子"说"（打手势）得更好。宝宝手语万岁！……考虑到婴儿学习像"ball"和"doggy"这样简单的单词是多么缓慢，更不用说像"scared"和"elephant"这样的难词，所以对婴儿和父母来说，有那么多个月的时间，原本双方之间可以用来进行丰富且有益的互动，却白白浪费了。②（Acredolo and Goodwyn，2002：3 份推荐语）

---

① 美国手语通过手和脸部的动作来表达思想。——译者注
② 此段引文是摘录了三份不同"推荐语"的个别句子合并而成的。——译者注

这种密集而多样的早期语言课程格外引人注目的一点是，这种做法完全没有必要（MacNeilage and Davis，2005：708）。在没有语言教学的社会里，孩子们能流利地说自己的母语——这是一种常态。显然，欧美和亚洲的父母正在为孩子们做好准备，让他们不仅仅是会说一口流利的母语。他们通过经常询问孩子的活动，包括他们的主观评价，来鼓励孩子发展叙事能力："母亲注意到孩子的……话题，重复和扩展孩子所说的话，并调整自己的语言……以支持孩子的学习项目"（Martini，1995：54）。学步儿应该拥有并表达自己的观点！父母在向孩子寻求"解释"时，也会容忍自己被孩子打断和反驳（Portes *et al.*，1988）。而在民族志记录中，这一整套语言教学的文化惯例几乎是不存在的（Robinson，1988）。

有见识的父母会小心地管理孩子接近食物、电视、电子游戏，以及（尤其是）同伴的机会——它们全都有可能帮助或伤害孩子。家庭进餐、起床和睡觉的规律时间可以让孩子将有序的做法内化，从而使家庭规范变为自我规范（Fiese *et al.*，2006：85）。父母相信"他们在'正确的'教育玩具、软件、夏令营，或者家庭教学项目上的投资（将）帮助自己的子女，避免这个纵容孩子的社会里的各种诱惑，并获得竞争优势以赢得成功的机会"（Cross，2004：194）。

虽然"父母作为（耐心的）教师"的角色已经被奉为育儿的黄金准则（Goodnow，1990：280），但事实上，诸多研究表明，当代父母作为教师的有效性存在很大差异。如果我们的眼光跳出现代育儿观的主流假设，父母的教导角色就会大大缩小。在美国，那些自身受教育程度低的、青少年的父母很少与其子女交谈，而且，在普通的自发游戏活动中，他们不知道如何与孩子一起玩（Gross *et al.*，2003）。住在城市高层住宅区的母亲很少与其年幼的孩子交谈；大多数口头表达都是简短的命令或斥责（Heath，1990）。生活在法国的西非裔母亲"在照顾孩子或给孩子换尿布时，通常不会和孩子说话，与之相反，法国母亲……会利用此类时机与孩子开展充分交流"（Jamin，1994：156）。

村庄里的父母不会采用我们在欧美主流社会中普遍使用的策略，其原因是这些策略不是必需的。他们所需的社会化常规和程序，（相比欧美主流社会的父母来说）远远宽松得多（参见第五章）。父母不需要寻找可教的时刻。"在一个玛雅社区里……孩子们被教导，不要显摆自己对某些事情有更多的了解，要避免挑战成人"（Rogoff，1990：60）。西非的沃洛夫族父母从来不会用一些已经知道答案的问题来测试孩子（Irvine，1978）——这是身兼教师角色的欧美父母最喜欢的伎俩。斐济人从不鼓励孩子和大人说话，甚至不鼓励他们和大人进行眼神交流。相反，他们认为，孩子的举止应该表现出羞怯和自谦（Toren，1990：183）。

只有当村庄儿童面临做好上学并找到白领工作的准备这种挑战时，自由放任的策略才会失效。[40]当社会变得如此复杂，以至于只有受过良好教育、知识渊博的官僚阶层才能保证社会平稳运行时，村庄里那种舒适的学习氛围就会被严重改变："学校教育在 13 世纪的意大利出现爆炸性的发展……1333 年，意大利颁布了公职人员和法官必须具备读写能力才能保住工作的法令"（Olson，2003：16）。文官制度（Civil service）通常意味着精英管理，这反过来又意味着教育及评估的正规方式。一个新的社会阶层诞生了，而通往这一阶层的大门只对那些有才能的人开放。

那些想要让子女参与竞争的家庭，必须采取一种全新的育儿方式。等 *161* 到孩子"准备好了"再去做，就已经不切实际了。对自律、延迟奖励和言语流畅的训练，必须尽早开始。[41]有一项民族志研究对（印度）布巴内斯瓦尔（Bhubaneswar）城的现代区域和"老城区"的育儿情况做了比较。该研究发现在老城区几乎没有或根本没有父母的教导，然而，"社会地位较高的家庭正在适应一个日益强调正规教育、日益强调要为获得新种类的工作而竞争的社会"，此类家庭的父母会在家中积极教导孩子（Seymour，2001：16；另请参阅塔希提岛-Levy，1996）。

然而，父母在家积极教导孩子的做法引发了一些对当代育儿哲学争论的思考，这些育儿哲学存在于一系列已经完成了人口转型的社会中。甚至是在欧美社会和与之相似的现代日本社会之间，也出现了显著的差异。在对自己的宝宝说话并给宝宝以刺激时，美国中产阶级母亲的行动是基于这样一种信念，即婴儿具有自主性并渴望成为一个独特的社会个体(being)。相比之下，日本母亲会哄睡和安慰婴儿。日本母亲把婴儿看作自身的附属物，"母亲与婴儿之间的心理边界是模糊的"(Caudill，1988：49，67)。

在美国，父母奉行一种优化策略。这种策略的核心信念是，每个孩子都有潜力在某些方面成为出类拔萃的人。他们认为自己扮演着一个诊断专家的角色，要找出孩子的长处和短处，进而培养前者，补救或淡化后者(Pugh，2009)。一位美国中产阶级母亲解释道：

> 她第一次送女儿黑莉(Hailey)去上游泳课是在她6岁的时候，当时另一位母亲告诉她，小女孩黑莉拥有游泳运动员的体格。这位母亲自豪地讲述了黑莉是如何在这项运动中立即表现优异的，并说黑莉在第一次参加游泳选拔赛时就被俱乐部的游泳队录取。(Kremer-Sadlik *et al.*，2010：40)

在美国，一个次要的且相关的育儿目标是，孩子应该受到同伴的欢迎，并且"深受大家喜爱"，这在某种程度上解释了美国父母为何乐意在孩子的课外活动、孩子的衣柜和私人物品上大量投资。这与东亚模式形成了鲜明的对比。在东亚模式中，确保孩子获得优异的(high)学业成绩是育儿的首要目标，人们信仰的是，孩子应该为了出类拔萃而自愿放弃"人见人爱"(Li，2012：43)。

畅销书《虎妈战歌》(*Battle Hymn of the Tiger Mom*)试图在中国人(以及华裔美国人)与美国人各自的"良好"育儿模式之间制造出某种明确的区别。"虎妈"坚持要求孩子在学业和音乐方面有很高的成就；美国妈妈则认为"强调成功对孩子并不好"(Chua，2011：5)。"虎妈"们期望自己的孩子努力工作，忍受痛苦，抑制任何厌恶或反抗的感受。美国妈妈们希望自己的孩子"玩得开心"，喜欢自己①，成为自己的"挚友"。蔡美儿记录了她和女

----

① 此处指美国妈妈们，不是指孩子自己。——译者注

儿之间这段暴露真相的谈话："'我的朋友玛雅真幸运,'她感伤地说,'她有那么多宠物'……我说,'也许这就是为什么她还停留在小提琴第一册的原因,因为她太忙于照顾宠物了……你的小提琴是你的宠物'。"(Chua,2011:65)与《虎妈战歌》同类的另一本①畅销书《养育宝宝》②(*Bringing up Bébé*)对比了法国人和美国人的育儿观。和中国父母一样,"为了孩子好",法国父母会维护自己的权威并对孩子发号施令,并不担心会有何不良后果。法国人认为,通常,父母的需要应该优先于孩子的需要,更具体地说,法国孩子应该毫无怨言地遵从成人的饮食习惯和"恰当"的餐桌礼仪,并且避免打扰正在忙碌的父母。还有,与美国和中国的父母相比,"法国的父母……不会强迫他们的孩子提前学习阅读、游泳或数学。他们不会试图督促孩子成为神童"(Druckerman,2012:80)。

在本章的开头,我就并列了两种观点。一种观点认为,要想在生活中取得成功,孩子需要母亲近乎全职的照顾;母亲要把照顾孩子当作一种职业,并刻苦准备。另一种相反的观点认为,抚养孩子这项工作最好由不同个体,或者说全村人一起来分担。那么,我们可以得出什么结论呢?我的论点是,为了让孩子为村庄里的生活做好准备,将抚养孩子的负担交给任何一个人,这既无必要,也不是利用稀缺资源的有效方式。然而,为了让孩子为现代世界做好准备,把抚养孩子的责任分散给不同的人(但谁也不负责),这只会招致灾难。希拉里·克林顿在《全村协力》中试图将村庄模式应用到现代情境中。她主张(除了其他方面的措施以外)改善学校和社会服务机构,增加图书馆和游戏场地的设施以及课外项目(Clinton,1996)。所有的这些建议都是有益的,但是所有的那些育儿代理人——包括教师、图书管理员、操场管理员、男孩及女孩俱乐部志愿者,就其全体而言,都不能取代尽心尽力、足智多谋的父母。这些代理人和孩子没有亲属关系,而且,在我们的社会里,村里的居民对于其他孩子的抚养事务是不负责任

---

① 无法判定是哪一年的哪个畅销书排行榜。——译者注

② 即《Bringing Up Bébé: One American Mother Discovers the Wisdom of French Parenting》;现行中译本题名为《法国妈妈育儿经》。——译者注

的。父母才是抚养子女的责任人。这些代理人顶多只能协助父母完成他们为孩子制订的计划(Fosburg, 1982)。

说了这么多，我想立即否认任何声称生母需要全职照顾孩子的说法。有非常明确的证据表明，父亲、养父母、生母的女同性恋伴侣以及祖父母都可以做好这项工作。他们中的任何一个人，或者孩子的母亲，都可以(而且通常确实)利用各种候补的照顾者。特别是，有工作的母亲很可能为家庭带来文化的、智识的资源，当然，还有经济资源，而这些资源都是无职业的母亲无法提供的。

因此，在当代社会里，育儿，至少有点像物理学①，因为它要严格地确保孩子未来的成功并且维持亲密的、持久的亲子关系。然而，最终，我们兜了一圈得出的结论是，只要有一个相当称职且体贴的人全面负责，家庭周围具有爱心、智识以及奉献精神的帮手越多，21 世纪的孩子就会过得越好。

注释

[1]跟别的事情一样，酋长和任何一夫多妻主义者一样，也不愿翻搅他家中那口经常沸腾的嫉妒之锅。他要是特别关注某一个子女，就可能会被他其他孩子的母亲理解为"偏心"。

[2]我不想暗示后期圣徒教会的观点有任何的独特性。这些关于妇女"恰当"角色(作为子女仅有的照顾者和子女美德的守护者)的观点，大致体现了全世界妇女的政治/宗教权利(Coleman, 1999: 76)。此外，在美国，密集的育儿运动要求母亲付出巨大的努力，促使她们拒绝由个体(家人、日托中心、住院分娩)或现代技术(预制的婴儿食品)所提供的任何以及所有援助(Matchar, 2013)。

[3]朱迪丝·哈里斯提出了一个非常有说服力的论点，即进化不会倾向于完全依赖生身父母(尤其是依赖母亲)来育儿。母亲可能不称职，也可能死亡;其他人(可以说，那些已经和孩子"联系在一起"的人)乐意承担起照顾孩子的责任。而且，孩子的照顾者越多，他或她可以学习的"榜样"就越多(Harris, 1998: 119)。

---

① 换句话说，在当代社会里，育儿被当成了物理现象来处理，父母通过安排计划、调控资源(尤其是人力资源)来达成目标。——译者注

[4]当弗洛伊德理论流行的时候，人们认为母亲对孩子的心理健康有潜在的危害，因此，在至少一个乌托邦社区中，孩子们会被尽早交给专业人士照顾（Siskind，1999）。基布兹运动（kibbutz①movement）也采用了类似的理念（Spiro，1958）。

[5]在欧美社会中，婴儿是珍贵的小天使，新妈妈们常常对自己的宝宝的"要求太多"表示惊讶："我的意思是，我真的就想把屁股粘在沙发上，而她总是想要吃东西，对此我没有心理准备。"（Murphy，2007：111）

[6]具有讽刺意味的是，由于母亲通常会在一发现婴儿有动作或哭闹的迹象时就哺乳（回想一下本书第二章中关于外部子宫的概念），因此，婴儿可能会被喂得太多，而让它感到不适的真正原因反倒可能会被忽略（Howard，1973：118）。

[7]我问研究阿卡族婴儿的人类学家考特妮·米恩："是谁安排了这种高度不稳定的阿卡族代父母照顾模式？是母亲吗？"她的第一反应是："不，是孩子。"（私人交流，2012年11月5日）

[8]在著名的霍皮人唐·塔拉耶斯瓦（Don Talayesva）的自传中，有许多关于"摇篮板"生活的有趣细节（Simmons，1942：33）。

[9]美国的一项研究发现，襁褓中的婴儿"比没有被襁褓包裹的婴儿睡得更久，非快速眼动睡眠（NREM sleep）时间更长，自发醒来的次数更少"（Franco et al.，2005：1309）。但襁褓法不太可能流行，因为正如玛格丽特·米德（Margaret Mead）（1954：405）所指出的，襁褓法"对美国人来说特别可怕"，因为它压制了孩子的自由意志。

[10]这些并不是仅有的、被广泛使用的儿童管理辅助工具。有些古希腊瓶画上清楚地描绘了婴儿的陶瓷奶瓶和便盆椅（Oakley，2003）。人们可以在雅典阿塔罗斯柱廊（Stoa of Attalus）内的一个小博物馆里看到被展出的真品。

[11]与当代欧洲和亚洲的习俗相反，在美国，孩子在睡觉和洗澡时与父母分开，我认为，其中有一个未被承认的理由是，担心父母的性活动会对孩子造成污染。

[12]芭芭拉·金（Barbara King）描述了这样一段插曲②：有一位哥哥已经被证实还不能胜任照顾处于婴儿期的弟弟的工作，但是仍然企图悄悄带走弟弟，他的母亲成功地阻止了他（King，2005）。

[13]在美国，有一些育儿项目突然涌现出来；没有称职的育儿榜样可以参照的年

---

① 指以色列的（公有制）集体农庄，它是以色列国内独具特色的社会经济组织；与我国的公社有点类似。"基布兹"是集体合作社区，遵循自愿加入自愿退出的原则，也尊重社区成员的私有财产。它们在以前主要从事农业生产，如今也从事工业和高科技产业。——译者注

② 查证该论文，这一事件所涉及的对象是大猩猩。（King，2005）——译者注

轻准妈妈从怀孕到子女的婴儿期结束，都可以在这类项目中获得称职的志愿者的"指导"(Blinn-Pike *et al.*，1998)。

[14]这个节目在 2013 年初仍在运营，但更名为《美国超级保姆：家庭封控》(*America's Supernanny：Family Lockdown*)①。网址 www. mylifetime. com/shows/americas-supernanny，访问日期：2014 年 2 月 3 日。

[15]"凯敢人认为女人身边不应跟着孩子，(因为)小孩的在场可能会阻止一次快速且隐秘的性体验"(Henry，1941/1964：15)。

[16]经验(empirical)测试已经证实，激活这种"踏步"反射，会促使婴儿较早学会走路(Zelazo *et al.*，1972)。

[17]这一术语源自韦斯纳和加利莫尔(1977：176)的研究。其他例子有：范斯通(van Stone)(1965：51)；莱文(LeVine)(1965：266)。

[18]拒绝学步儿并不是普遍的现象。僧伽罗人(Sinhalese)对孩子的每一个要求("不论是多么令人难以容忍")都让步(Chapin，2011：356)。

[19]艾丽莎·克里滕登(私人交流，2012 年 11 月 5 日)。

[20]就我个人而言，直到我撰写这一章时，我才理解，为什么我的母亲(她们兄弟姐妹共有 12 个，有 10 个存活下来，她是最小的那一个，绰号"宝贝")对比她大一岁的姐姐(我的姑妈)贝姬(Becky)关心得最少，反倒是与至少比她大十岁的姐姐玛丽(Marie)和韦罗娜(Verona)更加亲近。我现在意识到，后者是她的主要照顾者，而前者则是她在吸引照顾者关注方面的唯一对手。我母亲对特雷莎(Theresa)舅妈相当冷淡——她在我母亲出生前就已经结婚并组建了自己的家庭。

[21]哈里斯认为，在我们的社会中，兄弟姐妹之间的竞争之所以发生，是因为父母压制了兄弟姐妹之间基于年龄而自然形成的支配等级(Harris，1998：93-94)。芭芭拉·罗戈夫(Barbara Rogoff)(2003：145-146)描述了兄弟姐妹间争夺玩偶所有权的冲突，生动地说明了这一点。我的想法是，影响兄弟姐妹之间竞争的关键因素是照顾弟弟妹妹的孩子拥有多大程度的决定权(carte blanche)。当他们没有决定权，而且父母积极管理并纠正他们的照顾行为时，兄弟姐妹间明显的竞争迹象就会出现(Broch，1990：81)。

[22]就像索伦森(Sorenson)(1976：50)所描述的福尔人田地一样，克佩列人的田地既是辛勤劳作的地方，也是供成人唱歌、跳舞、社交，供孩子们游玩的场所(Lancy，

---

① 该节目大致的设计方案是主持人(也是育儿专家)到愿意参加该节目的某个家庭里住上一周，实际体验和处理相关的育儿问题；其间，家庭成员都不能外出，不能使用电脑、电话、电视等设备，以确保全家人都专注于交流和学习育儿事务。——译者注

1996)。

[23]我们甚至可以在灵长类动物群体中找到近似母地的场所(Sussman，1977：522)。

[24]城市中心可能总是不太适合孩子们居住，而且，本章的后面部分将探讨欧洲早期社会，到时我们会看到，儿童的死亡通常是由于缺乏成人的监督而间接导致的结果。

[25]在20世纪50年代初到60年代中期美国流行的十几个或更多电视节目(programs)中，仅有《奥齐和哈里特的冒险》这部电视连续剧描述了美国"典型"家庭的生活。这类家庭由住在郊区的一男一女及其两到三个子女组成。在这样的家庭里，父母双方与子女(从婴儿期到青春期)建立了非常亲密的关系。

[26]在新几内亚东部海域的特罗布里恩群岛，性交和怀孕没有关联，男性也不被认为是生育的必要条件。此外，在这个母系社会中，在孩子面前扮演"父亲"角色的人是母亲的兄弟，不是她的丈夫(Malinowski，1929；Roscoe and Telban，2004：104)。

[27]马林诺夫斯基生动地描述了特罗布里恩群岛上的父亲身份；他指出，父亲似乎很乐意养育婴儿，并承受因此可能出现的任何侮辱。然而，在母系社会的特罗布里恩岛民的家庭生活中，父亲只是个边缘化的角色。因此，照顾孩子是男性向家庭展示自身价值的方式(Malinowski，1929)。

[28]在美国，普遍使用奶妈的现象持续到了20世纪，而且这通常被称为"蓄养婴儿"(baby-farming)①(Riis，1890/1996：184)。

[29]上层社会的父母对孩子总是抱持这种观点，并且期望家中各种儿童照顾者能有效地培养孩子，尽快地把孩子变成小大人。但是迄今为止，"普通"大众对于自家婴儿的看法，仍然像部落社会里的父母一样，即认为婴儿就像顽强的植物，完全不需要密切关注。

[30]这种情况很可能是由佝偻病造成的。

[31]在新加坡，"随着女性受教育程度的提高以及有薪就业的女性越来越多，许多父母现在都说女儿'和儿子一样好'"(Wee，1992：192)。

[32]荷兰人保持着这样一种婴儿期模式：让婴儿有充足的睡眠并在睡醒后安宁平静，才是理想的状态。相比之下，美国母亲则致力于通过身体接触、言语和玩具来刺激婴儿(Harkness and Super，2006：69)。

---

① 这是曾经在维多利亚时代晚期的英国流行(在美国和澳大利亚都有出现)的收留婴儿以获得报酬的做法，但实际上，它是父母弃婴的途径之一。通常父母会一次性付清收养款，而收养者通过收养婴儿来谋利；由于哺乳不足，大部分被送到"婴儿农场"("baby-farm"或者说"baby-farming house")的孩子最终可能都被饿死了。因而，雅各布·里斯(Jacob Riis)称其为"比遗弃更残忍的儿童谋杀计划"，是"最令人发指的犯罪"(Riis，1890/1996：184)。——译者注

［33］当我为巴布亚新几内亚的教育部工作时，我最初很困惑地发现，教师们要求不要把自己分配到家乡的学校任教。但事实很快就清楚了，任职地点靠近亲属可能有点什么好处，但是他们终将损失更多，因为亲属会"吃掉"他们所有的工资。

［34］我是两个子女中的一个，而我母亲是 12 个子女中最小的一个（当她出生时，共有 9 个哥哥姐姐活着）。她的父母是移民，出身于东欧农民家庭；她喜欢讲她父亲（活到 97 岁）的一个故事，这个故事是，还住在家里的儿子每隔两周要向父亲交纳他们从（钢铁）"工厂"里拿到的工资。

［35］在这三个例子（爱尔兰、东欧和墨西哥）中，特别引人注目的一点是，个体限制子女数量的做法显然违背了他们（天主教）教会的教义。

［36］其他变量似乎对孩子成功适应环境没有太大影响，它们包括：父亲缺失、同性恋父母，以及试管受孕（Harris，1998：51）。

［37］就欧洲整体的育儿情况来看，公共的、替代性的照顾者甚至显得更为重要；在意大利东北部和瑞典开展的全面且高效的学前教育项目尤其著名。在进步的民政当局的资助下，这些课程向所有（不仅仅是那些父母负担得起的）孩子开放。在欧洲，公众的育儿态度反映了一种与 20 世纪中期以色列基布兹的乌托邦理想相呼应的家庭观。虽然在婴儿期，母亲可能是主要的照顾者；但在婴儿期结束之后不久，当母亲返回工作岗位时，孩子就会被送进托儿所，由训练有素的工作人员来照顾。这项政策被认为对母亲的自尊心、经济状况，以及孩子自身有益处（Corsaro，1996；Dahlberg，1992；Eibl-Eibesfeldt，1983：181）。在美国，公共经费支持的学前教育或日托服务一直受到政治势力强大的宗教右派的阻挠，他们坚持让妻子全职待在厨房和家中育儿室（nursery）。

［38］对于子女的学业成功来说，母亲所受到的教育是一个极其有效的预测因素；在工业化国家的贫困社区以及所有的发展中国家中，尤其如此（LeVine *et al.*，2012）。

［39］对自己的胎儿说话，正在成为越来越流行的做法（Han，2009：13）。

［40］耐人寻味的是，曾经有一座博物馆试图创造环境，让孩子身处其中，以村庄里的那种非正式的方式，学习教导性的或事实性的知识，结果却是极其糟糕的。这个案例的研究人员报告说："相比于其他任何形式的学习，非正式的学习环境就其本身而言，对于可靠的、概念准确的、意义深刻的解释并没有更高的要求。我们不必对它期望太多。"（Leinhardt and Knutson，2004：17）

［41］不利的一面是，在美国，一个 3 岁的孩子（要是被拒绝进入"最好的"私立幼儿园就读），现在可能就要背负着不能"达标"的包袱（Kusserow，2004：81）。

第五章

让孩子通情达理

> 孩子像玩游戏一样学会了工作。我们(霍皮人)的孩子和长辈待在一起，模仿长辈的做法。(Simmons，1942：51)

> 奇加族孩子，像托普茜(Topsy)①一样，是自己长大的。他们通过观察和参与(只有在偶然情况下才会通过行为规范)来学习族群文化。(Edel，1957/1996：173)

在前一章中，我们从孩子具有依赖性的角度审视了童年。婴儿和儿童通常可以与哺乳动物的幼仔区别开来，因为，虽然他们的大脑体积大、生长迅速、消耗了人体新陈代谢所产生的一半以上的能量②，但是他们在很长一段时间内几乎处于无助和不成熟的状态。他们需要其他人的照顾。在本章中，我们将研究"硬币的另一面"，看看"脑子好使"(brainy)却啥也不会的孩子如何开始获得族群文化并成为有能力的社会成员，而且最终能够供养他们过去的照顾者。这个过程我们可以称为"通情达理"(making sense)。它包含了两个观点。其一，孩子必须努力理解或者懂得周围正在发生的一切，这一过程从婴儿期就开始了。其二，孩子努力让自己被他人接纳，能融入社会。这一儿童社会化发展里程碑(参见"人格授予延迟"一节，本书第二章第38—40页)的标志可能是成人承认孩子现在有"理智"(sense)。

童年最引人注目的特征之一是儿童倾向于成为热切的旁观者。孩子们(babies)是相当专注的，并且持续(在整个童年时期)热衷于扮演观察家的角色。观察，还有模仿——或者更具体点说，假装(在游戏中)，似乎起

---

① 小说《汤姆叔叔的小屋》里的主要人物之一，一个黑人奴隶小女孩；她不知道自己有父母；当被问到是谁创造了她，她回答说是自己长的。——译者注

② 此处应该是指婴幼儿大脑的耗能情况。成人并不是这样的比例。——译者注

到了互补的作用。孩子作为一个旁观者，将自己观察到的事物融入自己的游戏中，这是同时具有娱乐性和教育性的行为。而且，成人有一个明确的期望，即孩子观察/模仿的嗜好可以确保他们很大程度上在没有明确指导的情况下，学会族群文化（Phillips，1983：63）。

儿童还能从他们探索和拿取物体的普遍需求中学习——这可能是工具操作的初始。成人可能会迁就儿童的这种倾向，为儿童提供一些可以充当 165 微型工具、玩偶或其他道具的物品——它们会被儿童编入假装游戏的剧情里。不过，由于担心儿童无拘无束地游戏可能会存在安全问题并伤及他们的身心健康，成人对于儿童游戏的支持会打折扣（Lancy，2001b）。

当儿童在游戏时，他们通常是在哥哥姐姐和其他年轻邻居的监督下进行的，而这些玩伴恰好充当更成熟行为的优秀榜样。虽然成人可以在一定范围内容忍儿童的嬉闹（active play）①，但是，直到儿童能够在家庭中被看到而不是被听到②，他们的"融入"需求才不会被拒绝。成人鼓励"好"孩子去观察和模仿那些承担有益工作（例如跑腿、取水和拿柴火、打扫房间，等等）的孩子。

当代社会的孩子，如果在出生之前不是一个小学生（pupil），那么，从出生之时起，他就是了。对村庄里的孩子来说，他们不受成人控制的那些领域（例如，玩游戏），却是被欧美和亚洲父母接管的领域——以便实现（serve）那些非常具体的、为孩子做好上学准备的目的。我们通过干预来加速孩子的智力发展，但是在其他社会中，八岁以下的孩子却被认为缺乏理智，无法从教育中获益。不过，我们确实看到村庄里的父母"强迫"孩子学习适当的礼仪和亲属术语，尽管这种情况并不多见。其中，至少有一个原因似乎是为了让孩子更有吸引力，更适合共同抚养。有礼貌的孩子会"赢得"心甘情愿的照顾者，这有助于减轻母亲的抚养负担（Kilbride，1975：88，93）。另一个原因是父母有强烈的愿望，要鼓励孩子表现出更成熟的、受社会认可的行为。

---

① 除了此处，本书其余几处译为"体力游戏"。——译者注
② 此处是指孩子在家庭里开始充当帮手。——译者注

村庄里的孩子在童年中期开始表现出"理智"，父母为此感到欣喜（Nerlove et al., 1974: 271）。尽管"理智"（sense）这个词有各种各样的释义，但是它们都集中在负责任地行动、尊重他人、有效地做杂务等方面——而不是说，智力、聪明或语言流利。村庄里的孩子乐意顺从家庭的期望——否则他们可能得不到食物！当然，孩子就是孩子，出点差错是难免的。我还详细论述了一些最常见的鼓励孩子顺从的方式，包括使用一些恐吓策略和体罚。

　　性别角色的社会化遵循着类似的路径——孩子们在发育期之前就被适当的行为所吸引，将村庄生活中"男女有别"的意识记在心里。在村庄里，男人和女人的角色是截然不同的。然而，由于性别具有象征上的、政治上的和经济上的重要性，父母在这一方面有了更多的担忧；他们可能会采取某些措施，以便促进"孩子"成为"女孩"①的转变过程，或者强调这一转变的重要性。

　　在最后一节，我将回应（acknowledge）一个人们有意回避的重大问题：教导。我会详细论述"怪异社会"（在大多数学者和公众之间）流行的一个观点，即孩子要成长为成熟的、有能力的社会成员，关键取决于父母的指导和教训；心怀热望的父母作为"天生就会"的教师，要从孩子的婴儿期开始，就为他们提供指导和教训。有民族志记录表明，（在村庄里）教导相对没有那么重要——基于此类明确的证据，我对上述"怪异社会"的育儿假设及其演变的基础提出了质疑。

婴儿的智慧

　　　灵长类动物的幼仔似乎天生是信息提取者。（King, 1999: 21）

　　　4个月大的婴儿已经拥有了一套"物理学理论"②。（Norenzayan

---

① 原文如此。——译者注

② 查证引文原文，原句还有后半句，意思是婴儿了解什么是固体，知道一个物体不能同时出现在不同地方，一个固体不能穿过另一个固体。（Norenzayan and Atran, 2004: 151）——译者注

and Atran，2004：151）

> 齐纳坎坦(Zinacanteco)的婴儿……安静而警觉，会专注地观察或周围
> 环境，这为其以后的观察式学习奠定了基础。（Greenfield *et al.*，1989）

西方最近的一项研究进展是确信胎儿和新生儿需要智力（mental）刺激；
这一观念在远东地区更为古老。而在其他社会，大多数人会同意昆人的
看法：

> 一个正在吃奶的孩子对于事物是没有意识的。奶水，她只知道这
> 个。除此之外，她没有理智。即使到了学坐的阶段，她仍然什么也不
> 想，因为她的智力还没有苏醒。她能从哪里获得思想呢？她唯一的想
> 法就是吃奶。（Shostak，1981：113）

与这种传统观念相悖的是，自20世纪80年代中期以来，婴儿研究领
域发生了一场革命，发明了一种非常有趣的范式来研究婴儿认知——在以
前，要是将"婴儿""认知"这两个单词凑一起就是胡闹（oxymoron）（Gopnik
et al.，2000）。有一些研究表明，婴儿会自动调配一系列理解世界（包括物
理、数学、生物学和心理学的基本原理）的能力（Bloch *et al.*，2001；
Norenzayan and Atran，2004：151）。我们可以在婴儿的能力目录中寻找核
心知识（*core knowledge*）系统存在的证据（Carey and Spelke，1996）；这一系
统起着"学习工具"的作用（Baillargeon and Carey，2012：58）。婴儿认知研
究的学者们提出一种取代洛克"白板说"（*tabula rasa*）（或者说将婴儿视为耐
心等待被填满的空容器）的假设，即认为婴儿在未接受过正式训练的情况
下，能够自己产生有助于其了解世界的关键概念和认知模块（Mac Donald
and Hershberger，2005：25）。

在婴儿用以学习文化的一系列能力中，"解析"（parsing①）能力受到越来越多的关注。这种能力在语言习得方面有着最明显的应用（Saffran *et al.*，1996：1927）。婴儿的断词（segmentation）或者解析能力已经扩展到实物（physical objects）领域（Spelke，1990：54）。婴儿还可以"解析"同伴的行为。婴儿似乎会应用一种解析策略来"'看透行为的表面'，并觉察到产生这一行为的逻辑结构"（Byrne，2006：494）。根据伯恩（Byrne）的说法，这可以解释为什么儿童明显具有通过观察他人而获得复杂技能的能力；儿童观察他人的过程被称为社会学习（*social learning*）（Bandura，1977）。

除了解码物理世界，婴儿还必须忙于解读社会世界，而学习母语必须被视为这一努力的基础（Flinn and Ward，2005：27）。早期的（儿童语言发展）②模型假定婴儿是由父母"教会"说话的，但是"越来越多的证据表明……孩子们能够从零开始，相对快速地创建并调整（negotiate）复杂的交流系统，而无须事先建立语言模型"（Steels，2006：347）。

有一些研究证实，婴儿早在发展出语言之前，就对社会关系有了早期的理解（Callaghan *et al.*，2011）。人类婴儿面临着从有可能（potentially）会不负责任的母亲和不断变换的代父母那里获得照顾的需要。"为了在这样的照顾系统中苗壮成长，婴儿必须善于监控照顾者，能解读他们的情绪和意图，并能引发他们的关怀"（Hrdy，2006：25）。总之，与其说婴儿是"婴儿床上的科学家（scientist in the crib）"（戈普尼克等人2000年出版的合著的书名），不如说他们可能是"婴儿床上的马基雅维利"（Lancy，2010a：97；另请参阅 Macstripieri，2007：122）。

人们现在已经十分明确婴儿是"早熟的"社会行动者。3 个月大的时候，他们就可以分辨人脸，区分熟悉的人和不熟悉的人，能够察觉各种面部表情；5 个月大的时候，他们可以解码这些表情；7 个月大的时候，他们能区分他人介于热情和冷漠之间的各种情感表达，并作出适当的反应（La-Freniere，2005：192）；12 个月大的时候，他们会注意并追随母亲的目

---

① "parse"意为"对（句子）作语法分析"。——译者注

② 此处为译者根据上下文补足。——译者注

光(Okamoto-Barth *et al.*，2011)，"（婴儿的）注意力教育"就此开启(Ingold，2001：139)。一岁的时候，他们可以恰当地以自豪或羞愧的表情来回应(Trevarthen，2005)。18个月大时，婴儿会将他人的面部表情作为自己行为的可靠指导，对他人表现出来的恐惧、喜悦或冷漠的表情作出恰当的反应(Klinnert *et al.*，1983)。

到了蹒跚学步的阶段，孩子们就能制定出强有力的文化学习策略。

> 年幼的孩子也不仅仅是模仿可观察到的结果和有用的技巧；令人惊讶的是，他们也会提取成人的目标。他们会跳过一个表现不佳的偶然行为，转而模仿那些看起来有目的的行为。如果成人未能成功完成某项任务，幼儿将会复制那项任务的预期目标，而不是他们所观察到的结果……人类模仿行为的一个重要特征是，它可以被延迟表现；一个孩子可能会以某种特定的方式观察他父亲的行为，并将其储存在记忆中。在往后的日子里，当这个孩子发现自己处于类似的情况中并且不确定该如何表现时，这个记忆中的表象就会被激发……事实上，孩子们可以在如此长时间的延迟之后表现出模仿来的行为，这表明模仿是一种强有力的学习机制，先于其他可能出现的学习过程(如通过语言进行的直接教学)。(Meltzoff and Williamson，2009：481)

婴儿的脑子根本不是威廉·詹姆斯(William James)所说的"一团糨糊(buzzing confusion)"(1890/1981：542)，人们现在认为，婴儿期和幼儿期是孩子几乎不间断地、密集学习的时期。婴儿认知研究通常支持婴儿会主动习得文化的观点。但是，与此同时，在不同社会中，人类文化的某些共同方面似乎也是为了促进这一进程①而设计的(Ingold，2001：142)。重要的是，孩子被允许(甚至被期望)充当偷窥者或旁观者。

---

① 此处指婴儿学习社会文化的过程。——译者注

儿童作为旁观者

> 雄性骆驼似乎很难成功交配，所有年龄段的(普什图族)男孩和女孩都站在这对交配的骆驼旁边，仔细观察它们是否能成功。(Casimir, 2010：64)

> [塔仑西族(Talensi)]孩子在献祭仪式上通过聆听来了解谁是他们的……祖先(*banam ni yaanam*)。(Fortes, 1938/1970：22)

> 儿童主导(child-directed)的谈话及其他的语言来源(无意间听到的谈话、故事)提供了丰富的输入，以至于儿童最终会学到能够满足其全部交流需求的语言。(E. V. Clark, 2005：429)

孩子们都是伟大的观察家。在邦加苏阿奎勒的克佩列人村子里，旁观普通的庭审案件只会比观察草的生长稍微有趣一点点。请想象一场长达40分钟的争论——关于某人未能及时归还借来的提灯，或者想象一场耗时更长的争论——关于通奸案件的合理(appropriate)赔偿数额(通奸过程的生动细节在争论中都会被谨慎地掩饰)。然而法庭总能吸引一大群男孩观众(Lancy, 1980a)。当观看酋长法庭的男孩们安静下来并融入周围的环境时，显然，酋长就把他们看作是露天教室里的"学生"了。以这些年轻观众为目标，他的反问句和司法"意见"往往反映了克佩列人的基本道德原则。对男孩们来说，观察很快就会变成模仿。

> 恩戈尼族男孩……玩……法庭游戏，(他们)用尖细的嗓音模仿在法庭上见过的父辈。他们作出判决，施以重罚，极其严厉地(维持)法庭秩序。(Read, 1960：84)

大多数社会敏锐地意识到孩子是偷窥者，并期望充分利用公共事件的教育价值（Atran and Sperber，1991）。伊丽莎白·弗尼亚（Elizabeth Fernea）以中东地区的情况为例来说明这一现象。中东地区有一个历史悠久的公共仪式，即在婚后展示一张有血污的床单。这一举动表明了新娘的童贞和丈夫的性交能力，维护了新娘、新郎及双方家庭的名誉。这些场合会有孩子在场，"因此通过观察以及……通过成人对名誉的劝诫和讨论，孩子们明了这些事关名誉的考验"（Fernea，1991：454）。西蒙·奥滕伯格将西非伊博人（Igbo）的"陆龟宴（feast of the tortoise）"描述为一种"逆转仪式"①；它会将平常的私密行为公开曝光。在宴会上，人们跳舞唱歌，公然唱起描述性行为的淫秽歌曲。孩子们是所有这些事件的旁观者，而"歌曲的内容可能会帮助孩子们学习性行为的规则和界限（constraints）"（Ottenberg，1989：113）。而且，在此后的几个月里，孩子们在工作时都会继续唱这些歌曲。图 11 显示的是苏拉威西岛托拉查族葬礼上的儿童观众。

图 11　苏拉威西岛托拉查族葬礼上的儿童观众

---

①　"逆转仪式"（rite of reversal）是指社会秩序逆转的仪式，其主题是世界陷入混乱并恢复秩序；它在人类文化中具有重要地位，旨在提醒人们社会习俗和社会规则的重要性。——译者注

塔仑西族孩子的"教育"包括偷听成人的谈话。"没有人会因孩子在场而抑制自己的谈话或行动",而且,毫不奇怪,孩子们在 6 岁时就能表述"全面且准确的性知识"(Fortes,1938/ 1970:37)。特林吉特族孩子"通过聆听……那些聚集在蒸汽浴室里的老人们所讲述的故事和闲聊"来学习(de Laguna,1965:15)。博内拉泰族孩子"满足于坐在周围……花一小时左右的时间"观看成人工作(Broch,1990:72)。在斐济,"任何在房子里或村庄礼堂里举行的热闹聚会都会吸引一小群孩子,他们在建筑物外漫游,透过竹板间的缝隙窥视正在进行的活动"(Toren,1988:241)。[1]

> (比亚卡人)孩子身边几乎总是至少有一名成人在场,因此他们几乎随时都有机会以观察的方式学习成人的谋生行为。而且,"观看"是任何视觉观察式学习(visual observational learning)所必需的初始行为,是在所有年龄组中都频繁出现的活动。(Neuwelt-Truntzer,1981:109)

孩子密切观察他人行为的倾向,会是某种进化上的优势吗?自 20 世纪 90 年代中期以来,生物行为研究领域中最激动人心的争论之一就是,"文化"是否是人类特有的现象。对野外黑猩猩的研究为这一争论"火上浇油"。[2]我们现在可以列出一长串只在特定的黑猩猩种群中才会出现的行为——这就意味着这些行为并不是天生的。这些行为包括:用一捆叶子当作海绵来吸取水坑里的水;用石头砸开坚果;群体狩猎;利用剥去叶子的小树枝把白蚁从蚁巢里"钓"出来(Marks,2003)。就像早期古人类使用工具一样,黑猩猩使用工具来获取难以得到的食物,使其生存资源得以扩展和多样化(Yamakoshi,2001:547)。这些行为经久不衰,代代相传,因此,它们就是文化!而且,类人猿和人类的文化传承似乎主要是通过"幼仔"①对专家榜样进行模仿而实现的(Matsuzawa *et al.*,2001:571)。有一些在贡贝(Gombe)开展的、关于黑猩猩如何获得复杂的"钓白蚁"(termiting)

---

① 双引号为译者所加。——译者注

技能的研究表明，雌性黑猩猩幼仔从母亲那里学会这种技能的时间，大约比雄性黑猩猩幼仔早两年。当雄性黑猩猩幼仔忙于玩耍时，雌性黑猩猩幼仔却会留在母亲身边，密切观察并仿效母亲的行为；母亲实际上从未"教过"这种技能，幼仔学习这一技能主要是依靠仔细的观察，其次是依靠勤奋的练习（Lonsdorf，2005：680 681）。

当然，人类文化比黑猩猩的文化复杂几个数量级。在这种背景下，我发现了一个具有启发性的研究框架，而这要归功于杰克·罗伯茨（Jack Roberts），他写道：

> 我们可以把所有的文化都视为信息，也可以把任何单一的文化视为一种"信息经济"；在这种经济中，信息被接收或创造、存储、检索、传输、利用，甚至丢失……信息被储存在……群体成员……的头脑里和……人工制品（artifacts）中……随着年老的社会成员的消失……（以此观点来看，孩子被视为）……必须添加到系统中的存储单元。（Roberts，1964：438，439）

如果文化是信息，那么，我们可以问：孩子是如何获得信息的？有多种可能的机制，但最重要的是，孩子会观察和模仿更成熟个体的行为。[3] 人类与大多数灵长类动物［例如，狒狒（King，1999：21）］一样，都具有向他人学习的能力，即便"榜样"并不打算演示或指导。对个体来说，观察并尝试复制"专家"的熟练行为，而不是"赤手空拳闯社会"或"自个学习"，成本显然更低（McElreath，2004）。事实上，里彻森（Richerson）和博伊德（Boyd）（1992：70）认为，这一特质是文化传统得以形成的关键性助力。在一些幼仔不会自动观察和模仿他人的物种［例如卷尾猴（Cebus monkeys）］中，文化传统就不会产生（Visalberghi and Fragasky，1990）。即使在可能发生社会学习的情况下，学习者①也很可能在技巧方面有所变化，而那些变

---

① 结合本句引用所提到的文献，此处的学习者应是指幼仔会观察和模仿更成熟个体行为的物种（包括人类）。——译者注

化可能会被保留并传递下去（Byrne，1995：57；另请参阅 Toshisada，2003），也可能不会（Boyd and Richerson，1996）。

儿童通过观察来学习的能力非常有助于他们探索和了解自然环境。希尔格（Hilger）声称，阿劳干族（Araucanian）孩子有"敏锐"的视力、听力，以及"观察力……沿着一条小路，他们会追踪我几乎看不到的微小昆虫的足迹"（Hilger，1957：50）。而克佩列族孩子所具有的分析环境的能力，同样让我印象深刻：

> 我被一群刚会走路的孩子带进了丛林，开始了一次寻找蘑菇的探险。孩子们一路嬉笑打闹，但还能找出并采集到我完全看不到的（可食用的）蘑菇。（Lancy，1996：156）

172　阿切人是巴拉圭的森林觅食群体，他们的孩子：

> 学会追踪族人路过某个区域所留下的标记。阿切人称那些由弯曲的树叶、小树枝和灌木组成的标记为"*kuere*"或者说"踪迹"；但是对于未受过教导的人来说，它们几乎是看不见的。追踪那些踪迹是最重要的森林生活技能之一，**大多数孩子在 8 岁左右就能成功获得这一技能**。这使得孩子们能够在营地之间穿行，不用总是出现在成人的视线内，也使得男孩们能够开始小型的捕猎行动而不会迷路。（Hill and Hurtado，1996：223-强调为作者所加）

儿童对自然环境的兴趣和深刻认识并不完全依赖于成人的指导或示范，这样的儿童也不仅仅只存在于觅食社会中（Chipeniuk，1995：492）。[4]巴卡瓦尔人以畜牧为生，但孩子们还是学会了在周围环境里漫游，并且学会了采掘可用的（appropriate）且与生活相关的自然产物（Rao，2006：58）。萨巴特克族（Zapotec）（墨西哥农民）孩子精通民族植物学，这是"镇上几乎每个人在很小的时候不费吹灰之力就能获得的日常知识"（Hunn，2002；610）。

儿童具有从环境中获取和处理信息的能力，这表明他们有一种不学而会的能力，即加斯金斯(Gaskins)和帕拉迪塞(Paradise)所说的"开放性注意力"(open attention)，这种注意力在社会环境和自然环境中都能被调用以产生良好的效果(2010：104)。[5]他们把"开放性注意力"描述为广角的、持久的。"广角的"是指个体在同一时间意识到并关注大部分的环境，而不是只关注一个信息源(例如，电子游戏、教师)。而"持久的"是指注意力是持续的，不是偶发的或短时的(2010：99-100)。进一步的例子：

> 埃维利克人(Aivilik)作为观察家无论是在细节上还是在精确度上，总是让我惊讶。一次又一次，他们看到了我看不到的东西。冰上的海豹早在我看到它之前就被他们认出来了——甚至是在我已被指明了观察方位的情况下。可是，我的视力是1.0。站在浮冰的边缘，他们一眼就能分辨出前方是一只海鸟还是一头海豹，是不是一头髯海豹……在它从我的视线中消失很久之后，孩子们还会继续看着它。(Carpenter, 1973：26)

> 伊芙尼族(Eveny)(西伯利亚牧民)青少年能记住鹿群里的每只驯鹿……识别来自不同鹿群的驯鹿——或是(刚)加入鹿群的野生驯鹿——以及其他细节。(Ulturgasheva，2012：114)

在一项比较研究中，来自"怪异社会"的儿童和成人表现出短时、易逝的注意力(想象一个少年趴在客厅地板上写作业，电视机开着，他头上戴着的耳机正在播音乐)，然而在玛雅人中，母亲和孩子表现出持续的注意力(Chavajay and Rogoff，1999)。在另一项相关研究中，调查人员发现，哪怕自己不是某个具有教育意义的(instructional)事件的对象，"墨西哥的村庄"①孩子也会通过仔细观察那一事件而学到大量知识，但是相比于已经融

---

① 此处双引号为译者所加。查证引文原文，该研究比较的是两类生活在美国的墨西哥裔的儿童，一类是家庭里延续大量墨西哥本土风俗的儿童，另一类是来自墨西哥本土相同地区，但是母亲有着广泛的(或相关的)西方学校教育经历的儿童。——译者注

入美国文化的墨西哥裔孩子来说，在同样的情况下，他们却会置之不理（Sliva *et al.*，2010）。在澳大利亚的一项研究中，土著儿童通过运用视觉-空间（visuo-spatial）方法解决了一个视觉图形任务；相比之下，白人孩子却试图使用不太成功的语言策略（Kearins，1986）。很有可能，"开放性注意力"存在一个发展的关键期，在此期间，如果不进行练习（例如，因为"怪异社会"的父母花太多时间把婴儿/儿童的注意力集中到扮演教师角色的自己身上，集中到教育玩具等类似的东西上），就会消失。在此有一个恰当的例子：

> （中产阶级）母亲……建议玩"假装游戏"……她问孩子，"我要把信放进信箱，邮递员会来取走，妈妈要怎么做？还记得吗？"通过提醒她的儿子在假装的信箱上插上红旗，母亲用这个游戏作为背景来教她的孩子了解这个世界。（Vandermaas-Peeler *et al.*，2009：93-94）

有一种流传已久的儿童发展学说认为，人类，从出生开始，就会受到某种力量的驱使，对以各种方式呈现在他们面前的环境施加影响，从而发展自身的能力。人类发现这样的"征服"（mastery）是有回报的，而且会体验到一种"效能感"（White，1959：329）。根据韦斯菲尔德（Weisfeld）和林基（Linkey）（1985：110）的研究，这种驱动力在儿童三四岁时会转变为一种更普遍的"追求成功"的动机。他们认为，儿童能够把实际的成就（比如成功地捡拾柴火或者背柴火回家）转化为社会资本。正如我们所看到的，为了掌握文化，个体需要学习大量的事物，但他通过观察和模仿同类就可以学会它们。弗兰斯·德瓦尔（Frans de Waal）认为，原因是，儿童观察和模仿的动机，与"融入"或者"渴望与他人一样"的动机是相辅相成的（de Waal，2001：230）。在团体中，促使孩子们待在年长者身旁的其他诱因，包括这样的事实：年长者更有可能识别和应对威胁，[6]并且更善于寻找食物（Johnson and Bock，2004）。

要从心理学到灵长类动物学的一系列学科中，列举出各种不同"驱动力"，这可能看起来就像"盲人摸象"。综上所述，在我看来，在学习族群文化时，儿童身上至少表现出两种强大的驱动力：一是获得生存的技能，二是与某个团体建立稳固的关系。对孩子来说，幸运的是，家庭生活的组织方式通常有利于实现这些目标。在下一节中，我们将考虑另一种具有实际好处和普遍性的人类特性：对物体的游戏式操作。在许多社会中，充满好奇心的孩子能够从常见的人工制品中获得学习的机会。

探索物体，用物体玩耍

> （瓦格尼亚族男孩）在河岸附近，或者雨后在小水沟里，建造微型渔笼（fish-traps）。（Droogers，1980：80）

> 人类只不过是加强版的灵长类动物，是某些能力得到增强的黑猩猩。（Bloom，1999：306）

学步儿的物体游戏，似乎是婴儿用视觉探索物体的延续性行为。这一阶段的孩子现在可以用手、用嘴探索物体的属性；可以抛掷物体；可以把物体当锤子；可以把物体丢水坑里，等等。但是，更重要的是，孩子终将获得作为工具的物体。它们可能是某个哥哥/姐姐制作的、粗糙的工具复制品（Peters，1998：90）；它们可能是破损的或遭遗弃的工具（Ruddle and Chesterfield，1977：34）；它们可能是微型的或缩小版的工具（real thing）（Hewlett *et al.*，2011：1174；Politis，2007：224）；或者，它们可能是成人的工具——或许是"借用的"（Odden and Rochat，2004：44）。图12描绘了年轻的巴玛纳族男孩使用"自己的"锄头的情景。

理论家理查德·伯恩发现，幼儿对物体游戏的偏好与其后来对工具的使用情况，这两者之间存在着明显的联系（Byrne，1995：86 87）。人类和黑猩猩是仅有的两个常常出现"玩物"行为的物种，它们碰巧也是仅有的两个经常使用工具的灵长类物种。大猩猩是一个值得关注的"中间"案例。在野外，它们既不玩物体，也不使用工具。它们不需要那样做——不用工具也能获取食物。然而，在没有同龄伙伴可以一起玩耍的情况下，它们也会玩物体，所以它们当然有"玩物"能力；事实上，圈养的大猩猩表现出较高水平的工具使用能力（Byrne，1995：86）。伯恩还假定，物体游戏对大脑皮质生长有更普遍的影响，值得注意的是，随着我们年龄的增长，"物体游戏频率的下降与大脑皮质突触密度的下降是同步的"（Fairbanks，1995：144）。

图 12　年幼的巴玛纳族"农民"

　　"工具"可以是一艘舷外支架独木舟。马达加斯加西南部的伊法第（Ifaty）村主要依靠海洋资源来维生，而一艘中等大小的舷外支架带帆独木舟是获取和销售这些资源的主要手段。几乎所有的成年男性整天都要使用这种独木舟。在海滩上，还有在浅水处，我观察到：（几乎同时）（1）一个两岁的孩子独自在潮汐池（tide-pool）里戏水，了解水；（2）三个五岁左右的男孩爬上一艘搁浅的独木舟，学习如何敏捷地从横坐板跳到舷缘；[7]（3）两个七岁左右的男孩在没有他人指导的情况下准备独木舟模型，对船帆角度和方向舵进行适当的调整；（4）两个八岁的男孩在浅滩上玩一艘被废弃的舷外支架独木舟，他们爬上去，划动它，把它弄翻，轮流当船长和大副；（5）当两个年轻男人开始装备并准备下水一艘全尺寸的舷外支架独木舟时，那两个男孩划船过来观看这一过程；（6）在两个年轻男人划船离开后不久，一个大约十岁的男孩划着一艘半尺寸的独木舟靠岸（Lancy，2012c：26-27）。基于对一些更为深入的、关于儿童学习使用独木舟的研究（Hatley，1976：84；Pomponio，1992：72）的推断，我确信，伊法第村的男孩能够利用上述这些经验来做好成为海员的准备，无须任何正式的教导。例如，瓦劳族（Warao）孩子：

> 在假想的独木舟航行上，耗费了如此之多的练习时间，以至于到了三岁的时候，所有的孩子，男孩和女孩一样，都知道如何完美地操纵独木舟……看到一个三岁的孩子把一艘独木舟推进水里，完全掌控着那艘船，划着它，横穿一条宽广的河流，这真是令人叹为观止的事情。（Wilbert，1976：318）

正如唐纳德（Donald）（1991：309）和其他人（Flinn，2005：78）所指出 176 的，大量的文化"信息"被编码在人工制品中，包括工具（Portisch，2010：71）、房屋（Winzeler，2004：70 71），以及村庄的布局（Strathern，1988）。所有这些人工制品都可以充当某种外部存储器。当我们考虑文字（writing）、书籍、计算机程序以及类似的东西时，这一点是显而易见的（Goody，1977），但是信息也会嵌入最简单的人工制品中（Renfrew，1998）。[8]（如图12所示）当一个巴玛纳族孩子用典型的短柄锄玩耍时（Polak，2011：103），他能够有效握住那把锄头的方式就只有那么几种。如果他用锄头破土，采用的是他所观察到的哥哥/姐姐的做法，那么，对他来说，有效握住锄头的可能方式就进一步减少了——无论是锄柄的抓握端，还是锄刃的顶端，都没有锄嘴入土深。这一命题①得到了一个实验的支持；这个实验衍生自科勒（Köhler）关于猿类思维的研究。这个实验是这样的：实验者向18到36个月大的孩子提供一系列实用性不同的工具，让他们用来拉动某个触手可及的目标物体。几乎所有孩子都快速排除了不适用的工具，成功地完成了

---

① 此处是指（本段）前文提到的"信息也会嵌入最简单的人工制品中"。——译者注

任务（Brown，1990：121）。当然，游戏中的孩子拥有永不枯竭的好奇心和精力，可以用来解码嵌在物体中的信息。

文献中充满了这样的例子：一旦入学，儿童就会从玩耍直接（seamlessly）转入工作，从使用缩小版的工具过渡到使用有效的、适用的工具（Lancy，2012a）。关于成人对儿童通过游戏来获得社会文化（在不需要成人指导的情况下）的态度，最具说服力的证据或许来自于这样一类广泛的报道：父母漠视甚至鼓励学步儿玩弯刀及其他锋利且危险的工具（Howard，1970：35）。例如，关于巴布亚新几内亚克沃马人的观察："我曾经看到苏乌（Suw）将一把12英寸长的灌木砍刀的刀刃叼在嘴里，在场的成人却毫不在意（Whiting，1941：25）。当婴儿玩刀割伤自身时，阿卡族母亲很后悔，但是她们不想约束婴儿的探索和学习行为（Hewlett，2013：65-66）。阿卡人为幼儿提供自己工具清单中物品的缩小版，并喜欢观察（而且，偶尔也会纠正）他们的练习行为（Hewlett et al.，2011：1175）。在冲绳岛上，四岁半的孩子能够用锋利的镰刀轻而易举地剥掉一段甘蔗的外皮。当一位母亲被问及她的孩子是如何获得这项技能时，她不知道该如何回答。她说："我不知道！他一定是观察了我们的做法，然后通过尝试自己学会的！"（Maretzki and Maretzki，1963：511）在南太平洋的瓦纳特奈岛上，"孩子们……玩火把和锋利的刀子，都没人劝阻……一个四岁的小女孩在玩一把灌木砍刀时，意外切断了自己右手几根手指的一部分"（Lepowsky，1987：79）。在阿萨巴诺人中，也有如出一辙的案例（Little，2008：5051）。雷布查族宝宝"会爬向火堆，被烧伤或烫伤……几乎没有一个成人不带着童年烧伤的疤痕"（Gorer，1967：297）。昆族孩子被拍（filmed）到正在逗弄蝎子——至少有一位家长在旁观（Marshall，1972）。"哈扎族父母允许，甚至命令孩子去冒险（例如）接近蛇，并向蛇扔石头"（Blurton-Jones et al.，1996：171）。他们说，"孩子们会自己学会什么东西是危险的"（Marlowe，2010：198）。德莱昂（de León）（2012）记录了她在齐纳坎坦调查时的一个插曲：一个3岁的男孩几乎是赤脚跑过火堆。成人不会有同情的反应。相反，他们评论说，孩子是有缺陷的，没有形成对周围环境的认知，没有集中注意力，没有搞清楚事情。这里存在一种令人不安的权衡。一方面，父母纵容孩子对于环境和事物的好奇心，确保孩子在没有父母必要干预的情况下学习有用的信息。但是，另一方面，这种学习的效率是以子女偶尔受到伤害或死亡为代价的（Martini and Kirkpatrick，1992）。

上述这种极端放任的态度并不普遍。在许多社会中，由于担心孩子可能遇上危险，还有可能把自己弄得很脏，因此，人们不让婴儿和学步儿待在地上，不让他们触摸那些他们偶然发现的物体（Kaplan and Dove，1987：195）。举例而言，对巴厘人来说，爬行是类似动物的行为；因此，婴儿"甚至不可能接触到地面，不管到哪儿都会被抱着"（Covarrubias，1937：129）。在高铭岛上，孩子有爬行的自由，但他们的领地是有限的，如果迷路了，他们会被粗暴地拎起来，然后放回安全区，并受到严厉的警告。充满好奇心的孩子也遭受了类似的对待，因为他们会检查或玩弄成人的物品（Toren，1990：172）。然而，一旦孩子能够行走，人们必定给予他们极大的游戏和探索的自由——只要他们身边有哥哥姐姐或成人照顾者的陪同。而孩子们所发现的、制作粗糙的玩具必定会在（人类学家经常记录的）他们精心设计的假装游戏场景中充当"道具"（props）。

假装游戏而已

> 当被问及孩子们的模仿游戏时，（塔仑西人）成人回答说："那就是他们学习的方式。"（Fortes，1938/1970：23）

正如人类学家一贯表明的那样，在村庄里，假装游戏[9]至关重要（Schwartzman，1978）。它是儿童体验和练习族群文化的"课堂"。公元前2300年前后去世的古埃及官员梅勒鲁卡（Mereruka）的石制墓室的墙壁，几乎就是展示埃及古王国时期（Old Kingdom）①日常生活的"图画百科全书"。

---

① 古埃及古王国时期约为公元前2686年到公元前2181年，这一时期建造了不少金字塔，也被称为金字塔时期。——译者注

身处其中，参观者会发现几幅描绘儿童玩耍情景的浮雕，包括男孩玩战争游戏的情景。一些男孩装扮成士兵，而另一个男孩的双手被绑起来——他是一名俘虏。在下方的一块墙板上，女孩们（那些标志性的侧辫①表明她们年纪尚小）组成了一个充满活力的"旋转木马"②，墙板上的铭文指称她们正在"踩葡萄"③（Strouhal，1990：26）。

我在《邦加苏阿奎勒村一位铁匠的养成》（Becoming a blacksmith in Gbarngasuakwelle）一文中描述了克佩列族孩子一次假装游戏的经历——他们那般细致且精确地复现了铁匠铺的生活，实在令人惊叹。铁匠的院子是村庄里一个热闹的聚集点，总能吸引一群旁观者和说闲话的人，老少都有。因而，孩子们可以注视铁匠的动作，也可以偷听到成人所讨论的村庄事务。他们由此积累了大量的游戏脚本素材，可以将它们编织到假装游戏中。尤其是那个扮演铁匠的男孩，他显然吸收了制作过程的大量细节；从技术方面来说，他制作了许多像模像样的（reasonable）风箱、铁砧、火钳复制品；而从社交方面来说，他为游戏伙伴分配了学徒、妻子和助手的角色。"脚本"中所使用的工具、动作和人际关系的术语，也是如实再现（Lancy，1980b）。尽管我们不好说这个男孩是否会成为一个铁匠，然而在关于学徒制的诸多研究中，这种早期兴趣有时会被作为证据，用来解释为什么成人决定让一个孩子跟从一个"老"匠人（学习技艺）（Lancy，2012a）。

关于假装游戏的民族志记录丰富而多样。"德巴族（Dhebar）男孩……用骆驼和绵羊的粪便来练习放牧绵羊和羊羔"（Dyer and Choksi，2006：170）。古迪（Goody）（1992）描述了从假装的到"真正的"准备食物的连续过程（continuum），在这个过程中，大一点的孩子为小一点的孩子做示范，真实的小型陶罐可以代替玩具器皿，而且，如果妈妈同意，可以把食材（而非杂草）放进陶罐里。虽然成人的日常工作活动为孩子们提供了一个常见的主题，但我们还会看到，孩子们会模仿萨满教的"出神"（trance-induced）

---

① 古埃及典型的儿童发型：剃头后留一缕头发编成小辫，垂在脑袋的一侧。——译者注
② 双引号为译者所加。此处的意思是说女孩们围成一圈。——译者注
③ 这是酿造葡萄酒的工序之一。——译者注

过程(Katz，1981)，模拟婚姻(包括交配)(Gorer，1967：310)；以及某些宗教仪式(Fortes，1938/1970：68)。

图13　哈扎族男孩瞄准目标射箭

如上所述，孩子们通过假装游戏来学习，一般来说，父母(和哥哥姐姐；比较 Shostak，1981：83)都会给予支持——他们把适当的物体和材料"捐赠"给孩子作为游戏道具，这种普遍的支持性做法就是明证。图13所显示的哈扎族男孩射靶用的"弓箭"(tools)可能就来自于捐赠。

> (阿卡族)父母会把织物背巾挂在学步儿身上，有时还会在里面放上(用来代表婴儿的)一个瓶子或一根玉米芯。(Hewlett *et al.*，2011：1175)

> 当一个(希萨拉族)小男孩第一次和他的父亲去农场时，他被吩咐要坐在树荫下，观察他的长辈们在做什么。当他想要搭把手时，有人

179

会给他一把锄头去把玩。（Grindal，1972：29）

（一位爪哇族）父亲可能会做一个小扁担给年幼的儿子使用，或者给他（一把）扁斧形状的铲子。（Jay，1969：32）

（特林吉特族）小女孩们学会如何做饭，不仅因为她们给母亲打下手，还因为她们可以得到并使用玩具陶罐和碗碟。（de Laguna，1965：14）

¹⁸⁰ 为了让孩子们主动地学习族群文化，并有一个良好的开端，人们的生活必须是"一本敞开的书"①。大多数成人活动是公开的，这有利于儿童在保持"安全"距离（不会让人觉得碍手碍脚）的情况下参与其中（Puri，2013：289）。人类学家常常指出，成人会意识到并理解儿童的模仿行为。针对博茨瓦纳的几个群体所进行的一系列实证研究支持了这一（人类学家和父母都认同的）假设（Bock，2005；Bock and Johnson，2004）。在某些村庄里，成年妇女用杵和臼为谷物去皮。毫不奇怪，这些村庄里的女孩（而不是男孩）会玩捣臼的游戏，然而，在那些较少食用谷物的族群里，人们就很少能看到女孩玩加工谷物的游戏。同样，男孩那种磨炼狩猎技能的"打靶游戏"（aim game），在以农业为生的村庄里也很少出现。而且，民族志学者指出，人们禁止孩子用真正的谷物练习捣臼，是因为他们担心谷物会洒出来，因此，捣臼游戏是孩子们练习这项关键技能的唯一方式（Bock and Johnson，2004）。

在儿童习得文化的过程中，假装游戏可能扮演着重要的角色；这一观念（巴伯称为"职业幼儿园"；1994：85）也得到了理论支持。人们普遍承认，经由模仿，孩子们能从那些年长的、更专业的人那里习得有用的技能，这对其成长具有重要意义。"我们是一种如此彻底的文化物种，以至于孩子们不管有意还是无意都会模仿他们所看到的、在他们面前上演的行为，而

---

① "an open book"原意是指易于理解的人或事。双引号为译者所加。——译者注

这是一种自然而然的(default)文化习得策略"(Hopper *et al.*，2012：105)。唐纳德认为，模拟(mimesis)①"给模仿行为增加了一个表征的维度……(而且)模拟技巧(mimetic skill)促成了知识的共享，无须群体中的每个成员都重新创造知识"(Donald，1991：169，173)。当然，在人类中，模拟的典型表现发生在假装游戏中(Harris，1998)。

最后，我们也许可以认为，通过游戏来学习会比从教导中学习更有效率，尤其是因为，对孩子来说，从教导中学习，这颇为无聊，而游戏让人振奋，而且，也是因为从教导中学习，"需要另一方——教师的付出"(Lancy，1980c：482)。事实上，幼儿所受到的教导很可能来自哥哥姐姐而非父母。

向同伴②学习

> 玛雅学步儿主要是通过观察那些照顾他们的哥哥姐姐，并跟他们互动来学习的。而且大多数学习发生在假装游戏中。(Maynard，2002：978)

> 福尔人认为，孩子在作为学习者时，应该将注意力集中在年龄较

---

① 在中文里，"mimesis"与"imitation"都译为"模仿"；在此句中，为了区别，只能将"mimesis"译为"模拟"。唐纳德在其著作中说，"mimetic skill"或可称为"mimesis"。(Donald，1991：168)他对"mimesis"(形容词是 mimetic)"mimicry""imitation"这三个词的区别作出了说明："mimicry"指的是尽可能完全一致地复现(duplicate)——比如惟妙惟肖地模仿面部表情或鸟类的声音；"imitation"指的是动物(尤其是猿猴)后代复制(copying)其父母的行为——模仿的是父母做事情的方式，并不是所有动作都完全一样；"mimesis"则是在"imitation"的意义上增加了一个表征(representational)的维度，它融合了"mimicry"和"imitation"以实现更高级的目标——重演(re-enacting)和重现(re-presenting)某个事件或某种关系；某些习俗就是"mimetic"，比如说，用手捂胸口或捂脸来表达悲伤。"mimesis"与"mimicry""imitation"的根本不同在于，"mimesis"有"发明有意图的表征"(invention of intentional representations)这一层含义。(Donald，1991：168-169)译者认为，唐纳德对"mimesis"的界定，是说这个词可用以形容人际间的文化传递活动，而不仅仅是指个体对他人动作的模仿与复现。——译者注

② 结合本节的相关内容来看，本书中的"peers"指的是一起生活、玩耍、工作的同伴，而不仅仅是年龄、地位、身份、兴趣等方面相近的"同辈""同侪""同龄人"。——译者注

大的孩子而非成人的行为上。(Sorenson，1976：198)

　　在前一章中，我提到过一个例子：一位曼丁卡族母亲把她蹒跚学步的孩子赶走，让他/她去参加游戏团体。这种行为模式如此常见，以至于它有了一个名称："拒绝学步儿"(Weisner and Gallimore，1977：176)。显然，它是断奶的辅助手段，由于断奶相对较早的婴儿会将他们的不满转变为一场不断升级的战斗，在这种情况下，其他人(特别是婴儿的祖母和哥哥姐姐)就会去帮助婴儿的母亲(Leavitt，1989：147)。夏威夷土著母亲密切照顾婴儿，然而，在弟弟或妹妹出生后，学步儿"向母亲索求关注，就会遭到越来越多的惩罚，于是他被迫去依赖年纪较大的孩子"(Gallimore *et al.*，1969：393)。

　　在理想的情况下，被拒绝的学步儿将有机会克服被拒绝的感觉。游戏团体可以分散学步儿对自身"悲剧"的关注。学步儿很可能从母亲之外的照顾者(特别是其姐姐们)那里获得足够多的关注和安慰(Barnett，1979：6；Casimir，2010：24)。在灵长类动物中，年轻雌性会对幼仔表现出极大的兴趣(Hrdy，1999：157)，而且在有监督的情况下，它们与弟弟妹妹之间的互动会为它们将来承担母亲的角色做好准备(Fairbanks，1990；Riesman，1992：111)。刚断奶的孩子对母爱(mothering)的需要，与"养母"①想要照顾孩子的需要相呼应。

　　要成为同龄群体中的一员，学步儿必须好好表现，否则就要忍受后果。他/她必须"融入"。如果融入不利，那么戏弄、恶作剧以及其他形式的"修理"都在等着他/她(Broch，1990：81)——除非父母通过密切监督和干预来确保小伙伴们友好相处(Gaskins *et al.*，2007)。那些村庄童年的研究者都熟悉这样的场景：

　　　　(哈扎族)孩子在一到三岁时经常发脾气；在发脾气时，他们可能

————————

　　①　此处指的是学步儿的同胞照顾者(哥哥姐姐们)。——译者注

会捡起一根树枝，反复敲打他人的头。父母和其他成人只是捂着头以挡开挨打，并笑个不停。他们甚至没有把棍子拿走。然而，当一个孩子打另一个比他年纪稍大一点的孩子时，那个孩子往往会抓住棍子并打回去。以这种方式，幼儿知道自己不能为所欲为——大一点的孩子会"教训"（train）他们。因此，成人没有必要管教他们。（Marlowe，2010：197）

被托付给哥哥姐姐及其小伙伴照顾的孩子，即是加入了优秀榜样的核心团队（Sorenson，1976：198）。

> （通过模仿照顾他们的哥哥姐姐，马克萨斯族）学步儿学会奔跑、自个吃饭、自个穿衣服、在屋外撒尿和排便，以及帮忙做家务。（Martini and Kirkpatrick，1992：124）

> （孟加拉）小女孩随同大一点的女孩参加采集活动，并逐步学习所需的技能。（Rohner and Chaki-Sircar，1988：33）

> 马图族（Martu）……成人会回忆起和其他孩子一起觅食以喂养自己的童年时光……妇女们带着挖掘棒徒步打猎，她们常常说自己在寻找和追踪猎物时，孩子们脚步太慢，跟不上。（Bird and Bird，2005：135）

182

> 感到了同伴的压力，……年轻的本南族（Penan）女孩……生产"美丽的"藤篮和其他手工艺品——这些都是本南人和其他（婆罗洲）狩猎采集群体的标志。（Puri，2013：295）

因为照顾弟弟妹妹的行为是如此普遍，孩子们更有可能是处于同伴而不是父母的陪伴下。韦斯纳（Weisner）认为，"孩子们作为**间接支持链**

(*indirect chains of support*)的一环，会（在母亲或其他成人的管理下）照顾其他孩子"（1996：308，强调为作者所加；另请参阅 Rogoff，1981a：31）。也就是说，年纪稍大一点的哥哥姐姐会管理学步儿；而他们自己则由处于青春期的孩子来指导。这样，成人就能充当袖手旁观的"领班"——他们可以专注于自己那些更有成效或更有利可图的活动上。波拉克在其对从事农业的巴玛纳族家庭的研究（2003，2011，2012）中，为这一现象提供了充分的说明。

卡露力族母亲要求（direct）女儿与自己的姐姐们合作，并仿效她们（Schieffelin，1990：218），也许这是因为姐姐们（siblings）比成人更有耐心和同情心（Maynard and Tovote，2010）。[10] 就这一点来说，有两件鲜明对照的趣事可作例证。劳姆（Raum）看到，一位查加族母亲和她的女儿正在割草，准备带回家喂牛。要把草秆捆扎成一束是有难度的；女儿正在竭尽全力，但"母亲拒绝了女儿的（指导）请求，回应说：'你不是和我一样有两只手吗?'"（1940：199）。现在，让我们再来看看普什图族孩子聚在一起，捆扎灌木（*buti*）以便带回家的场景（vignette）。

克霍德伊达（Khodaydad）向他的弟弟瓦利达（Walidad）演示并讲解……如何把"*buti*"捆在一起：他把灌木堆成一小堆，瓦利达蹲在他身边观察。他一边把灌木捆在一起，一边解说如何捆扎。然后，他解开那捆灌木，再次把它们捆扎起来，以便瓦利达了解如何捆扎。之后，瓦利达想把这捆灌木背回家。在哥哥帮忙下，瓦利达将它扛在肩上，在姐姐的带领下回家。显然，小瓦利达对于能够完成这项工作感到非常自豪。（Casimir，2010：54）

我们不难想象这样一个场景：在团体游戏的过程中，通过模仿较年长同伴更为成熟的行为，"被拒绝的"学步儿得以进一步社会化，做好了重新加入家庭圈的准备。他不再发脾气，不再要求吃奶，也不再制造混乱，他再次受到欢迎。一个新的文化学习阶段即将开始。

融入家庭圈

> ［马特斯根卡族（Matsigenka）］婴幼儿置身于日常活动中，他们安静地观察和学习别人所做的事情。（Ochs and Izquierdo，2009：395）

> 令人惊讶的是，在整个学习过程中极少有口头表达。（奇加族）孩子似乎从不问"为什么"，然而，在我们的文化中，问"为什么"却是学习的一大特征。（Edel，1957/1996：178）

从远古以来，人类一定是在公共的环境中从事大部分事务，有多个参与者和旁观者，特别是有儿童在场。对石器生产遗址散落的石头的研究表明，不完整的工具和碎片分属于不同的技能水平，其中也包括与初学者水平相当的工具碎片（Dugstad，2010：70；Pigeot，1990：131）。在法国的两个马格德林文化（Magdalenian）遗址中，"技艺精湛的（燧）石匠占据离壁炉最近的地方，而技艺未精的燧石匠和新手则坐在离壁炉远一点的地方"①（Shennan and Steele，1999：375）。依班族（Iban）孩子从小就观察他们的父母在地里干活，"男孩和女孩都开始参加他们力所能及的工作，并且很快就能为家庭农场的工作作出有价值的贡献"（Freeman，1970：231-232）。对于黑猩猩来说，"家庭圈"通常由一个母亲及其一个或两个幼仔组成。

> 在弄碎坚果的例子中……常常是，母亲刚把壳破开，幼仔就把果仁偷走了……3岁以下的幼仔可以……自由地获取果仁、坚果以及它们母亲正在使用的石器……因此，我们可以说母亲对待幼仔的行为表现出高度的宽容。小黑猩猩至少要花3到5年的时间才能把这三样东西（一颗坚果、一块锤石以及一块砧石）按照适当的时间和空间组合起

---

① 此处应是遗址中某幅岩画所描绘的场景。——译者注

来，以便成功地把坚果弄碎。在这个漫长的学习过程中，它们的操纵行为从来没有被可食之物强化过，（因此）学习过程不是由进食动机，而是由模仿母亲行为的动机支持。（Matsuzawa *et al.*，2001：571–572）

英戈尔德（Ingold）将这种驱动力（dynamic）的本质界定为"注意力教育"（2001：139）。

在人类代代相传的过程中，每一代人都对下一代人的学识（knowledgeability）作出贡献，为此目的，人们不是传递空洞无物的、脱离情境的信息，而是通过自己的活动建立起与生存环境相关的知识脉络，以便后代可以从中发展出自己的……技能。（Ingold，2001：142）

正如"人工制品"包含着嵌入式信息一样，我们也可以看到，文化可以简便地体现于（packaged）观念性的人工制品（conceptual artifacts）中，例如歌曲、仪式，以及惯常的程序——布迪厄（Bourdieu）（1977）称之为"惯习"（habitus），而我称为"文化惯例（cultural routines）"（Lancy，1996：2）。例如，梅代兹（Medaets）描述了一个勃鲁盖尔式的画面：亚马孙河流域的一个村庄里，在一个家庭中，大大小小的成员都在房子周围忙碌，他们栽种、加工木薯、烘烤木薯粉，还有打扫房子。在这个场景中，至少散布着八个四到十五岁的孩子——每个孩子都忙于某项家务，但也在观察其他人（Medaets，2011：3）。下面是一小部分，可以说明"家庭圈"氛围的案例。

184

在家庭聚餐时，（沃洛夫族）三岁的男孩可以选择自己的座位，并在人们的鼓励下，逐渐习得社会规范。（Zempleni-Rabain，1973：222）

各个年龄段的（瓦拉几族）孩子……在几乎所有的家庭场合中都受到他人的宽容，没有什么话题是不适合进他们耳朵的。他们能听到长辈没完没了地讨论和批评其他没有亲属关系的家庭里的成人和孩子的

行为。(Campbell，1964：157)

　　由于因纽特人的孩子会在许多混龄的场合出现，所以，他们会听到长辈的很多谈话。然而，很明显，在这项研究中，聚在一起谈话的成人既不期望他们参与，也不期望他们提问。即使他们问了问题，成人也会忽略他们，不回答他们的问题。(Crago，1992：494)

　　两岁以上的(干达族)孩子……礼貌地坐着，把脚蜷在身下，不让别人看见，聆听长辈的谈话，只有在长辈对他们说话时才回话。如果有哪个幼儿变得吵闹，引起别人的注意，人们就会告诉他要端正坐姿，(并)保持安静。(Ainsworth，1967：12)

　　当(马萨瓦族)孩子广泛参加家庭和族群的活动时，成人与孩子之间的谈话和问答通常是为了分享必要的信息。成人很少会在与孩子谈话时，将谈话重点放在与孩子相关的话题上……谈话支持手头上的工作，是手头上的工作的一部分，但并不以教导孩子为中心。(Paradise and Rogoff，2009：118)

实际上，马萨瓦族孩子如果发问，就会被认为是不成熟和粗鲁的(Paradise and Rogoff，2009：121；另请参阅 Penn，2001：91)，而这种态度广泛存在于传统社会中(Lancy and Grove，2010：153)。在传统社会中，学习主要是通过(即便人们并不鼓励)孩子的主动观察和主动参与来进行的。父母不需要改变自己的行为来适应"学习者"①或表示任何教导意图(Paradise and Rogoff，2009：117)，因为工作本身"也可以作为'知识传递'事件"(Puri，2013：277)。与此形成对比的是，在"怪异社会"中，母亲可能会完全重新安排家务，邀请儿子参与，如此一来，她就为自己的儿子设

---

① 此处指孩子。——译者注

立了一门功课(Gauvain，2001：3)。戈万(Gauvain)所记录的"蛋糕制作课程"表明了"怪异社会"童年模式与村庄童年模式之间的巨大差异。通常，在前一种模式中，孩子们对自身能力的追求胜过"融入"的动机；然而，在后一种模式中，"融入"或不打扰他人更受推崇。[11]

185

在"怪异社会"中，与"家庭圈"对等的事物，可能是餐桌(家庭用车是另一个类似物)。"怪异社会"的父母把"餐桌谈话"当成促进孩子社会化的论坛(Larson *et al.*，2006：5)。一家人共进晚餐的做法表明，家庭生活具有一种内在的结构；而且这种一家人共进晚餐的家庭生活结构(与规律的就寝时间、课外活动，以及参加礼拜一道)将帮助孩子适应高度结构化的学校日常生活。一家人共进晚餐的做法为孩子提供了观察成人榜样的机会——不过，在一天的大部分时间父母和孩子可能都分开的家庭里，这种机会并不常有。人们会在家庭晚餐上传递道德教训(Pontecorvo *et al.*，2001；Sterponi，2003)。最后，共进晚餐的家人会使用各种语言风格(审问、开玩笑、讲故事)，这就为孩子在语言、认知和学术方面的发展提供了训练的沃土。它让孩子浸泡在学术语言中——学术语言"在本质上比其他语域(registers)更难"掌握。与口语相比，学术语言采用更具多样性的词汇，会更简洁、更密集(Snow and Uccelli，2009：114，119)。而"一家人共进晚餐"发挥着课堂功能的例子比比皆是(以色列-Ariel and Sever，1980：173；瑞典-Dalhberg，1992：113-134；美国-Ochs *et al.*，1992：38；巴西-Rojo，2001：64)。

玛丽·马蒂尼(Mary Martini)在其民族志著作中，描述了一个普通的白人中产阶级家庭里的一场典型的餐桌谈话：

> 父母会对孩子开展日常教导。通常，孩子会问"为什么？"，而父母给予详细的解答。常见的话题包括物质世界的各个方面：海洋生物、动物、恐龙、星星、宇航员，以及日常事物的运作方式……父母和孩子们编造故事、笑话和谜语。他们设置"如果怎样"的场景，并试验做事的新方式。父母会聆听、观察和评论……孩子学会"卖弄"……编创歌曲、笑话、游戏或天马行空的场景……当孩子以富有想象力的

方式打破规则或出人意料时，父母也会发笑。(Martini，1996：30)[12]

马蒂尼在她关于马克萨斯人的研究中发现了一些完全不同的现象："孩子们尊重长辈，很少发起话题，只进行简短的轮流发言"(Martini and Kirkpatrick，1992：203)。巴玛纳族孩子很少与成人交谈，要顺从和尊重成人。"他们总是可以听到成人的谈话，但是他们被叮嘱不要用提问或表达意见来干扰成人的谈话"(Polak，2012：88)。成人也不太可能询问孩子的意见(Luo Blount，1972：127)。 *186*

在村庄里，孩子不会长久地处于被动观察者的地位。作为一个"正当的外围参与者"(Lave and Wenger，1991)，女孩会在不破坏资源或干扰那些更有效率的人的情况下，尽快"参与"并协助正在进行的活动，如准备食物、制作工艺品以及从事家务(Krause，1985：95；Portisch，2010：67)。只要孩子们专注于眼前的工作，他们就可以期待来自家庭成员的一些关注[13](Weisner，1989：78)。事实上，学者们已经提出了这样一种观点，即仅仅是赞成/反对孩子们早期的尝试，年长的家庭成员就能显著提高孩子社会学习的效率，而这一兼性特征①在非人类灵长类动物中并不明显(Castro and Toro，2004)。例如，利特尔记录了一对阿萨巴诺族母女的互动场景：一个6岁的女孩正在通过模仿她妈妈，来学习制作网兜。如果不确定该把下一个结打在哪里，女孩就会问："在这里？"而母亲则"会用咕噜声来回应，表示'是'或'不是'。(如果女孩正往)错误的地方打结，母亲就会提前阻止她，但是，母亲除了(说)一声'不是'，就没有别的话"(Little，2011：154)。

在奇加人看来，孩子会"逐步承担工作和责任，而这主要诉诸孩子自身的主动性"(Edel，1957/1996：178)。"(玛雅孩子)渴望参与家庭的经济活动"(Rogoff，1981a：31)。

---

① "兼性"是生物学术语；此处的意思是指，孩子们在早期的学习中，不管是被赞同，还是被反对，他们都能获得成长。——译者注

5 岁的(哈扎族)孩子会把成人想要的东西取来。有时,他们在看到成人需要用到的物品时,甚至会在成人开口之前,就把它们拿来。例如,当看到一个男人拿出他的烟斗和烟草时,一个孩子可能会从火堆中抓出一个余火未尽的木块,把它拿到那个男人面前,让他点燃烟斗。孩子们从不抱怨。事实上,他们似乎很喜欢帮助别人。(Marlowe, 2010:198)

一个克里族(Cree)女孩刚学会走路,就被要求帮助和分担丛林营地的工作。人们通常不会给予她口头指导,但是会鼓励她通过游戏,通过在参与自给自足的生产活动[14]的过程中模仿成人,来学习技能……人们告诉她:"继续努力,在做对之前,决不要放弃。"(Ohmagari and Berkes, 1997:206)。

187　　　对于华欧拉尼族的父母来说,没有什么比一个 3 岁的孩子决定参加觅食之旅更让他们高兴的了……孩子带着他/她自己的"oto"篮子,用它装满森林里的食物带回长屋……和同住的人分享。(Rival, 2000:116)

(日本)孩子……在(公共)澡堂向父母和祖父母奉献孝心……为他们搓背,轻轻按摩他们的肩膀。(Clark, 1998:243)

这些关于儿童早期利他主义和亲社会性行为的说法,得到了一项模拟家庭环境的研究的支持。在这项研究中,父母在有幼儿在场的情况下从事各种工作(此后该研究被复制:Warneken and Tomasello, 2006:1301)。18个月大的孩子们就会:

自发地、迅速地协助成人从事大部分工作。此外,孩子们在提供帮助时会说出相关的话语,也有证据表明他们知道那些工作的目标,甚至

还会添加一些成人没有示范过的、恰当的行为。（Rheingold，1982：114）

我们可以说，幼儿在社会学习方面的非凡能力在家庭中得到了最大程度的发挥。孩子可以在内心中创建一份关于其他家庭成员的行为和需求的清单。他们可以绘制一张关于家庭范围内各种活动的地图，把自己的活动融入家庭"事件流"（flow of events）中，并试图帮忙，或者模仿年长者的行为来表现出"好像"在帮忙。

有礼貌的重要性

在蒂科皮亚岛，关于家庭生活中的规矩和礼仪的教导……几乎在孩子能够完全理解什么是合乎礼仪的行为之前，就已经开始。（Firth，1970：79）

如果儿童不能融入，或者至少不能尽快地融入，那么，会出现什么情况呢？在大多数案例中，这似乎不是个问题："［梅尔帕人（Melpa）］孩子的社会成熟是在成长过程中自然实现的，而不是被训练出来的"（Strathern，1980：197）。但是在为数较少的社会里，尤其是在南太平洋地区，人们认为要对此实行严格的干预。请记住，在珍视幼儿的社会之外，孩子可能不会被视为可爱的小天使，他们的家庭可能会因孩子不成熟的行为而感到名誉受损（Fajans，1997：54）。孩子"被社会化"或者说被训练，以了解社会和亲属的等级关系，并在公共场合展示适当的言语和举止。

罗图马岛的孩子在亲属关系方面受到精细的教导："为什么你不出去和法蒂亚基（Fatiaki）一起玩，他是你的'*sasigi*'"，或者"你必须尊重萨缪拉（Samuela），他是你的'*o'fa*'"。（Howard，1970：37）

（因纽特人的孩子）每天都要练习如何称呼亲戚。（Guemple，

1979：43)

（夸拉埃族照顾者采用）……重复常规的策略……一句一句地告诉孩子在与成人或其他孩子的实际互动中该说些什么……（这些）常规包含着关于亲属称谓与亲属关系，以及礼貌的交谈方式的信息……在一个以"*enoenoanga*"（体贴周到）及"*aroaroanga*"（关系和睦）为关键价值观的社会里……礼貌是交谈过程的一个重要目标……也是维持大家庭及世系群（descent group）①和谐的社交策略。（Watson-Gegeo and Gegeo，1989：62)

斐济人要求年仅4岁的小孩在路遇成人时鞠深躬，以示对成人的极度尊敬。要是那个孩子未能对成人表现出足够的尊敬，那么他"就算不挨打"，也会受责骂。（Toren，2001：166)

（萨摩亚人）鼓励孩子以各种方式关心族群，要他们留心他人的活动并接受他人的观点。（Ochs，1988：85)

曼语（Muang)②群体的社会结构是严格根据……等级关系组织起来的……我观察到，人们对于孩子尊重他人的行为给予坚持不懈的督促和指导。（Howard，2012：350, 358)

霍皮族[北美普韦布洛人（Puebloans)]会在亲属关系和族群义务方面特意指导孩子。（Eggan，1956：351)

（爪哇族母亲一遍又一遍地重复"礼貌的"亲属用语，并纠正孩子

---

① "世系群"指的是出自共同祖先的直系后裔群体。——译者注
② 查证引文原文，该作者指出，泰国北部的大部分人口讲曼语；曼语也被称为元语（Yuan），兰纳语（Lanna），泰北语（Northern Thai）。（Howard，2012：348)——译者注

的错误，敦促他们遵守恰当的礼仪。因此）一岁多一点的孩子……会礼貌地鞠个躬，然后说出一个近似于"goodby"的高级词……一个五六岁的"*prijaji*"（贵族）孩子已经掌握了大量优美的措辞和动作。（Geertz，1961：100）

在南非的巴索托族（Basotho）中，母亲和哥哥姐姐会提醒孩子要有礼貌……并要恰当地称呼他人。（Demuth，1986：6263）

在某些社会中，成人通过早期干预促进孩子的分享行为（阿卡族-Boyette，2013：126；[15] 因纽特人-Guemple，1979：43；阿劳干人-Hilger，1957：52；考卡人-Hogbin，1969：33；伊法利克环礁岛民-Lutz，1983；沃洛夫人-Zempleni-Rabain，1973：227）。例如，帕佩尔人会给婴儿一些他（她）想要的东西（比如一小块零食），然后马上告诉他（她）把那个东西递给另一个人——尤其是他（她）的兄弟姐妹①（Einarsdottir，2004：94）。即使是很小的恩戈尼族孩子也被要求表现出慷慨，人们会直接迫使孩子将其珍爱的物品（resources）送给同伴，或者间接地通过谚语赞美（孩子）慷慨的行为、谴责吝啬的行为（Read，1960：155）。昆族祖母经常承担教导"*hxaro*"②的任务；"*hxaro*"是昆族相当正式的交换与互助系统。祖母会给幼儿一些珠子，并告诉幼儿应该把珠子递给哪些亲戚（Bakeman *et al.*，1990：796）。[16] 巨鲸河（Great Whale River）③流域的爱斯基摩人也只在这一领域④提供正式的指导（Honigmann and Honigmann，1953：41）。的确，在大多数社会中，分享（尤其是分享食物）是一种核心价值观（Mauss，1967），人们会催促孩子去遵从它。但是"分享课"（sharing lessons）的一个相关目标

---

① 查证引文原文，此处是指，在帕佩尔人中，人们常常跟婴儿玩"互赠游戏"（Give-and-take games）：人们给婴儿一个物件或一片食物，然后让他/她还回来；并没有特意提及婴儿要把食物分享给同胞。——译者注

② "*hxaro*"意指昆桑人中的互惠关系。——译者注

③ 巨鲸河是加拿大魁北克努纳维克地区（Nunavik，Quebec）的一条河流。——译者注

④ 指分享行为（sharing）。——译者注

是让孩子尽可能地吸引代父母或养父母(第四章)。

在描述一个好孩子时,讲礼貌是其最重要的特性。对恩索族的所有母亲来说,讲礼貌这一概念包括学习问候他人、服从和尊敬长辈……她们说,要让孩子习惯他人,就要对他们进行一些强化训练:"我不会喜欢(他缠着我)。我会试着至少让他认识我周围的人,通过强迫他接近他们,让他们亲近他。"(Otto and Keller,出版中)

有相当多的证据表明,随着时间的推移,孩子将学会适当的亲社会行为(d'Andrade,1984:97;Fehr *et al.*,2008),[17]包括恰当的亲属称谓(Beverly and Whittemore,1993:239;Fortes,1938/1970:53-54;Read,2001)。例如,在萨摩亚:

6岁大的孩子……在没有任何明确指示的情况下,就开始了解有地位、有权威的人的典型特征。这一点在涉及酋长的某些典型行为时更为明显;酋长会在孩子们乐意观察的常见仪式活动上表现出一些典型的行为特征。(Odden and Rochat,2004:46)。

有很多社会虽然高度重视"恰当的"行为,却没有强制要求孩子服从,也没有强迫他们接受培训。毕竟,人类的成功有赖对社会规范的自愿遵守(Boyd and Richerson,2006:469)。然而,举例来说,虽然克佩列族成人希望他们的孩子通过模仿来学习规矩,但他们很快就会(以直接的或者以使用谚语的方式)斥责孩子的一系列轻慢的或懒惰的行为及态度。他们敏锐地意识到,一个"糟糕的"或者无礼的孩子会给父母带来不好的影响(Lancy,1996:96)。

美国人类学家劳伦斯·怀利(Laurence Wylie)那部关于20世纪50年代初法国村庄生活的民族志佳作表明,人们向孩子反复灌输(在餐桌上)举止要得体的意识,这是多么重要的事情:

每个人都认为让孩子知道如何"正确地坐在桌旁"是很重要的。他必须坐直，并且在没有动手吃饭时，要将两个手腕放置在桌子边缘。他的手肘决不能支在桌子上，而手也决不能放在桌子下面。如果他的手滑到膝上，他的父母就会说："藏在底下的那只手在做什么？把手放在桌子上，那才是它该放的地方！"如果他想让父母把食物递给他，就必须说："如果你愿意，爸爸/妈妈。"而且必须在拿到食物后说：*190*"谢谢你，爸爸/妈妈。"如果他忘了重复这些套话，他的父母就会装作没听到，拒绝为他服务，直到他说出来为止。（Wylie，1957：45）

男孩："我想，我们之间的关系不需要说'请'和'谢谢'。"

图 14 毋需多礼

怀利遗憾地承认，"尽管我们认为自己的孩子在家里的社交场合看起来很正常，但是我们发现，在佩兰（Peyrane）①，以任何村民（甚至是那些

---

① 怀利在该书第二版序言中承认，佩兰是一个化名，它实际上是法国小镇鲁西永（Roussillon）。——译者注

最卑微的村民）的标准来看，他们都是被培养得很糟糕的"（Wylie，1957：44）。60 年后，法国孩子的彬彬有礼与美国孩子的举止不雅之间的差距显然扩大了，这成为了一本畅销书（《养育宝宝》，Druckerman，2012）的灵感来源，也引发了父母的育儿焦虑。具有讽刺意味的是，在父母积极教养行为发生率的排行榜上，美国中上层社会的父母占据了最顶端的位置，但是，他们相对忽视了对孩子进行关于亲属称谓、礼貌以及礼仪的教育——尤其是与日本（Hendry，1986：73-74）和（统称的）东亚地区相比，更是如此。事实上，与非西方社会相比，西方社会的从众压力非常小（Henrich *et al.*，2010：71）。

191 在图 14 中，漫画作者指出，我们作为孩子的教师所在意的似乎只是孩子能流利地、有创造性地使用语言，似乎只是亲子间的相互依赖——排斥了关系较远的亲属。以下是另一个有针对性的例子：

> 7 岁的莫莉（Molly）突然对她的朋友莉拉（Lila）说："我今天已经和你玩腻了。"后来，莉拉的母亲把这件事告诉了莫莉的母亲伊芙（Eve），但是伊芙回答道，莫莉"只是在说实话"。伊芙看不出莫莉那句伤人的话有什么不对；毕竟，她正在教育自己女儿要认识到，承认和表达自己的感情是很重要的。（Gross-Loh，2013：216）

在其他社会中，育儿负担会分散到不同个体身上，因而，孩子必须学会以"礼数周全"的方式与他们相处；但是在美国，我们把几乎全部的育儿责任都指派给母亲。为了确保孩子的合作，这些母亲最可能采用的策略是，与孩子建立起友谊的纽带，然而，母亲关于礼仪与亲属关系中那些不可违反的规则的说教，恐怕无助于培养母子间的友谊。

好斗性的社会化

> （汤加人）成人会鼓励婴儿的暴力行为，而这种鼓励扩大化的结果就是，幼儿有时会威胁成人。（Morton，1996：211）

我们可以把那些强调社交合作及礼貌的"阳"（Yang）型社会，与那些采取更"阴"（Yin）方法的社会，放在一起对比。① 亚诺马莫人以喜欢打架和争斗而闻名，他们鼓励男孩"变得凶猛"。男孩很少因为互殴或是殴打自己那些倒霉的姐妹而受到父母的惩罚（Chagnon，1968/1992：126）。[18] 一个受到攻击的孩子不会得到父母的保护；相反，父母会给他一根棍子，让他回去打斗。"这是对拳击决斗的社会化——对亚诺马莫人的司法系统来说，拳击决斗至关重要"②（Peters，1998：136-138）。

> 在游牧的普什图人中，关于勇敢和好斗性的教育很早就开始了，人们会用"*janwork*"（开战，开打）的指令（words），来要求小男孩（通常是学步儿）开始打斗。父亲或其他男性亲属会把小男孩抱到一起，让他们紧挨对方，进而开始互殴。（Casimir，2010：40）

喀麦隆北部的富尔贝族（Fulbe）牧民鼓励男孩在开始放牧生涯的同时，对同伴进行挑衅性的攻击。男孩"从很小的时候就被鼓励用棍子打架并且……用辱骂来相互挑衅"（Moritz，2008：112）。在非洲南部，科萨族部落192男子恐吓自己的邻居，并击退了试图侵占他们农田的欧洲人。他们在孩子还很小的时候就开始准备将其训练为勇士：

> 在所谓的"*thelelekisa*"活动中，妇女们会抓住两个两三岁小男孩的手，用他们的手去打对方的脸，直至这两个孩子被激怒起来，开始自行扑向对方，又抓又咬。女人们会大笑着旁观。人们也会把芦苇或其他软"武器"拿给年纪稍大一点的男孩，鼓励他们一起打斗；或者一个

---

① 原文如此。全书仅有此句提及了"阴""阳"社会，而且没有任何其他的注释。本书的这一节所谈论的对象是那些尚武好斗、鼓励孩子发展攻击性行为的族群；仅从本句的文字表述上看，作者似乎误解了"阴阳"。——译者注

② 从字面上看，此句的意思是，亚诺马莫族会通过打斗来解决社会纠纷；父母让孩子去打斗，这有助于促进孩子的社会化过程。——译者注

成人(男人或女人)会用手指戳某个孩子，假装要打他，并鼓励孩子作出有力的回击。(Mayer and Mayer，1970：165)

唐库利克(Don Kulick)认为，(巴布亚新几内亚塞皮克地区的)加彭族村民非常爱斗嘴，非常固执己见——他们会不断挑起争斗，并相互辱骂。如果不了解这一情况，我们可能就会觉得唐库利克对加彭族村民社会化习俗的描述令人难以置信。与科萨族一样，加彭族母亲也会主动让自己3岁大的孩子(男孩和女孩)互相争斗；她们把孩子抱到一起，大声命令他们猛击对手。孩子也会因为打狗打鸡而受到鼓励和称赞，如果某个孩子对着哥哥姐姐举起刀，这种举动会得到成人的嘉许——他们微笑着并朝他喊："小心，他现在是'kros'。"①(Kulick，1992：119)在巴布亚新几内亚的其他社会，这种(鼓励孩子打斗)现象与村落间和性别间的冲突有关；此类冲突持续存在，而且通常是残暴的——包括社会认可的强奸、暴力冲突、猎取人头以及食人行为。克沃马人就是这样的一个群体——孩子会受到成人和其他孩子的口头辱骂和身体虐待，他们的游戏充满了暴力主题。成人不断地提醒孩子，在提防敌人的同时，要依附亲属(Whiting，1941：62)。在加拿大亚北极地区、讲阿萨帕斯坎语的(Athapascan)成人会怂恿男孩去战斗，"把他们推在一起，迫使他们进行挑衅性的攻击……要求他们尝试某些策略去证明自身的……优势"；但是，成人这样做的原因在于，身为成人，他们必须性情内敛。"因此，他们利用这些男孩来间接地表达他们感受到的但可能不会表现出来的情感"(Savishinsky，1982：118-119)。

在上述这几个例子中所提到的蓄意促进孩子好斗性的现象，在几个世纪前更为普遍。那时部落间的战争想必更加普遍，而那时的政体，就像古代中部美洲的那些政体一样，也必定依赖于由年轻无畏的战士组成的、不

---

① 未能查证到原文。唐库利克在其相关论文里提到"kros"是指加彭族妇女间的争吵行为，而且这种争吵有时毫无理由，并不是为了解决问题。(参见 Don Kulick(1993). Speakingasa Woman: Structure and Genderin Domestic Argumentsina New Guinea Village. *Cultural Anthropology*. 8(4)：510-541.)换句话说，这是一种挑衅行为。因而，本书中的这句引文可以译为"他现在被惹毛了"。——译者注

断更新的战斗队伍(Hassig，1945)。自从接触欧洲文明以来，一些和解行动被各个部落采用，其效果虽然有点滞后，但是，经过一段时期后部落中那种让孩子们变得好斗的社会化现象最减少并消失了(Ember and Ember，2007)。[19]

严厉的体罚可能有助于孩子们做好成为勇士的准备。《门多萨抄本》(Codex Mendoza)是一部16世纪的手稿，由阿兹特克族抄写员编写完成。它的第三部分大约有20页，其中的大部分内容是在谈论孩子。通过彩图并配以用西班牙语和纳瓦特语(Nahuatl)撰写的说明性文字，抄写员们详细阐述了阿兹特克人(或墨西哥人)的育儿习俗。其中最值得注意的是，那些被频繁描绘(depiction)和描述的严厉体罚行为，包括强迫孩子吸入辣椒烟雾。我们也可以看到，年轻的士兵①被剪掉头发，头皮被火把轻微烧焦(Berdan and Anawalt，1997)。

体罚的对象绝不仅限于年轻的(nascent)勇士。在童年早期，儿童有很大的活动自由，他们的行为方式可能会引发成人的感激或愤怒之情。如果没有明确的课程可以促进儿童的社会化，或者到头来那些课程没有完全成功，父母就必须有约束子女行为的方法。

约束孩子的行为

> 文化进化创造了合作的群体，(反过来有利于)进化出一套适合这些群体生活的、新的社会本能，包括……诸如羞耻和愧疚之类的新的情感，这些情感能提高社会规范被遵守的可能性。(Boyd and Richerson，2006：469)

> 嘲笑，是乌利西环礁岛民(Ulithian)训练孩子的常用手段。(Lessa，1966：95)

---

① 译者无法查证并判定这是否记载在《门多萨抄本》"第三部分"中，也无法判定这些年轻的士兵是不是儿童。——译者注

[普卡普卡岛民（Pukapukan）] 社会关系中的一课是殴打。（Borofsky，1987：97）

上述第一段冗长的引文深化了在本章中反复出现的一个主题——儿童天生就有一整套能力来帮助他们获得族群文化。考虑到儿童在进入青少年时期之前，都必须依靠他人来获得食物和其他必需品，那么，他们成为群体一员或融入群体的需求就显得非常合理（Rochat，2009：25）。然而，儿童的各种能力并不总是能完美结合。充满好奇并渴望了解世界的儿童可能会使自己置身于危险之中。儿童的游戏需求可能会导致财产损失，或者在其他方面引起不满，例如，儿童未完成杂务，这可能引发父母的不满。儿童如果渴望参与竞争并争夺统治地位（在下一章中有更全面的详细讨论），这可能会导致他跨越礼貌或尊重的界限，进入危险的"水域"。简而言之，"没有人是完美的"，大多数群体都会使用一系列策略来约束孩子们程度不同（从细微到严重）的任性行为。

一句谚语可能会突然被抛出来，就像石头被丢进池塘一样。谈话渐渐转入沉默，那个拒绝分享花生或一直在自吹自擂的（恩格尼族）男孩或女孩自己开始纳闷："那句谚语是在说我吗？不是？是吗？说的就是我。我感到羞愧。"没有人再说什么，然而那个羞愧的孩子会抓住第一个机会溜走，以免引起众人更多的注意。使用谚语是一种有效的方法，它可以使孩子自己学习和运用其所受到的教训。（Read，1960：44-45）

194

（波非族觅食群体）用以维持平等主义分享行为的主要文化工具是粗野的玩笑。不能恰如其分地分享食物的人……会成为大家嘲笑的对象，或者会被编排进族群故事中加以取笑。（Fouts *et al.*，2013：345）

德莱昂（2012；另请参阅 Campbell，1964：157；Sliva *et al.*，2011）认

为，"旁听者"是齐纳坎坦人传统的育儿习俗的基石之一。当孩子在场，年长的家庭成员会批判性地讨论孩子的行为，但不会以其他方式与孩子互动。人们期望孩子在任何时候都能关注那些年长者的谈话，倾听并反思他或她自身的行为——这是克兰（Kline）等人所说的"微妙的、低成本教学"的一个很好的例子（2013：353）。

在亚洲的大部分地区，拥挤的生活条件已经成为了数千年来①的常态，尤其是在人口稠密的巴厘岛。毫不奇怪，巴厘岛的孩子从小就被教育要控制自己的情绪；他们应该把积极的情感、恐惧和嫉妒都掩藏起来。人们不会在意一个发脾气的孩子，即使他或她发脾气是因为其母亲给"借来"的另一个孩子哺乳（Bateson and Mead，1942；Jensen and Suryani，1992）。而古代中国的孩子也是很早就被灌输要克制情感、谦逊、听话（cooperation）。

> 对……中国人来说……"耻"是一种基本的、社会的和道德的情感，是一种美德。要成为中国文化的一分子……羞耻感的养成是……重要的。（Li *et al.*，2004：794；另请参阅 Fung，1999）

人们要求孩子关心其母亲的情感、母亲的羞耻感以及来自母亲的嘲笑，这些都是促进孩子社会化的方式（Wu *et al.*，2002）。而体罚也是其中的重要方式之一（Jankowiak *et al.*，2011：158）。

在犯错的孩子在场的情况下，母亲会向某位听众诉说孩子当前和过去的种种过错。她们在其他人面前曝光孩子的错误行为，以唤起孩子的羞耻心（Miller *et al.*，2001：166）。爪哇人会培养孩子的"'*isin*'……（意指羞耻、害羞、困窘、愧疚之类的情感），（以便）在任何正式的公开场合（孩子）都非常安静，举止得体，会乖乖地坐着……听数小时的正式演讲"（Geertz，1961：113）。在斐济，人们"通过嘲笑、戏弄、讥笑或直白地反对，往孩子身上灌输"同样的情感（Toren，1990：183）。伊法利克环礁岛民认为，

---

① 此处或为夸张，并不符合实情。——译者注

"*metagu*"或者说克制的能力是"不良行为的主要'抑制剂'"(Lutz，1983：252)。卡露力人利用戏弄和羞辱来促进孩子的社会化，使其符合成人的期望。母亲取笑学步儿，以阻止他们吃奶；孩子在贪吃或无礼的时候，也会遭到取笑(Schieffelin，1986：169；另请参阅 Eisenberg，1986：189；Loudon，1970)。爪哇人和其他族群会取笑并羞辱五岁到六岁的孩子，以鼓励他们结束"性游戏"，并且表现得更加谦恭有礼(Geertz，1961：102)。马克萨斯族学步儿会无缘无故地受到成人和同伴的嘲笑、批评和攻击。他们被激怒，然后就会因为发脾气而受到惩罚(Martini，1994：79)。中国台湾地区当地村民(indigenous)会(以玩闹的方式)取笑并粗暴地对待孩子，以使他们变得坚韧(Stafford，1995：52)。类似的戏弄(并观察孩子反应)模式也被印度南部的村民用来评估孩子的性格(Nichter and Nichter，1987：75)。

从婆罗洲到美国西南部，人们反复警告孩子——不恰当的行为会招来一些有害生物的愤怒。杜松族父母经常利用孩子对超自然现象的恐惧；这是一种确保孩子表现出预期行为的手段。杜松族父母会给孩子讲一些民间故事，这些故事的主题是关于孩子因某些错误的行为而(遭受)暴力惩罚(Williams，1969：114；另请参阅 Mathews，1992)。

> (纳瓦霍族孩子)被告知，如果他们行为不端，个头很大的、灰色的"Yeibichai"就会把他们带走并吃掉……(一些儿童自传所提供的证据表明，这些威胁是有效的。)"第一次看到'Yeibichai'时，我很害怕。我以为他们会吃掉小孩，于是我哭了。"(Leighton and Kluckhohn，1948：51-52)

在巴布亚新几内亚，贝纳-贝纳人(一个勇士社会)"男孩和女孩受到斧头和刀子的威胁('逗着玩')，他们被吓哭了"(Langness，1981)。沙捞越普南巴族村庄的孩子受到各种邪恶生物(包括会诱拐并献祭孩子的生物"penjamun")以及接受药物注射的欧洲人的威胁。成人声称"孩子应该害怕……否则，他们就不会听从劝告，也不会尊敬他们的长辈"(Nicolaisen，

1988：205）。萨摩亚人管束孩子的方式是，恐吓孩子，说要召唤可怕的野兽来吃掉他们。人们会用这样的话来分散一个哭闹的宝宝的注意力："猪！埃蕾诺阿（Elenoa）在这里，快来吃了她！"（Ochs，1988：183）。在我所收集的大量相关例子中，我个人最喜欢的那个例子来自瓜达尔卡纳尔岛的考卡人：

> 老人们讲述一种被称为"乌谋"（umou）的巨人的故事……它们栖居在遥远的大山里。他们说，那些巨人随时准备突袭顽皮的男孩和女孩，并把他们带到一个洞穴里煮来吃。（Hogbin，1969：34）

历史记录中充斥着类似的案例；被召唤来吓唬孩子的恶魔的名单的确很长，从［亚述古国（Assyria）的］拉巴尔图（Labartu）到（古希腊的）穆尔摩（Mormo）（Colón with Colón，2001：47）。人们利用《圣经》中那些最可怕的故事，来约束不那么顺从的孩子（Horn and Martins，2009：154）。[20] 就在19世纪的英国，孩子们还"会被带去看绞刑架上悬挂着的腐烂尸体，同时聆听道德故事"（de Mause，1974：14）。父母会鞭打他们，"在回家路上，以使他们记住所看到的景象"（Bloom-Feshbach，1981：88）。从18世纪开始，民间故事就被编进了"教导"孩子的书籍中，这些故事稍微温和一些，但仍然让人毛骨悚然（Tatar，1992）。

如果谚语、羞辱、戏弄以及与妖怪有关的恐吓都不起作用，许多社会就会诉诸体罚。（秘鲁）马特斯根卡人通过烫伤或使用皮肤刺激物来惩罚懒惰或不听话的孩子（Ochs and Izquierdo，2009：395）。弗里曼（Freeman）统计了萨摩亚孩子遭受殴打的频率和严重程度，那里的人们"相信疼痛作为一种教导手段具有独特的功效……严格的纪律……从孩子还很小的时候起就施加在其身上"（Freeman，1983：206，209-210）。因此，体罚通常被视为塑造孩子行为的合法手段。（叙利亚）鲁瓦拉贝都因人（Rwala Bedu）使用大量的体罚手段，从用棍子打屁股（针对幼童）到用军刀或匕首割伤（针对年纪稍大点的孩子）。他们认为"管教的杖"（the rod of discipline）指引着天堂之路（Musil，1928：256）。安斯沃思（Ainsworth）在其关于几个干达族村庄的观察报告中，记录了几次体罚事件——孩子因一些小过错（包括自私）而遭到体罚（1967：113）。[21]奎恩介绍了（加纳）姆方特西人（Mfantse）"引起孩子的注意"①的方法清单。

> 如果一个孩子还小，而且犯的是小错，他很可能会被成人握拳捶打——这样做是为了减弱打击力度（但是成人不赞成那些应该打子女却打得不够狠的、溺爱子女的人）。即使是婴儿，也可能会因为无缘无故的哭泣而被轻轻地拍打……年纪稍大一点的孩子如果行为不端，就会被反复抽打（用一根藤条）；藤条会被放在显眼的地方，有时还会引起在院子里工作或坐着的某个妇女的注意，她或许还会挥舞它。妇女们会用特别的、不会被误解的声音威胁要棒打孩子，不然就是警告孩子停止不端行为，或者有时是在不端行为发生之前就阻止其发生。她们也可能用某种斜睨的眼神来发送这些信息。（Quinn，2005：492-493）

同样，摩洛哥的乡下人每天使用各种各样的惩罚方式。人们认为，"为了孩子的生存和成长"，不得不打他们。采取严厉管教措施的父母并不期望自己的孩子因此变得胆小怕事；而是相反②。他们希望子女顺从，但也希望子女为迎接人生中的种种波折做好准备。"塔塔尼斯人（Tahtanis）鼓励孩子'对情感进行强有力的管理'，他们也经常使用无情的戏弄来教导孩子抑制自己受伤的感受，并反而能学会以机智的方式来反驳这种取笑（prodding）"（Nutter-El Ouardani，2013：112，99）。

体罚的使用情况非常不同。一个极端的例子是，（南美洲的觅食群体）皮亚罗亚人（Piaroa）完全不允许展示暴力；孩子绝不会受到体罚，这是觅食社会的典型现象（Overing，1988：178；本书第二章第66页）。普什图族

① 结合上下文，此处的意思是指让孩子听话。——译者注
② 此处是指父母严厉管教孩子，不是希望他变胆小，而是希望他能够勇敢坚韧。——译者注

游牧民不太情愿使用体罚。他们会用口头训令来谴责尿床的孩子，但如果孩子继续尿床的话，他们就会打孩子（Casimir，2010：35）。在古希腊和古罗马，"体罚孩子被视为理所当然"（Horn and Martins，2009：30）。而另一个极端的例子是，（婆罗洲）布鲁苏人（Bulusu）认为，对于学习来说，严厉的体罚是学习的必要条件，因为孩子天生就很顽皮（*jayil*）。而且成人把孩子打到失去意识乃至死亡的情况也是存在的（Appell-Warren，1987：160-161）。

在那些部落战争、村落冲突以及殴打妻子的暴力行为盛行的社会里，体罚孩子的行为尤为普遍（Ember and Ember，1994）。而在某些现代化或城市化的社会中，例如加勒比地区（Lange and Rodman，1992；Munroe，2005）或者土耳其（Kagitçibasi and Sunar，1992：85），或者发达国家的下层人口（Landy，1959：134），这种情况也可能出现得更为频繁。在当代社会中，"村庄"塑造孩子行为的集体压力已经缺失，因此可能需要更有力的或更明确的管教策略。此外，虽然在照顾孩子的过程中，父亲通常缺席，但是人们却期望他扮演"管教者"的角色（Kagitçibasi and Sunar，1992：82；Roopnarine *et al.*，1994：16）。

综上所述，似乎有几种策略可以塑造孩子的行为。最普遍且心照不宣的管教策略所倡导的是这样一种观念，即孩子应该观察（monitor）并尝试模仿成熟的、端正的行为。行为表现不佳或不成熟的孩子会受到鄙视或责骂（Erchak，1980）。日本人在管教孩子方面留有很大的余地，但是当孩子"行为不端"时，他们通过要求孩子尽孝顺父母的义务，唤起孩子的羞耻心（Lebra，1994：263；Fogel *et al.*，1992），例如，"当你这样做的时候，妈妈会很伤心"。而在其他社会中，人们会广泛使用不那么微妙的羞辱策略。我们已经看到，使用神话人物（如"*Yeibichai*"①）来迫使孩子表现出正确的行为，这也是常见的情况。这一策略极其有效。实际上，这就像施放（casting）了一个不需要进一步干预就能生效的咒语。言语的和/或身体的虐待是常见的，"作为一种常见的或者说典型的管教技巧，（针对儿童的体罚

---

① 参见本书第 195 页相关引用段落。——译者注

行为)在世界各主要地区的社会中发生……(我们所调查的)大约 40% 的样本(社会存在这种常见的或者说典型的行为)"①(Ember and Ember，2005：609)。实验研究表明，在较高的唤醒状态下，记忆会得到增强(Mc Gaugh，2006：345)，人们之所以采取这些强制策略，是因为它们可能会起效。然而，如果父母在某种程度上依赖邻居/亲属帮助照顾孩子，他们可能不愿意将子女难以管教的事实公之于众。

198

最罕见的、却为"怪异社会"所偏爱的策略是，和孩子"讲道理"(Kousholt，2011：106)。对于约束孩子的行为来说，这可能没那么有效，但它有一个附带的好处——它确实为孩子成为一个有效的谈判者提供了一些早期准备。与孩子讲道理可以达成两个目标：它是管理孩子行为的一种方式——尤其是在孩子学习(shaping)更复杂的技能时，还有，它也促进了(父母作为教师)"师生"关系的发展——本书第四章的最后一节有详细论述。

儿童社会交往模式的一个非常显著的变化发生在刚进入童年中期之时；童年中期是一个生物发展阶段，其特征是牙列②(dentition)和大脑组织的变化以及肾上腺功能初现(*adrenarche*)③。对这一转变的广泛文化认同，包含着对更成熟、更"明智"行为的更高期望④(Lancy and Grove，2011a：282)。

有理智的年龄

> (阿赞德族)孩子到了一定年龄就被安排去做一些有用的事情。(Baxter and Butt，1953：47)

---

① 三处加括号的文字是译者根据引文原文补足。在引文原文中，"样本"社会是指民族志中出现的、世界范围内的、主要是处于前工业化阶段的社会。(Ember and Ember，2005：609)——译者注

② 或称牙弓，意为牙齿按照一定的顺序、方向和位置排列成弓形。——译者注

③ 指肾上腺皮质雄性激素分泌增加，通常发生在 8 岁或 9 岁。——译者注

④ 此句的意思是，在童年中期，儿童社会交往模式发生了变化；生活在不同社会文化中的人们都期望儿童表现出更成熟更理智的行为。——译者注

[神学家赫里索斯托姆（Chrysostom）在公元 4 世纪写道]智慧的最高境界是拒绝对幼稚的事情感到兴奋。（Horn and Martens，2009：158）

在伊法利克环礁，人们认为两岁之前的孩子没有思想和感情；他们只是吃和玩。由于他们缺乏理智和道德，因此，对他们生气或者试图控制他们的行为是没有用的。在他们看来，孩子们要到五六岁才会获得"repiy"（智力）（Burrows and Shapiro，1957；Lutz and LeVine，1983：339）。与此形成鲜明对比的是，在"怪异社会"中，父母热衷于使子女有最大的可能性去获得学业成功；他们受到诱导，对尚在子宫中的子女就开始施行教育（Robbins，2006：334）。[22]相对于怪异社会的模式，人们认为，村庄儿童可以接受教育的年龄"被延后"了。[23]村庄社会也很少关心儿童发展过程中的标志性成就——或许除了孩子学会走路这件事。（马来西亚）奇旺人没有普遍认可的儿童发展时间表。孩子的发展状况也不是人们讨论的话题。学习的责任完全在孩子身上，很少有人"催促"他们。在民族志记录中，被视为缺乏理智、根本无法教育的儿童的例子为数众多。在邦加苏阿奎勒，我因为花时间和孩子们在一起而遭到严厉批评；原因是，人们说"孩子们啥也不懂，他们还没有'获得理智'"（Lancy，1996：118）。奥尔加·纽文慧丝（Olga Nieuwenhuys）在印度的一个沿海村庄进行田野调查；她发现，当地成人对她观察和分析儿童文化的尝试嗤之以鼻（1994：34）。在波多黎各，人们认为村庄里的孩子没有能力，因此，"很少特地教他们什么东西"（Landy，1959：99）。

在也门，孩子们喜欢在建筑工地周边玩耍，但是，尽管有明显的危险，工人们也仅仅是做做样子地阻止（curtail）一下这种冒险行为。更重要的是，"建筑工人采取了也门人普遍的立场，认为向孩子'解释'（各种危险）是毫无意义的……因为孩子们……没有'aql'（理智）"（Marchand，2001：91）。人们认为，幼儿是无知的、不健全的、无是非观的（amoral），而这种观念所产生的后果之一就是，成人对于在婴幼儿面前暴露性行为没有顾虑。亚诺马莫族父母会"在子女 3 岁之前，吹吻（blowkiss）、舌舔或用手摩擦女婴的阴道口，会抚摸男婴的阴囊或用嘴含住他的阴茎"（Eibl-

Eibesfeldt，1983：194）。一位爪哇族母亲在给儿子洗澡时揉搓他的阴茎，并对他的勃起感到高兴（Geertz，1961：102）。（婆罗洲）杜松族年幼的"孩子很少因为公开的性行为而受到指责……成人以宽容的态度来看待4岁以下孩子之间的性游戏，就像看待幼小动物的性游戏一样"（Williams，1969：102）。在苏禄海的巴瑶族船民中，孩子们"在八岁或十岁之前都不穿衣服……他们常常用手摸索对方的生殖器……（而且）父母不会对这种行为感到不安"（Nimmo，1970：253）。类似的态度在欧洲社会也曾普遍存在，直到17世纪末期，"用性游戏来戏弄孩子的习俗才受到抑制"（Sommerville，1982：94）。

上述情况表明，孩子在这么小的年纪没有理智，事实上，发生在他或她身上的任何事情都不会给他们留下持久的印象。5岁之前的孩子，大概是太不成熟，无法真正吸收重要的教诲。[24]然而，对50个社会的调查证实了这样的情况，即在儿童发展的过程中存在着两个常见的转变期，一个是5岁至7岁期间，一个是发育期；在这两个时期，儿童会被指派新的职责（Rogoff *et al.*，1975）。在5岁到7岁期间，孩子达到了"有理智的年龄"，会"被注意到"（Lancy and Grove，2011a）。在世界上的许多（也许是大多数）文化中都能看到这种转变。

"在孩子（获得）……'*aiuketaotiguei*'（意思是'理解力'或'个性'）之前，（南美洲）爱约列族觅食群体不会把孩子视为完整的人"（Bugos and Mc-Carthy，1984：510）。对于富拉尼族牧民来说，"当孩子开始发展'*ha YYillo*'（社会意识）时，成人会反过来改变他们对孩子的期望和行为"（Riesman，1992：130）。在希萨拉族农民看来，孩子从6岁开始就应该表现出'*wijima*'①（Grindal，1972：28）。在吉普塞吉斯人看来，孩子不仅能照顾好自己而且能在无人监督的情况下做一些日常的杂务（例如给牛饮水、打扫房间），这就说明他们此时已有理智或者说有"*ng' om*"（Harkness and Super，1986）。对于［查谟（Jammu）②和克什米尔地区（Kashmir）的游牧民］

---

① 结合上下文来看，这个词汇应该是指"理智"；本段下文中的"ng' om""Osh""Save"也应是此意。——译者注

② 原文如此。查谟是南亚克什米尔西南部的城镇。——译者注

巴卡瓦尔人来说，"孩子从七八岁开始就会有越来越多的'Osh'，（而且）正是'Osh'使牧羊人能够不分昼夜地照顾好自己的羊群"（Rao，1998：59）。对东加里曼丹省（East Kalimantan）的布鲁苏人来说，类似的概念是"kakada'"——意思是负责任并能够控制自己的情绪（Appell-Warren，1987：161）。对于塞皮克人来说，当孩子能够履行社会义务[即使他（她）不愿意]时，他（她）也已经获得了"Save"——这是将成人和孩子区分开来的本质特征（Kulick and Stroud，1993：44）。僧伽罗人的孩子在 7 岁时会获得"tere-neva"（理解力）（Chapin，2011：360）。

在村庄里，"智力"与诸如自给自足、服从、尊敬长辈、注意细节、愿意工作以及能有效管理弟弟妹妹和牲畜等品质有关（Wober，1972）。"在塔帕若斯河（Tapajós）下游地区，人们常常听说某个孩子是'非常聪明的'——'她只需要看我们在这里做一次，她自己就会做了'"（Medaets，2011：6）。我们所重视的特质，如早熟、言语流畅、独立且具有创造性的思维、个人表达，以及机智对答的能力，都会被"村民"视为要尽快减少的缺陷。[25] 这些特质（在村庄社会中）都是孩子未来会任性妄为的危险迹象。"当（科吉人）表现出言语上或行为上的过度好奇时，会遭到严厉的斥责，特别是当妇女和孩子出现这种情况时"（Reichel-Dolmatoff，1976：283）。"一个试图比其父亲知道得更多的（希萨拉族）孩子是一个'无用的孩子'（bichuola），因为他目无尊长"（Grindal，1972：28）。在土耳其农村地区，（在所有被调查的父母中，有 60% 的）父母最重视的品质是服从；最不重视的品质是独立（占 18%）（Kagitçibasi and Sunar，1992：81）。

当然，孩子"获得理智"可能需要数年的时间。孩子会承担一些杂务；她①会观察并试图复制成人的技能；她可能会被派去跑腿。孩子以新颖的或不恰当的方式使用成人工具，或者浪费有价值的材料，就如不能照顾好自己或者不能正确地完成简单任务一样，都会招来责骂（Martini and Kirkpatrick，1992：211）。尽管很随意，但是成人还是会观察孩子，评估她进一步学习的潜力。在一项重要的研究中，研究者发现，危地马拉村民会

---

① 原文如此。——译者注

根据孩子自发表现出来的主动性和能力，来评价（rate）他们的"智力"，然后将更大的责任分配给"更聪明"的孩子（Nerlove *et al.*，1974）。

在儿童的发展历程中，这一重要转型（即儿童获得理智）的最明显标志（indicators）之一是，在成人的干预下，儿童从"游戏之路"转向"工作之路"。实际上，父母如果不能约束 5 岁到 7 岁的子女，不能要求子女服从与合作，他们就会遭到群体的排斥（Einarsdóttir，2004：95；Lancy，1996：76）。如果这段时间是孩子学习负责任地行事的关键时期①，那么，只有在成人提供了能让孩子发挥自身作用的机会的情况下，孩子才能成功。而关于父母未能及时给孩子指派杂务的后果，我在本书第二章（第 57 页）中已详细论述②。因此，父母必须给孩子指派适当难度的杂务（第七章有详细讨论），而且，如果孩子未能按时成熟③，父母就必须强行干预。下述段落对这种观念（philosophy）给予了非常明确的陈述：

> 基里亚马人（肯尼亚农民）非常重视为孩子提供能够教导他们懂得责任与互惠观念的差事。在他们看来，母亲没有想到让孩子帮忙，这是一种失职，甚至是过失。被如此对待的孩子必定会成为一个前途渺茫、得不到社会尊重的成人。（Wenger，1989：93）

人们对童年中期的孩子有一种期待，即孩子对于性别习俗会有更多的自觉。现在，孩子必须确保自己的行为符合人们对于性别的刻板印象，同时要适当地隐藏自身性别的身体特征。在外表和行为方面，女孩和男孩的生活出现了鲜明的差异。女孩特别受到端庄（modesty）规则的约束，而这些规则与生活区域的（territorial）限制相关联。也就是说，男孩可以更自由地活动，可以进入不受成人监督的领域，而女孩却被更严实地束缚在家中，她们要么与母亲一起工作，要么充当母亲的小代理人（Lancy and Grove，2011a：298-299）。我们将再次看到由"顺其自然"的自由放任策略和更严

① 即前一句提及的 5—7 岁期间。——译者注
② 实际上，作者在第二章（第 57 页中）并未谈及"后果"。——译者注
③ 结合上文，此处指孩子负责任地行事。——译者注

格的、更强力的干涉策略混杂而成的育儿方式。

性别的社会化

> （俄罗斯）农民认为婴幼儿（从出生到五六岁）是中性的，没有性别。（Gorshkov，2009：18）

> 一个（卡什凯族）女孩如果靠近一群男性，就会被重新引导到一群妇女那里……这是一堂关于性别的课。（Shahbazi，2001：54）

> 我们是女孩，不能做男孩做的事情，要待在家里工作［圣布拉斯（San Blas）民歌的歌词］。（McCosker，1976：44）

在某些社会中，性别差异的重要性相对较小。在（巴布亚新几内亚）瓦纳特奈岛，两性之间的平等关系意味着"性别认同……主要是在发育期之后形成的。男孩和女孩都过着大体上相似的生活"［Lepowsky，1998：129；另请参阅沃尔皮瑞人（Walpiri）- Musharbash，2011：67］。因纽特人"在13岁时……性别区分具有更大的意义，那时年轻人会被称为'*inuuhuktuq*'（男孩）或'*arnaruhiq*'（女孩）。而在被称为'*nutaraq*'①的前一阶段，尚未对孩子作出性别方面的区分"（Condon，1987：55）。不过，有某些社会却处于另一个极端，它们如此看重性别，以至于必须通过仪式性的行动作出区分。在新几内亚高地，"与女性特质不同，男性特质并非生物学上的既定事实，而是必须通过秘密仪式人为地诱导出来"（Herdt，2001：165）。

同样，在多贡人的世界观中，"孩子出生时是雌雄同体的"，只有通过（男孩）割礼和（女孩）切除外阴，他们才能成为成年男性和成年女性，具有生殖能力（D. Y. Arnold，2006：50；Dettwyler，1994：27）。我们将在本书第八章中仔细研究诸多将孩子转变为成人的仪式（其中的许多仪式都包含着割

---

① 结合上下文，此处的"*nutaraq*"大概是指13岁之前的儿童。——译者注

礼）。而在本节中，我们将仔细研究社会标记及塑造性别的一些更微妙的方式。

父母可能会根据孩子与生俱来的性别差异而采取相应的行动。通常，人们会根据孩子成年后所要从事的、针对特定性别的工作，而赠予婴儿相应的微型工具（Greenfield *et al.*，1989：203；Hewlett，1992：234；Whittemore，1989：88）。其他的仪式还包括高地玛雅人（Highland Maya）的习俗：在玉米芯上割断男孩的脐带，在磨石上割断女孩的脐带（Modiano，1973：28）。阿兹特克人会把男孩的脐带埋在战场上，把女孩的脐带埋在壁炉下（Shein，1992：25）。

喂养行为也反映着孩子的性别角色和相对地位。在（突尼斯）克尔肯纳群岛，人们给女孩断奶并要求她们自主行动的时间，要比男孩早得多。即便如此，人们还是认为，相比于女孩，男孩是"很难断奶的"（Platt，1988：276-277）。在埃塞俄比亚西南部，古拉吉人总是先喂男孩，并且男孩总是₂₀₃被喂食（比他们的姐妹）更多分量的食物。参加典礼时，男孩会受邀享用食物；而女孩负责上菜，却不能吃任何食物（Shack，1969：296）。而食物质量及数量的性别差异，与医疗方式的性别差异，是同时存在的。例如，在某些地区，"女孩患病时，人们的态度是'等等看'，然而她们的兄弟要是感染类似疾病，却会得到及时的治疗"（Wolf，1972：61）。

在不因孩子性别而给予差别对待的社会中，人们对童年中期的孩子会有一个态度上的转变（Lancy and Grove，2011a：287-288）。人们认为，这时的孩子应该穿上衣服，他们与异性的交往活动也应该受到限制（Barnett，1979：6；Lawton，2007：46）。乌利西环礁的孩子在五六岁时必须开始穿衣服。

男孩穿着一件像草一样的长衣服——由撕成细丝的木槿韧皮制成，它垂落下来，覆盖在男孩的生殖器和臀部上。女孩不再裸体，而是穿上了一件宽大的"草"裙——由撕成细丝的椰子树叶制成。第一次穿上衣服时，孩子们会坐立不安，而成人必须通过责骂、警告和奖励来训练他们，以防孩子们丢弃衣服。（Lessa，1966：98）

尽管(瓦格尼亚族)小男孩仍然可以随心所欲、赤身裸体地四处走动，但是经过成年礼的(initiated)青少年必须遮住自己的生殖器。他们的男性特质已具有重要意义。割礼是男孩意识到自身性别角色的最后步骤。(Droogers，1980：161)

将男女严格隔离开来，这是常情。对于柏柏尔族(Berber)男孩来说，(进入童年中期)他们与母亲亲密的身体接触开始结束。进入这一年龄阶段的标志是，男孩要头戴一顶无檐小帽，上身穿一件吉拉巴长袍(jellaba)，下身穿一条衬裤(serwal)(Hatt，1974：139)。而且，人们对孩子的称呼可能会改变；在杜松族农民中，5岁之前，男孩被称为"不缠腰布"，女孩被称为"不穿裙子"，而到了五岁，则开始被分别称为"少男"(child man)或"处女"(Williams，1969：86)。还有，游戏中的性别隔离可能会通过"捉弄仪式"(hazing)①来强加并强化(Henderson，1970：107)。通常，这些(与性别隔离相关的)束缚强加到女孩身上的时间，要早于强加到男孩身上的时间(Barnett，1979：6；Geertz，1961：102；Marlowe，2010：199；Rao，1998：93-94)。

除了服装、食物和照顾，社会还可能通过仪式来强化性别的分化。在(尼泊尔)塔芒人的习俗中，第一个过渡仪式(仅限男孩)是"chewar"——这是以第一次理发为标志的典礼；由母亲的兄弟执行(Fricke，1994：134)。(巴布亚新几内亚)沃吉欧族(Wogeo)男性擅长吹奏笛子，而且每个男性都必须，

通过一系列开始于婴儿期和结束于童年后期(later youth)的成年礼……来确保这个男孩能长成大人……当他进入青春期，人们会划伤他的舌头，使其能够吹奏笛子……这是他的第一次"人造月经"……(以此来消除)他在婴儿期和童年时期从女性身上吸收的有害

---

① 此处的"hazing"是指，想要加入某个游戏团体的孩子在获得该团体接纳前会被捉弄一番。——译者注

元素……清洁舌头使其变得柔韧，从而更适合吹奏木管乐器。（Hogbin，1970：103，114）

204 女孩和男孩经常受制于不同的"系绳长度（tether lengths）"，这意味着强加在他们身上的限制并不一样（Watson-Franke，1976：194）。"在六岁到七岁的时候，（马特斯根卡族）男孩开始陪伴父亲狩猎、捕鱼，还有种地，而女孩依然留在母亲身旁"（Ochs and Izquierdo，2009：396）。基里亚马族男孩"不受监管的时间比女孩更多……因为（他们）所做的杂务要求他们离家外出"（Wenger，1989：110）。汤加男孩"渴望搬进男孩小屋，与年龄较大的男孩交往，并体验他们的相对自由"（Morton，1996：112）。女孩的行为可能也受制于其他没有强加到男孩身上的限制。相比男孩来说，普什图族女孩挨打的次数更多，成人以此确保她们日后会服从丈夫（Casimir，2010：36）。在中世纪的欧洲，一个女孩必须在很小的时候就学会顺从，因为她要屈从于几乎所有人——父母、家庭教师和丈夫等，或者，如果她成为一名修女，就得屈从于修道院的规矩（Shahar，1990：166）。

在东亚社会，"在儒家思想的原则下，妇女（必须）遵从'三从'①的美德：服从父亲、丈夫和儿子"（Kim，1993：188）。因此，女孩发现自己从小就受到了严格的限制。在中国台湾地区当地人中，母亲会痛斥甚至殴打：

> 一个四岁的女孩，因为她做了一些危及弟弟的事情……从她有理解力的时候起，她就听说过……她是个"不值钱的小姑娘"。婉秀（Wan-iu）（一个四岁的小女孩）坐在井边的小板凳上。一个邻居走出来说："婉秀，让添福（Thiam-hok）（一个两岁半的男孩）坐在你的凳子上，这样他就不会弄脏了。"婉秀把添福推开……婉秀的妈妈生气地对她喊道："你是个女孩！把那个凳子给他。看我不打死你！"……到五岁时，大多数小女孩已经学会了自动为男孩"让路"。（Wolf，1972：65-67）

---

① "三从"指在家从父，出嫁从夫，夫死从子。——译者注

凯瑟琳·普拉特(Katherine Platt)观察到，克尔肯纳群岛居民鼓励男孩们斗嘴，而且男孩的怒气和不耐烦很容易被容忍；然而，攻击性或者任何强烈的情绪在女孩身上是不被鼓励的，她们因沉默寡言和谦逊而受到奖励(Platt，1988：279)。汤加也有类似的情况，"男孩……厚颜无耻和咄咄逼人的行为通常会被默许"(Morton，1996：105)。

无论成人对(孩子)性别社会化的贡献是什么，这些贡献都会被孩子的同伴放大甚至超越。以下这种对(埃塞俄比亚)阿姆哈拉人童年的描述很有代表性：同伴，通过捉弄，来纠正(mold)不受社会赞赏的行为。一个小男孩会因为哭泣、未能捍卫自己，或者表现出柔弱或娘娘腔的特征而受到骚扰和侮辱。而一个"有胆量的(k'obba)女孩会被嘲笑和羞辱"(Messing，1985：207)。

分配杂务是另一个强调性别差异的领域，我们将在本书第七章中详细论述各种"杂务课程"。学者们只要回顾一下民族志文献，就会发现，在不同的文化中，性别角色的分配有很大的一致性(Edwards and Whiting，1980)，这可能是父母通常不必煞费苦心来确保子女采取适合其性别的行为和工作的原因。尤其是女孩，她们在很小的时候就开始担任母亲的助手，而男孩开始为家庭做贡献的时间则相对较晚。事实上，人们通常认为，相比于同龄男孩，女孩"懂事"更早(Friedl，1997：297)。

然而，也有许多例子表明，当家中女孩"太少"时，男孩会被指派去照顾婴儿(Ember，1973：425-426)。不过，男孩会极力抵制"女人的工作"，同时(就像他们的父亲期望他们的母亲那样)要求姐妹顺从和伺候自己(Nicolaisen，1988：216)。不过，也有乐于助人的男孩被拒绝的数个例子。"马哈茂德(Mahmud)想帮助他的(鲁尔人)母亲洗衣服。她……骂他：'你想变成女孩吗？走开！'"(Friedl，1997：142)卢尔德·德莱昂(Lourdes de León)(转引自 Paradise and Rogoff，2009：117)描述了一个佐齐尔玛雅族(Tzotzil Maya)男孩：尽管他遭到了强烈的反对，但仍致力于学习各种女性工作，包括制作玉米饼和刺绣。

最后，我想强调的是，我所论述的性别角色社会化的习俗，可能更多的是"被谈到的"，而不是"被观察到的"，因为儿童很容易注意到并接受同性别成人的着装、举止以及工作——在他们热衷于假装游戏的那几年中，尤其如是(Ames，1982：115)。

但是，教导是必需的吗？

> 儿童学会文化，更多地缘于其倾向性、能动性以及意向性，而较少缘于成人的教学努力。（Goody，2006：11）

> 一个人并不是向另一个人学习，而是通过另一个人来学习。（Schönpflug，2009：466）

> （在学习成为一名图瓦雷格族骆驼牧民的过程中）没有系统的培训，没有正规的教导。（Spittler，1998：238）[26]

我在本书第一章中提出了挑战；我认为，可以通过对民族志记录的全面分析来"质疑"当代心理学中关于童年（尤其是关于儿童发展）的许多观念——如果不是全盘推翻它们的话。其中一个可供质疑的目标就是文化传承。在本章中，我已经试图展开民族志记录中的一些相关片段，以供读者审查。我们很难不得出这样的结论：在文化传承中，主动或直接的教学/指导很少，而且当主动或直接的教学发生时，它不是着眼于关键的生存技能——这是受自然选择影响最明显的方面，而是着眼于控制和管理儿童的行为。这不应该是什么新鲜事，因为在从最早的到最近的关于童年的民族志记录（Fortes，1938/1970；Raum，1940；Whiting，1941；Read，1960；Grindal，1972；Lancy，1996；Bolin，2006；Casimir，2010；Marlowe，2010；Hewlett and Hewlett，2013：76）中，作者们都描述了这样的情况：儿童通过社会学习获得文化，无须接受教导。此外，人类学家常常发现，父母的民族理论（parental ethnotheories）①明确支持教学的"缺席"②。然而，正如芭芭拉·金所指出的，

---

① 有的译为"教养的民族理论"，是指父母所持有的关于儿童、家庭和"身为父母"的文化信念/模式。——译者注
② 此处是指在许多族群中，人们认为，儿童要学会族群里的文化，不需要接受专门的教导。——译者注

"人类学家似乎把人类的教学行为(teaching)视为理所当然"(1994:111)。

　　心理学家持有同样的假设，但倾向于把占主导地位的"怪异社会"的文化视为所有理论思考[其中当然包括文化传承与儿童发展的理论(Pitman *et al.*, 1989:18)]的基准(normative)。但是我们要知道，就大多数对于理解童年具有重要意义的文化特性①来说，"怪异社会"所表现出来的只是怪异的或反常的情况(Henrich *et al.*, 2010; Lancy, 2007, 2010a; Ross, 2004:24)。

　　　　美国父母似乎认为，知识就像药物——对孩子有好处，哪怕孩子不喜欢，也要强行塞进他②的喉咙里；与此形成鲜明对比的是，罗图马岛父母的态度却是，学习是不可避免的，因为孩子想要学习。(Howard, 1970:37)

　　"怪异社会"有一种根深蒂固的假定，即孩子是一个空容器("存储单元"；比较 Roberts, 1964:438)，可以由父母、亲属、宗教权威和教育者来填入文化。文化传承被视为主要是一个自上而下的过程；父母扮演着组织者、导师和指导者的关键角色以服务于文化知识的接受者(通常是孩子)。例如："父母一直关心的都是，如何**教导**婴儿和儿童'恰当地思考、行动和感受'，以便让他们成为文化的一分子"(Pelissier, 1991:82，字体强调为作者所加)。社会化"是这样一个过程——它由年龄较大的人'自上而下地'施加于……原本缺乏社交能力的婴儿身上，直到他们符合所谓的'成年'标准"(Rowell, 1975:126)。"在传统文化中从事的民族志研究一直被一种假设所束缚，即认为任何值得注意的知识都是经由文化传承的"(Chipeniuk, 1995:494)。

　　这一偏见是完全源自"怪异社会"的理论所固有的；它会扭曲我们对(本章开头论述过的)婴儿认知研究的理解。通过对婴儿凝视偏好的研究，盖尔盖伊(Gergely)及其同事认为，在文化的传承过程中，父母的教导是居于首位的。

---

① 比如学校教育。——译者注
② 原文如此。——译者注

人类能够自发地……快速且高效地……向同类传递相关的文化知识，而且能够通过一种人类特有的、名为"教学法"(pedagogy)的社会学习系统而快速习得此类教学①的内容。运用教学法的知识传递过程是由特别的交际线索(例如眼神接触、偶然反应、"妈妈语"的韵律交际模式，以及他人称呼自己的名字)触发的。那些"明示的"、预示着教师要展示与其所指对象相关的新知识的交际线索，会引起婴儿的特别注意。教学法提供了一个新的功能视角，可用以解释种种在童年早期出现的、成人和婴儿就其共同关注的新对象而展开的三元交际互动现象。(Gergely *et al.*, 2007: 139, 145)

上述这一论点建立在一大堆薄弱的假设的基础之上。在"怪异社会"或后工业社会之外，这一套亲子互动模式是罕见的；母亲通常不参与婴儿的认知活动，她们可能只对婴儿的痛苦表现(cues)作出偶然的反应，而且她们可能不会凝视婴儿或与婴儿一道关注新事物(de León, 2011: 100; Göncü *et al.*, 2000; LeVine, 2004: 161)。事实上，正在哺乳的恩索族母亲发现婴儿正在凝视她时，就会往婴儿的眼睛吹气，这样婴儿就会移开视线(Otto, 2014)。高田明(Akira Takada)(基于他对卡拉哈里沙漠桑人之间的母婴互动现象的广泛观察)指出，在抱着婴儿或者给婴儿喂奶时，母亲还在应对一连串纷乱的事务，其中可能包括与其他人正进行着的一系列复杂的言语互动。简而言之，母亲太过忙碌，以至于没有时间凝视婴儿或者与婴儿共同活动(Takada, 2012: 69; 另请参阅 Meehan, 2009: 389)。[27]

在许多社会中，婴儿被抱着时，通常不是面朝母亲，而是贴在母亲的身体上，或者，背对着照顾者(例如 Field and Widmayer, 1981; Jay, 1969: 99; Ochs and Izquierdo, 2009: 397)；婴儿可能"更多的是配合照顾者的姿势，而不是追随照顾者的凝视方向"(Akhtar and Gernsbacher, 2008: 61)。[28]成人跟婴儿说话时，采用妈妈语和儿语(baby-talk)，这并不是普遍存在的现象(Ochs, 1986: 8; Pye, 1991; Solomon, 2012: 129)。某些社会缺乏母

---

① 此处指的是前半句里提到的将相关文化知识传递给同类。——译者注

婴间的相互凝视和妈妈语，部分原因是人们通常认为休息和安静是婴儿存活、成长的必要条件(Lancy and Grove，2010：147；本书第三章第54页)。

在许多(可能是大多数)社会中，会说话的孩子通常不会与成人交谈(Toren，1990：171)，因而成人与还不会说话的婴儿[29]交谈的可能性也非常低。[30]婴儿以手指物也是盖尔盖伊及其同事所提到的那种刚萌发的"教学法"的一部分①，因为它表明婴儿正在邀请父母给予教导(Tomasello *et al.*，2005：683)。但是许多婴儿被襁褓裹住或者被成人以其他方式束缚住，那么他们怎能以手指物？如果他们能这样做了，会有人注意到他们的动作吗？(de León，2011：100)

> 以手指物的自发行为在策尔塔尔玛雅人(Tzeltal Maya)的婴儿以及(巴布亚新几内亚)罗塞尔岛(Rossel Island)的婴儿身上很罕见；这一点未能在所有婴儿的数据样本中得到证实，而且那些出现以手指物行为的婴儿还不擅长以手指物……婴儿以手指物的行为……没有导致在后工业社会中观察到的那种典型结果，即成人给婴儿所指到的物体贴标签……根据这些观察，很难相信，就婴儿理解他人有自己的想法和交际意图这一点来说，具有指示性的(indexical)以手指物行为本身起着关键作用。(Brown，2011：47-48)

在大多数社会中，人们只有在确信婴儿能存活而且已经"够大了"(ripe)或者准备好"成为人"时，才会给婴儿取一个名字(第二章②)。此外，在民族志文献中也很少有证据表明，成人会感到迫切需要"快速且高效地"③将知识传递给孩子。成人塑造婴儿行为的主要例子是，成人促进婴儿的运动能力(第四章④)和自我管理技能(本章⑤)的加速发展，以使其更容

---

① 结合本书第207页的相关引文，此处的意思是婴儿用手指物，向成人提供了交际线索，触发了成人的教导行为。——译者注
② 具体指本书第二章"人格授予延迟"一节(第39—40页)。——译者注
③ 参见上文(本书第207页)相关引文中的表述。——译者注
④ 参见本书第134页。——译者注
⑤ 参见本章"约束孩子的行为"一节。——译者注

易被照顾。换句话说，无论我们在孩子身上施行了什么"教学法"，那都是为了照顾者的利益，而不是为了孩子的利益。

35年前，布雷泽尔顿（Brazelton）发表了一篇相当于简明扼要地反驳盖尔盖伊的理论的论文。基于在1966—1969年进行的实地研究，他写道：

> 在美国和齐纳坎坦两种文化中，母婴互动所能提供的刺激有着巨大的差异。齐纳坎坦的婴儿在发声、微笑和动作发展方面没有得到偶然的强化；然而，正如《贝利婴儿发展量表》（Bayley scales）的测量结果所反映的那样，齐纳坎坦的婴儿继续发展……这些研究结果表明，学习的模仿模式……可以充分发挥作用，（而且）可能会被似乎不是偶然出现（non-contingent）的刺激激活，却不一定要通过惯常的视觉和语言渠道来引导。（Brazelton，1977：177）

209 与盖尔盖伊等人（Gergely *et al.*，2007）相反，我认为婴儿认知研究更适用于了解儿童自发（child-initiated）的文化习得过程，而不是成人主导的"文化知识传递过程"。抛开这些特定的研究不谈，"亲代投资①理论"（*parental investment theory*）（Trivers，1972）应该让我们警惕，不要把子女的发展归因于任何"非必需的"投资（比如教导）的结果。而"文化生态位理论"（*cultural niche theory*）认为，人类身上所具有的通过观察他人来学习的能力反映了一种进化心理学（Boyd and Richerson，1996：82），也表明学习者倾向于有选择性地向更成功的榜样学习——不是完全依赖父母来学习（Boyd *et al.*，2011：10921）。

> 只有当学生学习后所产生的长期适应度的收益超过教师促进学习的成本时，教导才会得到自然选择的支持，而这些收益将根据学生**无需教导就能学习的容易程度**（ease）来衡量。②（Thornton and Raihani，

---

① 亲代投资是指将时间或精力等资源分配给特定的后代，并预期其后代可能会带来的利益；但是这也削弱了父母投资和生育其他后代的能力。——译者注

② 通俗地说，此句意为，教学所产生的作用应大于学生"不学自会"的成果。——译者注

2008：1823，字体强调为作者所加；另请参阅 King，1994：125）

在民族志的记录中，关于童年最明确的发现之一是，儿童无需教导就能学会族群文化。"纳瓦霍人憎恶在日常生活中控制其他生命（being）的想法或做法"（Chisholm，1996：178）。因纽特人的"父母是不会想当然地拿孩子自己就能轻松学会的那些东西，去教孩子的"（Guemple，1979：50）。尤卡吉尔人（Yukaghir）是因纽特人的西伯利亚近亲，他们的育儿模式强调学习者的自主性，因为"要成为一名猎人，你必须自己去了解一切"（Willerslev，2007：160）。而觅食社会中的①平等主义精神也与教导这种本来就等级森严的行为背道而驰（Lewis，2008）。[31]

> 在耶夸纳人（Yequana）的词汇里，不存在决定另一个人（无论他多大年纪）应该做什么的行为。人们对每个人做什么都很感兴趣，但没有影响任何人的冲动，更不用说强迫任何人了。孩子的意愿就是他自身行为的驱动力。（Gray，2009：507）

> "平等"可以说是阿萨巴诺人最重要的价值观，因而也是协调人际关系的原则。每个人都试图避免侵犯他人，并渴望确保自己的自主性不受侵犯。（Little，2011：149）

> （阿卡人）尊重个人的自主权也是一种核心的文化价值观……一个人不会把他/她的意志、信仰或行为强加于他人（包括孩子）身上。（Hewlett and Hewlett，2013：75）

> （在塔希提岛上的农村）在一个学习的情景里……告诉他人该去做 *210* 什么，这是具有侵犯性的，会被视为成人（无端的、受情绪驱动的）易

---

① 查证引文原文，刘易斯（Lewis，2008）所研究的是，刚果北部的森林狩猎采集族群姆本杰勒人（Mbendjele）。——译者注

怒且不耐烦的迹象。(Levy，1996：129)[32]

冲绳岛的孩子受到的限制相对较少，这是他们开展学习活动的一个重要基础。由于能够自由参与，孩子们可以学习他们村子里日复一日发生着的事情。(Maretzki and Maretzki，1963：514)

自主学习的非凡效果在一个出人意料的自然实验中得到了证实。康泰尔(Cantel)是危地马拉高地的一个印第安社区，那里的人们从完全依赖"近似其前哥伦布时期的祖先所使用过的简单农业技术，转变为在社区中经营中美洲最大的纺织厂"(Nash，1958：1)。就像在家里学会编织一样，新来的工人以大致相同的方式学会操作电动织布机。

那个新雇的工人会做一些低贱的工作，[33]比如把材料放到机器里，或者把成品从机器上取下来，但她的大部分时间都花在观察机器操作员的动作(operations)。(那个新来的工人)既不提问，也得不到建议。当机器出现故障或停转时，她会仔细观察操作员是如何使机器重新运转起来的……这构成了她近6周的日常工作，而在这段时间结束时，她宣布说，她已经准备好去操作织布机了……她操作它，速度不如刚刚离开的那个女孩那样快，却也熟练且自信……在学习过程中、在当学徒期间，她从未碰过机器或练习过操作……她观察并在内心演练一系列的操作流程，直到她感觉自己有能力操作。在她觉得能够胜任之前，她不会着手尝试，因为摸索和犯错是"verguenza"——公开的耻辱。她不问问题，因为这会惹恼教她的人，而且他们也可能认为她很愚蠢。(Nash，1958：26-27)

自主学习者模型在各个生存系统中都得到了广泛应用；它在不同的知识与技能领域、不同的性别，以及不同的人生阶段中发生。我并不是说，文化是在完全没有教导的情况下传递给儿童的，而是说，在文化传承的过程中，教导既不是普遍存在的，也不是必不可少的。值得注意的是，在文学作品中可能有更多的关于成人拒绝潜在的学习者的生动描述，而不是成人耐心教导他们的描述。我在《嬉戏于母地》一书中，提供了一个详尽的例子，母亲苏阿（Sua）和女儿尼恩普（Nyenpu）各自编织一张渔网。随着"故事"的展开，叙事的重点似乎是苏阿完全没有兴趣介入尼恩普的织布活动。苏阿声称自己的立场很典型，是在复制她学习织网时她母亲对待她的态度。另外几位信息提供人告诉我，他们曾向专家寻求帮助，却遭到拒绝（Lancy，1996：149-150）。其他民族志学者也报告了类似的故事。赖卡德（Reichard）描述了一个纳瓦霍族女孩的故事，尽管她母亲打击她的学习兴趣，她还是学会了编织。（1934：38）类似的一个案例来自特鲁克群岛的一位织布/制篮工——她向亲属学习技能的努力没有得到亲属的支持（Gladwin and Sarason，1953：414-415）。而另一个案例来自文达人（Venda）部落，在那里，一个制陶工人言语激烈地说——"我们不教。女人们制作陶罐时，有些人（孩子和其他人）会来看，然后去尝试"（Krause，1985：95）。下述案例是在印度卡哈拉普尔（Khalapur）记录到的：

211

> 一个 6 岁的小女孩正试图在一小块布上刺绣。她的姑妈和祖母就在附近，却没有帮助她。经过多次尝试，她才穿好了针，然后沿着构思好的线条去刺绣；她仔细地数针步，并修正自己的错误。五分钟后，她的姑妈和祖母检查了她的工作，并叫她把缝线全部拆掉，因为她把那块布给毁了。（尽管如此）那个小女孩还是继续工作……改正自己的错误。（观察者认为）就第一次尝试而言，她已经做得很好了。（Edwards，2005：91）

最后一个戏剧性的案例来自日本贝类采集潜水者①。一位有代表性的信息提供人详细讲述了她逐渐掌握且完全自学贝类采集潜水的经历。她第一次和成年女性一起进行深水潜水时，她的母亲也在场，当时人类学家问她：

---

① 即日本的"海女"。——译者注

是你妈妈教你怎么找鲍鱼的吗？我妈！她大声地说，她把我赶走了！我试图跟着她到海底去观察，但她把我推了回去。当我们浮出水面时，她几乎是在对我尖叫，让我滚开，要我自己去找鲍鱼。所以我们必须抛弃（那种）关于工匠如何学习的陈词滥调。（Hill and Plath，1998：212）

事实上，教导是否发生，似乎与有待学习的技能或材料的难易程度无关，更多的是与专家和新手之间的情感亲密程度有关。而父母与孩子之间能否形成师-生关系，其基础在于亲子关系（filiality）①——亲缘选择（kin selection）和互惠利他主义（reciprocal altruism）理论都肯定了这种关系的重要性（Dunbar，1998：129）②。德拉古纳（De Laguna）在她的特林吉特民族史中发现了相关的变化，一些妇女回忆起与母亲的密切关系，母亲教给她们许多东西，包括编筐，而另外一些妇女要向母亲学习，却遭到拒绝，只能自学（de Laguna，1965：14；另请参阅 Hayden and Cannon，1984：354）。即使在那些调查人员通过访谈（"是谁教你做……"；比较 Hewlett and Cavalli-Sforza，1986）报告说教导行为发生频率较高的地方，对同一个群体中的同一现象所进行的后续观察也发现，教导行为是极其罕见的（Boyette，2013：91）。

212 如果我们已经有了上述所有这些儿童无须教导就能习得文化的证据，那么我们为何要追随这样一种理论——教导在人类文化的进化与保存，以及成功地养育孩子方面起着关键作用？请考虑此种主张所依据的资料。那些看似拥护这一主张的人所引用的资料完全来自圈养种群的实验室实验，数学模拟或访谈研究，对怪异（或正在迈向怪异社会的）社会成员的研究，或者是对非人类物种的田野调查——特别是关于狐獴（Thornton and Mc-Auliffe，2006）、猎豹（Caro and Hauser，1992），以及列队爬行的蚂蚁（Hoppit *et al.*，2008）的田野调查。

---

① 原意为子女与父母的关系，或子女对父母的态度。——译者注
② 引文出处有误，页码也不对（参考文献目录里列出来的是 178—190 页）。查无相关内容。——译者注

注释

[1]令人遗憾的是，儿童通过观察学习的普遍倾向最终导致了看电视成瘾和电视肥宅(couch potatoes)。

[2]红毛猩猩的种群里也有独特的文化传统："在苏门答腊岛，红毛猩猩用棍子从多刺、难吃的毛榴梿属(Neesia)水果中撬出富含卡路里的种子，这是幼仔从成年个体那里学到的一种巧妙的技术"(Knott, 2003：78)。

[3]想想我们为打击学术造假而开发的复杂防御机制。从本质上说，我们所做的就是重新调整成本收益公式，以支持个人努力去抵制那种更"自然"的做法，也就是说抄袭同学的答案。关于权衡个人学习与社会学习(social learning)的学术讨论，见罗杰斯(Rogers)(1989)，以及里彻森和博伊德的研究；后者断言："剽窃通常比发明容易"(1992：65)。

[4]这两项概括也有例外。首先，美国的城市青年在没有教导的情况下不会获得关于自然世界的复杂知识(Atran and Medin, 2008：128)。其次，在文献中有一些案例是祖母引导自己的年轻亲属进行丛林教育之旅，以使他们了解药用植物(恩甘杜人-Hewlett, 2013：76；通加人 - Reynolds, 1996：7)。

[5]对蒙古国牧民来说，开放性注意力似乎特别重要(Lattimore, 1941：209)。

[6]我们也有心理学家所说的"一试性学习"(one-trial learning)的证据，即个体(organism)经历一次非致命的遭遇(危险源是掠食动物、危险的溪流、陷阱)或者观察别人的遭遇(McGrew, 1977；另请参阅 Barrett and Broesch, 2012：499)。这些威胁如果日后再次出现，就会立即引发个体的回避反应。

[7]即使是一艘大型的捕鲸船，那些(到了 14 岁就会出海)楠塔基特岛男孩早在 10 岁时就已经"把海滨当作他们的游乐场。他们划着破旧的捕鲸船在港口里来回穿梭，并爬上桅杆(rigging)①"(Philbrick, 2000：2)。

[8]典型的村庄工具清单是非常基本的。万卡人(Wanka)是秘鲁高原上的农民陶工。他们的工具要么是自制的，要么是从当地材料中捡来的。最复杂的两种工具是犁和窑——二者都很简单。大多数工具都有多种用途(Hagstrum, 1999)。如果以历史的眼光来看，我们也会得出类似的结论。早期人类使用的主要工具是手斧。"在考古记录中，手斧出现在一百多万年前。在这一百多万年里，它们的形式、制造技术以及使用

---

① 原意为"船帆索具"，指船上使用的绳索和链条(特别是用于操作帆和支撑桅杆)。——译者注

方式没有显著的变化"（Mithen，1999：494）。当我们调查狩猎采集社会时，我们无法找到技术"进步"的证据。就工具的改进来说，"在狩猎采集社会中没有明确的方向。无数的例子表明，适应环境的需要决定着工具复杂性的频繁变化（coming and going）"（Rowley-Conwy，2001：64）。事实上，有许多社会的例子［塔斯马尼亚人（Tasmanians）- Jones，1977：45；马普切人 - Politis，2007：339］都表明，人们会自愿放弃某些做法及与这些做法相关的技术，从而显著降低这些做法所需的资源基础。孩子学习使用自己社会的各种工具，并不是在学习火箭科学。

［9］在文献中"make-believe play"也被称为"role-playing"（角色扮演游戏）、"pretend play"（假装游戏）、"socio-dramatic"（社会戏剧游戏），以及"fantasy play"（幻想游戏）。

［10］梅纳德发现，同胞照顾者试图使用他们在学校所接受过的正规方法来教育弟弟妹妹，"直到他们意识到这种模式并不能使年纪小的孩子以顺从的态度从事工作"（Maynard，2004b：530）。

［11］有大量关于美国和欧洲的"怪异社会"的研究都有儿童变得多么没用的详细记录（Lancy，2012a：44-45；本书第二章第　　页）。"怪异社会"的父母在保护和照顾自己蹒跚学步的子女时，消灭了他们"融入"家庭的需求。即使这种需求能在同伴群体中被重新激发，但它在家庭环境中却消失了。

［12］当得知法国的父母也把用餐时间作为"*education de gout*"（品味教育）的机会（Sjögren-deBeauchaine，1998）时，我们就不必感到惊讶了。

［13］在村庄里，对孩子的工作努力给予直接的表扬是相当罕见的；给予孩子的"奖赏"是一些表明他们"融入"家庭的微妙迹象：例如，规律且充足地喂食。相比之下，在怪异社会中，孩子们常常受到过度的、随意的表扬，这逐渐损害了他们追求成功的努力（Boyd and Richerson，1985：43；Mueller and Dweck，1998）。而且，我怀疑，在一个尊崇长者的社会中，表扬如果发生的话，那也是针对行为或成就的，而不是给予孩子的。

［14］家庭圈（及其类似环境，例如市场；比较 Paradise and Rogoff，2009）是儿童学习绝大多数必须习得的实用技能和生存技能的环境。在本书第七章中，这个主题将会被更全面地探讨。

［15］但是这种干预并不总是成功的。博耶特报道了一个 7 岁的"特别贪婪的"阿卡族男孩被"同龄团体里的男孩"多次责骂的故事（2013：113）。

［16］像其他的狩猎采集群体一样，昆人是"狂热的平等主义者"。他们"认为拒绝分享是'终极的罪恶'"（Howell，2010：194）。

［17］最近的实验室研究强调，人类孩子在三岁或更早的时候就会自发地表现出亲

社会行为，而且与黑猩猩幼仔相比，更乐意于表现出亲社会行为（House *et al.*，2012）。

[18]与勇士崇拜相配的常常是对女性的极端厌恶，甚至是男性对女性的虐待，因此男孩被鼓励去殴打女孩。巴布亚新几内亚好战的贝纳贝纳人就是一个很好的例子（Langness，1981）。

[19]即使在今天，非洲的畜牧社会仍因持续几个世纪的偷牛和侵犯邻近部落的行为而闻名（Leff，2009）。

[20]阿比洛（Abelow）提出了一个论点，即盛行的育儿模式（例如 Peisner，1989：122）被"映射到宗教世界中"。基督教吸收了（儿童）任性、惩罚、改革和孝顺的主题，然后，反过来，把关于儿童的民间信仰变成了教条，从而合法化了这些信仰。培养孩子的罪恶感，就会造就出乐意追随这种宗教的信徒——因为这种宗教对效忠的主要"奖赏"就是救赎和赦罪（AbeLow，2011：11）。

[21]对我们来说，因孩子没有遵照利他主义行事就施予惩罚，这似乎有悖常理。我们倾向于将攻击性和亲社会行为并列。但是，一项重要的研究发现，严厉惩罚自私行为的倾向与高度重视利他主义的态度之间存在某种关联（Henrich *et al.*，2006）。

[22]例如，布里尔婴儿产前教育计划[Brill(iant) Baby Prenatal Education program]。网址：www. brillbaby. com/prenatal-before-birth/introduction-to-prenatal-education. php，访问日期：2013 年 1 月 26 日。

[23]理论家还指出，学习者应该做好准备，以寻求比专家所愿意提供的还要多的教导（阿卡族- Hewlett *et al.*，2011：1172；沃吉欧族- Hogbin，1946：282），因为"如果教导是发生在学习者处于最容易接受这种学习的发展阶段"，那么专家就不用太费力地去教导（Shennan and Steele，1999：369）。而这种推断正好符合实际观察的结果——孩子们在"准备好"之前就想学习，而专家却极其不愿意在教导方面下功夫（Lancy，1996：149-153）。

[24]文艺复兴晚期（欧洲）迎来了一种新颖的观念，即儿童在更年幼的时期就是明智的或可教的。这也许是对发生于（历史学家称为）"启蒙时代"的知识爆炸式增长以及识字能力普及的一种间接回应。人们认为，需要加快儿童的智力发展，以便让他们更早接受学校教育，并提高学校教育的效果。

[25]虽然我们可能认为从童年早期到成年期的认知"发展"是某种必然发生的、能使儿童变得更加老成且更为理智的进程，但这并不是典型的观点。正如克里斯蒂娜·托伦（Christina Toren）所指出的，在她所研究的斐济社会中，孩子们不会发展出某种更为理性、更加务实（instrumental）的世界观。相反，他们学会像成人一样看待世界：这

个世界充满了精神力量、迷信、超自然力量，以及禁忌（Toren，1993）。

［26］"没有系统的培训，没有正规的教导。"

［27］例如，托马塞洛（Tomasello）及其同事建构了一个关于教导起源于（普遍存在的）父母–婴儿关系的论点，为此他们提供了这样一个范例："假设一个孩子和成人一起建造一座积木塔"（Tomasello *et al*.，2005：682）。然而，在所有关于童年的民族志记录中，我没有发现任何关于父/母和孩子一起建造积木塔的案例，也没有发现他们一起建造其他任何旨在娱乐同时又能教导孩子的东西。为了维持这样一个观点——自上而下的教学法模型具有生物学基础，所有文化中的所有父母就应该和婴儿一起进行这种"搭积木"的行为，因为从理论上说，这种行为为稍后的、想必是更加务实的教导奠定了基础。然而，父母没有那样做。

［28］婴儿敏感地配合母亲的动作，母亲也会给予同样的回报。昆族"母亲察觉到孩子的动作和声音，学会了预见孩子是否要排便，并预先把孩子从自己身上移开"（Howell，2010：27）。

［29］事实上，"infant"（婴儿）这个词源自拉丁语的"*infans*"，意为不会说话。

［30］有几个社会（例如西非的本恩人）认为，婴儿是祖先转世的，介于人类世界和灵魂世界之间（本书第二章第47页）。本恩人有时确实会直接对婴儿说话，但他们并不是在对婴儿说话，而是在对转世的亲属说话——恳求他向祖先们说情（Gottlieb，2000：80-81）。

［31］博罗夫斯基在普卡普卡岛的田野调查中发现（notes），在注重地位的波利尼西亚，一个人要是寻求教导，就会引发别人对其低下地位的注意（Borofsky，1987：99）。

［32］面对这种关于教导的禁令，诺曼堡（Fort Norman）的斯拉维人（Slave）（他们在冬季严寒的天气里狩猎，而且必须穿越冰原）提供了一个值得关注的"变通方法"。父亲通过一种类似游戏的智力测验来"指导"儿子了解关于这种危险环境的知识（包括13种冰，以及多种行进方式）（Basso，1972：40）。

［33］参见本书第七章第287页关于学徒制的论述。

第六章

弹珠游戏与儿童品德

（游戏①是一种）和缓（buffered）的学习类型②；通过游戏，孩子可以……循序渐进地表现出成人的行为。（Roberts and Sutton-Smith，1962：184）

从比亚卡族父母的角度来看，幼儿的主要任务是玩耍。事实上，他们相信……如果幼儿不玩耍，就什么也学不到。（Neuwelt-Truntzer，1981：136）

人类的高生育率得益于孩子能够从完全依赖的状态相对快速地过渡到半依赖状态；这是我们在本书中一直致力探讨的主题之一。童年，是我们这个物种特有的发展阶段；在此期间，孩子能够从容（slowly）发展，而母亲只需给予相对较少的关注，这样一来，母亲就能够脱身去生育另一个婴儿。然而，身为孩子，并不仅仅意味着只要成人给予最低程度的照顾，他（她）就能够好好地活着；从更积极的意义上讲，这也意味着他（她）的生活充满了游戏活动。而不胜"其"烦的父母认为，孩子能全身心地投入，玩玩具、与小伙伴一起玩耍，这是令人喜出望外的事情。不过，让孩子有事可做，这只是游戏所能带来的众多潜在好处之一。我认为"游戏提供了一个基本的活动'工具套装'，使得各种物种在不同的坏境条件下，在生命周期的不同时间点上，都能选择以特定的方式去使用、改进并组合工具套装里的各种活动，以达成特定目的"（Lancy，1982：165）。

在本章中，我们将探讨游戏的许多方面和潜在好处，同时承认游戏具

---

① 经查证引文原文，此处的游戏是指"game"（Roberts and Sutton-Smith，1962：184），而非本书作者补写的"play"。——译者注

② 此句的意思是，相比于其他的学习形式（比如高强度的训练、系统性的知识教学等）来说，儿童通过游戏会潜移默化地掌握自己民族的一些生存技能和知识。——译者注

有持续时间不长的特点。我们从可能是最典型的、"随时可玩的"(pick-up)①游戏——弹珠游戏(marbles)谈起，并考虑其对儿童"道德"发展的作用。接下来，我们会考虑几种非常常见的游戏类型——物体游戏、运动游戏(locomotor play)以及"混战"(rough and tumble，R&T)游戏。我们将探讨这些随处可见的游戏是否意味着，它们存在着某些进化方面的益处。本章中，在题为"游戏机智"的那一节中，我们评估了这样一个观念：人类的智力，就其本质来说，可能主要是社会性的，而且游戏会锻炼和/或表现儿童的谋略智力(Machiavellian IQ)。当然，游戏受到环境因素和文化因素的影响。我们可以在游戏团体的组成以及游戏中出现的性别角色分化这两个 214领域中观察到这些因素。

我们也可以把游戏视为向下一代传递传统文化的途径之一。即便是一个不经意的观察者，也会注意到孩子们创造了包含重要文化信息的"短剧"，而且，只要用点心，我们就可以从儿童反复接触的民间故事、歌曲和游戏中汲取到道德教训。

从成人通常对游戏表现出来的相对热情/不以为然的态度中，我们可以看到文化对游戏的影响；而且，更特别的是，相比于更平等的互动，成人在游戏中表现出更强的进取心和竞争意识。在当代社会，有一种观念指出：实际上，"游戏是一种学习媒介，它太过重要，以至于不能任由孩子们自行其是"。在下文中，我们将仔细研究父母指导的以及父母管理的游戏增多的问题。最后，我们思考了游戏的"消极方面"，也就是说，我们研究了社会对于儿童价值的评估(他们被视为小天使或者财产)会导致其游戏活动受到抑制的问题。

弹珠游戏

> 弹珠游戏可以千变万化。(Opie and Opie，1997：41)

---

① 在英文俚语中，有"a pick-up-and-play game"的表述，意指一学就会的游戏；任何人都可以迅速把这个游戏"捡起来"，在很短的时间内玩会。——译者注

我想以"弹珠游戏"来开启本章的论述，因为，正如伟大的理论家让·皮亚杰所发现的，这种游戏展现了如此众多的儿童身心发展过程，以至于研究它，就像是在观察一个时钟的内部，那里面有许多的齿轮和轮齿①（pinions）。首先，我们注意到，在玩弹珠游戏时，手的灵巧性得到了提升。人类是工具的使用者，因此，儿童是物体的操作者。弹珠游戏，就其最精致的形式来说，要用到完美抛光的圆球，需要运用众多细微的动作技能和手指技巧。其次，我们注意到"游戏机智"。孩子们通过游戏机智来相互操控对方，这既提高了游戏的品质，也提高了他们自身的获胜概率。最后，我们注意到儿童社会理解力（social understanding）②的发展，以及他们对"规则就是规则"有了更深的理解。

　　至少在古罗马，甚至更早的时候，孩子们用指关节骨（与骰子类似，有多个面）作为弹丸，试图将对方静止的目标撞开。换句话说，玩家将某个硬物射击到一个或多个相似的物体上，试图将那个（些）目标物体撞出划定的区域，这种基本的弹珠游戏模式可能已相当古老。而使用浑圆的、耐用的球体来玩弹珠游戏，这一定是较晚出现的事情，也就是在技术上发现了小圆球的廉价制作方法的时候，但是在无法获得人造球体（toys）的地方，人们还在使用动物椎骨（Casimir，2010：51）。在英语文献中，关于弹珠游戏篇幅最长的论述出自奥佩夫妇③——他们是有史以来最伟大的儿童民俗学家；该论述发表在《儿童物品游戏》（*Children's Games with Things*）一书中。他们记录了弹珠游戏的三个基本版本，不过，这个游戏的规则千变万化，令人惊讶。

---

　　①　轮齿，带动齿轮旋转的机械装置。——译者注
　　②　玛丽昂·波拉特（Marion Porath）写道："根据加德纳和哈奇（1989）对人际智能（interpersonal intelligence）的定义，社会理解力被定义为对他人的想法、情感、意图和观点作出推断的能力。"参见 Porath, M.（2003）. Social understanding in the first years of school. *Early Childhood Research Quarterly*, 18(4), 468-484. ——译者注
　　③　即艾奥娜·奥佩（Iona Opie）和彼得·奥佩（Peter Opie）——译者注

图15　男生们在玩弹珠，苏拉威西岛马兰特村

对于"外行"来说，弹珠游戏似乎是乱糟糟的。弹珠游戏中的跳跃和喊叫，部分是因为兴奋的拥趸要为玩家加油，部分是因为玩家要求或者反对在游戏中可以采用或者不采用哪些规则而引发了争论。而这就是"即时立法"（instant legislation）。首先，玩家必须决定下注的弹珠是被"赢走（Keepsies）"还是被"暂借（Lendsies）"。① 如果一个男孩发现对手的弹珠被石子、树枝或者土块（lump）挡住，他只要喊一声"清除"（Clears）（或者，喊"Clearsies"），就可以把障碍物清除（Opie and Opie，1997：42）。此外，对于由"射手"②提出的、几乎所有的独断性要求（例如上述主张），未轮到的玩家，如果反应敏捷的话，都可以提出针锋相对的"无效"声明，这样就取消了射手提出的"清除""弹开（Kicks）""换弹珠（Changeys）"等主张。图15 描绘了在苏拉威西岛马兰特村男生们玩弹珠游戏的场景。

难怪皮亚杰会认为，弹珠游戏提供了丰富的线索，可以帮助我们了解

① 意指，下注的弹珠在游戏结束时是被赢家带走，还是赢家要归还给输家。——译者注
② 此处指依次发射弹珠的玩家。——译者注

儿童是如何获得道德准则的。他通常对于儿童作为社会人（being）的发展情况不感兴趣，不过，他在这个研究方向上仅有的一次探索旨在阐明他所说的"道德发展"。在皮亚杰看来，儿童要在道德上得到发展，必须首先获得这样的观念——社会是受规则支配的，进而超越这种限定性的观念，领会到规则可能是武断的、不合时宜的以及可变的。他必须能够处理可能相互冲突的两个规则，或者当他对于某个特定规则是否能适用于某个情形而感到疑惑时，能够分辨出（read）不同规则的细微差别。皮亚杰将瑞士城市儿童作为弹珠玩家的成长过程，视为观察儿童道德发展的完美自然实验："儿童游戏可以说是最值得赞赏的社会制度。例如，弹珠游戏……包含着一个非常复杂的规则系统，也就是说，弹珠游戏有其自身的法规和法理。"（Piaget，1932/1965：13）

像奥佩夫妇一样，皮亚杰及其同事也发现弹珠游戏存在着许多不同的规则和玩法（style）（Piaget，1932/1965：16，17，20）。在记录了弹珠游戏的主要方面之后，皮亚杰开始探究儿童玩家关于弹珠游戏规则的认知表征（representation）。

> 你先问那个孩子，他是否可以发明一条新规则……一旦那条新规则被制定出来，你就可以询问那个孩子，依据那条新规则能否因此带来一种新游戏……那个孩子要么同意这项提议，要么对此提出异议。如果他同意，你立即问他新规则是否是一条"公平的"规则，是否是一条"真实的"规则，是否是一条"像其他规则一样"的规则，而且，你要设法发现那个孩子答案背后的各种不同动机。（Piaget，1932/1965：25）[1]

皮亚杰梳理了孩子们那些与年龄相关的（age-dependent）不同弹珠玩法。起初，孩子将弹珠当作有趣的物体来把玩，这种行为本质上不是游戏①。在大约 4 岁的时候，孩子会玩弹珠游戏，知道如何用身体作出正确的动作，

---

① 这种行为是幼儿的探索行为，不是游戏行为。对于这一问题的详细解释可参见《儿童游戏——在游戏中成长》一书（斯卡雷特等著，北京，中国轻工业出版社，第28—30页）。——译者注。

并且理解轮流玩的必要性。"孩子首要的兴趣不再是心理—动作方面的，而是在社交方面"（Piaget，1932/1965：45）。他能够模仿更成熟的游戏玩家。但是，他确实没有策略意识或者如何做才能增加获胜可能性的意识。之后，在7岁左右，玩家就会专注于获胜，尽管他们对规则的把握（正如通过提问所揭示出来的那样）仍然模糊不清。到了11岁，"当被问及游戏规则及其可能的变化时……他们的回答已经具有了显著的一致性"（Piaget，1932/1965：27）。不过，此时的孩子仍未领会"规则就是规则"。他仍然认为规则是"由年龄较大的孩子强加给年龄较小的孩子的……是神圣的、不容讨论的（untouchable）"。但是，到了13岁，男孩们才懂得规则的易变性（Piaget，1932/1965：70）。观察斐济弹珠玩家的研究者也提供了一份非常相似的记录（Brison，1999：112）。

皮亚杰没有观察到（或者至少没有报告）新手玩家从那些更专业的玩家那里学习的经历。事实上，这种现象很少被研究——也许是因为在关于嬉戏儿童的当代研究中，玩家通常年龄相仿，因而也就同样无知。但值得注意的是，在学习玩弹珠时，即使是瑞士（城市）①儿童也遵循村庄的学习模式——无需教师。

邦加苏阿奎勒村的孩子通过一个多阶段的进程来学习游戏。首先，他们观察玩耍中的哥哥姐姐们。接下来，他们尽可能模仿他们观察到的做法（在沙地上画线、把玩石头、重复他们听到的话），但还是被排斥在游戏外。他们试图加入这个游戏，但通常会遭到拒绝——理由是他们还没有准备好。一旦他们被允许参加游戏，他们违反规则的行为通常会得到原谅，而且游戏水平较高的玩家可能会"让步"（self-handicap）。这种态度确保游戏可以继续进行，而且新手玩家不会太沮丧。随着"学习者"能力的提高，他们将会因为违反规则而受到责骂，而不是被告知规则是什么。在"学习者"达到精通前的最后阶段，专业玩家确实可能会为了自己的利益而扭曲规则，以保持不败的地位。最终，新手玩家学会了所有的正式规则，并会

---

① 此处为译者结合上文相关内容补足。——译者注

"揭发"(call)违反规则的行为，从而使游戏彻底实现"公平竞争"(Lancy，1996：112)。

此外，就像皮亚杰对瑞士弹珠玩家的观察一样，在克佩列人的某个特定的游戏以及村庄①里的全部游戏中，我也能够勾勒出非常明显的儿童游戏能力的发展趋势。例如，在类似多米诺骨牌②的"*kwa-tinang*"游戏中："小一点的男孩似乎记住了石子的每一种布局(configuration)，因为他们每次尝试都会前进一点点……有迹象表明大一些的男孩在内心中已有一份关于石子。的地图，因为他们每次尝试都以大跳跃的方式前进"(Lancy，1996：105)。与克佩列人的许多游戏一样，孩子们也会使用石子、种子，或其他方便的筹码或标示物来玩"*kwa-tinang*"。实际上，我在给村里孩子拍快照时，经常会拍到他们正在"捡拾"要用到游戏活动中的物体的场景。

在下一节中，我们将看到，即使没有人造的玩具(包括迷人的玻璃弹珠)，孩子们也会寻找物体来把玩，并把它们融入自己的游戏活动中。

物体游戏

11到15岁的(阿洛柯人)男孩最喜欢的消遣是抽陀螺。每个男孩都有一个陀螺以及用来抽陀螺的绳子——很可能这两者都是他自己制作的。(Hilger，1957：101)

婴幼儿会对物体着迷，而发展心理学之所以会关注这一现象，也要归功于皮亚杰。从很小的时候起，婴儿就习惯于把物体抓在手里，咬一咬、晃一晃、丢一丢，并仔细检查它们。实际上，儿童与物理世界之间不断变化的关系(儿童对物理世界的感知和操作)，构成了皮亚杰整个认知发展理论的基础。

①　指邦加苏阿奎勒村，村民是克佩列人。——译者注
②　查证引文原文(Lancy，1996：105)，在这个游戏中，石子的排列方式看起来有点像多米诺骨牌牌面上的点数。从下文来看，这个游戏有点像"跳房子"——译者注

灵长类动物用物体来玩耍的现象并不常见，而且，巧合的是，它们使用工具的情况也很罕见。[2]然而，在人类中，儿童物体游戏的程度差别很大。村庄里的婴幼儿在自由探索的过程中存在着固有的危险。他们能在地上发现的很多东西都有潜在的危险。不过，孩子把玩并探索物体的倾向也有实用的一面；例如，"（在福尔人的村庄里）如果屠宰正在进行，即使是学步儿也可以使用任何他们能找到的工具去探索和翻动牲畜的尸体"（Sorenson，1976：198）。（老挝）伕木族（Kammu）男孩通过制作玩具（这些玩具逐渐演变成真正的物品）来发展制造狩猎武器和陷阱的专业技能（Tayanin and Lindell，1991：15）。在包括伕木人在内的许多社会中，人们会拿缩小版的或者要丢弃的工具给孩子们去"把玩"。"在大约6岁的时候（瓜拉人）男孩会获赠一把玩具砍刀，它是将磨损了的刀身按一定的尺寸切割而制成的"（Ruddle and Chesterfield，1977：34）。考古记录显示，在出土的人工制品中，有一些是粗糙的、小尺寸的或者材料不合适的（例如一把木制"小刀"）；这表明，当时的人们认为玩具版本的工具和餐具可以为孩子们提供学习机会（中部美洲–de Lucia，2010：614；北极地区–Kenyon and Arnold，1985）。图16显示的是，马达加斯加西南部伊法第村的一个男孩带着他自制的一艘模型帆船。

当人们对那些较为复杂的社会进行考古时，往往会发现专门为婴幼儿设计的"安全"玩具；确实，在古希腊（Golden，1990：270）、古罗马（Rawson，1991）、欧洲中世纪（Mygland，2008：91），以及与欧洲文化接触前的秘鲁（Sillar，1994：56）社会中，人们经常能发现此类例子。从古埃及上流社会住宅中出土的玩偶及玩具数量相当大，其中多数还有铰接的四肢，以及镶嵌的眼睛和牙齿（Wileman，2005：31）。

（在我们的社会中）为了鼓励儿童玩物体游戏，我们为他们提供了大量玩具（包括各种尺寸的安全微型工具）以及使用这些玩具的玩偶。我们还为他们提供了专门设计的物体，以促使他们玩那种具有认知复杂性和灵活性的游戏；而物体游戏具有认知复杂性和灵活性，这正是许多人所主张的物体游戏的存在理由（Power，2000）。而且，也许最值得注意的是，我们有时会进行干预，"教"我们的孩子如何使用他们的玩具，或者劝说他们以更复杂的方式使用玩具（Gaskins et al.，2007）。然而，关于这一点，我在民族志文献中仅发现了一个例子——一位沃吉欧族父亲帮助他的儿子使用一艘微型独木舟（Hogbin，1946：282），而且我确信这种情况很少发生。在某项研究中，调查人员创造了一些旨在促使成人参与儿童游戏的便利条件，并发现，印度东部①和危地马拉的村民不会介入学步儿的游戏（Göncü et al.，2000）。因此，我们很难不作出这样的推论：我们对儿童玩具和游戏的"微观管理"，是由学校教育那些"非此不可"②的要求驱动的。

219

图16　一个玩帆船的男孩，马达加斯加西南部伊法第村

---

　　① 该研究比较了四个社区的情况，包括危地马拉的圣佩德罗（San Pedro）、土耳其的科西奥伦（Kecioren）、印度的多尔 - 基 - 帕蒂（Dhol-Ki-Patti），以及美国的盐湖城。（Göncü et al.，2000）——译者注

　　② "微观管理"的管理风格是指对员工或下属过度的关注、提醒和控制。本句的言外之意是指，由于学校教育对于儿童的发展提出了较高的要求，为帮助儿童做好上学的准备（可能也是为了适应学校、提高学业成就），成人会介入儿童的游戏，不断地"教"孩子们如何玩"有益的"游戏。——译者注

美国孩子可以获得大量商店里购买的玩具，还有"发现物"（found objects）①，而且孩子的生活环境是经过安全设计的。而印度农村孩子却没有这样的条件，他们为数不多的玩具是用于展示的不耐用或易碎的工艺品，是可以快速回收的包装容器及类似物品；而且他们的室内活动区域则拥挤且危险②（Kopp *et al.*，1977：436-437）。

在许多社会中，环境条件和耐用玩具（durable toys）的缺乏，可能会限制儿童的物体游戏，尤其是与我们社会当代儿童的游戏体验相比，更是如此。例如，有研究者观察到卢奥族孩子在玩一些凡士林瓶、各种瓶盖、一个旧油瓶、一管牙膏，以及一些旧的盒式磁带（Tudge，2008：153）。不过，当我们考虑儿童的体力游戏时，情况就有点相反了。在村庄里，耗费精力 *220* 的体力游戏（尤其是男孩玩的游戏）几乎没有受到限制，而在现代社会，与城市环境相关的种种危险，以及较为静态的室内生活方式，可能会一起促使体力游戏极大地减少（Karsten，2003：457）。

释放精力③

> （博内拉泰族）孩子们喜欢在海滩玩耍，也喜欢在海里玩耍，他们会游泳、潜水、互相泼水。（Broch，1990：102）

以追逐游戏为例，它可能反映了某种已进化的系统正在起作用——这一系统训练的是捕猎者追捕猎物以及躲避天敌的技能。

---

① 此处的"发现物"可能是指艺术家发现的物品；艺术家对物品做最小的修整，然后把它们当艺术品呈现出来；典型的"发现物"包括各种自然材料（如沙子、泥土、石头、贝壳、形状怪异的木头、人头骨等）、人造物品（如剪报、照片、玻璃、金属碎片、碎布、轮胎等）。——译者注

② 此处引用细节有误。查证引用原文，新德里的孩子（不是那么容易）买到的廉价玩具质量差、功能较少（limited use）；在印度，民间有制作玩具的传统，但是那些玩具都是"装饰性的、用于工艺展示的，而不是用来游戏的"；家里的餐具相对昂贵，不会给孩子玩；"那些可能被美国父母作为'玩具'废物利用的包装材料和包装容器，在印度是有价值的，通常被出售回收。"虽然印度婴儿很少有机会玩物体游戏，但是，他们会被带到家庭生活的每一个场合（everywhere），见识家庭生活里的各种光怪陆离的事物。（Kopp et al. 1977：436-437）换句话说，印度的室内环境其实对于孩子的社会化成长是有益处。而且我们还要考虑到，这不过是 20 世纪 70 年代的情况。——译者注

③ 原文为"Blowing off steam"，这一短语也有发泄怒气、宣泄情感的意思。——译者注

（Barrett，2005：217-218）

童年①有一个很普遍的、以至于很容易被忽视的特点，即孩子们，尤其是男孩，非常活跃。而且，他们那种活跃的行为大都是游戏。早期的学者很难处理这样的问题：游戏显然是无目的的，为何能普遍存在？如果你问孩子，他们在忙什么，他们给出的答案很可能是"没干什么"，或者"只是闲晃"。可是，当得知"马克萨斯人……说孩子们就知道玩"时（Martini and Kirkpatrick，1992：205），我们就会觉得这些话听起来就是老生常谈。为什么没有目的性的游戏行为能够普遍存在？对于这个问题的大多数回答取决于这样的事实：孩子们在身体、情感和智力方面正处于快速发展的状态。一项早期的假设声称，"动物不是因为它们年轻才游戏，而是因为游戏才年轻……（游戏）有助于它们适应日后生活中的诸多任务"（Groos，1898/1976：76，xix）。

佩莱格里尼（Pellegrini）提出了对这一观点的现代阐释；他强调，雄性通常比同物种、同年龄的雌性更活跃。他声称，雄性更活跃的行为（从胎儿期开始就能被观察到），能够促成身体结构及行为系统的发展，而身体结构及行为系统的优势可能会在日后的雄性间竞争中得到体现（Pellegrini，2004：443）。虽然大多数学者都关注体力游戏对于个体发展的长期收益，但游戏行为更直接的好处可能如下："如果说肥胖的幼仔更容易被（捕食者）捕获，而游戏行为却能够促进能量的消耗（要不然能量就会转变为脂肪储存起来），那么，就这一点来说，它就会被自然选择保留下来"（Barber，1991：136）。

在卢旺达的火山公园（Parc des Volcans）②，［戴安·福西（Dian Fossey）最先熟悉的］马霍洛（Mahoro）山地大猩猩种群有好几个幼仔，而且这些幼

---

① 在英文中"childhood"一词通常指的是"the state orperiod of being a child"；此处的"童年"指的是作为儿童的状态。——译者注

② 全称应该是火山国家公园；（法语）"Parc Nationaldes Volcans"或（英文）"Volcanoes national park"。本段记述的是本书作者的观察记录。——译者注

仔的游戏(尤其是在早上喂食过后)几乎没有间断。其中，有一只幼仔不停地转圈，然后，倒了下来，显然是眩晕了。我观察到一群幼仔在一棵细长的、5米高的树上爬上爬下，并在攀爬时夸张地摇摆身体；它们用一只手或一只脚悬挂身体，同时抓住并挥舞着它们折断的带叶树枝。除了独自在地上和树上嬉戏，幼仔们还会相互追逐，玩"抓人游戏"，也会相互扭打，玩(一次最多有三名玩家参与的)"混战游戏"。它们把对方从树上拽下来，像炸弹一样从树上砸到玩伴头顶上，然后扭打成一团毛球。而要把这些扭成一团的动物的各个身体部位区分出来，这是不可能完成的任务。在40分钟的时间里，它们一直在用的那个"丛林健身房"(jungle-gym)——那棵树，被完全摧毁了，而且周围的矮灌木丛也被夷为平地。[3]

当这个幼仔"马戏团"玩闹正疯时，年龄较大的种群成员们正安静地进食、反刍，相互梳理毛发。正如鲍德温夫妇所指出的，成年个体往往保守而谨慎——守护生命和文化传统。年轻个体则倾向于探索、实验和"冒险，因为根据生物能量计算，它们需要耗掉更多能量"(Baldwin and Baldwin，1977：368)。简·古多尔承认，年幼的黑猩猩在从事树上追逐的游戏(games of aerial tag)时，面临着诸多真正的危险，不过，她也认为，通过这种方式，年幼的黑猩猩对于周边环境有了了解，这就补偿了它们所付出的代价，而且，在幼年时，它们的身体能够更好地承受严重的跌落，并更快地复原(van Lawick-Goodall，1976a：159)。在中世纪，童年早期被称为"脑震荡时期"(age)①(Heywood，2001：97)。然而，尽管激烈的游戏会带来许多危险，但是，幼仔们在"抓人游戏"中学会躲避追捕，相比于在被捕食者追赶时学习躲避，其风险要小得多(Barrett，2005：217)。幼仔们活跃的游戏行为还有其他微妙的收益：

    游戏的个体发生时间，与神经发育过程中的特定时期(神经具有

---

① 查证引文原文，确切地说，在14世纪的蒙彼利埃，有一位名为伯纳德·德·高登(Bernard de Gordon)的医生把童年早期称为"脑震荡时期"，理由是在这个时期，孩子们开始跑、跳，会撞到一块。——译者注

最大可塑性和对经验最快的反应性）相吻合……游戏通过对发育中的神经系统，（特别是）神经肌肉发育过程施加影响，来促进个体成年后在身体协调、战斗或食物处理方面的能力。（Fairbanks，1995：142；另请参阅 Fagen，1981）

生活在中非热带雨林的穆布提族孩子也喜欢在树上玩耍——就如世界各地的孩子一样：想一想"丛林健身房"①。4 岁的孩子就已经擅长爬树了——这可是他们最喜欢的消遣活动。当他们长得更强壮时，他们会用藤蔓把自己拉到树冠上，但"这不仅仅是为了爬到树顶，而是为了更多地了解那棵树"（Turnbull，1978：183）。同样，在邦加苏阿奎勒村，男孩们用自制的"巴林"（*baling*）②来练习爬棕榈树。经过几年断断续续的练习，有些男孩就足以熟练地攀爬整个树干，去采摘/照料棕榈仁和棕榈酒作物③（Lancy，1996：88）。

在我们的社会中，各种力量结合在一起，以抑制儿童体力游戏的活跃程度，但在其他后工业社会中，同样的趋势未必存在。在瑞典，不管天气怎样，孩子们每天都在户外玩耍，因为"没有坏天气，只有坏衣服"。而且，与日本孩子相比，美国孩子的游戏相当温和（tame）。当他自己的两个孩子要面对适应日本孩子的文化所带来的挑战时，丹尼尔·沃尔什（Daniel Walsh）描述了自己的惶恐不安[4]："与当代美国的幼儿园相比，日本幼儿园喧闹不堪，到处都是大声喧哗的小孩，他们追逐奔跑、扭打嬉闹、爬上爬下。有"genki"（元气）——意味着精力充沛、身心舒畅、强壮、健康和有体力，这是十分受日本人珍视的品质。（美国孩子适应了日本人的期望，最终，他们）坐得少，动得多了"（Walsh，2004：99，102-103）。

---

① 参见上文（第 221 页）。——译者注
② 双引号为译者所加。在原书（Lancy，1996）中，"baling"的写法是"baliŋ"，是当地孩子用来练习攀爬棕榈树的一种工具，具体来说，它是一条长竹篾。8—10 岁大的男孩把它绕过树干，然后两手抓住竹篾的两端（竹篾并未打结），借此蹬爬上树。（参见 Lancy，1996：87-88）——译者注
③ 原文如此。可理解的表述应是采摘棕榈果实，制作棕榈酒（在棕榈树干上部凿洞，插管，汁液流满取汁的容器后，盖好，静置几小时后饮用）。——译者注

除了促进身体健康和练习躲避捕食者的功能之外，嬉戏互动中的互谅互让也可能具有社会功能。最常见的体力游戏类型之一是"混战"或者说是打斗。在美国和欧洲，这种游戏类型已被大量研究，人们也对其功能作出了相当多的猜测。

构建支配等级

> 在(普什图族游牧民)中，每当有新来的家庭在社区露营地支起帐篷时，人们就会看到打斗游戏……新来家庭的男孩(们)会被喊去参加摔跤，很快地，每个人都知道了新来的男孩(们)在同伴团体等级次序中的排名。(Casimir, 2010: 50)

混战游戏是身体/运动游戏中一种特殊的子类型；它在年幼的哺乳类动物，尤其是灵长类动物中，广泛存在。尽管很微妙，但游戏打斗和真实打斗之间有着明显的差别，这包括使用非语言信号，例如摆出一张"游戏脸"来表明某种非攻击性的意图(Blurton-Jones, 1967)。在马霍洛山地大猩猩种群中，年龄较大的幼仔为了能成功地与年纪较小的幼仔一起玩耍而自我设限。在我观察到的一对游戏伙伴中，年龄较大的玩家的体型比它的搭档大两倍多，但是，尽管如此，它却始终扮演着下属的角色["自我设限"(self-handicapping)，这一术语来自 Fagen, 1981]。在同伴间，竞争更加激烈，虽然赢家会不断放弃自己的优势，以便游戏能够继续下去，但通过这些较量，某种支配等级或者说"啄序"将会形成。

一般地说，韦斯菲尔德认为，竞争(通常涉及展示体能)在年轻人中极为普遍。而竞争的结果是某种线性的排名或者某种支配等级(Weisfeld, 1999: 55; 另请参阅 Kyratzis, 2004: 627)。随着认知能力的发展，3 岁大的孩子似乎就能将自己的表现与他人的表现进行比较(Stipek, 1995)。

在婆罗洲，村庄间的战争和"猎头"行为曾经很常见，打斗游戏很可能会演变成一场"言语战争"，邻近村庄敌对的两群人会相互嘲讽和辱骂

（Williams，1969：82）。在巴西的热带雨林中，族群间的战争是很常见，

> 沙万提族男孩……分成两队，分别涂上红、黑两色①，每个孩子的脸上都有自己宗族的标记。相互打斗的两个男孩是从每个家族中那些年龄最大的男孩中选出的。他们用某种韧性十足的草的草根来击打对方的手臂，直至对手认输……在卡莫里人（Camauiri）②中，有一种名为"Jawari"的混战游戏。参与者之一将其长矛向一排杆子做成的栅栏掷去，试图击倒那些杆子。而其他玩家在栅栏后面一字排开，并且不许离开。在"投手"击倒柱子后，其他玩家就成了容易被攻击的目标，他们必须在双脚不动的情况下拨开长矛。这个游戏会让一些人受伤。（Gosso et al.，2005：232）

在墨西哥南部的两个说萨巴特克语的社区中，与来自于不常发生成人暴力行为的社区的孩子相比，来自于成人暴力行为高发村庄的孩子明显会花更多的时间去参与打斗游戏（Fry，1987）。我和米勒德·马德森（Millard Madsen）在巴布亚新几内亚高地进行了一项研究，通过（马德森发明的）一种既能让玩家合作、也能让他们竞争的游戏，可以很容易地揭示孩子们是来自同一个宗族，还是来自关系疏远的、有敌意的宗族，或是关系一般的宗族。来自同一个宗族的男孩总是合作玩耍，两个玩家轮流赢一枚硬币，而分属于潜在的、敌对群体的男孩们从不采取合作行动（Lancy and Madsen，1981）。[5] 而且，在非洲，人类学家已经详细记录了孩子们的打斗游戏，包括使用武器的打斗游戏——它们出现在那些战争盛行或者至少对战争记忆犹新的社会中（Read，1960）。

值得注意的是，虽然父母很少参与孩子们的游戏，但在某些社会中却有例外情况；在那些社会中，族群内和族群间的冲突是常态，父母也鼓励孩子们从事暴力游戏（第五章第 191—192 页）。

---

① 原文如此，不知具体如何。——译者注
② 音译。引文原文是"Camauirá"，译者未能查明此词。——译者注

我们也可以将打斗游戏视为个体身上发生的、某些特定类型运动的前身。西蒙·奥滕伯格记录了(尼日利亚)伊博人组织严密、仪式严格的摔跤运动。在最低龄的级别(比如 15 岁到 18 岁 = "*Mkpufumgba*"),参赛者众多,但是,渐渐地,在每一个年龄更大的级别里,竞争者越来越少。摔跤运动的重要性怎么估计都不为过。"摔跤不仅是一项运动,它还与年龄结构密切相关……是同龄群体的活动……(而且它以前)……与战争直接相关"(Ottenberg,1989:85,86)。在尼日利亚东北部①,我们也能看到体育式摔跤;在那里重要比赛的获胜者会被视为当地英雄和极具吸引力的伴侣(Stevens,1996:99)。确实,大多数被我们认为是特定的奥运会项目的体育运动(标枪、田径、拳击、射箭,当然,还有摔跤),都起源于战斗或者狩猎。科萨人有一种名为"*Inzema*"的游戏:男孩进行分组,然后比赛用矛刺中一个滚动的葫芦(Wilkins,2002:36)。而在博茨瓦纳,人们也玩一种类似的游戏;它与人们对狩猎生活的依赖程度存在着统计学上的相关性(Bock and Johnson,2004)。"定向投掷"可能有助于男孩的身体发育,例如"在发育期……荷尔蒙会刺激肩部特定的、准备发育的软骨细胞"(Parker,1984:278)。

要在男性间建立等级,混战游戏和竞技运动是主要的手段之一(Pellegrini,2004:441-442;Whiting and Edwards,1988b:289)。但是,也有一些不那么明显但也许更重要的游戏活动,可以用来构建支配等级;其中就包括假装游戏(Goodwin,2006:157)和策略游戏。

游戏机智

> 社会行为准则……规定游戏期间……什么行为是被允许的,而且,……这些准则可能(指向)社会道德的演变。(Dugatkin and Bekoff,2003:209)

---

① 上文提到的伊博人生活在尼日利亚东南部。——译者注

我们进化成了谈判人(*Homo negotiatus*)①。(Rochat, 2005: 714)

对我个人来说, 最典型的游戏, 不是弹珠游戏, 而是"*mancala*"②。"'mancala'是一个阿拉伯词汇, 指的是一组游戏, 通常称为'算和抓'或'坑和石'③游戏, (它)可以追溯到古代……所有的'mancala'游戏都是捡起棋子, 然后把它们散掷在棋盘上。种子经常被用作棋子, 因而走棋常被称为'播种'"(Wilkins, 2002: 22)。这个游戏被克佩列人称为"*malang*"。我模仿村里的年轻人, 自愿当个新手, 任凭那些年纪较大的老手对我冷嘲热讽。由于年纪较大的男人是专家, 是棋盘的所有者, 因而, 毫无疑问的是, "*malang*"提供了一个加强村里社会秩序的绝佳机会。不过, "*malang*"在邦加苏阿奎勒的受欢迎程度有所下降。有一次, 我的信息提供人说过, 你可以从一个人的"*malang*"棋盘的尺寸和品质来判断他的地位。尽管如此, 没有任何其他的村庄活动需要像这个游戏一样复杂的位置记忆和算术技巧。

身为男孩, 未来的"*malang*"冠军要先经历一段漫长的游戏时光, 在众多的游戏中, 先玩那些相对简单的游戏(Lancy, 1996: 95-109)。许多游戏包括隐藏、猜测和记忆, 或者使用种子、石头或骨头作为筹码、投射物(projectiles)、骰子以及位置标记。事实上, 克佩列人有一个完整的游戏分类, 称为"*Koni-pele*"或者说"石头游戏"(stone play), 包括至少十种不同的、复杂性递增的游戏(Lancy, 1996: 101-107)。

然而, 许多观察家注意到, 除了身体和认知技能可能在游戏中得到提升之外, 游戏还可以磨炼(我们可以称为)"外交"技能。例如, "文字游戏

---

① 有学者对这一术语的解释是: "一种倾向于讨价还价并且争论事物的价值直到达成某种协议的物种"。参见 Rochat P., Ferreira C. P. (2008) Homo Negotiatus: Ontogeny of the Unique Ways Humans Own, Share and Reciprocate. In: Itakura S., Fujita K. (eds) Origins of the Social Mind. Springer, Tokyo. ——译者注

② 双引号为译者所加。播棋(Mancala), 英文称为"Sowing Game"(播种游戏), 是一种两人对弈的棋类游戏的总称, 其特点是, 玩此游戏如同播种, 要不断地搬移棋子, 将它们一一撒进棋盘上的各个洞中。——译者注

③ 就该游戏所用到的玩具来说, 此处可译"坑与(棋)子"更妥。——译者注

是……记忆力、机智和言语流利性的较量……（这些都是）在政治舞台上进行口头斗争所必备的非常重要的实用技能"（Parker，1984：282）。把儿童游戏看作发展社交或外交技能的论坛，这与正在进行的一场思想革命相关联，即我们对于智人的"智"（sapiens）的思考。这一思想革命的一个有益的起点是理查德·伯恩的《思维猿》（The Thinking Ape）。他写道：

> 马基雅维利智力假说的本质是，智力是在社会环境中进化的。有些个体会受到青睐：他们能够利用和剥削其所在的社会团体里的其他人，又不会引起混乱和可能的团体分裂（这种分裂很容易由于个体展现出赤裸裸的攻击性而产生）。在这类个体的行事过程中，他们参与合作和卷入冲突一样容易，从事分享和采取独占一样简单。（Byrne，1995：196）

人族（Hominins）①的长期成功似乎来自于成功的群体生活（Hrdy，2009）。人类不是体型庞大、行动迅速，或特别有效率的猎手。但它们非常擅长分工、分享劳动成果、合作照顾幼儿，还有联合起来保护自己免受捕食者的伤害（Maestripieri，2007）。在群体生活中，"核心的自然选择力量是社会竞争"；与群体生活的进化压力相比，气候等因素所造成的压力微不足道（Bailey and Geary，2009：67）。成功的个体（从总体适应度的角度来说）是那些既能"融入"又能通过"外交"获得资源与支持的人。根据这个论点可以推断，如果孩子有社交智力（social brains），而且这种智力需要锻炼才能充分发展，那么，游戏就是完美的"心智健身房"（mental gym）。在对15种灵长类动物进行比较后，研究人员发现，小脑大小和致力于社交游戏的时间之间存在着某种统计上可靠的相关性（Lewis and Barton，2004；另请参阅 Fisher，1992）。而与其他灵长类动物相比，人类明显更喜欢玩游戏。

---

① 人族包括类人猿（如黑猩猩）和人类。——译者注

（18—24 个月大的）孩子……会更自发地参与到所有的任务中，尤其是参与那些以互动本身为主要目标的社交游戏，然而黑猩猩对没有具体目标的社交游戏几乎没有兴趣。与此相关的是……孩子似乎形成了"应该"如何玩游戏的概念……孩子是如此热衷于社交活动，以至于有时候他们甚至把找回物体的任务变成了游戏……当陪玩的成人在活动中间停止参与时，人类的孩子往往会试图让他重新参与活动。（Tomasello *et al.* 2005：659-660）

人类学家长期以来一直猜测，社会的核心文化价值观是通过游戏传递给儿童的（Roberts *et al.*，1959）。游戏促进儿童养成了哪些特定的性格，这会体现（儿童所在的那个社会）特定的文化价值观。温格（Wenger）认为，基里亚马族男孩的游戏提供了培养与"*mwenye mudzi*"（族长）角色相关的才能和性格的机会（Wenger，1989：102）。安第斯山脉的艾马拉族男孩在远离村庄的地方放牧时会玩弹珠游戏（女孩玩抓子游戏）。本杰明·史密斯（Benjamin Smith）对这些游戏进行了仔细分析，说明了弹珠游戏中"*qhincha*"（坏运气）的重要性。通过面对和忍受弹珠游戏中的"*qhincha*"，男孩成功地反驳了别人说他是"娘娘腔"或同性恋的指控。这就意味着，当游戏不顺时（例如，一颗鹅卵石挡在他的弹射路线上，或是一个学步儿踩过游戏区域），保持冷静的男孩展现了代表男子气概的"*chacha*-ness"或者说"韧性"（Smith，2010）。

值得注意的是，我们看到基里亚马族男孩在不断提升他们的"游戏机智"，而女孩却并不如此；有一项研究表明，随着时间的推移，男孩在游戏方面的能力和参与度不断提高，而女孩的游戏能力和参与度实际上却在降低。女孩往往会以较为静态的方式与其他女孩互动。与此相关的是，游戏能力并不能预测女孩在同伴中的地位。女孩在彼此的互动中没有表现出争强好胜，反倒是表达了相对较高水平的积极情感和关心（Pellegrini，2004：443）。从民族志记录中，我们了解到，与女孩相比，参与游戏的男孩人数更多，更有竞争意识，玩的时间也更长。[6] 就男孩来说，他们的每轮游戏都会持续很长的时间，这显然是因为他们经常要对规则进行争论。事实上，情况似乎是"关于规则的协商与游戏本身一样重要……（然而，在）女孩中，发生争论往往会导致游戏结束"（Low，1989：318）。[7]

坎迪·古德温对当代美国玩游戏的女孩的深入研究发现，在上述这些概括之外，有着相当多的例外情况。[8]她观察到，西班牙裔和非洲裔美国女孩在玩跳房子这件事上都有很强的竞争意识，她们不仅善于就游戏本身展开竞争，而且也会就游戏规则进行争论；她们就像我们前文所描述过的弹珠玩家。这些争强好胜的女孩"划定游戏领地，巡逻她们游戏领地的边界以防男孩的入侵"（Goodwin，1998：39）。古德温写道：

> 围绕规则和犯规的冲突……并不破坏关系……这是游戏乐趣的中心部分。女孩们没有把冲突和合作视为对立的两极，而是建立起复杂的参与框架；在这个参与框架中，争执及其在认知结构方面所具有的丰富可能性①……都植根于一种更广泛的游戏精神中。（Goodwin，1998：39）

针对尼日利亚东部（伊博人）孩子和美国（印第安纳州）孩子的游戏机智的比较研究表明，在游戏没有按自己的意愿进行时，美国玩家要求修改游戏规则或者彻底改变游戏规则的可能性，是伊博族玩家的两倍（Nwokah and Ikekonwu，1998：66）——美国玩家简直是崭露头角的辩护师！然而，在整个尼日利亚，游戏失败者或表现不佳的人常常会被其他玩家打耳光、掐或打；不管是在男孩还是在女孩的游戏中，都存在这种情况。观察家指出，"游戏中的粗野行为能教会孩子在公共场合自我调控情绪"（Nwokah and Ikekonwu，1998：70）。

儿童要在至关重要的公立学校环境中取得成功，游戏机智可能会起到一定作用；例如，"在同伴中的受欢迎程度……可以通过儿童玩游戏的时

---

① 通俗点说，此处指的是个体能对"争执"作出多样化的理解和评价。——译者注

间以及教师对其游戏能力的评价来预测"(Pellegrini，2004：445)。奇克设想游戏老手所能获得的另一个回报就是交配机会的增加。他认为，成功的儿童及青少年玩家正在向潜在的未来伴侣展示许多积极的、如日方升的特质(Chick，2001)。这些特质可能包括协商的能力、展现克制和合作的能力，或许，还有与体能相关的各个方面——它们能预测未来觅食成功的概率。

　　游戏经验的关键元素是游戏拥有规则和结构，但在没有成人监督的情况下，这些规则和结构可能会被玩家改变或扩展。也就是说，孩子们必须在没有成人指导或干预的情况下自由地构建成功的"游戏会议"(gaming sessions)①(与当代的少年棒球联盟形成对比：Fine，1987)。这样，规则就可以被改变，例如，对年幼的或者能力较差的玩家降低参与门槛，或者重新协商规则，如此一来，即使是在一个玩家持续获胜的情况下，游戏也可以继续进行。一种常见的策略是"自我设限"(Boulton and Smith，1992：436)。在儿童游戏中存在着大量此类机会②；它们能培养儿童的游戏机智，[9]或者培养他们适应(negotiate)成人所面对的复杂社会世界的能力。

　　尽管各种各样的竞争性游戏似乎广为流传，但这并不是全世界都存在的情况。也就是说，有各种各样的文化力量可能会限制儿童提升"游戏机智"的机会。例如，马蒂尼指出，波利尼西亚孩子对自身的地位极度敏感，这导致他们避免玩需要领导者或者需要对规则或角色进行冗长协商的游戏。游戏团体会拒绝试图维护自己权威的孩子，以便维持团体的一致决定(Martini，1994：80)。

228

游戏团体

　　[罗姆人(Roma)]幼儿一旦开始行走，年龄较大的孩子们就要对他们负起责任，让他们参与游戏……游戏是粗野的，例如耶塔(Jeta)一直在拽和扭所有小男孩的阴茎……这种行为在大多数情况下没有问

---

①　此处指儿童协商游戏规则。——译者注
②　即通过协商改变游戏规则的机会。——译者注

题；孩子们都很坚强……他们不得不坚强（就像俗话说的，*o chavorro na biandola dandencar*——"孩子不是天生就有牙齿"）。（Fonseca，1995：44）

为了在同伴中建立声誉，个体需要相称的对手，但这样的对手不一定现成就有。游戏的性质不仅受到动物①的种类和年龄的影响，而且，受到周围"氛围"以及游戏团体组成方式（composition）的影响。我所说的"氛围"的一个例子，来自一项对两个截然不同的贝都因人（Bedouin）营地中儿童游戏的研究。在一个同质化的营地中，成员们和平共处，儿童的游戏多种多样且不受限制。而在另一个营地中，成员多样，关系不太和谐，"孩子们不得自由漫游或进入邻居的帐篷"（Ariel and Sever，1980：172）。城市贫民窟的孩子甚至往往受到了更严格的限制；由于担心子女遭受暴力或被带坏（moral corruption），母亲禁止子女在户外玩耍或者拜访朋友（Kotlowitz，1991）。

关于游戏团体的组成方式可能会存在一些限定。在萨摩亚岛，玛格丽特·米德注意到，学步儿仅能接触到那些由他们的照顾者的朋友所照看的孩子。因而，幼儿游戏团体是由其照顾者的同伴协会间接组织的（Mead，1928/1961：42）。但是，游戏团体的规模对游戏有着更强大的影响力。在名副其实的布温迪"不可穿越"森林（Bwindi Impenetrable Forest）中，山地大猩猩"B"种群里只有年龄在 1 至 4 岁之间的两个幼仔，其中的一个与母亲形影不离。毫不奇怪，（我只是漫不经心地观察了几分钟）它们都在独自玩耍；这与上文所描述过的马霍洛山地大猩猩种群中的幼仔不间断玩耍的情况，形成了对比（关于两个不同的狐猴种群的类似案例，参见 Sussman，1977）。

我们针对巴布亚新几内亚儿童的发展情况进行了一项多点研究（Lancy，1983），其中的一部分研究内容是列出儿童游戏的清单。我们的研究所涉

①　原文如此。作者在此处用了"the animals"的表述，或许是指人类和类人猿。——译者注。

及的众多村庄调查点都很小。因此，我们所观察到的游戏团体免不了是混龄的，这就限定了游戏的复杂程度。所有的游戏都必须足够简单，以便学步儿能玩——例如，抓人游戏（tag）和捉迷藏（Lancy，1984）。有一项关于童年的研究表明，游戏团体的规模差异与游戏的复杂性有关；这项研究调₂₂₉查了全球 6 个对比鲜明的社会里的童年状况（Edwards，2005：90；Whiting and Edwards，1988a）。而在中非进行的一项比较研究则指出，与人数较多的农民—儿童游戏团体相比，在人数较少的觅食—儿童游戏团体中，性别和年龄隔离的现象不那么明显（Fouts *et al.*，2013）。不过，在这两类群体中，玩家之间的冲突都很少见（Fouts and Lamb，2009：272）。在这样的小群体中，我们应该看到，游戏较少受到性别的影响，而且，正如我们所预测的那样，昆族觅食游群中的女孩和男孩有着相似的游戏模式（Blurton-Jones and Konner，1973）。昆族儿童经常与异性一起玩耍，而且，事实上，"许多成人对性游戏记得最清楚"[1]（Shostak，1981：88-89）。（塞内加尔）勒布人有着广泛的亲属群，这导致"家庭"复合体（compound）人口相对众多，因而，儿童游戏团体可能在年龄方面相对同质，尤其是在那些完全由男孩组成的游戏团体中，孩子们的年龄差别更小。

在邦加苏阿奎勒，学步儿通常会被以托儿所的方式聚集（herded）在一起，并由一两个哥哥姐姐监督，如此一来，（在任何特定的时间里）其他许多孩子得以摆脱照顾弟弟妹妹的职责。因此，同质的（有男有女的）游戏群体很常见。年龄接近并因此在成熟度和体型上相称的玩家，更有可能一起从事更复杂、更具竞争性的游戏（Lancy，1996：112-113）。

加斯金斯在尤卡坦（Yucatan）的田野研究中发现，决定着儿童游戏团体规模的因素是紧密的亲属关系，而不是整个村庄的人口（Gaskins and Göncü，1992）。她观察到，那些小型、稳定的儿童游戏团体被"拴"在家庭复合体中；年龄较大的孩子，充当弟弟妹妹的照顾者（本书第四章），因

---

① 结合引文原文的上下文，此句的意思是，在昆人中，男孩与女孩经常在一起玩耍；他们会将日常生活里的众多主题和活动融入自己发明的游戏中；而性游戏，对于成年后的他们来说，记忆最为鲜明。——译者注

而，有义务确保游戏团体内部关系和谐，这就意味着，甚至要把年龄最小的孩子纳入游戏中（Gaskins *et al.*，2007：191）。当游戏团体没有受到成人的密切监督时，另一种团体成员互动模式可能会出现——在这种模式中，年龄较大的玩家可能常常表现出欺压和戏弄行为（Grindal，1972：37）。在（斐济）拉奇拉奇（Rakiraki）村，孩子们负有照顾弟弟妹妹的责任，但他们可以自由表达对这一任务的感受："年龄较大的孩子对于年幼的孩子怀有怨恨，这是显而易见的——当周围没有成人会出来干预时，年龄较大的孩子会戏弄和殴打年幼的孩子"（Brison，1999：109）。

因为要负责照顾弟弟妹妹，所以女孩更有可能在混龄团体中玩耍（Bloch，1989）。在巴布亚新几内亚东部高地的福尔人中：

> 女孩花更多的时间在田里、在村里的空地上玩耍，而且常常是与婴儿和幼儿一起。除了上述这些场地，她们不去探索别的地方……然而，男孩探索的范围更广……他们的大部分时间都花在了……更激烈的体力游戏上。（Sorenson，1976：191）

弗里德尔（Friedl）提到某个伊朗村庄里的鲁尔族男孩"像牛一样一大早就被赶出门"（1997：148）。与男孩相比，女孩总体上玩得较少，其玩耍的地方离家更近（Edwards，2005：87），而且，她们从游戏居多的阶段过渡到 *230* 工作居多的阶段也更早（Lancy，2001b）。在因纽特人看来，8岁或不到8岁的"女孩应该中断她的游戏活动，以帮助她的母亲从事诸如切割新采的冰块……以及收集苔藓之类的工作"（Condon，1987：55）。与女孩相比，伊博族男孩有更大的游戏自由；这一点所反映的是，伊博族男人有闲暇可以享受，他们"在仪式性事务、政治议题以及解决争端上花费了许多时间……而他们的妻子却忙着从事体力劳动"（Ottenberg，1989：49）。

在下一节中，我们将看到，儿童游戏可以被视为一种传递各种文化信息的非正式手段——特别是儿童的假装游戏。上一章中介绍过的假装游戏是民族志档案中最常被描述的童年主题之一。

假装游戏的普遍性

> （伊博族孩子）在这些建筑物里放上被扯掉翅膀的草蜢，假装它们是人，利用它们创造场景。（Ottenberg，1989：96）

对于孩子们尝试在游戏中复制成人社会的行为，世界各地的成人似乎至少也是抱持温和容忍的态度，而且会被这类行为逗笑。（巴西）塔皮拉佩人的村庄：

> 男孩有时玩过家家，娶小女孩为妻。当孩子们模仿夫妻吵架（以及）交配时，成人哈哈大笑……孩子们甚至模仿戴面具的男舞者。有一次，两个小男孩戴着缩小版的"哭鸟灵"（crying bird spirit）面具，在村子里跳舞，向村民索要食物。成人觉得很搞笑，但不觉得这种行为亵渎神灵。（Wagley，1977：145）

孩子们的游戏似乎充当着一个超大号的真空吸尘器，吸走村庄里发生的一切，并将其转化为儿童版的短剧。我的感觉是，在电视和人造套装玩具（play-sets）出现之前，孩子们已经把村庄生活的方方面面都融入自己的游戏中。其中也有罕见的事件。我有一次看到一群男孩再现总统车队路过的情景，就连警车开道声以及领头"车辆"上飘扬着的利比里亚国旗都有了（Lancy，1996：185）。而在铃木春信（Suzuki Harunobu）于公元 1767 - 1768 年创作的一幅木版画中也出现了非常类似的场景；画中男孩们再现了大名（Daimyô）出行的场景。[10] 席费林（1990：213，217）观察并拍摄了卡露力族男孩模仿他们的父亲当搬运工"四处巡逻"。17 世纪一位英国父亲在日记中记录了"他那 8 岁和 6 岁的女儿举行的一场模拟葬礼。（她们埋葬了自己的一个玩偶）全程都十分庄重"（Pollock，1983：237）。

231

图 17　克佩列族学步儿在托儿所里假装使用臼杵

在非洲大部分地区，人们会看到儿童使用某个"假装的"玩具或者说缩小版的臼和杵，假装给谷物去壳（Lancy，1996：85－如图17所示）。而且，就像打靶一样，儿童"练习捣碎"也与人们依赖谷物加工来维生有关。此外，博克和约翰逊发现，儿童实际上通过游戏来练习提高自己的技能："游戏是发展成人能力的一个重要因素"（Bock and Johnson，2004：63）。

在北极地区，"男孩和女孩玩建造雪屋的游戏……他们借父母的雪刀，建造完整的微型房屋"（Jenness，1922：219）。在这片有着"大量微型物质文化"的地区①（Park，2006：56），有些考古遗址里出现的微型物品也表明了儿童活跃的幻想生活。这也难怪现代人类学的创始人之一弗朗兹·博厄斯（Franz Boas）②会细致地描述巴芬岛男孩以假装游戏的方式再现捕猎海豹的详细过程（Boas，1901：111）。在下一章中，我们将充分论述游戏（特别

---

① 此处指的是北极地区。——译者注
② 有的译为"法兰兹·鲍亚士"。——译者注

是假装游戏)对于儿童习得众多典型的成人技能来说，所起到的作用。

准备饭菜是一个常见的研究主题。埃丝特·古迪(Esther Goody)描述了加纳北部的一个村庄里孩子们丰富且复杂的假装烹饪活动。孩子们一边建造微型厨房，收集食材，煮汤，一边唱歌并模仿着成人的谈话。还有，当然，女孩们必须确保她们的游戏能让她们所照顾的弟弟妹妹也参与进来。在这些短剧中，男孩们扮演丈夫的角色，而且仅能评论汤的味道(Goody，1992)。孩子们的性别角色因此得到加强。在沃吉欧岛上，霍格宾观察到如下这一幕：

瓦奈(Wanai)正在忙着做泥饼，这时她请求卡拉西卡(Kalasika)给她造一个烤泥饼用的烤炉。格瓦(Gwa)也加入了这个游戏。尽管没有生火，这些脏兮兮的泥饼还是被树叶包裹起来，被放到了一堆石头中间。瓦奈接着指出自己那些水瓶是空的，并叫奈布拉(Naibula)把它们装满。"不，那是女人的工作，"格瓦说，"我们男人不碰这种事。你自己去。"(Hogbin，1946：276)

在(所罗门群岛)瓜达尔卡纳尔岛(Guadalcanal)上，霍格宾注意到，当孩子们意识到并开始实行性别分工时，假装游戏就有了转变："男孩把做饭和送水的活儿留给女孩，反过来，女孩则拒绝帮忙修建房屋"(Hogbin，1969：38)。在斯里兰卡的一个村庄里，孩子们也在他们的短剧里预演社会等级；例如，年长的女孩会告诫她们的"助手"："你必须先为父亲上菜，必须给他很多食物"(Prosser *et al.*，1986：184)。古迪和其他人一再提及，假装准备饭菜的游戏会多么容易地转变成真正的烹饪。虽然家庭生活场景在游戏中被复制得最多(尤其是当女孩主导游戏时)，但整个成人社会的诸般种种都为这些游戏提供了脚本素材。从美国奴隶的自传中，我们了解到，奴隶的孩子们以奴隶拍卖为主题创作了一些短剧(Alston，1992：225-

226)。在饱受内战摧残的黎巴嫩，德鲁兹派①(Druze)的孩子们在炮击的间隙玩着充满想象力的游戏：

> 每当有间歇，我们都会叫我们的朋友来……一起玩……我们最喜欢的游戏是"躲藏和攻击"。我们制造机关枪，我们组成一些敌对的军队，这样我们就相互扔炸弹。我们用椅子和枕头搭起路障。(Assal and Farrell，1992：277)

考虑到也门的冲突，人们在萨那②(Sana'a)看到男孩们正在玩战争游戏，也就不足为奇了(图18)。

假装游戏揭示了儿童对于成人世界的洞察力。阿劳干族男孩能准确地模仿宗教节日(fiesta)③里醉汉们的言语和动作(Hilger，1958：106)。亚诺马莫族男孩假装"吸食"迷幻剂，然后四处跟跟跄跄，完美地模仿了自己父亲扮演萨满巫师时精神恍惚的样子(Asch and Chagnon，1974)。传统的查加族婚礼包括抢婚行为，而"举起新娘"是儿童版婚礼的重要环节(Raum，1940：251)。梅西纳谷族(巴西森林居民)孩子玩"*ukitsapi*"(嫉妒)游戏时所使用的脚本甚至更富于戏剧性。在各自"配偶"离开的时候，男孩和女孩寻找新伴侣。捕鱼归来的"丈夫"发现"妻子"和她的"情人"躺在吊床上，怒火中烧的他假装打了"妻子"一顿，而"情夫"却趁机溜走了(Gregor，1988：113)。人们观察到，阿伦塔族(澳大利亚土著觅食群体)孩子一丝不苟地再现了符合角色性别的家庭生活场景，包括"通奸，一个男孩和另一个男孩的'妻子'私奔"(Williams，1983：202)。雷布查族孩子的"婚姻"游戏"总是以模拟交配结束"(Gorer，1967：310)。[11]

233

---

① 近东的一个伊斯兰教教派。——译者注
② 也门首都。——译者注
③ "fiesta"指在西班牙、拉丁美洲，人们载歌载舞、游行以纪念圣人的宗教节日。——译者注

图 18　玩战争游戏的孩子，也门首都萨那

孩子们(尤其是男孩)会将各种仪式性活动戏剧化，而与此相关的描述也相当常见。塔仑西族(加纳北部的农民)男孩会"捕猎"老鼠；在把那些"俘虏"戏要了一段时间后，他们就把这些"狗"[12]"献祭"在一个微型的神龛上，并祈祷狩猎成功(Fortes，1938/1970：68)。(巴西)梅西纳谷族孩子能极其准确地复制出一系列完整的事件——从开始发病到萨满巫师成功地发现导致这一疾病的巫术工具为止(Gregor，1988：114)。在卡拉哈里沙漠和斐济，未来"巫医"(healer)①的社会化过程早在 5 岁时就开始了，小男孩玩扮演成人巫医出神舞蹈的角色游戏(Katz，1981：62)。布罗克(Broch)记录了 5 个年龄在 4 岁到 7 岁的博内拉泰族女孩复制一种女性的"附体—出神"(possession-trance)仪式的过程。她们小心翼翼地模仿(depict)在"假想的"火堆余烬上行走或者踏灭余烬的行为。实际上，就在几天前，"邻近的一个村庄举行了一个真正的'附体—出神'仪式"(Broch，1990：107)。德鲁格斯(Droogers)记录了(刚果民主共和国)瓦格尼亚族村庄孩子的

---

① 此处的"healer"指"(通过祷告和宗教信念治疗的)信仰疗法术士"。——译者注

假装游戏：

> 一群正在玩成年礼游戏的男孩，人数大概在 10 到 15 人，他们用藤帽和拉菲草（raffia）臂章来装扮自己。他们一个接一个地接受了割礼。一个个子稍大点的男孩，大约 12 岁，手持一片竹子，用它把那些为这个场合而露出的阴茎上的一小块包皮"割掉"。与此同时，另外两个孩子在鼓和罐头盒上敲出了通常在割礼期间演奏的旋律（rhythm）。（Droogers，1980：85）

顺便说一句，有许多人类学家都曾看到孩子们把自己（有损形象地）编排进（reflected）昔日主题的游戏中（Bascom，1969：58）。如果说假装游戏是白天的流行活动，那么讲故事就是填满了许多宁静夜晚的活动。在下一节中，我们将简要回顾一些与（既能娱乐儿童又能传达重要道德教训的）民间传说相关的例子。

民间传说中的道德教训

> 这是一段娱乐、反思和学习的时间。（Ottenberg，1989：91）

民俗学家从没有文字的（pre-literate）社会中收集了足以填满诸多图书馆的故事、神话和口述史。而且这些材料中的很大一部分都具有一种旨在教诲孩子的特点。罗马人使用《伊索寓言》，[13] 英国人使用《鹅妈妈童谣》（Mother Goose），克佩列人使用《Polo-Gyee》。《Polo-Gyee》可能是一些夹杂着奇妙元素（例如一条会说话的鱼）的"真实"故事；那些故事的主题都是违反社会规范的人物受到了应有的惩罚，而其语言和情节（events）都具有滑稽荒唐的特点（Lancy，1996：130–132）。在许多民间故事集中，也存在着其他的故事主题，比如亲子之间可能产生的冲突（Lowe and Johnson，2007：163），当然还有邪恶的继父母（Geertz，1961：37）。爪哇孩子都知道的一个故事描述了两个小女孩：布兰邦·阿邦（Brambang Abang）（她是一个红洋葱）和巴旺·普提（Bawang Putih）（她是一颗白蒜头）。"当巴旺·普提长大后，她变成了一个非常好的人，然而布兰邦·阿邦长大后就变得很愚蠢，不能做任何有用的事情，因为她一辈子所做的事情就是玩"（Geertz，1961：43）。

文学作品中有一些[14]母亲或者祖母夜里在炉灶边讲故事的例子——这是少有的成人花时间逗孩子开心或教导他们的场合（Lancy，1996；Ottenberg，1989；Briggs，1970）。在密克罗尼西亚的丘克群岛上，有众多故事浓缩了岛上更深沉的历史遗产，然而"这些故事代表着珍贵的知识，成人并不总是轻易分享它们"（Lowe and Johnson，2007：153）。皮亚罗亚人[奥里诺科（Orinoco）河觅食群体]这样形容一个……

> 巫师……他利用讲故事（特别是从神话般的过去流传下来的事件）的方式，来阐述他的道德教训……这些故事讲述的是，故事角色因其失控行为而导致了自身的不幸和灾难，有时还会给别人带来危险。（Overing，1988：179）

在巴厘岛的皮影戏之中，我们发现了另一个独特且有趣的，也许能用来"教育"孩子的故事集。[15]

> 皮影戏中的故事……主要取材于伟大的印度史诗《摩诃婆罗多》（Mahabharata）和《罗摩衍那》（Ramayana）……在所有观众中，孩子们都坐在前排，他们的注意力集中在那些插科打诨、讲下流笑话的仆人身上……道德体系，以及剧中所表现的历史和宇宙观，是……在不知不觉中被吸收的，而将个人依照社会规范进行塑造的过程是……间接地发生的，是一种令人愉悦的"副产品"。成人高度重视族群文化，并充分意识到……只有将文化传递给后人才能确保它的延续性……成人……解释说，在舞台上，贵贱（rank）、善恶、高雅与粗俗

等抽象的观念……都是有形的。(Hobart，1988：118，133-134)

人们明确鼓励孩子在假装游戏中利用这些皮影戏和宗教典礼的元素(Mead，1964：67)，就如图 19 所示，男孩们穿戴着成人提供的面具和服装游行。

图 19　巴厘岛男孩穿着儿童尺寸的巴龙舞(*Barong*)戏服游行

谚语和谜语也为孩子与成人提供了微妙的教训。人们确实认为猜谜能展现儿童的机智和对村庄"教训"(lore)的理解力。对恩戈尼人来说，猜谜是"一种智力和记忆力的测试"(Read，1960：98)。克佩列人经常使用谚语，而且，不足为奇的是，他们有一个叫作"*kehlong*"的儿童游戏，在这个游戏中，玩家要在一场配对联想的比赛中复述典型的谚语短语。孩子们玩"*kehlong*"游戏并在其中学习，他们仍然需要更多的经验，以掌握(decode)谚语的含义。他们到了十几岁的时候，才会逐渐开始理解那些谚语(Lancy，1996：137-139)。

尤皮克族(Yup'ik)(因纽特人)孩子用小刀在湿泥板上刻写符号，以此

236

种方式说明正在展开的故事。刀刻故事（story-knife tales）中所传达的教训包括亲属关系模式、性别角色、群体规范和价值观。他们的故事比来自非洲的故事更严肃，而且难免会让人觉得可怕。不幸的是，随着现代媒体侵入这个曾经以捕鱼、狩猎和采集为生的村庄，就像许多儿童文化一样，这种习俗已经消失了（de Marrais *et al.*，1992）。澳大利亚中部的土著居民利用沙子和树叶来讲述道德故事（例如，一个少女因与他人的不正当关系而被责打）。但是长辈们现在哀叹道："当我们向孩子们讲述关于潜伏在黑暗中的怪物的故事时，他们不再感到害怕。他们……已经习惯于在电视屏幕上看到可怕的画面……我们的社会就像一个拼图玩具，其中的小碎片，一片一片地缺失了。"（Tjitayi and Lewis，2011：57）

237　　在许多非洲社会中，儿童游戏都包含了一个由面具舞营造出来的、总是具有戏剧性而且有时神圣庄严的世界。在大村庄里，大群男孩和（偶尔参加的）女孩组成自愿的团体，依照成人服装的模板，制作演出服和面具。他们练习常见的舞蹈和歌曲，在适当的场合，在村庄空地上为一群来欣赏的观众表演。成人通常会给予鼓励（尽管他们可能不鼓励其他形式的游戏）。例如，"每个伊格德人（Igede）的村庄都会鼓励孩子成立音乐和舞蹈社团，以确保在未来的社会里，在葬礼、新山药节（New Yam festivals）和其他仪式或社交场合上有技艺高超的表演者"（Ottenberg，2006：123）。

　　这里存在着某种道德上的模糊地带——在仪式中，许多戴面具的人物都是控制村里社会关系和个人行为的强者；他们的身份是保密的，而且他们也听命于地位最高的人。尽管如此，在库巴人（Kuba）（中非的王国）中，"有些途径是保持开放的，以便在面具制作和面具表演方面对小男孩们进行熏陶（acculturation）①……面具的等级划分……使得孩子们……可以获得特定的面具"（Binkley，2006：113）。在制作小尺寸面具的过程中，面具社团中的男孩将有机会练习制作面具。或者，他们可能会制作全尺寸的但是没有仪式效力的面具，并在非正式的舞蹈表演中戴着它们（Binkley，2006：

---

① 此处"acculturation"指个体从婴儿期就开始习得特定文化的过程。——译者注

106）。

在马里，巴玛纳族男孩戴面具的行为只是他们逐渐理解"Ndomo"仪式的第一个阶段。小男孩们成群结队，他们会安排自己的面具表演，并对表演的流程表现出令人惊讶的透彻理解，而且他们也了解这些活动中男女各自适合表演的角色。不过，虽然，

> 男孩们明白这些仪式、面具和各种徽章都是神圣的，但他们并没有完全理解"Ndomo"复杂的象征意义。（在）加入成人社团时，（他们）将会学习……各种各样的面具、神圣的徽章、仪式和歌曲……的全部意义。（M. J. Arnold, 2006: 61, 53）

上述这些报告主要是回顾性的、历史性的。甚至是在 20 世纪 70 年代初，在一个偏远的村庄①里，我也发现，必须从人们的记忆中把游戏类型（play-forms）（尤其是与上文刚描述过的那种与儿童自发社团相关的游戏）提取出来，才能完善我那份克佩列人游戏清单（Lancy, 1996: 107 - 108）。遗憾的是，过去的儿童文化在不断消失，这就意味着，村庄里的孩子们通过歌曲、故事、谜语和面具舞，获得了多少族群文化，获得了哪些方面的族群文化，这样的问题将永远得不到回答。我最想断言的是，孩子们从中学到的主要是道德方面的教训（参见本书第九章第 334—336 页）。

文化精神如何塑造儿童的游戏

> （当雷布查族）孩子们在一起玩耍时，他们总是在模仿成人的生活。（Gorer, 1967: 309）

文化精神可能会决定游戏的性质。在以色列，人们创建"基布兹"，以

---

① 指邦加苏阿奎勒。——译者注

之作为一种乌托邦式的选择来使人摆脱现代社会固有的竞争和地位差异。毫不奇怪，有一项关于儿童游戏的研究揭示了人们对平等主义结局的一个偏见——没有赢家，也就不会有输家（Eifermann，1971）。有人在大洋洲发现了一些可作为例证的社会：在这些社会里，人们如此推崇人人平等，以至于在儿童的游戏中，"竞争几乎从未出现过"（Hogbin，1946：275）。在巴布亚新几内亚的坦古人（Tangu）中，孩子们组团玩一种叫作"*taketak*"的游戏；为了与当地的价值观保持一致，这种游戏被设计为以平局告终（Burridge，1957）。

在小规模的游群社会中，游戏团体（必定是混龄的）必须允许所有的玩家（无论他们多么缺乏技巧）都能参加；因此，可以说，游戏场地总是平的①，都支持盛行的平等主义精神（Lancy，1984）。昆族孩子会把一根加重的羽毛扔到空中，当羽毛飘落时，他们会用棍子击打它，或者把它弹回空中。这种叫作"*zeni*"的"游戏"，是独自完成的；孩子们不会试图比较技巧或输赢（Draper，1976：203）。阿卡族觅食群体是高度平等的；博耶特注意到，在阿卡人中没有混战游戏和竞争性游戏。"Ndanga"是一个受欢迎的游戏，"在这个游戏中，没有赢家，也不计分"（Boyette，2013：84）。巴卡族是一个特别平等的社会，分享猎物是他们的一种基本价值观。

> 例如，烹饪游戏中的一幕是，一个8岁的（巴卡人）男孩在打猎时用弓射死了一只蜘蛛。他把"猎物"扯成几个部分，细心地分给（包括我这个研究者在内的）三个参与者。他把八条腿分成三份，然后用蜘蛛头胸部（分成两块）来补足分量较少的两份。蜘蛛的腹部被扔掉了，因为那"不能吃"。这一幕清楚地表明，孩子们（熟悉）成人分享食物的活动，并在游戏中加以模仿。（Kamei，2005：354）

有几个社会既重视内部关系和谐，也重视与外界建立和谐关系。在这

---

① 此句的潜台词是，游戏的全体参与者总是地位同等的。——译者注

些社会里，混战游戏很少见或者不那么激烈。例如，在马来西亚中西部的西迈族自给型农业社区中，孩子们很少看到攻击性行为，而且，在孩子们的游戏过程中，成人为数不多的干预活动之一就是制止斗殴。孩子们会玩混战游戏，但都极其温和："两个孩子，通常体型有明显差异，把各自的手放在对方的肩上，扭打起来，咯咯地笑着，但从来没有完全把对方摔倒……（还有）2 岁到 12 岁的孩子们两两配对，手拿木棍朝对方胡乱挥舞，不过，在要打到对方之前，就停下来了"（Fry，2005：68）。

儿童的玩偶是另一个我们可以用来观察文化作用的视角。人们会认 239 为，孩子们收集的玩具中必定有玩偶，但是在村庄里，女孩们可能会玩真正的玩偶。博内拉泰族"孩子很少需要或渴望玩偶……他们照顾婴儿和学步儿"（Broch，1990：110）。尽管如此，玩偶仍可以说是最常见的玩具，而且它们的制作材料及设计手法都是种类繁多的（Ruddle and Chesterfield，1977：36）。[16] 从一团不成形的破布，到能咿咿呀呀说话、会弄湿自己①、能着急地挥舞四肢的高科技娃娃，玩偶的种类是如此多样，确实能让人心醉神迷。虽然在古罗马女童的游戏中，婴儿玩偶似乎是常见的辅助用品，但是平民阶层的女孩会假装给婴儿玩偶哺乳，给予它们安抚和清洁，而上层社会的女孩（长大成人后不用照顾婴儿）会给自己的玩偶穿衣打扮，这就像玩古代版的"芭比娃娃"（Wiedemann，1989：149-150）。

　　在公元前 150 年左右，有一个名为克雷佩丽亚·特里菲娜（Crepereia Tryphaena）的小女孩生活在罗马。她有一个 30 厘米高的、铰接的象牙制玩偶，那个玩偶的肩膀、肘部、髋部和膝盖都有可以活动的关节。而且，她还有一整套嫁妆，包括微型的金戒指、镜子、珠子、梳子以及用骨头和象牙制成的珠宝盒。这个女孩去世时大约 12 岁，她的坟墓里就摆放着这些玩具。（Wileman，2005：36）

---

　　① 可能是指玩偶撒"尿"或张嘴喷水等情况。——译者注

在一座公元前 2000 年的埃及上流阶层的坟墓中，人们发现一个玩偶的发型跟上流社会贵妇人那种精心制作的假发很相似。古罗马男孩也有玩偶（或者我应该说"活动人偶"？），比如，一个手臂能活动的陶制角斗士（Lancy，2008：214-216）。到了 19 世纪后半叶，玩偶被用来帮助女孩熟悉资产阶级文化各种象征物（trappings），比如时尚、礼仪，以及类似登门拜访和茶话会等友好往来的聚会（Formanek-Brunell，1992：114-116）。

到目前为止，在那些我们所论述过的假装游戏的例子中，儿童似乎是在复制各自社会的微缩副本。然而，当他们一遍又一遍地重复某些场景时，他们正在探索各自族群中常见社会关系背后的社会语言结构和心理基础。因此，人类学家看到两个女孩玩姐妹角色的游戏，并不感到惊讶（Hardman，1980：86）。儿童的假装游戏并没有死板地复制村庄生活的场景。在角色的分配、道具的使用、脚本的接续方面，孩子们都有创新，不过，重要的是，孩子们可能会"扭曲"故事。也就是说，我们确实在一些例子中可以看到，孩子们有时会对社会生活作出下流且无礼的描述，这时他们表现得就像年轻的社会批评家（Goldman，1998；Gregor，1988：113；Hogbin，1970：138）。这无疑表明，儿童所看到的事物、儿童描述那些事物的方式，以及他们重演那些事物的活动，这三者之间，存在着非常复杂（rich）的相互作用。

通过广泛的文献回顾，鲍尔（Power）发现，"传统文化中的儿童游戏会涉及对成人传统角色行为的模仿，却很少涉及异想天开的转变……（例如）儿童在生活中很少会（如果有的话）扮演或遇到的角色"（Power，2000：272；另请参阅 Martini，1994）。"（玛雅儿童）在游戏过程中，几乎没有精心的设计，或者采用变式或复杂结构。脚本和角色被一遍又一遍地重复，几乎被仪式化了"（Gaskins and Göncü，1992：32）。在巴西的几个社区中，研究人员开展了一项关于假装游戏的比较研究；他们发现，在一个传统的印第安村庄中，儿童的游戏时间较少，并以村庄生活为游戏主题，而在那几个更富裕、更城市化的社区中，儿童的游戏更丰富、更具创造性——可能会强化抽象的、符号化的思维（Gosso et al.，2007）。其他一些比较研究强调了儿童游戏中的阶级差异——与中产阶级儿童相比，工人阶级儿童表现出的幻想游戏要少得多（Tudge，2008：152）。

在"怪异社会"里，人们期望儿童通过假装游戏解决情绪问题——事实上，这通常被认为是假装游戏的主要功能；而且人们基于这一假设建立起了一个完整的临床（心理学）实践分支——游戏治疗。然而，在村庄儿童的假装游戏中，儿童游戏的这种"情绪重负"却几乎不存在。加斯金斯通过仔细观察发现，尤卡坦（Yucatec）玛雅儿童在游戏中没有强烈的情感表达。其中一个原因可能是成人期望游戏团体内部关系和谐（Gaskins and Miller，2009）。在游戏时，玛雅儿童并没有完全沉浸于自己的生活中。他们似乎也很少有情感创伤需要处理，因为他们并未生活在一个珍视幼儿的社会里。举例来说，弟弟妹妹的出生不会威胁到玛雅儿童，他们反而会认为新来的家庭成员为他们提供了一个当代养母亲的机会。他们几乎无法接触到故事书中的虚构角色，因此，这些角色虽然在欧美儿童的游戏中很常见，却并不存在于玛雅儿童的游戏中（Gaskins and Miller，2009）。[17]

对于现代儿童来说，很多"文化"可能都被隐藏在他们的视线之外。因此，电视成了他们"了解社会的窗口，是他们的村庄广场①……他们把屏幕上看到的事物……融入自己的（假装游戏）中"（Harris，1998：210−211）。*241*此外，正如海伦·施瓦茨曼（Helen Schwartzman）（1978：25）指出的："儿童的……游戏行为并不总是作为一种社会化的……活动……它可能……质疑、颠倒，以及/或者评论和解释社会秩序。"在当代社会中，文化的传播主要是通过正规的机构，如学校、教堂和少年棒球联盟来进行的。因此，儿童游戏可以不那么保守，也无需重现社会文化。与人类学家研究过的儿童一样，我们社会的儿童也玩很多（甚至更多的）假装游戏，不过，我们社会的儿童似乎有着完全不同的游戏脚本和游戏目的。在丹麦社会中，人们认为儿童游戏，特别是假装游戏，对于儿童的发展有着至关重要的作用，然而萨巴特克族成人基本上是把游戏视为一种吸引（occupied）儿童使其不

---

① 此处意指村庄儿童在村里的广场上了解当地文化，而现代社会的儿童只能在电视上了解。——译者注

要烦扰成人的手段(Jensen de López, 2005: 14)。[18] 而与上述这些对立的观点相呼应的是，村庄父母认为让孩子停止游戏去做杂务是平平常常的事儿，而西方父母却因过分担心电视对假装游戏的有害影响而辗转难眠——他们认为，电视会消除孩子们"想出自己的游戏创意"的需要(Greenfield *et al.*, 1990: 239)。

正如我们所见的，社会风气会塑造儿童游戏。而在下一节中，我们将仔细研究成人抑制儿童游戏的手段和缘由。

抑制游戏

> 理想的(齐纳坎坦人)孩子应该勤奋、听话、有责任心；他不会把时间浪费在游戏上。(Modiano, 1973: 55)

小狮子和家养的猫咪没有什么不同。它们非常爱玩耍，然而，当它们的妈妈外出打猎时，小狮子会趴在高草丛里，一动不动地待上几小时。母狮一回来，它们就从躲藏处冲出来，在母狮周围欢快地嬉戏。在母狮离开的情况下，它们如果无法抑制自己的嬉戏冲动，也许就会被一些潜在的掠食者发现并被捕食(Schaller, 1976)。而被捕食的危险，可能是幼兽游戏行为的最大代价之一(Baldwin and Baldwin, 1977: 384)。这个例子应该可以让我们明白，玩游戏通常也有不利的一面——那些把游戏看作成功童年的"济世灵丹"的人却忽视了这一点(Lancy, 2001b)。

242   虽然灵长类动物很爱玩耍，但是，一般而言，与大多数时间待在地面上的灵长类动物相比，那些严格奉行树栖生活方式的灵长类动物并不那么爱嬉戏。在食物匮乏的日子里，幼兽必须花费更多的时间去觅食或者休息：无论是哪种情况，它们的游戏时间都会大大减少。(食物短缺会造成游戏行为的减少)这种效果已经在包括人类在内(Barber, 1991: 133)的各种灵长类物种(Baldwin and Baldwin, 1972)中得到了经验性的证实。毫不奇怪，母亲的死亡通常会导致幼兽游戏行为减少(van Lawick-Goodall,

1973）。

幼兽似乎通过一种看不见的系绳与母亲拴在一起，系绳的长度可以根据情况而变化。"当兽群安静时——例如在通常的休息时间里，幼仔会离开母亲，探索周边环境"（Baldwin and Baldwin，1977：349）。与在野外观察到的黑猩猩母亲相比，圈养群体中的黑猩猩母亲赋予幼仔更大的玩耍和探索的自由，这大概是因为圈养环境中的危险较少（Nicolson，1977）。吼猴母亲会监督幼仔与同伴的玩耍行为，并收紧"系绳"，也就是说，在幼仔们的打闹嬉戏变得太过粗暴时，对它们进行约束（Baldwin and Baldwin，1978）。而松鼠猴母亲似乎会格外警惕幼仔在玩耍时有无被捕食的危险（Biben *et al.*，1989）。

就观察人类母亲与学步儿之间的互动行为来说，"系绳长度"绝对是一个有用的概念（Broch，1990：71-72）。正如索伦森在一个福尔人村庄里发现的，婴儿"探索活动的早期模式包括频繁地回到母亲身边。母亲是'总部'，是'安全堡垒'，但不是活动的主管或监工"（Sorenson，1976：167）。而森林居民奇旺人则使用较短的"系绳"。成人对着学步儿"大喊……'烫的'，或者'会割到手'，或者'那儿有……老虎、蛇、千足虫'"，以此来阻止学步儿走开得太远（Howell，1988：163）。

当然，在危险的城市环境中，现代欧美父母经常使用真实的系绳来控制自家学步儿的行为。在最贫穷的城市贫民区，母亲通常会禁止孩子在公寓外面玩耍，甚至在离开时会把孩子锁在屋里。[19]即使是统计学意义上的"安全"社区也可能会被子女稀少的焦虑父母认为是危险的（Liden，2003：128）。这些当代态度与早前时期的情况形成了鲜明对比，那时的儿童无论生活在城市还是农村，都可以更自由地探索周边的环境（Heywood，2001：97）。

虽然母亲可能会担心孩子游戏时的安全，但一般公众可能会认为游戏扰乱公共秩序而予以反对。儿童喧闹的游戏行为扰乱了英国议会，因而，英国议会周边禁止儿童嬉闹。1447年，埃克塞特（Exeter）主教撰文谴责孩子们在修道院里玩"陀螺、西洋跳棋、射钱币"之类的游戏，他写道，"圣洁的修道院墙壁都被弄脏了，所有的玻璃窗都被打破了"[1]（Opie and Opie，1969：11）。在邦加苏阿奎勒，成人并不欢迎将足球纳入儿童游戏项目中，因为它会在村子中制造混乱（Lancy，1996：187）。在巴布亚新几内亚的塞皮克地区，库利克发现，村里孩子们学会的外来游戏（例如弹珠），被老年人谴责为"愚蠢的根源"（Kulick，1992：177）。尽管有禁令，但是，孩子们还是会"从心所欲"，而且，如果没有合适的游戏空间，他们就会在街上玩耍（图20）。

图20　街头顽童

当代儿童要在公共区域玩耍，就得面对一大堆的障碍。以下这段文字描述的是缅因州农村儿童无人监管的游戏逐渐消失（foreclosure）的情形，从中我们可以看到童年本质的巨大变化。

　　当地的一片牧场，曾被上几代人当成业余爱好者的山坡滑雪区……还有一片无人占用的林地，在那里，男孩们排演第二次世界大

---

① 原文为"toppe, queke, penny prykki...by the which the walles of the saide Cloistre have be befowled and the glaswyndowes all to brost"（Opie and Opie，1969：11），此句子有若干单词不是通常的写法，似乎原作者有意用"异体字"来表达某种情感。——译者注

战，而年幼的孩子则在其中寻找怪物。现在，它们都因住宅开发而被占用了……整个镇上纵横交错的小道(孩子们的"秘密通道")都已经消失了，取而代之的是停车场，新的银行大楼，或者(有时是)刚搬进来的居民们竖立的"禁止擅入"的告示牌……孩子们因校车接送而中断了一种与自然环境的基本联系——步行上学……路过那些有趣的自然地点……(逗留一会儿)在池塘里捉青蛙，追赶蛇类，或者埋葬沿途遇到的死掉的动物并为它们举行葬礼。(Beach，2003：190)

人们在林地张贴告示，并竖起了隔离栏；而学校操场也发生了改变。²⁴⁴ 儿童仅限于在学校操场上利用人造设施(不是过去常用到的树木和大石头)玩有成人监督的游戏。新修的道路和提高了的通行速度阻挡了儿童去往以前步行就可到达的公共区域——例如城镇的"绿地"。在比奇(Beach)的研究中，有些年长的信息提供人回忆起过去那些刺激且危险的游戏经历，那时他们在谷仓、畜栏和农业设备周围玩耍，"他们早年所受的伤，还有留下的伤疤，证明(了)……他们有过相当多的身体冒险行为，现在这类行为可能在孩子们中间并不常见"(Beach，2003：191)。

父母限制子女的游戏行为，这不仅是为了保护他们在子女身上的投资；母亲们也可能认为子女的游戏行为降低了她们的投资回报。在尼日利亚的伊斯兰地区，妇女们被隔离在家，

她们通过女儿和青春期前的儿子来参与贸易。儿童的街头贸易活动促进了妇女的经济参与，……**母亲试图通过禁止子女们玩耍来让他们做更多的工作**，她们认为玩耍是懒惰和贪图享乐的表现，而懒惰与贪图享乐的孩子日后会适应不良。(Oloko，1994：211，字体强调为作者所加)

在尤卡坦玛雅人中，"任何形式的游戏机会都是相对有限的……年仅三四岁的孩子就经常要做杂务……到了六七岁的时候，他们就会长时间忙

于工作"(Gaskins and Göncü，1992：31)。在博茨瓦纳，与更依赖觅食维生的社区里的儿童相比，农业社区(那里的劳动力需求量很大)里的儿童花在玩耍上的时间明显更少——女童、妾室的子女和上学的孩子也是如此(Bock and Johnson，2004：81-82)。拜宁人否定童年游戏的重要性；他们认为，相反，儿童必定渴望像成人一样工作(Fajans，1997：168)。如果孩子变得过于兴致勃勃，人们可能"会用一块骨头刺穿孩子的鼻中隔"，以此给予惩罚和积极的激励(Fajans，1997：92)。对于科吉族(哥伦比亚农民)孩子来说，"被指控为'在玩'，这是一种非常严重的斥责。在科吉人的文化中几乎没有儿童游戏"(Reichel-Dolmatoff，1976：278)。同样，"瓜希罗人(Guajiro)(南美的牧民)也不鼓励玩耍，或任何与无所事事有关的行为"(Watson-Franke，1976：193-194)。

20 世纪中叶，劳伦斯·怀利关于一个法国农村的民族志研究指出，当地孩子仅有的玩耍机会发生在放学回家的路上，因为除了最小的孩子之外，所有的孩子都有杂务要做(Wylie，1957：69)。回溯到更早的欧洲历史，孩子们在很小的时候(年仅 5 岁)就从自己家里被送去富裕家庭从事劳作，当仆人、侍从或学徒，或者被置于富裕亲戚的保护下，以"改善自己"①。因此，玩游戏的机会就会非常有限。而那些被安置在修道院的孩子(oblates)能表现孩子气的机会甚至更少："根据现存的修道院/女修道院章程，只允许(他们)玩短短的一个小时，每周或每月仅有一次"(Shahar，1990：197)。

游戏可能被视为任性的表现。布鲁苏人认为游戏是顽皮的(jayil)行为，而那些玩得"太多"的孩子是发疯了(mabap)(Appell-Warren，1987：160)。孩子们可能会因为弄得脏兮兮，或是讲一些他们明明知道是不真实的故事(比如幻想)，而受到责骂(Gaskins et al.，2007：192)。在马莱塔岛上，人们要求孩子们仔细观察和报告村庄里有新闻价值的事件，但不鼓励他们对那些事件浮想联翩、添枝加叶；他们把"'你说谎'之类温和的训斥"用到

① 参见本书第 60-61 页的相关内容。——译者注

孩子身上（Watson-Gegeo and Gegeo, 2001: 5）。在宗教改革之后，许多有影响力的权威人士既谴责一般意义上的游戏，[20]也谴责某些特定种类的游戏，比如单人游戏或身体接触类运动。儿童的道德逐渐被等同于礼貌得体与克制情感；"纵容孩子是一大罪恶"（Colón with Colón, 2001: 284）。中国的圣贤也表达了类似的看法：

> 霍韬①完全不能容忍嬉戏……他认为，在孩子刚会走路和说话时，就必须教导他们不要和其他孩子在一起玩耍。孩子们必须练习把彼此当作成人来对待……必须教导孩子们在早上见面时，要郑重其事地相互作揖。（Dardess, 1991: 76）

> 那些像成人一般严肃且智慧地行事的孩子被树立为榜样。（Wicks and Avril, 2002: 4）

20世纪初，道学家就警告说，要当心碰运气取胜的游戏（games of chance）、戏剧表演以及流动"说书人"对儿童造成的有害影响。他们认为，这些活动很可能会点燃儿童的激情，唤醒他们的情感，而儿童的激情和情感还是保持休眠状态为好（Nasaw, 1992: 22-24）。当代的道学家对游戏的接受程度总体上要高得多，尽管如此，他们还是谴责那些被商业化污染的玩偶以及那些让"天真的"孩子过早地瞥见性和暴力的电子游戏。由于学校教育不可避免地要求减少暑假和课间休息的时间，儿童的游戏时间也就被压缩了。

"经典的"儿童娱乐活动（比如弹珠）的受欢迎程度持续下降（Sutton-Smith and Rosenborg, 1961: 27），取而代之的是电视、电脑、电子游戏以

---

① 霍韬(1487—1540)，明嘉靖帝重臣，今有《霍文敏公全集》十卷传世。此处引用的文字应出自其《霍渭厓家训》一书，原文相关内容应是"凡童子始能言能行，教之勿与群儿戏狎。晨朝相见，必教相向肃揖。追入小学，必教之相叙以齿。相观为善，更相敬惮。勿相聚戏言，勿戏笑，勿戏动。"（引自该书中的《蒙规》一章）——译者注

及诸如体育运动和童子军之类的有人监管的活动。吸引过孩子们的准公共空间，曾是孩子们开展探索、进行假装游戏以及即兴游戏的理想场所，如今正在迅速消失。成人对于儿童接触到暴力和性行为（sexuality）的担忧，致使儿童之间的身体互动受到诸多限制——包括禁止在学校操场（这可能是儿童唯一可用的玩耍空间）玩混战游戏，还有，男孩"拥吻"女孩的行为会被指控为"性骚扰"。不过，当前这种儿童游戏状况与村庄儿童游戏状况的主要区别在于，父母和其他成人监管者的作用大大地扩展了。

亲子游戏

（希萨拉族）父母认为，对孩子们的游戏感兴趣，这有损于他们的尊严。（Grindal，1972：25）

在假装游戏中，中产阶级父母的大部分教导活动是分享关于世界的概念知识。（Vandermaas-Peeler *et al.*，2009：95）

著名的儿童心理学家杰罗姆·布鲁纳（Jerome Bruner）提醒人们注意母亲与婴儿一起玩"躲猫猫"游戏的行为，将其视为一项刺激儿童智力发展的长期计划的开端（Bruner and Sherwood，1976：277）。但是，在育儿过程中有哪些事务是绝对必要的，对于此问题的许多假设（类似布鲁纳的假设），都受到了关于母婴关系的跨文化调查的质疑（Lancy，2007）。针对186份关于传统社会的存档民族志的分析表明，在各民族中，母婴游戏和情感表露（display）的总体情况（amount）存在很大差异（Barry and Paxson，1971）。在最近的一项比较观察研究中，"与阿卡族或恩甘杜族的成人相比，欧美成人更有可能刺激婴儿（例如，挠痒痒）以及对婴儿发声。因此，与阿卡族及恩甘杜族的婴儿相比，欧美婴儿明显更容易对自己的照顾者微笑，注视他们，并对他们发声（Hewlett *et al.*，2000：164）。[21]在农业社会中，一般来说，成人与婴儿一起玩耍的行为也不太常见；例如，阿帕切族（北美农牧民）"母亲有时会和婴儿一起玩……而父亲不太可能和婴儿一起玩"（Goodwin and Goodwin，1942：448）。哈克尼斯（Harkness）和休珀（Super）（1986：102）对（肯尼亚）吉普塞吉斯族农民中的亲子互动行为进行了数百小时的密切观察，但是他们记录到，"没有母亲和孩子一起玩耍的例子"。

其他研究表明，"正面"位置，即母亲抱着婴儿使其面朝自己的姿势，在现代社会中很常见，但在其他社会中却很少见；而在母亲与婴儿交谈的倾向性方面也有着类似的差别（Field *et al.*，1981）。与婴儿玩耍（例如躲猫猫）、对婴儿说话，以及刺激婴儿，都被发展心理学家视为促进母婴联结的必要事务，但是，同样，有一些学者现在却对这种联结的必要性提出了质疑（Scheper-Hughes，1987b：201）。以帕佩尔人为例，面对着约为33%的婴儿死亡率，他们就认为母亲不应该对婴儿说话，也不应该与婴儿有太多 *247* 情感联系（Einarsdóttir，2004：73）。

在谁与婴儿一起玩、怎么玩以及为什么玩等问题上，韦斯特（West）所描述的斐济婴儿与照顾者间的互动模式就很有代表性：

> 虽然是母亲对婴儿进行日常的身体护理……但是母亲之外的照顾者……或是来访亲戚与婴儿之间……游戏式的互动……更值得注意。各种各样的人，年龄不同、男女都有，都热情地迎接婴儿，并且经常主动拍打逗弄婴儿或发起好玩的拍手游戏，或者与婴儿进行日常的语音互动或（等婴儿再大一点）语言互动，而这些日常互动可能具有将婴儿介绍给社会环境中重要的其他人的作用。（West，1988：22）

贝克曼（Bakeman）及其同事仔细研究了昆族中成人与婴儿互动的本质，特别是要验证西方社会中一些关于儿童正常发展的必要与非必要事务的假设。和斐济的情况一样，他们也发现"母亲之外的人……对婴儿发声并且逗弄婴儿的行为比母亲多"。此外，他们没有看到心理学家所认为的对婴儿语言发展至关重要的亲子互动行为（Bakeman *et al.*，1990：802，806）。

在灵长类动物中，游戏行为普遍存在——尽管（正如我们在前一节中所看到的）游戏的激烈程度会因饥饿、被捕食的风险，或者灵长类动物（monkey）树栖环境中所固有的危险而降低。在灵长类动物中，除了黑猩猩之外，母亲和幼仔之间的游戏行为几乎不存在。在贡贝河保护区（Gombe Stream Reserve），简·古多尔记录了黑猩猩母亲和幼仔一起游戏的众多事件（van Lawick-Goodall，1976b；Bard，1995），弗兰斯·普洛伊（Frans Plooij）则观察到黑猩猩母亲与幼仔玩耍的方式，就是用力地挠它们的痒痒。黑猩猩幼仔如果受到充分但不过度的刺激，就会发出笑声，如果受到过度刺激，就会呜咽和哭泣。在出生第一年的下半年，黑猩猩幼仔会与母亲之外的其他黑猩猩互动，也会被它们挠痒痒。普洛伊问道：

> 为什么黑猩猩母亲能为幼仔提供猴崽子从其同伴那儿获得的互动？答案的线索之一可能源于黑猩猩的群体结构。我观察到，黑猩猩母亲大部分时间都和自己的幼仔单独地待在一起。因此，黑猩猩幼仔如果想要得到这种互动，就必须从黑猩猩母亲那里获得。（Plooij，1979：237）

类似的推动力（forces）可能会促进人类母亲与其孩子的游戏行为。"在那片面积超过 35000 平方英里的地区，屋库族（Utkuhikhalingmiut）（因纽特人）是唯一的居民"（Briggs，1970：1）。除了几乎没有玩伴之外，在最糟糕的天气里，孩子及其母亲两人都得一连好几天待在自己的冰屋里，与他人隔绝。琼·布里格斯（Jean Briggs）观察到，（屋库族）母亲对自己的孩子说话，为他们制作玩具，与他们一起玩耍，并促进他们的语言发展。①

248　此外，我们完全有理由相信，（将单亲家庭或核心家庭中的婴儿及学步儿与同伴隔离开来的）现代生活条件也会产生类似的效果。也就是说，就像野外黑猩猩一样，现代城市中的孩子只能把母亲作为潜在的游戏伙

---

① 此处原文缺具体出处。——译者注

伴。在日本，母亲与孩子两人已经处于相当孤立的状态中，被隔离在高层公寓楼里。在孩子醒着的时候，男性工薪族没在家；急剧下降的生育率已经造成孩子没有同胞玩伴；三代同堂的大家庭现在也很少见了（Uno，1991：394-395）。

如果亲子间的游戏行为是偶发的，那么父母与学步儿一起玩耍的行为几乎是不存在的，即使是在那些能观察到父母与婴儿一起玩耍的社会中也是如此。昆族父母不仅在婴儿期之后不与孩子一起玩耍，而且他们完全拒绝这种想法，认为这可能对孩子的发展有害。他们相信，在没有成人干预的情况下，孩子学得最好（Bakeman *et al.*，1990：796）。学步儿的母亲不仅面临着育儿和工作之间的潜在冲突，而且可能会怀孕。我认为，在育儿过程中的这一阶段①，母亲最大的盟友就是孩子那些具有吸引力的兄弟姐妹或邻里游戏团体（Parin，1963：48）。一个怀孕的母亲最不想要的状况，就是她的孩子把她当成一个有吸引力的玩伴。甚至是母子间的言语游戏，母亲也会予以避免。从古西族的观点来看，孩子可能会试图请求母亲作为游戏或谈话的伙伴，但是这种请求会被忽视，原因是，假如母亲回应孩子的请求，这似乎就"有点古怪……因为……在孩子达到'有理智'的年纪（6岁或7岁）之前，孩子并不是一个够格（valid）人"（LeVine and LeVine，1981：43-44）。墨西哥父母与孩子之间的互动"发生在共同的工作活动中，而不是以儿童为中心的游戏中"（Farver and Howes，1993：350）。

尽管其他社会缺乏母亲和孩子玩耍的证据，但是，有一位美国心理学家在描述其研究儿童个性特征发展的方法时，直截了当地解释道，"要求母亲和自己的孩子一起玩，就像他们在家里那样玩耍"（Stipek，1995：244）。在另一项针对欧洲中产阶级受试者的类似实验研究中，作者荒谬地断言，孩子是通过父母耐心的教导而学会假装游戏的（Rakoczy *et al.*，2005：71）。而同样荒谬的是那些关于父母"教导"孩子如何与同伴游戏的研究（Schütze *et al.*，1986；Waldfogel，2006：43）。所有母亲都会和孩子一

---

① 指婴儿期之后的阶段。——译者注

起游戏的假设是如此根深蒂固，以至于，当中产阶级母亲讨论她们的育儿角色时，通常都会认为与孩子(从其出生时起)一起游戏是核心要务。为了寻求指导，她们可能会去看一些"指南"(How-to)类书籍，例如《亲子游戏的力量》(*The Power of Parent-Child Play*)。她们会在书中看到卡萝尔(Carol)——作者安慰了这位心烦意乱的母亲，而她在忏悔后如释重负地哭诉："我一直认为我有很严重的问题，因为我不喜欢和我的孩子玩。我担心他们察觉到了这一点，并且已经因此受到了伤害。"(Sargent，2003：109)

在有些社会中，母亲不与孩子一起玩耍，而在另外的一些社会中，这种情况会被视为一个临床上的异常指标；要如何解释这两种社会在这一问题上所存在的巨大鸿沟(Trevarthen，1983：151)？其他社会乃至历史上的父母都将儿童游戏视为一种受欢迎的消遣——它能让孩子们不要碍事，以便父母能做自己的工作；为何受过良好教育的欧美及亚洲父母却在儿童游戏上投入了如此之多的宝贵时间(Lancy，2007)？

现代父母竭尽所能地与孩子建立情感联结，而游戏被当成达到这一目的的手段之一。[22]亲子之间这种强烈的依恋关系是一些教养目标的基础；这些教养目标在东半球和西半球之间稍有不同。在这两个半球上，母亲都是孩子的第一位也是最重要的一位教师。她是确保孩子做好准备并努力在学校取得成功的直接负责人(Stevenson *et al.*，1992)。亚洲母亲同样会利用游戏对孩子进行社会化方面的教导，让孩子学会克制自己的欲望，并对他人采取合作及恭敬的态度(Sung and Hsu，2009：436)。孩子如果未能这样做，就会使双亲遭到鄙视，使母亲蒙羞(Haight *et al.*，1999)。直到最近，子女的成功对亚洲父母来说仍然有着非常直接的利害关系，因为父母未来的幸福取决于成年子女的热心照顾和慷慨赠予。因此，母亲非常努力地工作，以确保她的孩子能回应她(扮演教导者的角色)的指导，并在他们年迈及死后都能对双亲怀有深沉的孝顺和感激(Lebra，1994；Kim and Choi，1994)。

在西方，亲子游戏强调的是儿童叙述能力的发展。父母会积极地把孩子推入幻想的世界；在那里，孩子可以开始使用丰富的词汇，可以尝试假想的角色、关系和情境。在获得读写能力以及与他人的言语交流方面，这些孩子很可能变得早熟（J. R. Katz，2001：71；Vandermaas-Peeler *et al.*，2009：107）。他们学会"文绉绉地说话"（talking like a book）（Martini，1995：58）。而美国学前教育界最受尊敬的老前辈维维安·佩利（Vivian Paley）在其教学法中，将"文绉绉地说话"作为核心要务加以强调（Wiltz and Fein，1996），也就不足为奇了。由于关心孩子在学校的成功，中产阶级的母亲会精心安排孩子的游戏活动，以促进孩子的注意力、自律、情绪自控、面对失败时的毅力、与他人合作的态度及能力、对成人（扮演教导者的角色）教诲和对学术材料的关注（Parmar *et al.*，2008：163）。母亲仔细控制着玩 250 具的种类和数量，以辅助上述这些"功课"的进行，而且让孩子们接触与学校教育相关的各种物品，比如字母、数字、颜色以及"不要越界"①。因此，研究人员能发现世界各地受过教育的、城市社区的儿童在游戏方面存在着广泛的共性，这也就不足为奇了（Roopnarine *et al.*，1994）。

相比于母亲，美国中上层阶级的父亲虽然较少与子女玩耍，却表现得好像这是他们角色中自然且适当的一部分——然而，并非所有的工业化社会中都共享这一观点。不过，在与孩子玩耍的事情上，爸爸的表现确实跟妈妈不一样。"妈妈跟孩子玩的游戏……偏向于有更多的口头表述，会使用更多的中介物，说教味更浓，而父亲跟孩子玩的游戏则偏向于有更多的身体活动，更让人兴奋，也更有变数"（Power，2000：342）。换句话说，母亲跟孩子玩耍是为了孩子，而父亲则是为了自己。

芭芭拉·罗戈夫及其同事进行了广泛的跨国研究；他们的研究成果进一步强调亲子游戏的分布范围非常有限②。他们的观察地点是危地马拉、中非和印度的村庄，以及中国台湾地区、土耳其和美国的中产阶级住宅（home）。结果发现，只有城市化的中产阶级母亲会经常和孩子一起玩耍（Rogoff *et al.*，1991，1993，Morelli *et al.*，2003）。而村庄里的母亲，哪

---

① 此处意指关于字母、数字、颜色、形状等方面的益智类玩具，还有，孩子的涂画书（将颜色涂在线内空白处，作者在此处用了相关手法——不要越界、要守规矩）。——译者注

② 也就是说，亲子游戏只是某些特定社会里存在的现象。——译者注

怕是收到了新奇的物品，并获得指导和鼓励，要她们用这些物体和孩子一起玩，她们也坚持认为，在自己工作时，孩子应该独自探索这些物品（Göncü *et al.*，2000：322；Rogoff *et al.*，1993）。帕拉迪塞所记录的一个场景，清楚地反映了村庄母亲的主流态度：

> （一个马萨瓦族）妇人坐在她正在出售的农产品后面的地上，两腿并拢①向前伸直。两个男孩，一个两岁，一个三岁，正在她的腿上玩耍。大一点的男孩沿着妇人的腿纵向仰卧着，小一点的男孩跨坐在他哥哥的腰部上"策马飞驰"，两个孩子都笑个不停……那个妇人……看着周围发生的事情，偶尔看看自己腿上的孩子们……表情没有什么变化……就这个游戏本身来说②：她没有参加，她只是断断续续地观察，而且她对游戏保持着感情上的距离。（Paradise，1996：382）

在美国，有民族志学者已经注意到，在下层阶级的家庭中，母亲和孩子一起玩耍的行为，即便不是完全没有，也是很少出现的（Ward，1971；Heath，1990；Lareau，1989）。同样，在意大利中北部的一个工业城镇，游戏被定义为"*una cosa naturale*"（一件自然的事情），这就表明成人不用参与儿童的游戏。当研究者要求样本母亲与幼儿一起游戏以便侧面评估孩子的语言发展情况时，母亲们予以拒绝，或者声称她们不知道怎样和自己的孩子一起游戏（New，1994：130-132）。

因此，毫不奇怪，我们能从文献调查中发现，与村庄儿童（他们的照顾者认为不宜干预游戏）相比，游戏行为受到"指导"的城市儿童展现出更高水平的好奇心，有更大的兴趣去操控物品，并且在假装游戏中表现出更丰富的想象力（Power，2000）。并且，正如我们在将在下一节中看到的，

251

---

① 根据上下文合理推断、补足。——译者注
② 在该引文对应的完整段落里，原作者指出，这个妇人伸直双腿，允许并等待孩子爬上去玩耍，偶尔看看孩子们的游戏，这些行为都表明她参与了游戏，不过，就她那些显性的行为来看，显然，她是以消极的方式参与游戏的。（Paradise，1996：382）——译者注

在美国社会中，父母并不是仅有的插手管理儿童游戏的成人。

成人对游戏的管理

> 成人(教练、裁判员和父母)通过各种要求和主张来安排少年棒球
> 联盟的诸多方面。(Fine，1987：15)

成人可以插手安排并控制儿童的游戏，这样的观念从用词上来说是自相
矛盾的；因为，众多的游戏定义都强调，游戏具有诸如"自愿""无目的""以
儿童为中心""自主"，以及"自成目的"等特性(Schwartzman，1978)。然而，
欧美中产阶级父母(从孩子出生时起)会细心管理孩子们的游戏(Power and
Parke，1982：162)，而且自19世纪晚期以来(Guttmann，2010：147)，成人
一直在稳步加强对儿童游戏的管理(Sutton-Smith and Rosenborg，1961：27)。
我们现在按年龄划分玩家，并严格控制"交战"规则，以便区分出真正的最佳
"赢家"；而练习与严格的竞争就像磨石，能让玩家不断提高技能，建立自
信。还有，与在发展中国家做实地调研的人类学家所描述的情况不同，在我
们的社会中，父母是自己子女(游戏玩家)的热心观众和即兴教练。

童子军、少年棒球联盟、芭蕾舞、钢琴以及成人管理的其他形式的游
戏，给父母提供了多种好处。正如我们所见，溺爱孩子的父母可以通过孩
子间接地体会那"15分钟的成名"①。他们也可以确信，他们的孩子正在养
成行为习惯和思维习惯，这些习惯即使不能直接带来一份利润丰厚的大联
盟②合同，至少也不会造成什么伤害，而且在一般情况下，无疑会有助于
孩子在人生中获得成功。"一位(选美)比赛佳丽的母亲解释说，'我只是想

---

① "fifteen minutes of fame"指短暂出名，有的译为"出风头"。这一表述由安迪·沃霍尔
(Andy Warhol)创造，原句为"In the future everybody will be world famous for fifteen minutes"(在未来，
每个人都将闻名世界15分钟)。——译者注

② 此处是指北美四大职业体育联盟：美式橄榄球联盟(National Football League，NFL)、美国
职业棒球大联盟(Major League Baseball，MLB)、美国职业篮球联赛(National Basketball Association，
NBA)和国家冰球联盟(National Hockey League，NHL)组成。——译者注

看到我的女儿们在生活中有所成就。我的人生没有追求。结果我很快就有了孩子。现在我被家庭困住了'"（Levey，2009：204）。让子女参加受管理的游戏活动的另一个好处是，能把她和同伴隔离开来；那些同伴的业余时间未能受到其父母的充分管理，他们可能会对她产生"消极影响"。比如，"牛仔女王"①参赛者的母亲们对于这一昂贵且耗时费力的活动给出的合理解释是"让她们待在马背上，就能让她们远离汽车后座②"（Raitt and Lancy，1988：278）。最后的一个好处是，父母将子女交由教练、教师、雇主和童子军领袖代为看管，就能从育儿的责任中解放出来，也就有时间去为自己和家庭成员获取资源（Hofferth *et al.*，1991）；现如今这已是一句老生常谈。

252 　　没有什么比团队运动，尤其是少年棒球联盟，更能体现出成人对儿童游戏的管理了。[23]不过，在回顾加里·法恩（Gary Fine）的"少年棒球联盟"民族志之前，让我们先看看缺乏成人的管理会出现什么局面；20 世纪上半叶奥佩夫妇观察了街上和田野里玩耍的孩子们，他们描述道：

> （玩家）很少需要裁判。他们很少费心计分，谁赢谁输都无关紧要。他们不需要奖品的刺激。如果游戏没有玩完，他们似乎也不担心。事实上，孩子们喜欢有相当大的运气成分的游戏，因此个人能力就无法直接比较。他们喜欢几乎自动重启的游戏，这样每个人都会有新的机会。（Opie and Opie，1969：2）

而且，当"一个队的表现优于另一个队时，玩家通常会重新组队，让两队的实力更加均衡……以便游戏不会变得没劲"（Freie，1999：91）。相比之下，奥佩夫妇谴责了这样的事实：美国中产阶级孩子的"游戏时间已经几乎和他们的（功课）一样完全被成人安排和监管了"（Opie and Opie，1969：16）。

在少年棒球联盟这个竞争非常激烈的领域里，没有人能够以自由放任的态度对待规则。少年棒球联盟有一本长达 60 多页的官方规则手册；它的

---

① 意指美国牛仔竞技比赛中的形象大使（女性）。——译者注
② 此处意指避免女儿与异性鬼混。——译者注

存在就排除了选手对规则进行协商的可能性(Fine，1987：20)。教练肩负着规划(shape)少年棒球联盟的经验，以促进青春期前男孩的社会化的重任："教练应该让自己的球员能守纪律，使他们致力于从事严肃的棒球比赛，同时他还要表现出冷静的情绪"(Fine，1987：31)。值得注意的是，有一项全国性的调查表明，孩子们自己更喜欢让成人来安排他们的生活。他们认为有人安排的青少年活动是一件好事；要么他们就得和无聊的朋友一起闲逛，因为他们"无事可做"。而且"四分之三的学生同意'很多孩子感到无聊并且无事可做时就会惹上麻烦'"(Duffett and Johnson，2004：10；Luthar and Shoum，2006：593)。

> ［青少年棒球教练沙利文(Sullivan)］有时会发现自己正在教孩子们怎样当孩子。为了改变节奏，他会尝试让孩子们自己组织比赛，或是向他们展示棍球(stickball)①或者一些其他的棒球变体。"他们玩得不好，"他说，"他们不喜欢这样。他们就像是在说：'如果我要打棒球，我想要萨利(Sully)就在身边。我想穿上制服，我想要一个裁判。'"(Sokolove，2004：84)

成人越来越多地接管儿童游戏，这引起了越来越激烈的反对(Gray，2013)。成人对儿童游戏的管理剥夺了儿童与同伴协商并构想(construct)共同活动的机会。儿童是如此依赖于成人的指导，以至于"没有母亲的鼓动，孩子们很少会尝试参加彼此的活动"(Budwig et al.，1986：89)。让我们回忆一下之前的论述——儿童有马基雅维利式的智力，以及，游戏能够作为一个心智健身房来锻炼并开发这种智力，那么，我们要说这个心智健身房里的活动都具有的关键要素是：

> 由规则主导的游戏，灵活运用的规则，以及没有成人裁判。简言

---

① 陆谷孙主编的《英汉大词典》(第 1979 页)对"stickball(棍球)"的具体说明是"儿童在街头巷尾用木棍或扫帚柄和橡皮球玩的类似棒球的游戏"。——译者注

之，儿童必须在没有成人指导或干涉的情况下自由地构想成功的游戏环节……限制儿童发起的游戏，这似乎会减少(如果不是完全消灭的话)他们发展与游戏机智相关的技能的机会。(Lancy and Grove, 2011b：492，496)

具有讽刺意味的是，成人对儿童幸福的关心，以及想要最大限度地发挥游戏所能带来的(perceived)益处的愿望，可能会在无意中创造出与他人格格不入的人，比如恃强凌弱者。

注释

[1]值得注意的是，"柏拉图(认为)(应该)禁止男孩在游戏中作出变更，以免他们在日后的生活中不服从城邦的法律"(Opie and Opie，1969：6)。

[2]然而，灵长类动物在被圈养期间确实会玩弄物体和使用工具，而且它们经常会选择"符合性别的"玩具(Kahlenberg and Wrangham，2010：1067)。

[3]摘自我的田野笔记，2003年1月。

[4]丰塞卡(Fonseca)将吉卜赛人的童年描述为"艰苦的……他们的孩子比我们的两个孩子更坚强，他们的孩子不得不坚强，(正如)……俗话所说的……'孩子不是生来就有牙齿'"(Fonseca，1995：44)。

[5]在早前的一项研究中，马德森已经证明美国郊区的孩子很少合作玩耍，而墨西哥村庄里的孩子很少相互竞争。

[6]2006年11月，在也门哈德拉毛省(Hadramwt)一个非常传统的城镇希巴姆(Shibam)上，我观察到，有许多完全由男性组成的游戏团体在公共区域到处游荡。与此形成鲜明对比的是，我只观察到一个由四名女孩组成的游戏团体，她们坐在房子的"门阶"上安详地打牌。

[7]女孩很可能会在远离实际的游戏场地的地方，悄悄地进行一场争夺权力的激烈竞争。对她们来说，竞争的目标是被自己的朋友提前选中。为此，"女孩会称赞她当前的结盟伙伴，抨击其他的女孩"(Berentzen，1984：80)。

[8]在美国，女孩对体育运动的参与程度有大幅度的提升(Hine，1999：288)，或

许在其他社会也是如此，其结果可能是不同性别间的游戏行为会进一步趋同。

[9]关于这些进程如何在弹珠游戏中展开的更详尽的解释，参见兰西和格罗夫的研究(2011b：490-491)。

[10]铃木春信，《孩子们扮演大名出行》(Children playing a daimyô procession)，大约创作于1767-1768年。现收藏于波士顿美术博物馆(Museum of Fine Arts, Boston)。网址：http：//educators. mfa. org/asia-africa/children-playing-daimy%C3%B4-procession-94370，访问日期：2014年1月8日。

[11]然而，成人并非总能容忍孩子们的假装游戏。一群沃吉欧族男孩模拟举行了一场神圣的成年礼；村里的长辈们发现此事后，十分愤怒，就把他们痛打了一顿(Hogbin, 1946：278)。

[12]老鼠在成年猎人眼里不是合适的猎物，也不是符合要求的祭品，因此男孩把它们想象成"狗"。

[13]威德曼(Wiedemann)提到，罗马帝国的家庭教师或者"pedagogus"①被要求在课程中使用故事和寓言(1989：145)。

[14]父母和祖父母以故事为媒介耐心地教导年轻人，这更多的是传说而不是现实。"老人庄严地阐释本民族的神圣传统和不朽记忆，而孩子围绕在他们膝旁，恭敬地聆听，这种现象当然不是拉迪诺(Ladino)文化的特征"(Redfield, 1943/1970：291)。

[15]在孟加拉村庄里，孩子们在看戏时会坐在前几排。"这些戏剧的主题确认了婆罗门的价值观(例如)……强势的母亲，被动的妻子"(Rohner and Chaki-Sircar, 1988：66)。

[16]年幼的黑猩猩"抱着树枝的方式会让人联想到最简单的玩偶游戏行为，而且，就像儿童和圈养猴子一样，这种行为在雌性黑猩猩身上比在雄性黑猩猩身上更常见"(Kahlenberg and Wrangham, 2010：1067)。

[17]这种(不同社会中的)童年经验的对比也许有助于阐明儿童泛灵论的经典案例。皮亚杰(1929)认知发展理论的一个基本假设是，在儿童能有充分根据地、理性地理解有生命的和无生命的物质之间的区别之前，他们是泛灵论者。玛格丽特·米德(1932)在马努斯岛上验证过这一理论，她发现(无论是在对玩耍着的孩子所进行的观察中，还是在有明确目标的问答质询中)没有证据表明马努斯岛儿童是泛灵论者。不

---

① 教师。——译者注

过，马努斯岛上成人的世界却似乎充斥着鬼魂所行之事和泛灵论思想的其他表现。也许皮亚杰的孩子(他的研究对象)是泛灵论者，因为他们从故事书、玩具以及随之而来的假装游戏中获得的幻想经验就具有泛灵论的性质。

[18]这种态度在传统社会中似乎是普遍存在的。一个引人注目的例外出现在尼日利亚的伊乔人中，那里的成人对孩子们的假装游戏非常关注，尤其是当游戏有虚构的伴侣出现时。原来，他们把小孩子视为转世的祖先，把假装游戏视为小孩子与灵魂世界的隐形代表们互动的行为(Leis，1982)。

[19]甚至在公寓内，孩子也被警告要远离门窗，以防流弹 (Kotlowitz, 1991)。

[20]在西方，游戏(轻浮的活动)和为成年所做的训练(严肃的事务)根本不相容的观念，至少可以追溯到柏拉图和亚里士多德。

[21]在与巴里·休利特(研究阿卡人)和希拉里·福茨(研究波非人)的讨论中，他们确认(私人交流，2007年2月/3月)，森林觅食社会中的父母很少(如果有的话)与子女一起玩耍；他们系统观察了一些森林觅食社会的育儿状况。

[22]在东亚，母婴游戏的历史不为人知，但在美国，母婴游戏的历史较短。直到1914年，美国劳工部儿童局(US Department of Labor's Children's Bureau)的《育婴简报》(*Infant Care Bulletin*)还警告说，与婴儿一起玩耍是危险的，"因为它会产生不健康的(色情)快感，会毁坏婴儿的神经系统"。然而，从1940年起，与婴儿一起"玩耍不再具有邪恶的色彩，它成了无害的、良好的行为，如今更是成了一种育儿的义务"(Wolfenstein，1955：172 173)。

[23]最近的一项研究指出，团队运动是最受欢迎的课外活动(Kremer-Sadlik *et al.*，2010：39)。

第七章

杂务课程

引言

　　"让孩子一直做下去，他就习以为常了"，（塔帕若斯印第安人）经常用（这个说法）来谈论学习过程。（Medaets，2011：4）

　　尤卡吉尔人（西伯利亚觅食群体）的知识传递模型可以描述为"做就是学，学就是做"。（Willerslev，2007：162）

　　在关于工作的议题上，尊崇长者的社会和珍视幼儿的社会的观点分歧最大。[1]实际上，"衡量现代性的标准之一就是，孩子在童年里无须从事有价值的工作"（Nieuwenhuys，1996：237）。当我们因担心孩子失去天真和勤奋好学的精神而阻止他们工作时，其他社会的惯例却是利用工作为他们打开通往成年的道路。事实上，即使是在维多利亚时代（那时人们已经开始转变态度，将儿童视为小天使），资产阶级女孩"把大部分的玩耍时间都投入缝制可以在教堂集市上售卖的（各种各样的物品）上"，因为当时的人们看重工作，认为它是一种塑造性格的手段（Schorsch，1970：142）。在后文中，我们将会看到，村庄里的孩子只要能够"帮上忙"，有点用处，就会热切地去做；成人不必强迫他们，也不需要给予什么指导。村庄里的孩子从事工作是为了建立某种身份认知。一个人的性别可能在很大程度上取决于他/她所做的工作。让我们回想一下本书第二章中提及的普遍存在的"人格授予延迟"的概念。在很多案例中，儿童通过融入家中长辈的日常活动，从而摆脱那种无人格的状态。

　　人类学家常常注意到，儿童开始为家庭经济作出贡献的年纪如此之早，这多少让他们有点惊奇。在朗伊罗阿环礁，一个 4 岁的男孩会带着适合自身尺寸的容器，到社区贮水池里取水回家，一天里可能来回多达 10 趟（Danielsson，1952：121）。我经常观察到不满 5 岁的小孩背着婴儿并照顾他们，就如图 21 这张来自马达加斯加的图片所示（另请参阅 Ottenberg，

1968：80）。

图21 马达加斯加一个照顾弟弟/妹妹的孩子

　　杂务课程中的"课程"一词，表达了这样一个观念，即孩子们试图学习，然后掌握并最终从事杂务的过程具有某种明显的规律性。学校里的学术课程或"核心"课程（数学、英语、科学）是正式的，是自上而下地强加给学生的。而杂务课程则是非正式的；它的出现是儿童融入和模仿年长者的需要、儿童正在发展的认知及感觉运动能力、家庭内部的劳动分工，以及任务（杂务）本身的性质等因素相互作用的结果。本章首要的主题是这样一个观念：儿童作为工作者——在觅食（狩猎和采集）、畜牧、农耕社会中。而另一个补充性的主题是儿童在各自的社会中学会某些手艺的过程。事实上，儿童通常是"在职"学习的。不过，这样的学习过程仍然具有诸多明显的规律性，而我已经试图用"杂务课程"这一措辞来概括这一过程（Lancy，1996：144，2012a）。

在前现代社会，教育并不局限于教室或教科书。在任何地方，只要存在儿童观察和模仿群体中技艺更熟练者的情况，那里就有教育发生。而且，如前两章所述，我们通常能在物体游戏或假装游戏中发现儿童扮演小学生角色的最初证据。这种现象①是如此普遍，以至于我们可以恰当地把杂务课程最初出现的时期称为"游戏阶段"。如果"游戏阶段"对应的是托儿所，那么"跑腿阶段"对应的就是幼儿园。在跑腿阶段，孩子第一次遵循成人明确的指示。随着孩子的成熟和积极性的提高，要求更高、更复杂的任务逐渐在杂务课程中出现。在所有需要完成的任务中，几乎总有一到两项"恰好"适合眼前这个孩子的年龄和体力。而且，大多数的任务也有着简便的且相当自然的难度分级（Gaskins *et al.*，2007；Schildkrout，1990：225）。

我们将探索一系列"学会工作"的场景，包括某种近乎质朴宜人的进程，即眼里充满渴望的孩子开始学习从事长辈们的工作，他们不懈努力，直至熟练掌握。文献中有详细记录的工作领域包括园艺、放牧、采集、狩猎、捕鱼，以及各种各样的手工艺。在许多案例中，我们会注意到孩子掌握成人工作技能的这个进程是从容不迫且随意发生的。孩子们可能需要很多年才能精通技艺，富有成效。在其他案例中，我们看到有证据表明，成人会迫使孩子们迅速成熟，并承担责任。

本章的一个关键问题是儿童的工作能力（competence）和生产率之间的对比。男孩作为觅食者可能相当有能力，但与其姐妹们相比，他们并没有为家庭增加多少食物。然而，在危急时刻，他们可能会"挺身而出"，这让我开始思考儿童作为"后备劳动力"的角色。本章的最后两节介绍了诸多关于儿童学习手工艺的研究，包括在大多数案例中发现的非正式的学习过程，以及较为罕见的、通过学徒制对新手开展的正式培训。

---

① 指儿童观察和模仿技艺纯熟者的现象。——译者注

在下一节中，我想论证的是，儿童的许多社会地位和身份都是通过其所做的工作而获得的。

工作、性别和身份

> （当一个努尔族男孩）能拴好牛，把羊赶进圈里……当他能清理牛棚，晒干牛粪，把干牛粪收集起来，并带到火堆旁，他就被视为人了。（Evans-Pritchard，1956：146）

> （在 18 世纪）6 岁的小女孩会纺亚麻、梳羊毛……而锯木头、劈木头是男孩的工作（industry）。（MacElroy，1917：89，139）

工作在儿童的生活中占有如此重要的地位，以至于它常常是其身份的组成部分（Mohammad，1997）。在前现代的俄罗斯，"我们的耕童""我们的牧童"，还有"我们的小保姆"都是父母用来称呼自己孩子的惯常用语（Gorshkov，2009：15）。乔奎人（Tchokwe'）①"用孩子所承担的角色来识别他们，（例如）' kambumbu '是指……在田地里帮父母干活的孩子"（Honwana，2006：441 42）。

> 在基里亚马人的语言中，人们称呼大约两到三岁的孩子为"kahoho kuhuma madzi"，意思是可以被派去取一杯水的小孩子…大约 8 岁到接近发育期的女孩，被称为"muhoho wa kubunda"，意思是会捣碎玉米的孩子；而同一年龄段的男孩被称为"muhoho murisa"，意思是会放牧的孩子。（Wenger，1989：98）

与这一命名法形成对照的是我们常用的表达方式，如学龄前儿童、幼

---

① 通常写为"Chokwe"。——译者注

儿园孩子、六年级学生，以及大二学生；在珍视幼儿的社会中，这种阶段标签所标志的是儿童在学校课程方面的进步。

　　除了那些标示儿童在工作方面的发展进程的用语之外，我们还发现，儿童在工作方面出现转变之时，成年人会为此举办小型的过渡①仪式，在这方面有许多的例子，包括：考卡族男孩第一次自己牧猪（Hogbin，1969：39）；沃吉欧族孩子获得家庭分配给他们的第一块田地②（Hogbin，1946：279）；刚刚掌握碾磨玉米技艺的霍皮族女孩被"炫耀"给访客（Hough，1915：63）；瓦拉几族6岁孩子得到了他的第一根牧羊曲柄手杖（Campbell，1964：156）；夏延族（Cheyenne）男孩第一次使用弓和箭③（Grinnel，1923：115）；奈特西里克族女孩第一次抓到鲑鱼，而其兄弟第一次抓到鹅④（Balikci，1970：45）；还有，"一个（穆布提族）男孩杀死他人生中的第一头'真正的动物'时，会立即被誉为猎人……（并被奖励瘢痕以显荣耀）……这是一个手术……由某位'杰出猎手'实施"（Turnbull，1965：257）。在杀死第一头大型哺乳类动物后，昆族青少年就能获得一道面部刺青，"这样，任何人只要瞥一眼，都可以看出他是一个有经验的猎人"（Howell，2010：36）。（巴布亚新几内亚）穆里克湖群（Murik Lakes）女孩在"挖蛤"中大有所获，就会得到尊重和众人的称赞（BarLow，2001：87）。

　　不过，有某些工作领域被认为不适合儿童（就像某些工作是留给男性的，而其他工作则是留给女性的）。事实上，克沃马人会阻止孩子过早地承担比较困难的杂务，因为任务与地位关联，孩子试图接受更具挑战性的任务就相当于谋求晋升（Whiting，1941：70）。库里人（Koori）（土著）不允许男孩触摸"真正的"狩猎武器（触摸狩猎玩具或者缩小版的武器是可以

---

　　① 具体来说，孩子们从承担较少的、较简单的工作的阶段向承担更多的、更复杂的工作的阶段过渡；在孩子的成长过程中，可能有不同的工作阶段，因而，也会有若干的过渡时期。——译者注

　　② 引文原文里所举的例子是，刚断奶的女孩就获得了一块田地。——译者注

　　③ 引文出处有误，疑似为（Grinnel 1923：5）——此处讲述的是一个10岁的男孩带上弓箭参加成人团体离家去战斗的故事。——译者注

　　④ 原文如此。引文出处有误，此处疑为gull（海鸥）——实际上不管是海鸥还是鲑鱼，都是用"gorge"（原始的鱼钩）钓到的（Balikci，1970：46）。——译者注

的），因为那样做会贬低已经获得特权的成年猎人（Basedow，1925：86）。阿卡族男人不吃青少年捕获的猎物，因为这会损害他们"在狩猎活动和整个群体中"作为决策者的中心角色（Takeuchi，2013：182）。

　　杂务在性别分化中也起着重要作用——尤其是在第二性征出现之前。在图瓦雷格族的埃维人（Kel Ewey Touareg）[1]中，男孩和女孩都能照看山羊，但只有男孩才能照看骆驼（Spittler，1998）。[2]在塔隆人（Tarong）中，与埃维人的骆驼相当的是"carabao"（水牛），只能由男孩照料（Whiting and Edwards，1988b：224）。在西非，织布是尼日利亚阿克韦特镇（Akwete）伊博族妇女从事的行业，但是对科特迪瓦的博雷人（Baulè）来说，男性也会织布（Aronson，1989）。哈扎族觅食群体刻板地认为，女孩应觅食，而男孩要狩猎（Marlowe，2010）。几乎全世界的人民都认为，女孩是照顾弟弟妹妹的优先人选，只有当女儿无法帮忙时，儿子才会被征召去做这项杂务（Ember，1973：425-426）。[3]如果某个男孩自愿搭把手，从事女人做的工作，无论他的意愿有多么恳切，都有可能被拒绝[4]（de León，2005 转引自 Paradise and Rogoff，2009：117）。

　　我们也能看到男孩与女孩在生产力方面的差距。在世界各地村庄进行的一系列观察研究发现，女孩每个白天总是花更多的时间做杂务，包括照顾弟弟妹妹、做家务，以及耕作。而男孩花在玩耍或者只是闲逛上的时间相对更多。实际上，在许多社会中，人们既以男孩所从事的具体工作，也以他们免于工作（相对于女孩而言）的自由来界定他们。"这些差异从 3 岁以后就开始显现"（Edwards，2005：87）。男孩们的活动范围更广阔，他们跑腿，在遥远的田野上巡逻，在灌木丛中打猎（Broch，1990：145）。在外来的观察者眼中，男孩的"工作"通常更像是玩耍，而女孩的工作则更像是——工作。来自通加族（南部非洲）的观察数据表明："男性有 29% 的时间花在闲暇上，而男孩则是 47%。他们所花费的时间几乎是妇女（16%）和

259

---

　　① 图瓦雷格人，法文写为 Touareg；英文写为 Tuareg。历史上，图瓦雷格族曾组建过松散的邦联国家；在图瓦雷格部族中有不同的政治联盟和后裔团体；在不同的后裔团体前冠以"kel"来表示"……的人"；"Kel Ewey"意为，"公牛的子民"（People of the Bull）。——译者注

女孩(26%)的两倍"(Reynolds,1991:64)。对哈扎族孩子觅食行为的仔细研究表明,在男孩还相当冒失的年龄,女孩就以某种方式"变得认真",而这种方式会产生重要的后果。女孩从10岁起所收集的食物就比她们消耗的多。而男孩则专注于令人兴奋但低卡路里的食物,如蜂蜜和小型猎物(Blurton-Jones *et al.*,1997)。上述这些发现被进一步丰富——在最近的研究中,研究者发现男孩虽然是优秀的觅食者,但是他们会当场吃掉捕获物,而不是将其带回营地(Crittenden *et al.*,2013:303)。

相比男孩来说,女孩不仅更早开始过渡到工作,而且,在基里亚马人中,女孩工作与游戏的时间比例更高(2∶1),她们与男孩被分派不同的工作(女孩给玉米去衣,男孩放牧;Wenger,1989:98-99)。一般说来,女孩的工作范围与其母亲一致:她们都忙碌于家中、厨房、育儿室、洗衣房、田地和市场摊位。帕拉迪塞和罗戈夫(2009:113)描绘了这样一个场景:一个5岁的马萨瓦族女孩与其母亲在市场上设立洋葱摊,女孩仔细仿效母亲的做法,修剪、捆扎和摆放洋葱。当女孩被要求另设一个附属的洋葱摊位时,"她的兴奋是显而易见的,她很快就主动找到一个合适的地点,并设立好摊位。"女孩确实能紧紧追随她们的榜样;有研究表明,在一起杵捣谷物的过程中,年轻的马里女孩能够跟上她那位年长搭档的节奏和动作(Bril,1986:322)。

与整齐划一、标准化的学术课程不同,杂务课程不管是在各个文化内部,还是在各个文化之间,都具有高度的弹性。一个9岁的女孩如果是四个孩子中年龄最大的那一个,那么,相比于她是四人中年龄最小的情况,她所要承担的家务负担就更多。而在一个更大的家庭中,"人多好办事",她所承担的责任相对就会减少(Munroe *et al.*,1984)。在一个伊拉克库尔德人(Kurdish)的村庄里,一个9岁的女孩就已承担几乎所有的家务(Friedl,1992:36),而这样的孩子在摩洛哥柏柏尔人的村庄里可能是11岁或12岁(Cross,1995:70)。

虽然女孩似乎牢牢地依附于自己母亲,并从很小的时候起就作为自己母亲的助手,但是男孩却很少接近自己的父亲。[5](突尼斯)克尔肯纳群岛的男孩"不与他们的父亲或父亲的同辈交往。因为这样做是无礼的行为"（Platt，1988：282；关于爪哇人的研究也证实这一观点－Geertz，1961：107；Jay，1969：68）。还有，虽然妇女的许多负担可以由孩子来分担，男人的工作却往往需要体力（例如清理灌木），精心磨炼的技能（例如弓箭狩猎），或者学识渊博，而这些都不是小男孩所具备的特质。父亲可能发现年幼的儿子拖累了自己的工作，而且他们与孩子的交往可能会损害自己在同伴中的地位（考卡人－Hogbin，1969：39）。利特尔将阿萨巴诺族女孩和男孩的情况做了对比：阿萨巴诺族女孩每当看到自己母亲忙于编织网兜时，她们也会拿出自己未编完的网兜，继续编织，而学习制作箭矢的阿萨巴诺族男孩必须依赖兄长们的指导或者仔细观察正在制作箭矢的男人的操作。（Little，2011：154-155）

在相当多的社会中，男人都与妇女及孩子分开居住。男孩渴望被允许进入"男人屋"或青少年宿舍之类的"庇护所"，并开始向其他男性学习（库巴人－Binkley，2006：106）。佤木族男孩在五六岁时开始这种转变，然后，他们就会在成年男性制作并修理狩猎和诱捕设备以及复述部落的口述历史时，通过观察和聆听来学习（Tayanin and Lindell，1991：14）。同样，当一个（巴西）塔皮拉佩族男孩成为：

> "churangi"（青少年）①，（并）从家庭住所搬到"takana"……他就应该学习……如何编织篮子，如何制作弓和直箭，如何仿制人们戴着的鬼魂面具……然而，我从未见过成人有任何明确的企图……要去教一个小男孩从事这些工作。不过，"takana"是成年男性通常聚在一起工作的地方，因此，男孩有足够的机会去观看他们如何从事那些工作。（Wagley，1977：149-150）

---

① 此处原文为"young adolescent"。通常，"adolescent"指称的是从"child"到"adult"之间的过渡阶段（时期）；在此句中，"young adolescent"大概是指青春发育期开始时的青少年，简单点说，相当于初中生。——译者注

虽然父亲或者长辈会与男孩保持距离，但是我们也确实看到，在某些时刻，成年男性会采取富于策略的干预手段，以帮助孩子越过"减速带"①。[6]在巴玛纳人的农业课程中，年纪稍大的男孩在努力掌握小米种植技术（art）的过程中，也会有这样的时刻。种植小米包括一系列复杂的动作：用一把窄嘴锄头在犁沟里挖一个洞；倾斜系在手腕上的、装满种子的葫芦，直到刚好能把三颗种子②撒进洞里；用锄头把洞填/盖上。一个在其他方面都很精通的男孩可能会在掌握这个特定的任务时遇到困难，那时父亲就会介入并仔细示范动作（Polak，2011：85）。对于瓦劳族男孩来说，学习制作独木舟是生存的必要条件（sine qua non），学习过程中"没有太多的口头指导……但是那位父亲确实会纠正自己儿子的手势（并示范）如何克服因使用扁斧工作而产生的手腕疼痛"（Wilbert，1976：323）。在蒂克皮亚岛（Tikopia）上，男孩会在未受过教导的情况下以新手的身份参与房屋建设。

261

> 关于技术方面的具体教导，我极少看到……不过，我确实看到了一根特别准备的木横梁，它上面捆着一条特制的、样式复杂的编织绳。这是"sumu"（将屋顶横梁固定在房子支柱上的绳索）的模型。由于当地盛行大风……这就使牢固的绳索变得非常重要，特别是对于搭建大型的祠堂来说。当我问制作者帕·纽卡普（Pa Niukapu）那是个什么模型时，他说那是给他儿子的——"好让他知道它是怎么做的。"（Firth，1970：89）

在"怪异社会"里，父母和其他成人通常会抓住一切机会对孩子进行教导，即便是在孩子明显没有积极性，或者动作过于笨拙以及不够成熟而难以胜任的时候，也是如此。"搭脚手架"（scaffolding）一词可以用来描述这样一个过程："准"教师③提供重要的帮助和支持，以便初学者能够完成一

---

① 即男孩学习技能过程中遇到的障碍（或者说瓶颈）。——译者注
② 原文如此，无法查证。——译者注
③ 此处指的是那些热衷于教导孩子的父母或成人。——译者注

项远远超出其能力范围的任务(McNaughton，1996：178)。为初学者精心"搭脚手架"的情况在其他社会很少见(第五章)。没有人愿意浪费时间教初学者，(因为)他们可能在没有指导的情况下也能及时学会。而且在成人提供的"脚手架"之外，游戏提供了另一种选择。

游戏阶段

> 几乎所有的[纳本恰克(Nabenchauk)的玛雅织工]在小时候都玩过织布。(Greenfield，2004：37)

> (因纽特人)女孩用皮革碎料制作玩偶，并把它们穿得像真正的男人和女人。母亲会鼓励她们，因为正是通过这种方式她们学会了缝纫和裁剪花样。(Jenness，1922：219)

在民族志中，关于在儿童假装游戏和物体游戏中所展现的工作活动的描述，丰富而多样；甚至包括考古学家根据已发现的、微型的或粗加工的手工艺品和玩具而重构出来的童年景象(de Lucia，2010：614；Park，2006：56-57)。在家庭领域，我们能看到孩子们在玩准备食物、建造房屋、制作垫子和家具的游戏(Hogbin，1946，1969：38)。埃德尔(Edel)记录了许多发生于奇加人童年游戏阶段的例子：

> 小女孩把成捆的树叶当作婴儿绑在背上，而男孩盖小房子……一个小女孩陪着妈妈到田里边玩边练习挥动锄头和学会拔草或采摘绿叶蔬菜……一个孩子玩着一个小葫芦，学会在头上顶着它；当他和其他孩子去到取水的地方，并把装着一点水的葫芦带回来时，他会得到称赞。他练习得越多，他能带回的水也越来越多，渐渐地，这种游戏活动就变成了为家庭供水的日常服务。(Edel，1957/1996：177)

当孩子们复现他们所目睹的活动时，他们所呈现的不仅仅是一般的场 262

景，而是对复杂活动(systems)十分精确和深思熟虑的复制。苏丹孩子：

> (大多会玩一种使用自然材料在微型"田地"挖土的游戏，这种游戏)演示了与农业有关的社会活动和工作活动，(这一游戏有多种变式，例如)，其中一个版本是"租地"(tenancies)游戏，而另一种版本名为"bildat"，或者说是靠雨水浇灌自给型田地的游戏。在"租地"游戏中，孩子们修建当地便利于灌溉的田垄，种植棉花和花生等(适合当地气候的)经济作物，……运用……与机械化耕作有关的工具和设备。他们花费大量的时间和精力去仔细估量和测算游戏收获，并根据产量不同分配"瓷币"(陶瓷碎片)。而在"bildat"这个自给型版本的游戏中，孩子们种植传统作物高粱和芝麻，辅以豆类和蔬菜。他们没有修建灌溉用的田垄，而是向庄稼洒"雨"。(Katz，1986：47-48)

显然，哈扎族孩子能够从游戏阶段平稳过渡到更有成效的工作阶段。

> (年幼的)孩子们大部分时间都在营地或营地附近男女混在一起玩耍……在观看3—4岁的孩子玩耍一段时间后，人们(one)最终会意识到，孩子们不仅仅是在玩，实际上是在挖小块茎并吃掉它们……觅食行为很容易地就从玩耍中逐渐出现①……这涉及一种自然兴趣：幼儿会观察长辈的觅食活动并模仿他们。四到八岁的女孩每天能觅得361千卡，这大概能满足她们自身25%的热量需求。而同龄的男孩每天仅觅得277千卡。(Marlowe，2010：156)

一个两岁的库特奈族(Kutenai)(美国平原印第安人)男孩得到了一套玩具弓箭来练习狩猎。在他长到3岁时，人们期望他能够打(hit)②北美松鸡，而长

---

① 查证引文原文，此处包括了这样一个意思："而且他们(在这方面)几乎不需要教导。"——译者注

② 查证引文原文为孩子用小弓打北美松鸡。——译者注

到6岁时，人们期望他为家里的食物储备作出重要贡献（Dawe，1997：307）。

另一个通过游戏获得有用技能的领域是畜牧业（图22）。在巴布亚新几内亚的塞皮克地区，克沃马族孩子热切地拥抱要他们看顾（protect）、饲养和训练的小猪（Whiting，1941：47）。据说塔伦西族男孩有"养（own）一只母鸡的强烈愿望"（Fortes，1938/1970：20）。图瓦雷格族男孩从4岁时起就开始照顾一只山羊，最终会在艰苦的长途跋涉中负起照顾家里骆驼群的责任。他们和自己负责看顾的动物玩得很起劲，"就像孩子们在一起玩那样"（Spittler，1998：343）。

在苏丹进行田野调查的卡茨（Katz）的评论很有代表性："儿童生活最引人注目的一个方面是工作、游戏和学习三种活动的融合"（Katz，1986：47；另请参阅 Polak，2012：96）。然而，儿童渐渐地能够区分好玩的和有目的的行为。儿童运用心理学家（Wellman *et al.*，2001）所说的心智理论（Theory of Mind，TOM），能推断他人的目标和意图并相应地调整自己的行为。这种情况会在他们进入"跑腿阶段"时发生。

图22　一个牧羊少年

在蒂克皮亚岛(所罗门群岛)，"去帮我拿来"是成人最常对幼儿说的话之一。(Firth，1970：80)

在童年当中，工作占有中心地位；玛格丽特·米德在萨摩亚的第一次实地研究报告是这一方面最早的描述之一。

摇摇晃晃学走路的小不点也有工作要做——挑水、借火源、摘叶子喂猪……学会机智老练地跑腿，是童年最初的课程之一……一旦孩子变得足够强壮或技能足够熟练，这些较容易(slighter)的工作就会被搁置一旁，更困难的工作会被交托给他们。(Mead，1928/1961：633)

跑腿很好地说明了杂务课程的关键特征。孩子们，至少在很小的时候，就有一股强烈的需求：要变得有能力(White，1959)、融入社会(de *264* Waal，2001：230)、争取成功(Weisfeld and Linkey，1985)、有益于他人(Rheingold，1982；Warneken and Tomasello，2006)，以及仿效那些较年长的人(Bandura，1977)。孩子们随时准备承担责任(Edel，1957/1996：178)，而指定给他们的第一个任务很可能是跑腿。"在 18 到 30 个月大的时候……瓜拉人的孩子开始作为一个传话人(messenger)独立行动……取水担柴是(他们)最初经常从事的日常杂务"(Ruddle and Chesterfield，1977：31)。

在邦加苏阿奎勒，一个 5 岁的女孩开始使用一块由布料卷成的甜甜圈形状的"垫子"(cheater)①，来帮助她平衡顶在头上的小容器。她充满自豪地跟着自己的姐姐及堂/表姐们(容器大小与每个孩子的体型相匹配)，一行六人，到河边去取晚上做饭和洗衣服需要用到的水(Lancy，1996：144)。

---

① 此处根据上下文意译；小女孩借助这个辅助物就可像姐姐哥哥一样取水，此处作者用了"cheater"一词可能有玩笑的意味。——译者注

孩子们在承担责任方面的这些"里程碑"得到了群体的广泛认可（Landy，1959：93），他们自身也对要承担的工作充满期待。

取物与递送（fetching and carrying）本来就是分阶段的①（Zeller，1987：544）。一个勉强会走路的学步儿可能会被要求从母亲手里拿到一个杯子，穿过夜里聚在一起的家庭成员身旁，将它送到自己父亲那里。而这同一个学步儿也会跟随某个要走更长的路去递送某物的哥哥（姐姐）——实际上是充当一个替补。跑腿有远近和地域的不同，所涉及的对象有亲疏的不同，所负载的物品的大小和硬度（fragility）不同，还可以是某种形式的交换活动（包括市场交易）。成人依据孩子的技能和体型分配任务（Broch，1990：79），并且每一个新的任务都能认可（和激发）孩子不断发展的能力（Wenger，1989：98）。"（阿洛柯族）父母很少表扬和奖赏孩子……他们显得满意……就是对孩子足够的奖赏。如果一个男孩举止出众，那么他所获得的奖赏，就是给酋长送一个重要的信息，或者是被派去向某个家人刚过世的家庭送上几句安慰的话"（Hilger，1957：77）。[7]

下面这个例子，说明了危地马拉农村地区跑腿课程的复杂性：

> 最初孩子们实际负责的最简单的工作是跑腿：把东西送到别人家或者从别人家取走东西，或者去当地商店购买几分钱的商品。而明显困难得多的工作是，去玉米地或者其他需要走出社区的差事。而在社区中贩卖各种物品的活动则复杂程度不一：从近似跑腿的任务，到那些需要运用复杂认知能力去招揽社区各处买家并做交易的任务。（Nerlove et al.，1974：276）

---

① 儿童能够通过诸多活动为其家庭作出贡献；不同年龄阶段的儿童参与的活动种类不同。安东尼·C. 泽勒（Anthony C. Zeller）以三个阶段来论述（狩猎-采集社会与园艺社会）儿童能为家庭做贡献的活动：3—5 岁（第一阶段），6—10 岁（第二阶段）以及 11—15 岁（第三阶段）。（Zeller，1987：542）。处于第一阶段的孩子为家庭作出的主要是"间接"贡献，如帮母亲照顾孩子，取物以及跑腿等。（Zeller，1987：542）——译者注

可靠的"小帮手"公开证明(advertises)自己的教养品质以及作为潜在的寄养子女的价值，从而增强了家族的声望(Lancy，1996：76)。人们喜欢让孩子从事跑腿的活动，因为人们要是看到邻居家附近有青少年或成年人出没，可能会认为他们有通奸、盗窃或施行巫术的嫌疑。还有，男孩更受青睐，这是因为他们的童贞不像女孩的那样脆弱。学会跑腿很少需要成人的教导；孩子会观察和复制哥哥姐姐的行为，仅仅需要作为榜样的哥哥姐姐给予一点点指导。

杂务课程的进展

> 我的母亲(恩甘杜人)强迫我去田里整天辛苦地工作。我回到家全身酸痛……但是，我也要求我的女儿们做同样的事。(Hewlett，2013：70)

> 普梅族(Pumé)(觅食群体)女孩花在从事谋生工作上的时间明显少于玛雅(农民)女孩。(Kramer and Greaves，2011：315)

杂务课程的两个核心原则是村庄儿童的动机和工作环境的性质。前者推动儿童攀登学习阶梯，而后者通过提供"步骤"(steps)或"阶段"(grades)来降低学习阶梯的攀登难度。成人总是假定孩子充满动机，不过他们也会惩罚"懒惰"的孩子(第五章第196—197页)。学习曲线的陡度(steepness)和中间步骤的数量可能会有很大差异。在20世纪70年代末，在几位同事的合作下，我开展了一项关于儿童发展的比较研究，分析了巴布亚新几内亚9个对比鲜明的社会：从居住在森林中的觅食群体[弗莱河三角洲的基瓦伊岛(Kiwai Island，Fly River)]到开荒种地(刀耕火种的)的耕作群体[南高地省克瓦族(Kewa tribe，Southern Highlands)]，以至海洋觅食群体和商人(俾斯麦群岛的博纳姆岛)。

各种证据表明，与现行的高度标准化的公立学校课程不同，村庄课程的难度范围变化大，从相当高到相当低。

孩子们……被期望在很小的时候就分担或模仿成人的工作(responsibilities)。对克瓦族孩子来说，这意味着在田地里松土和除草，编织"*bilums*"(网袋)，捡柴火，此外没有什么别的事。相比之下，在博纳姆岛上，孩子们参与各种各样的活动。他们帮助制作并学习操控各种尺寸的独木舟，他们用不同的工具和技术在礁石的不同区域工作。他们(学会)制作绳子；使用木材；制作各种传统饰品、服装和"*bilums*"，制作各种渔网、长矛及其他渔具……此外，海洋的……采集活动是一种不稳定的生活方式，并将不断地向更复杂的方向改变，(然而)高地省份种植红薯和养猪的生活方式已经持续了几个世纪，几乎没有改变。(Lancy，1983：121–122)[8]

图23　一个克瓦族男孩给自家红薯地松土

根据来自巴布亚新几内亚的研究，我们断定，相比于掌握成年农人可能需要的知识和技艺（参见图 23）来说，儿童掌握成年海洋觅食者所拥有的知识和技能，需要更长的时间。

杂务课程的第三个原则是需求。儿童学习的速度和产量也取决于家庭对于"帮手"（assistance）的期望值。昆人很少要求孩子去觅食，为自己和他人提供食物，但至少有一些孩子自愿这么做（Howell，2010：30；konner，2016；阿卡人也是如此－Boyette，2013：88）。儿童的生产力随着年龄而变化；克雷默对比了玛雅农业群体中的儿童和南美洲两个觅食群体的儿童的总（gross）生产率水平。玛雅孩子在 13 岁时达到了生产和消费的平衡，而觅食群体中的孩子则要多花 5 年到 10 年的时间（Kramer，2005：135）。族群的生存方式在此起了作用。休利特及其同事（2011；Boyette，2013）对伊图里地区（Ituri）两个邻近群体（阿卡族觅食群体和恩甘杜族农民）所做的长期研究很好地说明了这一点。恩甘杜族孩子从很小的时候起就必须为家庭经济作出贡献，他们能够达到这一要求，某种程度上是因为在青春期开始时他们就已经轻松地学会了所需的技能。恩甘杜族的生存方式很大程度上依赖于孩子们的顺从，较少依赖孩子们的成就欲望。这种模式在农业群体和畜牧群体中非常典型（Hames and Draper，2004：334；另请参阅 Kogel et al.，1983：364）。[9]相比之下，阿卡人（像昆人，但不像另一个俾格米游群——比亚卡人）（Neuwelt-Truntzer，1981：138，147）并不指望孩子对家庭经济作出多大的贡献。然而，长到 10 岁，男孩和女孩都掌握了大量的觅食技能（某些技能还很复杂）。"在必要的情况下……10 岁的阿卡族孩子就已拥有了在森林中谋生的技能"（Hewlett and Cavalli-Sforza，1986：930）。阿卡族孩子学习谋生技能的动机似乎不是为了遵从家庭的要求，而是为了成为有能力的人。

在接下来的两节中，我将解析农业①社会和觅食社会的杂务课程，以此揭示孩子在成为有完全能力的人之前必须经历的步骤或阶段。

杂务课程的进展：农业

> 让·德布里（Jean de Brie）……在 7 岁时，就负责照看大鹅和小鹅，8 岁时照看猪，9 岁时帮助放牛；从 11 岁起，他在一个中世纪的法国农场照看 80 只羊羔，14 岁时照看 200 只母羊。（Heywood，2001：123）

放牧，或许是阶段区分最明显的杂务。孩子首先要学会照顾一只单独的幼兽——把它当作宠物。她或他要帮忙收割牧草和清理牛棚。成人会监督孩子的工作进展。"只有当一个（查加族）男孩证明自己在牧羊方面值得信赖，人们才会优先考虑将放牛的工作交给他"（Raum，1940：200）。图瓦雷格族男孩从照看一只幼兽（3 岁）到照看一群山羊（10 岁），然后是照看一头骆驼幼崽（10 岁），之后能照看一群骆驼（15 岁），最终能够管理一支穿越撒哈拉沙漠的商队（20 岁）。有抱负的儿童"牧民"会优先与年纪稍大一点点的"牧民"（但不是成人）互动并向他们学习；儿童"牧民"觉得成人令人生畏，以至于不敢向他们提问，或者不敢在他们面前表现出无知。最重要的是，学会放牧需要亲身体验，因为"完全不存在我们学校教育所特有的那种抽象说明"（Spittler，1998：247）。

希萨拉族男孩通过追随放牛牧羊的哥哥或堂/表兄们，向他们学习放牧（Grindal，1972：29；另请参阅富尔贝人-Moritz，2008：111）。恩戈尼族的男孩先照看一只山羊，然后照看一头小牛，进而照看多头绵羊，随后是

①　此处原文是"farming"，在英文中除了农业、耕作的意思外，还有畜牧业、水产养殖业等含义。在下节中，作者除了提及农业方面的情况外，也提到了畜牧业。因而，下节中所谈论的是"广义"上的农业的情况。——译者注

照看一头奶牛，再进一步是照看牛群；（其间）他们一直在观察牛群，并与哥哥们讨论牛群。而他们的"奶牛课程"内容相当广泛：

> 恩戈尼人根据年龄、性别、颜色、牛角的大小和形状、是否阉割过、是否怀孕（等特征）对牛群进行分类。而知道牛群的这些"分类"名称，是一个牧童基础知识的一部分。当他年纪渐长，足以按要求（依据指定的分类）把特定的牛只赶出牛圈时，他就已清楚地知道那些分类各自所指的是哪几头牛。他也能够用关于牛的术语准确地告诉牛主人，哪一头牛走失了，或者哪头牛蹄子痛，或是哪头牛产奶情况特别好或特别差。（Read，1960：133）

尽管"放牧课程"内容广泛，但孩子们似乎还是能取得相当快的进步。

> 六七岁大的孩子……就在山里照看成群的山羊、绵羊、犏牛和牦牛……这是一项重大的责任，因为游牧家庭的大部分财富都投资于这些动物身上。这也是一项非常可怕和孤独的活动，因为狼、雪豹和老鹰经常袭击绵羊和山羊。七八岁的男孩会使用弹弓控制动物，就被认为是称职的（effective）牧人。（Gielen，1993：426）

农业为儿童提供的工作很简单，比如在作物成熟时赶鸟（Grindal，1972：29；Lancy，1996：146），或是驱牛犁地（Polak，2012：105）。儿童在适当的阶段学习杂务课程（Orme，2003：308）。人们会看到瓜拉族三人一组，在田里干活："男人用挖掘棒挖坑，他的妻子仔细地把种子撒入每个坑里，孩子紧随其后，用脚推土，把坑盖满"（Ruddle and Chesterfield，1977：71）。福尔族女孩完全不需要教导，就学会了耕作。玩过假装的耕作游戏之后，她们会以笨拙甚至是具有破坏性的方式模仿其长辈的耕作行为。这些努力"越来越类似……长久以来的耕作活动，（它是）福尔人生活方式的基础"（Sorenson，

1976：200）。克沃马族父母更进一步，实际上他们会把田地的一小块留出来，让孩子自己去动手耕作，从而避免田地遭到孩子们的破坏。同样，孩子也可以得到他们自己的"储物小葫芦"、锄头或砍刀。这块迷你田地里的任何农产品都"作为孩子的私有财产，被放入家庭仓库内的一个单独的容器里"（Whiting，1941：46；另请参阅 Hogbin，1946：279）。在拜宁人（巴布亚新几内亚的新不列颠岛）所奉行的育儿模式中，学习耕作是核心内容。他们积极阻止孩子的游戏行为，并尽可能早地让孩子学习耕作（Fajans，1997：92）。对于瓜拉人来说也是如此，事实上，他们已经设定了（adapted）一个相当明确的课程，用来引导孩子们习得他们那种极其复杂和多样化的生存系统的基本知识和技能（Ruddle and Chesterfield，1977：126）。

到目前为止，对"种植课程"最深入的研究是由芭芭拉·波拉克历时多年完成的。她发现巴玛纳族（马里）的孩子非常渴望参与成人的工作，成人也热切希望他们尽早开始学习；但是孩子更会帮倒忙，所以成人必须"缓和"（moderated）他们的"努力"。一个 7 岁的孩子所能得到的是一把破旧的锄头，比某个哥哥（姐姐）所使用的那把锄头更小、更轻、更钝（Polak，2012：91）。

> 4 岁的巴辛（Bafin）已经理解了播种的含义，并能做各种各样的动作……成人将一把旧锄头和一些种子交给他，以便他可以就这项活动做一些练习。然而……他必须在某块分配给他的田地上做这些练习，在那里，他既不会妨碍别人，也不会破坏别人已经播种好的田垄。通常，他播种过的田垄必须重新播种。（Polak，2003：126，129）

哪怕孩子敷衍了事，成人也会称赞他们的尝试：

> （在收获时）3 岁的道尔（Daole）……开始从豆藤上摘豆子。当他用一把豆子把那个盖子装满后，就没了兴致。（他）漫不经心地把装着豆

子的盖子放在地上，就去找别的事儿做……5岁的苏马拉（Sumala）……寻找一个尚未收割的角落，采摘尽可能多的豆子来填满他的葫芦……（他）持续这样做了一个半小时以上……11岁的法斯（Fase）从早上开始，……一直在忙着收割豆子。他干活时……像他的父亲和已经成年的兄长一样快速……而且，只有当父亲和兄长休息时，他才会休息……法斯完全胜任……摘豆这一工作。他甚至承担起监督弟弟们的角色，不时检查他们的表现。（Polak，2003：130，132）

巴玛纳人证实了韦斯纳的"支持链"（chains of support）概念，也就是说家庭工作小组里的每个成员都会支持和指导那些能力等级稍低的人（Weisner，1996：308）。孩子不仅要在技能上有所提高，而且在监督技能较差的孩子方面承担了更大的责任。父母很少进行干预，仅给予策略性的指导。例如，母亲可能会注意到某个小一点的孩子累了（而且存在粗心大意损坏犁沟的危险），因而，她让他回到村里，取一瓢水过来（Polak，2012：100）。

我想强调的是，人类学家绝不会认为这些场景反映了儿童的"劳动"。相反，除了少数例外，我们看到游戏促进了（leavened）工作。事实上，"工作和游戏（劳动与休闲）的分离，这是工业化社会的特征，但这一特征在非工业化的文化中是经常缺失的"（Schwartzman，1978：5）。在乌干达南部的基索罗附近的一个村庄里，我看了一场奇怪的捉人（tag）游戏。用布条将婴儿背在背上的4个女孩在一片空地上相互追逐。要"捉住"某个人，女孩背上的婴儿就必须碰到对方背上的婴儿。当然，如果女孩跑得太猛或"捉人"①太用力，她背上的婴儿可能会开始哭泣，她就得停止游戏。吉普塞吉斯族（也在东非）年轻的牧羊人在羊群中玩捉人游戏，哪怕是爬上树，他们也会警惕地注视着下面的羊群（Harkness and Super，1986：99）。更多的例子如下：

（巨鲸河畔的爱斯基摩女孩）喜欢成群结队地收集木材和浆果；这

---

① 此处是指在这种捉人游戏中，触碰对方背上婴儿的行为。——译者注

种旅行是她们日常生活中的一段快乐插曲。（Honigmann and Honigmann，1953：40）

（奇加族）牧童正在学习成年男人的工作方式，自在、从容，不时说个笑话或唱首歌。（Edel，1957/1996：177-178）

对扎菲曼尼里人（Zafimaniry）来说，孩子们的觅食活动是一种冒险，但不是一种严肃的活动……而是一种游戏形式。因此，尽管这种活动的产物具有非常重要的营养价值和经济价值，却没有得到应有的评价，也没有被认真对待。（Bloch，1988：28）

在苏丹，孩子会用网捕鸟，然后吃掉或者出售他们捕获的鸟。然而，孩子们的捕鸟活动不是为了经济收益或维持家庭生计，他们所追求的是这项活动内在的价值。（Katz，1986：48）

［在马达加斯加，米其亚族（Mikea）孩子］以其悠闲的步调学习。在觅食活动中，他们的目标可能主要是在社交和娱乐方面。（Tucker and Young，2005：169）

不过，在许多地区，这种情况可能正在改变；儿童的贡献正变得越来越重要。在村庄经济现代化的进程中，杂务课程仍被采用，这充分说明了其顽强的生命力。我的意思是农业杂务课程转向了商业性农业课程。例如，在危地马拉的咖啡产业中，儿童作出了各种重要的贡献。年纪最小的孩子在小塑料袋里播上种子，以获得新苗；在收获时，他们也收集掉落到地上的咖啡果①（coffee cherries）。年纪稍大一些的孩子负责除草和撒白垩粉。12 岁到 15 岁的男孩负责喷洒尿素作为肥料，并协助修剪，这可能就

---

① 即咖啡树的果实；咖啡果实内有两颗种子，即（生的或者说未经加工的）咖啡豆。——译者注

包括攀爬树干，用砍刀砍掉树枝。所有的孩子都帮忙采摘和分拣咖啡果。身手敏捷的男孩都非常高兴地爬上枝头，收集成人够不到的咖啡果（Ruiz，2011b：169-171；另请参阅 de Suremain，2000：234）。

读者可能会问："这与前面描述的种豆场景有何不同？"我想说，它们主要的区别在于咖啡采摘者①不能选择不去参与，而参与种植豆子的孩子们几乎未受到强迫。这里有一个典型的声明："尊重个人及其选择工作的权利，这是奇加人对待幼儿的基础原则"（Edel，1957/1996：178）。然而，我们必须承认，在传统上高度依赖密集型劳动为生的社会里，在需要养活大量人口的社会里，在需要向人们征税的社会里，在成人的劳动价值因经济全球化进程而降低的社会里，儿童的个人选择（和玩耍时间）会受到限制。原因在于这样的事实："父母对（孩子们的）时间施加了相当多的强制管控"（Bock，2002b：211）。

在一些农村产业中，包括咖啡种植业和采石业，儿童可能得不到工作的直接报酬，但在其他产业中，他们可能会得到工资——但是非常微薄。儿童在马达加斯加的小型产业中发挥着关键作用。贝齐寮族（Betsileo）女孩和妇女从事着繁重的劳动，她们顶着一堆堆晒干的砖坯（由山谷中堆积的黏土制成），沿着一条陡峭曲折的小路，走到一个在山脊顶上修建的砖窑②（图 24，本书第 272 页）。这种砖窑的选址邻近公路，便于销售砖块。女孩所能承受的标准负荷是十块砖，每次往返时间可能超过 30 分钟；一天之内，她将挣到大约 1 美元。女孩可能非常愿意从事这类工作——可以挣得零花钱，帮助自己的家庭，还有支付自己的教育费用。与此同时，由于女孩正在赚钱，所以男孩就会被征召去做"通常"是由女孩承担的家务，比如照看婴儿（图 25，本书第 273 页）。在马达加斯加的另一个村庄，我发现两个才十来岁的男孩，在没有任何保护的情况下，正在处理铝水（这是从回收的饮料罐上熔化出来的）；在一个小铸造间里，他们用铝水生产铝制炊具（图 26，本书第 274 页）。

---

① 作者没有言明，不过从句意上来看，此处应该是指那些参与收获咖啡果实的孩子们。——译者注

② 无法判断此处提及的是否类似我国古代沿山坡修建的龙窑。——译者注

图 24　一个马尔加什族(Malagasy①) 女孩把砖坯运往窑室

---

　　①　马尔加什人，马达加斯加的主体民族，由大约 20 个民族构成；而与此图相关的段落中所提到的贝齐寮族(本书第 271 页)是其中的第三大族群。——译者注

在刚果民主共和国的加丹加地区(Katanga)也有类似的情况。那些家中孩子多达 10 个的家庭别无选择，只能让家中很小(5 岁及以上)的孩子受雇从事"手工"采矿(André and Godin，2013)。儿童"劳工"之所以能轻而易举地成为一种在世界大部分地区都普遍存在的现象，原因之一是，它建立在无处不在的杂务课程的牢固基础之上①。

在下一节中，我将对儿童获得一系列觅食技能(采集、狩猎、捕鱼)的情况进行仔细研究，以继续关于传统生存模式的讨论。在完全或主要依靠觅食的社会中，学习曲线似乎更为陡峭。举例来说，孩子们可能需要学会寻找路线或者确定方位(Hill and Hurtado，1996：223)——耕作或者放牧并不需要这些技能。[10]尽管如此，杂务课程的基本原则②仍然适用。

图 25　一个在照顾弟弟/妹妹的马尔加什族男孩

---

①　此处背后的含义是，童工的"劳动"被视为做杂务。——译者注
②　也就是上一节提到过的分配杂务课程的三个核心原则。——译者注

图 26　马尔加什族男孩用铝水制作器具

杂务课程的进展：觅食

　　布通岛(Buton)的孩子在礁石滩上练习钓鱼，他钓到的鱼可以给家里人吃，而这至少就是他的部分动机。(Vermonden，2009：218)

　　在觅食活动中，根据地形以及寻找和提取食物的难度，有一系列的分级任务。例如，比亚卡人认为，"对孩子来说，采集蜂蜜和钩白蚁过于困难(而且危险)，他们在青春晚期之前都(不)能从事"(Neuwelt-Truntzer，1981：138)。关于地形(对觅食任务的影响)，我们可以对比一下昆人和华欧拉尼人的情况。在关于前者的案例中，地形极其艰险，觅食群体面临着被捕食的威胁。妇女无法携带额外的饮用水以避免孩子脱水①（Howell，2010：31）。因此，孩子被留在营地，直到十几岁才开始他们的觅食生涯（Hames and Draper，2004；另请参阅 Kogel et al.，1983）。而在关于后者的案例中，地势相对平缓，人们鼓励年仅 3 岁的孩子参与觅食活动（阿卡人也是如此 - Hewlett et al.，2011：1172；巴卡人 - euwelt-Truntzer，1981：147），让他们带上自己的小收集篮（Rival，2000：116）。在前文，我们提到了哈扎人的情况，在这一种族中，甚至是非常年幼的孩子都能成功地采集可食用的水果和块茎（Marlowe，2010：156）。哈扎族女孩从 2 岁开始使用挖掘棒和背袋（它们都是主要的采集工具），但是只有从 8 岁开始才被允许跟随成年采集者，那时她们已经通过观察那些更专业的采集者提高了技能（Marlowe，2010：80，158）。托雷斯海峡梅尔岛上的孩子能够在海岸线和浅滩上采集可食用的海洋生物。人们会看到，孩子"一开始会走路，就能用学步儿专用（toddler-sized）的鱼叉捕鱼，最初他们会沿着海滩用鱼叉捕沙丁鱼，用来做饵料"。然而，虽然孩子在很小的时候就能迅速掌握某些采集方式，但是其他的采集方式却需要他们具备更大的力量，而且要到童年后期他们才能达到成熟的采集（production）水平（D. W. Bird and R. B. Bird，2002：262，245）。[11]

狩猎带来了一些独特的挑战。狩猎与众不同；有许许多多的谋生工作，人们欢迎孩子尾随、观察和学习，但是在狩猎中，孩子明显就是个负担。孩子被留在营地，这是因为他们会吵闹、动作慢、没有耐心（昆人 - Howell，2010：30；本南人 - Puri，2005：233-234）；"［阿切人或是尤拉族（Yora）孩子］通过观察学习（弓箭狩猎）的机会不多"（Sugiyama and Chacon，2005：259；另请参阅 Boyette，2013：79）。有效的狩猎工具，如吹管（blow-pipe），"是很难制造的"（华欧拉尼人 - Rival，2000：117）。狩猎的成功可能取决于超出儿童能力范围之外的力量、体型和耐力水平（Gurven et al.，2006：459）。

---

① 引文原文指出，在干燥的季节里会出现这种情况；但在雨季，天气不会太热，沿途有水可喝时，孩子们会与妇女一起进行采集活动。——译者注

但是这些问题可以用变通的方法解决。让我们回想一下游戏阶段：哈扎族男孩"大约在三岁的时候拿到了第一把弓，此后每天都要花好几个小时练习射击，通常是射击一个摆在地上的葫芦"（Marlowe，2010：157；另请参阅 Hewlett *et al.*，2011：1174）。虽然成人可能会蔑视小型啮齿动物、昆虫、爬行动物和鸟类，认为它们不值得关注，但是猎捕它们与猎捕羚羊原则上没什么不同。因此，男孩可以很早就开始狩猎课程——观察、跟踪并瞄准这些小动物（阿帕切人-Goodwin and Goodwin，1942：475；巴卡人-Higgens，1985：101；昆人-Shostak，1981：83）。至于工具，这些未来的猎人们通常会从某个哥哥那里得到制作精良但尺寸较小的弓和箭（夏延人-Grinnel，1923：114；亚诺马莫人-Peters，1998：90-91）。华欧拉尼族男孩会得到用来练习狩猎的小吹管，与此同时，人们也鼓励他们学习制作自己的吹管，如此一来，他们就可以同时学习这两项相辅相成的技能（Rival，2000：117）。就狩猎来说，虽然成人没能成为学习榜样，但为了教导自己的弟弟，哥哥们似乎很乐意炫耀自身的技术（阿萨巴诺人- Little，2011：155；比亚卡人-Neuwelt-Truntzer，1981：133；本南人-Puri，2005：280）。随着男孩变得有耐心和谨慎，他们可能会被邀请随同参与一些比较随意的狩猎"练习"活动，同时观察成年猎人的行为（Puri，2005：233-234）。他们通过照顾狗（因纽特人-Matthiasson，1979：74）或者从事其他一些辅助性的杂务来证明自己的价值（昆族-West and Konner，1981：167）。而且，"真正的"猎人打完猎回到村庄，会讲述自己的狩猎经验，这时男孩可以自由聆听和学习（Tayanin and Lindell，1991：14），即使（如上所述的西伯利亚尤卡吉尔族）猎人没有教导的意图，也没有调整自己的讲述方式以适应充满抱负的儿童猎人的理解能力（rudimentary knowledge）（Willerslev，2007：169）。

因此，我们可以发现"狩猎课程"（就像"种豆课程"一样）有着不同阶段，比如在阿帕切人中：

> （8 岁的男孩）开始狩猎……一些像鸟或蜥蜴这样的小生物，他们与同龄的孩子组成小型狩猎团体，（共同学习）……到了 12 岁……他

们捕猎鹌鹑、兔子、松鼠和林鼠；这些都可以作为食物。在发育期，一般的男孩都是一个优秀的射手，并且知道所有必须知道的关于狩猎小动物的知识。偶尔举行捕猎鹌鹑的活动时，男女老少都会参加，但男孩尤其活跃……直到发育期过后，在十五六岁的时候，男孩才会由其父亲……或者其他亲戚带去从事他此生的第一次猎鹿……年轻人……为营地取木材和水，照顾马匹，同时通过与熟练的猎人一起(捕猎)获得经验。当分割猎物的肉时，他们所能得到的是他人挑剩的部分——而且他们是在没有获得直接指导的情况下，通过观察习得了他们最终要知道的大部分狩猎知识。(Goodwin and Goodwin，1942：475)

尽管如此，年轻人可能要经过多年的实际狩猎才能获得成年猎人的全部本领，在此期间，他们要了解"动物的行为……辨识动物的活动痕迹、脚印、血迹、气味，还有学会隐身追踪"(Marlowe，2010：154；另请参阅Blurton-Jones，2005：107；Gurven *et al.*，2006：463；MacDonald，2007：391；Shostak，1981：84)。

最后，我们可以考虑一下与狩猎密切相关的"渔业课程"。就像狩猎一样，捕鱼人可能认为孩子会妨碍成功的捕鱼，因而阻止他们"尾随"自己(博内拉泰人-Broch，1990：85；塔帕若斯人-Medaets，2011：5)。然而孩子们仍然设法"学习渔业课程"。在密克罗尼西亚星罗棋布的小岛上，村民们可以享用到品种丰富的海产。帕劳人能说出300种不同的海产，并能描述几十种捕捉技术。[12] 就如约翰尼斯(Johannes)所记录的那样，要成为捕鱼专家可能需要几年时间。在托比亚岛(Tobia)，男孩从7岁开始钓鱼。在当地引进金属之前，鱼钩是很珍贵的，因而男孩在第一次练习钓鱼时，使用的是带饵的钓线。或者，绳子会绕成一圈，用来套住潮汐池中的小生物。这种长期的、密集的小规模探索活动，既提高了孩子的动作敏捷性，也使其对海洋环境有了广泛了解。通过努力，一个男孩可能会逐渐掌握用贝壳和鱼骨制作鱼钩的技术。最后一个阶段，也就是青春晚期，孩子学习如何把鱼钩抛过礁顶，去钓生活在礁坡外部的大鱼。然而，许多专门的捕鱼技术被认为是私人财产，受到精心的守护。尽管如此，人们认为，年轻人应该尝试"偷走"那些技术，并在渔民的行列里提升自己的地位(Johannes，1981：88-89)。

布通人(苏拉威西岛)用鱼笼捕鱼；孩子们安全地待在渔夫身边，通过观察来学习。长到8岁，他们就已经能独立地用鱼笼捕鱼，但是仍然在学习如何制作鱼笼，这也是通过观察和自发的反复试验来进行的。(1)观察；(2)尝试；(3)学习制作各种用具；(4)学习驾船；(5)了解最佳渔场的位置——这样的流程适用于学习岛上各种实用的捕鱼方法。渔夫不会扮演教导者的角色，尤其不会教导特定的、独特的技能。竞争对手试图从拉西度(La Sidu)那里学习捕捞金枪鱼，"但他拒绝展示这一技术(因为)……被认为是捕鱼专家，这在渔村中是个人社会身份的一个重要组成部分"(Vermonden，2009：220)。

有一项深入的研究，探讨了萨摩亚少年学习捕鱼的过程，它复述了一个我们已熟知的"故事"：

> 观察和访谈数据表明，无论采用何种捕鱼方法，学习捕鱼都是通过多次近距离观察成年或更有经验的青少年的行为来实现的。大一点的孩子(一般是10岁或10岁以上)会借用大人的捕鱼设备，并且试图在没有成人看管的情况下自己去捕鱼……那些被观察到的孩子都对其中一种或多种捕鱼方法相当熟练。当被问及是如何学会捕鱼时，每个孩子都表示，他们首先观察技艺娴熟的渔夫的动作，然后自己不断重复模仿他们的动作，在多次练习后，就能开始成功地捕鱼了。(Odden and Rochat，2004：44-45)。

可见，杂务课程可以非常成功地将孩子从依赖状态转变为既能自给自足又能对家庭经济作出贡献的状态。上文的论述表明，杂务课程可以高度个人化。也就是说，杂务课程能够很容易地顾及不同学习者的学习速度，也能顾及不同学习者在各自领域所具有的潜能。[13]而且，杂务课程所具有 *278*

的这种灵活性能顾及学习者努力的强度。一般来说，人们期望孩子就是孩子，期望他们在游戏中学会工作（Danielsson，1952：121）。然而，杂务课程所具有的这种巨大的灵活性也有利于孩子从杂务课程向自给自足的状态加速过渡。如果孩子们被迫"早点儿长大"，会发生什么？

儿童作为后备劳动力

> 这种相对（比女孩多）的自由可能会受到限制；在没有年龄合适的姐妹的情况下，一个男孩可能会发现自己被征召去照顾孩子，或者做其他"女人的工作"。（Ember，1973：425-426）

> 孩子们……是……边疆①垦殖（farming）最有成就、最多才多艺的工作者。（West，1992：30）

当研究人类进化的学者注意到儿童时，他们认为，人类儿童较长的依赖期，以及较迟发生的发育期和交配期，都为儿童提供了一个受保护的学习环境。学者们推论，人类的适应模型是个体需要逐步习得大量挑战性越来越高的技能。他们提供了一份令人印象深刻的、人类已经利用的种类繁多的野生资源目录；人类通过一系列令人眼花缭乱的、往往是鲁布·戈德堡②式（Rube Goldberg-worthy）的捕获、收集和加工策略来利用这些资源（Kaplan *et al.*，2000：156）。这就意味着，孩子在掌握这些生存技能之前，必须忙上好几年来学习它们。然而，迅速积累的一系列研究（尤其是关于儿童觅食者的研究）表明，儿童在学会觅食的过程中存在着我们可能会称为"早熟"的现象。事实上，许多这样的研究量化了儿童花在学习上的时间，并以其觅得的食物的千卡（热量）来衡量他们的生产率。伯德（Bird）

---

① 此处的"边疆"（frontier）指的是美国西部大开发时期的边疆。——译者注
② 美国漫画家鲁布·戈德堡在其作品中绘制了众多以迂回、复杂的方式完成简单工作的小工具，它们以简陋的零件组合而成，结构繁复，运作费时，给人一种荒谬感。——译者注

夫妇在托雷斯海峡的梅尔岛的研究就具有代表性：

> 4 岁大的孩子……算不上会觅食：他们知道什么是合适的礁石猎
> 物，但是他们很容易分心，把时间花在那些不能食用或觅食回报极低
> 的生物上。而且，当遇到难以顺利通过的海涂（substrate）时，他们会
> 行动非常缓慢、容易疲劳……他们可能扮演着捡拾者的角色，拾取成
> 人发现的（软体动物）……在学习觅食的过程中，成人很少或者没有直
> 接指导他们，（相反，孩子是通过觅食活动）与年龄较大的孩子一起，
> 专注地观察他们的猎物选择和处理策略来学会觅食的……到 6 岁时，
> **孩子们已经成为相当有效率的觅食者**。（D. W. Bird and R. B. Bird,
> 2002：291，字体强调为作者所加）

> 孩子一学会走路就开始用学步儿专用的鱼叉进行捕鱼，而那些选 279
> 择在鱼叉捕鱼练习中投入时间和精力的孩子，**在 10—14 岁时就能达到
> 与最熟练的成人相同的（捕鱼）效率**。（R. B. Bird and D. W. Bird,
> 2002：262，字体强调为作者所加）

伯德夫妇得出这样的结论："梅里亚姆族孩子需要积累多少经验才能
成为有效的礁石觅食者？显然极少"（D. W. Bird and R. B. Bird, 2002：
291）。其他有类似发现的研究包括：年幼的马尔杜族孩子猎捕（并且食用）
巨蜥（Bird and Bird, 2005）；哈扎族 4 岁的孩子收集（并且食用）大量的猴
面包树果实（Blurton- Jones *et al.*, 1997）；萨巴特克族孩子对民族植物学有
"早熟的"掌握（Hunn, 2002）；到了 10 岁到 12 岁，阿切族女孩的觅食回报
就与成年妇女相当（Hill and Hurtado, 1996：223）；萨摩亚 10 岁孩子能使
用各种方法成功捕到鱼（Odden and Rochat, 2004：45）；"（尤拉族孩子）似
乎迅速习得有效使用鱼钩和钓线、渔网以及弓箭来捕鱼的必要知识和技
能"（Sugiyama and Chacon, 2005：257）；昆族男孩会被视为成功的猎手，

至少在结婚前十年①，他们就已经猎获人生中的第一头大型哺乳动物，人们为此举宴庆祝（Shostak，1981：84）；10 岁的库特奈族男孩能够用弓箭射倒一头野生牛犊（Dawe，1997：307）。有一项关于儿童对族群生计的贡献的调查，涉及 16 个生计类型不同的族群；研究结果表明，儿童对族群生计的贡献存在巨大差异，从每天大约工作半小时（昆族）到每天工作 9.6 小时[阿里尔族（Ariaal）牧民]。在具有同一生计类型的族群内部，不同儿童对族群生计的贡献情况也存在很大的差异：

> 觅食群体中的儿童对经济活动的参与程度有高也有低，这表明，除了儿童本身是否是觅食者、农民还是牧民外，儿童的工作努力程度还受其他因素的影响。（Kramer and Greaves，2011：308）

这些研究使人们对于延长童年期以学习生存技能的必要性，产生了相当大的怀疑（Blurton-Jones and Marlowe，2002：199）。我们还应该注意到这样一个事实：虽然人类需要很多年才能达到身体的成熟，但是对于学习社会文化至关重要的大脑，在个体 7 岁时就基本发育完成了（Bogin，1999：130）。

我认为，为解决这一明显的矛盾，我们可以从人类个体发育的"弹性"特质（nature）中去寻找答案（Bernstein *et al.*，2012：398）。[14]（如同上文刚讨论过的那些）研究文献已经清楚表明，儿童可以很早就掌握生存技能。不过，还有一个事实：在童年时期，儿童运用自己所掌握的生存技能在养活自己和家人的事情上发挥重要作用，这种情况出现得也有早有晚。（Hewlett and Hewlett，2013：77）。[15]在某些情况下，儿童可能会非常迅速提高他们的生产力，并高效地运用那些他们在游戏式的工作中逐步完善的技能。

①　查证引文原文，具体情况是，昆族男孩可能会在 15 岁到 18 岁猎杀人生中的第一头雄性和第一头雌性大型动物，他的族人会为此分别举行两场仪式；这两场仪式的举办，标志着这名男孩已经有结婚资格；不过，他可能要在长达 10 年的时间后才会真正结婚；在这段时间里他要磨炼狩猎技艺、精通狩猎知识。——译者注

人们可以很容易地想象出许多那样的情况。克里滕登及其同事发现，哈扎族孩子的觅食活动努力程度，不仅仅随着年龄而变化，而且反映了个体动机和家庭动态（dynamics）——比如父母中有一个残疾（Crittenden *et al.*，2013）或死亡（参见巴玛纳人‑Polak，2011：142；通加人‑Bass，2004：83；尤拉人‑Sugiyama and Chacon，2005：237）。而不那么剧烈的家庭变故是，一个突然产下婴儿的母亲会立即把她的部分工作移交给那些年纪较大的孩子（Turke，1988）。当父亲缺席（服兵役、在外打工、做生意）时，孩子要承担的工作会增加，而且我们可以预料到家庭成员的角色会重新分配，男孩会被分配一些代父母的（alloparenting）职责（Stieglitz *et al.*，2013：9）。同样，当青少年离开家庭去追求个人机会时，我们可以预料到，家庭中那些年纪轻点的孩子会填补"空缺"（Kim and Chun，1989：176；White，2012：81）：

> 在工业化初期，参加工作以及在工厂工作的儿童人数都增加了，而儿童开始工作的年龄却降低了……大一点的儿童获得独立（并且离家）的时间更早，他们把增加家庭收入的责任留给弟弟妹妹。（Horrell and Humphries，1995：485）

　　让我们回顾一下本书第二章关于"儿童流通"①的论述，通过流通，孩子多的家庭会将"童工"送给那些"童工"不足的家庭。

　　我们也可以认为，和成人一样，孩子们也面临着权衡。他们要在工作和娱乐之间，在获取食物和照顾弟弟妹妹之间，在学习新技能和增加产量之间，在为家庭工作和去上学之间，作出权衡（Bock，2002b，2010；Clement，1997：16；Obendick，2013：105）。秘鲁亚马孙地区（Amazon）的尤拉族少年往往会在捕鱼方面（在这一方面他们的生产力很高）而不是在狩猎方面投入更多的精力，因为就狩猎来说，在达到成人的体力水平并对森林有成人那般的了解之前，他们的狩猎生产率会一直很低（Sugiyama and Chacon，

---

① 参见本书第60页。——译者注

2005：260）。[16]玻利维亚以觅食和园艺为生（forager-horticulturalists）的提斯曼人能够保持非常高的生育率，某种程度上是因为孩子们会对家庭的食物供应作出重要贡献（Stieglitz *et al.*，2013：2）。在维多利亚（Victoria）岛上，头胎出生或早出生（early-born）的因纽特男孩，"比晚出生的男孩生产更多的肉，（并）为他们父母的食物储藏室提供了大量食物"（Collings，2009：370）。近来在西藏，对一种当作草药用的蠕虫状真菌①的需求激增。"目光敏锐、身材矮小的孩子往往是最好的采摘者"，不过他们所接受的学校教育也相应地缩减了（Finkel，2012：119）。

　　我的观点是，儿童在很小的时候就在照顾孩子、家政服务、觅食等方面获得了一定水平的技能，但他们并没有充分利用这些技能；这一点在某些觅食社会里尤其如此，比如阿卡人和昆人。这种备用能力（*reserve capacity*，RC）类似于已被证实的生理储备能力（Bogin，2009：567，2013：34）。总的来说，我们可以把一个家庭或群体中的孩子视为可以受召提供服务的后备劳动力。民族志记录提供了文化上认可后备劳动力的几个例子。在帕劳，那些（原本过着无忧无虑生活的）十四五岁的少年加入了各个俱乐部。那些俱乐部的功能之一是提供临时的社区服务（Barnett，1979：32）。拜宁族青少年也会"受召为一起劳作的团体作出贡献，在一天内完成一个大任务"（Fajans，1997：93），而爪哇青年（youth）应该在收获季工作，要为集体事务（例如，清理灌溉沟或建房）提供免费（donated）劳动（Jay，1969：35，69）。

　　历史上，整整一代儿童被"征召"的例子不胜枚举。1348 年的瘟疫之后，在马赛，许多更年幼的孩子被雇佣，因为需要他们填补那些年纪大点的孩子死掉后所留下的工作岗位的空缺（Michaud，2007）。20 世纪 60 年代，由于一座国家公园的建立，乌干达北部偏远地区以觅食为生的伊克人（Ik）被迫离开了他们的狩猎场。由于不习惯定居的生活和耕作（分配给他们的土地仅有微薄的出产），他们艰难求生。孩子们在 3 岁时就被"放出去"，被迫自己寻找食物（Turnbull，1992：135）。18 世纪和 19 世纪的工业

---

　　① 即冬虫夏草。——译者注

化和城市化创造出了一种人口模式，单身/丧偶的妇女必须照顾一大群子女，而她的"孩子们利用养家糊口的能力找到了不可或缺的生存空间"（Mintz，2004：142）。年纪最小的孩子会"捡木头或煤块……在码头搜寻……家中可用的物品"或者忙于"顺手牵羊"（Mintz，2004：142）。日本孩子在"二战"前后的经历被记录在众多日记和民族历史学（ethnohistories）中。他们帮忙耕种田地，在街上乞讨。在完全没有指导和鼓励的情况下，他们学会了觅食，把各种各样的食物带回家。[17] 例如，一位信息提供人描述了"她和村里其他孩子如何想出了一种用秸秆钓蜗牛的新奇方法，（然后）母亲们把那些蜗牛煮了当晚餐"（Piel，2012：407）。

不仅是为生活所迫，而且是机遇的出现，会促使家庭"激活"后备劳动力。我在本书第二章中详细论述了父母的热望——他们在抵制童工法和义务教育的同时，急切地要为他们的孩子寻找工业领域的工作。在"拓荒时代"（pioneer era），北美西部（Rollings-Magnusson，2009）出现了一个十分典型却鲜为人知的关于后备劳动力的例子。"1877 年，柯特·诺顿和玛丽·诺顿（Curt and Mary Norton）离开他们在伊利诺伊州的农场，来到堪萨斯州西部的拉内德堡（Fort Larned）附近的宅地，随行的还有他们的 8 个孩子"（West，1992：31）。庞大的家庭对于"驯服"边境这一艰巨的任务来说至关重要。孩子们在任何需要帮助的地方都自愿帮忙，而且他们大多自学成才。从为数众多的日记中，我们可以勾勒出这样一幅画面：孩子们耕种、管理牲畜、打猎、捕鱼、做买卖、运输食物，这些事儿大部分都是靠他们自己完成。而且孩子们也通过带薪工作为家庭生计作出贡献："9 岁的克利夫·纽兰（Cliff Newland）受雇每周为沿途的各个牛仔营地运送补给，一趟往返有 75 英里。克利夫知道，每天 50 美分的报酬可以帮助他和他鳏居的父亲支付在他家那个德州西部小农场生活所需的必需品。"（West，1992：37）在许多发展中国家，"街头流浪儿"会与其家庭分享一部分收入。在孟加拉国的一些农村，此类汇款占了家庭预算的三分之一以上（Conticini，2007：87）。

自称为"后期圣徒教会"的新兴教派的成员通过提倡一夫多妻制（多名生殖力旺盛的妻子通常经由单独的男性家长而受孕）进一步推进了这一进

程，该教派的成员们急于在"迄今无人"（当然，当地人除外）居住的西部山区繁衍后代（Harris，1990：196）。但 19 世纪和 20 世纪早期的农场主们（homesteaders）并不需要完全依靠自己的生育能力来增加农场的劳动力供给。[18] 在著名的"历史上最大的儿童迁徙"中，所谓的"孤儿列车"将大约 20 万儿童（Warren，2001：4）从东部沿海城市的孤儿院和育婴堂（foundling homes）运送到中西部（Kay，2003：iii）和西部的家庭。"孤儿列车"一直持续到 1929 年（Warren，2001：20），这从一个侧面表明，我们从将孩子视作财产到将他们视为小天使的基本观念的转变是多么晚近的事儿啊。

283　　在下一节中，我们将继续论述这一个主题：儿童如何学习自身社会所特有的实用技能，也就是如何学习各种手工艺。

学习手工艺

> 洪沃格（Hundvåg）出土的（中石器时代）石斧（flake axe）存在制作随意、缺乏规划的零敲乱打的迹象……斧头的边缘被一连串失败的敲打破坏了，最终这把斧头被丢弃了……制斧者（knapper）了解制作的思路和想要的最终形状，但缺乏完成它所需的实用技能。（Dugstad，2010：70）

> 一个人要学习（柏柏尔人的编织技艺），只要跟编织者呆在一起就可以了，这种观点具有普遍性。（Naji，2012：374）

过去的 100 年里，在西方社会，诸如在国家资助、强制入学的学校里设置标准化课程之类的观念被广泛接受；人们认为它们反映了良好的经济和社会政策。国家有责任确保每个孩子，不管他的天赋或动机如何，都能受到官方确定的某种程度的"教育"。然而，这些想法在首次被提出时，却遭到了人们的强烈抵制。父母可能通过让孩子去工作而不是送他们上学来寻求更大的投资回报（Neill，1983：48）。还有另外一个反对意见不那么明显，那就是人们相信，对于高级的和不太常用的技能，在一个熟练的从业者/教师花时间指导孩子之前，必须让孩子先表现出适当的能力和学习的意愿。当科纳姆波族(Conambo)(厄瓜多尔亚马孙地区)陶工觉得孩子表现出了适当的动机和成熟程度时，她①可能就会把孩子的努力融入自己的产品中——给孩子们一个碗去描画，② 或者她挑出一个孩子们塑好形的碗，在上面描画(Bowser and Patton，2008)。

我惊讶地发现，在邦加苏阿奎勒村，杂务课程以及(我们可以称之为)手工艺课程之间存在一道鸿沟。前者通常是强制性的——孩子可能会因未能令人满意地完成适当的杂务而受到严厉的惩罚或殴打。而后者不仅完全是自愿的，而且孩子们似乎也没有得到什么鼓励。事实上，当孩子试图学习一门手艺或是其他复杂的行业时，他们可能会遭到百般阻拦。我和克佩列族信息提供人就这个问题进行了长时间的探讨，以便理解他们的观点。首先，他们倾向于将手工艺技能视为具有某种交换(fungible)价值的东西；在寻求指导或建议时，的确要向专业从业者赠送象征性的礼物，这是惯例。在海岸萨利希人(Coast Salish)中，"某些技能受到人们的高度重视，以至于在没有获得专家(他/她的)允许的情况下，尝试模仿专家的行为，都会被视为盗窃"(Barnett，1955：110)。

其次，有这样一种观念，即在某个专家(甚至是自己的母亲)愿意批评或纠正她③的手工作品之前，学习者必须先通过自己观察、尝试以及勤奋练习取得相当程度的进展(Lancy，1996：149–150)。我不认为克佩列人对有抱负的工匠特别冷酷无情或漠不关心；我认为，他们的观点是相当典型的。一位塔伦西族制帽匠告诉福蒂斯(Meyer Fortes)，"他年轻时……通过仔细观察(一个制帽匠)的工作，学会了手艺。他解释说，年轻的时候，他的'眼睛很好使'"(Fortes，1938/1970：23)。就学习手工艺来说，女孩们

284

---

① 原文如此。——译者注
② 原文如此。未能查证到原引文，无从判断此处是每个孩子各自描画一个碗，还是所有孩子一人一个碗。——译者注
③ 原文如此。——译者注

自我引导、自发学习的情形是很常见的：

> 一个(奇加族)女孩会……因编篮使其快乐而开始学习编篮的手艺。而她的母亲或姐妹……决不会说，"编紧点"，或者"锥孔要高点"……她们也不会放慢编篮过程或者手把手教她。如果初学者发现编篮过程令人沮丧，尝试不能令人满意，她可能会放弃全部努力，但在以后的某个日子里会重新开始，或者可能会完全忘记编篮这回事。(Edel，1957/1996：179)

> 一位名叫梅塔(Meta)的(特里福人)年轻女人……谈到了她学习编环(looping)技能的方式。"我过去常常观看我母亲……制作'*bilum*'(网兜)。有一天……在她去花园里干活时，我拿到她的'*bilum*'。此前我一直仔细地观看她的手部动作，这回我想亲自试试。但是我……弄乱了她编织的环。我发现自己全做错了，我吓坏了，就把她的'*bilum*'丢下。然后跑掉了……躲在灌木丛里。后来，当我妈妈回来后，她真的费了一大番工夫，才还原了我弄乱的一切，因而她想要打我。"(MacKenzie，1991：102)

但是儿童习得手工艺的过程是千差万别的。帕蒂·克朗(Patty Crown)对 25 个将制陶视为一项重要活动的社会进行了调查，她发现在半数的社会里，孩子们完全是通过观察和练习而习得了手工艺。美国西南部的普韦布洛族女孩主动学习(制陶)这门手艺；她们观察和模仿自己母亲或其他能干的女性亲戚。在女孩掌握了所有与家庭有关的"不得不做的"杂务之前，她们学习陶艺的行为会遭到阻挠。成人很少抽出时间指导她们。

> 不鼓励提问，而且如果给出了简短的指示，那也只说一次。成人曾说过，当孩子通过反复试错来学习时，她们才能更彻底地理解这个过程……学习显然遵循着反映生产过程的某种顺序……而孩子制陶技艺的

进步很大程度上是由孩子的兴趣和技能水平推动的。没有孩子帮助成人制作或装饰花盆的说法。(Crown，2002：109；另请参阅 1994：52)

　　针对博物馆收藏的普韦布洛人的陶器所进行的一些补充调查，为这种景象①提供了更多的细节。孩子似乎是从游戏阶段开始就用黏土制作玩具雕像和器皿。[19]通过测量留在陶器表面上的指纹，人们可以确定最年轻的工匠可能只有 4 岁(Kamp，2002：87)。在少数案例中，同一个器皿上高水准制作的技艺和低劣的技艺并存，这表明它是由成人与孩子联合制作的。在制作精良的器皿中，孩子可以通过承担装饰环节中那比较简单的部分，来贡献自己的力量，从而提高成人的产量。精致的器皿上有着孩子气的装饰，克朗因此断定："孩子们的贡献没有提升已完成的作品。事实上，成人在这些器皿上的努力程度表明了他们对幼儿的溺爱，或者试图让他们有事可做，而不是要教导他们制陶工艺"(Crown，2002：117)。

　　在非洲，制陶通常是由妇女专门从事的，而在喀麦隆，至少在一个民族中，制陶仅限于铁匠的妻子和女儿才能从事。在某些更保守的地区，母亲通过一种正式的学徒训练来培训自己的女儿；这种学徒训练早在女儿 7 岁时就会开始，大约 15 岁时结束——为此会举行一个仪式："'新生的'制陶匠会在社区成员面前得到父母的祝福，并收到属于自己的工具"(Wallaert-Pêtre，2001：475)。实际上，母亲会从女儿的生产中受益，直至女儿因结婚而离家。然而，文化的改变可能会极大地影响这一过程。在喀麦隆的另一个制陶地区，由于年轻妇女开始生产待售的陶器，许多制陶传统已经消失。[20]

　　在这里，任何人都可以学会制陶，而且(大多数)女性都在从事这门手艺。制陶培训……平均持续两年……没有什么特别的仪式标志学习期的结束……[法利族(Fali)]陶工总是乐意尝试新的任务，即便他

_____

① 此处指的是，孩子们通过观察和试验来学习手工艺的情况。——译者注

们知道他们没有成功制作的能力……他们认为，即使失败也能从中学到东西……重要的是个人的满足感，它凌驾于其他陶工的判断之上……这就导致了制作流程和产品风格的多样化。（Wallaert-Pêtre，2001：476，483，489）

帕特里夏·格林菲尔德及其同事记录了恰帕斯高地（Chiapas Highlands）佐齐尔玛雅编织工的一个极其相似的案例（Greenfield *et al.*，1995）。[21]在这个地区，妇女从事编织，而且，传统上，母亲会使用代代相传的方法，积极训练自己的女儿，[22]去制作种类有限的基本物品。这一方法认为，有必要设定不同的步骤（例如，通过提供尺寸适当的工具）来使孩子逐渐进步以至于精通（Greenfield，2004：49）。廉价的、机器制造的服装取代了当地手工编织的服装，加上游客对新产品和新款式的需求，一起促成了年轻织工的解放。[23]现在，她们通过自己的反复试验来掌握了这门艺术，只是偶尔寻求母亲的指导（input）。事实上，母亲可能不再是主要的榜样，因为女孩可以自由地观察和模仿其他妇女和同伴（Greenfield，2004）。年轻织工似乎也在推销她们自己的产品，而且，或许，现在她们运用技能的成果更直接地为她们自己增加收益，而不是像过去那样主要是增加她们母亲的产量。

杂务课程的阶段性特征在手工艺学习过程中也很常见：

婴幼儿在织布机旁玩耍。［达博雅镇（Daboya）］小男孩①……被要求去做一些简单的差事，（而5到10岁的男孩）喜欢用男人为他们保留的小棍和少量的线去制作玩具织机，并编织灯芯……当一个男孩被认为已经准备定下心来并定期工作时，他就会被指派或者自己选择一个纺织工，跟这个纺织工一起工作，并向对方学习……承担绕线工作的男孩将他们的时间分配给织布和做杂务（如排布经线和绕线轴）……

---

① 查证引文原文，此处的男孩是指幼儿，而后半句谈及的是5—10岁男孩。——译者注

渐渐地，他花更多的时间织布，在织布生产中参与更多的流程（stages），直到纺织工给他一篮子线棒，并期望他……生产成品布。（Goody，1982a：70-71）

成人专家是否会为潜在的新手提供帮助，这取决于他们所掌握的特定技能对成功适应社会有多么重要。对于本南人来说，群体里的几乎每一个青少年和成人都会制作篮子。专家鼓励编篮新手在学习"如何准确无误地编织更复杂的样式"的问题上向他们寻求帮助（Puri，2013：282）。在瓦劳人中，独木舟是赖以为生的必需品，男孩很自然地开始非正式的学徒生涯，其重点就是观察独木舟制作过程的每个步骤，并在自身技能提升后参与独木舟制作。

几个季节以来，在制作过程的第三个阶段，他一直帮助他的父亲，干一些较为低贱的工作……（他）最终被允许进入船体，安装遍布整个船身的横梁。而他的父亲仍然负责确定恰当的水温①，并指示某个特定的横梁必须拉多高，以达到最大的耐受力；不过他留在地面上，在船体的两端指挥操作。（Wilbert，1976：324）

在另一个南美群体——巴尼瓦人（Baniwa）中，与瓦劳族独木舟相当的物品是刨丝板（grater board），这是一种极具实用价值和象征意义的物品，它能为制造者带来社会资本。"男孩必须向他们的父亲学习刨丝板的制作工艺……因为制作刨丝板是婚姻的第一步"（Chernela，2008：145）。相反，陶器制作在尼亚拉佛罗（Nyarafolo）社会中完全是选修的。"传递知识……是一个开放和动态的社会过程。学习在制陶妇女构成的公共空间中发生，这意味着许多妇女都为学习作出了贡献"（Köhler，2012：135）。女孩必须主动耐心观察，帮忙干低贱或重复的活儿，并且勤奋练习。妇女会赶走不

① 原文如此，未能查证。——译者注

专心或捣乱的女孩，这样她就能"继续自己的工作"。妇女可能偶尔给予指示，但不提供解释或者说本就没有教导（Köhler，2012：128，131）。

学徒制更接近于现代社会中普遍存在的正规训练。正如本章前几节详细论述过的杂务课程和手工艺课程那样，孩子是通过非正式的方式来学习的。随着他们动机和能力的增强，他们会观察并参与工作流程。这种情况在大多数需要专门技术的工作（例如编织和陶器）中仍然存在，不过，偶尔，人们也会通过学徒制传授这些专门技能。

学徒制

> 日文中有一个指称学徒身份的术语叫"*minari*"，字面意思是通过观察学习的人。（Singleton，1989：29）

> 尽管（师傅们）并没有刻意组织学徒的大部分学习活动，但是学徒所经历的教育过程还是结构分明的。（Lave，1982：182）

> 那个学徒[图库洛尔族（Tukolor）编织者]所学习的……不仅是编织方面的必要技能……还有传统工艺知识里那些神秘的、有宗教色彩的内容。（Dilley，1989：190）

在一项针对传统学徒制的调查中，我试图将儿童非正式的手工艺学习经验与比较结构化的、更正式的学徒制区分开来。在我的分析中，学徒制被界定为师傅和新手之间建立起一种正式的契约关系，这种关系有明确的期限，服务于两个目的：一是提供廉价劳动力（由学徒提供；Stella，2000：31）以及/或者支付费用以支持师傅的事业，二是为学徒掌握技能提供学习和获得认证机会（Lancy，2012a：213-214）。在学徒制中，年轻人通过循序渐进的观察/模仿程序学习；师傅极少给予明确的教导，[24]而且几乎没有口头交流。偶尔，制陶师傅会通过抓住学徒的双手，让它们作出正确的姿势/动作来纠正学徒（Gowlland，2012：363）。不过学徒制增加了一些新的元素。其中一个元素是，父母应该预先支付一笔费用，以诱使师傅接受他们的孩子（Lloyd，1953：38）。在古罗马，一位父亲想让他的儿子学习织布手艺，就得支付一笔费用，并且支付他儿子的食宿费用。而那个儿子被"绑定"一年，在这个最低期限内不能离开师傅（Shelton，1998：111-112）。

在典型的学徒制里，师傅可能不是孩子的父亲，因为学徒制里有一种常见的情形（ingredient）是，师傅对学徒施加言语上的和身体上的虐待。[25] 人们认为父母难以在子女身上施加必需的纪律（Coy，1989：120；Aronson，1989）。图库洛尔族"父亲宁愿让另一个织工……培训他们的儿子……因为他们觉得自己在培训中难以施加足够的纪律"（Dilley，1989：188）。贡贾人（加纳）认为，熟稔生轻慢，儿子在向父亲学习时不会表现出足够的尊重（Goody，2006：254）。更普遍地说，师徒之间的等级关系至关重要。在这种等级关系中，一方面是师傅的地位高、有代替父母的权力，另一方面是学徒的年纪轻、地位低以及能力不足。学徒的角色被比作奴仆（bondsman）或助手（Ghosh，1992：260）。师傅的知识被认为具有极大的价值，学徒要用他或她的劳动（Wallaert，2008：187-188）和对师傅的毕恭毕敬（Jordan，1998：49）来换取那种知识。

师傅对待学徒可能会很严厉。例如，狄伊族（Dii）的制陶学徒可能会因为任何错误而受到惩罚（被罚吃黏土）和羞辱，以确保公众认定失败是学徒的责任，而不是师傅的责任（Wallaert，2008：190-192）。实际上，有一些最早的与青少年有关的法律小册子都谈到了师傅对学徒的暴力行为。罗森（Rawson）详细论述了一个罗马鞋匠的案例，他用鞋楦打他的徒弟，结果把徒弟的眼睛打伤了。这一行为被认为是正当的，理由是师傅的意图在于教导徒弟（Rawson，2003：194）。有位古代雅典的学徒抱怨说，他"快被鞭子抽死了……被捆起来（而且）被当作尘土一样对待"（Golden，2003：14）。 289 此种态度维持了师徒间的等级关系，确保了学徒强烈的学习动机。在学徒制教育学中，通常是隐晦的但有时相当明确的一个观念是，没有压力或不适就轻松学会的技能是不珍贵的（devalued）。

最初阶段的低贱工作是与学徒的能力水平相匹配的，是一种预付的学徒费用，而且，最重要的是，它提供了一个标准——师傅可以据此衡量学徒的动机水平（Gowlland，2012：362）。根据约翰·辛格尔顿（John Singleton）的说法，要想在日本成为一名陶工，需要"一心一意、全身心地投入这门手艺……要通过持之以恒地训练培养才能，不要以为才能是……遗传或天生的"（Singleton，1989：29）。

学徒经历具有阶段性特征，这一点在约鲁巴族的铁匠学徒制中得到了说明：

> 在铁匠将一块铁打制成形时，他帮忙……把锻炉里的风箱压紧，并拿着一些工具（equipment）。在他已经看过师傅做的一些工作后，这个学徒开始加热金属并制作小刀……（接下来）学徒在15岁时学会了如何制作大刀和弯刀，不过当他长大成人（大约21岁）时，他就已经掌握了制作锄头、捕捉器（traps）、枪、灯和雨伞等工具的高超技术。（Obidi，1995：376）

在塔农（Tanon）对迪乌拉族（Dioula）（科特迪瓦）编织学徒制的深入研究中，引人注目的是，与杂务课程中相对开放的学习机会相比，编织学徒能做什么和不能做什么受到严格的限定。新手织工必须以"磕磕绊绊"（baby steps）的方式提高自己的技能，以减少可能出现需要专家来纠正的错误。因此，尽管民族志学者作为学徒可以在一段密集的时间里快速学会编织（Tanon，1994：34），[26] 但是当地的学徒在8岁时就在准备线轴；几年后，他就在一位专家为他准备好的织布机上编织无图案的白布条。一两年后，他就能编织尺寸越来越大的有图案的毯子，在（可能）18岁之前，"学徒将在师傅的密切监督下学会穿好他的第一个经纱"（Tanon，1994：26）。

给学徒派任务时，师傅要非常仔细，这可能是因为要用到的材料和设备都很费钱。

²⁹⁰ > （在裁缝店里）制作过程有逻辑和次序，这也就塑造了学徒的学习活动……在裁剪衣服时出错的代价要比缝制时高。学徒先学习缝制衣

服，再学习剪裁……（他们）先用碎布制作小衣服，再学习用更多或更贵的布料制作衣服……（他们）从简单的服装着手，然后逐渐过渡到制作更复杂的服装。（Lave，1982：181–183）

在日本寿司的制作技艺中，学徒在最初几年的训练中被禁止接触器皿、米饭、鱼或其他食材。他只被允许仔细观察寿司师傅的动作，并且帮忙洗碗刷盘，直到有一天师傅突然允许他试做他的第一个寿司。毫不夸张地说，学徒一上手就会制作精美的寿司。（Matsuzawa *et al.*，2001：573）

学徒制中最有意思的一个方面是，学徒明白师父的专长至少在某种程度上是由于他或她拥有秘密的或传说的看法，而师傅是不愿意把这类信息传递给自己的。尤其是非洲铁匠，人们认为他具有特殊的知识，并且他们可能会被授权执行某些仪式（Lancy，1980b）。彼得·麦克诺顿（Peter McNaughton）（1988：xvi）是马里的一个铁匠学徒，他把学习这门手艺描述为漂浮在"秘术（secret expertise）的海洋上"。图库洛尔人关于编织技术的传说（lore）"叫作'*gandal*'……可以被用来……保护织工免受与这门手艺相关的精神力量的伤害，并且……作为抵御其他织工……的恶意的一种手段"（Dilley，1989：195）。所有的"传说"都不会免费传授给学徒，而一个真正配得上这种学问的学徒，应该尽力打探，尽可能多地"窃取"这门手艺更多微妙的内容（Gladwin，1970：72；Herzfeld，1995：131；Jordan，1998：56；Marchand，2001：119）。事实上，他可能会坚持下去，继续工作，无偿劳动，以期发现至关重要的秘密（Bledsoe and Robey，1986：216）。

为了理解学徒制（相比于获得特定技能的其他过程）的独特之处，我们必须使用两个视角：教学法和社会学。从教学法的角度来看，学徒制并不显得独特。正如我们所见，掌握一门手艺，这就包括：游戏阶段①，新手对正在工作的专家的观察和模仿，进阶式的或分阶段式的子任务序列，大量的

---

① 参见前文（本书第285页）。——译者注

反复试错；新手展现出勤奋和进取心以吸引专家的注意；而专家很少或没有口头指导，甚至没有结构化的演示。这一系列特征能在正式的学徒制中发现，也可以在非正式的手工艺传承中找到。这种同构性(isomorphism)①帮助我们理解，为什么一些关注学徒制的人类学家认为它只是(与学校教育模式相比)基于村庄的非正式学习的另一种变体(Greenfield and Lave，1982；Singleton，1989)。但是，这些人类学家只注意到了学徒制的教学法，而忽略了它在社会学上的意义。

₂₉₁ 　　师傅的崇高地位为本就具有社会学意义的学徒制增加了另一个维度；师傅的地位具有经济意义。学徒制往往与更复杂的技能/较低价值的产品相关，而不是与那些较不复杂的技能/较低价值的产品相关，举例来说，这就类似拉坯(Singleton，1989)与以盘条成形法制作陶器(coil-built pottery)之间的差别(Bowser and Patton，2008)，制作高品质石珠与制作低品质石珠之间的差别(Roux et al.，1995)，以及制作金属工具(Obidi，1995)与制作地垫(Lancy，1996)之间的差别。学徒制通常意味着某种昂贵的基础设施，例如铁匠的熔炉，有缝纫机的裁缝店，能生产大尺寸纺织品的大型复杂织布机，或者，一个制陶工的转盘和窑炉(Gowlland，2012：362)。在阿克拉(Accra)，"缝纫机(是)一项数额巨大的资本投资，这就阻止了大众普遍进入该行业"(Peil，1970：139)。如此昂贵的基础设施排除了"不费力地学会"必要技能的机会。

　　与其他工艺相比，通过学徒制传播的手工艺都(曾)具有相当大的经济意义。那些手工艺作坊都能生产出品质优良的关键产品。因此，限制一般人获得某门手艺，通过控制培训以确保产品统一的高标准并限制竞争，这非常符合师傅们的经济利益。在人口比较稠密的城镇或者拥有众多特定手工艺从业者的城市，师傅们必定会联合起来建立行会(Lloyd，1953)。从历史上看，行会以牺牲学徒的权益为代价来服务于师傅的需求(Kaplan，2007)。在提及正式的学徒制时，民族志学者和历史学家都强调工艺生产的保守性质。这表明，工匠都必须期待稳定的市场条件，他们很少有创新

---

① 此处意为正式的学徒制与非正式的手工艺传承，都具有同样的"教/学"特征。——译者注

产品的需求。然而，在那些变革和创新成为普遍情况的地方，新手就会以非正式的方式向多个专家学习，而不是追随单独一位师傅。

手工艺师傅通常掌握超乎寻常的政治及宗教方面的专门知识或精神力量。实际上，许多社会认为他们最宝贵的手工艺充满了神性（Stout，2002：700）。在克佩列人中，铁匠必定是受人尊敬的占卜师和仪式专家（Lancy，1996）。具有精神方面和社会方面影响力的高超手工技艺通常意味着，工匠必须掌握本行业独有的深奥文化知识和民间传说。为了获得这种传统知识，以及它所能提供的高地位，学徒必须以某种非常正式的学徒身份将自己与某位师傅绑定。

学徒制必须塑造有抱负的工匠，使他们进入某个地位较高的职业。这种社会化的过程开始于对学徒的精心挑选和正式的协议（由一笔费用或礼物加以确认）。在非正式的手工艺新手可以自由放弃追求的事业上（Edel，1996），新学徒却负有双重责任（既要对师傅，也是对自己的家庭负责），必须遵守学徒制的要求。学徒缺乏为自己的进一步发展而寻求特定途径的自主权（比如在没有师傅批准的情况下试验更具挑战性的产品），这会加深他们心理上的依赖性。学徒知道有一些重要的"传说"或"深奥的知识"存在着，却无法通过任何合法的方式去获取；它们的存在可以增强学徒的使命感和忠诚。简而言之，学徒制的社会化目标与"丛林"学校或青少年成年礼的社会化目标几乎相同（第八章），而且，正如我之前所主张的，这种制度的主要目的是灌输（Lancy，1975）。

学徒制满足了这样的需求：那些由于掌握了从业人员相对稀少且备受重视的行业从而拥有较高社会地位和财富的人，要将他们的知识和技能传给新兴的一代。与此同时，他们必须避免自己声望受损、收入减少——新兴一代中那些可能心浮气躁的年轻人会造成这样的影响。我们在学徒制的教学法中发现了公认的、能够有效地将全部文化代代相传的习俗。存在于学徒制中的社会化习俗（socialization practices）为这种师徒混合添加了许多属性，而其目的就是深谋远虑地将年轻人融入一个封闭的"兄弟会"①，或

²⁹²

---

① 就本节论述的主题（学徒制）来说，此处可以理解为行会。——译者注

者，如果做不到这一点，那就排斥并有效地阻止那些融入失败的有抱负者。

注释

[1]人类学家将包含在家庭生活中、对儿童发展有益的(能使其在帮忙的同时也获得了学习的机会)任务("工作")和"劳动"区分开来。为工资而劳动或为偿还债务而劳动，都可能会迫使孩子离开家庭，使其暴露在艰苦的、有害身心健康的工作条件下，而且不一定有学习和晋升的机会。总之，这类劳动通常对儿童有害(Bourdillon and Spittler，2012：9)。

[2]施皮特勒就(图瓦雷格人)家庭中的某种失衡问题作出了很有意思的论述。在图瓦雷格人中，女儿可以替代儿子的角色去照看骆驼，但她们到了结婚年龄就不会这样做了；同样，男孩一旦开始照顾骆驼，就会拒绝照顾山羊，才"不管家庭的需求有多迫切"(Spittler，2012：77)。

[3]在某些情况下，帮手短缺的问题可以通过跨性别角色的工作分配来解决。在肯尼亚的一个讲卢奥语的群体中，缺少女孩是整个群体的问题，卡洛·恩贝尔(Carol Ember)发现，"群体中大约有一半的男孩被分配了'女性的'工作……因为在这项研究期间……男孩和女孩的比例……几乎是三比二"(Ember，1973：425-426)。

[4]2007年5月，我站在撒马尔罕市(Samarkand)雷吉斯坦广场(Registan)前一条繁忙的街道上，突然意识到指派男孩照看弟弟妹妹是不明智的。两个男孩在街上推着婴儿车，行走在车流边上。那是一条向下倾斜的街道，推婴儿车走在前面的男孩开始玩起了"胆小鬼游戏"(game of chicken)；他松开了婴儿车的把手，然后在婴儿推车自行驶离时追上去抓住把手。他反复玩这个游戏，而且松开和重新抓住把手的时间间隔越来越长。

[5]在可能的情况下，男孩确实可以充当替代劳动力，例如，从父亲手中接管放牧工作，从而使其父亲能够脱身去从事"社会政治"工作(Juul，2008：158)。

[6]这些干预措施很有针对性。一个正在学习制造复杂陷阱的布通岛男孩可能会在做错某个关键步骤时获得帮助。但他不能指望任何类似于教导的东西。成人如果要告诉孩子任何方面的事情，可能会说这样的话："(如果你那样做)当鱼在陷阱前面时，陷阱将不再能听到鱼的叫声"(Vermonden，2009：213-214)。

[7]在塔帕若斯河的下游地区，梅代兹(Medaets)(2013)的信息提供人乐意承认他

们的孩子是多么有用和勤奋，但绝不会直接对孩子说这些话，因为在他们看来赞美之词意味着伤害他人的意图。

[8]我们或许也可以提及移居到塔斯马尼亚岛的澳洲土著居民，他们的工具种类和文化复杂性随着时间的推移急剧减少（Henrich，2004）。

[9]关于觅食群体中那种对孩子相对没有要求的童年的概述，可以参见本书第二章第69页。

[10]当然，除了驱赶兽群在相对平淡无奇的地区长途迁徙，例如撒哈拉沙漠驼队（Spittler，1998）和亚北极地区的驯鹿放牧（Istomin and Dwyer，2009）。

[11]在杂务课程中，儿童的活动（movement）体现了儿童"身材尺寸及敏捷性"与"经验及学习"的相互作用①，关于这一主题的详细论述参见博克（Bock）（2010）。

[12]民族志学者在太平洋地区的其他社会也作出了这样的记录：一个能干的渔民必须有大量的信息储备，并拥有可能需要花费多年才能完全掌握的民间智慧（曼多克岛－Pomponio，1992；博纳姆岛－Lancy，1983；沃吉欧岛－Hogbin，1946）。

[13]一个很大程度上未被仔细研究的重要问题是学习者的"最终状态"（end-state）难免存在差异。施皮特勒通过对图瓦雷格人的研究，非常清楚地指出，成年牧民的动机和能力存在很大差异（Spittler，2012：79）。但是我们确实没有描述身处当代学校之外的儿童学习者最终进入"平庸状态"的社会动力学（本书第九章）。

[14]这种生物学现象被称为"表型可塑性"（*phenotypic plasticity*）。它表明了这样的观点：有机体可以受环境因素的影响而作出改变（West-Eberhard，2003：34－35）。"可塑性和'储备能力'的证据很容易在灵长类动物中发现，比如在圈养环境中的红毛猩猩、大猩猩和巴诺布猿会灵活且老练地使用工具，但它们在野外的同类却很少使用工具"（King，1994：121）。储备能力在人类的成长模式中也很明显；在人类的成长模式中，成长中的孩子获得了超出开始生殖所必需的能力（Crews，2003）。而且储备能力可以"被用来在更进一步地发展、免疫功能、交配行为，以及/或者生殖和亲代投资之间作出权衡"（Bogin，2013：34）。

[15]更新世（Pleistocene）的觅食群体很可能比当代的狩猎－采集群体享有更好的营养。他们的少年时期可能更短（Blurton-Jones，2006：252），而且更健康、更强壮、体型更大的少年在更小的年纪就能利用自己的技能。

[16]哈扎族男孩的情况似乎正好相反，他们投入更多的时间在寻找更炫目的食物，

---

① 为避免误解，双引号为译者所加。查证引文原文，博克论述的是"成长和经验的互动方式"。——译者注

而不是收集平常的食物:"在树林里四处搜寻蜂蜜,比挖掘、采摘可以食用的东西并把它们带回家给妈妈,来得有趣多了"(Blurton-Jones et al., 1997: 306)。

[17]有一批研究支持这样一种观点,即儿童是"天生的"觅食者,不需要受教导,甚至不需要被示范如何觅食(Chipeniuk, 1995: 492; Heth and Cornell, 1985: 216; Zarger, 2002)。

[18]200多年前,孩子们被赶出伦敦的街道,"被驱逐到弗吉尼亚去当劳工,让伦敦社会变得整洁了,也为那个殖民地注入了体现在这些孩子身上的发展潜力"(Barrett, 2014: 162)。

[19]有证据表明,每一个工艺领域都存在一个游戏阶段(Huang, 2009: 85)。

[20]尼亚拉佛罗人的陶器生产也经历了类似的转型(Köhler, 2012: 118)。

[21]没有其他任何一个手工艺技能习得过程的案例被如此深入地研究过。另一个很有意思的发现是,传统的编织工作是跪着进行的,因此,女孩从很小的时候开始就在照顾婴儿和准备食物时模仿年长妇女的跪姿。这种出现较早且长久持续的姿势有助于身体的适应,使得跪姿得以轻松保持(Maynard et al., 1999)。

[22]我觉得,格林菲尔德早期在恰帕斯的工作中观察到的那种直接指导,是很罕见的。更典型的情况是,"孩子们没有被教导如何纺纱或编织。相反,他们对掌握了这些手艺的家庭成员进行观察,然后直接模仿他们"(Bolin, 2006: 99)。

[23]研究表明,如果没有外部世界对不同产品的需求,年轻的工匠不会轻易在设计或技术上有所创新(伊朗编织工-Tehrani and Collard, 2009: 289; 休伦族陶工 Huron - Smith, 2006: 71)。

[24]唯一的例外:在加罗林群岛(the Carolines)受训成为一名长途领航员。我认为,尽管也有大量的实际操作,但是这种学习过程学术性非常强(Gladwin, 1970; Lancy, 2008: 257-259)。

[25]古埃及有一句非常有名的谚语是"学生背上有耳朵",意思是说,要想让学生听进去,师傅就必须打他。

[26]大多数关于学徒制的民族志记录都来自于参与式观察;在这种观察中,人类学家迅速学会了当地学徒需要耗费数年才能掌握的一项技能。我发现这微妙地确认了贯串本章的一个观点,即村庄课程要求不高。不过,这种概括也有例外,即在少数有着极其复杂且多样化的食物获取技术的前现代社会中,情况并非如此。(因纽特人-Boyd et al., 2011)。

第八章

向成年期过渡的生活

> 性……压抑从未发生过……在月光皎洁的夜晚，年轻的朗伊罗阿环礁的居民……聚集在棕榈林中的空地上，唱歌、跳舞、调情。(Danielsson，1952：123)

> 割礼开启了门迪族男孩摆脱旧身份的过程——所谓的"*kpowa*"，意为"傻子或笨蛋"，……获得新身份——负责任、有见识的成人。(Day，1998：65)

在人类中，青春期与剧烈的生理变化(尤其是性发育和生长加速)相关联(Bogin，1994)。初潮通常被视为一个重要的里程碑，有时会引发一系列标志着少女身份变化的复杂仪式。而其他生理标志也可能被视为具有文化上的重要性(salient)。

> 在瓦纳特奈岛上，青春期开始于 14 岁左右，或是始于性发育迹象……明显可见之时。对一个女孩来说，这是当她的乳蕾开始明显，"有槟榔果般大小"之时；而对一个男孩来说，则是当他的声音开始改变之时……称呼……年轻女性的术语，是"*gamaina*"，字面意思是"童妇"(child female)。(Lepowsky，1998：128)

但是，是否欣然同意将成人的身份授予(crown)生理成熟的儿童，在这一问题上各个社会的态度是千差万别的。在西方，发育期和婚姻/组建家庭之间存在长时间的间隔，这就催生了一种完整的青少年文化(Harris，1998：275)。这种文化已经变得如此有吸引力，以至于海因(Hine)声称："我们的文化是一种永远处于青春期的文化：青少年总是在成长，但从未成熟"(Hine，1999：10)。在 20 世纪 90 年代早期，弗尼亚声称，相比之下，在中东的伊斯兰世界中，"现代西方思想所理解的青春期几乎不存在"（Fernea，1991：453）。在摩洛哥农村，儿童在发育期开始后不久就会结婚，通过婚姻这种过渡仪式，儿童被授予成人身份（Davis and Davis，1989：59）。同样，"印度农村也缺乏青春期文化。成人所要肩负的诸多重任很快就落到了年轻人身上"（Deka，1993：132）。铜因纽特①（Copper Inuit）女孩"甚至在达到性成熟之前，通常都已结婚并扮演许多成人角色"（Condon，1987：67）。以下对一个渔村的青春期的分析，也适用于世界上成千上万个村庄：

> 青春期适应的问题似乎是微不足道的，对男孩来说尤其如此……他们在成长过程中清楚地知道自己在社会经济体系中（将会）处于什么位置……他们在家中逐步习得……一些必要的技能；在16岁左右会被安排……结婚……结婚仪式公开授予其成人身份，这无疑也是对其青春期的性行为（给予）限制和合法化……对青少年来说，事实上几乎没有别的选项，他们无法选择……所有的人生阶段都没有明显的断裂。（Ward，1971：115）

然而，在大多数社会中，发育期和年轻人被认为有能力组建家庭的年龄之间存在着一个明显可见的间隔（gap），从而创造出了一段青春期——无论它多么短暂（Schlegel and Barry，1991：18）。在富裕、营养状况良好的西方人中，初潮或发育期开始的年龄为12岁；在较贫穷但营养状况还算良好的人群中为14岁（例如埃及）；在营养状况最差的地区（例如尼泊尔、中非、新几内亚高地；Eveleth and Tanner，1990：170）为17岁。此外，在过去的100年里，随着营养状况的改善，初潮的发动时间稳步提前（Goldstein，2011），例如，在日本，从1950年起，每隔十年会提早一年（Eveleth and Tanner，1990：171）。

生存系统的性质也会对青春期产生影响。我在前一章中指出，在农业

---

① 加拿大的因纽特人群体之一，生活在林木线以北的地区，因其广泛使用由该地区铜矿床出产的矿石制作而成的器物而得名。——译者注

社会中，儿童的经济贡献可能是重要的，因此童年会被缩短，青春期可能是短暂的。然而，在觅食群体中，孩子可能要到十几岁时才能在营养上自给自足，因此我们可以看到一个明显的青春期（Hewlett，1992：229-230）。昆人觅食群体要到十几岁的时候才会进入发育期，而男性很少在25岁左右（mid-twenties）前结婚（Howell，2010：31）。当代精英阶层子女的青春期通常不少于十年，然而，我们不太可能找到支持如此之长的青春期的其他社会。自20世纪70年代中期以来，20岁以上、仍然住在家里的子女的人数显著增加（占比56%的18—24岁美国年轻人和父母住在一起；比较Fry，2013）。人口学家给这一群体贴上了"新兴成人"的标签，以此表明，这些人尽管在生理上和法律上都是成人，却"未婚，经济上依赖父母，仍由父母照顾"（Armstrong，2004）。同样，如今，在日本，"单身寄生族"（parasitic singles）的人口也在快速增长；年长的子女留在家里，以节省房租，并继续享受其母亲尽心尽力的服务（Kingston，2004：274）。

当代的青少年"夫妇"从生理上来说有能力怀孕和生育孩子，而对于他们的"婚姻"，我们的法律体系也可以赋予合法性。富裕的西方国家可以确保此类年轻的家庭有一个栖身之所，不会挨饿。当然，青少年[1]本身也被诸多强大的力量驱使着去追求（create）并达成圆满的性结合。然而，所有这些力量都必须以某种方式加以控制，尤其是在"学生"生涯（years）不断延长的时期（Arnett，2002：321）。这是等待自燃的燃烧材料。① 然而，这种情况并不经常发生，因为许多社会都付出巨大的努力来确保青少年不放纵自己的性欲。结果是，有相当一部分人口②生活于一种过渡状态中，他们既不是儿童也不是成人。

闲晃

　　许多年轻的汤加男孩都渴望搬进男孩小屋，与年纪较大的男孩交

---

① 此处意指青少年的性活动无可避免、一触即发。——译者注
② 此处指青少年。——译者注

往，体验他们所享有的相对自由。（Morton，1996：112）

在大多数社会中，男孩和女孩在青春期前都可以自由地交往。巴布亚新几内亚的福尔人就是典型的例子："在大约 7 岁之前，男孩和女孩的活动几乎是一样的"（Sorenson，1976：191）。然而，在童年中期开始时，孩子们会自发地分开。"在这一'同伙阶段'（gang stage），先是女孩，然后是男孩，表现出对同性玩伴的明显偏好"（Weisfeld，1999：113；另请参阅Wilder，1970：230）。而且，为数众多的灵长类动物研究也得出了共同的观察结果：兽群中的雄性幼兽（juvenile）会组成一个独特的小群体。而雌性幼兽则会依附自己的母亲，急切地抓住机会，去"代养"其弟弟妹妹，以及为高级的雌性梳毛（Baldwin and Baldwin，1977：364）；当它们有自己的后代时，那些雌性可能会成为未来的盟友。但是被地位更高的雄性和雌性赶走的年轻雄性，会凑在一起闲逛（它们是游戏伙伴），寻求安全感和娱乐（Mitchell，1981）。成年雄性想要保护自己的繁殖权利，而成年雌性想要保护它们的幼崽免于其笨手笨脚的大"儿子"们的过度（boisterous）关注；因此，雄性幼兽组成了相当于被遗弃的团伙或者说帮派。雄性幼兽自身似乎并不憎恨被遗弃的状态；相反，它们乐在其中。同样，关于人类青春期的文献也满是这样的例子：

> 这个年纪的阿切族男性……为了获得关注，经常作出令人讨厌的或高风险的行为。虽然，在同龄伴侣或妇女以及孩子们面前，他们经常以夸张的方式昂首阔步，但是，在有完全成熟的成年男子在场时，这些青春期男孩也会表现出明显的怯懦（intimidation）迹象。（Hill and Hurtado，1996：226）

> （瓦劳人）团体偶尔会组成单一性别的团伙，在当地游荡，以各种方式表达青春期的狂飙（Sturm und Drang），（但是这么做）并不会使他们的父母高兴。（Wilbert，1976：325）

296

> 年轻的(昆族)男子……被称为"阴凉处的主人"……他们可能会受到长辈的憎恨。(Howell，2010：35)

> 身处父母权威范围之外的青少年常常陶醉于其"独立自主"，他们建立小团体的规范、讲粗话、采取独特的穿衣风格，诸般种种，都是为了进一步把自己与成人区分开来。如果他们有一些可支配收入，他们可以在汽车和其他环境中进一步隔离自己。他们最喜欢的一个策略是躲在"音乐"的声音屏障之后，而这种"音乐"是成人难以忍受的噪声。此类青少年经常从事各种违法行为，好像他们已经采纳了那种有利于成年人的青春期文化。[1]（Weisfeld，1999：106）

> (中世纪早期)爱尔兰饱受年轻武士团伙肆行无忌之苦……这些年轻武士缺乏建立自己的家庭所需的钱财，因而他们加入了"*fian*"……在大约20岁的时候，通常由于继承了年长男性亲属的遗产，一个年轻人最终会加入已婚的财产所有者的行列中。(Crawford，1999：162)

虽然各个社会都可能试图抑制这种"反社会"的行为，但是它可能在哲学上被接受。在北美，极端保守的阿米什教派允许男性"撒野"（*Rumspringa*），以之作为结婚前的一段短暂但必要的人生插曲(Hostetler，1964：192)。在太平洋大部分地区，还有非洲的部分地区(Read，1960：94)，一种解决办法是将处于青春期的男性隔离在类似学生宿舍的居所里。在霍皮人中，男孩搬进"*khiva*"，或者说"男人屋"(Schlegel and Barry，1991：70)。还有一些其他的社会，特别是[2]男孩要离开家，搬去与其他青少年和/或成人(senior)男性同住的社会，包括塔皮拉佩人（男孩搬进"*takana*"[2]；Wagley，1977：149）；伊博族男孩搬到"单身汉之屋"

---

① 原文如此，未能查证。——译者注
② 参见本书第260页的相关内容。——译者注

（Ottenberg，1989：49），恩格尼族男孩搬进"宿舍"（Read，1960：94），沃吉欧族男孩搬进霍格宾（1970：103）所说的"俱乐部"，特罗布里恩男孩搬到"*bukumatula*"①（Malinowski，1929），在巴布亚新几内亚的塞皮克河地区，男孩们搬进"*Haus Tambaran*"②（Tuzin，1980）。

尽管在文学中这些青春期男性社团可能会被称为"帮派"（Howard，1970），但是这种表述可能会引起误解。例如，罗图马岛的年轻男子在获得很大自由的同时，"成为每个村庄集体劳动（labor）的核心"（Howard，1970：66-67）。也就是说，尽管罗图马岛的青年会一起四处乱逛寻找乐子，但是他们也能团结一致，为群体共同劳作，从中获得乐趣。青春期男性社团可以在相当短的时间内联合起来组成民防部队，就像中世纪欧洲经常发生的那样（Mitterauer，1992：164）。

297

学者们探讨了这类青春期男性群体的适应值（adaptive value）问题。他们提出青春期"疏散"的好处包括"减少近亲交配的可能性"（Schlegel and Barry，1991：20）。而在合作狩猎的社会中，则会发生另一种可能的情况——在黑猩猩和许多人类群体中都存在的情况。在那些案例中，一群年轻男性之间存在亲密的兄弟关系可能恰好会建立起协同反应，从而在成年后获得可观的热量回报（Sugiyama and Chacon，2005）。在几内亚博苏（Bossou）森林里针对黑猩猩进行的野外实验证实，相比于成年个体来说，黑猩猩幼仔不那么保守和惧怕新事物，而且研究人员观察到它们会发现并传播有用的创新做法（Matsuzawa *et al.*，2001：569-570；另请参阅 Whiten *et al.*，1999：284）。成功的狩猎，或者说，实际上，偶然发现新的食物来源都可能要冒风险。人类的或非人类的未成年（juvenile）群体，离开"营地"去寻找奇遇，在路上可能会找到食物——或者可能遭遇猛兽。

有几十项研究已经证明：身处群体之中的青春期雄性灵长类动物，其

---

① 国内将其译为"单身汉公房"（参见《野蛮人的性生活》，团结出版社，1989/2004 年版）。此段中几处类似的名词，都是指"男人屋"。——译者注

② 唐纳德·F. 图今（Donald F. Tuzin）在他的著作里称"*Tambaran*"是塞皮克地区（East Sepik region）男人们的一种神秘宗教团体（cult）。（Tuzin，1980：xiii）——译者注

寻求刺激（Zuckerman，1984）或冒险的可能性会增加。人口统计学家在包括人类在内的雄性灵长类动物的发育期死亡率曲线上，发现了一个"意外死亡高峰期"（accident hump）（Goldstein，2011）。例如，亚成年"长尾黑颚猴比幼猴或成年猴子更有可能接近在野外的人类，也更可能接近陌生的雄性、进入一个新的领域，或者接近新的物体"（Burghardt，2005：390）。在日本猕猴中，成年猕猴的雌雄比例是 5：1，这种情况的成因完全在于雄性因冒险行为而丧命（Fedigan and Zohar，1997）。在地面环境嬉戏飞逐，这就像夜间在蜿蜒曲折的道路上高速行驶一样，会造成致命的后果。雄性间的打斗也会导致受伤或死亡（Walter，1987：359）。然而，冒险者的潜在回报包括社会地位的提高和交配机会的增加（Ellis，2013：61；Geary，1998：63）。有几项研究对青春期雄性在同辈群体中的地位（在等级序列中的位置）与运动才能、外貌魅力以及对异性的吸引力之间的关系，作出了详细记录（Weisfeld，1999：215）。

当代青少年在同伴的怂恿下从事冒险行为的代价可能比其收益更显而易见。滥用药物、性传播疾病（Sexually Transmitted Diseases，STDs）、交通事故、自杀以及（特别是）凶杀，都会使生命夭折或枯萎。这最后一个问题①在美国尤其严重，因为美国对枪支的购买、储存和使用缺乏限制，而且"伦敦或巴黎的年轻人之间可能发生的斗殴，很容易在芝加哥或华盛顿特区演变成谋杀"（Arnett，2002：331）。研究表明，美国青少年不太关心家庭需求。"相反，他们关注的是自己是谁，多么有魅力……以及其同伴团体如何看待这一切"（Sax，2005：133）。更糟糕的是，同伴的看法会凌驾于父母和教师的指导之上。研究表明，同伴的影响会提高或降低学习成绩（Kindermann，1993）。西妮蒂亚·福德姆（Signithia Fordham）和已故的约翰·奥格布（John Ogbu）已经指出，在非裔美国人中，那些聪明的、有学术天赋的学生是如何受到同伴骚扰的——他们会被指责为"假白人"（acting white）"书呆子"（brainiacs）或者"同性恋"。而且这些"努力"往往是成功

---

① 指凶杀。——译者注

的：有能力的学生确实因此少用功，以避免在学术上比同伴更出色
（Fordham and Ogbu，1986；Ogbu，2003：105）。

在下一节中，我们将会看到，男性的青春期特质可能会使年轻男子成为族群的困扰，但是在勇士社会中，他们则会成为确定无疑的社会资产。

创造勇士

> 在隔离期间，（塞贝族男孩）忙于棍棒决斗和练习掷矛及其他军事技艺。（Goldschmidt，1986：105）

> 波瓦坦族（Powhatan）男孩从小就被训练成能经受多重磨难的坚忍勇士。男孩在 10 到 15 岁期间接受成年礼……年长的、接受过成年礼的男人……把他们关押在森林深处……殴打他们，并强迫他们吃下一种令人沉醉的却很危险的植物。① （Markstrom，2008：161）

当代工业化社会似乎规定了一个漫长的青春期，因为年轻人需要更长的时间做准备，以顺利成年，包括获得有足够报酬的工作。[3]但是在前现代世界，在那些实际上有必要维持一支常备军的社会中，男性的青春期也会延续到第三个十年。那些社会中最著名一个的是斯巴达；斯巴达人在培养"*ephebos*"②时，不留余地，包括处死其他婴儿，仅留下最强壮的那些。强化训练从 7 岁开始，那时男孩们从家里搬到宿舍，在那里待到 20 岁。男孩置身于考验身体耐力的极端环境中，经受"戏弄和奚落的过程"以养成无动于衷的情感（Sommerville，1982：24-25）。[4]在"鞭笞比赛"③中，父母为自己儿子加油。"如果一个男孩在这样的比赛中一声不吭地死去，他就是

299

---

① 在引文原文中，波瓦坦族男孩的成年礼有多项内容，这是最后的一项内容。——译者注
② 陆谷孙主编《英汉大辞典》（第 621 页）对"ephebos"的释义是"（古希腊）18 岁至 20 岁刚成为公民（或刚成年）的男青年"。——译者注
③ 此处是指通过鞭笞男孩，来训练其身体和毅力。——译者注

慷慨赴死的英雄"(Peisner，1989：120)。如上所述，斯巴达式训练的一个重要要素就是将男孩从家中带走(Shapiro，2003：107)。

和斯巴达社会一样，印加社会决心把出身高贵的男孩培养成无所畏惧的勇士。经历数年严格训练(比如"搬运沉重的柴火来增强体力")之后，他们在伟大的卡帕克瑞米节(capac raymi festival)上接受了最后的一些考验。除了标志着男孩已长大成人的用处之外，卡帕克瑞米节上的这些仪式还通过禁食、艰辛的远距离马拉松长跑以及在高山上席地而睡等活动，来考验男孩们对苦难的抵抗力。在"tocochicoy"仪式上，那些坚持下来的男孩会在耳垂上穿孔，塞上南美勇士特有的大耳栓(ear-plugs)。最后的一项考验是从山上跑下来，这一考验通常会导致男孩遭受一些严重的损伤，因为他们都试图"成为第一个到达山脚并喝到女孩端上来的吉开酒(chicha)的男孩"(Shein，1992：77)。

将孩子从村庄和/或家庭的熟人社会(domestic society)中驱逐出去(Gregor，1970：243)，这可能是实现"分离"效果的一项关键要素；"分离"是范热内普(1908/1960：62)所认定的过渡仪式的第一阶段。在过去，身处同性群体中的克佩列族少年会被一些蒙面人戏剧性地从村庄中带走，并被隔离在灌木丛(森林深处)中专门建造的村庄中，长达数月或数年，被迫从"无忧无虑的"童年过渡到负责任的成年(Erchak，1977)。邻近的滕内族(Temne)男孩也面临着同样的命运：

> 自从被抓之后……男孩待在"kabangkalo"，(在那里)被刻上印记①，(遭受)鞭打，忍饥挨饿，从事额外的工作，长时间扛着重物，等等。(Dorjahn，1982：39-40)

至今，[5]非洲的某些畜牧群体以其随时准备突然袭击邻近群体，以获取牲畜和妇女而闻名于世。反过来，我们也经常看到一些确确实实是在创

---

① 此处意指男孩被纹上了该族群特有的纹身。——译者注

造勇士的亚文化，它们将年轻人纳入其中（Gilmore，2001：209）。在苏丹的丁卡族（Dinka）中，男孩在16岁到18岁接受成年礼，并获得设计精良的、象征着年轻人军事功能的长矛（Deng，1972）。马赛族牧民也是臭名昭著的勇士。加入勇士精英团体，成为"Moran"的过程始于一个过渡仪式[6]。对男孩价值的主要测试是割礼；在割礼过程中，"当粗陋的剃刀切进肉里，某个退缩行为，甚至是眨一下眼皮，都会被解读为……想要逃跑，而且名誉上的（这种损失）……永远无法挽回"（Spencer，1970：134）。 *300*

> 在割礼仪式后，接受成年礼的年轻人①（initiates）要…在严格的仪式禁令下，与其他接受成年礼的年轻人密切相处，度过一段时间。这些禁令随着接下来的一个仪式而结束；在该仪式上，接受成年礼的年轻人正式成为"Moran"；他们开始蓄发，编成辫子，并饰之以赭石。这一系列仪式中的第一个，被称为"ilmugit"，接受成年礼的年轻人宣誓……不吃任何被女人看到的肉，（而是）要吃来自丛林中的肉——"Moran"属于丛林，在那里，他们相互陪伴，（同时避开）年轻……女性。（Spencer，1970：137）

不足为奇，"Moran"得到人们尤其是年轻男孩的敬畏。人们对他们既钦佩又害怕，但是，与此同时，他们在身体和社会上与群体的隔离状态，使得年长男性能够控制他们与部落年轻女性接触的机会。当"Moran"年纪达到30岁到35岁，年长男性将决定他们最终会与谁在何时结婚[7]。

在波利尼西亚，男孩在漫长的时间里通过各种仪式成为男人，而能够彰显其勇气的割礼包含其中。他们在回归族群之前，身上会被大面积刺青。就像"Moran"独特的发型一样，这会使他们的新身份显而易见。实际上，在汤加，没有受过割礼的男性不与家人一起用餐，"他们会遭到女孩的蔑视……嘲笑他们是不洁的，仍是小男孩"（Morton，1996：112）。（喀麦

---

① 为了简洁起见，下文将"initiates"统一译为"新人"。——译者注

隆高地）未割包皮的多瓦悠族（Dowayo）男性"被指控散发着女性的臭味……他们不能参加所有的男性活动：死后被埋于女性墓地"（Barley，1983/2000：74）。

北美大陆上土生土长的勇士社会采用了许多类似的策略，来让年轻男子为严酷的武装冲突做好准备。克里克人（Creek）为了惩罚顽皮的男孩，在男孩身上割出一些血淋淋的伤口，而且那些伤口"流出的大量鲜血……被用来使孩子相信失去鲜血，并未伴随着危险，也不会丧失生命：当他成为……一名勇士，他无须在敌人面前退缩"（Swanton，1928：363）。纳瓦霍族男孩会在半夜睡梦中被叫醒，被迫光着身子在雪地上打滚（Leighton and Kluckhohn，1948：56）。在平原印第安人中，有抱负的勇士被派往荒野中禁食，这是他们"幻境寻踪"①（vision quest）的一部分（Delaney，1995）。印第安青年用钩子把一块大石头（boulder）挂在自己身上，把它拖到很远的地方，以显示他们的勇气和耐力。

成年礼提供了发展和展示勇士特性的机会。吉苏族（Gisu）的"新人"如果能毫不退缩地忍受"残酷、痛苦而且可怕的""*Imbalu*"②的考验，就会被认为配得上勇士身份。然而，那些男孩们也可以通过日夜不停地跳舞来展示他们的勇猛和价值；他们穿着这样一套精心制作的服装："一块头巾，由疣猴皮肤制成，还有一些用贝壳装饰的长尾③，长尾垂落在（他们的后背）并且会在舞蹈中飞旋"（Heald，1982：20）。

在巴布亚新几内亚，我们可以发现勇士崇拜的另一个"堡垒"（Reay，1959；Strathern，1970）。男孩是如何被塑造成厌恶女性的勇士的？吉尔·赫特（Gil Herdt）以其对"萨比亚人"（Sambia）的研究，为理解这一问题作出了重要的贡献。一系列复杂的仪式和过渡仪式让男孩离开母亲并使其具有

---

① 据《大英百科全书》，这是指在北美和南美的土著中最为典型的一种超自然的体验：个人寻求与守护神（通常是拟人化的动物）互动。——译者注

② 双引号为译者所加。引文原文如此描述："*Imbalu* 是一种折磨。它显然是对个人的一种考验，要求他在极端的痛苦下保持最高程度的勇毅。先是割掉包皮，然后剥去龟头周围的皮肉时，男孩必须站着，绝不能动。"（Heald，1982：20）——译者注

③ 此处指一些类似尾巴的辫状物。——译者注

"男子气概"；它们教导他们轻视并使唤妇女及部落中的敌对男子。这种成年礼的第一阶段包括为期多日的凌辱、禁食、殴打、睡眠剥夺，以及突如其来的惊吓。接下来，就是强迫男孩流鼻血以清除女性污染物。

> 第一个男孩很快就被抓住。他挣扎着，呼喊着，但被三个男人按住了……他还没来得及喘口气，头就被后仰，成年礼的施行者把卷起的画眉草（cane-grasses），不停地插到他的鼻子里。他被按着，眼泪和血液都流出来……然后是另一个男孩……被抓住，流血。一个男孩试图逃跑，但被抓住了……他……比其他人流血更多更久……另一个男孩被插鼻子，直至大量流血；每个男孩被放血之后，全体男人都会唱起仪式的/战争的颂歌。（Herdt，1990：376）

同样地，在塞拉利昂的门迪族中：

> 男孩挨个被几个男人抓住……被剥得赤条条，他的衣服被用来擦去伤口流出的血。然后，他被粗暴地扔在地上，身上被刻上适当的标记——要么是用钩子挑起皮肤，要么是用剃刀割开。如果他表现出害怕，或者试图逃跑，他的头就会被塞进一个洞里，这个洞是为此目的预先挖好的。在"手术"过程中，"幽灵"会响亮地吹奏笛子，众人会拍手，以此来淹没男孩的哭声，并防止路人，尤其是妇女和其他孩子们听到。（Little，1970：214）

如上所述，在非洲大部分地区和巴布亚新几内亚，在对男性青少年的培训中，一个突出的要素是对女性的厌恶。这种培训的一个明显的重点是教导男孩体会到相对于女性的优越感并轻视她们。传达给"新人"的"文本"包含许多信息，其中都充斥着众多此类的说法：女性的身体弱于男性，女性有通过月经和产褥期的血液来污染男性的能力。男人的另一样"武器"是运用"神秘事物"，这包括神圣的术语、仪式、地点以及物体，例如面具。

女人不能知晓这些"神秘事物"，否则会被处死。[8] 对于阿拉佩什人（塞皮克地区）来说，"成年仪式（包括）一种考验；这种考验发生在向新手展示了神秘装备……长笛、鼓、绘画、雕像、吼板（bullroarers）之后"（Tuzin，1980：26）。拒绝女性获得强大的精神力量，这有助于维持男性霸权。一个梅西纳谷族女孩"无法学习基本的神话，因为那些词语'不会留在她的肚子里'"（Gregor，1990：484）。瓦格尼亚族"妇女和女孩属于未经历成年礼的（non-initiated）社会类别，要仔细地对她们掩盖成年礼的秘密"（Droogers，1980：78）。在尼日利亚东南部的伊博人中，男孩要经历一系列仪式阶段，这些阶段将他们与女性拉开距离，同时将他们与成人男性"绑"在一起。从很小的时候起，男孩就逐渐被赋予权力的标志（trappings），这包括男孩的假面舞会，入住男孩之家，以及各种仪式——所有这些活动都禁止女性参加（Ottenberg，2006：117-119）。

我们也可以简要地了解一下更复杂的社会是如何训练勇士的。在日本，武士（Samurai）训练包括各种以严酷折磨为特征的发育期仪式（Sofue，1965：156-157）。在第二次世界大战期间，对自杀性的"*kamikazé*"（神风特攻队）飞行员的训练包括"*seishin kyoiku*"（精神教育）——旨在塑造性格的、身体和精神上的严格训练（Rohlen，1996：50）。希特勒青年团（Hitler Youth）利用了青春期的理想主义和狂热主义特性（Valsiner，2000：295；另请参阅 Kratz，1990：456）。再说一次，青春期有一些基本的生理和心理方面的因素，它们使得青少年容易受到群体思维的影响。一旦人类德行的常规标准被抛弃（suspended），那些恐怖分子就会以团体的名义犯罪。

斯潘塞（Spencer）对马赛人的评论具有广泛的适用性："通过在受害者的经历中找到'痛处'并加以利用，就可以有效地进行洗脑，以达成宗教的和政治目的"（Spencer，1970：149）。唐·图津（Don Tuzin）提供了一个生动的例子，是关于阿拉佩什族男性如何利用这种"心理学"来使"新人"沉迷于"*Falanga*"仪式中的。

（在那种折磨之后）紧接着，成年礼的施行者们放下剃刀、长矛、棍棒或手里的其他任何东西，用四溢的柔情抚慰那些男孩。后者可能怀有的怨恨立刻消散了，取而代之的是一种对这些男人的可感知的热情和感情，而这些男人在片刻前似乎一心要毁灭他们。当他们的信心 *303* 恢复之时，这些新手就会因为意识到自己已经战胜了那种折磨而扬扬得意。（Tuzin，1980：78）

正如我们已知的，许多成年礼都包括各种竞赛或军事方面的训练——它们是训练勇士的核心内容。而且它们实际上为我们提供了许多有组织的现代体育项目。在东非牧民中，短棍打斗很常见（Read，1960：95）。科萨族的信息提供人指出，虽然棍棒类游戏现在"只是一种运动"，但在早前，它被视为勇士训练的主要活动——对祖鲁族来说也是如此（Edgerton，1988：179）。尽管如此，"一个善于打斗、无所畏惧的 'mtshotsho'（青春期）男孩还是会受到钦佩和尊敬的"（Mayer and Mayer，1970：168）。在西非，短棍打斗让位于摔跤，而摔跤似乎已经平稳地从训练勇士的活动转变为一项受欢迎的体育运动（Ottenberg，1989：85-86；Stevens，1996）。在东亚，"武术"也从训练勇士的活动演进为竞技体育（Donohue，1994）。

在没有勇士亚文化、年轻人也没有投入精力以致力于体育荣誉的情况下，成人可能还会觉得有必要压制或驯服难以管束且"自我中心"的青少年。巴西卡内拉族的部落男子公开责骂并羞辱任性的年轻人。

一个年长的男性可能会把他的"侄子"叫到全村人面前，用力猛踩这个年轻人的脚背，揪住他的鬓角，把他拉离地面，激烈地责骂他，数落他各种可耻的违规行为，让所有的女人都听到……用啮齿动物的牙齿……（耙）这个年轻人的腿，直至流血……把辣椒塞进他的嘴里，还有……把他的包皮向后拉，让聚集在一起的男人和女人看到他的龟头。而那些违反了约束性行为及节制饮食的规范的女孩会在这种仪式上被扯下草叶围裙，露出外阴部。（Crocker and Crocker，1994：37）

美国西南部的霍皮人并不是特别好战，与邻近的纳瓦霍人相比，尤其如此。但是霍皮族男性的成年礼仍会相当严厉。在唐·塔拉耶斯瓦（Don Talayesva）的自传中，他承认自己曾是一个相当"顽皮"的小男孩。因而，当他开始被同龄的"Katsina"社团吸收时，他的父亲为他安排了一场教训：让"Katsina"鞭打者用带尖刺的马鞭多打他几次，"将他心里的恶灵赶走，以便他能成长为一个善良且明智的人"（Simmons，1942：80）。"当（一个查加族）青少年藐视父母的权威并引起公众不满时，父亲和母亲就会赞成让他接受'kisusa'仪式的约束"（Raum，1940：303）。要是塔皮拉佩族青年男子"被人知道有发生性关系，或者（正在）变得太傲慢，就会被人用刺鼠的牙齿刮大腿和手臂，直至血流不止"（Wagley，1977：151）。

304 有些社会不是通过军事化的新兵训练营，而是通过严格的宗教习俗，来驯服男性青少年的。所有的摩门教男子在完成为期两年的、改变他人信仰的传教工作之后，应该结婚。而在印度，高种姓的年轻人要经历漫长的"upanayana"仪式，在此期间，他们剃光头，以禁欲苦行、乞讨为生的僧侣身份四处游荡（Rohner and Chaki-Sircar，1988：85）。

> （在中世纪）控制青少年的激情以及让他们为成年后的责任做好准备的主要方式是……通过斋戒、祈祷、守夜以及体力劳动来造成身体的疲劳，（同时将）羞耻感视为青春期应该鼓励的主要美德。（Goodich，1989：109-110）

值得注意的是，女孩的成年礼可能也类似于某种修道院的经历。"在（隔离）期间，（特林吉特族女孩）不饮不食，尽可能坐着不动，用绳子把手指缠（laced）在一起"（de Laguna，1965：20）。瓜希罗族（委内瑞拉山区）女孩会被隔离在一个几乎没有光线的小屋里长达 5 年之久（时间的长短取决于家庭的资产情况）。"如果女孩哭了，她会因为其孩子气的态度而受到严厉地批评，并提醒她注意自己的新身份——作为成年女性必须自我控制"（Watson-Franke，1976：197）。女孩在初经来潮时受到隔离（并伴随着情感和身体上的约束），这种现象也存在于北美洲的森林觅食群体（Markstrom，2008：79）之中，存在于太平洋地区（Lessa，1966：102）、亚马孙地区（Gregor，1970：243）、柬埔寨（Smith-Hefner，1993：145），美国西南部（Markstrom，2008：131），以及其他地方。

显然，青春期成年礼的一个中心目标是抑制和引导青少年开始出现的性欲。在接下来的一节中，我将说明，当年轻人处于这样的过渡状态——他的成年前期的身体和心灵里萌发着性欲（却不被允许拥有成人那样的性行为），就会出现不可避免的（inherent）社会冲突，而这种冲突既是一个文化问题（matter），也是一个人性（nature）问题。

性欲

（昆族）孩子如此频繁且始终如一地玩性交游戏，以至于……没有"童贞"可以失去。（Howell，2010：29）

人们津津有味地……讲述危险的求爱之旅的故事……有一个（尤杜克族）男孩"像黄鼠狼一样爬行"（前往心上人的住处），通过她小屋墙上的一个小洞，与她互诉衷肠。（James，1979：136）

显然，当婚姻并不带来财产时，童贞就没人在乎了。（Schlegel，1991：725）

1904年，斯坦利·霍尔出版了第一部对青春期进行全面讨论的著作。这一著作对心理学和人类学都产生了巨大的影响。具有讽刺意味的是，霍尔并不认为青春期的众多"问题"是由于性欲的延迟或受阻，而是古板地（puritanically）以为现代社会营造了一种"温室氛围"，这使得性"成熟过程"被加速了。然而，他认为，在世界各地，青春期都是一个充满压力的时期，而个体新兴的性欲为这一时期"火上加油"。在她的导师弗朗兹·博厄斯的敦促下，玛格丽特·米德接受了在一个"原始的"、非西方文明的社会里研究青春期的挑战，前往萨摩亚。米德断定霍尔的观点是错误的；米德认为，青春期的压力是文化建构的结果，并不奠基于生物结构之上——因为萨摩亚青少年以轻松的态度看待性行为及其他一切。米德指出，仅此反例就足以驳斥（undermine）霍尔关于青春期具有普遍性的主张（Mead, 1928/1961）。而米德（在死后）又受到了德里克·弗里曼（Derek Freeman）的挑战。他的著作《玛格丽特·米德与萨摩亚：一个人类学神话的形成与破灭》（*Margaret Mead and Samoa: The Making and Unmaking of an Anthropological Myth*）使得美国人类学界陷入多年的纷争。关于萨摩亚的青春期压力及受限制的性欲，弗里曼提供了一份多层次的、详尽的文献资料——从萨摩亚群岛最初的旅行者的报告开始。与米德所描述的轻松随意的性行为方式相去甚远，[9] 弗里曼描述了一种古老而且仍然强大的"童贞崇拜"，存在于萨摩亚群岛和整个波利尼西亚西部。

> "*taupous*"，或者说仪式上的处女，占有重要的社会地位，而且在婚姻上童贞是非常珍贵的……公开……夺取一位"*taupou*"的贞操，会带来某种特别的威望，年轻的酋长们为此展开竞争……如果新娘未能被证实拥有童贞，那么她就要遭受其朋友们非常难听的辱骂，会被骂作妓女……被发现不是处女，她的兄弟，或者甚至是她的父亲……会带着棍棒冲向她，并把她打死。（Freeman, 1983: 227, 229, 231）

弗里曼进而描述了萨摩亚青春期性欲的诸多限制，这些限制是在维多利亚时代由基督教传教士引进的，它们虽然不是那么引人注目，但却很普遍。例如，萨摩亚女性原本穿着适合气候的衣服，但传教士却督促（hounded）她们穿上保护贞洁、覆盖全身的"*mumus*"。玛格丽特·米德若是在秘鲁的维尔卡诺塔河谷（Vilcanota Valley）与说盖丘亚语的人一起工作，可能会有更好的运气①。长期从事民族志工作的英奇·博林（Inge Bolin）断

---

① 此处的意思是说，米德的调查对象如果与英奇·博林的一样，那么，她通过调查所得出的观点可能会受到较少的质疑。——译者注

言，盖丘亚人的青春期焦虑很罕见，因为"在结婚或作出坚定的承诺之前，一定程度的滥交是不会被反对的"(Bolin，2006：142)。巴布亚新几内亚的马西姆(Massim)地区(包括特罗布里恩群岛和瓦纳特奈岛)以母系社会为主；在该地区，青春期的性欲被认为是健康且正常的。人们认为，青少年必定会变得心烦意乱，一心关注自己的外表和性吸引力。而且成人也乐意与他们分享自己的春药(Lepowsky，1998：133)。阿卡人认为，青少年有强烈 *306* 的性需求时，就可以开始性行为，而在这一时期他们并没有强烈的要与父母分开或者脱离父母控制的需求(Hewlett and Hewlett，2013：94)。

南部非洲的"红"科萨人也相当"开明"。性游戏在儿童时期是可以容忍的，而 *metsha*，或者说体外性交，在青春期是被鼓励的。事实上，排斥性行为的女孩被认为会变得呆板，最终会变成女巫。而"一个没有心上人的男人——一个'*isishumana*'，是不可能在青年组织中享有威望的"(Mayer and Mayer，1970：175)。因此，年轻人的"问题"极少，而且"传统的"女孩因为从事"*metsha*"，通常比(基督教)"学校"或城市科萨女孩(Mayer and Mayer，1970：163)更少怀孕。

令人惊讶的是，为数众多的社会，包括一本正经的巴厘岛人，都能容忍幼儿的性游戏(Covarrubias，1937：137；另请参阅塞贝人 - Goldschmidt，1986：97)。印度中部的穆里亚人(Muria)会让童年晚期的孩子们搬进一个类似宿舍的房子里，让他们一直住到青春期结束。这种被称为"*ghotul*"的房子，是男女混合的，女孩和男孩受到鼓励去建立短期的、相互取悦的关系。实际上，穆里亚人似乎正在向不可避免的局面低头(bowing)(Elwin，1947)。类似地，在尼科巴群岛(Nicobar Islands)，男孩和女孩有寻找合适配偶的性自由，而且他们的性结合会得到家庭和社区的充分认可(Mann，1979：99)。在喜马拉雅山脉的塔芒人社区中，人们认为青少年应该在诸如彻夜举行的萨满教仪式以及全族舞会等庆祝场合中不引人注目地(discreetly)享受性关系(Fricke，1994：102)。

在阿切人中，一个女孩在月经初潮前可能有多达 4 个不同的性伴侣(Hill and Hurtado，1996：225)。尤基人，另一群南美的森林居民，相信

"（一个女孩）只有通过与多名男性……性交，她才能达到性成熟，或者……有能力生孩子"（Stearman，1989：93）。类似的信念虽然不常见，却散布于世界各地，例如，锡金的雷布查人就有此类信念（Gorer，1967：175）。简·兰开斯特（Jane Lancaster）的调查研究表明，人类在第一次月经后至少两年内都处于低生育力状态。因此，"尽管初潮之后几乎总会有性活动，但在最初几年里怀孕的可能性非常低"（Lancaster，1986：25）。她还指出婚前滥交可能带来的诸多好处，包括形成吸引配偶的策略以及辨别未来潜在配偶价值的能力（Lancaster，1984）。[10]

307 在巴布亚新几内亚的广大地区，包括高地和塞皮克地区，男性的生殖能力才是必须得到发展的。① 人们"确信，男性特质不同于女性特质，它不是一种既定的生物特性。它必须通过秘密仪式人为地诱导出来"（Herdt，2001：165）。（诱发男性特质的）一个阻碍是男孩的女性气质，这是他在由女人生育、哺乳和抚养的过程中获得的：男人和女人分开居住，而且父亲不参与照顾孩子。东部高地的安加人（Anga）通过一种仪式来对抗这种威胁；在这种仪式中，8岁到12岁的男孩（由其母亲的兄弟来操作）被涂抹上用红色的露兜树种子和红色赭石制成的涂料（代表血液），然后被推过②用红色叶子装饰的、代表着子宫和外阴的狭窄构筑物。接着进行涂抹黄泥的仪式（这是重复一项施行于新生儿身上的仪式），于是男孩现在重生为具有生殖能力的男性（Bonnemere，2006）。在巴布亚新几内亚的其他地方，男孩可能会通过与年长的男子建立同性恋关系来增进性成熟，例如，克拉奇人（Keraki）就是如此（Williams，1936）。男孩和稍大一点的男子之间的性关系模式是经过精心安排的，主要是通过口交时摄入精液，来增进男孩的性成熟。由于低蛋白饮食，孩子们很迟才进入发育期，而妇女由于繁重的体力劳动（男人是政治家、猎人和勇士）和生育，身体承受了很大的压力，很早就过世了。为了使自己的儿子避免（妇女们的）这种命运，男人们煞费苦心地通过特殊的禁忌、成年礼和同性恋关系来鼓励男孩增长力量、勇气和

---

① 此句是相对于上一段（女孩要发展性能力）而说的。——译者注
② 从原文中无法判断把男孩推过"子宫"这个活动是不是由其母亲的兄弟来施行的。——译者注

男子气概(Gray，1994)。此类习俗绝不罕见，正如克里德(Creed)所指出的：“同性恋行为在新几内亚是普遍的，高度结构化的，并受到文化规范的”(Creed，1984：158)。

卡内拉族(巴西觅食群体)社会在放任与限制之间采取了一种中间立场。人们认为，相于与同伴性交会导致所谓的力量消耗效应，年轻男性应该通过与年龄大得多的女性性交来获得性满足和力量。不过，青春期的女孩应该与年长的男人交媾以获得力量和活力(Crocker and Crocker，1994：33-34)。

对儿童成年前的性欲的宽松态度，虽然在觅食社会(Hewlett and Hewlett，2013：88)和一些畜牧社会中可能是常态，[11]但是在更复杂的父权制社会中，这种态度被视为是有问题的(Hotvedt，1990；Barry，2007；Broude and Greene，1976)。[12](在父权制社会中)①妇女作为供给者的价值可能会被贬低，而她作为生殖者的价值却会得到提高。因此，其他人会控制年轻女性的性欲，以之作为一种可靠地确认其子女的父系(paternity)的手段。童贞是女儿能否成婚的一个关键因素，因而家庭理所当然要大力保卫它：“一个(罗图马岛的)女孩的性欲‘属于’她本地的亲属团体；而他们就是从有利的婚姻交易中获益的人”(Howard，1970：72)。[13]格布西 *308* 人(Gebusi)(生活在巴布亚新几内亚一个被弗莱河一分为二的地区)“对于男性的性行为，成年女性亲属……对青春期少女采取了一种强力保护的态度”(Cantrell，1998：96)。哥伦比亚北部的瓜希罗族牧民就提供了一个极端的例子。从学步期开始，女孩就被警告要与所有男性保持距离，并被告知性行为是邪恶的事情。之后，她们会因为和男孩交谈而遭到严厉的训斥，而且，如果女孩拒不悔改，“母亲可能会把发热的烙铁的尖端放在她的阴道上，(作为)一场有说服力的实物教学”(Watson-Franke，1976：151)。

这种压抑疗法(repressive treatment)的理由基于这样的事实：新郎及其亲属必须以牲畜和珠宝的形式来提供(assemble)彩礼，这被视为“购买……

---

① 译者根据句意补足。——译者注

新娘的童贞（sexual integrity）——这是她的丈夫独享的快乐和喜悦"（Watson-Franke，1976：153）。类似地，在土耳其，以荣誉（*namus*）的名义将两性分隔并且限制妇女的权利，这被认为是合理的。"*Namus*"要求"男人控制女人……妻子、女儿、姐妹以及其他女性亲戚的性欲"（Kagitçibasi and Sunar，1992：78）。在伊斯兰世界的大部分地区，人们阻止女孩接受更多的教育，表面上是为了防止她们与男孩建立哪怕是最短暂的关系（Davis and Davis，1989：61；Prothro，1961：15；Williams，1968：49）。虽然人们的态度正日趋开明，但是在巴基斯坦和阿富汗的"部落"地区，人们对女孩上学持反对态度（并且担心她们因此可能从男性统治下解放出来），这引发了频繁发生的暴行。

在围绕着年轻女性的性欲而构建出来的众多复杂习俗中，割阴已是臭名昭著（*cause célèbre*）的一个。[14]尽管国际社会对这种做法进行了广泛且持续的谴责（Rahman and Toubia，2000），但是这种做法并没有减少的迹象，而且，实际上，正是那些已经"被伤残的"妇女在竭力维护这种做法。割阴，起源于埃及，[15]仍然在埃及的大多数穆斯林和基督教女孩身上实行。它在非洲的大部分地区以及在穆斯林人口占多数的地区，也很常见，其所影响的女性人口超过 1 亿（Matias，1996：2）。割阴支持者最常表达的理由是，它会减少女性性欲，降低女性与男子未婚私通或受到引诱而通奸的风险。

对女性性行为的限制性态度往往对应着这样一种截然相反的期望：年轻男性应该通过征服女性来展现男子气概。塞贝族（东非牧民）年轻人"会用刺让自己的阴茎流血，'以使阴茎锋利'，这样阴茎就能刺穿处女"（Goldschmidt，1986：105）。在雷布查族中，"几乎所有的男孩和年轻男子都是从一个年长的已婚妇女身上获得他们的第一次真实的性体验，并受到她们的指导"（Gorer，1967：161）。瓜希罗人认为，男孩应该在性行为方面具有攻击性——只要谨慎行事，不给家庭带来耻辱就行（Watson-Franke，1976：152；另请参阅 Lewis，1961：38）。罗图马岛的男孩被认为"应该追求性满足……而女孩则受到劝阻，并且在大多数情况下被严密保护"（Howard，1970：71）。虽然这种不平衡状况几乎不可避免地偏袒（favors）男

309

性，但确实也存在着要求女性主动发起性接触而男性对性行为感到害羞和畏缩的罕见案例（高龙人–Goodale，1980：135）。

值得注意的是，在美国，青春期性欲已经成为了争论的主题；我认为，这是由于占主导地位的珍视幼儿的观念（让孩子开心）与仍然存在的尊崇长者的遗存观念对于青春题性欲有着相互冲突的要求。我们用芭比娃娃和她那数不清的性感服装来纵容孩子们的幻想，并且允许非常小的女孩使用化妆品，因而到了"四、五年级，一些女孩就拥有了自己的化妆品"（Thorne，1993：148）。但是，例如，在信奉摩门教的犹他州，人们对青春期性欲和少女怀孕的原因知之甚少，因为该州法律明确禁止政府机构向未成人询问关于性行为的问题。这一禁令是基于这样一种恐惧，即向青少年询问这一主题，会激发他们原本处于休眠状态的、无意识的兴趣。在美国的印度教社区，父母不遗余力地灌输从印度进口的价值观。父母要求子女朴素着装，但许多年轻女性予以拒绝，她们更喜欢"入乡随俗"。一位信息提供人以轻蔑的态度断言："再也没有人真的把贞洁当回事了。"（Miller，1995：74，76）这种暧昧不明的态度所导致的结果是，"关于十几岁未婚年轻人的性行为，美国社会目前没有明确的道德规范"（Arnett，1999：320）。

从根本上说，仅在少数社会中，童年和成年之间的过渡是为期短暂且简单的。而在大多数社会中，年轻人会得到某种过渡仪式的"帮助"而实现转型。

成为女人

青少年必须尊重他人；他们必须接受父母的管教。（Edel，1957/1996：183）

（乌利西环礁）女孩的"*kufar*"有两个方面：生理上的成年和社会意义上的成年。（Lessa，1966：102）

在民族志记录里，要求青少年通过成年礼的社会占半数以上（Schlegel and Barry，1980：698），而且，如果我们把任何类型的青春期考验都包括在内，那么这个比例就会上升到三分之二（Schlegel and Barry，1991）。[16]除了（如先前所提到的）训练勇士的功能之外，在许多但不是所有的案例中，成年礼可以证明青少年已经准备就绪，要开始交配并组建自己家庭（Vizedom and Zais，1976）。在女孩的成年礼中，（做好交配和组建家庭的准备）这一主题尤为明显。

在畜牧群体中，比如东非的塞贝人，女孩的割阴可能和男孩的割礼有着差不多的意义，即授予成人身份，而不是抑制性快感。[17]因此，女孩迫不及待地接受了割阴这种考验；尽管缺乏卫生条件，不过这种手术所造成的死亡也很罕见。"成年礼的首要主题是用一场考验对成熟进行检验和证明"（Goldschmidt，1986：95-96）。然而，戈尔德施密特（Goldschmidt）明确表示，青少年自身会催促成人举办成年礼。

在西非门迪族农民中，女孩的成年礼是由"*Sande*"（妇女的秘密社团）①组织的（男孩的成年礼则由对等的男性社团——"*Poro*"组织）：[18]

> 女孩们首先通过一个入口，进入森林里一块被清空的林地……依据仪式的要求，她们脱离了其身为女孩的社会环境（两到三年）。而最具戏剧性的仪式元素之一……是割阴……"*Sande*"妇女解释说，割阴"净化"女人（而且）割阴导致的疼痛……隐喻着分娩的痛苦……女性身份（Womanhood）在割阴中被象征性地获得，随后在分娩时，在助产士的手中得到确认。"*Sande*"成年礼，其仪式过程中的（另一个）重要元素是增肥。美丽、兴旺、健康以及生育能力都与肥胖有着明确的联系……肥胖的反义词是……干瘪（dry），除了用以说明其他事物，这个词还意味着干瘪且不孕的子宫。（MacCormack，1994：111-112）

---

① 原文是"the Sande women's secret society"，为了便于理解，翻译时做了表述上的处理。——译者注

那些即将步入成年的人可能会经历除了割礼以外的、各种形式的(有时是痛苦的)身体改变。阿伯兰族(Abelam)(巴布亚新几内亚塞皮克地区的农业群体)女孩"在第一次来月经时被'文身'……在她们的胸部、腹部和上臂(的皮肤上)割出特定形式的图案"(Hauser-Schaublin，1995：40)。梅西纳古族和卡内拉族 9 岁的孩子要穿耳洞，在耳洞里塞上木栓(Gregor，1970：242；Crocker and Crocker，1994：116)。塔皮拉佩族男孩要有一个突出的唇钉(Wagley，1977：149)。年轻的塔皮拉佩族妇女，在第一次怀孕之前，要经历一个包括装饰性"文身"环节在内的仪式：

> 传统上，这包括要在每边脸颊刻上一个四分之一月亮形状的图 *311*
> 案，在下巴刻上半个月亮形状的图案……只有脸上带着那种图案，才
> 是真正美丽的女人。先用木炭在脸上画出图案，然后用刺鼠或无尾刺
> 豚鼠的锋利门牙在脸上划出纵横交错的伤口……在这些伤口上涂上格
> 尼帕树的汁液，以便伤口永久变黑。(Wagley，1977：163)[19]

牙齿也常常遭到改造。阿卡族年轻人会把门牙锉尖(Konner，2005：51)。在德川时代，日本少女会把牙齿染黑(Sofue，1965：156)。巴厘岛的孩子在成年仪式上会被锉牙，牙齿也会被染黑，具体情形如下：

> 受礼者(patient)躺在……祭品上，头枕在上面覆盖着……一块被
> 施过魔法的布的枕头上……受礼者的身体被用新的白布包裹起来，助
> 手把受礼者(victim)的手脚按住。锉牙者……用金戒指上镶嵌着的红
> 宝石在将要被锉磨的牙齿上刮出有魔力的音节(aksara)。然后，锉牙
> 开始，持续 15 分钟到半个小时，受礼者坚毅忍受，握紧双手，浑身起
> 鸡皮疙瘩，但没哼一声。(Covarrubias，1937：135-136)

对于举办女孩成年礼，人们所提出一个常见的理由是，它有着"增肥"的主题，正如上面提到的"*Sande*"成年礼——旨在为艰辛的分娩做准

备（Schlegel and Barry，1980：698）。女孩被隔离起来，吃得很好，这样她们就能"长胖"，从而表明她们已做好交配的准备（Gleason and Ibubuya，1991；Ottenberg，1989：12）。（巴布亚新几内亚高地）帕耶拉族（Paiela）女孩借助一系列神奇的植物和传统方法（procedures）来增大乳房（Biersack，1998：74-75）。对于津巴布韦的本巴族（Bemba）来说，女孩的成年礼——"*chisungu*"，充满了交配和生殖的意象：

> 女人……摘取（名为）"*mufungo*"灌木的叶子……把它们折叠成圆锥体，就像小的圆锥体捕鱼笼。她们唱一首关于安放捕鱼笼的歌，并……假装用这些树叶鱼笼套住彼此的手指……树叶鱼笼和手指（分别）代表女性和男性的性器官，此时她们唱起一首歌："鱼儿孳息众多，女子生养众多。"（Richards，1956：65）

在南部非洲，切瓦族（Chewa）女孩也要参加名为"*chinamwali*"的成年礼，她们围着各种泥塑跳舞，包括一条"被认为控制着土地生产力和人类生育力"的巨蟒（Yoshida，2006：234）。哈扎族的"新人"在公开场合载歌载舞，她们的裸体因（涂抹了）动物油脂而闪闪发光。每隔一段时间，"女孩就会追上年纪稍大的十几岁的男孩，并试图用她们那象征着生育力的木棍（*nalichanda*）打他们"（Marlowe，2010：56）。

312 　虽然上述这些例子展示了女性新兴的生育力的积极方面[20]，但是，对许多社会来说，月经、性交、怀孕和分娩被视为对族群的潜在危害。在巴布亚新几内亚的塞皮克地区的恩杜人（Ndu）中，女性名为"*narandanwa*"的成年礼是插曲式的（episodic），旨在"消除"伴随着这些生理过程①的污染（Roscoe，1995）。女性"成年"仪式的另一个共同主题是女性作为供给者的角色。[21]霍皮族女孩的第一次月经标志着一系列仪式的开始，比如磨玉米仪式，这时她的头发会被扎成"蝴蝶展翅"的样式。与此同时，她的"系

---

① 指月经、性交、怀孕和分娩等生理过程。——译者注

绳"被缩短了，① 现在她应该继续留在她的母亲身边，并致力于学习妇女应掌握的所有方面的家务技能（Schlegel，1973：455-456）。而在奥里诺科河盆地的马基里塔雷人（Makiritare）中：

> 一旦发现月经来潮的最初迹象……"ahishto hiyacado"就开始了……第二天，在全村人的注视下，少女穿上旧衣服，在村里其他妇女的陪伴下，进入村边的一块"conuco"②……在那块田地里，妇女们向少女演示（simulate）她在一生中所要从事的所有工作……一些老妇人聚集在她周围……开始唱歌，鼓励她成为一个努力工作的人。（Guss，1982：264）

正如上述这些例子所表明的，成年礼不仅仅（或者，在某些案例中，甚至主要不）是为了"新人"的利益。对巴布亚新几内亚的劳图人（Rauto）来说，成年礼（就像当代社会某些阶层所举办的奢华婚礼一样）是一个获取和展示财富及地位的机会："为了支付将要举办的月经仪式的费用，女孩的家庭要先积累足够的财富——猪、芋头以及贝壳等贵重物品"（Maschio，1995：137）。另一个例子是日本少女的"成年"礼，其重点是她昂贵的和服、化妆品和配饰，这些显眼的展示品，旨在提高其家庭的公众形象（Goldstein-Gidoni，1999）。在巴卡族觅食群体中，"整个营地要花上几个月的时间来准备成年礼"（Higgens，1985：102）。人们可以将父母为成年礼提供支持这件事理解为，他们正在促进孩子与大家庭及社区的联结。而且，考虑到人类的生殖行为本质上具有合作性质，年轻男女在寻求结婚、组建家庭以及抚养孩子的过程中，盟友越多，事儿越顺（Bogin，2009：513）。

在少数案例中，成年礼是在取得父母身份之后举行，或者几乎是在取得父母身份时同步发生的。在一些伊柔人（尼日利亚）村庄里，割阴"开启"

313

---

① 参见本书第 204 页。——译者注
② 查证引文原文，"conuco"意为"田地"（garden）。——译者注

了成为女人的过程，它是在女子怀孕的第 7 个月举行的。[22] 新妈妈会在分娩、康复后，"在 '*seigbein*' 上跳舞，这是为期 12 天的庆典，既是祭颂祖先的活动，也是涤除镇上恶灵的活动"（Hollos and Leis，1989：75）。成为女人的整个过程随着这场庆典的落幕而完成。对于一个年轻的豪萨族妇女来说，只有在她的第一个孩子举行了命名仪式之后，她才能获得成人身份（*màcè*）（Faulkingham，1970：166）。对萨比亚人来说，男女双方，都要在成功产下两个孩子后，才能获得成人身份（*aatmwunu*）。然而，对男子生育力的仪式性认可要一直持续到第 4 个孩子出生，在那之后就"没有理由去反复讨论现在已经很明显的事情：这个男人已经证明了他的生殖能力"（Herdt，2001：164）。在泰国，"通常，一对夫妇是在第一个孩子出生时才会获赠土地，而不是在结婚时，因为为人父母才是夫妻成熟的标志"（Montgomery，2001a：60）。在瓦纳特奈岛，不论是婚姻，还是生子，都不足以让人获得完全的成人身份；只有当个体（年近 30 岁）安定下来进入一段"稳定的"婚姻时，才会被授予完全的成人身份。（Lepowsky，1998：127）。

婚姻本身可能并不总是被视为重要的过渡仪式。但是，就像成年礼一样，婚姻的一个主要功能可能是减少青少年的粗野行为，尤其是性滥交。此前，我已提及，在结婚时转让财产的方法，这可能会被用于加强对青春期女性性活动的禁止。但是不守规矩的青春期男性也会因为亲戚们威胁不支持他们的婚姻而屈服。[23] 在新几内亚高地的考戈尔人（Kaugel）中，年轻男子要是不守规矩，对部落里的年长者未能表现出应有尊重，那么，他恐怕就要单身一辈子，因为他可能无法靠自己去获得足以支付彩礼的庞大资源（Bowers，1965）。沙佩拉（Schapera）（1930）描述了一个类似的案例：在非洲东南部，年长的茨瓦纳族男性拥有年轻男子娶妻所需的牛只。

314

婚姻安排

（巴卡瓦尔族）女孩必须在她月经初潮到来（并变得性感）之前订

婚。对她和其他所有人来说，原则上，订婚时间要越早越好，因为必须尽量减少她在性行为方面对自己和他人带来危险的可能性。（Rao，1998：121）

（哈扎族）情侣如果待在一起的时间，持续一个星期或几个星期，他们……就会被认为是结婚了。婚姻无须仪式，它是通过同居来界定的。（Marlowe，2010：170）

虽然我们已经看到不同社会在对待青少年性欲上存在着巨大差异，还有，青少年与其原生家庭的关系也有着或紧或松的差异，但是，当涉及婚姻时，他们的自主权却少得多。有少数几个社会可能会让年轻人选择自己的配偶。例如，在塔皮拉佩族中：

没有结婚仪式，也没有彩礼。当一个年轻的男人和一个年轻的女人达成了协议，他就会扛着一堆柴火穿过村庄广场，放到她的住处。这是他与那女孩结合的公开声明。接着，他把自己的吊床移到她的吊床旁边，成为她家中的一位供养者。年轻男性和年轻女性的第一次婚姻总是脆弱的——这几乎就是试婚。（Wagley，1977：157）

更常见的做法是，亲属"做媒"。一个需要考虑的重要因素是，根据继承和居住模式，一个家庭在婚姻中会失去或获得一个潜在的有价值的帮手（Schlegel and Barry，1991：106）。在玛雅农业群体中，青少年要到相对较晚的年纪（女性 19 岁，男性 22 岁）才会结婚，因为他们对家庭经济的贡献非常重要（Kramer，2005）。更典型的是，摩洛哥母亲会急切地充当媒人，让儿子娶到能成为好主妇并对婆婆负责的女孩（Davis and Davis，1989：77）。"看守女儿"这个词被发明出来，用以描述这样的过程：女孩的父母密切监视她来往的对象，以免她嫁错郎，或者因为不贞洁的行为而影响了她的婚姻前景（Flinn，1988：195；另请参阅 Wilder，1970：230）。"传统的"爪哇人避免这个问题的方法是"嫁掉发育期前的女儿……于是，使她远离其他男人……（就成为）她的新家庭要关心的事"（Geertz，1961：56）。

通常，（在达托加族中）女儿都能获得家庭的支持，去寻求一个出自"好"家庭、"有前途"的男人（Sellen，1998b：330）。他们通常希望自己的儿子或女儿以及孙辈都能找到最好的配偶，但是婚姻也可能被用来获取或分配社会资本。一位阿拉佩什族父亲可能会为他的儿子安排彩礼，以迎娶某个人的女儿；原因是他欠了这个人的人情（Leavitt，1989：308）。我敢说，在有些社会里，父母（尤其是父亲）在协商子女婚姻的细节（嫁妆、彩礼、住房、土地使用权）时，所花费的时间要比他们曾经用来育儿的时间多得多。"如果（瓦拉几族）父亲不能为他的女儿安排一个体面且成功的婚姻，他在社区中的声誉就会下降"（Campbell，1964：159）。父母为子女找一个合适的配偶是最符合遗传利益的，这可以增加获得受到良好照顾的孙辈的可能性，而那些存活下来的孙辈会把他们的基因遗传给下一代（Blurton-Jones，1993：406）。图 27 中的女孩们正在为"包办婚姻"做准备。

以冷静的态度看待婚外孕的社会也是极为罕见的。北美洲的某些非主流社区就是例外；在那些社区里，婚姻是暂时的，多少带点可选择性。在北卡罗来纳州一个贫穷的黑人社区里，"从 1969 年到 1986 年，每个女孩……在十多岁时都曾经生过至少一个孩子。孩子的父亲是谁……无关紧要……邻居们似乎很高兴看到孩子出生"（Heath，1990：502）。在霍尔曼（Holman）这个资源丰富但地处偏远的因纽特社区中，一个十几岁的女孩可以确信，她自己的家庭会帮忙抚养自己的孩子，要是她决定放弃孩子（baby），她的家族成员也会主动收养孩子（Condon，1987：98）。同样，在阿巴拉契亚（Appalachian）山脉的贫穷白人社区里，人们可能会积极看待十几岁的女儿怀孕或者儿子即将成为父亲的事件。人们希望这些青少年通过照顾孩子可以变得成熟（Fitchen，1981：128）。

315

图 27　准新娘，老挝琅勃拉邦

更常见的是，婚姻被视为一种充满紧张气氛的外交活动，适婚的女儿会为自己和家人招来灾难。在母系的霍皮族社会里，年轻男子不愿意离开自己父母那舒适而安逸的家，而到妻子的家庭里从事长时间且艰苦的劳作。如果一个人的女儿懒惰或者性关系混乱，那么要想吸引一个好女婿进门是不太可能的（Schlegel，1973：457）。在以船为家的苏禄海巴瑶族渔民中，女孩可以暗中享受性关系，但是，如果她被认为私生活不检点，那么她就"无法要求高价的彩礼，而且可能不得不接受一个不太理想的伴侣"（Nimmo，1970：255）。在（乌干达）父系的泰索族社会里，一个发育期后（post-pubescent）还没有结婚的女孩是她父亲的焦虑之源，因为在她的名声之上寄托着"他对获得新娘彩礼牛只的希望……为了让儿子们能娶妻，他需要这些牛只"（de Berry，2004：56）。

当存在财富积累（农牧民群体 VS. 觅食群体）以及（通过彩礼或嫁妆、和/或随后的继承）分配财富的情况时，社会就会更加严肃地对待婚姻。成
317　人（尤其是成年男性）会对择偶行为施加严格的管控（Apolstolou，2009：46）。婚姻被视为一个确保子女有"佳"偶的机会，或者是赋予子女家庭财富的机会——以便帮助子女组建家庭，并为孙辈创建一个合适的家。艾丽丝·施莱格尔就在一项出色的研究中详细解释了这种现象。在为女儿提供嫁妆的社会里，父母需要提防那些无所事事、攀龙附凤的男子 [《傲慢与偏见》（Pride and Prejudice）中的威克姆就是这样的例子]；这类男性会通过勾引女性来改善自己的命运。因此，女性婚前的贞洁受到重视（Schlegel，1991：724）。

最后要说的是，有许多社会非常重视女性婚前的贞洁，以至于女儿在刚出现发育迹象时就会被嫁出去（Whiting et al.，1986：287）。

然而，正如下一节所揭示的，快速的社会变迁正在对这些习俗（尤其是过渡仪式）产生巨大影响。例如，带薪的工作机会使得青春期男性可以在没有年长者帮助的情况下获得结婚所需的资源并建立自己的家庭，如此一来，他们就可以灵活处理结婚需要年长男性首肯的问题（Caldwell et al.，1998：139）。

传统社会里的青春期与社会变迁

> 通过把(泰索族)女孩交给士兵,中间人破坏了她们父亲对彩礼的要求。(de Berry,2004:56)

> 制作当地使用的游牧风格的部落地毯和平织布的(鲁尔族)女织工都没有年轻学徒;她们的技术和产品被认为是过时的。(Friedl,1997:4)

> 已经不再有一条清楚阐明晚年生活目标的明确人生道路可供[恩冈雅特加拉族(Ngaanyatjarra)]"年轻小伙们"(youngfellas)① 遵循。(Brooks,2011:196)

如同先前所论述过的黑猩猩,年轻人通常处于社会变迁与革新的前沿。在印度的萨多尔帕罗(Sadolparo)村,加罗人奉行一种叫作"Sansarek"的"万物有灵论"信仰。然而,基督教的礼拜却充满了拒绝"Sansarek"信仰的加罗族青少年,而且他们承认会因信仰过它而感到羞耻(Stafford and Nair,2003;另请参阅 Robbins,2004:138)。早前,我们已经提及青春期男性会在家庭"围栏"外的广阔世界里游荡。而且,在近代历史上,这常常意味着他们是第一批到大城市或商业飞地(种植园、矿山)冒险的村民。他们带着礼物和激进的想法回到村庄。[24]青春期女性迁移到城市地区寻求学校教育和/或作为性工作者的情况,虽然出现的频率较低,但人数仍然相当可观(Rubenson *et al.*,2005)。年轻人也可以充当变革的"导管";例如,女孩或年轻妇女可能是第一批在织物上采用新图样的人(Greenfield,2004)。年轻的特里福族妇女"已经迅速掌握了外来的……在 ' *bilum* '② 上编织彩色图案的方法"(MacKenzie,1991:106)。秘鲁的马特赛斯人(Matses)

---

① 恩冈雅特加拉族把 15 岁至 29 岁的男性群体称为"youngfellas"(Brooks,2011:189)。——译者注

② 意为"网兜",参见本书第 284 页相关引文。——译者注

原本居住在亚马孙地区丛林深处，但逐渐迁移到主要水道沿线容易进出的地方。马特赛斯族男孩是探索和开发河流资源（尤其是鱼类资源）的先锋。他们利用迅速掌握的能力帮助成人减少了与这种陌生的且以前回避的生存环境打交道的障碍（Morelli，2011）。

无疑，城市化的迹象（vestiges）将会在内陆出现，而青少年往往是最快适应并作出反应的人。为南美森林部落居民提供的"定居点"往往包括医疗设施、学校、商业机构以及外来宗教机构。有一些阿切人被劝导到一个保留地定居，然后年轻的部落成员更快地适应变化了的环境。结果，"传统的权力结构被彻底颠覆了……年轻人（获得了）比他们留在森林里时更多的妻子和子女"（Hill and Hurtado，1996：53）。

青少年可能特别容易受到现代机构的压力或诱惑的影响，这些机构包括城市、学校、教堂、种植园以及工厂。在多米尼加的村庄里，"孩子们因为看电视而变得更粗鲁，产生了不好的或消极的态度"，这让父母感到遗憾（Quinlan and Hansen，2013：268）。由于青少年逃离了传统权威人物的僵化控制（Grier，2006：482），能够利用如雨后春笋般涌现的庞大的工业飞地所提供的新的就业机会，中国农村社会发生了巨大的变化（Stevenson and Zusho，2002：141）。在巴西的帕拉伊巴（Paraiba），"年轻人想要离开山区……尽管人们认为他们应该'扎根在土地上'，但是（他们）渴望在城市里找到工作，而且离开时也无意再回家乡"（Kenny，2007：113）。

在卡米亚人（Kamea）（巴布亚新几内亚）中，"一个未经历成年礼的年轻人娶妻是不可想象的。男子团体（cult）教导年轻男子在女人面前应如何表现，以及如何避免被其准新娘身上肮脏的性物质污染"（Bamford，2004：42）。成年礼和其他"异教"习俗被基督教传教士压制，并被迫转入地下。因此，年轻男子再也不能通过在鼻中隔植入一根骨头来宣扬他们的成年身份（Bamford，2004）。邦比塔阿拉佩什族年轻人可能不再经历进入"*Tambaran*"宗教团体①的成年礼，这将损害他们"生产长势良好、产量丰富的薯类作物"（他们的主食）的能力（Leavitt，1998：186）。在新几内亚高

319

---

① 参见本书第296页相关译注。——译者注

地的偏远地区，年轻的帕耶拉族男子绕开了冗长的、巨细无遗的彩礼协商/展示过程，娶到了妻子；阿莱塔·比尔扎克（Aletta Biersack）记录了这些传统崩坏的过程。她警告称："随着这些习俗一起流失的不仅是……仪式方面的……而且是……仪式所要建立和维持的社会秩序。"（Biersack，1998：87）在非洲，文化"涵化"已经使得成年礼的重要性大大降低，包括：

> 阴道检查……和阴部缝合，这些文化习俗标志着特定的发展过渡期，也是对青少年施加性控制的有力途径……通过成年礼、行为监护人①、民间传说、祖父母对青少年可接受的性行为的指导（orientation），通过口述传统，来开展的传统教育，似乎正在相当迅速地失去其重要性。（Nsamenang，2002：84-85）

村庄社会结构的崩溃是显而易见的（Brooks，2011：196）。在邦加苏阿奎勒，从镇上回来的年轻男子引进了纸牌和飞行棋（the Ludo），避开了传统的"*malang*"②。由于年长男性是公认的大师并且拥有雕刻得很精致的"*malang*"棋盘，这一转变就有效地取消了年长男性曾用来迫使年轻人承认其优势的另一个机会（Lancy，1996）。在几内亚，就像在非洲的许多地方一样，年轻男子对长辈负有义务（beholden），因为他们为年轻男子提供了娶妻和建立家庭所需的资源。在一个尊崇长者的社会里，年轻人随时准备听从长辈的命令。但是年轻的几内亚人，通过加入国防部队，获得了资本，从而摆脱了这些义务。不利的一面是，他们可能也要放弃能为其子女提供代父母（allopaternal）照顾的亲属关系（Vigh，2006：46，53）。

当代，在巴布亚新几内亚的大部分地区，年轻男性在美拉尼西亚混杂语里被称为"*bikhet*"（意为"自以为是的人"，或者，在城市背景中，称为无赖）。基督教传教团提供了机会，使他们可以摆脱（塞皮克地区，与男子的

---

① 查证引文原文，"涵化"使得成年礼、阴道检查，以及阴部缝合的重要性大大降低。此处英文为"chaperones"，指的是旧时未婚少女参加社交活动时身边的"行为监护人"。——译者注

② 播棋。参与本书第224页相关内容。——译者注

"*Haus Tambaran*"①相关联的)传统仪式所施加的束缚,但是却未能成功地让他们接受西方/基督教的价值观。同样,年轻男子进入政府举办的学校,这表明他们放弃了传统的农业经济,然而他们却没有真正学到足以在现代经济中谋得工作的知识和技能。简而言之,社会变迁导致他们认为自己比那些年长的男性优越,然而,他们却没有给族群带来重要的资源;因此,他们被称为"*bikhets*"②(Leavitt, 1998;关于爪哇人的情况,参见 White, 2012:95)。因纽特游群定居后,青少年男性聚集成群,如今他们已是一个"严重的社会问题"(Konner, 1975:117)。更广泛地说,村庄里的青少年犯罪行为与青少年和成人(包括自己的家族成员)之间关系的疏远有关。在亲属关系较强的地方,父母以外的成人也会发挥抑制作用(Schlegel, 2000b)。

320　　　当男人迁徙出村庄,他们的缺席就使得女人,尤其是孩子,必须承受更大的负担(Honwana, 2006:81;LeVine, 1966:188)。不出意料,女性可能会急切地追随男性的脚步,逃离农村的贫困。在斯里兰卡,年轻的农村妇女能够在科伦坡(Colombo)的制衣业赚得固定工资,但她们是冒着被贴上"*Juki Girls*"③的标签,被认为不适合结婚的风险的(Lynch, 2007:107)。在某些国家,农业衰落,又恰逢城市里的工厂扩大招工,这导致年轻女性逃离了父母的严密控制和乏味的村庄生活,而去谋取自由、大城市的繁华以及微薄的工资(Lee 1998)。随着"异性恋约会在中国变得越来越频繁",传统的"做媒"和组建家庭的方式自然而然地被废弃了(Stevenson and Zusho, 2002:149)。当然,农民现在发现要找到配偶非常困难。

　　　虽然世界各地的年轻人都享有更大的自由,可以利用村庄生活之外的机会,但是法律法规和维吉兰特正义④(vigilante justice)相结合,一起否定

---

　　① 参见本书第 296 页的相关译注。——译者注

　　② 相关书评指出"bikhets"指的是从事破坏性和挑衅性违抗行为的个人[参见 Rubinstein, Donald(2001). Review of Adolescence in Pacific Isl and Societies. *The Contemporary Pacific* 13:281-286.]。——译者注

　　③ 查证引文原文,这一表述中的"juki"一词源自斯里兰卡制衣业常用的日本缝纫机品牌——"重机"。双引号为译者所加。——译者注

　　④ "vigilante justice"字面意思是(自发的)治安维持者的正义。也就是法外制裁之正义,或者说民间正义。——译者注

了年轻的穆斯林女性获得独立的机会，于是传统的父权制得以维持。不过，在其他地方，比如在巴巴多斯（Barbados）（Stoffle，1977），壁垒正在崩塌。怀孕可能不会被视为一种阻碍（僧伽罗人-Caldwell *et al.*，1998：141），因为婴儿有时会被安置在村庄的亲戚家中（Hollos and Leis，1989：73）。在非洲，相关的大规模人口趋势统计显示，由于青春期女性寻求教育和就业而不是结婚，结婚年龄正在提高；然而，第一次怀孕的年龄并没有明显上升，这可能是因为没有可用的避孕措施（Bledsoe and Cohen，1993）。

有一种转变已经开始出现，雇主会优先雇用女性，因为她们比男性更可靠、能接受更低的薪酬。[25] 在哥斯达黎加，咖啡价格的下降使农村男子失去了一个可靠的就业来源，而在制造业就业的妇女大幅增加。因此，男性发现自己无法履行传统的养家糊口的角色，而且实际上无法获得成人身份（Mannon and Kemp，2010：11）。如果年轻男子找不到养家的手段，而女性可以谋生并照顾子女（或许是得到了母亲的帮助），那么核心家庭的重要性就会下降。更糟糕的是，贫困和国内冲突可能会把青少年"扫进"临时拼凑的民兵队伍的行列。一个被充分研究过的案例是塔吉克斯坦，那里因人口过剩而造成了大量的失业青年，他们会周期性地发动暴乱（Harris，2006：29）。

心怀不满的非洲学生（他们谋取白领工作的希望因经济停滞而破灭）很*321*容易被招募为"叛乱者"（Lancy，1996：198）和街头暴徒（Durham，2008：173）。恐怖分子和反叛军队利用（在某种程度上是由"生活于过渡状态中"所导致的）青少年心理的特殊性，创造出盲从的（pliable）狂热分子（Rosen，2005：157）。罗森也指出，（本章前面部分描述过的）传统的门迪族勇士训练，与儿童士兵的招募和训练之间存在连续性。

> 革命联合战线（Revolutionary United Front，RUF）也利用了……类似"Poro"①秘密社团的仪式。革命联合战线的新兵通常要发誓保守秘密，并宣誓效忠，而违反者据说会被魔法杀死……许多战斗团体利用这些强大的象征符号，以之作为组织和控制年轻人的手段……（这些

---

① 参见本书第310页相关内容。——译者注

年轻人愿意）……把反对者带到由年轻人操控的"袋鼠法庭（kangaroo courts）"①，并用大砍刀把男人和女人砍死。（Rosen，2005：72，78）

在（葡萄牙退出后）非洲前葡萄牙殖民地的长期内战中，也出现了类似的过程。一名 17 岁的安哥拉少年回忆道：

我们每人都得喝两勺血。他们告诉我们，这是重要的，这是为了避免我们被那些可能被我们杀害的人的鬼魂困扰……在这些证词中可以听到传统宗教信仰和习俗的回响。民兵组织指挥官在招募新兵从事暴力的仪式上，刻意利用当地和平时期成年礼的元素（features），来消除他们的恐惧，并将谋害生命的过程神秘化。（Honwana，2006：62）

与传统仪式不同，叛乱青年社会化过程中的成年礼"不能促进他们向负责任的成人身份过渡"（Honwana，2006：63）。同样，在萨尔瓦多内战中，年轻的士兵"没有机会练习和学习如何成为农夫（campesinos）②，献身于自给型农业……而且他们对于获得一个和平时期的新的成人身份缺乏准备，这导致许多年轻人选择消极的身份……成为'marero'（犯罪团伙/帮派的成员）"。（Dickson-Gómez，2003：344–345）

在发达社会里，偏远的农村地区和贫穷的城市飞地也造成了同样的反常现象，也产生了相似的后果。生活在破败的美国内陆城市的青少年男性极有可能进监狱、感染艾滋病毒/艾滋病，或者吸毒成瘾，或者死于他杀或自杀（Rose and McClain，1990）。[26]同样，生活在印第安保留地的青春期男性的死亡率和自杀率是全国平均水平的 3 倍。在（北美洲）红湖保留地（Red Lake Reservation），2005 年，有一名十几岁的、沮丧的少年在制造

①　"袋鼠法庭"是指非正式法庭、私设法庭。——译者注
②　"Campesino"特指拉丁美洲（讲西班牙语地区的）农民。——译者注

了一场可怕的大屠杀后自杀；在那里，有三分之一的学龄儿童没有上学，而且帮派暴力和吸毒现象十分普遍（Harden and Hedgpeth，2005）。在当代澳大利亚的土著居民中，类似的情况也普遍存在。政治力量与经济力量正在联合起来造就出某种情境（conditions），在这种情境里，青春期的过渡状态（limbo）有可能成为一种终身状态。农业经济，无论是以村庄为基础的小规模耕作，还是种植园规模的农业综合企业，都处于停滞或衰退之中。制造业正从欧洲、亚洲和北美的富裕国家"向下"迁移到迅速现代化的国家。但这种不断蔓延的工资经济几乎没有渗透到较贫穷的国家，包括非洲的大部分地区、大洋洲，以及西半球和东南亚的大部分地区（sectors）。

现代经济力量创造出了两种非常不同的青春期。我们刚刚回顾了某些个体的命运；他们由于经济状况不稳定，似乎无法走出青春期，跨过成年的门槛，进入组建社区支持的家庭的新阶段。在本章的最后一节，我们将关注（consider）这样一类个体：他们必须留在青春期，以便利用只有受过良好教育的人才能获得的经济机会。

青少年作为学生和消费者

中等学校的学生学到了一种叫作青春期的人生状态，因此，在某些人看来，是学校"创造"了这个概念以及与之相关的预期行为。（Davis and Davis，1989：59）

今天……（马达加斯加的）民众明确地将年轻人与时尚联系在一起。（Cole，2008：101）

互联网已经成为伊朗年轻人的一个另类空间。（Khosravi，2008：157）

在菲律宾，受过教育的城市青少年与下层社会或农村的同龄人之间的差距越来越大。相对于后者，前者正在将结婚和组建家庭的时间延后，因为对他们来说，孩子是一种经济上的负担（liability）（Santa Maria，2002：184）。调查显示，在某些地方，孩子在接受过学校教育之后能够相对顺利地找到有工资的工作；那里的"父母会更努力地工作，工作时间也更长，以便弥补儿童劳动力的损失"（Larson and Suman，1999：708）。然而，怀特（White）在爪哇卡利洛罗村（Kali Loro）的长期研究发现，对当代年轻人来说，学校教育已经成为某种形式的消费（consumerism）。也就是说，经济回报是非常不确定的，然而，尽管学生事实上并不喜欢质量低下、教学枯燥的学校教育，他们还是坚持读完中学。他们这样做是为了维持自己"摩登""跟得上时代的"形象，也是为了推迟这样的日子的到来——扮演典型的"以各种手工劳动勉强谋生"的村民角色（White，2012：94）。

323

学生对家庭的贡献可能会减少，而父母可能需要支付学费，为孩子配备校服、课本以及各种用具。在摩洛哥，"上学每年要花费……400迪拉姆（dirhams）（约合66美元），这相当于一个妇女整整一个月……田间劳作的收入"（Davis and Davis，1989：62）。在"某些国家，例如埃及，私立学校越来越多，在负担得起的人群中越来越受欢迎，因为公立学校变得越来越拥挤，效率也越来越低"（Booth，2002：223）。

当然，人们的期望是，课业（schoolwork）对学生来说就等同于"杂务"。①

在韩国青少年中，课业占据了近一半的清醒时间，而在日本青少年的一份样本和在意大利一所精英高中的多份青少年样本中，课业占据了三分之一的清醒时间……在东亚，每个上学日长达8小时，学生在星期六还得额外上半天课……要完成家庭作业，在波兰、罗马尼亚和俄罗斯的青少年样本中，……每天需要2.5小时……而韩国高中生则每天需要3.0小时……在中国台湾地区……据报道，十一年级学生

---

① 意为学生不需要再承担其他的家务事。——译者注

报告说，他们平均每天要花 3.7 小时写家庭作业。(Larson and Suman, 1999：712-713) [27]

然而，除了课业之外，父母通常会为青少年提供有监督的课外活动。在东亚，青少年学习音乐课程和练习乐器是常态。在欧洲和美国，竞技体育活动消耗了青少年的时间和他们父母的欧元/美元(Kremer-Sadlik *et al.*，2010)。

人们需要接受长达数十年的"学徒期"(所谓的正规教育)，虽然这是将现代青春期塑造成一个独特的人生阶段的最重要因素，但是青春期文化在很大程度上是年轻人的可支配收入的产物。在美国，年轻人"仅仅是为自己买东西，每年就要花费大约 1000 亿美元。这些钱有三分之二来自他们自己的收入，其余的则由其父母提供"(Hine，1999：23)。这种商业文化已经占领全球，依据收入的状况而呈现出不同的态势。"在竞争激烈的全球青年文化市场中，日本已经成为……一个有竞争力的前沿'酷'产品的生产者"(Allison，2008：180)。在所罗门群岛：

> 年轻人，不管是中学毕业生还是没有一技之长的辍学生，都涌向城市；他们痴迷于霍尼亚拉①的"繁华"(lights)：电影院、商店、人群、体育比赛、大市场、外卖食品，等等。他们渴望体验那一切，或者至少看到那一切。(Jourdan，1995：211)

324

在南非，"喝着可乐长大的孩子们(已经)接受了西方的个人主义、竞争，以及物质主义价值观……在农村地区，在年轻人的拜金主义以及炫耀新衣服、皮鞋、昂贵香烟和磁带的问题上两代人发生了争吵"(Gibbons，2004：258)。在一个爪哇村庄里，孩子们渴望使用"三个最近安装的'Play Station'游戏站"(White，2012：93)。"圣·瓦伦丁节(St. Valentine's Day)作为一个庆祝日(一个'心上人'的节日)已经兴起，它在波兰各城镇的大学

---

① 所罗门群岛首都。——译者注

预科学校中迅速流行开来"(Schlegel，2000a：80)。肯尼亚的年轻人正在选择接受国家认同(national identity)，在这一过程中，他们自愿违背自己(古西族)部落的亲属和同龄团体所遵循的原则(LeVine，2011：428)。

在伊斯兰世界，有两个强有力的运动(在社交媒体的推波助澜下)竞相要求年轻人予以"效忠"。这些舆论的洪流一股"流向清真寺和伊斯兰教，而另一股流向西方"(Schade-Poulsen，1995：82-83)。在推动社会向西方时尚和价值观靠拢的变革中，年轻人也处于最前沿。"摩洛哥的无线电广播中满是浪漫激情的歌曲，(而)卡萨布兰卡上层社会的年轻人……可能过着和美国人相似的生活，有约会，也上迪斯科舞厅"(Davis and Davis，1989：133，209)。塔吉克女孩结交男朋友，反抗家庭和习俗，希望在选择结婚对象方面能够有一定的掌控权(C. Harris，2006：108)。"在阿尔及利亚……有一种新音乐风格……被称为'raï'……开始出现……它使用西方乐器，并将当地流行歌曲……和……美国迪斯科舞曲混合在一起。"(Schade-Poulsen，1995：81)。在伊朗，年轻一代已经"美国化"，而且"他们不仅批评和排斥政治伊斯兰①，而且也批评和排斥一般的伊斯兰传统，尽管这些传统对他们的父辈来说是不容置疑的"(Khosravi，2008：126-127)。

青少年生活中的这些变化表明，他们将继续生活于过渡状态中。澳大利亚中部的马尔杜人(Mardu)生活在该国最贫穷的地区之一。当地的工作机会极少，而且，由于他们"对于接受学校教育没有多少热情或者也没有在这方面取得成功"(Tonkinson，2011：219)，也就不太可能在其他地方就业。然而，

马尔杜族青少年和年轻的成人却是全球青年文化的热情消费者。与澳大利亚和其他地方的同龄人一样，他们享受着许多相同的产品和休闲活动。许多人都喝酒，有些人沉迷于吸食娱乐性药物②(recreational substance)；他们穿着模仿嘻哈歌手和体育明星风格的服

---

① 大体上是指将伊斯兰教作为政治动员的工具。——译者注
② 精神类药物，如镇静剂、兴奋剂、致幻剂等。——译者注

装。他们也会在家里看电视和 DVD，听 CD，玩电子游戏。(Tonkinson，2011：218)

正如金奇洛(Kincheloe)所指出的，数字媒体，尤其是社交媒体，允许 ³²⁵ 儿童"对自己的文化进行协商"，但这种文化完全依赖于成人提供的资源。为了获得成为真正独立的文化代理人所需的财力，儿童必须使自己屈服于家庭、学校和雇主的专制文化。这一矛盾"已使许多儿童处于(一种)困惑且纠结的境地"(Kincheloe，2002：78；另请参阅 Arnett，2002：312；Lancy，2012b)。

注释

[1]"青少年"(teenager)这个词是在第二次世界大战时期才出现的(Hine，1999：223)。

[2]相比于女孩，男孩更有可能被从家里赶往别处，也更有可能在成年礼中忍受剧痛和生活必需品的匮乏；出现这种情况的原因之一(除了要把他们磨炼成为勇士)是，人们普遍认为，男孩要长大，成为男人，就需要彻底地清除他身上的女性特质——这些特质是他在妊娠期、分娩期以及婴儿期获得的。

[3]事实上，在美国，即使是大学学位也不能保证一个人能够在日益复杂、信息日益丰富的社会中胜任工作(Baer *et al.*，2006)。

[4]大约在 20 世纪 70 年代之前，英国精英男子寄宿学校(以及美国的同类学校)在以下方面都没有太大的不同：年龄较小的男孩不断受到年龄较大的男孩的欺凌，强调艰苦朴素、离家生活，还有每天从事团队运动。或许正是出于这些情况，威灵顿公爵阿瑟·韦尔斯利(Arthur Wellesley)才会说："滑铁卢战役是在伊顿公学(Eton)的运动场上打赢的。"

[5]What drives conflict in Northern Kenya? *IRIN Humanitarian News and Analysis*. UN Office for the Coordination of Humanitarian Affairs. December 18. 网址：www. irinnews. org/Report/87450/KENYA-What-drives-conflict-in-northern-Kenya. 访问日期：2013 年 10 月 5 日.

[6]一项研究发现，男孩在过渡仪式上投入的努力与提升勇士心态(mentality)的重

要性之间存在密切联系(Sosis *et al*., 2007)。

[7]在西澳大利亚,一系列漫长的成年礼减缓了恩冈雅特加拉人(男性)获得成人身份的进程,年轻男子要到 30 岁以后才能结婚;而女孩在发育期就嫁人了(Brooks, 2011:190)。

[8]在邦加苏阿奎勒进行田野调查期间,有一天晚上,我召集了一个由一名妇女和三四个孩子组成的小组,打算记录民间故事。这时钟声响起来(但是我没有听到),而我的信息提供人几乎都吓白了脸,他们立即跑回家,并且告诫我(马上)熄灭提灯,上床睡觉。第二天,我得知,那钟声预示着一个蒙面"恶魔"即将来到村子里,除了已经加入"Poro"①秘密社团的男性,其他任何人只要一看到那个恶魔就会立即死亡(Lancy, 1996:99)。

[9]艾丽丝·施莱格尔暗示我,弗里曼主要关注的是萨摩亚的贵族文化,而米德可能主要是与地位极低的女孩交往——那些女孩的地位使得她们有着与贵族女子不同的习俗(私人交流,2005 年 11 月)。

[10]也许是营养不良的结果,在那些从青春期开始或更早就开始性关系的社会中,"过早"怀孕似乎并不是一个引人注目的问题。

[11]父母和社区的这种宽容也不仅仅局限于未成年人的异性恋关系上(Blackwood, 2001)。

[12]关于古代青少年性欲的论述,参见 Lancy(2008:291)。

[13]参见 Caldwell *et al*.,(1998:143)。

[14]来自"Equality Now"网站的信息。网址:www.equalitynow.org,访问日期:2013 年 4 月 26 日。

[15]割礼仪式的证据可以在埃及的各种资料中找到;最早的资料是一幅描绘(男性)割礼场景的浮雕壁画,发现于一座第六王朝(公元前 24 世纪)时期的陵墓(King, 2006:48-49)。

[16]然而,此处有一个矛盾。尽管成年礼具有独特性,人类学家对它们感兴趣,而且它们也具有共性,然而,它们(除了少数例外)却没有很好地被记录。就其本质而言,这种仪式是在相当秘密的情况下进行的,因此很少有民族志学者能成为这一过程的参与式观察家(Bellman, 1975)。

---

① 参见本书第 310 页的相关内容。——译者注

[17]不足为奇的是,考虑到成年礼通常伴随着痛苦和生活必需品的匮乏,父母很少参与自己孩子的成年礼(Hotvedt, 1990:167-168)。

[18]历史上,"*Poro*"秘密社团将门迪族青年培育为勇士;他们保卫村庄,袭击邻近的村庄以捕获奴隶(Rosen, 2005:64)。

[19]除了看得见的标记之外,(女孩)称谓(nomenclature)也会随着身份的变化而变化。塔皮拉佩族女孩原本是"*kotantani*",在月经初潮后,她们就成为"*kuchamoko*"(Wagley, 1977:150)。

[20]有点讽刺的是,虽然青春期成年礼标志着年轻人已经为交配做好了准备,但是它们也可能标志着更广泛的性别隔离。也就是说,在许多案例里,女孩和男孩原本可以自由地交往,但是成年礼开启了一个快速的进程:一旦结婚,男人和女人要生活在不同的领域里,有着不同的角色分配,不同的娱乐追求,甚至(在许多案例里)要入住不同的住所。这种模式并不罕见,而且在关于吉普塞吉斯儿童性别隔离的研究中,这种模式已经得到了最详尽的描述(Harkness and Super, 1985:222)。

[21]在关于觅食社会的案例中,年轻男性作为供给者的能力(如因纽特年轻人捕到第一头驯鹿或海豹)展示活动引人注目,但不一定会为此举办一场完整的成年礼(Condon, 1987:56)。

[22]"没有女性被割阴者(不管她们未来的计划和抱负是什么)对这一手术表示过任何反对,而且她们中的大多数人都热切地期待着它,将它视为获得成人身份的'毕业典礼'。割阴费用由女性腹中胎儿的父亲支付,这就确认了孩子父亲的身份"(Hollos and Leis, 1989:125)。

[23]尽管在文献中这一点似乎没有太多的论述,但成人习惯于在青少年的生活中为他们作出关键性决定——给他们分配土地,为他们支付学费,让他们为有组织的宗教提供服务,送他们去当兵、去劳作或者当学徒,还有为他们安排配偶。我突然想到,这些决定与在孩子出生时所做的决定(在本书第2、3章中有详细论述)非常相似。也就是说,父母正在采取策略性行动,以便从子女身上最大化地获取遗传及物质方面的回报。

[24]毫无疑问,在第一波城市化浪潮中,青少年选择迁移,通常要违背家庭的意愿。而今天,在许多第三世界国家,人口过剩和农村农场的生产率下降意味着青少年的迁移是被迫的,因为他们无法通过农业劳动养活自己。

[25]教育领域也可能出现类似的现象。在一个爪哇村庄里进行的一项长期研究指

出："在获得中等教育的机会方面，女孩以前落后于男孩，但现在她们已经赶上了，而且相比于男孩，现在 18 岁以下的女孩实际上在学校和家庭里花更多的时间学习"（White，2012：91）。

[26]"青年挑战"（Youth Challenge）是由美国国民警卫队（US National Guard）运营的一个项目，旨在挽救老城区里的辍学生。"新兵"（就像军队里的新兵一样）要经受严格训练的考验。他们戒掉了毒品和犯罪，适应了主流社会的道德观念（Eckholm, 2009）。

[27]在这些调查中，美国的情况有些反常，因为美国在课业和家庭作业方面的数据，比其他现代的后工业化国家要低得多。这至少在一定程度上是因为美国两年制与四年制的中等后教育机构（能够让学生获得成为劳动力所需的教育和证书的机构）的入学标准相对来说更加宽松。

第九章

驯服自主学习者

勉强的学生，一块钱，十点钟的学生！你来得可真早？你过去常常十点来，现在却是十二点。① [《鹅妈妈童谣》(Mother Goose nursery rhyme, c. 1760]

教汉字，朗读和背诵课文是最基本的方法……中国有句古话："读书百遍，其义自见。"(Wang *et al.*, 2009：400)。

卡米拉·莫雷利(2011，2012)不久前作为参与式观察家，在秘鲁亚马孙地区的马特赛斯族印第安人的一个过渡社区(transitional community)里开展研究，她的研究主要关注儿童。她惊叹于马特赛斯族孩子在自然环境中是多么敏捷和活跃，相比之下，她觉得自己是多么笨拙。她深感震惊：三四岁的孩子能自如地在宽阔的河流上划桨和操纵独木舟。她观察到小男孩们会敏捷地捕捉和处理巨大的鲶鱼(图28)，然而，这些能掌控身边自然环境的孩子却在课堂上表现出严重不适和无能为力；这样令人不快的对比给她留下了深刻的印象。她把这种困境(dilemma)概述为"学会坐着不动"。虽然马特赛斯族孩子的自发倾向对他们学习族群文化很有帮助，但是，无论如何，他们必须以某种方式抑制这种本能，并采取一种全新的行为和认知参与模式。在教室里，他们不能坐着不动，他们不能保持沉默。这些孩子们表现出(在典型的美国课堂环境中)会被贴上"身心失调"(disorder)标签的症状。

---

① 这首童谣原文："A diller, a dollar, a ten o'clock scholar! What makes you come so soon? You used to come at ten o'clock, But now you come at noon."《牛津童谣辞典》[(Iona Opie & Peter Opie (1951). *The Oxford Dictionary of Nursery Rhymes*. Oxford：Clarendon Press)](第379页)对它有这样一段说明："'a diller, a dollar'究竟指什么，还没有定论。克罗夫顿(Crofton)指出，'diller'和'dollar'是'dilatory'(意为'拖拉的'——译者注)和'dullard'(意为'愚蠢或缺乏想象力的人'——译者注)的缩写形式。也许它们都与'dilly-dally'(有'磨磨蹭蹭、拖拖拉拉、浪费时间'之意——译者注)有关。或者，再说，'diller'是约克郡的一个(地方)词汇，用来指在学习上迟钝且愚蠢的学生。"

坦桑尼亚农村的查加人认为，学校教育，尤其是过多的阅读和写作，正把孩子们推向"歇斯底里的边缘"（Stambach，1998a：497）。图瓦雷格族男孩向往着参与骆驼商队，在一路向北去往撒哈拉沙漠①的旅途上，在星空下安睡。图瓦雷格族的房屋（home）：

> 里面既没有椅子也没有桌子……人们在垫子上或坐或躺，不断地改变他们的姿势……（对他们来说）坐在椅子上是这世上最不自然的事情。除了学生，没有人会待在一个封闭的房间里，（因为）封闭的房间就像监狱。（Spittler，2012：68）

图 28　一个抓着鲶鱼的马特赛斯族男孩

---

① 《大英百科全书》对图瓦雷格族有这样的介绍："北部的图瓦雷格人主要生活在真正的沙漠地区，而南部的图瓦雷格人主要生活在大草原和稀树草原。"——译者注

在丹麦的小学里，丹麦孩子是"心平气定的"，而外来移民的孩子是"野性难驯的"。教师利用责备和(孩子的)内疚来驯服粗野的孩子(Gilliam, 2008)。

本书所讲述的童年故事包含了许多场景，但显然没有教室的场景。历史上，不同文化和不同时期的儿童，没有接受学校教育，却都能努力长大成人，并成为有用的社会成员。而跳到21世纪，我们就会发现，在这个世界上，没有受过学校教育的童年是不可想象的。学校教育的普及掩盖了这样一个事实：它是一项昂贵的投资(对国家、家庭和孩子来说都是如此)，往往回报很少，甚至没有回报。本章的中心主题是，现代学校教育实践的"古怪"(strangeness)。我使用"古怪"这个词是因为，在一项关于童年的跨历史、跨文化的研究中，一整套与现代学校教育相关的习俗和教/学的能力，大体上都未在孩子们的童年里出现过(Azuma, 1981：25)。我将论证，成功的学校教育取决于那种与西方和东亚社会结合在一起的稳固的文化基础(Tyson, 2002：1183；Li, 2012)，但是那种文化基础在其他社会中却极为罕见(Tudge, 2008：153)。

这种(学校教育与社会文化基础)不匹配的例子比比皆是。从17世纪的荷兰(Durantini, 1983：152-154)到18世纪的日本(Kuroda, 1998：42)，我们可以发现一种流行的绘画类型：荷兰人称为"不守纪律的学校场景"。一旦教师的注意力转向别处，成群的学生就会"捣蛋"，混乱就会随之而来。在加纳的农村里，男孩渴望摆脱教室的束缚，换取牧人的自由。而且他们的父母认为，接受学校教育并没有什么经济上的利益，因此很少鼓励他们的年轻"学生"(Goody, 2006：245；另请参阅 Ofosu-Kusi and Mizen, 2012：279)。在齐纳坎坦人中，最聪明、最能干的孩子被留在家里工作和学习，而"愚蠢的孩子去上学，让教师把他们变聪明"(Greenfield, 2004：66)。尽管有强制入学的规定，(格尔德·施皮特勒曾研究过的著名的沙漠"行商")图瓦雷格人也拒绝送孩子去新式学校上学。有些人甚至从萨满巫师那里购买药水，以便让自己的孩子看起来很愚蠢(Spittler, 1998：16, 33)。[1]

在美国的一个印第安人保留地，孩子们被认为是注意力不集中的，因为他们在教师说话时不会盯着她看。然而在村子里，不直视成人是"恰当的"行为（Phillips，1983：101，103）。"华欧拉尼族孩子一进入学校，就会变得害羞、安静、拘谨……（因为他们要是）忘记了某些知识，就会被揪耳朵或头发"（Rival，2002：153）。马萨瓦族孩子对于在课堂上失去了自主性感到失望，他们"很少被允许采取主动"（Paradise and de Haan，2009：200）。

学校教育或者正规教育需要配备教师、教室、书籍、黑板，但是以前孩子们学习族群文化不需要这些辅助（aids）。不过，从另一方面来看，村庄也不是完全没有具有社会化功能的正式制度，学徒制（在本书第七章中有详细论述）以及"丛林"学校（在本书第八章及下文①中有详细论述）就是普遍存在的范例。更重要的是，在这些制度中，至少有一种可能产生了最早的学校。也就是说，我们可以认为，学校教育至少经历了两个阶段。它曾经类似于学徒制：要求学徒/学生将注意力集中在师傅/教师身上，师傅/教师勉强分享自己的知识，同时强迫学徒/学生服从并从事低贱的劳动。现代社会正在转变为珍视幼儿的社会；为了适应这种转变，学校教育已经普及、奉行平等主义、以学生为中心，并且取消了体罚及其他形式的惩罚。教师和父母已经成为合作伙伴；他们从每个孩子的婴儿期开始，就仔细且勤奋地培养孩子的潜力。这种较新版本的学校教育尚未渗透到人类学家通常研究的大多数传统族群。

本章中另一个反复出现的主题是"抵制"。学校遭到了学生的抵制——他们要努力"坐着不动"或者跟随教师的目光；学校遭到了父母的抵制——他们更愿意让自己的孩子去工作，而且他们拒绝当"教师的助手"（为自己孩子的学校教育做好准备，并提供支持）；学校遭到了父权社会的抵制——它们要在妇女的各种选择上强加各种限制；还有，学校遭到了普通民众的抵制——他们认为学校教学质量很差，并且充满强制的氛围。即使社会正在现代化，学校教育的特点也发生了变化，但是对学校的抵制却是

---

① 指本章中的"'丛林'学校"一节。——译者注

非常明显的。在美国还有欧洲（抵制的程度较轻），相当数量的学生竭力抵制学习学术课程，抵制随之而来的费心劳神（mental effort）。下文，我们将审视一些文化的构建和保存策略；这些策略被用来防止或克服学生对如今非常必要的学校教育制度的抵制。最后，我们要讨论接受学校教育是如何改变了人们处理信息的方式。

学校教育的兴起：先用大棒，后给胡萝卜

[16世纪晚期，本·约翰逊（Ben Johnson）特别提到]教师靠打小孩子的屁股消磨时日。（Lyon，2009：24）

儿童可能会寻找任何颠覆或逃离这类体制的手段。（Cunningham，1995：105）

学校教育起源于学徒制①。我之所以作出这样的断言，主要是基于学徒制（Lancy，2012a；参阅本书第七章第287页）与最早的学校在特征上有很多相似之处。第一批学生，就像学徒一样，是从精英团体中挑选出来的，因为上学需要费用，而且有特定的禁令不允许下层阶级或农民群体的孩子上学（Bai，2005：159；Orme，2006：131）。从关于学校的记录中可以看到，最早的抄写员是总督、高级公务员和牧师等杰出人物的后代（Saggs，1987）。体罚对于学校的运作也是必不可少的——就像它对于学徒制一样。

已知的最古老的教室和教学材料是在美索不达米亚发现的。在马里出土的公元前3000年的"*edduba*"或者说泥板屋（Tablet House）里，有供学生使用的两排长凳和许多废弃的泥板。泥板方便了教学，因为它很容易被擦掉，并能重复使用，而且比古代其他地方所使用的书写媒介便宜得多。克雷默指出，学校"不吸引人"，课程枯燥乏味，纪律严苛。一位可怜的新手

① 原文如此。——译者注

这样描述他的经历："校长看了我的泥板，说'有漏写'，然后用棍子打(caned[2])了我。'你为什么不说苏美尔语'，（说完，他又）用棍子打我。我的老师说'你的书写姿势不对'，（他也）用棍子打我。所以，我开始讨厌抄写技艺"(Kramer，1963：238-239)。

在古希腊，"教师权威的象征是'narthex'……大茴香的茎秆，（它具有）比硬木棍更大的伤害力"(Beck，1975：35)。在古希腊人的家庭中，用来教导孩子的工具是凉鞋，不过，这种纪律工具也是教师的"武器库"的一部分(Beck，1975：44)。古罗马"教师首选的训导工具是尺子或者鞭子：这一工具让他能够在每天都要面对的吵吵闹闹的学童中维持秩序"(Laes，2011：124)。在文艺复兴时期的意大利："在教师的鞭笞下，学生们会取得'辉煌的学习成果'"(Grendler，1989：13)。即使学校教育演变得更接近当代的做法，教师仍然是一个难以亲近且令人敬畏的权威人物，就像制陶师傅或铁匠一样①。在英国，教师(master)被描绘成这样的人：坐在他那高高的讲台旁，"手握用来鞭笞学生的桦条（一束细枝条）——这是他的职务的象征"，也用它来"惩罚不守纪律和回答不出问题"的学生(Orme，2006：144)。在16世纪90年代，英国的一位教师"感叹道，由于经常遭受严厉且频繁的鞭笞，孩子们害怕上学并且希望尽早离开学校"(Durantini，1983：125)。在19世纪的法国，教师依靠"皮鞭和木棍，这些木棍粗到足以伤害孩子，或至少能让他的手在相当长的一段时间无法活动。因此，教师对于小孩子来说是一个令人生畏的人物"(Heywood，1988：65)。这些做法衍生自这样一种信念，即孩子们不会自然而然地接受学生的角色。古希腊严厉的教师(disciplinarians)会引用柏拉图在《普罗塔哥拉》(Protagoras)中提出的训谕，该训谕赋予了他们像拉直曲木一样"扶直"②孩子的职责。

年仅7岁的苏美尔学生要经历长达多年的课程，要从低贱的任务开始学习（这也是学徒制的特点）。学生每天要花费许多单调乏味的时间，抄写和记忆一长串的人名、专业术语、法律术语，甚至整本字典(Saggs，

---

① 参与本书第七章"学徒制"一节。——译者注
② 双引号为译者所加。取"蓬生麻中，不扶而直"的意思。——译者注

1987）。古埃及的"*ostraca*"或者说陶器碎片显示，有类似的、无休止地抄写指定文本的情况存在。而这些文本中出现的无数错误也表明，许多抄写员可能仅仅是工匠，并没有真正的读写能力（Strouhal，1992：35–37）。教学的语言往往不是学生们的母语，甚至是一种他们从未听过的语言。欧洲学校仅使用拉丁语（进行教学），因而（虽然）学生学习识别单词和发音，但是如果教师不讲解，他们就不会懂得他们所阅读的内容（Orme，2006：59；另请参阅 Reynolds，1996：10）。在 13 世纪的学校里，"每个学生每天都必须熟记并背诵一首诗或一个故事。当他们表现不佳时，他们就要挨打"（Gies and Gies，1987：210）。与杂务课程不同的是，早期的学校课程很少允许孩子们通过游戏来学习，按照自己的节奏来学习，或者通过自己的动机和主动性来学习。随着学校教育在日本普及，"课程设置旨在让学生完全掌握经典文本，（并且）几乎不承认'儿童'是学校教育的主要目标这一事实"（Platt，2005：969）。自主学习也受到阻碍，因为学校（就像成年礼一样）完全控制着知识的获取渠道（Lancy，1975：378）。

亚洲的教育起源于孔子（孔夫子，公元前 551—前 479 年）近乎救世主般的教导。孔子学说（Confucianism）的最终效应是在中国创造了最早的精英政治：一种由博学且品德高尚的官僚们管理的政府。因此，与西方相比，东亚地区的正规教育有着更为悠久的历史（而且波折也并不少）（Zheng，1994）。这一教育制度的基石是录取（entry）和分配官职（placement）的科举考试（Kinney，1995：18–19）。例如，在 14 世纪晚期，科举考试持续 24 小时到 72 小时，考生在简陋的、隔开的号舍里举行。每位考生都会获得（issued）一个身份号码，而且他的答案将由一位抄写员重新誊写，这样考生的笔迹就不会将其身份暴露给阅卷人。这一制度引发了（东亚地区）现今所谓的"考试地狱"。

就像学徒制一样，那些经受了学校教育考验的人有望获得经济稳定的生活。由于这些与地位和金钱相关的考虑——"教育是一种获得绅士身份的渠道"（Lyon，2009：25），再加上资深抄写员渴望保护自身的垄断地位，因而，学生们（常常）被自己的老师（master）羞辱、殴打，并对其老师普遍怀有敬畏之心。早期学校教育的一个主要目的是抑制孩子的天然活力和好奇心，造就"虔诚的、守规矩的、顺从的、可教的孩子"（Cunningham，1995：48）。类似地，"中世纪神职人员和贵族的教育所共有的目的（就像学徒制的教育目的一样），是反复灌输自我控制和尊重权威的观念"（Gies and Gies，1987：217）。盎格鲁-撒克逊修道院里的修道士负责维持严格的纪律，以便"顽皮的年轻人……找不到发泄精力的出口"（Crawford，1999：147）。而且（如同今天的教师试图招募父母作为合作伙伴）过去的"教师（pedagogues）建议父亲'惩戒（chasten）'子女，也就是训斥并教导他们"（Alexandre-Bidon and Lett，1999：63）。

在早期的教室里，教学的气氛是令人沮丧的。

> （罗马）教师在户外与学生见面，在人行道或广场上课。当然，这种做法对学生来说有很多不利之处，而且交通噪声和街上拥挤的人群必定会让人分心，还有，恶劣的天气肯定也是个问题。不过，人行道学校节省了租金和照明费用。（Shelton，1998：103-104）

> 伊丽莎白时代的教室空间大、有穿堂风，通常由小教堂改造而成；此类教室又嘈杂又肮脏，冬天冻得要命，而且在每个上课日开始和结束前后的一段时间，室内都是昏暗的。（Lyon，2009：22）

> 教室里唯一的座椅，也是教室里仅有的一件家具，是留给教师的。这就是"讲席"。坐在这把椅子上，教师在学生们面前高高在上；他的学生们则盘腿坐在地上（把膝盖当书桌）读书或写字。（Alexandre-Bidon and Lett，1999：12）

> 新英格兰殖民地的学校空间小，没有舒适的环境，只有少量的家具和书籍。许多教师没有做好教学的准备，而且大多数教师都非常严厉，会对违纪行为施以严厉的惩罚。（Frost，2010：36）

爱憎分明的(passionate)批评家们的悲叹，为我们提供了了解学校教育本质的另一个窗口。那些批评家认为，要是把学校教育改造得更像是未受过学校教育的儿童的(学习)经历，(还有)将学习融入游戏中，让儿童做选择，对儿童的好奇心与独立学习进行奖励，就有可能解决"勉强的学生"①的问题。近2000年来，此类诉求不断出现；这一事实表明，关于学校教育本质的最初观念是多么持久、多么难以改变。

（在公元前1世纪）昆体良(Quintilian)认为，通过游戏来学习应该从小培养。(Rawson，2003：127)

（一位15世纪的中国哲学家）反对当时明朝的课程，(因为)孩子们被迫每天"记诵词章"②，仿写科举文章……王阳明(建议，学校)应该让学童"中心喜悦"。(Bai，2005：50)

333　　[16世纪早期，伊拉斯谟(Erasmus)写道]学习中必须有一种永恒的乐趣，这样我们才能把学习当成一种游戏，而不是一种苦差事……他悲叹道，学校(是)酷刑室；你听不到别的，只能听到棍棒的敲打声、鞭子(rod)的抽打声、孩子的号哭与呻吟，还有教师破口大骂的吼叫声。(Cunningham，1995：44-45)

在16世纪中叶，耶稣会士开始设立一些教学方法比较开明的学校，例如，教导本国语言。但是在1773年，教皇镇压了耶稣会，所有的耶稣会学校(除了俄罗斯的少数几所)都被关闭了。(Farrell，1970)

在19世纪40年代的美国，学校应该让儿童感兴趣的观念，被认为是一种激进的新教育哲学……它与教师先前的观念(assumptions)相

---

① 关于这一表述，参见上一节。——译者注
② 此处为王阳明《训蒙大意示教读刘伯颂等》一文里的表述。——译者注

冲突；这种观念是，只有诉诸学生的责任感或教师的教鞭，学生才能受到激励。不过，维持学生的兴趣已经变成了重要的事情，至少部分原因是，感兴趣的学生才会是一个专心的学生。（Anderson-Levitt，2002：82）

直到进入 20 世纪之后，这些改革原则才在西方学校教育中得以扎根，而在一些地区，它们直到现在才开始受到重视（Kipnis，2001：10-11）。在学前教育中，以下这些原则都是不久前才出现的：游戏是教学法的中心要素，以儿童为中心的教学，教师努力（在身体上①和智力上）"降低到与学生同一水平"②，关心孩子的幸福感，定制课程，停止体罚，旨在激发兴趣和动机的材料，以及防止辍学的积极干预政策，等等。它们都是后工业社会中的现代学校教育的特征；它们使得现代学校有别于早期的学校。早期学校的特点与尊崇长者的社会相适应，然而珍视幼儿的社会则诞生了当代的教育思想。

如果早期学校教育的象征是大棒，那么当前（学校教育）的象征应该是胡萝卜。美国学校面临的最大问题似乎是说服学生，让他们觉得应该去上学。在大众媒体（press）上，这是一个典型的标题："美国各地的教育专家正在重新想象上学日，使其更有吸引力、更有效、更有趣。"[3]就在这一标题出现的同一天，另一本类似刊物的封面照片所展示的是一个看起来友善的红白两色的机器人；为此照片所配的标题是"遇见你孩子的新老师：'Projo'机器人正是令人兴奋的革新之一，它能帮助孩子们在学校里取得成功。"[4]

尽管学校教育有着一段艰辛的发展史，但在 20 世纪后半叶，学校教育开始被视为社会现代化和进步的基石。[5]随着中国的影响力遍布亚洲，以及西方文化被强加给"新世界"（New World）和"南方国家"（Global South）③，

334

---

① "get down"有"俯身""趴下"的意思，所以此处用"literally"（照字面意思）加以形容，实际上是说"身体上"的姿势。——译者注

② 此处意为教师主动降低姿态，去了解孩子的世界。——译者注

③ "新世界"这一术语用于指称西半球的大部分地区，尤其是美洲。而"地球南方"并不指地理上的南方（南半球），而是指相对于发达国家的发展中国家；其中有不少国家在北半球，例如中国。——译者注

学校教育(与固定课程、指定的教师、特定的教室一道)也慢慢地渗透到世界的每一个角落。然而,正如我们将在后文中看到的,西方那种较为友善、更加温和的教学法尚未在欠发达国家的大多数农村学校里扎根。

正如我在前面几章中已详细论述过的,现代之前的非精英阶层的孩子主要是通过非正式(informal)的方式学习生活必需的知识与技能。但是有一种传统的制度采用了非常正式和常规化的程序来改变所有适龄的年轻人。如同早期学校,它也有着许多与学徒制相似的特点。这种制度是前一章中介绍过的"成年礼";只是很少有人把它当作教育制度来分析。

"丛林"学校

成年礼中的正式教育是最低程度的,因为在阿菲克波人的日常生活中只是偶尔才需要它。实际上,"丛林里没有学校",男孩学到的具体知识十分有限。(Ottenberg,1989:237)

长辈们在正式场合歌唱和跳舞;而遵从这些歌曲和舞蹈中所蕴含着的传统智慧是一个人"明白事理(understands)"的确切标志。(Maxwell,1983:58)

我之前提到过学校教育的"古怪",因为这种制度在历史上或文化上几乎没有先例。一种可能的先例是青少年的成年礼。此类习俗形式多样,却都可称为"丛林学校"。然而,它们所侧重的似乎是灌输,而不是教育或训练(Lancy,1975)。本巴族(津巴布韦)女孩的成年礼——"Chisungu",持续很长的时间,包括"一些代表锄地、播种、烹饪、收集柴火等活动的仪式……但是,就欧洲人的认知来说,对这样的'科目'进行指导是不必要的"(Richards,1956:161)。女性成年礼(通过强调妇女的传统职业)的目标不在于技能训练(因为对于相关的技能来说,女孩可能已经相当熟练),而在于性别认同。在男性成年礼中,我们也可以发现类似的道德教导:

吉苏族割礼者把食物、柴火、锄头、刀、饮水管以及其他的成人生活用具递给(受割礼者)。在把每一件东西递给男孩时，割礼者会告诉男孩这件东西的正确用法和错误用法，例如，"点燃这片柴火。当你点燃它时，我说，'别把邻居的房子给烧了。我让你点燃它，这样你的妻子可以为你做饭，而你可以烧水泡茶'……我让你拿着这个饮水管，接着我说，'喝啤酒，酿啤酒。不要喝醉和吵架，要不天天要打架'"。(Heald，1982：23)

人们认为青少年需要某种程度的"包装"，以便让他们从同伴群体回归到更大的族群中，强化他们对权威的尊重(Edel，1957/1996：183)，并且让他们为承担组建家庭的责任做好准备(Marlowe，2010：56)。

尽管关于成年礼的详细描述很罕见，但是我们可以从民族志的案例中提取出一套教学原则。首先，所有的成年礼都包含一些毁伤身体的元素，其范围(温和的方式)从刺青(Markstrom，2008：132)到疤痕文身(Wagley，1977：163)，以至于切除外阴部(Arnold，2006：50)。(在这一方面)巴布亚新几内亚高地和塞皮克地区的成年礼尤其著名，因为它们十分痛苦、极为恐怖(Herdt，1990：376)。典型的成年礼是这样的：孩子会被一个可怕的人物象征性地杀死，然后被复活或者重生(Higgens，1985：103)。除了痛苦的伤害之外，其他引发焦虑的做法(treatments)包括强迫孩子离开家庭(Dorjahn，1982：40)、把孩子监禁或隔离在一个陌生的地方很长一段时间(de Laguna，1965：21)，以及身体上的折磨，如在冰水中洗澡，或者让他们跳舞，直到筋疲力尽(Markstrom，2008：131-132)。"成年礼的首要主题是一场考验，用以测试和证明孩子的'成熟'。"(Goldschmidt，1986：95-96)因此，与学徒制一样(Lancy，2012a：117)，父母往往不会参与孩子的成年礼。①

另一个共同的元素是，成年礼被视为对主流社会秩序的初步体验(Markstrom，2008：262)。[6]例如，在博内拉泰人的割礼仪式中，"新手正

---

① 在学徒制中，学徒要住到师傅的家里。——译者注

第九章 驯服自主学习者 | 471

式学习（introduced）成人应该遵守的理想行为标准"，这包括适当地表现出羞耻心，尊重他人，并对自己的社会地位有清醒的认知（Broch，1990：137-138）。女孩的成年礼强调对年长女性的恭顺和对未来丈夫的顺从（Richards，1956：103），而男孩的成年礼强调对年长男性的恭顺和对女性的支配（Tuzin，1980：26）。年轻人（男孩）被迫摆脱同龄群体（Rao，2006：59）或母亲的"不良影响"。① 关于社会"知识"（lore）的说教并不简单明了。相反，成年礼是一个让年轻人深刻认识自己无知和无能的机会。"在克佩列人中，保密的做法（secrecy）……支持年长者对年轻人的政治和经济控制"（Murphy，1980：193）。类似地，恩冈雅特加拉族的土著年轻人，"必须一点一点地从（年长者）那里赢得（prized）知识，为此要付出大量的努力"（Brooks，2011：207）。

336　　巴布亚新几内亚巴克塔曼人（Baktaman）的男性成年礼已经被详尽描述；成年礼的几个阶段延续了整个青春期和成年早期。巴思的分析表明，成年礼与其说是关于传递文化知识的仪式，不如说是年长男性控制年轻男性的仪式。在这一点上，尽管年轻人已经能够以相对自主的方式通过偷听或观察来学习，但成年礼所传达的信息是秘密的、受到严格控制的。"许多更有价值的信息被编成（cast）仅有少数群体成员才懂得的密码，"（Barth，1975：18）。而这是意料之中的，因为"在美拉尼西亚的各个地方，知识都是力量"（Lepowsky，1993：75）。

特别是在（成年礼）初始阶段，男孩要经受压力重重的折磨：

> 水和火也被用于折磨，以强化成年礼早期阶段所传达的基本信息：那些力量②强大且危险；神圣的知识是昂贵的，必须付出艰苦的代价才能获得，这也正好确认了神圣的知识的价值。（Barth，1975：66）

当（年长者）将信息③传递给"新人"时，会警告他们，要保守秘密，否

---

① 参见本书第 301 页。——译者注
② 此处指的是，句首提到的"水和火"。——译者注
③ 结合上下文，此处应该是指成年礼初期阶段的秘密信息。——译者注

则就要被处死，不过，在稍后的(成年礼)阶段，他们知道自己被欺骗了。

　　有时，一些已经作出的声明和承诺会在接下来的仪式行为中立即暴露为谎言；有时，一些暗示使信息变得有点可疑，或者更多的秘密则使信息变得虚假或极不完整。甚至是成年礼的核心启示(例如，向第二级①"新人"展示骨头)，在稍后的成年礼阶段中，也被证明为大体上是一场恶作剧。(Barth，1975：81)

　　这些仪式(exercises)的主要目的似乎是要维持并增强年长男性控制妇女及年轻男子的权力。成年礼所传递的知识没有实际目的，而且传递的过程"旨在保留年长者的特权"(Barth，1975：219)。知识是由年长者以保护和增强自己特权的方式勉强传递给年轻人的，这种观点很普遍(Brooks，2011：207；Dorjahn，1982：47)。尽管成年礼中有"教导"，但是在这种以宗教体验为主的仪式里，年轻人显然没有获得多少陈述性知识，也没有学到实用技能。一般来说，这一观点是成立的，因为成年礼从根本上说就是对年轻人的宗教灌输(Mithen，1998：101；Pagel，2012：156)。

　　古兰经学校(Kuttab schools)是"丛林"学校的"近亲"；这种学校已经存在了很长时间，在伊斯兰教盛行的地方都能发现它。这种学校的教导主要是诵读《古兰经》(the Qur' an)并最终记住它；这种教导并不要求学生识字(Fernea，1991：452)。这些学校旨在向学生灌输一种特定的道德准则(Moore，2006：113)。在为印度教 (Broyon，2004) 和科普特教会(Coptic)(LeVine，1965：267)学生服务的宗教学校中，也能发现对于严格纪律与记诵文本的类似强调。在一些穆斯林地区，如喀麦隆北部，对世俗教育的抵制日益增长，随之而来的是公立学校与古兰经学校之间的直接冲突(Moore，2006：114)。

　　某些特定的技能或专业领域可以在类似学校的环境中习得；我们可以

---

　　① 巴克塔曼人的男性"成年礼"包括依次进行、时间间隔不定的七个不同"degrees"(等级)的成年礼。(Barth，1975：48)。——译者注

找到一些这样的例子，例如，传统的巴厘岛"佳美兰"（gamelan）①打击乐器的教学。然而，对于一个西方人来说，（佳美兰的教学）虽然有教室和教师，但这不像是"教育"。（佳美兰）教师示范正确的演奏方式；其余的，就取决于学生的主动性了。教师"什么也不解释，因为，对他来说，没有什么可解释的。如果学生出错，他会予以纠正"（McPhee，1955：89）。2011年，我在巴厘岛上观看了一节女生舞蹈课；令我震惊的是，教师几乎没有口头指导。专业的舞者示范正确的动作，偶尔也会动手调整新手的姿势或站姿。在也门，培训建筑工人的时间很长，要求很高；因为他们需要掌握很多技能。然而，也门尖塔②（minaret）的建筑工人却否认自己要依赖于任何我们所理解的那种教学来获得建筑技艺（Marchand，2001：219）。这些案例表明，"丛林"学校（以及为年轻人提供训练或灌输的其他传统做法）和学校教育的关键区别在于，后者会使用言语指导（verbalization），而前者则没有（Rogoff，1981：277-278）。

正如我们可以在学徒制中，找到最早学校的前身一样，我们也发现，当学校被引入以前没有学校的社区时，它们会更像中世纪的学校，而不是像（我们所理解的这种）现代的、进步的机构。墙面无装饰（bare），教室有穿堂风，死记硬背，教材匮乏，体罚，教师言辞晦涩，学生从事低贱劳动，女生人数不足并遭到剥削——所有这些都让人回想起西方学校教育的初始状态。

村庄学校

（几内亚的教师们认为），"Il faut suffrir pour apprendre"（要学习，就必须吃苦）。（Anderson-Levitt，2005：988）

---

① "gamelan"（有的译为"甘美兰"）是爪哇岛和巴厘岛上土生土长的、多种乐器合奏的音乐形式。——译者注
② 尖塔也称宣礼塔，是一座与清真寺相邻或相连的塔，它是清真寺建筑中最明显的一个地方。——译者注

"肮脏的"农村孩子或"原始的农民"的形象,与穿着校服的"得体"和"整洁"形象(并存)。(Meinert,2003:189)

　　如今,在每一块大陆的每个村庄,都能看到西方或亚洲风格的公立学校。但是在近距离观察时,我们发现这些学校并不能让人对它们产生信心。即使是漫不经心的观察者也会注意到这些学校十分拥挤,缺乏教学材料,教师用一种学生不太听得懂的语言低沉单调地讲课,还有,教师明显偏爱惩罚而非表扬(Borofsky,1987:94)。对人力资本的大规模国际投资却产生了低回报,我们将研究造成这种情况的一些原因。阿尔贝(Alber)提及(贝宁)泰博(Tebo)村里孩子之所以辍学,是因为,与乏味的学校生活和教师"专制的"虐待相比,干农活还是更可取的(Alber,2012:169)。在加纳,"许多男孩渴望逃离学校教育,过上自由的牧童生活"(Goody,2006:245)。

图29　一位土库曼牧驼少年

　　伊芙尼族(西伯利亚牧民)青少年可能要负责照料整个驯鹿群(与之对照的是图29中的土库曼骆驼牧人),他们之所以辍学,原因是他们讨厌在学校里扮演新手角色(Ulturgasheva,2012:119)。

　　20世纪60年代末,在利比里亚,我有机会去观察为克佩列部落儿童提供服务的村庄学校。其中一所学校建筑良好、设施完备,位于西尼耶（Sinyée）村；这个村子邻近一条主要道路，附近有一座医院，还有一所教会开办的文理学院。这些村庄学校的建筑、教学材料（contents）和教师都是利比里亚政府和美国政府的投资成果；美国国际开发署（USAID）为学校建筑提供了资金，美国和平队（US Peace Corps）为它提供了数百名教师。这些学校的目标首先是促进村庄人口提高生活质量，包括改善卫生条件、发展农业生产和激发创业精神。其次，他们希望打造一支受过教育的劳动力队伍，为建立现代经济提供人力资本。[7]最后，如同后殖民时代的非洲大部分地区，国家主义（nationalism）的传播很少超出首都的范围，因为，除了崇敬在位的总统之外，内陆的部落群体对政府机关基本上一无所知。

339 这些学校要培养利比里亚人民的国家认同。[8]从 20 世纪 60 年代初到 90 年代，所谓的"第三"世界或"不发达"世界都充满乐观地、大张旗鼓地推行具有同样目标的行动方案，结果却是在利比里亚和其他地方都失败了。这些目标是完全合理的，但用来实现这些目标的手段显然是不足的（Kilbride *et al.*，2000：139；Lord，2011：98）。

在西尼耶村的学校里，我没有看到多少儿童学习的情况（另请参阅 Gay and Cole，1967：35），我觉得这更近似于先前描述过的"丛林"学校的情况。（在西尼耶村的学校里）教学语言采用英语，这给几乎没有英语基础的学生带来严重问题（与之对照的是，中世纪学生用拉丁语来学习）①；除此之外，我还看到"克佩列人的家里，没有可供学习的书籍，没有藏书室，没有'芝麻街'（Sesame Street）"（Lancy，1975：375）。几乎所有的父母都是文盲，他们不能为学习学术科目的子女做好准备或者提供支持。除了不识字之外，村民们也不理解数学，他们的眼前只有一系列互不相关的问题和互不相关的解决方案（Gay and Cole，1967）。[9]一个非常普遍的行为原则可能是"保持简单"。[10]在与外部世界接触后，人们抛弃（传统）测量工具，转而采用更有效的外国方法，于是测量和计数的传统方法往往就成了首当其冲的废弃物（casualties）（Lancy，1983：109）。另一个发现是，用于解决日

---

① 参见本书第 331 页相关内容。——译者注

常问题的数学(特别是城市街头小贩使用的计算方法),并没有转化为学校的数学课程(Saxe, 1990; Rampal, 2003)。而且,尽管已有许多的尝试(Demmert and Towner, 2003)要改变课程,以便沟通村庄的和学校的思维方式,但是能够成功地行动是罕见的,而且代价高昂(Lipka *et al.*, 2005)。

10 年后,我在巴布亚新几内亚发现了一个类似于 1960 年到 1970 年的利比里亚(村庄学校)的场景。例如,在加彭人的村庄学校:

> 孩子们在头两三年学得很少……因为……他们难以应付用英语开展的教学……在学校外面……读写技能几乎派不上什么用场……在十四五岁离开学校之后,这些年轻人中的许多人可能再也不会阅读,而且几乎可以肯定的是,他们再也不会写字了。(Kulick and Stroud, 1993: 32)

在推广识字及其他"现代"思维方式方面,村庄学校未能取得成功,这 ₃₄₀导致了重点的转变①。普及初等教育,曾被联合国认为是现代化的必要条件,现在却被当作促进农村发展的一种手段。这可不是父母们想听到的消息②(Lancy, 1979)。但是,这种重新定义村庄学校目的的做法,在第三世界的许多地区继续被采用,并激起了某种类似的反应。20 世纪 90 年代末,在乌干达,自上而下地将课程"农村化"或"职业化"的尝试遭到了抵制(Meinert, 2003)。在地方层面上,人们继续认为村庄学校的目的在于让学生做好准备,以追求非农村的、向上流动的未来。

在此期间,巴布亚新几内亚的农村课堂几乎没有变化。例如,利特尔报告说,在生活在偏远地区的阿萨巴诺人中:

---

① 结合上下文,此处的意思是,村庄学校的价值发生了转变。——译者注
② 结合下文,此处的意思是,村庄学校曾提供着孩子向上流动的机会,但是,当它不再这样定位时,父母们失去了指望。——译者注

许多年前，孩子们被迫利用面包烘焙指导小册子来练习阅读技能：这些小册子是在某个稍远的城镇购买袋装面粉时免费获得的……这个社区的学校难以留住教师……因为……（他们）讨厌来到如此偏远的地方①……教师……在三个不同的建筑物之间奔波（教导不同的年级）……因此……学生们大部分时间都待在没有教师在场的教室里……家庭往往无法筹集到足够的资金……所以孩子们常常上学一年，休息一段时间，再回来读一年，以此类推。（因此，每个年级都有）不同年龄和认知能力的学生。（Little，2011：160-161）

　　当人类学家在世界各地观察村庄里的学校时，这些问题以及其他问题就会纷纷浮现。在奇利瓦尼村，各个定居点②（hamlets）分布[11]在海拔3800米到5000米的山谷中；恶劣的气候和从家到学校的遥远路途限制了村里孩子们的上学出勤率（Bolin，2006：85）。只会说盖丘亚语的孩子难以听懂用西班牙语开展的教学。而且教室太拥挤了，许多孩子只能坐在地上。博林指出，尽管当地有一位富有同情心的教师，但是印第安孩子通常会受到混血的（mestizo）③教师及同学的骚扰和其他形式的虐待（Bolin，2006：87）。

　　在墨西哥恰帕斯高地的学校里，教师为了让学生们记住功课，会殴打他们，强迫他们跪在鹅卵石或果核上。难怪"印度的父母会竭尽所能地把自己的孩子从上学的可怕命运中拯救出来"（Modiano，1973：87）。在中非，"俾格米人"学童受到来自较强大的班图部落孩子的骚扰和欺凌，而政府官员在谈到他们时，带有明显的种族歧视和蔑视。根据一位富有同情心的教师的说法，孩子们所要面对的那些障碍意味着："他们有时需要三到四年才能完成一年的正规学校教育"（Raffaele，2003：132）。在孟加拉国，村庄孩子可以自主决定何时上学，他们很迟才开始接受学校教育，出勤情况也

①　查证引文原文，真实的原因是，教师们到如此偏远的地方工作却领不到薪资，也缺乏生活必需品。（Little，2011：161）——译者注

②　在英文中，"village"是比城镇（town）小、比"hamlets"大的居民点（settlement）。"hamlets"通常意为小村庄，此处为了便于区分，译为定居点。——译者注

③　在拉丁美洲，"mestizo"一词指混血儿，尤其是指西班牙人和美洲印第安人的后代。——译者注

不稳定。因此，到了青春期，一般的孩子只完成了3年的学校教育（Nath and Hadi，2000）。在美拉尼西亚的马莱塔岛上，教师队伍缺乏训练，不能流利地使用教学语言（英语），而且人员调整频繁。教学材料已过时，充满了文化上不恰当的指涉（references）。孩子们"记住朗诵时要用到的单调（singsong）短语，却不理解句子的含义"（Watson-Gegeo and Gegeo，1992：18-19）。

人类学家已经证实了村庄学校的不足之处（Barnett，1979：8），以及学校教育实践（schooling practices）和传统信仰之间缺乏兼容性。例如，在大多数社会中，父母往往会认为孩子无需教导，也会自主学习族群文化。这种观念就规定了他们在孩子接受学校教育的问题上，采取了"不干涉"的态度（Deyhle，1992：40；Levin，1992：67；Matthiasson，1979：77；Mc Corkle，1965：74）。在普拉普（Pulap）岛（密克罗尼西亚），弗林观察到以下不相容的文化混合现象：

> 虽然教育系统表面上源自美国模式……然而，它在许多方面继续传递着普拉普岛的文化……在美国观察者眼中，学校里的气氛非常宽松。教室里的橱柜和架子一片混乱……用来提示上下课的钟声随意响起，这就导致课时可长可短、不可预测，而下课休息时间又是指定时长的两三倍……（学校里）许多看似混乱的行为与普拉普岛生活的其他方面是一致的。没有人遵循时钟或在意迟到，而且没有一个安排了特定时间的岛上事件会按时开始。（Flinn，1992：52）

穆尔观察到，在村庄学校中，喀麦隆教育部所推广的西方国家那种现代的、建构主义的教学方法，与教师们所固守的传统的、专制主义的教学风格（强调纪律和死记硬背），两者之间产生了另一种版本的文化冲突（Moore，2006：115；在几内亚也有类似的情形，参见 Anderson-Levitt and Diallo，2003）。父母并不一定反对如此盛行的专制主义教学风格。由于看不到学校科目有什么直接的用处，他们可能会认为课堂里的功课（就像成年礼那样），传授的是能改变孩子的强大秘密。教师可能会被视为受人尊敬的、严守强大知识的仪式领导者和年长者的现代化身（Bledsoe and Robey，1986：218；Macedo，2009：181）。

　　门迪族把正规教育视为当地的权威机构之一——这类机构都负有使命、具有神秘作用。他们断言，由于有价值的知识是关键的经济和政治商品，教师作为知识的所有人或者说"主人"（owners），可以要求……那些从中受益的人给予补偿……孩子们在能够将他们学到的新知识和新技能用于谋生①之前，必须通过劳动、学费（remittances）和绝对的忠诚[12]来向传授他们知识的恩人表示感谢。那些没有得到（教师）同意（blessings）却获得知识的孩子，可能会发现他们的知识是负担而不是资产。那些表现出早熟的（不是从教师那里获得的）知识储备的孩子，要么被忽视，要么被严重怀疑。（Bledsoe，1992：182，192）

　　在游牧部落中，学校教育很难扎根（Juul，2008：153；Ulturgasheva，2012：76）。这些族群有过被"外来者"（包括国家机构在内）剥削和边缘化的历史。他们并不渴望让自己的孩子入学，反过来，政府也不愿放弃利用固定地点开设学校的政策；这一政策是一种使游牧民（nomads）定居下来并加以管理的手段。有一个逐渐接受学校教育的群体是，在阿拉伯半岛东南部"空白之地"（Empty Quarter）②四处迁徙的哈拉西斯族（Harasiis）。尽管上小学的孩子（从 1994 年开始）中只有一小部分最终能从高中毕业，但是那些能从高中毕业的孩子确实都找到了有薪水的工作；由于这一成功，学校教育在"沙漠中心地区"得以维持（Chatty，2006：227）。在印度古吉拉特邦（Gujarat）信奉印度教的卡奇地区（Kutch），拉巴里族（Rabaris）游牧民采取了一个折中的做法：把一个孩子留在村里的亲戚家中，让他去上学，并希望他最终能得到一份工作，而其余的孩子们则继续放牧生活（Dyer and Choksi，2006：169）。[13]如同前面所论述的巴布亚新几内亚和乌干达，印度

---

① 原文为"bear fruit"。——译者注
② "空白之地"是鲁卜哈利（Rub Al Khali）沙漠的别称。——译者注

政府希望利用学校教育来使"表列部落"(scheduled tribes)①"现代化",而不必改变他们的生存模式;不过,已经接受了学校教育的拉巴里人应该会放弃畜牧生活,加入人数不断增长的城市移民群体(Dyer and Choksi,2006:171)。

对于秘鲁席波(Shipbo)部落的孩子来说,学校教育使他们进入了一种模糊状态(twilight zone),因为学校教育阻碍"他们了解自己的环境、学习自己的文化,(却)仅仅给了他们在城里谋生的最低限度的技能"(Hern,1992:36)。他们身在学校,没有机会观察和模仿他们的长辈,而长辈也不会主动地教导他们以弥补这种损失。在克里人中,由于父母并不把自己视为(子女的)教师,他们不会特别费劲地改变自己的觅食行为,以适应孩子的上学生活(attendance)。他们本来可以把到丛林采集食物的旅行安排在周末或者节假日,这样孩子就可以陪同并继续从观察中学习,但他们没有这样做。因此,传统的生存知识没有得到传承(Ohmagari and Berkes,1997)。同样,"拉坎冬族(Lacandones)年轻人(墨西哥农村地区)对森林的了解往往比他们的父亲少得多"(Ross,2002:592)。奇旺人坚称,"'我们等着(他们)来问我们,怎样制作篮子,或者怎样念咒语。'如果没有人问,那么他们②相信这些知识将会消亡"(Howell,1988:162)。

孩子们会转过身来,将他们的目光从(可能保障他们未来的)村庄转向城镇,然而在那里,他们贫乏的教育使他们举步维艰。"非洲大部分地区的学校系统已经膨胀失控,以至于它的主要成果就是粗制滥造了大批失业青年,这些青年都能读书写字,但完全依赖他人,甚至不能创造或利用当地知识",恩萨梅南(Nsamenang)用诸如此类的话描述整个非洲(的学校教育)(Nsamenang,2002:91)。

尽管这些场景令人沮丧[14](而且很容易成倍增多),但是我们必须记住,在孩子的眼中,学校可能是另外一番景象。如果另一种选择是拖着一个任性易怒的小弟弟到处跑,或者在田地里除草,或者整天待在家里帮妈

① 表列部落和表列种姓(Scheduled Caste)一起,构成了印度宪法规定的两类社会弱势群体;大而化之地说,在历史上,他们都是"贱民"。——译者注

② 原文如此。此处应是指奇旺族年长者。——译者注

妈干活，那么，花几个小时和同伴在一起，即使是在学校的恶劣环境中，可能看起来也没那么糟糕。例如，在几内亚，"学生想要上学，他们当然宁愿待在学校，而不是待在家里，因为待在家里就得做杂务。这就是为什么学生们认为严重惩罚是'bani'（驱逐），也就是被学校开除"（Anderson-Levitt，2005：988）。对孩子们来说，上学也许是"两害相权取其轻"。此外，在我与利比里亚、巴布亚新几内亚以及特立尼达的村庄学生的谈话中，至少男童都坦率地表示，他们期望这种暂时脱离农场劳动的机会是永久性的。他们希望沿着公立学校的"黄砖路"①，就能在首都找到一份高薪白领工作。

　　然而，大多数人发现通过这条路很难达到他们的目标。例如，在摩洛哥的扎维亚镇②（Zawiya），同龄群体中只有不到3%的人能够完成高中学业，而且即使是大学毕业生也面临着惨淡的就业前景。这导致"日益增长的心灰意冷和愤世嫉俗"（Davis and Davis，1989：141–142）。到目前为止，这种不安情绪已相当普遍。普及初等学校教育的结果是"期望落空的情形席卷整个第三世界"（LeVine and White，1986：193），人们发现村庄学校正在"制造失败"（Serpell，1993：10）。特别是在非洲，20世纪六七十年代沮丧的"待毕业生"成为了八九十年代野蛮的"反叛者"（Coulter，2009：42–43；Honwana，2005；Rosen，2005：80；Utas，2005）。

　　父母决定送孩子上学的一个重要因素是孩子是否能免于做杂务。对于男孩（分配给他们的杂务通常比较轻松）以及那些自家的几个兄弟姐妹已经长大到足以胜任杂务的孩子来说，（去上学）这种情况更可能发生。当然，随着强制入学的压力日益增大，这一决定可能由不得父母，其后果是可以预见的：

　　　　传统上，小男孩会看家和放牧，但现在他们必须被送去上学。其结果是，任由牛群在田野上游荡，对庄稼造成严重的破坏。（Barley，1983/2000：58）

---

① "黄砖路"是《绿野仙踪》中的一个元素，是奥兹国内通往翡翠城的道路。——译者注
② 据原引文作者的说法，这是该镇的当地名称，不是它的官方名称。——译者注

除了损失(儿童作为)劳动力的机会成本，以及学费、校服和教材的实际成本之外，衡量一个群体对学校教育的支持(commitment)情况的另一个重要因素是投资的潜在回报。在下一节中，我们将看到，(让自家孩子接受学校教育的投资)回报率可能为零。

学校教育和投资

> 宾夕法尼亚州的德国移民反对教育，理由是教育会使孩子变得懒惰，并对农场工作不满。(MacElroy，1917：59)

> 陆游把村庄学校称为冬学，因为只有在冬天农民才会把自己的儿子送去那里。(Bai，2005：25)

> 很难确切地说(加纳)孩子何时会成为家庭的净经济资产①，不过教育会推迟这一转变。(Lord，2011：102)

正如本书第二章已详细论述的，在世界上的大多数地方，孩子没有内在价值，但是作为未来的工人和年迈父母的照顾者，他们有着巨大的潜在价值。因此，将学校教育引入传统社会可能不会受到人们欣喜若狂的(unbridled enthusiasm)支持，因为它意味着直接成本，以及与失去儿童劳动力相关的机会成本。在本节中，我们将了解精明的父母是如何仔细评估子女上学的成本和收益的。

我们可以发现，从宗教改革时期开始，有一场面向所有儿童普及基本(basic)学校教育的运动。然而，"如果说学校在年轻人的生活中变得越来越重要，那么，它也是在经历了一个极其漫长、旷日持久的过程后如此

345

---

① 原文为"net economic assets"。——译者注

的"（Heywood，2001：161）。一个原因是，只要有可能，孩子们就会被叫去工作（employed）。在16世纪的葡萄牙，人们认为学校教育"对于自己孩子的未来毫无用处，因为他们以后当农民、渔民或者牧羊人，都不需要教育"（dos Guimaraes Sa，2007：31）。不久以后：

> 在18世纪晚期，纺织、金属和运输工人的识字率下降，因为这些职业不需要高级的阅读或写作技能。此外，对童工的需求扰乱了教育，因为工厂里孩子的上学机会更少。（Graff，2011：42）①

即使是今天，在摩洛哥的非斯（Fez），像皮革制作之类成功的手工业更喜欢让未受学校教育的男孩进入它们的作坊，因为学校传播的知识是"一种障碍，或者充其量只是浪费时间"；因此，男孩的上学出勤率下降了（Schlemmer，2007：114）。在摩洛哥南部，一个女孩要成为能干的织布工几乎不需要什么投资；她只需要认真观察那些正在织布的女性就行了。人们认为，（女孩）接受学校教育需要更多的投资，而且这是"家庭女性人力资源的损失"（Naji，2012：377）。

在最早的农村学校（以及今天的许多农村学校）里，各项事务都相当随意。虽然爪哇的学校每天仅开放几小时，可是它们仍然经常关闭，以便让孩子们有季节性的额外时间做农活。读完三年级，孩子们的学校教育就结束了（White，2012：89）。在农村地区，只要有农活要做，孩子们就不能上学（Cunningham，1995：83）。而且，甚至是在欧洲，直到20世纪20年代，"村里的小学处境艰难，因为它们都要千方百计地融入农村生活的主流"（Heywood，1988：61）。博茨瓦纳农业社区的女孩不太可能被送去上学；因为她们可以帮忙做家务，这样她们的母亲就能去田间劳作。在以放牧为生的社会中，男孩是更受欢迎的牲畜照料者；因此，与自己的姐妹相比，男孩很少会被送去上学（Bock，2002b：218）。在危地马拉那些贫困且

---

① 引文出处有误，无法查证。——译者注

土地贫瘠的村庄里，孩子们会优先前往采石场和咖啡行业工作，而不是接受学校教育（Ruiz，2011a，2011b；另请参阅 André and Godin，2013；Stambach，1998b：193）。学生可能需要通过工作赚钱，以便支付学费（Bass，2004：99；Hilson，2010：463）。虽然农村孩子能够上学，但在课堂之外，他们能够获得的学习机会非常少（Akabayashi and Psacharopoulos，1999：122；Martin，2012：205）。

关于学校教育的价值，父母的看法如果不是比孩子的更复杂，也会比他们的更多样化。在我为（巴布亚新几内亚）教育部工作，在该国四处旅行的那段时间（1976 年至 1980 年）里，尽管新增的有薪职位的数量正在迅速缩减，但是学校招生名额却在不断增加。在公务部门中（包括学校），用本地人员替代澳大利亚侨民职员的转变过程几乎已经完成，而私营部门里仅有的、有报酬的工作是，未受过学校教育的工人在种植园和矿山中所从事的那些工作。我与一些父母进行了大量交谈——他们是当地第一批（generation）了解外部世界的人。他们确信，只要上了村里的初级（从哪个意义上理解都是"初级"）学校，他们的儿子就能走上"*rot bilong mani*"（致富之路），过上安逸的生活，就像白人（*whitpela*）一样。当我问他们是否会在周末煞费苦心地确保自己在上学的孩子能"补上"他们没有学到的关于村庄生活的知识时，实际上，他们回答说："学那干吗？他们以后再也不会住在村子里了。"[15] 在我所访问过的其他地方，学校教育与当地生活有着更长久的关联。在那些地方，我遇到了一些成人，（可悲的是，他们现在变得更聪明了），他们愤怒地谴责"*bikhets*"（自以为是的人）——那些没有找到工作又回到村子里的中学毕业生，而且他们一点也不理解村庄生活，也没有掌握在村里过上好日子的任何本事（tools）。事实上，阿里·蓬波尼奥和我利用巴布亚新几内亚公立学校（从沿海地区到内陆地区）逐渐普及（spread）的机会，系统地比较了父母关于学校教育的观点。在孩子们最近才有机会上学的南部高地，因邦古县（Imbonggu）的父母乐意支付学费，并将自己的大多数儿子送去上学。他们热切期待着当自己的儿子成为领薪水的公务员时，最终能够给他们寄来一笔意外之财（工资）。在锡亚西群岛（Siassi Islands），父母早已从自己的孩子那里享有了这样一笔"意外之财"；他们的孩子是 20 世纪 60 年代第一批获得中学教育的人，（毕业后）也确实在政府提供就业岗位时找到了现成的工作。但是，到了 1979 年，送孩子上完中学的费用已经上升，而回报却下降了：中学毕业生们不再能找到工作。因此，随着父母们认识到上学不再是一项好的投资，当地小学的入学率也急剧下降（Pomponio and Lancy，1986：45-47）。[16]父母们意识到，如果让孩子们在田地里忙碌或者在礁石上收集资源，他们会从自己孩子身上获得更大的回报（Pomponio，1992）。

347　　在其他社会，在扩张型的经济体中，这些投资可能会有回报。中国的村庄居民在孩子的学校教育上大量投入；他们认为，对孩子来说，接受学校教育比其他义务（包括杂务和宗教仪式在内）重要。离家接受学校教育的年长子女应该成为"留在村里的弟弟妹妹们的'支柱'①"（Obendick，2009：106）。如今，村里孩子在完成学校教育之前就外出找工作的做法，受到阻止，而且学校教师被树立为学生仿效的榜样（Stafford，1995）。在山东，农村学生（在全国考试中的得分超过城市学生）对学校教育的热情来自于摆脱农民身份的渴望（Kipnis，2001：17）。

　　民族志学者所收集的"上学故事"都有一个共同的主题，那就是学校与传统的村庄生活毫不相干（Nieuwenhuys，2003：106）。在因纽特人中：

　　　　孩子们以前会花时间帮助父母打猎、设置陷阱、捕鱼、处理兽皮以及做一些平常家务。现在，他们把一天的大多数时间都耗费在一个制度化的环境里，去学习一些与家里所重视的事务无关，有时甚至是对立的技能。（Condon，1987：157）

　　如果父母[17]认为学校教育可以帮助自己的孩子在村子以外找到（realize）经济机会，他们就会送孩子去上学，为他们购买校服和书本，并支付学费。

---

　　① 查证引文原文，此句话的前提是，农村家庭的"早期毕业生"获得了大量的城市资源。——译者注

否则，他们就会拒绝作出这些牺牲（Akabayashi and Psacharopoulos，1999）。也门的青春期男孩，"遭到父母和同伴的极力劝阻，要他们放弃上学，因为上学没有可见的收益，而且持续很久的学校教育被视为早婚的障碍"（March and，2001：102）。同样，在低地玛雅人中，不存在需要受过学校教育的工作，而就玉米种植来说，每个人都能轻易学会。因而把孩子送去上学似乎是一笔糟糕的交易（Kramer，2005：38；另请参阅 Barber，2002：364）。

对自己孩子抱有期望的父母可能会选择把孩子送到远亲家里去打杂（serve），希望借此可以让孩子获得进入城市优质学校就读的机会。下面这个例子来自利比里亚：

> 求学期间许多孩子必须养活自己；他们寄宿在学校附近的人家里，被他人监护。父母们都知道自己的孩子在别人家里可能要干很多活、吃不饱或者会挨打，但是他们希望孩子遭受的是最低程度的虐待，能以此换来让孩子接受良好教育的机会。一个受过良好教育的孩子能获得一份好工作，而他将获得的收入就足以证明承受求学期间的风险是必要的。（Bledsoe，1980a：35）

348

赞比亚的学生可能需要独自迁移到城市地区，以便在小学毕业后继续接受教育。他们必须独立生活，为自己提供住所、食物和上学费用（Bass，2004：119）。但他们中的许多人做不到（fail）。肯尼（Kenny）发现在巴西城镇街头的孩子们"饿得无法上学"（2007：89）。

农村学校和城市学校之间日益扩大的差距，使得人们不得不采取这种高风险的策略（Leinaweaver，2008a：63）。在所罗门群岛：

> 大多数农村学校教学质量差，资源匮乏，这就必然导致很少有孩子能通过中学入学考试。而那些通过中学入学考试的孩子通常会进入职业中学，而不是学术性中学。大多数没有通过中学入学考试的人回到村庄，在种植园里工作，或在城里寻找底层工作，他们往往带有强

烈的挫败感。城市精英让其子女就读于资金充足的城市公立或私立学校，从而确保自己这个精英团体将在下一代中延续下去。（Watson-Gegeo and Gegeo，1992：20）

图30　拉努希拉某所私立学校里的一名马尔加什族学生

普遍的经济困难并没有阻碍"富人和穷人"①的产生，这一点在埃塞俄比亚城市私立学校与农村公立学校的比较中就可以看出（Poluha，2004）。在埃及（Booth，2002：223，226）、[18]塞内加尔农村地区（Juul，2008：157）以及密克罗尼西亚（Falgout，1992：39）这三个不同的地方，有抱负的父母正在把稀少的资金用于送孩子上私立学校（参见图30）。那些私立学校虽然算不上高档，但是，却比现有的公立学校好得多。在巴基斯坦，随着"一个强大、富有、正在现代化的精英阶层继续将其目标强加给相对贫穷的、传统的普通大众"，公共的和私人的资源正被重新导向私立学校（Jalil and McGinn，1992：105）。在坦桑尼亚，私立学校的激增"导致了富裕群体和

①　2013 年美国开播了一部名为《The Haves and the Have Nots》的电视剧。——译者注

贫困群体的进一步区分"(Stambach，1998b：196)。在摩洛哥，宗教狂热使公立学校的课程"伊斯兰化"和"阿拉伯化"，这妨碍了中学毕业生继续接受高等教育。与此同时，摩洛哥的中产/上层阶级通过让孩子就读以法语和经济相关科目为重点的私立学校来巩固其地位(Boum，2008：214)。

在汤加，教室拥挤不堪，大多数学校严重缺乏教师和教育资源。尽管教育被高度重视，但教书是一个地位相当低的职业，而且工作条件也很差。摩门教的学校和基督复临安息日会(Seventh Day Adventist)开办的学校资金更为充足(有体育设施、新建筑物、现代设备和课本，并且为学生提供课外活动)，与公立学校形成了鲜明的对比。因过去接受过学校教育而享有经济收益的家庭，可以用海外亲属的汇款来支付学费和其他的学校相关费用(Morton，1996：39)。 *349*

在墨西哥的上层社会，女佣和男仆承担了通常由家中孩子从事的劳动。反过来，那些享有特权的孩子"认为自己凌驾于任何体力劳动之上，也凌驾于那些必须从事体力劳动的人之上……他们应该把时间花在接受学校教育和娱乐活动上"(Modiano，1973：85)。在圣保罗，充当女佣、工资微薄的女孩只有在完成一轮家务后才能去学校上课(de Oliveria，1995：260)。在孟加拉的村庄里，低种姓家庭的劳动提供了额外的财富和闲暇，使得高种姓的孩子有可能在学校里取得成功——这通常是在有偿家教的帮助下实现的(Rohner and Chaki-Sircar，1988：75；另请参阅 Skoufias，1994：344；Ullrich，1995：177)。就像在美国(Coll and Marks，2009：110；Pugh，2009：191)和英格兰(Buckingham and Scanlon，2003：150)一样，为子女精心挑选将要就读的学校，已成为向上流动的家庭加入"国际中产阶级文化" *350* 的手段之一(斐济 - Brison，2009：316；另请参阅克什米尔地区 - Rao，1998：109；塔希提 - Levy，1996：129)。

然而，更多的(家庭)财富并不总是能保证儿童会被送去上学。在一些案例中，例如苏丹的霍瓦村(Howa)，拥有更多资源(包括土地)的村民，能够更好地利用自己子女的劳动，并且从他们身上获得(比学校教育所承诺的回报)更直接的回报(Katz，2004：65)。

从学生为进入工资部门（wage sector）而做好准备的方面来说，中央政府为了"教育"儿童而向村庄提供的资源通常不能满足需要。更糟糕的是，政府提供的资源甚至也无法保证村庄里那部分受过充分教育的人能够被跨国公司录用。蓬波尼奥记录了巴布亚新几内亚的农村人如何轻易地被欺骗，为了一点点补偿而放弃宝贵的自然资源（原始森林的木材）的故事（Pomponio，1981；另请参阅所罗门群岛 –Watson-Gegeo and Gegeo，1992：19）。潘迪亚（Pandya）描述了印度政府在一个翁吉人（Ongee）村庄［安达曼岛（Andaman Island）］建立一所公立学校的过程。在这份横跨多年的报告中，我们了解到当地人如何努力地要在孩子的课程中找到一些有用或有意义的东西——那套课程完全照搬的是讲印度语的、印度城市学校里的课程。20年后，"断断续续在这所学校待了8年的5个男孩……不会读或者不会写"（Pandya，2005：400）。于是，当森林（他们的家园和生计来源）被快速地大规模砍伐时，村民们实际上没有能力发声。

对父母来说，同意孩子上学并寻找资金来支付不可避免的开支，甚至是支付私立学校的费用，这是（为孩子接受学校教育进行投资）必要的第一步。但是，在学校教育与就业相关联的现代西方社会和亚洲社会中，，当前教育与儿童发展理论的一个基石是，父母有必要直接参与孩子的教育，而且几乎从孩子出生时就要开始。[19]一般来说，接受学校教育，尤其是形成学术素养，需要具备大量的技能和某种思维模式，而这些似乎都不是在孩子的发展过程中自然出现的。与社会学习和假装游戏（帮助儿童习得族群文化的神奇系统）不同，解读和吸收学校科目的方法（tools）必须由耐心的教师反复教导，可能要在孩子上学之前的几年里就这样做。到目前为止，我们所看到的证据表明，这可能是村庄儿童成功道路上的另一个障碍（Alber，2012；Harris，2006：91）。

351 父母作为教师

一位（艾马拉族）母亲看到自己的孩子在没有得到进一步指导的情况下，就能独立完成某件事，这时她会感到自豪……父母往往不会像

学校里那样把自己的愿望强加在孩子的活动上，而是等待孩子主动行动的那一刻。(Arnold, 2006: 121)

高危年轻人①所经历的学业失败可能是由于在早期阶段没有做好足够的识字准备。(Snow and Powell, 2008: 26)

第五章的重要主题之一是，村庄里的成人很少认识到教导孩子的必要性；相反，孩子们被期望(而且很少会达不到期望)观察和模仿更有能力的社区成员的行为，不断练习，直到他们也成为有能力的人。现代中产阶级母亲采用密集的且精心设计的语言社会化策略，而其他社会却没有采用这种策略；我在本书第四章的结尾一节对它们进行了对比，并将母亲(是否)采用语言社会化策略比与为孩子入学做好准备的需求联系起来。而这种对比的完美例证可以在"餐桌谈话"中发现。

餐桌谈话为扩展话语提供了丰富的机会。(由于)每个家庭成员都应该促成谈话，(这就)为孩子提供了关于话语含义的丰富信息……孩子在用餐时间的谈话中所接触到的扩展话语越多，他们获得词汇，理解故事和解释，以及了解世界的机会就越多。由于这些能力在学校里被大量利用，但是在幼儿园或小学的教室里通常很少被重视，因此那些有机会在家里获得这些能力的孩子在追求学业成功方面就具有了一个重要优势。(Snow and Beals, 2006: 52-55, 64)

在村庄里，孩子们在用餐时间可能会被忽视；或者，他们可能是礼仪说教的被动接受者，或者成人期望他们仔细地"偷听"可能包含着应该铭记在心的重要准则的谈话。而且人们并不期望孩子参与这些谈话(本书第五章第184页；Ochs and Izquierdo, 2009: 395)。

(汤加)成人在谈话时，在场的孩子应该保持沉默……成人要么无

---

① 查证引文原文，此处指的是存在犯罪风险的男性青少年。——译者注

视他们，要么不耐烦地或愤怒地对待他们……那些未经成人允许就打断谈话或者给成人提建议的孩子可能会被指责为"*fie poto*"（自以为聪明）……即使在吃饭时间，在大多数家庭中，当全家人坐在一起时，成人通常也不会让孩子参与他们的谈话。[Morton，1996：166，90，170；坦娜岛（Tanna）也有类似的谈话，参见 Lindstrom，1990：114]

352 　　村庄父母更可能充当榜样，而不是扮演教师的角色。[20]而且，随着孩子从观察者转变为参与者，父母可能会乐意把他们当成伙伴，为他们"创造空间"（de Haan，2001：188；Ulturgasheva，2012：117）。不过，亲子间很少有任何形式的谈话，重要的是，"重点不在于个人表现如何（就像在课堂上的那样），而在于取得了什么成就"（Paradise and de Haan，2009：196）。成人与儿童之间的语言交互模式在村庄中与在学校及现代社会中存在反差，这一点已经受到了极大的关注。苏珊·菲利普斯（Susan Phillips）和其他人已经指出，美国土著儿童在家里使用的交流模式与课堂上预期的交流模式不同，这在一定程度上解释了他们未能达到学校学业期望的原因（Phillips，1983）。[21]卡兹登（Cazden）详细论述了在美国公立学校中，当孩子们被要求"分享"或者"展示并讲述"个人故事时所产生的冲突。这种发言方式（rhetoric），对于中产阶级的孩子来说没有难度，然而贫穷的非洲裔美国人的孩子却几乎没有接触过或者练习过它。事实上，他们所讲述的故事往往是松散的片段。教师不太接受松散片段式的叙事，而是试图引导孩子们围绕主题进行叙事，因为他们希望孩子们"建构一份尽可能类似于书面作文的口头文本"（Cazden，1988：14；Michaels and Cazden，1986：136）。在汤加的课堂上，教师很可能期望学生们主动提供信息，提出问题，或者热切地回答教师提出的学术问题。然而在汤加的村庄里，孩子们只能通过观察来学习（Morton，1996）。虽然萨摩亚的教师可能会表扬学生，但是"家庭成员很少给出表扬"（Ochs and Izquierdo，2009：398）。在肯尼亚：

　　古西族母亲……期望婴儿期和学步期的子女遵从自己的意愿……在与自己的婴儿交流的过程中，她们很少表扬婴儿或者向他们提问，但是往往会发出命令和威胁……许多问话都是反问句，含有命令甚至威胁的意思（force）："你为什么哭?"或者"你是想让我揍你吗?"
（LeVine，2004：156）

就孩子们带入课堂的思维模式而言，这些村庄规范具有真实的影响；有一项设计巧妙的实验就已证明此点。这一实验比较了玛雅孩子与美国中产阶级孩子在一项折纸任务中的表现。在村庄里长大的（玛雅）孩子十分专注地观察（折纸）演示过程并留意周围其他人（尤其是成人）的行为。他们没有寻求额外的信息来帮助自己完成任务，这不同于美国白人（Anglo）①孩 353子。（Correa-Chavez and Rogoff，2005：9）。[22]一项关于夏威夷的土著学生和白人学生②的比较研究也得出了类似的结果；在这项研究中，美国白人学生更有可能要求成人给予帮助，因此，他们能更成功地完成任务（Gallimore *et al.*，1969）。

村庄父母可能会使用惩罚手段塑造孩子的行为（第五章第196页）；这种策略与教师恰当行为的现代观念相左（Wolf，1972：68）。[23]城市贫民窟儿童的观察家也发现，成人会对儿童施加严厉的管教。在里约热内卢的一个贫民窟里，有位母亲"凭直觉就知道，孩子们要生存下去，就必须坚韧、顺从、低声下气，并且具备街头智慧"③；否则，就会死掉"（Goldstein，1998：395）。然而，一位观察家却在瑞典看到了完全不同的情况：父母努力"进入并了解孩子的世界……以确保子女参与决策"（Dahlberg，1992：132-133）。

西方中产阶级父母会模仿现代学校教学的做法[24]，为孩子提供诱因和表扬，或者表现出兴奋的样子④——这些都是农村母子之间所缺乏的行

---

① 即上一句提到的美国中产阶级孩子。据陆谷孙主编的《英汉大词典》（第68页）：在美语方言中，"Anglo"一词是指祖籍非西班牙（或墨西哥）的美国白人。——译者注
② 此处表述为"Haole（Anglo）"；陆谷孙主编的《英汉大词典》（第854页）对"haole"的释义为"（在夏威夷的）外族人（尤指白种人）"。——译者注
③ "街头智慧"（street smarts）指的是应对城市生活中潜在的困难或危险所必需的经验和知识。——译者注
④ 此处的意思是指，中产阶级父母为了让孩子了解新奇的物体，会假装对这些物体感兴趣，以兴奋的声音和表情来吸引孩子去探索这些物体。（Rogoff，2003：306）——译者注

为(Rohner and Chaki-Sircar，1988：77)。西方中产阶级父母的表扬"可能会激发孩子参与到他们本来不会选择参与的活动中去"(Rogoff，2003：306-307)。尽管本书第五章中提到，村庄里的孩子想要学习族群文化，而且在获得成人具备的能力的过程中，他们可能只需要成人偶尔的斥责就能保持勤奋。但是学校的科目却往往不那么有趣，村庄里的孩子需要某些激励措施来将他们的积极性提高到适当的水平。

许多人类学家指出，另一个(村庄儿童与学校教育)冲突来源是，学校强调个人主义，强调学生对自己负责，强调学生为自己赢得成绩(grade)，强调学生把注意力放在教师而不是同伴身上。这与村庄生活所强调的集体主义形成了鲜明对比，特别是在与儿童相关的事务上。在村庄中，"孩子们更有可能被训练成像我们一样的人，而不是像我这样的一个人"(Ritchie and Ritchie，1979：65)。这一态度仍在起作用，它在(印度南部)普姆卡拉村(Poomkara)的具体表现如下：

354　　　　孩子们可以在房子里的任何地方，但不能声称他们占有任何一个空间……学校里的课本常常被简单地塞在棕榈屋顶下，孩子们的衣服则被挂在绳子上。孩子们坐在晚上睡觉的垫子上写作业。就连这个垫子也经常和别人共用。(Nieuwenhuys，2003：103)

这段描写还表明，村庄父母没有必要为了上学的子女而调整家庭生活安排。"纳瓦霍人的态度(way)是，你整天都在学校里……在家里你有其他事情要做：运(laul)水、砍柴、照顾弟弟妹妹"(Deyhle，1991：288)。相比之下，在后工业社会中，家中储物间(warehouses)里堆满了专门为孩子设计的家具，其中许多都明确地贴上了"用于教育"的标签(Sutton-Smith，1986：33)。以下有一项有趣的日本发明：

大多数父母为年幼的孩子购买的家庭书桌象征着母亲守候在孩子身旁(hovering care)，也体现着母亲的深度参与：所有的学习书桌款式都有一个高的前方挡板以及半高的两侧挡板，既能将干扰隔离在外，也能形成像子宫一样受到保护的工作空间；里面有内置的台灯、书架、钟表、电动卷笔刀和内置计算器。(有一个)畅销的……款式包括一个能连接厨房蜂鸣器的按钮，用来呼叫母亲给予帮助或者提供小点心。(LeVine and White，1986：123)

有一些关于玛雅人的比较研究也关注到了这种巨大的文化鸿沟：在实验性的学习情境中，接受过较多学校教育的母亲和孩子能很容易地接受教师与学生的角色①；然而，接受过较少的学校教育或者没有接受过学校教育的母亲和孩子所表现出来的就像是孩子可以通过独自探索、观察，以及模仿/练习来自主地学习。(Chavajay，2006；Correa-Chavez and Rogoff，2005；Göncü *et al.*，2000；Maynard，2004b；Mejia-Arauz *et al.*，2005)。育儿模式的这种巨大转变也在关于因纽特人的调查中发现(Crago，1992：498)。类似的转变在塔希提岛和尼泊尔也有记录；适应了现代学校教育的父母采取"现代的"育儿习俗，重视入学准备和儿童发展里程碑；相比之下，他们那些"老派的"村庄伙伴(counterparts)采取的却是自由放任的育儿习俗(Levy，1996)。在斐济的村庄里，学校教育和传教活动已有超过百年的历史；最近一项针对村民的调查显示，父母都随意地(freely)宣称他们已经把自己所知道的东西都"教给"孩子了(Kline *et al.*，2013)。[25]

自 20 世纪 60 年代以来，有许多调查进一步(additional)支持了学校教育可能会改变育儿习俗的观点。莱文(LeVine)及其同事汇总了几个人口众多的低收入国家的研究结果，这些结果支持了这样的观点：即使是短短数年的学校教育也可以使妇女的生育态度"现代化"(减少生育)，可以提高她们维持子女生命和健康的能力，还有，可以引导妇女"内化她们在西式学校里体验到的教师角色，并在身为人母时扮演(use)这一角色"(LeVine *et al.*，2012：139)。

355

---

① 此处是指母亲能够教导孩子。——译者注

不过，从尊崇长者的社会向珍视幼儿的社会转型，既不是一蹴而就的，也不是自动发生的。在一个正在转型的马萨瓦人（墨西哥）村庄里，德哈恩(de Haan)进行了一项重要的研究；研究者先将教师与孩子、母亲与孩子配成几组，然后要求教师和母亲教导孩子们从事（建立/扩大一个市场摊位所需要完成的）两项工作，并加以观察。（马萨瓦族）母亲没有向孩子解释那两项工作、没有说明流程，也没有明确孩子要扮演的角色。她们想当然地认为孩子会自己解决其中的所有问题，并能很容易地配合父母的行动。相比之下：

> 教师首先要努力培养孩子对这项活动的态度。他们会使孩子明白，应该专心听讲……为了让学习发生，孩子应该**被告知该做什么，**而教师要负起教导他们的责任。(de Haan，2001：186-187，字体强调为作者所加)

母亲专注于让孩子完成工作；教师则专注于确保孩子理解工作过程中的每一步，并让孩子获得足够多的练习和反馈，以便完全胜任每一个子任务，然后再继续从事下一个任务——实际上，"'完成任务'被'置之不顾'"(de Haan，2001：187)。

在访谈或实验环境中，受过学校教育的父母可能会承认教学的价值，但是许多民族志都有这样的记载：贫困群体和/或正在适应学校教育的群体缺乏为上学做好准备的活动（例如，"上课"、睡前故事、餐桌谈话）(Valdez et al.，2007：83)。尽管父母自己受过学校教育，但是他们能运用的读写能力可能非常有限，特别是在与孩子互动的时候(Rojo，2001：63-64)。20世纪70年代，语言人类学家雪莉·布赖斯·希思(Shirley Brice Heath)针对美国皮德蒙特(Piedmont)地区的家庭开展了一项长期的民族志研究项目。她的目标是了解不同的群体如何运用读写能力进行互动，特别是在与儿童相关的事务上。在"特拉克顿"(Trackton)这个贫穷的非裔美国人社区中，书籍（除了《圣经》）和印刷品的使用受到限制，而且父母不会与年幼的子女进行细致的交谈，他们也不认为自己有责任做孩子的第一位老师。希思所记录的这些态度（sentiments）与其他人类学家在世界各地的村庄里所记录到的态度相呼应。[26]

356

他（她的孙子）必须学会了解这个世界，没人能够告诉他。（你看）现在这到底有多疯狂？本地白人（White folks）听到自己的孩子说某事，会重述孩子的话，他们一再地问孩子们各种事情……他只需保持敏锐，保持警惕……要通过观察别人来观察自己。我（要是）告诉他："学这个，学那个"，这没有用……他只是需要去学……他一次在一个地方见到一个事情，知道怎么回事，又见过类似的事情，也许是一样的，也许不一样，他必须试一试。① （Heath，1983：64）

希思在附近一个以白人中产阶级为主的社区["主城"（Maintown）]看到了不同的景象。那里的家庭充满了读写活动，孩子们从很小的时候起，就过着识字读书的生活。除了睡前故事（这似乎是一种几乎万无一失的提高儿童阅读能力的策略）（Lancy，1994），在"主城"：

在 6 个月大的时候，孩子们就开始接触书籍并从书籍中获得信息。他们的房间里有书架，装饰着壁画、床罩（bedspreads）、风动金属挂件（mobiles），以及代表着书中人物形象的填充动物玩偶……成人将婴儿口中发出的非语言回应和声音扩展成为语法完整的句子。当孩子们开始用言语陈述书里的内容时，成人就会把他们的问题从简单地询问称呼（lables）扩展到……询问某些对象（items）的属性（"狗狗会说什么？""这个球是什么颜色的？"）。（Heath，1982：52）

希思的调查结果在美国南部和一些欧洲国家也得到了证实

---

① 查证原文，此段文字是希思的访谈对象[了解特拉克顿社区文化的安妮·梅（Annie Mae）]的发言，有各种用词和语法错误；对于这些"错误"，译者根据"发音"进行翻译。——译者注

（replicated）（Tudge，2008：153，168）。麦克诺顿在针对新西兰的太平洋岛民和"*pakeha*"①（白人）群体的研究工作中也发现了正好相似的结果（1996：194-195）。在美国的印第安保留地，只有三分之一的人口读完高中，父母几乎不关注子女的学校教育："这种不干涉的做法是一些传统的北美夏延族父母的典型做法。他们给予青少年更大的决策自由——远甚于美国中产阶级文化中青少年所享有的那种决策自由"（Ward，2005：124）。拉鲁（Lareau）的跨阶级比较民族志研究也从一个典型的美国工人阶级社区中找到了类似的态度。莫里斯（Morris）太太是一位来自科尔顿市（Colton）的母亲；当她把照顾儿子的"责任移交"给学校时，她才认为儿子汤米的教育开始了。之后，她对他的进步基本上一无所知；当她被叫到学校并被告知儿子的表现很差时，她感到很意外（Lareau，1989：41；另请参阅 Ogbu，2003：236）。教师们把莫里斯太太这样的母亲称为"'干洗店父母'，早上，她们把吵闹的孩子送走，并且指望孩子们在傍晚回来时干净、体面，几乎就像封装在塑料袋里"（Gibbs，2005：47）。

中产阶级父母为确保孩子做好上学准备而采取的惯常做法［尤其是让孩子阅读书籍并进行识字谈话（literate speech）］被称为一种"文化资本"（Bourdieu，1973）。"在这种观点中，家庭（为上学所做的）准备被认为是必不可少的，这就使得没有做好这种准备的低收入家庭的孩子进入学校后，即使获得了充足的教学，也难以取得成功"（Martini，1995：50）。而且，知道如何接近权威人物（特别是教师）并与其交谈，这是无产阶级的成员难以获得的一部分文化资本："麦卡利斯特（McAllisters）一家（就像其他的贫穷家庭和工人阶级家庭一样）对统治机构（dominant institutions）里的当权人士表现出戒备心，有时展现出不信任"（Lareau，2003：157）。文化资本也包括熟悉作为学术教育基础的"高级文化"。

［阿巴拉契亚地区的（Applachian）农村贫困家庭］不会经常带孩子

_____

① 新西兰的白种人，特别指祖先是欧洲人的新西兰人。——译者注

去图书馆、博物馆或其他文化机构。因此，孩子缺乏"与课本中的文字……相匹配的心理画面"。（Fitchen，1981：142）

特别重要的是，在学前语言刺激总量方面，低收入家庭和中产阶级家庭之间存在差距。在一项综合研究中，职业父母的孩子所获得的口头语言刺激总量三倍于受救济父母的孩子，而前一种孩子所拥有的词汇量是后一种孩子的两倍。反过来，词汇量对于学业成功有高度的预测力（Hart and Risley，1995：90）。

在本节中，我列举了村民[或者下层阶级（Lareau，2003：3）以及移民（Coll and Marks，2009：91）群体]的文化适应策略与公立学校的制度特性（ethos）之间的众多冲突。村民可以利用发展完善的文化习俗"复制自己"，并养育出适应良好、富有成效的社区成员。但是他们没有为孩子做好上学的准备，也缺乏学校当局通常认为已经到位的支持程序（routines）——不管是"上学的准备"还是学校当局提供的"支持程序"，他们似乎都没有觉得能够轻易得到。

受过教育的妇女

古罗马男人并不欣赏受过良好教育的女人。（Colón with Colón，2001：105）

（在后工业社会中）女性正在变得更加强大，往往比男性更早完成学业。（Lewin，2009）

到此为止，本章中提及的学生无疑都是男孩，或者说在很大程度上假定是男孩。这是因为女孩很少有机会上学。不过，那种不平衡现象正开始消失。在古埃及，一些女孩受到了读和写方面的教导，而且中王国时期（开始于公元前第二个千年）用来指称抄写员的象形文字加上了代表女性的限定词。这样的做法在当时的美索不达米亚没有出现（Colón with Colón，2001：28）。在古希腊社会里，女孩不上学，她们在父母家里可能受到的任何教育大概都是很有限的。女孩在结婚前被称为"*pais*"（孩子），然而男孩在成年时就摆脱了那种地位低微的（奴隶也会被称为"*pais*"）状态（Golden，2003：14）。这些看法显然让女性接受教育的观念变得令人难以想象。

一些古罗马女孩上过学；然而，由于她们十几岁就结婚了，与男孩相比，她们的学习经历就很有限。如同古希腊的情形，少数阅读广泛、知识渊博的古罗马女性很可能是妓女（Shelton，1998：105）。那时的人们认为，在一个管理得当的家庭中，女性不仅要与男性隔离开，而且也要被排斥在文化活动和智识生活（intellectual life）之外。只有高级妓女才有机会接触艺术与文学，并接受这些方面的培训（Dardess，1991：83-84）。

在现代早期（18 世纪和 19 世纪），中上层阶级的女孩接受学校教育成为了一种常态，但主要目的是为她们进入社会做好准备，并确保她们的美德。与男孩不同，她们没有学习希腊语或拉丁语，或者其他旨在为学生就业和/或发挥领导才能做准备的"高级"科目（Pollock，1983：251）。这种态度一直延续到今天。在现代的富裕群体里，人们期望男孩出类拔萃并能利用大学教育作为"跳板"（means）开创出色的职业生涯，然而，许多女孩之所以继续接受中学后教育却是为了让自己成为更有吸引力的伴侣和更称职的母亲。[27]

在村庄里，女孩要接受学校教育所遇到的"阻碍"是男孩的三倍。在土耳其，就像在世界上很多地方一样，"女孩被视为'陌生人的财产'，因为当她结婚后，她将为丈夫家而不是为自己娘家的福利做贡献"（Kagitçibasi and Sunar，1992：77）。这个"等式"①取消了父母送女儿上学可能得到的任何好处。另一个相关的问题是需要保持女儿的贞洁，以维护她们作为妻子的价值。在马达加斯加，不管女孩的学业表现有多好，她们在发育期就辍

———————————

① 双引号为译者所加。此处指的是，女孩等同于她未来丈夫的财产。——译者注

学了，"因为父母害怕自己的女儿卷入那个被认为高度性别化①的都市世界"（Sharp，2002：227；另请参阅 C. Harris，2006：105）。

许多人类学家都已经观察到，男孩和教师都会以非常不友好的方式对待女生。女孩（而不是男孩）可能被要求打扫教室。而在尼日利亚，从小学到大学，针对女生的性骚扰行为已经达到了泛滥的程度（Houneld，2007）。

女孩被认为是家里更有用的助手（adjuncts）。人们更喜欢让女孩照顾小孩子（child-minders），并在耕种和家务方面充当母亲的帮手。虽然伊柔族女孩现在可以上学，但是这几乎没有使她们对家庭的贡献减少②，但是，*359*男孩们却可以像往常一样放学后在村子里游荡（Hollos and Leis，1989：70）。只是往返学校就花费了女童的大量时间，这对她们的学校教育造成了严重（disproportionate）影响，导致"女童入学较晚、频繁的和长期的缺勤，以及辍学"（Mungai，2002：34）。人们极少能够发现村庄父母为女孩和男孩的学校教育提供了同等水平支持的例子③（Bolin，2006：108）。在尼泊尔，女孩被迫提早结束学校教育，萨拉·莱文（Sarah LeVine）发现，当她们谈起自己被缩短的教育时，她们表现出了确定无疑的怨恨。[28]不管学术天赋如何，许多女孩都被迫辍学，在家里或家庭农场干活，或者（离家）当女佣或在建筑工地做工。她们把工资交给父母；有时父母会用这些钱支付她们兄弟的学杂费（LeVine，2006：37）。

然而，尼泊尔的年轻妇女，即使只接受过有限的学校教育而且识字水平也低，也有别于未受教育或仅识几个字的同胞。她们在自己和孩子的医疗保健方面更有见识（另请参阅 Lee and Mason，2005），而且在支持自己孩子的正规教育方面也更有成效（LeVine et al.，2004：875）。实际上，印度

---

① 结合语境来理解，此句或许是要表明，在凸显性别差异的社会里，女性更会被视为是性行为的对象。——译者注

② 也就是说，女孩的家务负担并没有减轻。——译者注

③ 需要说明的是，引文原文所谈论的是奇利瓦尼村女孩在教育方面得到支持的例子（Bolin，2006：108）。——译者注

的私立学校就是以这些原因①拒绝录取那些母亲没有接受过教育的学生。[29]在印度中部,"现代的"观点认为,女孩应该完成 5 年的学校教育,因为人们认为准新娘应该受过一些教育,但要是超过 5 年,就太多了,原因是"男方父母不想要一个过于'*parhai-likhai*'②的儿媳妇,这样的儿媳妇可能只会读书却不会做饭"(Froerer,2012:349)。

多年来,世界各地的调查都已经表明,如果母亲受过学校教育,子女的前途会有所改善(LeVine *et al.*,2012:21;Schultz,1994),而且人类学家正试图揭示造成这一关联的更加具体的原因。例如,受过教育的母亲可能为其学龄前子女扮演更有成效的教师角色,采用更类似学校里的交谈(discourse)方式(Mejia-Arauz *et al.*,2005:290)。受过学校教育的母亲对子女的影响可能更为广泛,因为学术素养可以赋予母亲一系列的沟通技能,例如从无线电广播中获取信息,或者向临床医生更清楚地描述孩子的症状(LeVine *et al.*,2012:122-123)。

在西方,渐进的社会变革已经提高了妇女的地位,而学校教育在这一过程中起到了重要作用。[30]例如,在芬兰,大多数成年妇女是工薪族,受教育程度略高于男性(Husu and Niemela,1993:61)。在爪哇也是如此,至少在中学期间女孩的学习时间超过了男孩(White,2012:91)。在坦桑尼亚一个相对富裕的农村飞地,查加族年轻女性在学业上以及(随后)在职业生涯中如此成功,以至于她们放弃了婚姻(Stambach,1998b)。受过教育的非洲妇女结婚后生育的子女不多,也不太可能生活在一夫多妻制的家庭中(Hollos,1998:255)。事实上,有各种证据表明,"信息社会"可能有利于女性学生。[31]

在下一节中,我们将讨论持续存在的抵制(d'Amato,1993:188)学术学习现象;即使是在学校教育被视为成功获得就业的必要条件的社会中,

---

① 原文如此。结合上下文来看,此处大概是指母亲未受过教育难以给自己的孩子提供学业方面的支持。——译者注

② 查证引文原文,"parhai-likhai"意为受过学校教育的人,或者是能读会写的人(Froerer,2012:349)。——译者注

也存在这种现象。

抵制学校教育

> 有人说他的同学们"要自由，不要微积分"。（Ogbu，2003：21）

> 他解释说，大四是一段"轻松的时光"。（Gibson，1987：288）

> 在这个世界上最富有的国家，居住着这么多不愿学习的学生，这个发现（idea）真让我大吃一惊。（Li，2012：7）

本章从那些"宁可去抓鱼"的马特赛斯族孩子开始，描述了不顺遂的学校教育生活史。无论我们审视的是学校教育与儿童天生的旺盛精力及好奇心的冲突，与惯常的社会互动模式的冲突，与父母从对子女的投资中获取回报的期望的冲突，还是与妇女传统角色的冲突，我们都能看到各式各样的、学校教育承诺未能实现的例子。总的来说，我们看到了许多"抵制"学校教育的证据——包括抵制学校教育所代表的改变，抵制学校教育的方法，抵制学校教育造成儿童劳动力的损失，抵制学校教育造成儿童自我形象的改变，抵制学校教育造成儿童自主性的丧失。然而，值得注意的是，在世界上一些经济最发达的国家中，人们对学校教育的抵制也是非常明显的。

在一项关于美国公立学校的历史研究中，作者认为："如果优质教育是指，在致力于促进学生智力发展的学校里，由忙碌的、全身心投入的、受过良好教育的教师所教导的、某种有效的（strong）学术课程，那么，在过去，我们在很多地方实在都找不到这种优质教育。"（Kantor and Lowe，2004：6）。然而，中国的情况却与此相反，中国人强调的是："学海无涯，苦作舟。"①(Ho，1994：296)李瑾(Jin Li)针对中国和美国用于讨论"教"与"学"的术语展开了一项值得关注的分析。在中国的教育话语里，常见的词汇是勤奋、努力、坚持、渴望和热情，但是在美国的教育话语里却没有这些词汇②(Li，2003：261-262)。亚洲的学校教育似乎从来没有远离过儒家的真理，而在美国，正如一位"多元智能理论"的批评家所指出的，学生的智力，无论是遗传的还是习得的，很少是受人重视的(respected)教学法的基石③(Gottfredson，2004：42，45)。

尽管美国先后普及了初等和中等教育，但是中小学在很早之前就已经成为深受青少年文化(它本身是珍视幼儿社会的副产品)和"高等教育目标及期望"影响的机构(Consnoe，2011：22；尽管这一点不太契合欧洲的情况- Milner，2006：152)。印第安纳州的曼西(Muncie)是一个典型的美国小镇，在20世纪20年代中期林德夫妇(the Lynds)曾描述过它的生活。对于这个"中心镇"(Middletown)④的居民来说，高中生活代表着舞蹈、戏剧以及其他兴趣爱好，但是：

> 在篮球赛季最激烈的时候，"熊狸"……篮球队……是学校生活的焦点。相比之下，人们并不特别重视教师、学习和书本内容⑤；相反，人们对教育的渴望往往不是因为它的具体内容，而是因为它是一种象征……⑥中心镇的传统观念是，人们应该尊崇的，首先不是学问，甚至也不是智力，而应该是品格和善意。(Lynd and Lynd，1929：213，219-220)

---

① 按原文直译应是"学问之海无涯，唯有勤奋能到岸"。——译者注

② 原文如此。查证引文原文，实际上是"near absence"(近乎没有)。——译者注

③ 此段文字的主旨在于说明，美国没有像亚洲国家那样看重智力的训练——优质教育是通过勤学苦练获得的。——译者注

④ 此处的"Middletown"并不是指美国俄亥俄州西南部城市米德尔敦，而是林德夫妇对当时人口仅有三万多人(Lynd and Lynd，1929：7)的曼西小镇的称呼。——译者注

⑤ 查无对应原文(Lynd and Lynd，1929：218)，此句应是作者改写。——译者注

⑥ 查证引文原文，此处省略的是关于"象征"的说明："工人阶级把它视为能够让子女进入那个拒绝自己进入的世界的开门咒语，而商人阶级把它视为帮助自己摆脱沉重制裁从而能在经济或社会地位方面获得进一步成功的救济手段。"(Lynd and Lynd，1929：220)。——译者注

在贝斯特（Best）的报告中，我们了解到，从冬末开始，"班级舞会"（化装舞会）就成了学生生活的重点。它被视为一种受欢迎的"消遣（break）……它打破了通常是单调乏味的（中等）学校日常生活"（Best，2000：18）。[32]学生们可以通过体育运动、政治和社会领导才能，以及漂亮的外表在学校里取得"成功"，但学业上的成功可能是喜忧参半的。那些似乎一心追求学校提供的学习机会的孩子会被嘲笑为"书呆子"（nerds）。而这种贬损学业成功的观点在其他地方也能听到：

> 在英国，书呆子的同义词是"*swot*"，在德国是"*Schreber*"，在法国是"*bouttoneux*"……该词的关键性特征是，那个男孩有求知欲，专注于自己的兴趣领域（特别是科学、数学和技术，或者其他同龄人认为太复杂、太难以理解的科目）；尤其是，他在那些科目上成绩很好。（Li，2012：189）

对学生们来说，与其被嘲笑为"书呆子"，不如抵制那些往他们身上强加学业标准的做法（efforts）；他们通过加入和支持"小集团"重新定义了价值等级（Milner，2006：40-43）。最受欢迎的小集团包括："Bandos"（乐队成员、音乐家），"Stoners"（一望而知的吸毒者），"Skaters"（滑板狂热分子），"Hackers"（也被称为电脑极客），"Grunge"（囚犯模仿者——Hemmings，2004：21），"Airheads"（像芭比娃娃的美女）。然而，最受推崇的是"体育迷"（Jocks），他们到处吸引眼球（Canaan，1987：388）。美国的中产阶级父母尽其所能把子女转移到"安全的"小集团里（例如，支持他们成为"体育迷"，避免成为"吸毒者"）。他们在孩子的体育活动、舞蹈班，以及像童子军这样的有组织的社会团体上投入了大量的资金、时间以及精力。而对于孩子们外表的投资，如矫正牙套、"酷"着装，以及体面的汽车，可能也是相当可观的。最终的结果是至少增加了他们的孩子融入小集团的可能性（Chang，1992：111；Gibson，1987：289；Grove，2009）；更好的结果是，他们会受欢迎；而且，最好的结果是，他们能获得体育方面或领导力方面的奖学金。

> 在一项针对 6 个……高中班级的研究中……运动能力和外貌吸引力，与受欢迎程度、领导能力以及支配力，存在显著相关。而且有魅力的、运动能力强的男孩会被女孩列为理想的约会对象和派对客人。就这些衡量社会地位的指标来说，男孩的智力几乎对其中的任何一个指标都没有影响。(Weisfeld，1999：215)

就赢得人气来说，美国（除了亚裔）少数族裔学生尤其会将体育运动视为比好成绩更能确保成功的途径："黑人学生在体育上投入了太多的时间，以至于他们很少有时间做学术作业"（Ogbu，2003：156）。在北方夏延人（Northern Cheyenne）中，一些由于成绩差而没有资格参加学校体育活动的学生，会转学到另一所学术标准较低的学校（Ward，2005：137）。

人类学家对少数族裔学生占多数的高中进行了深入研究，他们发现，对"好"学生的反感已泛化为对任何"装白人"①的人的谴责。在华盛顿特区一个以黑人为主的高中里，西妮蒂亚·福德姆要求她的信息提供人指出，有哪些特质可以表明某个学生是在"装白人"因而应该遭到排斥。信息提供人列举出许多特质，包括"说标准英语[33]……去看歌剧或芭蕾舞……花很多时间在图书馆学习……读诗和写诗"（Fordham and Ogbu，1986：186）。它们证实了同伴压力的强大影响，那些在学业上表现优异的学生为了融入社会而减少了努力。"对马克斯（Max）来说，朋友非常重要，对于维持他的自我认同也至关重要，所以，他……以牺牲自己的学业进步为代价来保持与朋友们的友谊"（Fordham and Ogbu，1986：189）。[34]

在犹他州与亚利桑那州交界处的一所种族混合的高中里，纳瓦霍族学生因为是印第安人而受到歧视，而且他们也无人加入那些受人尊敬的小集

363

---

① 即表现出白人行为。——译者注

团。因此，他们组成了自己的小集团，吸纳的是那些热爱并熟练掌握霹雳舞的学生。这些"霹雳舞者"公然将自己与"体育迷"和"富家子弟"（Preppies）区分开来。[35]根据民族志学者唐娜·戴勒（Donna Deyhle）的说法，创建一个独特的小团体，拥有包括服装在内的成套装备，这使得纳瓦霍族学生"在一个对他们持有冷漠态度或负面看法的学校和社区环境中，成功拥有了一种表达方式"（Deyhle，1986：112）。

即使是亚洲学生也会发现，如果父母缺乏确保自己能在年纪较轻时就获得成功的文化资本，那么，他们就会无可避免地被与学校价值观背道而驰的同伴社团吸引（Lew，2004：304）。戈托（Goto）在一所多班级、多民族的城市学校进行过一项非常重要的研究；他在那所学校中发现了各种各样的小集团，它们可以说明我们一直在讨论的种族和社会阶层之间的相互作用。"书呆子"都是勤奋、认真的华裔学生。"正常人"是那些在学业上成绩很好的人，但为了融入社会，他们会努力隐藏自己的成绩。"哥儿们"（Homeboys）指的是那些拒绝服从学校要求的黑人和西班牙裔学生。最后是那些"仿效者"（Wannabes）：柬埔寨和越南学生，他们跟不上"书呆子"的步伐，只好寻求"哥儿们"的接纳（Goto，1997）。

在课堂上，身处不同小集团的学生们所表现出的对学业的抵制也是明显可见的。从非白人（non-white）的"哥儿们"到白人"瘾君子"，反智的学生们不断地通过说话和胡闹来扰乱课堂（Willis，1977：13）。他们抱怨作业太难，游说教师布置更简单的作业，还找了一大堆五花八门的借口逃避这些应尽的义务。不堪其扰的（beleaguered）教师"面对整节课都在与同伴嬉闹的学生，也只能作出巨大的让步或者彻底不予管束[36]"（Hemmings，2004：45-46）。[37]

学校从最初的学徒模式，从装备稀少、过度拥挤、混乱不堪的棚屋或茅舍，一路演进，如今已变成了更加舒适、以学生为中心、对学生友好的机构。教师接受过训练，能使用最有效的方法和（常常用计算机来交互式地传递）现代教学材料。我们有更精确的方法衡量来学生的进步程度并弥补任何缺漏。然而，不论采用多少种措施，学生们都没有达到监管机构所

364

设定的标准，没有达到大学的录取标准和雇主的需求（Crain，2008；Lancy，2008：347）。例如，在美国，中等学校的学生要接受年度评估，以检验他们是否掌握了能在大学里取得成功所必需的知识；在没有补救式教学（remedial instruction）的情况下，只有 25% 的中学生[1]达到了这一标准，而且这个比例还在下降（ACt，2013）。在中学里，学生通过跳霹雳舞、当选舞会皇后、担任橄榄球队的四分卫，以及成为摇滚乐队成员而获得社会资本；然而，可悲的是，一旦他们离开学校，这些社会资本就会迅速失去价值。因此，对于青少年人口中的很大一部分来说，学校提供的是日益昂贵的监护服务，却没有发挥任何重要的教育功能（Caplan *et al.*，1991：157）。

但是"成功的"学生又是如何产生的？如果说那些由文化产生的以及自然形成的偏见都与学校或学术环境难以契合（adapted），那么，我们要如何克服这些偏见呢？一部分取得了学业成功的人口令人印象深刻：这些人就是从欠发达国家流动到较发达国家的移民。尽管面临着适应新文化的额外挑战，这些移民学生们还是取得了学业成功。

对抵制学校教育的行为进行预防

> 关于学校教育（内部运作模式）的观念随着……（加勒比移民）父母迁移到了美国。（Roopnarine *et al.*，2004：332）

> 可以毫不夸张地说，这些成绩优异的学生中的大多数都过着日程表排得满满当当的生活。（Demerath *et al.*，2008：285）

在西方，特别是在美国，学校教育已经演变成一种类似于购物中心的机构，它有着符合每一个人趣味（taste）的环境和体验。由于学校提供了大量的非学术机会，（例如）"体育迷"与其父母一起表示（report），他们对学

---

① 确切地说，此处指的是美国高中毕业生。——译者注

校非常满意——尽管"体育迷"的学业成绩普普通通。不过，特许学校、磁石学校和私立学校还是满足了一心追求学业成功的父母及其子女的需求（Coll and Marks，2009：111）。也就是说，在更大的教育体系中存在着真正适合书呆子的位置。一个绝佳的例子就是"Bee"①。

2004 年美国斯克里普斯全国拼字比赛（Scripps National Spelling Bee）最值得注意的一点是，一位父母是印度移民的孩子没有赢得冠军。在此前的 5 年里，印度裔学生有 4 年赢得了这个令人垂涎的奖项，而在其后的 8 年里，印度裔学生有 6 年获得了这个奖项。在 2004 年的 249 名决赛选手中，有 30 人是印度裔美国人（这个族裔在美国人口总数中占比不到 1%）；阿克沙伊·布迪加（Akshay Buddiga）获得亚军。而他的哥哥普拉尤什（Pratyush）最后凭借正确地拼写了"prospicience"（预见）一词，赢得了 2002 年的冠军。普拉尤什的成就更加引人注目——考虑一下这样的事实：他在科罗拉多州斯普林斯市（Colorado Springs）的公立中学上学时，几乎每天都会因自己的黑皮肤、印度血统、未割包皮的阴茎以及书呆子气而遭到嘲笑。比赛结束后，回到学校时，他以为自己会在体育课上被打一顿。这些"出类拔萃者"（overachievers）被记录在一部了不起的纪录片"*Spellbound*"②中。这部纪录片讲述了 1999 年"全国拼字比赛"参与者的生活。例如，尼尔·卡达基亚（Neil Kadakia）的祖父出钱请 1000 名印度村民为他诵经祈福，以便协助他在比赛中表现出色。也许更实际的帮助是，他在父母的监督下进行了数百小时的训练。"*Spellbound*"的亮点之一是尼尔的父亲详细解释他们为尼尔制订的复杂且密集的训练方案（regimen）（Blitz，2002）。

第一代东印度裔学生在拼字比赛上获得成功，这只是人类学家自 20 世纪 80 年代末以来一直在研究的一个大问题的冰山一角。最早的研究之一是由格蕾塔·吉布森（Greta Gibson）开展的，她关注来自旁遮普邦（北印度）的锡克教移民群体——他们居住在加利福尼亚一个工人阶级城镇里。旁遮

---

① 即下文提到的"Spelling Bee"：美国家喻户晓的年度英文拼写大赛，始于 1925 年。——译者注

② 中译名为《拼字比赛》，2002 年上映。——译者注

普人仍然选择努力工作，就像他们以前在印度当农民一样；但在美国，他们向上流动的机会显著增加。他们有机会在工厂工作，并且通过省吃俭用，存钱买下农田（尤其是果园）。毕业生①在技术领域找到了高薪工作，并与家人分享工作收入，他们会督促自己的子女在学校里取得优异成绩。

旁遮普裔的青少年在学校里经历了很多冲突，这些冲突集中于宗教、价值观、服饰、习俗以及生活方式等方面。他们遭到种族主义者的嘲弄，而且必须用对他们来说是第二语言的英语进行交流和学习。然而，用各种学业成功的衡量标准看，旁遮普裔学生比墨西哥裔美国学生和白人学生表现得更好。"父母对于自己子女在学校所面临的众多困难并非一无所知。他们根本不容许子女为学业不良找任何借口"（Gibson，1988：293）。[38]父母也不能责怪教师或"制度"。如果在上学的孩子不听话，父母就会强迫他们早婚，并且/或者让他们在果园里工作。旁遮普裔父母帮助子女取得成功的主要方法是，坚持要求孩子严格遵守学校的学业要求。孩子完全接受了父母的观点。他们努力学习，看电视前先做作业，不打架，服从和尊敬教师。学生们不想沿袭父母的营生，在果园劳作，而是向往高薪的白领职业。旁遮普裔父母宣称"美国人的"孩子自由太多，责任太少。而旁遮普裔孩子不准参加包括体育在内的课外活动，不准打工，也不准约会——因为婚姻是包办的。相比之下，在旁遮普裔孩子的白人同学中，只有12%的人上过大学预科课程，而且白人父母和学生似乎都对学校教育的价值评价不高。

> 类似地，校长们注意到，学校里的墨西哥裔美国学生的目标感和方向感似乎不如旁遮普学生。墨西哥裔美国父母……希望学校能帮助孩子们发展和保持他们的西班牙语技能，而旁遮普裔父母则青睐全英语教学。（Gibson，1988：107）

---

① 在美国，"graduates"一词指（高中、学院、大学）毕业生。结合上下文的语境，此处所说的"毕业生"应该是指高中毕业生。——译者注

在吉布森的研究中，上述这一证据以及其他证据都表明，这三个群体①的父母对教育的看法截然不同。他们把各自不同的价值观传递给自己的子女和学校当局，而且这些价值观对学生—学校的互动模式产生了显著的影响。吉布森的调查结果与一项东南亚"船民"民族志的研究发现非常相似；那些(越南)"船民"在1975年后逃亡海外(Caplan *et al.*，1991；Finnan，1987)。如同其著作书名《没有同化的适应》(*Accommodation Without Assimilation*)②所表明的，吉布森(1988)指出，与当地少数民族的主流观点[例如，"欧及布威族(Ojibwe)学生……认为在学业上获得成功无异于被同化"；Hermes，2005：46]相反，东印度③裔学生确实是在没有被主流文化同化的情况下取得了学业上的成功。

然而，有越来越多的证据表明，其他志向高远的移民群体也引进了一些成功的策略，以确保子女获得学业上的成功。来自东南亚(MacNall *et al.*，1994：53)、加勒比(Coll and Marks，2009：121；Roopnarine *et al.*，2004：332)、中美洲(Suarez-Orozco，1989)以及俄罗斯(Delgado-Gaitan，3671994)的移民学生已经领先于他们的邻居——这些邻居的美国世系可以往前追溯数代(Ogbu，1987)。在针对三所高中的民族志研究中，黑明斯(Hemmings)指出，实际上，新(recent)移民(可能来自世界各地)形成了一个基于共同价值观的独特小集团。一个信息提供人告诉她：

> 她最好的朋友是个日裔美国人。她们俩形影不离，经常手挽手走过走廊。她的其他朋友包括一名巴基斯坦穆斯林女孩、一名俄罗斯移民女孩以及一名印度女孩。克里斯蒂娜说，她们这些女孩已经成为了亲密的朋友，因为她们都来自于与富家子弟④不同的家庭。"对于某些

---

① 即上文提到的旁遮普裔移民、墨西哥裔美国人、美国白人。——译者注

② 或可译为"入乡不随俗"。——译者注

③ 原文"East Indian"。陆谷孙主编的《英汉大词典》(第584页)将其释义为，"东印度(旧时西方使用的一个含糊和不确切的名称，一般指印度、印度支那半岛、马来半岛和马来群岛等)"。此处具体指的是越南裔(学生)。——译者注

④ 参见本书第363页。——译者注

事情，我们的家庭都非常非常严格。比如我们不能约会，而且教堂就是我们生活的中心。"（Hemmings，2004：29）

要理解移民群体对学校教育的态度，就必须重新审视学校教育与投资之间的关系。他们关于儿童角色的看法具有尊崇长者的社会的特征。父母认识到子女身上蕴藏着巨大的经济潜力。他们在故土的学校里已经落后；那些学校没有为孩子们做好足够的准备，以帮助他们进入专业岗位有限的就业市场。他们已经移民到了一个有着更好学校的国家，这里的学校基本上是免费的或者低收费的，而且自己的子女在成功升入大学之后，很有希望获得薪资丰厚的工作。或许，他们不愿意在孩子的运动装备或舞会礼服上投资，但是，他们会在诸如"Kumon"①这样的课后辅导机构（academies）（Levey，2009：202）和其他机会上大量投入，以便"督促"自己的孩子成为班级里的佼佼者，使其处于能在高等教育阶段赢得丰厚奖学金的有利地位。一位带着儿子在"Kumon"上课的母亲强调说，要将严格的职业道德（参阅"杂务课程"②）应用到学校教育中。在"Kumon"补习班接受采访的妈妈们都这样认为：

> 孩子需要在很小的时候就学习……技能并积累（acuiring）资本。一位母亲解释说："他知道自己应该用功（work）。他现在要上一年级了，所以我总是跟他说，你必须更加用功。"（Levey，2009：209）

移民家庭似乎敏锐地意识到自己子女所面临的同伴压力。早期的犹太移民尤其如是：他们会把孩子关在家里，因为他们担心孩子会"因非犹太人朋友的社会影响而堕落；特别是那些来自贫穷的农村移民家庭的孩子，

---

① 日本的高中数学教师公文公（Kumon Toru）认为，教育工作者的职责就是要培养孩子自己主动学习的态度和习惯。以这一观点为契机，他开创了一套卓有成效的学习法，随后开办了以其名字命名的补习公司。——译者注

② 具体来说，应该是指本书第七章《杂务课程》里的"学徒制"一节的相关内容。——译者注

他们的父母不重视教育"(Blau，1969：65)。移民家庭所推行的青春期生活模式(缺乏零工、金钱、运动、浪漫、性、音乐、"闲逛"，以及汽车)与美国社会的主流价值观完全相悖。当美国本土的父母及教师以受欢迎程度等社会标准来衡量学校里的成功时，移民(家长)则认为学业进步才是学校存在的理由(Gibson，1987：289)。

(美国)非移民家庭或者说本土家庭已经发展出另一套文化习俗来克服*368*孩子对学术科目的抵制态度。在这一策略中，最引人注目的元素可能是"'直升机父母'，他们时刻盘旋在学校上空，等待着，在有一点点问题迹象出现时就降落"①(Gibbs，2005：44)。这一策略的另一个元素似乎是孩子紧凑的活动安排。"直升机父母"也在家里"盘旋"！父母和孩子(Duffett and Johnson，2004：10)都认为游手好闲是学业成功的最大阻碍。调查人员报告说，父母和子女之间经常进行长时间的讨价还价，父母用一种受孩子喜欢的(desirable)活动或消遣(例如，社交媒体)来交换一种不太受孩子喜欢的活动或消遣(例如，钢琴练习)(Wingard，2007：86)。"高质量"(better-quality)学校的教师也可能采用类似的策略。也就是说，教师给予学生很大的决定权(authority)和选择权；作为回报，学生承诺在要求严格的课程中保持高分(Demerath *et al.*，2008：275)。在那些由"好胜且爱出风头的(pushy)"父母主导的、向上流动的群体里，"妈妈出租车"(Mom Taxi)②很可能是由父亲驾驶的："[塔林格先生(Tallinger)]留下来送孩子们上学，然后参加'爸爸甜甜圈聚会'(donuts with Dad)——这是一项由父母-教师团体(organization)赞助的活动"(Lareau，2003：51)。父亲对子女教育的参与度有所提高，这样的发现也出现在其他几项研究中；这些研究的对象包括中产阶级非洲裔美国父亲(Roopnarine *et al.*，2005)、加勒比父亲(Rooparine *et al.*，2006)和印度父亲(Verma and Saraswathi，2002：109)。不过研究表明，父亲要是不参与子女的教育，那么子女可能"学业失败，

---

① 意思是此类父母整天都在关注自己子女在学校里的学习情况，随时准备介入。——译者注

② 双引号为译者所加。"Mom Taxi"是一家提供儿童交通服务的公司。——译者注

出现行为方面和情感方面的问题，有违法行为，过早地发生性行为并出现滥交，或者在日后的生活里靠救济为生"（Horn，2003：129）。

有时候，"直升机父母"更关心的是避免阶层掉落。"细心的父母会像研究股票行情表一样研究教员，从而找出最好的教员，然后通过游说，让自己的孩子进到那位教师的班里"（Gibbs，2005：46）。母亲非常清楚子女在学校里的进步情况。正如拉鲁指出的，"父母的活动决定（shape）了孩子接受'通用的'或'定制的'教育经验的程度"（Lareau，1989：123）。在教室里做义工时，哈里斯（Harris）太太观察到儿子艾伦（Alan）在拼写方面（没有）进步。她索取并获得了（granted）拼写材料，在家里（成功地）帮助艾伦学习。另一个家庭发现自家儿子在肌肉的精细控制方面需要专业的治疗，他们心甘情愿地支付了治疗费用，孩子的"坐立姿势、书写能力以及踢足球时的运动协调能力都有了显著的改善"（Lareau，1989：117）。事实上，拉鲁有一项最引人注目的发现，即"最紧密的家校关系并不适用于那些成绩优异的中上层家庭的学生，而是存在于那些班里成绩垫底的孩子的家庭中"①（Lareau，1989：129；另请参阅 Pomerantz and Moorman，2007）。

　　"直升机父母"和"书呆子"在美国是异类，然而在东亚，他们是主流文化模式的代表。日本的母亲不能"把教育留给专家"；她们愿意每年从巡回推销员那里购买一套书籍，以"了解当前课程中的内容"（Hendry，1986：25）。对日本孩子来说，短暂的暑假是一段关键时期，因为学校和父母都担心孩子在这期间丧失学习动力。"父母们觉得……不管有没有假期，自己的孩子必须同样地用功，以免耽搁学业并在竞争中落后"（Benjamin，1997：98）。就子女的教育来说，在"yochien"（幼稚园）时期，母亲的作用就已牢牢确立；幼稚园会严格指导母亲如何为孩子准备午餐便当。这项耗费时间的工作（effort）只是为了制作一顿饭；这既关乎营养，也关乎灌输——（对母亲和孩子来说）作为一名日本学生意味着什么，而且这两方面是同等重要的（Allison，1991：10）。在亚洲的其他地区：

---

　　①　通俗点说，优等生的家庭与学校的合作关系相对不那么紧密，反倒是成绩最差的那些学生的家庭经常与学校联系。——译者注

（对于子女的教育）中国父母深度参与、极其关心，并且乐意运用各种各样的奖励和惩罚让子女专注于自己的学业，以便在班里获得最高分。（Jankowiak *et al.*，2011：158）

（韩国母亲）把孩子的分数看作自己的（得分）……为了防止自己的孩子在学业竞争中崩溃或落后，（他们总是保持警惕）。（Cho，1995：151）

"直升机父母"不仅仅关心选择一所"好"学校和好老师；仔细筛选孩子的同伴也一样重要（J. R. Harris，2006：233）。在拉鲁的民族志研究中，有一个研究对象名为亚历克斯·威廉姆斯（Alex Williams）——一位年轻的非洲裔美国男性。他所属的那个教会全是黑人，他经常有机会和其他的中产阶级黑人孩子交朋友。他的父母仔细审视了他的社交环境，（就像威廉姆斯女士说的那样）总是想让他与同样"有教养的"人在一起（Lareau，2003：132-133）。泰森（Tyson）（2002：1183）对中产阶级黑人家庭的研究也得出了类似的结论；这些家庭显然获得了（并利用了）必要的文化资本，以确保自家的孩子取得学业成功。奥格布发现，那些成功地抵制了同伴的压力，并学习了荣誉课程及本科先修课程（取得了好成绩）的黑人高中生，既得益于父母的密切监督，也得益于几个精心挑选出来的、志趣相投的朋友的支持（Ogbu，2003：216-217）。[39]

当学生从一组同伴转换到另一组同伴时，他们看待学校的态度以及他们的学业表现，就会发生微妙的变化（Kindermann，1993）。父母关于这种现象的知识，也是我常说的"文化资本"的一部分。① 中产阶级家庭会评估学校的教育质量，以此为依据来选择住所，如此一来，他们就获得了一个额外的好处，那就是确保作为自家孩子玩伴的邻居家孩子也有着跟他们一样的价值观（Lewis and Forman，2002）。在工人阶段的社区里（那里的）"孩

370

---

① 在这一段话中，作者用了股票投资组合、红利之类的表述。为避免造成理解的困难，此句意译。——译者注

子比中产阶级的孩子有更多的免于成人干涉的自主权"(Lareau，2003：151)。工人阶级的父母对子女有很高的期望，比如库斯罗的信息提供人莉莎(Lisa)，谈到了"不良群体的吸引力"，以及个人主义与强烈的自尊如何帮助孩子"抵制并超越这一切"①(Kusserow，2004：63)。库斯罗的另一位信息提供人——埃伦(Ellen)，提供了类似的观点。

> 艾伦形容自己并不一定出身于"下层阶级"②。她决定送(自己的孩子)去天主教学校；这不是因为天主教学校能让孩子们获得比公立学校更好的成绩，而是因为天主教学校里"有更好的阶层"。"出于某些原因，我确实觉得在天主教学校有比较多的母亲(或者)比较好的家庭……确实会给予孩子更多的关心。"(Kusserow，2004：76)

人类学家一直作为先锋在努力揭示学校教育存在的诸多问题。也就是说，当教育家和心理学家专注于分析和补救失败的时候，人类学家已经详细记录了学校教育与各种让孩子为承担成人角色做好准备的替代性(可能是更"自然的")常规方案(routines)之间的许多冲突。考虑到本章已论述过的许多冲突，我们或许应该预见到大多数人的学校生活会以失败告终(Loveless，2010)。[40]学业造假(academic cheating)行为被屡屡曝光，甚至在最有声望的、招生最严格的学校和大学里也存在这类行为(McCabe *et al.*，2012)；这深刻提醒我们，人类适应学校教育是多么困难。这么一想，孩子们如何成功地取得学业上的进步以及精通课程内容，就会是更具吸引力的研究主题(objects)。然而，迄今为止，仅有少数几个研究(Demerath *et al.*，2008；Gibson，1988；Kusserow，2004；Levey，2009；Pugh，2009)探讨了学校教育成功的文化基础。

---

① 查证引文原文，在此句的上文里，一位父亲谈到了"the wrong crowd"(不良群体)抽烟、喝酒、四处惹麻烦的行为。——译者注
② 查证引文原文，在艾伦自己的讲述中，她和她的丈夫都上过大学；他们希望自己的子女出人头地。(Kusserow，2004：76)——译者注

从上文我们可以识别出两种广泛的(克服抵制学校教育的行为)①策略。首先,我们在整个东亚地区以及从亚洲各地(包括印度)迁往美国的移民中看到了一种模式:创造出一种要求孩子成为好学生的道德责任(imperative)。这一责任涵盖了诸多观念:子女要孝顺父母,为家庭做贡献;要尊重教师,认真对待学术课程;要勤奋用功;要全身心投入(sacrifice),坚韧不拔;要意识到自己身处一场仅有少数人能胜出的竞赛之中;为了孩子的学业成功,母亲要尽心尽力,这包括"盯牢"孩子的家庭作业;还有,要让孩子接受昂贵的课外私人辅导(例如"Kumon"补习班)。这种道德责任得到了"精心培育"的羞耻心和内疚感的支持(Fung,1999)。孩子们受到的教导,使他们意识到,家庭成员为他们作出了巨大牺牲,如果他们未能全心全意地投入学校功课,以此来回报家人,那就相当于一种背叛。人们认为羞耻心和内疚感是必要的,是非常积极的人性特质;这种想法可以追溯到孔子(Li,2012:40)。相比之下,美国人对于学校教育成功却有着截然不同的观念,下面的这句话就是对美国观念的一种典型评价:"我们这个社会着迷于天生的特质、才华、天赋,以及毫不费力的成就,因为这完全符合我们对个人天才的想象(ideal),相比于那种通过无数小时的练习、奋力拼搏以及刻苦努力而获得成功的想法,这是一种更有吸引力的观念。"(Gross-Loh,2013:105)

为克服抵制学校教育的行为而采取的第二种策略,与西方社会里珍视幼儿的、(主要是)中产阶级和中上层阶级的文化相关。我借用拉鲁(2003:132)所提出的那个非常贴切的术语"协同培养"(concerted cultivation)来统称这种策略。其基本理念是,儿童是一个项目,是一个创造独特的、"特别的"个体的机会。与第一种策略不同,第二种策略的重点并非仅仅(或者说,甚至主要不)在于学业方面(或音乐方面)的成功,而是在于培养出一个全面发展的人;人们在这样的人身上发现了诸多罕见的天赋(例如,体育、舞蹈、音乐、外语、戏剧、牛仔竞技比赛等方面的天赋),并予以培

---

① 括号内容由译者根据后文补足。不过,从本书"主题索引"的相关词条来看,此处说是"确保高学业成就的策略"也可以。——译者注

育——在皮尤(Pugh)的研究样本里能看到费用高达每月 1000 美元的课外
活动(2009：85)。此外，人们意识到，在孩子很小的时候就有必要让他们
参与讨论和言语交流。事实上，教导不会说话的婴儿使用"手语"
(sign)①的做法已经非常流行，而且这种做法使得父母可以促进婴儿的词
汇发展。有宣传材料这样写道：

> 考虑到婴儿学习像"*ball*"和"*doggy*"这样简单的单词是多么缓慢，
> 更不用说学习像"*scared*"和"*elephant*"这样有难度的词，……有那么几
> 个月的时间，本来孩子和父母之间可以用来进行丰富且有益的互动，
> 却白白浪费了。(Acredolo and Goodwyn，2002：3)

如同李瑾所指出的，从古希腊人开始，西方社会一向重视能言善辩的
人，但从未像今天这般看重(Li，2012：277)。我们不难想象，孩子们参加
体育运动之类的高要求、高度结构化的活动，并且表现出口齿伶俐、多才
多艺以及在同伴中有声望，这全都有助于他们在要求相对不是那么严格的
公立学校学术课程(program)上取得(如果不是"全国拼字比赛"那种水准
的)成功。当然，上述这两种克服抵制学校教育的行为的策略都有一些共
同的要素，比如对儿童同伴团体的构成情况进行激进的管理。但关键在
于，不管选择这两种策略中的哪一种，父母通常都可以预见(see)自己的孩
子至少会在学校里取得令人满意的进步，并顺利进入高等教育，而那些没
有采用这两种策略中的任何一种的父母可能会发现自己的孩子成功地②抵
制了学校教育文化。

① 此处具体指的是"Baby Sign Language"(婴儿手语)，也就是说，还不会说话的婴幼儿用做
手势的方法来表达需求和感情的行为。——译者注
② 在上文中，一部分父母和学生认为有必要抵制学校教育文化，因而此处的"成功"并不含
贬义。——译者注

受过学校教育的头脑

> 在西方学校里，"语文"①教学(还有数学教学)是对任意符号(字母、单词、数字)及其(在具体案例中)应用规则的教学。(LeVine *et al.*, 2012: 51)

> 接受过四年级以上教育的(个体)都会使用动植物分类法。(Rogoff, 1981b: 250)

吹矢(blow-gun)是一种精密且复杂的狩猎工具；相应地，它也很难制作。埃弗里特(Everett)对几个案例进行了仔细观察；他描述，皮拉罕族男孩会努力地观察自己父亲的行为，学习制作吹矢的许多必要步骤。而在学习的过程中，父子之间几乎没有言语交流(Everett, 2014)。相比之下，在典型的村庄课堂中的学习需要大量的谈话(大部分是由教师说出的)，很少有实际操作。人类社会采用这两种大相径庭的方法来传播/获得文化，它们也反映了两种截然不同的学习材料。学校传递必须用语言来表达的陈述性信息，而村庄里的孩子则学习如何做事的程序。即使是在那些看似有必要给予说明或解释的领域，村庄里的孩子也没有获得口头指导：

> 我几乎没有见过(尤卡吉尔人)向孩子们解释一些事情，尤其是关于神灵和宗教习俗的事情。此类知识的传递过程主要由特定仪式技巧的实务训练组成……很少有关于神灵的知识是在世代之间明确传递的。(Willerslev, 2007: 161, 173)

陈述性信息与程序性信息的差别，也意味着儿童会采取不同的默

---

① 双引号为译者所加。此处的"语文"是"literacy"(读写能力)。——译者注

认(学习)机制获得族群文化。① (Thornton and Raihani, 2008: 1823)。陈述性信息可能最好是通过教学或另一种自上而下、高度结构化的过程传递, 而程序性技能可能最好通过自下而上的过程, 由学习者主动习得(Bjorklund, 2007: 192)。例如, 温德姆(Wyndham)在关于塔拉乌马拉人(Rarámuri)②的民族植物学的研究中发现, 即使是非常年幼的孩子也可能知道各种植物及其用途, 然而, 无论是儿童还是大多数成人都不能特别流利地说出植物的名称(2010: 87, 96)。

还有, 学校里使用的语言与当地日常交谈③中所使用的语言有很大的不同。例如, 教室里有一种常见的口头交流策略(rhetorical device), 就是373 教师用他已知道答案的问题提问学生。在正常的谈话中, 人们不会这么做(当然, "怪异社会"的餐桌谈话除外)。学校的课程不仅通过口头形式传递, 而且也以书面形式呈现。这是因为"复杂信息通过文字说明(written instructions)来传递, 要比口头传递或者接受者只能观看他人操作的情况, 错误率来得低一些"(Erkens and Lipo, 2007: 247)。在广泛参考各种研究的基础上, 莱文及其同事(2012)确信, (通过谈话、阅读与写作)深度沉浸在(有时是抽象的)新词汇和新观念的海洋中, 这会改变人们与世界互动的方式。

通过口头、书面和图片媒体所传递的大量信息会引发学生的认知变化(Lancy, 1983: 112–116, 1989: 17)。然而, 除了一个重要的例外(Bruner, 1966), 大多数早期的儿童认知发展理论都没有考虑学校教育的影响。虽然皮亚杰的认知发展理论非常全面、经久不衰, 但它的普适性却受到了研究人员的质疑; 他们试图在西方社会之外复制皮亚杰在日内瓦得到的研究成果。格林菲尔德(1966: 234)发现, 只有接受过4年及以上学校教育的儿童, 才能达到皮亚杰所提出的"具体运算"阶段的认知发展里程

① 引文原文为, "我们认为, 自然选择可能倾向于不同形式的教学, 而这取决于教学是有助于程序性信息的学习, 还是有助于陈述性信息的学习。"(Thornton and Raihani, 2008: 1823)——译者注
② 塔拉乌马拉人(Tarahumara)自称为"Rarámuri", 是生活于墨西哥北部奇瓦瓦州(Chihuahua)西南部地区的中美洲印第安人, 以其长跑能力而闻名。——译者注
③ 原文为"vernacular or colloquial conversation", 直译是"白话交谈或口语交谈"。——译者注

碑。随后，这一发现在许多其他研究中被扩展和复制（例如，Cole *et al.*，1971；Lancy，1983；研究评论 Rogoff，1981b）。学校教育（至少持续 4 年到 6 年）以多种方式塑造学生的认知，但最重要的是，它促使人们以更具分析性的方法处理信息和解决问题：

> 分析性思维包括：将对象从背景（contexts）中分离出来，倾向于关注对象的属性，以及偏好于使用分类规则来解释和预测行为。（Henrich *et al.*，2010：72）

古德诺（Goodnow）进一步列举了通过学校教育进入儿童生活之中的各种必要的信息处理规则（imperatives），包括发现模式或普遍规则、"集合"，以及"相互匹配的事物"。学校期望学生给出将所有可用信息都考虑在内的"完整"答案，并且提供具有普遍性的、更具包容性的问题解决方案（Goodnow，1976）。我们可以很容易找到对比鲜明的例子，例如，在尼泊尔的一个村庄里，"可直接感知的、不可挑战的、一成不变的现实牢不可破——这样的观念是社会稳定的强大力量"，然而具有分析性、逻辑性、用文字表达的（verbal）思想却具有"颠覆性和变革性"（Levy，1996：136）。

要理解学校教育对思维的影响，我们就绕不开一个非常重要的"里程碑"——20 世纪 30 年代亚历山大·卢里亚（Alexander Luria）在苏联的中亚地区所进行的研究；在迈克尔·科尔（Michael Cole）的努力下，该研究的成果最终在 1976 年以英语出版。卢里亚对没上过学的农民进行了访谈式的测验。在第一个例子中①，我们可以看到村民依据个人经验作出推断（或因缺乏个人经验而不作推断），而且不能或者不愿应用一般规则作出推断。

374

> 问题："在遥远的北方，那里有雪，所有的熊都是白色的。新地岛（Novaya Zemlya）在遥远的北方，那里总是下雪。那里的熊会是什么

---

① 经查证引文原文：研究者用"三段式"问题调查村民的演绎推理能力，并在书中列举了若干个调查时的例子。——译者注

颜色？"

......①

回应："我们总是只谈论我们看到的；我们不谈论我们没见过的东西。"（Luria，1976：108-109）

在另一个问题中，研究者要求男人和女人将各种种类和颜色的毛线（乌兹别克斯坦以地毯闻名）归类分组。男性的回答是："男人（不是织工）不知道什么颜色，就把它们都叫蓝色。"妇女们拒绝将毛线分组或归类（受过教育的乌兹别克斯坦人能很容易地做到），她们喊叫道"这些毛线都不一样"（Luria，1976：25，27）。在苏拉威西岛的一个捕鱼群体中，佛蒙登（Vermonden）发现了正好相似的结果：渔民拒绝以概括的方式谈论海洋生物；他们回避谈论鱼的种类，也不考虑不同的分类方法。他们的思想被他们的实践所支配（本南族的猎人 – Puri，2005：280；南美洲与非洲的自给自足的农民 – Henrich *et al.*，2010：72，都是如此）。

渔民的专业知识并不在于试图熟知最多种类的鱼，而在于关注他所接触过的那些鱼……实践不仅仅决定了渔民对哪种鱼感兴趣，而且，渔民所能提供的每条鱼的信息也会因其专业化程度（specialization）而有所不同。（Vermonden，2009：215）

如果佛蒙登的信息提供人受过学校教育，他们也许就会运用更广泛、更具有包容性的组织（organizing）原则，从而能够展现出更为广博的鱼类知识。

日益增加的记忆/信息负荷似乎正在驱使着人们去寻求更高效的思维和推理方式，此外，另一个影响因素是信息的重要性（criticality）。如果未能获得关键信息会产生负面的后果，那么，个人就会使用更高效的、更具

---

① 查证引文原文：此处被调查者的答复是有各种熊，他只见过一头黑熊，没见过其他颜色的熊；每个地方的动物都不一样，会有不同的颜色。在研究者复述了那个三段式的问题后，被调查者还是无法确定——他没有作出合理推断。——译者注

分析性的信息处理程序。在学校里，学不会或者学习速度缓慢会受到惩罚(但是这种情况在村庄里很罕见)。[41]让我们回想一下(本章前面论述过的)无处不在的"纠正工具"；它们既适用于"呆头鹅"(dunces)也适用于"熊孩子"(miscreants)。在当代村庄学校，孩子们弄错答案，可能会招来同伴的侮辱、教师的斥责，以及失去父母对其继续上学的支持。

(在卢里亚的研究中，村民不能按照一般规则作出推断)这不仅仅是因为村民缺乏某种巧妙的认知训练，以便掌握更多分析策略；而且他们所拥有的世界观可能要求他们以另一种方式感知和解析周围的环境。在面对卢里亚设置的分类任务中的各项事物时，农民们更倾向于关注事物之间的实际关系，而不是它们的概念关系。我们在巴布亚新几内亚的研究中发现，³⁷⁵儿童并没有步调一致地达到皮亚杰的具体运算阶段以及类似的(高效思维)认知标准，并且儿童的思维水平会因其所处的文化(抽样了 9 个差别明显的社会)以及其是否接受过 5 年到 6 年的学校教育而有所不同(Lancy，1983)。在某些案例中，我们采用当地人的观点。在梅尔帕人[西部高地省(Western Highlands)]中，那些未受过学校教育的孩子"未能通过"某些测验，尤其是需要运用(更有效的)分类策略来对当地物体进行分组和组织的那些测验。其中就包括英海尔德(Inhelder)和皮亚杰(1964)的"类包含"(classin clusion)任务。然而，当我们将注意力转向成人时，我们发现，(梅尔帕族)男人和女人都不愿意承认分类数组(taxonomic array)中出现的嵌套现象(nesting)；在需要对事物进行分类的时候，他们却将事物进行配对或者"凑对"——这是梅尔帕人最引人注目的、最普遍的[可以在包括亲属关系、计数、颜色分类在内的所有概念域(conceptual domains)中发现]组织事物的方式。卢里亚所调查的乌兹别克斯坦人偏爱以功能关系组织事物，而梅尔帕人却不予重视。在进一步的实验研究中，我们能够证明梅尔帕人这种对"配对"的强烈偏好确实"阻止"了任何分类的倾向，从而使其无法形成"类包含"的概念(Lancy and Strathern，1981：788)。

我们必须承认这一点：绝不是所有碰巧受过学校教育的个体，都能实现从主要依赖社会学习到依赖学校教育及理性的、科学思维的转变——哪怕这个人受过高等教育①。"原始的"思维在"现代"社会中仍然存在。这是因为，"为了获得社会学习的益处，人们不得不采取轻信的态度……相信他们在社会中所遵守的那些行为方式是合理且恰当的，而且这种轻信的态度使得人类心智（minds）为不合时宜的信念的传播提供了方便"（Boyd and Richerson，2006：468）。[42] 就像诺贝尔奖得主赫伯特·西蒙（Herbert A. Simon）（1956；另请参阅 Edgerton，1992：201；Sober and Wilson，1998：241）精彩推断的那样，我们更多的时候是"得过且过者（satisficers）"，而不是优化者（optimizers）。我们混日子，就像列维-斯特劳斯（Lévi-Strauss）（1966）提到的干零活的人（bricoleur）②一样，只做些能勉强度日的活儿（另请参阅 Barrett et al., 2002：278）。皮拉罕人（亚马孙部落）虽然缺乏"数字（numerals）、计数方法（counting）以及用于定量比较的大多数术语"，但也能顺利地生存下去（Everett，2005：622）。事实上，人类也有寻求"认知闭合"的倾向，其原因在于"为了减少个人信念中的矛盾、模棱两可以及不确定性，人们有追求群体共识的内驱力"（Richtner and Kruglanski，2004：117）。我们随大流，而且大多数时候对于自己正在做的事根本没有留意——我们只是在"自动驾驶"（Bargh and Chartrand，1999：464）。个人信念是不可靠的，承认这一点会有助于我们理解为何不合时宜的习俗会持久不变，为何文化变迁相当罕见（Boyd and Richerson，1996）。例如，埃费族弓箭手（女性）无意效仿采用网捕法狩猎的(俾格米)③同伴，尽管她们知道网捕法会带来更大的猎捕量；她们在伊图里森林的领地是有利于（conducive）网捕的，但是她们觉得制作捕猎网所要付出的努力太多了（Bailey and Aunger，1989）。阿根廷的马普切人经常遭受周期性的食物不足和饥荒，但他们拒绝捕捉和食用湖里的鱼，因为"马普切人只吃有毛皮

<small>376</small>

---

① 原文为"the tertiary or college level"。——译者注

② 根据《拉鲁斯法汉双解词典》（薛建成等编译，北京：外语教学与研究出版社，2001 版，第 249 页），"bricoleur"是指"在家修修弄弄的人"；与它对应的名词有"bricole"（"小事情；不值钱的东西；麻烦事；杂活、修修弄弄"等意思)和"bricolage"（"干零活、零星修补；临时性修理"）。虽然列维-斯特劳斯在《野蛮思维》（The Savage Mind）一书中提到"bricoleur"，但实际上他是用"bricolage"（干零活）说明神话思维与科学思维的关系（Lévi-Strauss，1966：16-17）。——译者注

③ 埃费族属于俾格米人。为避免误解，此处括号为译者所加。——译者注

的动物。不吃鱼！"（Politis，2007：339）。这种对显而易见的事实和可能的改变予以顽固抵制的行为，在人类社会中还有很多（Edgerton，1992）；人们只要想一想那些"受过良好教育"的烟民、那些否认气候变化的人，还有那些庞氏骗局（Ponzi scheme）的受害者，就了然了。

简而言之，当我们接受学校教育对于个人、家庭乃至整个社会都有巨大益处的观点时，其他人可能会认为学校教育有着种种的坏处。① 学生可能会抵制学校强加给他们的身体上的束缚和社会方面的约束。"好"教学可能是罕见的。父母可能缺乏文化资本来塑造孩子，以使其符合学校的要求。即使是已经完全融入学生角色的学生，也可能会抵制学习方面的智力投入，从而成为"在校辍学生"②。还有，政府（即使是最富有的）可能无法提供足够的资金。[43]而学校课程的设置可能与就业市场的要求相当不吻合。最后，虽然学校教育可能会培养一种以分析的眼光看待世界的思维方式，但分析性思维是费心劳神的；大多数人在大多数时候都不愿自寻烦恼（Shweder，1984：36）。

注释

[1]在最近的田野调查中，施皮特勒报告说，穿越沙漠的商队现在受到了边境当局、估税员和商人的挑战，他们发现，懂法语并且有一定程度的计算和读写能力，对他们的贸易活动来说，是必不可少的。所以他们对学校教育有了更多的赞同（Spittler，2012：70）。

[2]用来表示这个意思的特定楔形文字符号，是由表示木棍的符号和表示肉体的符号组合成的（Kramer，1963：237）。

[3] 摘自 *Parade Magazine*。网址：www. parade. com/62420/micha elbrick/three-cheers-for-school-building-a-better-school-day，访问日期：2013 年 8 月 11 日。

[4]摘自 *USA Weekend*。网址：www. usaweekend. com/article/20130809/LIVING/3080

---

① 此处意译。原文为"the glass may always seem half empty"；其中有一个"glass half empty"的表述，大意是说，不同的人看到半空的杯子，有的会说还有半杯水，有的会说只有半杯水；不同的说法代表着不同的世界观。——译者注

② 意指那些虽然在上学但实际上什么也没学的孩子。——译者注

90008/Six-innovators-offer-a-fresh-perspective-on-learning，访问日期：2013 年 8 月 9 日。

[5]计量经济分析表明，学校教育本身对现代化进程没有什么影响——至少就社会经济来说，就是如此。相反，市场活动的扩展推动了学校教育制度的现代化（Baten *et al.*，2009：806）。

[6]关于青春期神经系统变化的研究提出了一个有说服力的观点：青春期的大脑正在从掌握任务转变为掌握复杂的成人人际关系（Blakemore，2008）。

[7]当时，利比里亚的经济以美元计算虽然充满活力，但被认为是脆弱的，因为它依赖于不可再生资源（铁矿石、原始森林的木材）的开采和原材料（橡胶）的生产，而国内制造业或二次生产的产值为零（Clower *et al.*，1966）。这种情形到现在也没有什么改变（Gay，2014）。

[8]有一项关于加纳政府如何利用学校来创造国家认同的全面研究，参见科（Coe，2005）。

[9]生物学中也有同样的争论。"儿童和成人似乎没有为他们的日常经验构建生物学上的独特的因果机制……如果没有科学知识的灌输，大多数儿童，甚至可能是成人，都不会发展出一种'民间生物学'（folk-biology）①"（Au and Romo，1999：396）。

[10]例如，加纳的"（鱼）贩可能没有利用所有的供求信息，也没有结合这些信息对市场状况进行全面评估，因为，就像所有其他决策者一样，他们避免复杂的计算"（Quinn，1978：214）。在利比里亚，我发现不精确且有限的测量导致房屋的建造只能近似地反映规则的几何形状（Lancy，1996）。

[11]这是一个相当普遍的模式，因为房屋（homes）可能位于农场附近。在也门，我观察到孩子们步行 4 英里去上学，他们每天往返两次，这样中午就可以和家人一起吃正餐。加上课间休息和各种其他的非学术性活动，我估计，在整个六年级，也门学生在一天中接受"教学"的时间大约是 3 小时。

[12]注意这种现象与学徒制的相似之处（第七章，第 287—292 页）。

[13]这似乎是一种常见的策略，例如，苏丹人（Katz，2004：66）和贝宁的农民（Alber，2012：184）都采用了这种策略。

[14]值得一提的是，学习可以在看似非常不利的环境中发生。毫无疑问，有一些

---

① 相关资料显示，在道格拉斯·曼迪（Douglas L. Medin）与斯科特·阿特兰（Scott Atran）编辑的《民间生物学》（*Folkbiology*. Cambridge, MA: MIT Press, 1999）一书中，这一术语被介绍如下："'folkbiology'一词是指人们对生物世界的日常理解——他们如何感知、分类以及分析（reason）活着的物种。"——译者注

读者必定和我一样，有过在一所只有一间教室却有多个年级的小学上学的经历；学校里没有水管设备，几乎没有暖气。欧洲移民的孩子，尤其是20世纪初纽约工人阶级的犹太人子女，入读的学校条件糟糕、拥挤不堪。学校没有为母语非英语的学生提供住宿；事实上，学生会因为使用意第绪语（Yiddish）而受到惩罚——被用（符合犹太教教规的）①肥皂洗嘴。犹太学生尽管成功地融入了社会，甚至很富足，但是作为成人，他们仍然会回忆起他们所遭受的苦难和极度的窘迫（Berrol，1992：45，54-55）。

［15］虽然世界各地的村庄父母似乎都急于把孩子送去赚钱，但是对美国印第安社区（Native American）的研究却呈现出一幅截然不同的画面。在那些社区里，父母极力抵制任何有关他们的孩子会把上学作为一种"出路"（exit）策略来远离家庭和保留地的想法。这种"抵制"被认定为美国印第安族学生学业成绩低下的主要原因之一（Deyhle，1991：294，1992；Condon，1987：162）。在北美地区，抵制学校校风要求②的其他群体（examples），包括阿米什人（Hostetler and Huntington，1971/1992：3）和霍皮人（Simmons，1942：100）。

［16］在罗图马岛（Howard，1970：63）、马莱塔岛（Watson-Gegeo and Gegeo，1992：17）、博纳姆岛（Carrier，1981：239）以及非洲（Grindal，1972：92）也发现了类似的发展模式。

［17］为了方便起见，我使用"父母"一词。事实上，我所阅读的文献都指出，送孩子上学的决定，以及为此提供资金来源，就像育儿过程中任何其他方面的事务一样，都是分散给许多人去共同承担的责任；本书第四章已有详细论述。

［18］同样是在埃及，至少在某些公立学校内部，教育资源分布就非常不均衡；学业成绩优异的学生在环境整洁、设施先进的区域就读，而其余学生则没有这样的教育条件（Saad，2006：92）。

［19］在美国进行的一项大规模调查中，"母亲将教导孩子列为她们最重要的长处"（Strom *et al.*，2004：681）。

［20］不仅仅村庄父母如此；城市化的"日本母亲想要尽可能避免直接的教导，并倾向于以身作则……而不是（利用）口头指导"（Azuma，1981：25）。

［21］在科斯雷岛开展（Michalchik，1997）的另一项研究详细记录了村庄参与规则和学校参与规则之间的差异。有一项研究详细论述了（意大利和美国）中产阶级社会中家

---

① 犹太人不吃猪肉，而猪油是肥皂的主要原料，因而，作者特地加上这样的定语。——译者注

② 意指学校的道德观、价值观和教育信念对学生的要求。——译者注

庭和学校之间的一致性,参见斯泰波尼(Sterponi)和圣阿加塔(Santagata)(2000)。

[22]在美国的一项类似研究中,当教师展示如何制作折纸人物(figures)时,(移民)母亲受教育程度相对较高或较低的两组孩子有着不同的行为表现。后一组仅仅依靠观察,而前一组则通过询问教师来寻求额外的信息(Mejia-Arauz *et al.*, 2005)。

[23]在摩洛哥农村地区,殴打作为一种"教导"方式仍然被家庭和学校接受(Nutter-El Ouardani, 2013:115)。

[24]而在挪威和法国的研究表明,学校也希望他们这样做(Liden, 2003:127; Wylie, 1957:60)。

[25]如果要说有什么不同的话,那么,相比于父母接触过学校教育的情况,传教士的活动更能说服父母,让他们意识到自己应该教育孩子(Little, 2011; Sprott, 2002:226)。

[26]在历史上也是如此。在狄更斯生动的叙述中,我们听到萨姆·韦勒(Sam Weller)[匹克威克(Pickwick)先生手下那个干了一大堆活的年轻人]的父亲自豪地把自己儿子的聪敏归功于自己:"先生,我为他的教育(eddication)费了不少工夫;在他很小的时候就让他在街上奔波,自谋生计。这是唯一能让一个男孩变得敏捷的方法,先生。"(Dickens, 1836/1964:306)

[27]这可能是犹他州大多数年轻女性的观点;她们属于后期圣徒(摩门)教会。另请参阅霍兰(Holland)和艾森哈特(Eisenhart)(1990)以及拉鲁索(La Russo)(1988:145)的研究。然而,我认为,这些案例只是残余的现象。未来,大多数中产阶级女性都会追求自己的职业生涯。

[28]当然,正如我们从头条新闻中得知的,巴基斯坦和阿富汗的女孩冒着生命危险追求学校教育(Anonymous, 2013)。

[29]安妮塔·朗帕尔(Anita Rampal)(私人交流,2004年4月)。

[30]关于女童教育进展的报告已经在印度(Roopnarine and Hoosain, 1992)、韩国(Cho, 1995:160)以及波纳佩(Pohnpei)(Falgout, 1992:40)出现。

[31]在学校里,女孩比男孩表现得更好的另一个原因是,她们更容易"驯服"。也就是说,女孩从很小的时候就开始扮演母亲的帮手和学徒的从属角色。因此,她们可能更容易表现出课堂生活所要求的那种顺从并集中注意力的行为。

[32]考虑到数码文化和社交媒体的迅速扩张,学校教育的特性从强调学术方面转向强调社会方面的进程仍将继续(Bauerlein, 2009:9)。

[33]他们"租赁"而不是试图获得标准英语的"所有权"(Fordham, 1999)。

[34]值得注意的是(考虑到马努斯省最近才有中等学校教育)，彼得·德梅拉斯(Peter Demerath)在马努斯岛(巴布亚新几内亚)的一所高中里，发现了一个近乎相同的抵制学校教育的案例，在那所高中里，认真学习的学生被指控为"装老外"①(2000：197)。

[35]此处有个明显的问题是，何者为因，何者为果？少数族裔学生之所以形成反对学业(anti-academic)的小集团，是因为美国主流社会以教师的种族主义态度、带有文化偏见的课程，以及损害他们自尊的考试和评分政策，来使他们处于学业注定失败的境地？或者，是学业失败导致少数族裔学生自愿放弃学校文化对学业的要求，选择加入一个让他们觉得更舒适的"霹雳舞者"或"哥儿们"小集团？我猜想，戴勒会赞同前者，而已故的约翰·奥格布则会越来越倾向于后者。例如，在一项以中产阶级黑人群体为对象的研究中，他指出，"我们对从小学到高中的100多个课堂(classroom lessons)进行了观察，没有记录到文化障碍阻止学生学习某个教学科目的例子②"(Ogbu, 2003：38)。

[36]儿童也会把这些策略用在自己父母身上，"儿童会不断重复自己的要求，直到获得满足，而他们的父母因厌倦而让步"(Montandon, 2001：61)。

[37]毫不奇怪，"对学生的行为进行管理"被认为是中学教师面临的三大挑战之一(Goodwin, 2012)。

[38]这种普遍的态度是推动亚洲学生取得成功的因素——尽管他们的学校系统资金不足。例如，尽管韩国政府花费的资金不到美国政府的一半，而且韩国学校的班级规模也大得多，但韩国学生在客观的成就测验中的表现远远超过美国学生。理解这些差异的线索之一是，"在韩国，负罪感有积极的一面……它能激发了韩国人的孝心(和)成就动机"(Park and Kim, 2006：424)。

[39]日本的学校有一套创建和打造班级团体的明确方案，以便利用同伴的压力激励团体成员在学业上取得成功。通过这种方式，父母、教师和同伴都在共同努力，以防止学生学业失败或学业倦怠(Benjamin, 1997：53)。

[40]在美国，学生尽管学业成绩一般或较差，也会继续待在学校里。与美国不同的是，德国更善于按孩子的需求与意向以及雇主的要求，为孩子提供公共的培训。美

---

① 原文为"acting extra"；译为"装老外"，与本段正文中的"装白人"对照，若是照字面意思来看，或可译为"多此一举"。经查证，原论文中有这样一句界定："这些学生将特定的西方行为和语言风格、抱负和学术实践称为'多余的'(extra)行为"(Demerath, 2000：196)。——译者注
② 查证引文原文，此处引文的后半句是"也就是说，我们没有观察到黑人学生说他们无法掌握某门课，是因为他们正在(以欧美教育的方式)接受欧美文化和价值观的教育"。——译者注

国的教育体系几乎只提供学术训练，然而，"大多数（占比约 70%）德国青年却进入职业教育……以获取职业培训证书"（Mortimer and Krüger, 2000：487）。美国的教育系统一直在抵制变革，部分原因是在珍视幼儿的社会中，孩子绝对不能被认为是能力低下（poor）或没有前途的。而在德国，"在逐步升学的过程中，德国年轻人的学业失败迹象更易辨别，而且这种失败也更具决定性"（Mortimer and Krüger, 2000：479）。

[41]在村庄里，表现不佳（例如，不靠谱）可能会受到惩罚。

[42]在美国文化中，人们普遍持有但不合时宜的信念包括：个人在公共场合可以携带上膛的枪支，以便"防卫"。

[43]我所想到的具体案例是，美国没有为学前教育提供资助（Lancy, 2008：350-351）。

第十章

太少的童年？太多的童年？

　　资源的全球分布情况……意味着有些孩子必须工作以确保家庭生存，而另一些孩子却能过度消费。(Holloway and Valentine，2000：10)

　　关于儿童成功适应社会①的情况，前几代民族志学者已经作出了描述；而这些社会自身也成功地适应了其生存环境和物质环境(Korbin，1987b)。但是，由于某些全球性力量压制了(儿童及其族群的)地方性文化适应模式，儿童的生活受到了不利的影响。有许多相关(领域)的观察家都在努力了解当代儿童的生活环境并为改善其命运而提出建议，而人类学家就是这个学术群体的重要成员(Schwartzman，2001：15)。

　　我们将看到，当下以至将来，本书一开始所提出的(儿童被视为)小天使、财产以及调换儿之间的区别会继续适用。在珍视幼儿的社会中，人们将儿童"提升"为圣洁的(god-like)小天使，而且不免产生各种花费；这一过程丝毫没有放缓的迹象。在贫穷人口中，父母继续设法遗弃自己不想要的调换儿，或者把他们的子女变成可用的财产。实际上，对于输出"现代"模式的童年(Nieuwenhuys，1996：242)——将孩子都变成小天使，以及为了富裕儿童的利益而将贫困儿童变成财产的过程，奥尔加·纽文慧丝同时予以谴责。她认为，发展中国家儿童的低薪劳动实际上是一种(对第一世界儿童的)补贴——这人为地压低了第一世界儿童购买商品的成本(Nieuwenhuys，2005：178)。

　　在这一章中，我们将探讨当代童年危机的几个"闪点"(flash-points)，首先讨论的是家庭——它的那些社会支持机制正处于危险中。我们在本书第七章中描述了儿童通过杂务课程获得成长的非正式(casual)过程，与之不同的是，现在我们看到了某种程度的紧迫性——儿童必须尽早开始挣钱

---

　　①　结合下文，实际上此处可以理解为儿童适应族群文化。——译者注

养活自己（Campos *et al.*，1994：323）。我们将看到儿童脱离了家庭和村庄的舒适圈，四处迁徙，通常被迫到种植园、工厂或矿山工作，或者不得不进入城市谋生。由于父母一方或双方的迁移、死亡或丧失能力，儿童与其父母及社区的联系可能会中断。观察家发现，自给自足的儿童越来越多（特别是在城市地区）——他们脱离家庭，独立生活。然而，当他们加入城市犯罪团伙或流浪团体时，儿童陷入道德感模糊的状态中：前一分钟他们还是受害者，下一分钟他们就成了加害者（Machado Neto，1982：534）。

稍稍关注一下处境优越的儿童，我们就会注意到他们深陷于某种过度保护与溺爱的文化模式之中。父母希望孩子尽可能长时间地处于一种天真和依赖的状态。而大学生抱着泰迪熊入睡的照片，就能表明这些大学生的父母在这一方面是成功的。如今，童年意味着规模巨大的消费品市场。在科特迪瓦，营养不良的、受奴役的儿童所收获的可可豆，会被加工成巧克力，以供西方营养过剩的儿童食用；这一画面充分体现了（贫困儿童）童年萎缩与（富裕儿童）童年扩张之间的荒谬对比（Chanthavong，2002）。我们在本章的最后部分，列出了本书可能得出的主要结论。

童年缩短

> （巴基斯坦的）童工资源几乎取之不尽，这是因为……该国生育率位居世界前列（Silvers，1996：81）

> 大多数街头流浪儿简直都是"多余的"孩子。（Scheper-Hughes and Hoffman，1998：362）

以非洲的标准来看，坦桑尼亚是一个相对繁荣和稳定的国家。然而，它的主要城市和城镇都充斥着离开家和/或几乎与家人没有联系的儿童。据 2012 年的估计，该国街头流浪儿的数量为 30 万（Wagner *et al.*，2012：37）。针对达累斯萨拉姆（Dar es Salaam）儿童的访谈表明，他们的童年（他们需要别人照顾的时期)被缩短了。朱利叶斯(Julius)在6岁时离开了自己的村子，因为在每天放学回家时，"家里人①通常已经吃完了所有的食物"，而且每天清晨还得放牧，他常常上学迟到(Wagner *et al.*，2012：40)。孩子身份改变的第一个迹象通常出现在玩耍与工作的冲突中(Evans，2004：76)。而且冲突会逐步升级。

> 对彼得②来说，"家"的特点就是缺衣少食，缺少获得教育的机会、缺少关爱。而且，事实上，在他开始流浪街头之前的很长一段时间里，彼得与酗酒的母亲的家庭关系就已经很脆弱了……朱马(Juma)的"父亲"有4个妻子……和23个孩子……由于家庭资源不足、家人关系紧张，以及其他更受青睐的妻子和孩子要求享有更多的利益，朱马的父亲选择淡化(与朱马母亲的)关系，(这导致)朱马母亲及其所生的子女被边缘化。(Evans，2004：75，83)

人人都清楚促进健康儿童出生和发育的条件。然而，与那些出生在有利环境中的儿童相比，出生在不利环境中的儿童人数正在迅速增加(Gielen and Chumachenko，2004：91)。例如，在非洲大部分地区，生育率(每名妇女的生育数)非常高(尼日利亚为5.9)，然而由艾滋病毒/艾滋病、疟疾以及结核病导致的成人死亡率也非常高，结果是儿童只能完全由其他儿童抚养长大(Gielen and Chumachenko，2004：87)。传统的限制家庭规模的手段，包括杀婴和产后性禁忌，已经被外部的道德权威压制，而这些道德权威也可能反对现代避孕方法(Miller，1987)。由此导致的农村人口过剩迫使村民涌入城市地区；在世界大部分地区，肮脏的贫民窟都是增长最快的住房类别[1](Strehl，2011：45)。作为城市拾荒者，儿童勉强维生的辛酸取

---

① 查证引文原文，此处指的是朱利叶斯的父亲与继母(继母已有两个孩子，也可能包括那两个孩子)(Wagner *et al.*，2012：40)。——译者注

② 需要说明的是，本段引文中的彼得当时是15岁，而朱马是14岁；他们都是街头流浪儿。——译者注

代了他们在村庄童年中曾享有的那种关爱十足的安全感。

具有讽刺意味的是，虽然富裕国家的父母担心他们能否"负担得起另一个孩子"，但是在布基纳法索这样的贫穷国家，父母却几乎不觉得要对孩子的幸福承担责任：

> 他们不认为生养许多子女是不利的。孩子从来不被看作资源的消耗者。可获得的食物被认为纯粹是上帝赐予孩子的财富，而这与家庭中可利用的资源水平或需要喂养的人口数量无关，（因为）"每个孩子生来就有自己的运气。"（Hampshire，2001：115）

在（纳米比亚的农村地区）弗朗斯方丹（Fransfontein），朱莉娅（Julia）发现，贫困城市地区特有的传统婚姻和家庭结构的解体现象，正在向村庄蔓延。她用"多亲抚养"（multiple parenthoods）一词描述这样一种现象：孩子可能永远都不知道自己的生父是谁，而生母可能在他们的生活中扮演了一个次要的照顾（者）①角色。因为保利（Pauli）的主要信息提供人已经和至少5个伴侣生了10个孩子，所以她的任何一个孩子都可能发现自己有几十个"兄弟姐妹"——其生父的子女。因此，孩子必须选择自己要加入的家庭，在兄弟情谊（fraternal）的基础上结成类似亲属的关系。和街头流浪儿一样，弗朗斯方丹的孩子们发现，相比于那些常常严厉且剥削他们的成人，同伴是更好的养育者（Pauli，2005）。

在某些社区里，比如在［秘鲁亚马孙地区希皮博族（Shipibo）印第安人 ₃₈₀居住的］曼科·卡帕克（Manco Capac）村，人们迫切需要避孕药具——他们听说过，却无法获得。赫恩（Hern）的信息提供人：

> 乔姆什科（Chomoshico）的第11个孕期即将完成。她已经有了7个存活下来的孩子。她和她丈夫都不想再要孩子。"够了。衣服真费钱"，他们这样说。她说，"我厌倦了生孩子"，"生上一胎时我差点死

---

① 换句话说，这些孩子是由其他人抚养长大的。——译者注

掉"。她的丈夫得了结核病。而在几周前，在同一个村子里，一个年轻女孩在试图生下双胞胎时不幸去世，那天正是她的 13 岁生日。在那个女孩出生的村子里，就在河的上游，在希皮博族印第安人中，我①刚刚目睹了人生中的第一个饿死案例……自 1964 年以来我就与他们一起生活②。(Hern, 1992：31)

有一些报告指出，受教育程度相对较高的妇女(LeVine *et al.*，2004：875)或者城市化的妇女都在迫切寻求限制生育的机会(Pickering, 2005)；在那些高生育率被视为阻碍妇女获得经济机会的地方尤其如此(Kress, 2005)。但是，由于资金缺乏和/或意识形态上的反对，为妇女提供的保健服务可能受到严格限制，这意味着妇女很少有机会规划或者减少怀孕概率。埃及正处于其庞大的人口重压之下：62% 的公民不满 14 岁(Gielen and Chumachenko, 2004：88)。但高生育率一直是意识形态的基石之一。与许多邻国不同的是，埃及有许多受过良好教育的妇女，因而可以预期她们能以更有效的方式限制生育数并培育出健康的、受过良好教育的孩子(LeVine *et al.*，2012)。然而，受过教育的男性在娶妻时拒绝这些妇女，他们更喜欢受教育程度较低的妇女(Ahmed, 2005：157)。

在一个要用现有的资源养活太多人口的家庭中，家庭成员必定身处人际关系紧张的"旋涡"中。酗酒以及男人虐待女人、成人虐待儿童的情况，成为常态(Martini, 2005：134)。让我们想一想，在安哥拉、刚果民主共和国以及刚果共和国，有成千上万的孩子流浪街头，他们被自己的家庭指控(branded)为巫师(他们的家人以此作为不予喂养和照顾的理由)从而赶出家门(如果他们能从先前的虐待中幸存下来)(La Franiere, 2007；de Boeck, 2005)。

对人类学家来说，研究"处于痛苦中"的家庭和孩子是很困难的。沃尔塞斯(Wolseth)以激动的笔调描述了他所感受到的愤怒——他看到了这样的

---

① 此处是赫恩本人。——译者注
② 查证引文原文，完整的表述是，赫恩作为医生和科学家与他们一道工作。——译者注

一幕：一个"他（所研究）的"圣多明各（Santo Domingo）街头流浪儿与一个富有的外国白人发生性交易（Wolseth，2010：423）。而菲利普·布尔古瓦（Philippe Bourgois）写道：

> 在纽约东哈莱姆区（East Harlem）的公寓里，当孩子们哭喊的尖叫声通过供暖管道传过来时，我很苦恼：我是不是以种族中心主义的视角误读了……我那些（第二代波多黎各移民）邻居们激进的育儿习俗？（1998：331）

尽管孩子们受到虐待，但他们很可能因被视为财产而受到重视。在很 381小的时候，孩子们就可以帮助父母做家务，并且通过受雇于商业性农业和农村工业来为年长的家庭成员提供帮助（第二章，第61—63页）。实际上，他们完全可以靠自己获得工资和其他资源："在最低种姓人口中，孩子一旦能够走路就成了劳工"（Silvers，1996：81-82）。

能养家糊口的孩子

> （在墨西哥）家庭里，在工作的孩子越多，这个家庭所能存下来的钱就越多。（Bey，2003：291）

> 他的收入帮助养活了身体虚弱的母亲和6个兄弟姐妹。他的父亲因谋杀而在狱中服刑。（Kenny，2007：76）

人们总是期望孩子们能为家庭提供帮助，但是，在许多当代家庭中，这种帮助可能代价高昂（Rurevo and Bourdillon，2003：23）。希瑟·蒙哥马利研究了"Baan Nua"——这是泰国一种越来越常见的寮屋社区。由于农村人口拥挤，成人被迫离开家乡。他们发现最可靠的收入来源是孩子们的卖淫所得；于是近一半的孩子就这样就业了（Montgomery，2001b：72）。在胡志明市，青春后期的女孩加入了妓女的行列，以赚取不错的收入，帮忙养家糊口(Rubenson et al. 2005)。在印度，劳动力供应十分充足，这使得工厂工资维持在低水平，因而，只有在所有身体健康的家庭成员都就业的情况下，家庭才能维持收支平衡(Nieuwenhuys，2005：178)。

在墨西哥南部，农村的米斯特克人(Mixtec)太多了，无法靠土地谋生，也无法挣到足够的钞票来满足用电、购买服装以及交税等新兴消费需求。每年都有大量人口迁移到北部，在那些由农业综合企业控制的农田上劳作(比如，种植西红柿)。"任何工人，无论男人、女人还是孩子，每天的工资都是27比索(pesos)。"孩子们的生产率与成人相当——即使考虑到他们"通过(使用)伪造的身份文件，不到8岁(允许就业的年龄)，就开始工作"(Bey，2003：292)。

在加纳北部，随着人口的增加，塔仑西人的"田地"(plots)面积越来越小。而当地的土壤和气候都不利于提高产量。族群里的孩子在新兴的采金工业中从事低工资的工作，以此驱散了食不果腹的阴霾。例如，楠戈迪(Nangodi)：

> 是一个非常贫困的社区，黑蝇成灾……因黑蝇叮咬而失明……的父母……依靠子女的收入来维生；子女们碾碎岩石，加工并销售黄金，(赚取收入)以购买做饭用的西红柿和辣椒。(Hilson，2010：459)

382 　　回想一下本书第五章(第278页)中关于儿童作为"后备劳动力"的论述，我们就可以发现，显然许多族群都必须调动这种后备劳动力。正如肯尼所记录的(1999：375)："在低收入群体中，有许多家庭……是靠孩子赚钱养家。"孩子们通常会对家庭的需求作出积极的反应。在埃尔萨尔瓦多(El Salvador)，孩子们"对上了年纪且伤病在身的抚养者表现出了一种更大的责任感"(Dickson-Gómez，2003：335)。泰国儿童声称，他们自己"出于对其父母的义务和爱，而去当童妓并持续卖淫"。而且他们极力抵制要将其从父母的监管中解救出来的尝试(Montgomery，2001b：82)。

尽管存在着为数众多的国际协定和监督机构，但儿童仍然被雇佣，因为农村人可能没有其他选择。[2]在秘鲁，儿童必须年满16岁，才能在商业性农业中就业；然而，年纪更小的孩子会使用伪造的身份证来获得就业机会。或者他们可能会到规模较小的种植园找工作，这些种植园的产品不直接供应出口市场，而且"较少受到劳动监察员的监管"（van den Berge，2011b：153）。雇主们之所以热衷于雇佣儿童，除了儿童的工资较低之外，还因为未成年人会听从指令，能毫无怨言地工作。父母支持子女去工作，这是因为，当家中可能仅有一个能就业的成人，而且其低水平的工资无法维持整个家庭时，孩子的收入就起着至关重要的作用（van den Berge，2011b：156-157）。

当然，许多家庭发现，即使所有的孩子都在工作，他们也不再能够依靠农耕或觅食而过活。整个家庭或部分成员迁移到人口爆炸的城市贫民窟。每个人，包括每个孩子，都被迫成为机会主义者。在一项值得注意的研究中，调查人员发现，孩子们会遵循"最佳觅食模式"，这意味着他们会区分生存环境（ecology）（在这个案例中，孩子们在交通繁忙的十字路口向低速行驶或者刹停的汽车里的乘客兜售商品），以获得最大收益（Disma et al.，2011：373）。事实上，孩子们把觅食技能带到了城市。许多在街头谋生的孩子夜里会回到其家人居住的棚户区。在墨西哥的城市里，一直有孩子们专属的商机。例如，他们帮助商店顾客把其购买的商品搬到车上或者清洁挡风玻璃，以换取小费。他们在街头卖报纸；其他孩子会在公共场合表演魔术，也做马戏团式的表演。父母可能会精心安排孩子的工作（Taracena and Tavera，2000）。在基多（Quito），我在十字路口看到卖"*chiclé*"［字面意思是芝兰牌（Chiclets）口香糖或其他的小块硬糖］的小贩。那些年纪在 7 到 9 岁的孩子像商贩一样行动，一旦遭到拒绝，他们就会迅速寻找下一个买家。而那些年纪更小的 4 到 6 岁的孩子表现得更像乞丐；如果被拒绝，他们就会伸出手掌，低声乞哀告怜。他们往往肮脏不堪、衣着粗陋，不过，我注意到，那个在附近徘徊的、为他们补充糖果的（我猜是）哥哥衣着整洁得体。总体的情形是，整个家庭都在特定的地点"工作"，母亲在一个相对固定的地点出售工艺品和小饰品，而她们的子女则在周边兜售。

来自拉丁美洲的移民在很大程度上依赖于子女的经济贡献。孩子们会与成年的街头小贩一起售卖食物、衣服或其他商品；他们帮助父母打扫房子……在"*pupusería*"①里擦桌子……有一个家庭的 5 个孩子(年龄从 4 岁到 12 岁不等)每天晚上要花几小时，给"芭比娃娃"的太阳镜贴上价格标签，他们告诉我，这些太阳镜会在玩具反斗城(Toys 'R' Us)里售卖……(此外)……(洛杉矶)皮科联盟区(Pico-Union)的父母理所当然地认为，孩子应该用他们的英语能力(和)读写技能为自己做翻译，……(而且)应对洛杉矶的日常生活需要复杂的英语读写能力……父母可能需要孩子的帮助来完成日常任务。(Orellana，2001：374-376，378；另请参阅 Orellana，2009)

384相比于家庭在逆境中生存下来的这些场景，许多观察家报告了贫困儿童与其父母之间的冲突。出现这种冲突的原因在于贫穷的、极度焦虑不安的父母严厉地对待自己的孩子，并且挪用孩子的收入(Verma and Sharma，2007：194)。产生冲突的另一个原因(source)是儿童的能动性受挫(见下文)。虽然在照顾弟弟妹妹、做饭并照顾家庭，以及/或者挣到(贴补家用的，或者比名义上的"一家之主"赚得还多的)工资等方面，儿童可能已经承担了父母的大部分角色，但是，他或她仍然被当作孩子来对待(Kenny，1999，375，379；2007：71，74)。因此，那些使家庭关系松弛的因素(forces)不仅包括家庭成员因经济原因而迁徙、武装冲突造成的威胁，以及艾滋病等致命疾病，而且，还包括沉重地压在孩子身上的家庭内部失和。

没有父母的孩子

大家庭制度(正在)瓦解……人们无力承担对亲属的照顾。(Mapedzahama and Bourdillon，2000：39)

---

① 查证引文原文，此处的"pupusería"是指萨尔瓦多的一种餐馆(Orellana，2001：375)；在西班牙语中，"pupusería"是指售卖填馅玉米饼的商店。——译者注

（在津巴布韦）由于父母双亡，没有亲戚照顾，年仅 10 岁或 11 岁的孩子成为一家之主……这种情形并不罕见。（McIvor，2000：173）

对一个孩子来说，和家人同住（的房子）可能是最危险的地方之一……在那里，他所遭受的虐待远比食物来得多。（Kenny，1999：384）

从孩子的角度来看，无论是生活在完全工业化的国家还是在经济不发达的国家，贫困都是单亲家庭（single parenthood）的同义词。即使父亲在场，他们也可能不会对孩子的生活产生积极的影响，例如，一个酗酒的俄罗斯父亲告诫儿子，要是没给他带回一瓶伏特加，就别回家（Fujimura，2003）。虽然父亲的缺席对幼儿所造成的直接影响可能相对较小，但是青少年显然就会缺少（他）这位家庭道德监护人所施加的约束。德雷珀和哈彭丁（1982）认为，父亲在家庭中的存在，体现了（models）持久的夫妻关系的价值，并传达了对子女长期投资的预期。在没有父亲的家庭中，青少年会加入帮派（Vigil，1988：426）并且/或者"成为父母"①。青少年是差劲的父母，这在发展中国家和工业化社会的研究中已被证实（Elster and Lamb，1986：184；Gelles，1986：347）。

在国际上，未成年人生子（teenage parenthood）的现象将会继续增加，但是，如今，相比于单亲家庭儿童的庞大规模，孤儿人数不断增加的情况，更加引人注目。我们在本书第三章中已看到，各个族群都会采取措施以确保一对父母或者整个族群需要抚养的孩子不会过多，但是，艾滋病毒/艾滋病已经摧毁了这些应对（过度生育）机制，因为与高生育率（本章前面详细论述过）配合出现的是，（自中世纪以来）前所未有的成人死亡率（由艾滋病毒/艾滋病导致）②。博克和约翰逊（2008）指出，在许多博茨瓦纳家庭中，祖母的家庭负担如此沉重，以至于她们无法代替自己生病或去世（decreased）的女儿。

---

① 意指生儿育女。——译者注
② 根据前文补足句意。——译者注

失去父母一方或双亲的儿童人数已达到"瘟疫大爆发"的规模。"联合国儿童基金会估计……撒哈拉以南非洲有 2400 多万孤儿……仅乌干达(就有)200 万……占(人口总数的)19%"(Oleke *et al.*, 2005: 267)。这些孩子即使被亲戚的家庭接纳,他们的生活境况也很差,比不上那些与生身家庭关系更紧密的同伴。他们吃得不好,被分配了更多的杂务,而且去上学的可能性极小(Case *et al.*, 2004: 6)。然而,有人认为,(在本书第五章中所描述的)传统的自由放任式的育儿机制实际上有助于孩子做好准备,更好地应对战争、瘟疫以及饥荒的破坏性影响(Mann, 2004: 8-9)。事实上,针对索马里难民家庭的诸多研究表明,儿童所具有的适应力使得他们比成人更能承受不利的状况(Rousseau *et al.*, 1998)。

尽管"艾滋病孤儿"吸引了最多的关注,但是,还有另外一个群体的儿童在没有父母陪伴的情况下成长——由于父母外出打工,他们被留在了村庄里。例如,美国和加拿大采取的移民政策实际上是,怂恿(invite)"南方的"母亲离开自己的孩子去北方从事家政服务(Katz, 2001)。在希瑟·雷-埃斯皮诺萨(2006)①的研究中,厄瓜多尔父母移民美国,把孩子留在当地;结果是在每个成年的照顾者要面对太多孩子的情况下,"全村协力"的育儿模式面临着沉重压力。

导致儿童与父母分离的另一个当代危机是,招募/绑架儿童使其在国内冲突中充当士兵的趋势。在东南亚、中东以及非洲,儿童在许多严重的内部暴力冲突中并没有幸免于难。[3] 在乌干达北部,真主反抗军(Lord's Resistance Army)绑架了约 18000 名儿童,并将其中许多人变成了心甘情愿的士兵。当这些孩子被俘虏或"获救"时,社会就面临着一个如何对待他们的两难问题。他们应该被视为受害者还是罪犯(Mawson, 2004: 131)?在哥伦比亚,有三分之一的人口不到 18 岁。其中大约有一半是"国内流离失所者(internally displaced persons, IDPs)",他们在武装部队或造反(rebel)民兵的庇护下找到了住所并改善了生活条件(参见图 31)。"对许多孩子来

---

① 本书"参考文献"未收录此条目(美国加州大学圣地亚哥分校的博士学位论文):Rae-Espinoza, H. (2006). Devoted abandonment: the children left behind by parental emigration in Ecuador. *UC San Diego*. https://escholarship.org/uc/item/6ws9w6ww.

说……加入战斗部队是关乎生存的问题。这就使得强迫入伍和自愿应征的区分,成为了理论上的空话"(Geisler and Roshani,2006:1)。儿童变成狂热的战士:"武装的儿童和青年在塞拉利昂全境散布了难以形容的恐怖。他们应对成千上万的谋杀、伤残、强奸、酷刑、强迫劳动和性奴役负责"(Rosen,2005:58)。[4]

随着敌对行为的终结,幸存者可能无法返回并重新融入他们的社区甚至家庭。他们处于一种反常的地位,现在他们是受害者,然而此前他们却是施害者。"拥有枪支和'杀人执照',这使得他们脱离了童年。但是儿童兵在生理和心理上仍然不成熟;他们不是能对自己行为负责的完全的成人"(Honwana,2006:3;另请参阅 Coulter,2009:57)。在萨尔瓦多,以及可能在其他地方,复员的"反抗分子"在自己的社区得不到充分的"尊重、声援(solidarity)和支持"。他们迁徙进城市地区,加入城市帮派,在那里,"暴力活动造成了巨大的伤亡"(Dickson-Gómez,2003:332)。

随着童年的缩短以及儿童从受抚养者转变为劳动者(或士兵),构成"家庭"的社会契约可能会被废除。儿童可能实际上把自己变成了孤儿。不管是受到了父母的逼迫(Khair,2011)还是没有受到督促(Whitehead *et al.*,2005),孩子们都愿意离家到城里找工作,例如,在孟买当小贩或佣人。有些孩子认为自己是在城市里寻找机遇(adventure),而且每小时 25 美分的工资让他们以前空空如也的口袋里有了可用的钱。在接受采访时,他们似乎都不太渴望重返他们出生的小镇或乡下的家(Iversen and Raghavendra,2005),也不太渴望在政府资助的设施里过上某种可疑的(dubious)舒适生活。孩子们被迫离家的原因可能是他们遭受了身体上的虐待(Kovats-Bernat,2006:49),或者是他们意识到自我中心的、浑浑噩噩的(addicted)父母并不重视(unappreciated)自己拿回家的钱(Kenny,2007:68)。作为"街头流浪儿",他们在公共场所觅食所获得的卡路里会比"在家"所能获得的还多(Aptekar,2004:379;Davies,2008:326;Disma *et al.*,2011:374;Kenny,1999:381;Kovats-Bernat,2006:118)。

虽然可能有大量的研究人员和救助人员关注无家可归的儿童,但是,民族志学者的独特任务是对他们的生活进行"全面的"(big)描述。而人类 *387*

学家感兴趣的则是详细记录那种由(无家可归的)①孩子所建构并维系的文化;对那些孩子来说,他们的"家人"等同于同伴团体。

图 31　也门的一个儿童兵

街头文化

　　街头流浪儿……一个历史悠久的问题……他们的行为就像"无法无天的强盗团伙"。(Cunningham,1995:145)

　　"对我来说,最好的事情就是成为一个成人,并掌控自己的生活。"——若热(Jorge),12 岁。(Kenny,2007:63)

---

　　① 结合下一节的内容来看,在这一段中,"无家可归"的孩子实际上指的是街头流浪儿。——译者注

图 32　斯利那加街头的兄弟俩①

到目前为止，他们最常滥用的也是最便宜的毒品是"siment"——388
一种鞋匠用的强力胶（glue）②，它挥发出来的气体可通过嘴和鼻子吸
入。（海地- Kovats-Bernat，2006：42）

人口过剩，再加上经济停滞或衰退，就会迫使儿童离开自己的家庭，
即使在最富裕的国家也是如此；在 19 世纪（Riis，1890/1996）和 20 世
纪（Minehan，1934）经历过长期经济萧条的美国就有此种情况的记录。此
外，较贫穷国家大力推动经济"现代化"（也产生了类似的结果）；以古巴为
例，推动经济"现代化"的后果之一就是哈瓦那出现了街头流浪儿
（Mickelson，2000；另请参阅 Kilbride *et al.*，2000）。因而，我们或许可以

---

　　① 　此处作者用了"Siblings"一词，从该图上难以判断这两个孩子的性别，作者也并未有具体
说明。——译者注
　　② 　结合上下文，此处译为"强力胶"。强力胶本是一种普通的胶水，是会挥发的有机溶剂。
它挥发的气体会产生致幻的效果以及其他中毒反应，被一些人当成毒品使用。——译者注

说，自有街道①以来，就有街头流浪儿。但我们不只是把这些孩子当作统计数据看待。(我们注意到)他们能够在不利环境中生存，并为家庭(文化)和社区(文化)增加了(create)诸多元素。

刘易斯·阿普特卡(Lewis Aptekar)(1991)在许多城市对街头流浪儿进行了实地调查；他发现，在父母"缺席"的情况下，哥哥姐姐能把弟弟妹妹照顾得很好(图32)——恰如我们在本书第四章中指出的(第136—138页)。一些关于南非艾滋病孤儿的研究也揭示出"年轻人会灵活利用亲属网络重新确定自己的地位"(Henderson，2006：322)。

显然，对于一个初来乍到的街头流浪儿来说，他/她首先要考虑的是生存问题。不过，出人意料的是，他们可以找到的生计种类繁多。他们可以帮助司机找停车的地方/引导司机停车，然后，看管这些汽车，以避免交警的罚单和小偷的光顾(Chirwa and Wakatama，2000：55)。他们向路人出售糖果、香烟和报纸。而且，他们会在城市的垃圾堆里"挖矿"，以寻找可出售的物品。

> [肯尼亚马库塔诺地区(Makutano)]孩子们都熟识餐馆的员工，并与他们建立了特殊的关系，从而确保能从他们那里获得剩菜。孩子们每天都会在适当的时间取走剩菜。而每周日去教堂做礼拜，能让他们饱餐一顿。(Davies，2008：318)

> [加拉加斯(Caracas)的街头流浪儿]会成群结队(去一家比萨饼店)。他们起先是要汤喝。如果没有得逞，他们就会开始上蹿下跳和尖叫连连。服务员会对此感到厌烦，最后还是给了他们食物。(Márquez，1999：47)

---

① 英文中，"street"是指在城市、小镇或村庄内的道路，两边通常有房子。——译者注

[利马(Lima)]水果市场的年轻搬运工①用手推车搬运200至400公斤的重物……在蔬菜市场，大约7岁及以上的孩子们……以更低的价格出售被(菜贩)丢弃的蔬菜。他们一天的收入在5到10索尔(sol)(约合2.50-5欧元)之间。(Ensing，2011：24)

演奏音乐的孩子和流动售卖糖果的孩子在[库斯科(Cusco)]各个公交停靠点和公交车站闲逛；在这些公交站点，人们可以看到他们从一辆公交车跳到另一辆公交车上。(Strehl，2011：46)

(巴西)年轻女性与外国游客发生性关系，这是她们解决贫困问题的众多策略之一……这往往是贫穷女性仅有的生计之一。(Kenny，2007：85)

(在内罗毕)孩子们到14岁就很难乞讨了，(因为)到那时他们看上去就不再"纯真"了。(Kilbride et al.，2000：70)

男孩们[在塞拉利昂弗里敦(Freetown)]还偷偷摸摸地从事另一种工作，即充当出租车、*poda-poda*②(小巴)、*okada*③(摩的)司机和交警之间的贿赂渠道。(Lahai，2012：52)

[在乌干达坎帕拉(Kampala)]带着成捆钞票的年轻男子④通过帮客户找开大钞来赚取佣金。(Frankland，2007：43)

街头文化也包含了某种"杂务课程"(第七章)，换言之，田野工作者观

---

① 查证引文原文，"水果市场"的年轻搬运工为14岁及以上、上过学的青少年。——译者注
② 查证引文原文，作者在注释中解释说，在塞拉利昂，人们称"载客小巴"(a mini-bus taxi)为"poda-poda"(Lahai，2012：57)。——译者注
③ 查证引文原文，作者在注释中解释说，在塞拉利昂，人们称"摩的"(transport motorcycles)为"okada"(Lahai，2012：57)。——译者注
④ 此处应是指十几岁的男孩。——译者注

察到一个循序渐进的过程，即年纪很小的孩子从事相对简单(untaxing)的工作一直到“老手”从事复杂的“生意”(Visano，1990)。例如，孩子们很快就学会了乞讨。

> 乞讨方式通常不仅包括口头请求，还包括伸手，噘嘴，夸张地微笑，以及偶尔作出带有威胁性的面部表情与手势……街头流浪儿能从各种施舍者那里成功地讨到钱。(Kilbride *et al.*，2000：70)

因为“街头经济”存在“垂直分化”①，年长的街头流浪儿乐意培训初来乍到的孩子(Wolseth，2009)，教他们“街头的把戏”(Márquez，1999：64)。

390 [在瓦加杜古(Ouagadougou)，年纪较大的男孩帮助年纪较小的亲属孩子适应街头生活]他们会花几天时间向初来乍到的孩子讲解擦鞋的窍门。他们向这些小男孩展示如何擦鞋，在哪些邻近街区能找到大多数顾客，以及如何在与顾客打交道时表现出应有的尊重，尤其是在等待顾客按每双鞋50西非法郎(Fcfa)(0.08美元)的标准支付服务费时。(Thorsen，2009：311)

其他适合小小孩的简单任务包括看管汽车、捡拾被丢弃的塑料瓶和木炭去卖钱，以及帮人跑腿(Davies，2008：318)。孩子们会逐步掌握获利更丰厚、要求更复杂的谋生手段；(依据工作的不同，他们聚集成群)，“形成了(提供不同服务的)分散的职业地点，这些地点丰富了城市经济网络的节点”(Frankland，2007：43)。孩子们无证经营着各种非正式买卖，其所销售的物品从儿童玩具到毒品，种类繁多。坎帕拉(Kampala)的街头“小”②贩们可能衣着光鲜，精通数种语言。他们可以充当“领航员”或向导，带领外国人进入市场，“或指引欧洲水手和士兵去找妓女”(Frankland，

① 此处意指不同年龄层的孩子从事不同的营生。——译者注

② 双引号为译者所加，用以表明这些小贩不是成人，而是孩子。——译者注

2007：43）。性工作似乎也有着不同的等级之分，女孩们先是用性从其他街头流浪儿那里换取食物和好处（favors），进而是用性从游客那里换取礼物或钱（但收费不固定），最终就是完全以卖淫为业了（Kenny，2007：85）。到那时，她们可能就比那些在街上卖东西和当搬运工的同龄男孩赚得更多（Conticini，2007：85）。最终，流浪街头的"孩子"年纪不小了。在加拉加斯，年纪较大的少年被称为"*malandro*"①。这些少年刻意穿得漂漂亮亮，混迹人群中，以偷窃为生。他们"不会被看作是调皮捣蛋的'街头流浪儿'，而是被当作犯下严重罪行的'*malandro*'。他们已经长大了，不再是可爱的小坏蛋形象"（Márquez，1999：53）。

与谋生需求不可分割的是融入社会的需求（回想一下本书第五章中关于儿童"发展自身能力并融入族群"的动机的论述，第 173 页）。就像在村庄里一样，街头流浪儿会关注榜样（与他们年龄相仿的其他孩子）的行为，他们可以从那些孩子身上学习街头文化。"孩子们通常会在混迹街头已有时日的某位亲密朋友或家庭成员的帮助下，度过一段脱离家庭转而融入街头群体的惬意时光（honeymoon）"（Wolseth，2010：432）。而且，他们可能也会得到"老江湖"（older patron）年长者的帮助；初来乍到的孩子会被"安排"去当乞丐或者性工作者，或者被介绍并纳入一个非正式的流动团伙（Hecht，1998）。他们可能会被派去购买毒品（由于年纪小，警察不太会监视他们），"通过提供此类服务和跑腿，小孩不仅能获得宝贵的街头信息，而且能提高他们在团体中的地位和声誉"（Wolseth，2010：436）。

（肯尼亚）马库塔诺地区（Makutano）的街头流浪儿都有一个经常为（他们）安排杂活的"*kichwa*"②……"*kichwa*"还会在各种情况下充当仲裁者和组织者。他……能在一定程度上减少警察的骚扰③……（这种

391

---

① 意为"流氓"。——译者注

② 引文原文里，原作者解释说，在斯瓦西里语（Swahili）中，这是"头目"的意思，他是"街头生活中年龄最大、经验最丰富的'主角'"（Davies，2008：316）。——译者注

③ 查证原文，此句意思是，头目与警察有一些交情，能够要求他们在驱赶流浪儿的问题上给予某种程度的"喘息期"。（Davies，2008：316）——译者注

非正式团体①也得到了）"同伴情谊"（chumship）（的支持）；在"同伴情谊"的基础上，一个年幼的街头流浪儿与另一个纪较大的、资格更老的孩子形成亲密的个人依恋关系，结成了二人组合（dyad）……这有助于（新来的街头流浪儿）融入团体。（Davies，2008：316-317）

　　小团体和"二人组合"演化为具有社会结构的"家庭"。街头流浪儿在长期的交往中，会采用"兄弟""姐妹""老公"和"老婆"这样的称谓（terms）。"街头流浪儿使用（社会建构意义上的）'虚构的'（兄弟姐妹之类的）②亲属术语，使其发挥了类似于（基于生物学的相互依赖的）家庭关系的作用。"（Kilbride *et al.*，2000：83）。在"街头家庭"里，他们可以找到那些在自己出生的家庭里可能欠缺的东西（qualities），包括分享食物、金钱和住房，公开表达爱意，以及照顾生病的成员（Davies，2008：317）。街头流浪儿会避开庇护所和其他公共设施，因为它们除了满足勉强维生的需要之外，几乎没有提供任何让人舒适的东西。不过，为了躲避警察或"敌人"，或是在自己生病或极度贫困时，街头流浪儿会使用庇护所来临时避难［阿亚库乔（Ayacucho）-Leinaweaver，2007：377③；加拉加斯-Márquez，1999：156；莫斯科-Stephenson，2001：532］。[5]

　　新来的孩子将学习街头使用的独特语言或俚语（Vigil，2003）。马库塔诺地区的街头流浪儿发明独特的用语来指称强力胶、收音机、醉酒、打某人、"前"街头流浪儿，以及其他事物（Davies，2008：323）。在贝洛奥里藏特（Belo Horizonte），"'*turma*'④成员创造了一种使用暗号、手势以及字母替代物（letter substitutions）的专属（private）语言"（Campos *et al.*，1994：328）。街头流浪儿也通过穿着将自己与他人区分开来。他们通常看起来衣衫褴褛，这有助于他们沿街乞讨或躲避警察；因为他们又臭又脏，警察只会把他们一脚踢开（spurn），而不是送进监狱（Márquez，1999：47）。在马

---

① 此处应是指街头流浪儿群体。——译者注
② 此处根据引文原文补足。——译者注
③ 本书"参考文献"中并未收录，无法查证"敌人"具体指什么。——译者注
④ 查证引文原文，"turma"意为团体或团伙（gang）。（Campos *et al.*，1994：323）——译者注

库塔诺，孩子们喜欢过于宽大的衣服，尤其是大衣，（因为）他们可以把个人财物藏在里面。大衣"是身份和凝聚力的象征"，因为"正常"孩子不穿它们（Davies，2008：323）。在圣多明各，街头流浪儿穿着"扎眼的"衣服，借此宣扬自己的成功（Wolseth，2010：422-423）。

每个街头流浪儿都属于某个"家庭"，而那个家庭通常会宣称它拥有一块领地[6]——特别是他们用来度过晚上/夜晚①的地方。孩子们可能会被吸引到垃圾遍地、污染严重、让人避之唯恐不及的地方，这只是因为成人会避开那些地方，如此一来他们就可以不受烦扰（Beazley，2008：243；Davies，2008：321；Márquez，1999：44）。孩子们可能会被吸引到一些法纪松弛的街区[比如莫斯科的阿尔巴特街（Arbat Street）]，在那些地方他们可以追求胡作非为的（illegal）生活方式，而不会受到商人和警察的骚扰（Stephenson，2001：538）。对孩子们来说，墓地可能是理想的大本营。在海地首都太子港：

> 每天晚上，蒂·阿莫斯（Ti Amos）会跟随贝尔·玛丽（Bèl Marie） *392*
> 以及其他一起睡觉的女孩，走到墓地入口的汇合处。在那里，她们把当天所获得的食物和金钱拿出来，大家一起分享。她告诉我，她们经常在饭后闻一闻强力胶②，以此帮助自己"*bliye lamizè-nou*"（忘记苦难），然后入睡。（Kovats-Bernat，2006：65）

街头社会也有分化，因为街头流浪儿也会像成人一样在年龄、性别和生活方式等方面作出种种的社会区别。就生活方式来说，他们所作的区别涉及儿童的性行为和吸毒行为（强力胶吸食者处于街头社会底层；比较Márquez，1999：39）。流浪街头的女孩比男孩少得多，女孩可以利用的经济机会也更少，因而街头社会是高度性别化的（Kovats-Bernat，2006：42，38）。街头流浪儿的"职业"也促成了分层，例如，"拾荒者"的排名高于小

---

① 原文为"evening/night"，前者是"晚上"（从日落或晚饭至寝宴的一段时间），后者是"夜晚"（天黑到第二天天亮的一段时间，特别是指夜里睡觉的那一段时间）。——译者注

② 上文（本书第388页相关引用段落）提到，强力胶被当成"毒品"使用。——译者注

乞丐（Kenny，2007：67）。在圣多明各，街头流浪儿都不想被贴上"*palomo*"的标签——那是留给那些沿街乞讨、在垃圾箱里捡垃圾、吸食强力胶、又脏又臭的孩子们的（Wolseth，2010：423）。

尽管有证据表明街头流浪儿成功地适应了父母"缺席"（parent-less）的城市生活，但是人们不应该将他们的生活过度浪漫化。街头流浪在面对包括交通事故、被他人欺凌、感染性传播疾病（Sexually Transmitted Diseases，STDs）在内的一大堆威胁时，很容易受到伤害。而与他们竞争同一生计的成年人也会怨恨他们（Ensing，2011：25）。那些强烈反对他们向顾客乞讨并且偷窃顾客财物的商人们几乎都毫无例外地谴责他们。而且公众只要一见到他们出现在商业设施周围，就会远离那些设施（Kenny，2007：102；Márquez，1999：37）。在内罗毕，街头流浪儿向路人讨钱，如果遭到拒绝，就会发出要给对方泼粪的威胁（Droz，2006：349-350）。这种公然的反社会行为的结果是，创造了一种氛围——人们认为商业界资助暗杀小队（death squads）"消灭"街头流浪儿的行为是合理的（Stephens，1995：12），这是为了清除这一"城市景观上的污点"（Scheper-Hughes and Hoffman，1998：353）。除了谋杀他们，政府还可能试图通过拒绝为这些"农村孩子"提供上学机会和社会服务（理由是他们没有居留证）的方式，来迫使他们离开城市中心区（Burr，2006：67）。即使街头流浪儿的行为并不逾越法律，他们也会受到警察的骚扰（Kilbride *et al.*，2000：77；Strehl，2011：50）。

他们彼此之间也不能安全共处。男孩因女孩入侵"男人的地盘"（masculine space）而攻击她们（Beazley，2008：236-237）。各个团伙都"建立了严格的忠诚和荣誉准则，严厉惩罚违反者，不允许他们求助于更高的权威"（Campos *et al.*，1994：328）。即使在非正式团体中，同一伙孩子可能在某一时刻表现出利他主义，而在另一时刻，"为了争夺一双鞋或一个睡觉的地方而大打出手"（Márquez，1999：45）。尽管街头流浪儿能独立生存，但是，他们毕竟还是孩子。

在太子港，孩子们从事"*lagedomi*"：例行的"睡眠战争"……街头流浪少年认为它是解决重复出现、长期恶化的敌意的最终办法……最终的暴力行为通常是，当受害者睡着的时候……给他一击……纳德斯(Nadès)的脚底被劈了一刀，为了报复，他用熔化的塑料灼烧那个(睡着了的)加害者的脚。(Kovats-Bernat，2006：130-135)[7]

关于街头流浪儿的研究可以让我们深入了解那些能使他们在非常困难的情况下生存下来的能力。他们在很少或者没有成人指导或监督的情况下，展现出了非凡的可塑性。但是，正如本书第七章所论述的那样，这种加速成熟的现象并不是常态。它发生在诸如战争、饥荒以及瘟疫等危机时期，或是当家庭发现子女就业的经济机会之时。孩子们在城市里做成人的工作或者过着艰苦的生活，这种困境应该引起国际社会的强烈抗议。然而，对街头流浪儿的生存状况的关切一直在减弱，这或许是因为人类活动引发的气候变化、国内冲突和宗派冲突以及政治腐败等长期威胁似乎更加引人注目。

儿童的能动性①

> 承认年轻人的能动性……对人类学家来说，就如从事一项解放行动，为那些看似无能为力的人恢复了有效影响世界的个人权利。(Durham，2008：151)

> 能动性的倡导者坚持认为，要承认所有儿童的能动性，以便他们能表达自己的观点，要使他们能够(在物质上)满足自己的需求和欲望，但是他们忽视了传统上分配给儿童的角色，并且以一种极度民族中心主义的方式行事。(Holloway and Valentine，2000：10)②

---

① 结合本节的内容，此处的"agency"(有译为"主体性"或"施为")大致可以理解为，儿童主动选择和改变自己生存处境的能力。——译者注

② 引文出处有误。——译者注

许多当代人类学家认为，童工（laboring）和街头流浪儿的问题是因为这些孩子缺乏能动性。他们没有被授予能掌控自己生活、地位和社会影响力的权力（Alanen，2001：21）。他们的"声音"没有被当权者听到（Kellet，2009）。然而，这一观点没有考虑到，利用人类学视角研究儿童所能获得的最重要见解是，儿童的价值具有相对性。我们身处于一个珍视幼儿的社会，孩子"控制"（rule）我们，而我们尊重（有些人可能会说"纵容"）他们的看法和欲望（Dahlberg，1992：132-133；另请参阅本书第二章的论述，第70—74页）。由于大多数社会看起来更像是尊崇长者的社会，［正如前文那句来自泰国的引文（本书第382页）所暗示的］儿童就成了群体中最不重要的成员。在年纪很小的时候，他们带给他人许多负担，却毫无用处（assets）。在胎儿和新生儿的阶段，他们危及并耗尽了妇女的健康（wellbeing），而妇女可是大多数群体里吃苦耐劳的人。孩子们既缺乏成人的力量和技能，也缺乏老人的智慧。既然如此，为何要授予他们能动性或权力呢？

394

我们必须毫不犹豫地（readily）承认，如果将能动性视为采取主动的自由，那么，这里我们所论述的孩子肯定具有能动性——他们与我们的小天使形成了鲜明对比（见下一节）。

> 这些孩子跳上公交车，逃票搭乘。他们知道兜售货物是有意义的，也能得到经济上的回报。他们在城市非正规的劳动力市场上度过一天的大部分时间，置身于生活的危险、刺激、景象、声音以及兴奋之中。（Kenny，1999：379）

> 一旦走上街头，孩子们就会体验到一种在家里无法享受的自由感，与家人相处的时间也就越来越少。（Kovats-Bernat，2006：108）

然而，如果能动性等同于产生预期结果的能力（efficacy）、做决定的权力（authority）以及控制他人的权力（power）[1]，那么，有一个悖论就会立即

———————

① 此处三个单词根据《韦氏高阶英汉双解词典》的释义进行翻译。——译者注

显现出来。也就是说，虽然孩子们可能都会对自己在家里和群体中缺乏地位和权力的情况感到不满，但是，在街上，他们却能敏锐地意识到地位低下的好处。而"授予他们'能动性'就意味着，他们要为自己所犯的罪行负起法律责任，在这种情况下，（举例来说）他们会被监禁，也就丧失了能动性"（Lancy，2012b）。[8] 在对加拉加斯街头流浪儿的研究中，马尔克斯（Márquez）发现：

> 年轻人充分了解这样一个官方认可的观点：在法律上，他们是未成年人，无法对自己的行为负起完全的责任……他们知道，未满 18 岁，就算没有别的好处，也至少能让他们享有一定程度的免责权；他们知道，无论他们的罪行性质如何，大多数情况下他们都不会被当作成年囚犯对待。（Márquez，1999：111）

如果（将能动性授予处于危险中的年轻人）这一运动的基本要素仅是为年轻人提供更多的选择并且尊重他们的决定和看法，那么，当他们选择吸毒、偷窃、卖淫或加入帮派时，我们该如何回应（Reynolds et al.，2006：192）？或者当他们拒绝了我们提供的"健康的"选项（比如住在公立孤儿院），却偏爱街头的友谊、自由和金钱时，我们又该如何回应（Fujimura，2003，2005）？不过，苏珊·莱文（Susan LeVine）对改革者面临的难题表示强烈谴责（deplores）；改革者们禁止使用"童工"，从而否认了儿童赚取工资养活自己并支付学费的能动性（LeVine，2013）。

正如科瓦茨-伯纳特（Kovats-Bernat）敏锐地指出："太子港街头流浪儿的能动性总是受到他们生活于其中的社会结构性条件的影响，未来也会继续如是"（Kovats-Bernat，2006：183）。只有改变他们出生时的条件，我们才能显著改善现在看起来注定要流落街头的孩子的前途。促进儿童福利的项目必须考虑到儿童的低价值，并确保政府对于儿童法律地位的任何干预或改变都会增加而不是降低儿童的价值。例如，除非成功完成学业的人能找到工作，否则不能指望父母会放弃孩子的劳动，并为他们支付学费（Demerath，1999；LeVine，2013；本书第九章，第367页）。如果工作岗位不需要应聘者具备读写能力或者受过更高级的学校教育，或者提供给学生的教育质量太差以至于他们无法达到工作岗位所要求的标准，那么在村庄或地方行政区(barrio)建立公立学校的做法，就会变成一种毫无意义的关于"现代化"或"发展"的"花架子"(gesture)。

如果有需要，大家庭的所有成员都可以站出来充当孩子的主要照顾者。因此，父母的"背井离乡"应该不会对孩子产生巨大的影响。不过，这种照顾儿童的系统是相当复杂的，因为非父母(non-parental)照顾者期望得到某种形式的回报。最新数据显示，目前妇女外出流动的可能性和男子一样高；而且，尽管，她们相比男子来说更有可能把钱寄回家(Alcalá，2006)，但是她们的缺席肯定会影响育儿质量。简而言之，令人遗憾的是，农村的孩子要么受益于现代经济，要么受益于父母的照顾，但两者不能兼得。"公平交易"(例如在服装行业中)可能意味着，工人的工资足以支付住房、养家以及与子女生活在一起的费用。

如果说在第三世界的许多国家以及发达国家的许多贫困社区中，经济方面和社会方面的基础设施都在崩塌，那么，一个明显可见的后果就是，那些地方将会出现"多余的"孩子(Jacquemin，2006：391)。为纠正这种崩塌，最迅速有效的干预措施是，对促进安全性行为和降低生育率的项目给予大规模的投入。总的来说，尽管农村经济严重衰退，成人死亡率和残疾率上升，但出生率仍然很高。因此，就提供食物、照顾者或者像样的学校来说，现有的供给水平无法满足数量剧增的儿童的需要。显然，在没有避孕等人为的人口限制机制的情况下，人口的减少只能由其他方式造成，包括疟疾等疾病，以及对儿童的虐待或者"选择性忽视"(Korbin，1987a：36)。相比于采用效果可疑的干预措施来试图减轻儿童苦难，用经济手段诱导成人限制生育可能是分配(有史以来总是不够用的)资源的一种更好方式(Márquez，1999：56)。

对于儿童来说，人类世界的冲突并没有缓和(détente)的迹象。尽管传统形式的村庄冲突往往会陷入僵局，对儿童的影响相对较小，但是，当今的儿童既是武装冲突的主要受害者，往往也是主要行凶者。超级大国分离和/或平衡交战派系的尝试基本上都失败了，杀戮达到了大屠杀的程度。

396

唯一有利于儿童的外交政策是裁军政策，从全面禁止使用地雷开始着手。[9]我们要像对待鸦片一样对待所有的致命武器，因为它们会对所有人造成伤害，只应被列为违禁品。美国人所珍视的拥有武器的"权利"不过是一种不断提高中奖概率的"彩票"，"中奖者"（通常是儿童）会受伤或死亡。[10]

虽然我们可以与第三世界的儿童讨论我们改进了哪些干预措施，但是，除非第一世界直面自己的民族中心主义，否则我们将继续在全世界儿童的生活中扮演一个次要的甚至是有害的角色。尽管我们在讨论中不愿把儿童视为财产，但是我们目前的政策事实上是把儿童变成了以美元来精确估值的商品。其实，我们接受这样的观念：每个人都可以生孩子；每个人想生几个孩子就生几个孩子；不孕的问题可以克服（circumvented）；胎儿是人，无论他/她有什么残疾或缺陷，都应该采取任何措施让他/她活下去。我们这种思维模式的最终结果是，市场决定了孩子们的命运。在贫穷国家，食品短缺意味着许多本来健全的孩子将不得不忍受营养不良和缺乏照顾的处境。"北方国家"原本可以（might）向"南方国家"赠送儿童疫苗接种、教育以及食品供给所需的财富，然而，相反地，那些财富被留在国内，花费在昂贵的技术和护理人员上，以便维持那些生活质量已经荡然无存的本国儿童的生命。虽然富人家虚弱的早产儿可以通过现代医学"奇迹"存活下来，但是穷人家的孩子却会因原本可以预防的疾病而失去生命。富人不管自己的生理或心理"适应度"如何，都会"用钱开路"成为父母。穷人照顾（nurture）雇主的孩子，却忽视了自己的孩子。贫困国家的儿童为了赚取微薄的工资而努力工作，他们生产出来的服装和玩具丰富了发达国家儿童的生活；发达国家的父母会庆幸（grateful）自己能在沃尔玛超市为孩子找到"便宜货"。

过度保护

美国人迫切地希望保护儿童免于脏话和色情作品的侵害，却没想过要使他们免于消费欲望的引诱。（Cross，2004：185）

探究孩子内心深处的欲望(是)良好的育儿方式。(Pugh，2009：112)

父母……将孩子当成幼儿来对待，过度保护孩子，并且认为他们无法应对任何挑战。(Marano，2008：83)

第三世界儿童在城市丛林中自食其力的持久形象，与第一世界儿童被过分关心的父母和政府溺爱的形象并列在一起，这实在具有讽刺性。当第三世界的儿童正在遭受被卖给奴隶贩子、沦落妓院、被暗杀小队杀害的命运时，第一世界的父母对于包藏祸心的陌生人和其他威胁的恐惧被放大到了非理性的程度(Best and Horiuchi，1985；Shutt *et al.*，2004；Glassner，1999；Welles-Nyström，1988：76)。[11]在英国郊区，父母不鼓励孩子游戏，因为他们担心孩子会"和坏孩子们混在一起"(Clarke，2008：255)。相比之下，在日本，

父母实际上并不担心自己的孩子会被成人或者年龄较大的孩子绑架、搭讪或调戏，(也不)担心他们的孩子在路上受伤……相比于美国孩子，日本孩子的玩耍行为很少受到监督。(Benjamin，1997：35，92)

在美国，可以让孩子在上学期间通过自发游戏来发泄情绪的典型的"课间休息"，现如今，不是已经被取消或急剧减少，就是受到成人的控制和管理。促成这些变化的动机是，成人过分担心孩子们会受到伤害，会相互戏弄或欺凌，或者会被人绑架(Smith，2010：201)。

克拉克指出，父母利用玩具来补偿孩子们所失去的自由。孩子们放弃对身边环境的探索(家里的许多地方也是禁区)，以此换来的是在装饰华丽的房间里玩游戏。在这个过程中，父母也在培养狂热的消费者。雪莉(10岁)这样抱怨她阿姨送的礼物：

"我从我阿姨那里(笑着说)得到了一套爱心熊(Care Bear)睡衣！

她在的时候，我假装喜欢它们，不过，之后我就让我妈妈把它们拿回(店里去退掉)"……11 岁的菲利普对他阿姨送的礼物更满意，因为他告诉她到底要买什么品牌的儿童滑板车："我想要一个哈菲牌(Huffy)的，因为它们是目前最好的，所以我告诉她产品代码、价格以及相关的一切信息，以防她买错了。"(Clarke，2008：257-258)

在泰国，"没有童年是黄金时代的说法……孩子让人怜悯，这是因为……他们是每个人的'*nong*'(弟弟妹妹/小辈)"(Montgomery，2001b：59)。在伊法利克环礁，孩子们过度欢腾会引来关注并可能招致压制(Lutz，1988)。相反，我们信奉"童年幸福的神话……(它之所以如此)盛行……是因为它满足了成人的需要"(Firestone，1971：31)。因此，当我们的孩子感到不开心时(这是一种不可接受的状况)，我们会寻求医疗援助，结果是自1993 年以来服用抗抑郁药物的青少年人数增加了两倍(Zito *et al.*，2003)。

我们想让孩子快乐，却不免会纵容他们。父母纵容孩子们享用垃圾食品，以至于他们患上了肥胖症和心脏病(Chee，2000)。在美国，肥胖儿童正在迅速增加，部分原因是，父母认为让孩子在街区里"东奔西跑"太过危险(Seiter，1998：306)。例如，在英国进行的一项研究显示，自 20 世纪 90年代中期以来，在无人陪伴的情况下，获准过马路、看电影或使用公共交通工具的儿童人数急剧下降(Qvortrup，2005：8；另请参阅 Karsten，2003；Skenazy，2009)。而瑞典人的态度却与此相反，(正如我们所看到的)对瑞典人来说，"天气没有坏的，坏的只是衣服"，他们"甚至鼓励只会爬行的婴儿去探索自然。在夏天……婴幼儿有时连续几天都赤身裸体地在草地或海滩上跑来跑去"(Welles-Nyström，1996：208)。

"怪异社会"的儿童受到保护，不用工作。他们不做杂务，甚至他们也被免除了整理自己相当可观的居住空间和个人物品的负担。毫不奇怪，他们也不会自愿承担这些工作(Wihstutz，2007：80；另请参阅本书第二章，第 71—73 页)。就"融入"家庭而言，孩子们得到了一张免费通行证。这种现象最近才出现，因而，很难评估它对于儿童的责任感、同理心和亲社会性等方面的发展，可能产生何种消极后果。

　　过度保护还可能产生其他负面后果。20 世纪 90 年代中期，几起悲剧事件促使北美各国政府规定（require）儿童玩具和服装必须具有防火性能。如今，儿童产品中广泛使用的阻燃剂（一种会"迁徙"到大气中的化学物质）被认为是导致儿童多动症激增的罪魁祸首（Maron，2013）。人们现在认为，儿童哮喘、湿疹、过敏以及（其他）慢性疾病的发病率不断上升，这要归咎于我们常常把孩子"包装"（shrink-wrap）在过于干净的环境里。我们不让孩子接触富含细菌并能激发耐受性（tolerance-inducing）的泥土、有机肥、动物和植物。生活在农场中的阿米什族儿童的过敏症发生率远低于非农业儿童（Holbreich *et al.*，2012）。

399　　在历史上，父母会利用鬼怪来吓唬孩子，以约束他们的行为（第五章，第 195 页），而现代父母则会费尽心思地消除孩子对各类"怪物"的恐惧（Beals，2001：77）。就在不远的过去，万圣节为儿童提供了体验超自然事物、遭遇恐惧，以及冒险的机会。父母们承认，万圣节不再"可怕"，他们会充满感情地回忆起自己在无人监督的情况下玩"不给糖就捣蛋"游戏时的狂喜和激动。但是，他们不愿意让自己的孩子面对"危险"或任何令人害怕的事情。一位母亲带着她的孩子参加了一次万圣节干草车之旅（Hallowe'en hayride）①，"结果它比预想的更可怕，她后悔做了这个决定"（Clark，2005：195）。如今的万圣节不过是父母另一个逗孩子开心的机会（occasion），为此他们乐意花上几百美元为子女挑选万圣节服装（Pugh，2009：84-85）。

　　在学校里，我们迫切希望保护孩子的自尊心，以至于总是表扬他们，却拒绝给予他们适当的负面反馈。这可能会产生与我们预期相反的结果——经常受到表扬的孩子会失去动力和毅力（Baumeister *et al.*，2005；Mueller and Dweck，1998）。在美国，"思想警察"②[12] 保护儿童免于接触到有关性的信息。例如，海因（1999：23）描述了北卡罗来纳州父母-教师协会（Parent-Teacher Association，PTA）的成员勤快地删除了九年级《健康》

---

①　这个活动在夜里举行，也有译为"幽灵干草车"。——译者注
②　这一表述出自乔治·奥威尔（George Orwell）的反乌托邦小说《1984》。——译者注

教科书中讨论性、避孕和艾滋病等话题的内容；所以，在缺乏性知识的情况下，青少年怀孕并感染了性传播疾病（Arnett，2002：317）。美国学生也可能受到保护，接触不到与《圣经》里的说法相违背的科学信息，因此，就国际标准来说，他们是科学文盲（Zimmerman，2002）。

不过，在我们的社会中，就所有困扰年轻人的问题来说，它们的头号替罪羊是大众媒体（Sternheimer，2003：63）。无数的监督机构积极地工作，努力"净化"流行音乐、电视、电影、互联网和电子游戏（Giroux，1998：270）。然而，尽管花费了数百万美元的研究经费，但是，几乎没有证据表明，媒体会对儿童产生持久的有害影响（J. Goldstein，1998）。大众媒体所带来的最显著影响与"静坐主义"①及消费主义的兴起有关。例如，国家公园游客人数的下降与视频游戏使用人数的上升相吻合（Nielson，2006）。有一项研究是关于孩子"写给圣诞老人的信②……看电视更多的孩子……不仅更有可能要求更多的名牌商品，而且通常所要求的商品种类可能会更多……对大多数玩具公司来说，这③只关乎利润。儿童的角色很明确：他们是摇钱树"（Clark，2007：165）。

因此，让我们用两个图像（images）来结束这一节：一个图像是，在运动用品商店，美国孩子（拥有一笔可用于"投资"的零花钱）全神贯注地与父母就几个足球的价格和优点进行交谈[13]，而另一个图像是，在与美国相距大半个地球的印度（图 33），有一个女孩在努力达成缝制足球的工作配额[14]（Palley，2002）。

---

① 在人类学中，"sedentism"（定居主义）被用于描述游牧人口过上定居生活的过渡过程；结合下文来看，在此处，作者并无此意，而只是为了表明儿童过着一种"sedentary"（久坐不动的）生活。——译者注

② 原文如此。引文原文中并无此句，或为作者改写。——译者注

③ 查证引文原文，此处的"it"指的是玩具营销（toy marketing）（Clark，2007：165）。——译者注

图33 甘地营(Gandhi Camp)①的一名足球缝制工

⁴⁰⁰ 我们学到了什么？

在整本书中，我已经把我们所共同理解的（而且，在很大程度上是儿童发展领域的文献所描述的）童年，与我们能在民族志记录和历史记录中看到的童年进行了对比。我们可以通过一系列具有论辩性的（polemical）对比②，来总结本书中的众多论述[15]：

　　• 在我们的社会里，婴儿③的幸福是最重要的；它的需求比其他家庭成员的欲望更重要。

⁴⁰¹　　• ——但是，在其他社会中并不如此；婴儿是群体中社会地位最低的

---

　　① 检索相关网页，可以看到甘地营是印度社区活动中心（India Community Center）的一部分，是一个非营利性组织；甘地营不同于普通的夏令营，它会教导甘地思想（例如自律、宗教平等、非暴力等价值观）；为了协助甘地营的工作人员，孩子们会提供义务工作。从这些介绍来看，在甘地营里参加劳动的孩子应该不是通常意义上的"童工"。——译者注

　　② 也就是说，下述的所有结论都是（大致来说，是"美国/现代发达社会/怪异社会/珍视幼儿的社会"与"村庄社会/其他社会/族群/尊崇长者的社会"的情况）两两对照的。——译者注

　　③ 按照本书的论述顺序，以及在这句话中用"it"来指代"child"，可以确认，此处谈论的是婴儿。——译者注

成员，受到与其地位相匹配的对待，例如，成人用食物残渣喂养他们。

  • 在我们的社会里，每个婴儿都被赋予了巨大的内在价值。我们将数以百万计的资金用于改进生殖技术，又花费更多的资金用以维持婴儿(甚至是高危新生儿)的生命。

  • ——自人类诞生以来，人类就遗弃或者处置了无数多余的或有缺陷的婴儿。在作出限制人口的选择时，女婴尤其容易成为受害者。许多社会都形成了精心设计的习俗，以使此类做法具有合理性和庄严感，例如，把一个反常的婴儿当作调换儿来对待。由于这些习俗最终遭到了道德权威的谴责，于是，不受欢迎的婴儿被送进收容机构加以照顾，但是，大多数弃婴还是在那些机构里死亡(perished)。

  • 在我们的社会里，孩子从出生的那一刻起(如果不是在出生之前)，就被我们赋予了很高的价值，相应地，我们也投入了大量的时间和资源。

  • ——在历史上，新生儿可能很少被重视；或者，人们认为，他们的价值在于日后能成为父母的帮手，并在以后照顾年迈的父母，除此之外，没有别的价值。

  • 在我们的社会里，婴儿从出生之时起就被当作有知觉的、具备非言语交流能力、能与他人进行言语互动的(a worthy object of speech)个体来对待。实际上，在东亚社会以及西方精英阶层中，人们有可能认为胎儿具有能够对言语和音乐作出回应的能力。

  • ——更常见的情况是，婴儿会引发复杂的情感和暧昧不明的态度。婴儿死亡率高，而且(怀孕与分娩过程会使)母亲的生命受到威胁，这些情况都(给婴儿的生活)蒙上了一层阴影。婴儿(毛发稀少，不会说话，肤色浅淡，动作和排便自控能力差)不被当作人来对待。人们可能会推迟数月或数年才授予婴儿人格。但是婴儿不仅仅是没有人格的人(non-persons)。人类社会还发明了许多复杂的理论来解释婴儿的边缘状态，并规定了适当的对待方式，甚至包括埋葬死产儿或者死婴的方法。

  • 在我们的社会里，对新手父母来说，每个孩子都是蕴含着极高情感价值的珍宝。家庭完全希望为每个孩子一路提供照顾和资源，甚至在他们发育期之后也是如此。我们的社会认为，孩子是珍贵的、天真的，需要保护他们免于成人世界和剥削劳动的侵害。

• ——除了游牧觅食民族这种明显的例外，其他族群会把孩子视为财产，属于父母所有。因此，他们可以被出售或捐赠给其他家庭或教会。更常见的现象是，人们期望孩子在其成熟程度允许的情况下参与家庭经济活动。10 岁的孩子可能要做"一整天的工作"。在许多农耕社会里，孩子能够提供多余的卡路里或者"回报"父母的投资。成人可能会公开赞美孩子（作为工作者）所取得的成就。在早期工业化社会中，孩子们在很小的时候就被雇佣，以便增加家庭的收入。他们的童年可以说是"短暂的"。

• 大多数现代社会都欣然接受限制生育的理想，这样人们就可以"负担得起"养育（少数）子女的高昂成本。

• ——在过去，以及在世界上许多仍然勉强维生（practices subsistence）的地方，人们都高度重视高生育率（尤其重视男性的生育力）——尽管他们可能并不重视孩子。没有生育子女的人可能会被鄙视。

• 现代"理想"家庭的特点是生身父母和子女同住一个屋檐下。父母彼此忠诚，在家庭经济中通力合作，分担养育子女的重担。

• ——众多关于人类生殖模式的研究和人类学家的笔记都表明，男人很少实行终身一夫一妻制，可能不会与他们的妻子和后代居住在一起，而且，因此，可能实际上不会与他们的子女经常联系（contact）。"核心"家庭相对罕见；更常见的是人口规模很大的大家庭，以及由母亲和子女组成的家庭。一夫多妻制，或者说由一个丈夫和两个或多个妻子组成的家庭，是非常普遍的——至少从它作为一种文化典范的意义上来说，就是如此。

• 我们不受母亲或婴儿死亡的威胁，用迎婴派对（baby showers）①、重新装潢的儿童房、家庭招待会和洗礼仪式来庆祝孩子的出生。

• ——更常见的情况是，人们认为，母亲和婴儿处于一种边缘状态；他们容易受到感染，对其他医疗危机的承受力差，而且对他人有潜在的危

---

① 为庆祝即将出生的新生儿而举行的派对，通常会在准妈妈的预产期前一两个月举行。——译者注

害，也可能受到他人的伤害。因而，对他们来说，分娩和产后期（post-partum period）的独特之处，可能就是将母亲和婴儿与他人隔离开来，让他们隐藏起来。

● 我们管理着婴幼儿生活的许多方面，包括为他们创造一个独特的环境——提供婴儿床、儿童房、宝宝餐椅。我们规定他们在什么地方、什么时候吃饭和睡觉。另一方面，我们也对自己的活动时间表做了许多调整，以确保孩子们能不断受到激励并积极参与各项活动。

● ——更常见的是，婴幼儿没有吃饭或睡觉的单独安排。婴儿与母亲同睡；母亲会昼夜不停地按需喂食。学步儿会随时（或者在别人吃饭时）进食。尽管可能有特殊的"断奶"食品，但是婴儿很快就过渡到和其他人一样的饮食。成人会迅速满足婴儿的基本需求，但除此之外，婴儿就处于无人打扰的休息状态中。

● 我们把婴儿的疾病严格地当作医疗问题来对待。现代的疫苗接种和治疗方案已将婴儿死亡率降至微不足道的水平。

● ——在村庄里，人们认为，疾病可能源于超自然力量，或者是因为家庭不和，必须对这些起因进行诊断和"安抚"，才能使婴儿恢复健康。而缺乏疫苗接种、使用往往弊大于利的民间药物，以及慢性感染和营养不良，一起导致了婴儿死亡率居高不下。

● 在我们的社会里，父母在评判孩子的价值时，性别和血缘关系已经 *403* 变得不那么重要了。女孩受到父母的欢迎；父母收养无血缘关系的孩子的做法也很普遍。

● ——在比较传统的社区里，人们仍然将血缘关系和性别作为重要的标准，来决定是否欢迎（celebrated）或丢弃新生儿。孩子是由亲属收养的，只有在非常罕见的情况下，才会被没有血缘关系的人收养。

● 在我们的社会里，卫生和营养全面的配方奶粉使所有婴儿（包括多胞胎和早产儿）都能得到喂养。

● ——但是，在某些族群中，要让大多数婴儿生存下来，母亲就必须频繁地、不分昼夜地哺乳，并且/或者需要维持产后性禁忌，这两种做法都会降低再次怀孕的概率。母亲怀孕会导致婴儿提早被断奶，而不卫生的辅食则会导致还在吃奶的孩子生病、营养不良和死亡。

- 在西方和东亚，人们通常会发现，无私的母亲对子女的全心（lavish）关注和教导会一直持续到孩子的青春期。

- ——在传统社会里，母亲会把自己的婴儿或学步儿交给孩子的哥哥姐姐或祖母照看。母亲会把自己的精力优先用于（devoted）维持生计或从事商业活动，并为下一次分娩做好准备。

- 此外，在发达社会里，有一种假设认为，儿童要顺利成年，就必须从出生之时起（甚至还在子宫里）就受到智力刺激。因而，儿童照顾者致力于"优化"儿童的发展历程，以便帮助他们取得最佳的成就。

- ——其他族群认为，至少要到 5 岁，孩子才会有理智或学习能力，而在 5 岁之前，他们事实上是不可教的。那些族群的育儿法强调，与其刺激婴儿并用各种事物吸引他们的注意力（engaging），不如让婴儿处于静止状态，以便减少风险和照顾负担。他们用襁褓、背巾以及摇篮来帮助他们照顾婴儿。

- 我们不大期望孩子会帮助我们做工作、做家务并照顾家庭成员。他们可以自由玩耍或者去上学。

- ——村庄里的孩子急于参加"杂务"劳动，尤其是照顾弟弟妹妹——这是小女孩喜欢扮演的角色。

- 我们并不期望祖父母参与照顾孩子，尤其是在他们没有跟我们同住或者住得较远的情况下。

- ——在其他社会里，祖母在照顾孩子方面发挥着关键作用，特别是对刚断奶的孩子来说，更是如此。

- 我们确实期望父亲参与照顾孩子。

- ——在其他社会里，父亲很少为照顾孩子作出贡献，而且他们可能有着具体的规定，会禁止父亲与其子女之间的密切接触。事实上，即使在重视"父亲身份"的地方，父亲也很少参与家庭生活，包括照顾孩子。

404　　- 尽管我们认为婴儿"讨人喜欢"，但是，即使是"熊到家了的（terrible）

两岁孩子"也可以"很可爱"。

• ——许多社会都有"拒绝学步儿"的做法，即母亲拒绝给刚断奶的、任性易怒的孩子喂奶，并把他们送到祖母家，或是让他们和哥哥姐姐一起玩。所有人可能都会严厉对待不听话的孩子——尽管他们会大发脾气。

• 关于职业的儿童照顾者的角色问题，引发了大量的担忧（anguish）和争论；至少在美国是如此。有人声称，让母亲之外的其他人照顾孩子，会给孩子造成伤害。

• ——在历史上，只要负担得起，女性总是会找有经验的人（professionals）帮忙照顾孩子。这些人包括奶妈、保姆、教师（pedagogues）以及家庭教师。

• 在现代社会，每年都会有大量的书籍和新的网站致力于对儿童发展以及适当的、必要的教养行为进行权威的、"科学的"报道。

• ——从历史的和跨文化的角度来看，这些观点中有许多（如果不是大多数的话）都是新奇的且未经试验的。许多现代的"解决方案"可能会导致意想不到的负面结果。

• 我们最近的历史表明，正规学校教育从童年早期开始，一直持续到孩子成年。而教导孩子被视为必要的且极富挑战性的事业。

• ——在民族志文献里，几乎没有关于正规学校教育的记录。人们认为，孩子们应该通过观察和模仿来学习自己族群的文化。教导孩子被认为是一件毫无必要的、只会浪费成人宝贵时间的事情。

• 在我们的社会中，我们投入大量时间以促进孩子的社会化，而且采取的是谈话方式。这样做的目的是，通过训导（precept）和劝说的方式来教导孩子。体罚被视为一种阻碍儿童社会化进程的落后策略，而且可能是被法律禁止的行为。

• ——相对而言，成人避免妨碍孩子的自主权，期望他们想要融入并且学习族群文化。如果孩子违背了期望，成人就会用简短的，有时是严厉的命令矫正他们。其他严厉的矫正策略可能包括恐吓或体罚孩子。而那些不管教子女的父母会被公开谴责。

- 在我们的社会里，成人文化的许多方面（包括工作、获取食物、性生活以及娱乐）都将孩子排斥在外（restricted）。成人认为，孩子年纪太小、没有受过教育，或者很麻烦，因而，不乐意向他们开放（admitted）成人的生活领域。不过，父母会努力参与孩子的世界，与他们共度"优质时间"。例如，餐桌谈话可能会以孩子为中心，而不是以成人为中心；至少在美国是如此。而且，父母会在各种各样的情境中（比如，假装游戏、比赛、"打闹"），与子女一起"玩耍"。

405

- ——在村庄里，成人的生活呈现在儿童面前。但是。儿童的世界通常没有成人的参与。成人与儿童"交谈"是不得体的。成人可以容忍那些要求不多、不吵不闹的孩子待在身边。当其他家庭成员在工作、做饭和吃饭，以及制作工艺品时，在旁边观察的儿童能学到很多东西。不过，我们可以在狩猎–采集社会中发现这种模式的一个例外；在那些社会中，人们不欢迎幼儿参加觅食和狩猎活动（expeditions）。

- 在我们的社会里，孩子从婴儿期起就需要刺激和教导。父母作为教师、孩子作为学生，这样的角色关系很早就确立起来，并且一直维持到发育期及以后。

- ——在其他族群中，婴儿和学步儿很少受到成人的关注，本身也没有得到任何教导。儿童对于观察成人的生活充满了热情；人们认为，这一特性正是儿童习得族群文化的起点（basis）。村庄里的孩子没有把注意力仅仅集中在自己的"老师"（父母充当教师）身上，而是对周围发生的一切都有广泛的了解。人们认为，孩子们在5岁到7岁就能获得"理智"，或者具有向榜样学习以及根据成人的期望来调整自己行为的能力。在村庄里，"智力"并不是指聪明和具备口头知识，而是指孩子能察觉并顺从他人的期望。它也是指孩子对家庭生活和生计作出积极贡献的能力；而"独立"并不意味着孩子有自己的看法和财产，而是说孩子能自给自足，不向他人提要求。

- 在珍视幼儿的社会里，普通孩子有机会获得许多安全且"具有教育意义的"玩具，但是他们可能很快就会对这些玩具失去兴趣。孩子们喜欢哪种玩具，这受到了流行时尚的影响。

- ——在尊崇长者的社会里，幼儿大多是玩自己能找到的物体——通常是工具和家中用具。其中，可能包括锋利的刀子和其他"危险"物品。虽然这些物品具有危险性，但是人们认为，孩子只有通过使用这些物体才能学会使用它们；一开始孩子动作笨拙，但之后，就能精确操控它们。

- 在几乎所有的文化中，假装游戏都被视为一种学习媒介。在我们的社会里，父母会积极参与孩子的假装游戏；他们购买或制作合适的道具，引导孩子发展"假装"和"幻想"，将"假装"与孩子的阅读、书籍以及故事联系起来，以及使用假装游戏一板一眼地教导孩子们德行和其他经验教训；而当父母不插手孩子的游戏时，孩子很可能会觉得无聊①。

- ——村庄父母对孩子假装游戏的参与程度，仅限于捐赠一些材料(包括微型的或者废弃的工具)。除此之外，他们就会不闻不问。对于自由玩耍的孩子来说，他们似乎没有觉得无聊的时候。

- 我们对孩子的同伴保持警惕，担心他们的"不良影响"。我们把孩 406
子隔离在家里，为他们的"游戏约会"和"上门过夜"(sleep-overs)精心挑选同伴，也为他们挑选特定的学校、社团和运动队，让他们加入其中。

- ——村庄里的孩子从很小的时候就被纳入邻里间的同伴群体。他们花更多的时间与同伴(不是父母)相处、受同伴的照顾，并向同伴学习。

- 在珍视幼儿的社会里，孩子们从出生之时起就享有很高的地位。特别是在美国，孩子们获得了几乎取之不尽的社会资本，而且无须为此付出什么努力。人们要么根本不要求孩子尊敬陌生人、长辈、亲属和父母(在美国是如此)，要么是在孩子年纪相对较大时才把这种观念灌输给他们。而在公共场所要求孩子举止得体的问题上，人们的态度也是如此。

- ——在尊崇长者的社会里，儿童的地位最低，他们必须在很小的时候(成人通常会予以明确的教导)学习如何正确地与他人相处，包括(特别是)学会与他人分享。幼儿会被灌输正确的亲属称谓以及反映个人相对地位的称呼。在许多后工业社会里，如法国、日本和韩国，人们要求孩子有

---

① 此处的意思是，在父母长期不遗余力地干预下，孩子可能会失去自由玩耍(寻找乐子)的能力。——译者注

礼貌(包括餐桌礼仪)，在他人(特别是成人)面前要有得体的谈吐和举止。

- 人们越来越难以容忍孩子的攻击性行为(包括言语攻击)。人们认为此类行为会伤害那些比较温和、不大合群的孩子。

- ——在不同的文化里，人们对儿童攻击性行为的容忍度有着很大的差异。有些社会积极促进儿童(未来的勇士)的攻击性行为，有些社会则会压制这种行为，以符合贬抑冲突、追求平等的社会精神。然而，大多数社会容忍并期望孩子们参与粗野喧闹的游戏、斗嘴和戏弄。

- 现代化社会的当代价值观强调性别角色的可塑性：人们鼓励女孩从事各类活动——从会出现身体接触的运动项目到政治事业(careers)。

- ——更典型的是，我们发现：其他族群会对性别角色的养成过程施加极其严格的管理，由此女儿成为了母亲的全职助理，而男孩则可能要忍受充满痛苦的成年礼，被强行剥夺他们从母亲那里获得的任何女性特征。

- 我们的育儿手册告诫我们，孩子们有玩耍的需求和权利。专家们担心孩子们的童年"太匆忙"，游戏机会减少了。

- ——在尊崇长者的社会里，父母们认为，游戏除了让孩子忙碌和不碍事之外，没有多少价值。孩子应该成为家中富有成效的贡献者，而游戏却使他们背道而驰。

407

- 在西方(尤其是在美国)，游戏已经发生了日新月异的变化。成人对于儿童游戏有更多的参与；从婴儿探索新奇的物体(在父母的引导下)到儿童参加由父母、教练及裁判管理的足球(英式足球)运动，都是如此。儿童要学习和遵守被设计出来的游戏规则。

- ——传统上，孩子们的游戏不需要父母、教练的介入，也不需要使用严格的规则、结构化的运动场地或者"指定的"装备。孩子们可以自由地利用传统的游戏"装备"(例如，惯常的规则、自制的弹珠、在人行道上用粉笔画线、捡来的游戏材料、游戏"语言"①，等等)，并根据需要加以修改。这种对游戏做临时调整的过程，有助于孩子们发展"游戏机智"(或者

---

① 此处是指孩子们在玩游戏时所使用的各种说法(类似黑话)。——译者注

说在游戏过程中操纵社会关系的能力），而这种能力可以最大限度地提高玩家的满意度以及对"最佳"玩家的回报。这里的"最佳"玩家可能不仅是指一再获胜的孩子，而且也是指其他孩子都渴望与之一起游戏的那些孩子。

- 而且，在我们的社会里，由于家庭规模较小，邻里关系也"危险"，所以孩子们玩得更多的是单人游戏（solitary play）。现如今，这种游戏大多是通过电子媒体进行的。电视已经催生了各种相关的衍生品（progeny）。

- ——典型的游戏体验发生在"长生久视"（enduring）①且随处可见的邻里间游戏团体中。这种游戏团体可能是由不同年龄和不同性别的孩子混合而成的（至少由 5 岁及以下孩子所组成的游戏团体就是这样）。不管是过去还是现在，孩子们都以整个社区为游戏场地，而年长的邻居会警觉地注意着他们的安全。所有的游戏都得到了孩子们的积极参与，都具有深刻的社会性。

- 在我们的社会里，当代儿童的假装游戏具有浓重的幻想色彩。幻想元素通过电视节目、儿童读物、幻想主题的玩具以及父母关于假装游戏的辅导（coaching），融入儿童的假装游戏中。

- ——村庄儿童的假装游戏（没有上述这些幻想元素的来源）牢牢地扎根于孩子们可以很容易观察到的真实世界。在村庄儿童的假装游戏中，几乎没有什么禁忌主题是不能出现的；儿童可以表演两性之间的关系以及宗教仪式。在构建游戏情节、寻找游戏道具以及分配角色和人物性格时，村庄儿童的创造力显而易见。人类学家所记录的一些最令人难忘的游戏片段表明，村庄儿童成功地模仿了成人的行为和话语。

- 在珍视幼儿的社会里，儿童是受照顾的对象。他们无须承担照顾自己及照顾他人的重担。为了延长他们的天真状态，我们剥夺了他们"参与"和帮助他人的机会，把他们的精力从利他的工作转移到以自我为中心的游戏上。他们很好地学习了"这一课"，并且在发育期之后的很长一段时间里处于毫无用处（unhelpful）且依赖他人的状态。

---

① 此处的意思是说，儿童游戏团体在人类历史上一直存在着。——译者注

● ——在尊崇长者的社会里，我们发现，孩子们很早就表现出想要帮忙、变得能干以及"融入"家庭的渴望。所有的家庭成员都期望孩子努力独立和"自给自足"，并且会寻找和发现自己能帮得上忙的杂务。游戏与工作的关系非常紧密，它们相互补充，并不对立。

● 在我们的社会里，在家庭环境中，母亲、父亲和孩子的角色往往非常不同。家里的每个人都各自行动（operates），有着不同的活动领域。厨房是母亲的领地，父亲拥有"书房"（den），每个孩子都有自己的卧室。

● ——在村庄里，家庭成员在相同的物理空间（野外、田地、厨房）参与许多相同的活动。其中的区别仅在于，各个家庭成员所参与的是比较特定的工作还是（这些工作的）子部分（sub-components）。这些活动被划分为女性承担的工作和男性承担的工作。它们也可以被分解为比较简单的和较为复杂的工作（例如，扫地 vs. 洗衣服），并根据家庭成员的成熟度和能力，将它们进行分派。

● 1904 年斯坦利·霍尔出版了他关于青春期的不朽著作；自此之后，西方受过教育的公众已经接受了关于青春期本质的几项宽泛的概括性意见。这些概括性意见涉及性欲方面的冲突、"代沟"以及向成年过渡（充满艰难困苦甚至会造成心理创伤）的过程。

● ——人类学家已经对上述此类概括性意见提出了质疑——这始于1928 年玛格丽特·米德出版的经典著作《萨摩亚人的成年》。我们发现，在许多社会中，性关系开始得很早，而且没有任何戏剧性①。同样，由于成熟的、勤奋的孩子能够很快进入成人角色，青春期可能会变得很短。青少年与父母之间的冲突也并不是所有后工业社会的普遍常态。在东亚，人们教导孩子要尊重并感激自己的父母；而孩子会依据父母的心愿调整（sublimating）自己的意愿。这种教导一直持续到孩子长大成人，并成功地培养了孩子的孝心和（随后产生的）责任感。人类学也已证实，青春期儿童都具有一些非常普遍的、可能是遗传的共性，比如冒险精神增强，性欲高

---

① 意思是这类活动按部就班，千篇一律。——译者注

涨，以及青春期男性"拉帮结派"的倾向更加明显。

• 在"怪异社会"里，人们认为，采取干预措施可能是解决青少年的心理冲突和心理障碍的必要选择。自杀率在青春期会急遽上升。心理咨询和精神药物是帮助青少年减少压力和"冲动"行为的"处方"。

• ——在其他社会里，人们认为，青春期的"问题"主要是行为方面的问题。戏剧性的、充满痛苦的、要求苛刻的成年礼可能会被当作"处方"，用以纠正年轻人的反社会行为，并使其行为符合成人的期望。成年礼的一项重要内容可能是向"新人"①灌输其作为年轻的成人所要扮演的新角色。就以年轻的成人的身份，"新人"获得了各种机会（例如，结婚）以及组建家庭所需的资源。但他们也丧失了自主性，从此必须对群体里的年长成员表现出适当的顺从。

• 在西方以及世界上越来越多的地方，婚姻都是"爱的结合"。情侣们 *409* 找到彼此，宣布他们的爱情，并获得了家庭和社会对他们婚姻的"祝福"。

• ——在民族志记录中，我们可以发现两种广泛的（婚姻）模式。在其中一种模式里，年轻人可以自由地体验性行为，情侣们可以进行试婚——不过，要在他们双方以一夫一妻制的方式"安定下来"，建立家庭，并开始生育子女之后，这种婚姻才会被承认。与（更为重要的）生育子女相比，婚姻本身可能只是一个次要的过渡仪式。而在另一种模式中，婚姻是包办的——这是更加复杂的、阶层分化程度高的社会的一个特点。之所以会出现这种模式，是因为财富和财产会在各个家庭间转移，而且/或者会传递给下一代。由于增加新成员（通过婚姻和生育子女）会使家庭（polity）变得更大，这关乎亲属的利益，而且，亲属也不愿意让有价值的家庭成员和财产（goods）落入"不合适的"一方手中，因此婚姻受到了严格的控制。

• 我们认为"孩子"和"学生"几乎是同义的。我们已经假定，对成功的学校学习起支撑作用的认知基础（cognitive infrastructure）是天生的（依据皮亚杰的观点）。当学生在学校里表现不佳并且/或者似乎不愿意参与学校

---

① 双引号为译者所加。参见本书第300页相关译注。——译者注

教育过程时，我们就归咎于教师、课程、同伴以及邪恶的"身心缺陷"。

● ——回顾一下童年人类学，我们会发现，这种假设可以被颠倒过来。① 孩子们似乎很不适合扮演学生的角色。他们通常是积极自主的学习者。对于他们来说，被限制在教室里，被迫听从教师的命令，这几乎就是惩罚。在村庄里，孩子们在实践中学习，他们的努力会得到直接的回报——提高了他们的能动性。他们很少需要学习陈述性信息②，也很少需要运用分析策略处理信息。然而，与学术性思维（academic thought）相关的认知技能绝不会自动出现，而是必须通过学校教育培养。同样，村庄里的成人很少进行"教学"，而且他们的"方法"显然包括恐吓战术、命令，还有体罚——这些方法几乎不可能构成模范的教学法。

● 在美国的学校中，非学术性活动占据主导地位，大多数学生远离（disengagement）具有智力挑战性的材料，这两种情况都表明，学校教育遇到了巨大的"抵制"；而这种抵制是证实学校教育很"古怪"③的另一个证据。这种"古怪"还表现在，在其他国家中，有大量的辍学生或待毕业生存在，而且那些孩子们能否继续注册取决于其学业表现。在考察美国和其他地方的成功学生时，我们意识到，要确保孩子学业成功，需要投入巨大的文化资本（例如，"睡前故事"的惯例）。虽然在不同国家中，确保孩子学业成功的策略可能不同；但是，所有学业成功的孩子都有一个共同的要素，即父母要全心投入，用心引导（cultivation）孩子以积极且有准备的方式对待学业。考虑到所有（影响学业成功的）因素，人们会很轻而易举地提出一个论点：作为学生，孩子应该会（should）失败。④

410　　● 在珍视幼儿的社会里，成人急于给孩子们"赋权"——他们把自己

---

① 上文提到，孩子天生是当学生的料；而此处的意思是，学生是培养出来的。——译者注

② 此处是指村庄里的孩子，孩子不需要用语言去描述某些事物，他们只需要知道做事的方法和流程就行了。——译者注

③ 参见本书第328页的相关内容。结合上下文来看，此处的意思是，孩子们（学生）并不适应（而且抵制）强调学术性的学校教育，从这一点来看，学校教育是一种很古怪的教育方式。——译者注

④ 此处的意思是，学校教育并不适合孩子的学习方式，而且各种因素都会影响孩子的学业成就；因而，孩子会侥幸地取得学业成功，但失败却是必然的。——译者注

所知道的事情都教给孩子们。

- ——在尊崇长者的社会里，存在着相反的情况：成人为了维护自己的权力和支配地位（hegemony），拒绝向年轻人传授知识。

- 目前，"怪异社会"里的父母是"教师"的学习榜样；他们耐心且慈爱地指导孩子，帮助孩子迈出理解世界的稚拙脚步。父母精心设计适合学习者的兴趣及能力水平的"经验"（lessons）——正如维果茨基的"最近发展区"（Zone of Proximal Development）理论所要求的那样。这种含蓄的①教导模式可能不被正式认可，但它最终进入了师资培训领域，例如，训练教师们开展"建构主义"教学。

- ——对学校教育（发展）史的回顾表明，我们必须到学徒制中去寻找课堂（教学）模式的起源；西方和亚洲直到不久前，才全面推行学校教育（制度），而在第三世界，学徒制仍然根深蒂固（as the case）。教师通过频繁体罚学生来独断专行，这就像师父通过恐吓学徒来发号施令一样。教室里的功课就像学徒所从事的低贱工作一样枯燥且单调。人们认为，学生们应该感到幸运，因为资源被投资在他们身上，使得他们能够享受（掌握一门手艺②或）接受学校教育所带来的经济优势。而且，人们将学业失败直接归咎于学生。

- 考虑到"标准"和"标准化"在关于当代学校教育的讨论中居于主导地位，人们可能会认为学校和工厂一样"机械化"，进而形成了这样的印象：管理者只要通过强加的标准、原则和规则，就能让教师和学生的行为产生预期的结果。

- ——人类学家的研究清清楚楚地表明，学校教育的结果几乎完全取决于儿童所处的文化背景。这种结果受到许多因素的影响，包括儿童的家庭经历、当地社区对学校的期望、学生毕业后（post-schooling）的经济机会，以及可用的教育资金（例如付给教师的工资）。关于学校教育的不同结果，

---

① 此处的意思是，举例来说，就类似于家长送学生上各种兴趣班，让孩子获得各种领域的学习经验，这是一种不直接表明的、非间接的教导方式。——译者注

② 原文是"a trade"；在此处"trade"译为贸易、商业、生意、行业、手艺等都可以。——译者注

儿童心理学的主要贡献在于，它指出，学校课程所传递的技能和知识具有累积性(cumulative nature)。也就是说，在幼儿园里就有学业能力的孩子到了大学一年级会仍然擅长学业。

- 我们认为，儿童的"正常"状态是一种幸福的状态，而且我们积极地行动，力图减少(儿童)任何不幸福的症状。

- ——考虑到(在某些社会中)孩子地位卑下、缺乏技能和资源，那么，他或她有什么理由感到幸福呢？再考虑一下：他们可能营养不良、患上传染病和慢性疾病。对他们来说，不幸福才是理所当然的吧？然而，村庄里的孩子尽管遭受了如此众多的不幸，但是他们明显是快乐的；当这样的事实摆在我们面前时，我们就会惊讶于村庄孩子的复原力(resiliency)。但愿会有那么一天，我们可以承认，在那些被我们过度保护(和依赖药物治疗)的小天使身上也出现这样的复原力。

注释

[1]《世界城市状况报告》(*State of the World's Cities Report*)(2006—2007)，布鲁塞尔，比利时：联合国人类住区规划署(United Nations Human Settlements Programme，UN-HABITAT，简称，联合国人居署)。网址：www. unhabitat. org/pmss/list Item Details. aspx? publication ID=2101，访问日期：2013 年 10 月 10 日。

[2]"一般来说，禁止童工的国际运动并没有导致儿童重返学校，也未改善他们的处境。更有可能的结果是，他们被迫从事比以前工资更低也更危险的工作"(Bourdillon，2000：15；另请参阅 Reynolds *et al*.，2006：291-292)。

[3]1998 年，估计有 30 万名儿童积极参与武装冲突。这一信息引用自网站：www. child-soldiers. org。访问日期：2013 年 7 月 8 日。值得注意的是，在士兵中出现儿童的身影，这并不是最近才发生的情况(Rosen，2005：5)。

[4]关于塞拉利昂儿童兵的生动且(可能)精确的描写，参见电影《血钻》(*Blood Diamond*)(2006)。具有讽刺意味的是，在电影拍摄期间，因内战和艾滋病而成为孤儿的莫桑比克孩子充当了临时演员。

[5]许多街头流浪儿与他们的生身家庭保持联系，并继续把资源寄回家，以此来给

自己留个退路(insurance policy)(Conticini, 2007：88；Kovats-Bernat, 2006：109)。

[6]领地或者"邻里"(hood)对帮派来说必不可少，但它们也是许多非常不正式的群体的特征。

[7]在写完这篇文章后，科瓦茨-伯纳特发现，最近有大量手枪(可能来自美国的大量供应)流入海地，这已经极大地增加了此类冲突致人死亡的可能性(Kovats-Bernat, 2013：195)。

[8]赫克特(Hecht)(1998：143)注意到，街头流浪儿在法律上的不确定状态(limbo)可能会导致致命的后果。由于街头流浪儿不会因其所犯的罪行而被起诉，公众就对司法之外的(街头流浪儿的犯罪问题)"解决方案"采取了宽容的态度。

[9]国际禁止地雷运动(International Campaign to Ban Landmines, ICBL)。网址：www.icbl.org/intro.php，访问日期：2013年8月12日。

[10]《美国非法枪支的流动：枪支法与州际枪支走私之间的联系》(*The movement of illegal guns in America: The link between gun laws and interstategun trafficking*)。纽约：反对非法枪支市长联盟(Mayors Against Illegal Guns)委托撰写的报告。网址：www.mayorsagainstill egalguns.org/downloads/pdf/trace_ the_ guns_ report.pdf，访问日期：2013年8月15日。另请参阅制止枪支暴力联盟(Coalition to Stop Gun Violence)的网站。网址：http://csgv.org，访问日期：2013年8月12日。

[11]法斯(Fass)认为，这些非理性的恐惧使我们对当代美国儿童所面临的真正威胁视而不见；这些威胁包括医疗服务不足、学校教育质量差，以及不健康的生活方式(Fass, 1997)。

[12]伊斯兰国家也因雇用道德卫士以监控学校课程而闻名(Jalil and McGinn, 1992：101；Kaplan, 2006)。

[13]作者于2006年8月记录的真实事件。

[14]印度的童工。网址：www.indianet.nlka_f_e.html，访问日期：2013年8月8日。

[15]不用说，(下述的)这些两两对照的观点(dichotomies)并没有涵盖本书中所详细论述的所有跨文化差异。例如，本书第三章就详细描述了美国、法国和东亚地区的中产阶级(家庭)童年之间的许多值得关注的差异。

参考文献

Aamodt, Christina (2012) The participation of children in Mycenaean cult. *Childhood in the Past* 5:35-50.

Abelow, Benjamin J. (2011) The shaping of New Testament narrative and salvation teachings by painful childhood experience. *Archive for the Psychology of Religion* 33:1-54.

Achpal, Beena, Goldman, Jane A., and Rohner, Ronald P. (2007) A comparison of European American and Puerto Rican parents' goals and expectations about the socialization and education of preschool children. *International Journal of Early Years' Education* 15:1-13.

Acredolo, Linda and Goodwyn, Susan (2002) *Baby Signs: How to Talk with Your Baby Before Your Baby Can Talk*. Chicago, IL: Contemporary Books.

ACT (2013) *The Condition of College and Career Readiness* - 2013. Iowa City, IA: American College Testing Service. Available at www. act. org/research/policymakers/cccr13/pdf/CCCR13-National Readiness Rpt. pdf Accessed August 8, 2013.

Adamson, Peter (2007) Child poverty in perspective: An overview of child well-being in rich countries. *Innocenti Report Card* 7. Florence: UNICEF Innocenti Research Centre.

Adriani, Nicolaus and Kruijt, Albertus C. (1950) *The Bare 'e-Speaking Toradja of Central Celebes*. Amsterdam: Noord-Hollandsche Uitgevers Maatschapp ij.

Afsana, Kaosar and Rashid, Sabina F. (2009) Constructions of birth in Bangladesh.

In Helaine Selin and Pamela K. Stone (Eds.), *Childhood across Cultures: Ideas and Practices of Pregnancy, Childbirth and the Postpartum*. pp. 123-135.

Amherst, MA: Springer.

Ahissou, Virgile and McKenzie, Glenn (2003) Child laborers rescued from quarries. Associated Press, October 17. Available atwww. seattlepi. com/ national/article/ Child-laborers-rescued-from-quarries-1127185. php. Accessed October 5, 2013.

Ahmed, Ramadan A. (2005) Egyptian families. In Jaipaul L. Roopnarine and Uwe P. Gielen (Eds.), *Families in Global Perspective*. pp. 151 - 168. Boston, MA: Allyn and Bacon.

Ainsworth, Mary D. (1967) *Infancy in Uganda: Infant Care and the Growth of Love*. Baltimore, MD: Johns Hopkins University Press.

Akabayashi, Hideo and Psacharopoulos, George (1999) The trade-off between child labour and human capital formation: A Tanzanian case study. *The Journal of Developmental Studies* 35(5):120−140.

Akhtar, Nameera and Gernsbacher, Morton A. (2008) On privileging the role of gaze in infant social cognition. *Child Development Perspectives* 2:59−65.

Alanen, Laeena (2001) Explanations in generational analysis. In Leena Alanen and Berry Mayall (Eds.), *Conceptualizing Child-Adult Relations*. pp. 11 - 22. London: Routledge.

Alber, Erdmute (2004) "The real parents are the foster parents": Social parenthood among the Baatombu in Northern Benin. In Fiona Bowie (Ed.), *Cross Cultural Approaches to Adoption*. pp. 3317. London: Routledge.

(2012) Schooling or working? How family decision processes, children's agencies and state policy influence the life paths of children in northern Benin. In Gerd Spittler and Michael Bourdillon (Eds.), *African Children at Work: Working and Learning in Growing Up*. pp. 169 - 194. Berlin: LitVerlag.

Alcala, Maraa Jose (2006) *A Passage to Hope: Women in International Migration*. New York, NY: United Nations Population Fund.

Alexander, Richard D. and Noonan, Katherine M. (1979) Concealment of ovulation, parental care, and human social evolution. In Napoleon A. Chagnon and William G. Irons (Eds.), *Evolutionary Biology and Human Social Behavior: An Anthropological Perspective*. pp. 436X53. North

Scituate, MA: Duxbury Press.

Alexandre-Bidon, Daniele and Lett, Didier (1999) *Children in the Middle Ages: Fifth-Fifteenth Centuries*. Notre Dame, IN: University of Notre Dame Press.

Allison, Anne (1991) Japanese mothers and Obentos: The lunch-box as ideological state apparatus. *Anthropological Quarterly* 64(4):195-208.

(2008) Pocket capitalism and virtual intimacy: Pokemon as symptom of postindustrial youth culture. In Jennifer Cole, and Deborah Durham (Eds.), *Figuring the Future: Globalism and the Temporalities of Children and Youth*. pp. 179-195. Sante Fe, NM: SAR Press.

Allison, Marvin J. (1984) Paleopathology in Peruvian and Chilean populations. In Mark N. Cohen and George J. Armelagos (Eds.), *Paleopathology at the Origins of Agriculture*. pp. 531-558. Orlando, FL: Academic Press.

Alston, Lester (1992) Children as chattel. In Elliot West and Paula Petrik (Eds.), *Small Worlds: Children and Adolescents in America*, 1850-1950. pp. 208-231. Lawrence, KS: University Press of Kansas.

Altman, Irwin and Ginat, Joseph (1996) *Polygamous Families in Contemporary Society*. Cambridge: Cambridge University Press.

Altmann, Jeanne (1980) *Baboon Mothers and Infants*. Cambridge, MA: Harvard University Press.

Altorki, Soraya (1980) Milk-kinship in Arab society: An unexplored problem in the ethnography of marriage. *Ethnology* 19(2):233-244.

Ames, David W. (1982) Contexts of dance in Zazzau and the impact of Islamic reform. In Simon Ottenberg (Ed.), *African Religious Groups and Beliefs*. pp. 110-177. Meerut: Archana.

Anderson, Kermyt G., Kaplan, Hillard, Lam, David, and Lancaster, Jane B. (1999) Paternal care by genetic fathers and stepfathers II: Reports by Xhosa high school students. *Evolution and Human Behavior* 20 (4): 433-445.

Anderson, Kermyt G., Kaplan, Hillard, and Lancaster, Jane B. (2007) Confidence of paternity, divorce, and investment in children by Albuquerque men. *Evolution and Human Behavior* 28(1):1-10.

Anderson-Levitt, Kathryn M. (2002) *Teaching Cultures: Knowledge for Teaching First Grade in France and the United States*. Cresskill, NJ: Hampton Press.

(2005) The schoolyard gate: Schooling and childhood in global perspective. *Journal of Social History* 38(4):987-1006.

Anderson-Levitt, Kathryn M. and Diallo, Boubacar Bayero (2003) Teaching by the book in Guinea. In Kathryn M. Anderson-Levitt (Ed.), *Local Meanings, Global Schooling: Anthropology and World Culture Theory.* pp. 75-97. Basingstoke, UK: Palgrave Macmillan.

Andre, Geraldine and Godin, Marie (2013) Child labour, agency and family dynamics: The case of mining in Katanga (DRC). *Childhood*, June 13.

Anonymous (2009) Child slavery in Jaintia Hills indicates poor human rights standards in the region. *Asian Human Rights Commission News*, November 20. Available at www. humanrights. asia/news/ahrc-news/AHRC-STM-228-2009/? searchterm 二. Accessed October 5, 2013.

(2013) Shot Pakistan schoolgirl Malala Yousafzai addresses UN. *BBC News Online*, July 12. Available at www. bbc. co. uk/news/world-asia-23282662. Accessed July 12, 2013.

Anonymous Venetian Diplomat (1847) *A Relation of the Island of England.* Translated by Charlotte A. Sneyd. London: Camden Society 37:24-25.

Ansar, Sarah F. D. and Martin, Vanessa (2003) *Women, Religion and Culture in Iran.* London: Curzon.

Apicella, Coren L. and Marlowe, Frank W. (2004) Perceived mate fidelity and paternal resemblance predict men's investment in children. *Evolution and Human Behavior* 25(6):371-378.

Apostolou, Menelaos (2009) Sexual selection under parental choice in agropastoral societies. *Evolution and Human Behavior* 31: 39-47.

Appell-Warren, Laura P. (1987) Play, the development of Kakada', and social change among the Bulusu of East Kalimantan. In Gary Alan Fine (Ed.), *Meaningful Play, Playful Meaning.* pp. 155-171. Champaign, IL: Human Kinetics Publishers.

Aptekar, Lewis (1991) Are Colombian street children neglected? The contributions of ethnographic and ethnohistorical approaches to the study of children. *Anthropology and Education Quarterly* 22(4):326-349.

(2004) The changing developmental dynamics of children in particularly difficult circumstances: Examples of street and war-traumatized children. In Uwe P.

Gielen and Jaipaul L. Roopnarine (Eds.), *Childhood and Adolescence*: *Cross-Cultural Perspectives and Applications*. pp. 377-410. Westport, CT: Praeger.

Ariel, Shlomo and Sever, Irene (1980) Play in the desert and play in the town: On play activities of Bedouin Arab children. In Helen B. Schwartzman (Ed.), *Play and Culture*. pp. 164-174. West Point, NY: Leisure Press.

Aries, Philippe (1962) *Centuries of Childhood*. Translated by Robert Baldick. New York, NY: Alfred A. Knopf.

Armstrong, Elizabeth (2004) Lost in transition? Young adults take longer to become emotionally and financially independent. *The Christian Science Monitor* 96(72):15.

Arnett, Jeffrey J. (1999) Adolescent storm and stress, reconsidered. *American Psychologist* 54(5):317-326.

(2002) Adolescents in Western countries in the 21st century: Vast opportunities- for all? In Bradford B. Brown, Reed W. Larson, and T. S. Saraswathi (Eds.), *The World's Youth*: *Adolescence in Eight Regions of the Globe*. pp. 307-343. Cambridge: Cambridge University Press.

Arnold, Denise Y. (2006) *The Metamorphosis of Heads*: *Textual Struggles*, *Education*, *and Land in the Andes*. Pittsburgh, PA: University of Pittsburgh Press.

Arnold, Mary Jo (2006) Ndomo ritual and Sogo bo play: Boy's masquerading among the Bamana of Mali. In Simon Ottenberg and David A. Binkley (Eds.), *Playful Performers*: *African Children's Masquerades*. pp. 49-65. Brunswick, NJ: Transaction Publishers.

Aronson, Lisa (1989) To weave or not to weave: Apprenticeship rules among the Akwete Igbo of Nigeria and the Baule of the Ivory Coast. In Michael W. Coy (Ed.), *From Theory to Method and Back Again*. pp. 149 - 162. Albany, NY: State University of New York Press.

Arriaza, Bernardo T., Cardenas-Arroyo, Felipe, Kleiss, Ekkehard, and Verano, John W. (1998) South American mummies: Culture and disease. In Aidan Cockburn, Eve Cockburn, and Theodore A. Reyman (Eds.), *Mummies*, *Disease*, *and Ancient Cultures*. pp. 190 - 234. Cambridge:

Cambridge University Press.

Asch, Timothy and Chagnon, Napoleon (1974) *Children's Magical Death*. Watertown, MA: Documentary Educational Resources.

Assal, Adel and Farrell, Edwin (1992) Attempts to make meaning of terror: Family, play, and school in time of civil war. *Anthropology and Education Quarterly* 23(4):275-290.

Associated Press (2010) Pope urges respect for embryos. *Bloomberg Businessweek*, November 27. Available at www. businessweek. com/ap/ financialnews/ D9JOKCE00. htm. Accessed January 12, 2013.

Ataka, Yuji and Ohtsuka, Ryutaro (2006) Migration and fertility of a small island population in Manus. In Stanley J. Ulijaszek (Ed.), *Population, Reproduction, and Fertility in Melanesia*. pp. 90–109. Oxford: Berghahn Books.

Atran, Scott and Medin, Douglas (2008) *The Native Mind and the Cultural Construction of Nature*. Cambridge, MA: MIT Press.

Atran, Scott and Sperber, Dan (1991) Learning without teaching: Its place in culture.

In Liliana T. Landsmann (Ed.), *Culture, Schooling, and Psychological Development*. pp. 39-55. Norwood, NJ: Ablex.

Au, Terry Fit-fong, and Romo, Laura F. (1999) Mechanical causality in children's "folkbiology." In Douglas L. Medin and Scott Atran (Eds.), *Folkbiology*. pp. 355-401. Cambridge, MA: MIT Press.

Aunger, Robert (1994) Sources of variation in ethnographic interview data: Food avoidances in the Ituri forest, Zaire. *Ethnology* 33(1):65-99.

Azuma, Hiroshi (1981) A note on cross-cultural study. *Quarterly Newsletter of the Laboratory of Comparative Human Cognition* 3(2):23-25.

Baas, Laura (2011) Ore mining in Bolivia. In G. Kristoffel Lieten (Ed.), *Hazardous Child Labour in Latin America*. pp. 105–123. Heidelberg: Springer.

Bachman, Jerald G., Safron, Deborah J., Sy, Susan Rogala, and Schulenberg, John E. (2003) Wishing to work: New perspectives on how adolescents' part-time work intensity is linked to educational disengagement, substance use, and other problem behaviours. *International Journal of Behavioral*

Development 27(4):301-315.

Baer, Justin D. , Cook, Andrea L. , and Baldi, Stephane (2006) *The Literacy of America's College Students*. Washington, DC: American Institutes for Research.

Bai, Limin (2005) *Shaping the Ideal Child: Children and Their Primers in Late Imperial China*. Hong Kong: Chinese University Press.

Bailey, Drew H. and Geary, David C. (2009) Hominid brain evolution: Testing climatic, ecological, and social competition. *Human Nature* 20:67-79.

Bailey, Robert C. and Aunger, Robert (1989) Net hunters vs. archers: Variation in women's subsistence strategies in the Ituri Forest. *Human Ecology* 17:273-297.

Baillargeon, Renee and Carey, Susan (2012) Core cognition and beyond: The acquisition of physical and numerical knowledge. In Sabina Pauen (Ed.), *Early Childhood Development and Later Outcome*. pp. 33-65. Cambridge: Cambridge University Press.

Bakeman, Roger, Adamson, Lauren B. , Konner, Melvin, and Barr, Ronald G. (1990) ! Kung infancy: The social context of object exploration. *Child Development* 61(4):794-809.

Baker, Rachel and Panter-Brick, Catherine (2000) A comparative perspective on children's "careers" and abandonment in Nepal. In Catherine Panter-Brick and Malcolm T. Smith (Eds.), *Abandoned Children*. pp. 161-181. Cambridge: Cambridge University Press.

Baldwin, John D. and Baldwin, Janice I. (1972) The ecology and behavior of squirrel monkeys (*Saimiri*) in a natural forest in western Panama. *Folia Primatologica* 18(1):161-184.

(1977) The role of learning phenomena in the ontogeny of exploration and play. In Suzanne Chevalier-Skolnikoff and Frank E. Poirier (Eds.), *Primate Bio-Social Development: Biological, Social, and Ecological Determinants*. pp. 343T06. New York, NY: Garland.

(1978) Exploration and play in howler monkeys (*Aloutta palliata*). *Primates* 19(3):411122.

Balicki, Asen (1967) Female infanticide on the Arctic coast. *Man* 2:615-625. (1970) *The Netsilik Eskimo*. Garden City, NY: Natural History

Press.

Bamford, Sandra C. (2004) Embodiments of detachment: Engendering agency in the Highlands of Papua New Guinea. In Pascale Bonnemere (Ed.), *Women as Unseen Characters*. pp. 34–56. Philadelphia, PA: University of Pennsylvania Press.

Bandura, Albert (1977) *Social Learning Theory*. Englewood Cliffs, NJ: Prentice Hall.

Barber, Elizabeth W. (1994) *Women's Work: The First 20,000 Years. Women, Cloth and Society in Early Times*. New York, NY: W. W. Norton.

Barber, Nigel (1991) Play and regulation in mammals. *The Quarterly Review of Biology* 66(2):129–146.

(2000) *Why Parents Matter: Parental Investment and Child Outcomes*. Westport, CT: Bergin and Garvey.

(2002) Does parental investment increase wealth, or does wealth increase parental investment? *Cross-Cultural Research* 36(4):362–378.

Bard, Katherine A. (1995) Parenting in primates. In Marc H. Bornstein (Ed.), *Handbook of Parenting*. Vol. II: *Biology and Ecology of Parenting*. pp. 27–58. Mahwah, NJ: Erlbaum.

Bardo, Massimo, Petto, Andrew J., and Lee-Parritz, David E. (2001) Parental failure in captive cotton-top tamarins (*Saguinus oedipus*). *American Journal of Primatology* 54(2):159–169.

Bargh, John A. and Chartrand, Tanya L. (1999) The unbearable automaticity of being. *American Psychologist* 54:462–479.

Barley, Nigel (1983/2000) *The Innocent Anthropologist: Notes from a Mud Hut*. Long Grove, IL: Waveland Press.

Barlow, Kathleen (2001) Working mothers and the work of culture in a Papua New Guinea society. *Ethos* 29(1):78–107.

Barnett, Homer G. (1955) *The Coast Salish of British Columbia*. Eugene, OR: University of Oregon Press.

(1979) *Being a Palauan*. New York: Holt, Rinehart, and Winston.

Barnhart, Richard and Barnhart, Catherine (2002) Images of children in Song painting and poetry. In Ann Barrott Wicks (Ed.), *Children in Chinese Art*. pp. 21–56. Honolulu, HI: University of Hawai'i, Press.

Barrett, Autumn R. (2014) Childhood, colonialism, and nation-building: Virginia and New York. In Jennifer L. Thompson, Marta P. Alfonso-Durruty, and John J. Crandall (Eds.), *Tracing Childhood: Bioarchaeological Investigations of Early Lives in Antiquity*. pp. 159-182. Gainesville, FL: University Press of Florida.

Barrett, H. Clark (2005) Adaptations to predators and prey. In David M. Buss (Ed.), *Handbook of Evolutionary Psychology*. pp 200 - 223. New York, NY: Wiley.

Barrett, H. Clark and Broesch, James (2012) Prepared social learning about dangerous animals in children. *Evolution and Human Behavior* 33 (5): 499-508.

Barrett, Louise, Dunbar, Robin, and Lycett, John (2002) *Human Evolutionary Psychology*. Princeton, NJ: Princeton University Press.

Barry, Herbert L., III. (2007) Customs associated with premarital sexual freedom in 143 societies. *Cross-Cultural Research* 41:261-272.

Barry, Herbert L., III and Paxson, Leonora M. (1971) Infancy and early childhood: Cross-cultural codes 2. *Ethnology* 10(3):466-508.

Barth, Fredrik (1975) *Ritual and Knowledge among the Baktaman of New Guinea*. New Haven, CT: Yale University Press.

(1993) *Balinese Worlds*. Chicago, IL: University of Chicago Press.

Bascom, William (1969) *The Yoruba of Southwest Nigeria*. New York, NY: Holt, Rinehart, and Winston.

Basden, George T. (1966) *Niger Ibos*. London: Cass.

Basedow, Herbert (1925) *The Australian Aboriginal*. Adelaide: F. W. Preece and Sons. Bass, Loreta E. (2004) *Child Labor in Sub-Saharan Africa*. Boulder, CO: Lynne Rienner.

Basso, Keith H. (1972) Ice and travel among the Fort Norman Slave: Folk taxonomies and cultural rules. *Language in Society* 1(1):31-49.

Bastian, Misty L. (2001) "The demon superstition": Abominable twins and mission culture in Onitsha history. *Ethnology* 40(1):13-27.

Batels, Lambert (1969) Birth customs and birth songs of the Macha Galla. *Ethnology* 8(4):406-422.

Baten, Jorg, a'Hearn, Brian and Crayen, Dorothee (2009) Quantifying quantitative literacy: Age heaping and the history of human capital. *Journal of Economic History* 69:783-808.

Bates, Brian and Turner, Allison N. (2003) Imagery and symbolism in the birth practices of traditional cultures. In Lauren Dundes (Ed.), *The Manner Born: Birth Rites in Cross-Cultural Perspective.* pp. 87-97. Lanham, MD: AltaMira Press.

Bateson, Gregory and Mead, Margaret (1942) *Balinese Character: A Photographic Analysis.* New York, NY: New York Academy of Sciences.

Bauerlein, Mark (2009) *The Dumbest Generation: How the Digital Age Stupefies Young Americans and Jeopardizes Our Future.* New York, NY: Penguin.

本书完整参考文献,请扫码阅读

作者索引[①]

Ainsworth, Mary D. 134，184，196 玛丽·
D. 安斯沃思

Alber, Erdmute 337，350 埃尔德穆特·阿
尔贝

Alexandre-Bidon, Danièle 26，49，53–54，
64，332 达妮埃勒·亚历山大–比东

Allison, Anne 323，369 安妮·艾莉森

Anderson-Levitt, Kathryn M. 333，337，343
凯瑟琳·M. 安德森–莱维特

Aptekar, Lewis388 刘易斯·阿普特卡

Ariès, Philippe 5 菲利普·阿里耶斯

Arnett, Jeffrey J. 295，297，309，399 杰弗
里·J. 阿内特

Aunger, Robert 89 罗伯特·安杰

Bai, Limin 154，330，332，344 白莉民

Bakeman, Roger 188，247 罗杰·贝克曼

Baldwin, Janice I. 221，241–242，295 贾
尼丝·鲍德温

Baldwin, John D. 221，241–242，295 约
翰·D. 鲍德温

Balicki, Asen 58 阿森·巴利茨基

Barber, Nigel 220，242，332 奈杰尔·
巴伯

Barlow, Kathleen 57，132，141，257 凯瑟
琳·巴洛

Barnett, Homer G. 60，139，149，181，
203，260，281，332 霍默·G. 巴
尼特

Barrett, H. Clark 166，220 H·克拉克·
巴雷特

Barry, Herbert L. III 246，294，296，307，
309，311，314 赫伯特·L. 巴里三世

Barth, Fredrik 336 弗雷德里克·巴思

Bass, Loreta E. 55，280，329，345 洛蕾
塔·E. 巴斯

Beach, Betty A. 140，244 贝蒂·A. 比奇

Beaumont, Lesley A. 54 莱斯利·A. 博
蒙特

Beckerman, Stephan 84 斯蒂芬·贝克尔曼

Belsky, Jay 8 杰伊·贝尔斯基

Benjamin, Gail R. 348，397 盖尔·R. 本
杰明

Bereczkei, Tamas 37，78，97 陶马斯·贝
雷茨基

Berrelleza, Juan A. R. 44 胡安·A. R. 贝
雷莱扎

Bey, Marguerite 381 玛格丽特·贝

特·希尔德

Heath, Shirley B. 355-356 雪莉·B. 希思

Hemmings, Annette B. 367 安妮特·B. 黑明斯

Hendry, Joy 190, 369 乔伊·亨德里

Henrich, Joseph 2, 194 约瑟夫·亨里奇

Herdt, Gilbert H. 202, 301, 335 吉尔伯特·H. 赫特

Hern, Warren M. 112, 380 沃伦·M. 赫恩

Hernandez, Theodore 47, 88 西奥多·埃尔南德斯

Hewlett, Barry S. 139, 147, 202, 267 巴里·S. 休利特

Hewlett, Bonnie L. 267 邦尼·L. 休利特

Heywood, Colin 97, 109, 221, 242, 267, 330, 345 科林·海伍德

Higgens, Kathleen 135, 275, 312, 335 凯瑟琳·希金斯

Hilger, M. Inez 52, 142, 171, 188, 217, 232, 264 M. 伊内丝·希尔格

Hill, Kim 32, 45, 79, 306 金·希尔

Hilson, Gavin 345, 381 加文·希尔森

Hine, Thomas 293, 399 托马斯·海因

Hobart, Angela 47, 235 安杰拉·霍巴特

Hogbin, H. Ian 188, 195, 218, 232, 238, 257, 261, 296 H. 伊恩·霍格宾

Hollos, Marida C. 26, 115, 313, 320, 358-360 玛丽达·C. 霍洛斯

Honigmann, Irman 59, 188, 270 伊尔曼·霍尼希曼

Honigmann, John 59, 188, 270 约翰·霍尼希曼

Honwana, Alcinda 257, 320, 321, 339, 344, 386 阿尔辛达·翁瓦纳

Horn, Cornelia B. 9 科妮莉亚·B. 霍恩

Hostetler, John A. 296, 346 约翰·A. 霍斯泰特勒

Howard, Alan 187-188 艾伦·霍华德

Howell, Nancy 66, 70, 94, 125, 257, 267, 274, 294, 304 南希·豪厄尔

Howell, Signe 66, 95, 106, 145, 242, 343 西格纳·豪厄尔

Howrigan, Gail A. 108, 154 盖尔·A. 豪里根

Hrdy, Sarah B. 32-33, 61, 82, 125, 129, 144, 151 莎拉·B. 赫迪

Hurtado, A. Magdalena 32, 45, 306 A. 马格达莱娜·乌尔塔多

Ingold, Tim 183 蒂姆·英戈尔德

Inhelder, Bärbel 375 巴尔贝尔·英海尔德

Isaac, Barry L. 60, 86, 124, 132 巴里·L. 艾萨克

Izquierdo, Carolina 131, 207 卡罗利纳·伊斯基耶多

Jacquemin, Melanie Y. 60, 395 梅拉妮·Y. 雅克曼

James, Wendy 104, 304 温迪·詹姆斯

Jankowiak, William 145-146, 194, 369 威廉·扬科维亚克

Jay, Robert R. 207, 281 罗伯特·R. 杰伊

Jenness, Diamond 231, 261 戴蒙德·詹内斯

Johnson, Kay A. 36, 96 凯·A. 约翰逊

主题索引[①]

---

① 本索引条目所附页码为原书页码，即中文版边码。

---

① 此处正文里的表述是 "baby-parading" (婴儿游行)。——译者注

---

① 此处正文的表述是"pregnancy out of wedlock"。

---

① 此处正文的表述为"the greatest threat to the child is, probably, his next younger sibling"。即下一胎的威胁。

---

①　此处为译者根据具体内容补足。——译者

社会①索引②

当代社会

---

① 本索引下述的各个"社会"（换个便于理解的说法）实际上是指各个族群。在正文中，译者会结合语境，将各个族群分别译为"……人"或"……族"，以及"讲……（语言）的人"、"居住在……（地点）的人"，等等；而在此索引中，除个别情况外，基本译为"……人"。另外，此索引中所提及的国民、地名、岛屿等，实际上指的是该地区的族群。——译者注

② 本索引条目所附页码为原书页码，即中文版边码。

历史上的社会

灵长类社会

宗教社会

Amish 296，346，398 阿米什人

Buddhist 45，58 佛教徒

Hindu 29，45，309 印度教徒

Jewish 343，367 犹太人

Mormon 47，119，121，153，282，304，

309，348 摩门教徒

Muslim 293，302，308，320，324，336－
337，380 穆斯林

Puritan 152-153 清教徒

Quakers 114 贵格会教徒

Sikh 365-366 锡克教教徒

传统社会

非洲

Abaluyia 57 阿巴卢亚人

Afikpo 129，334 阿菲克波人

Aka 59，68，92，99，125-126，139，141，
147，176，179，188，209，238，246，
258，267，281，306，311 阿卡人

Akan 135 阿坎人

Amhara 79，204 阿姆哈拉人

Arab 124 阿拉伯人

Ashanti（Asante）38，76，89，92，106 阿
善提人

Azande 43，91-92，198 阿赞德人

Baatombu 60 巴统布人

Baganda 89 巴干达人

Bagesu 52 巴格苏人

Baka 134-135，238，275，312 巴卡人

Bakong 88 巴贡人

Bamana 10，134，176，182，185，237，
260，268，280 巴玛纳人

Bambara 88，134 班巴拉人

Bantu 341 班图人

Bariba 41，49 巴里巴人

Barue 40 巴鲁人

Basotho 188 巴索托人

Baulè 258 博雷人

Bayaka *see* Biyaka 巴亚卡人，参见　比亚
卡人

Bemba 311，334 本巴人

---

① 这是虚构的地名；见本书第 190 页相关脚注。——译者注
② 在本书正文中，此处实际为"Chipewyan"（奇佩维安人）。——译者注。
③ 相关网页显示，Aivilik 指因纽特语中的一种主要方言。——译者注
④ 从正文中相关的引文出处来看，此条目就是"Great Whale"，都是指巨鲸河流域的爱斯基摩人。——译者注

① 本书相关正文（第92页）已标明这是高铭岛（也称恩高岛）。——译者注

---

① 在本书相关正文中,作者分别提到马努斯省和马努斯岛(马努斯省的一部分)。——译者
注

② 此处疑似有误。不过,"汤加(共和国)"是由群岛构成的岛国。——译者注

插 图[①]

封面图片，芭芭拉·波拉克(Barbara Polak)照片。经授权使用。

1. 图1 珍视幼儿的社会对比尊崇长者的社会

戴维·兰西绘制。第3页

2. 图2 缅甸仰光的小和尚。

布赖恩·施皮克曼(Bryan Spykerman)拍摄。经授权使用。第46页

3. 图3 参加古宁安节的孩子，巴厘岛姆杜克村

戴维·兰西拍摄和制图。第48页

4. 图4 一名被指控为"*Khakhua*"(巫师)的科罗威族孩子

保罗·拉法埃莱(Paul Raffaele)拍摄。经授权使用。第50页

5. 图5 莫拉汉纺织厂里的纺纱工与落纱工(1908年)

莫拉汉纺织厂里的纺纱工与落纱工，南卡罗来纳州纽贝里县，1908年12月3日。刘易斯·W. 海因(Lewis W. Hine)拍摄，美国国会图书馆，印刷与摄影部，全国童工委员会收藏，检索编号：LOT 7479, v. 1, no. 0371。此照片不受版权限制。第65页

6. 图6 通加人生命周期中的相对地位模型

帕梅拉·雷诺兹(Pamela Reynolds)绘制。经授权使用。第76页

7. 图7 奥塔瓦洛市场，厄瓜多尔

戴维·兰西拍摄和制图。第117页

8. 图8 一位白克伦族母亲在给婴儿喂奶时吹口簧琴，泰国北部

---

① 插图页码为原书页码，即中文版边码。

布赖恩·施皮克曼拍摄。经授权使用。第 122 页

9. 图 9 中国人的看娃设备

南希·伯利纳（Nancy Berliner）①拍摄。经授权使用。第 128 页

10. 图 10 正在照顾两个孙子的祖母，苏拉威西岛马兰特村

戴维·兰西拍摄和制图。第 142 页

11. 图 11 苏拉威西岛托拉查族葬礼上的儿童观众

戴维·兰西拍摄和制图。第 169 页

12. 图 12 年幼的巴玛纳族"农民"

芭芭拉·波拉克拍摄。经授权使用。第 175 页

13. 图 13 哈扎族男孩瞄准目标射箭

阿莉莎·克里滕登（Alyssa Crittenden）拍摄。经授权使用。第 179 页

14. 图 14 毋需多礼

威廉·赫斐利（William Haefeli）的漫画，《纽约客》，2004 年 6 月 14 日。经授权使用。第 190 页

15. 图 15 男生们在玩弹珠，苏拉威西岛马兰特村

戴维·兰西拍摄和制图。第 215 页

16. 图 16 一个玩帆船的男孩，马达加斯加西南部伊法第村

戴维·兰西拍摄和制图。第 219 页

17. 图 17 克佩列族学步儿在托儿所里假装使用臼杵

戴维·兰西拍摄和制图。第 231 页

18. 图 18 玩战争游戏的孩子，也门首都萨那

戴维·兰西拍摄和制图。第 233 页

19. 图 19 巴厘岛男孩穿着儿童尺寸的巴龙舞（Barong）戏服游行

戴维·兰西拍摄和制图。第 236 页

20. 图 20 街头顽童

在街头玩耍的儿童，纽约市。未注明日期，匿名摄影师。美国国会图

---

① 国内常译为"白铃安"。——译者注

书馆，检索编号：B2-674-8. 感谢贝姬·扎尔格（Becky Zarger）①提醒我检索美国国会图书馆的数码照片档案。此照片不受版权限制。第 243 页

21. 图 21 马达加斯加一个照顾弟弟/妹妹的孩子

戴维·兰西拍摄和制图。第 255 页

22. 图 22 一个牧羊少年

布赖恩·施皮克曼拍摄。经授权使用。第 263 页

23. 图 23 一个克瓦族男孩给自家红薯地松土

戴维·兰西拍摄和制图。第 266 页

24. 图 24 一个马尔加什族女孩把砖坯运往窑室

戴维·兰西拍摄和制图。第 272 页

25. 图 25 一个在照顾弟弟/妹妹的马尔加什族男孩

戴维·兰西拍摄和制图。第 273 页

26. 图 26 马尔加什族男孩用铝水制作器具

戴维·兰西拍摄和制图。第 274 页

27. 图 27 准新娘，老挝琅勃拉邦

布赖恩·施皮克曼拍摄。经授权使用。第 316 页

28. 图 28 一个抓着鲶鱼的马特赛斯族男孩

马特赛斯族男孩。卡米拉·莫雷利（Camilla Morelli）拍摄。经授权使用。第 327 页

29. 图 29 一位土库曼牧驼少年

戴维·兰西拍摄和制图。第 338 页

30. 图 30 拉努希拉某所私立学校里的一名马尔加什族学生

戴维·兰西拍摄和制图。第 349 页

31. 图 31 也门的一个儿童兵

也门的儿童兵。安德烈·马洛内（Andrée Malone）拍摄。经授权使用。

---

① 即本书中提及的 Rebecca K. Zarger（丽贝卡·K. 扎尔格）。——译者注

第 387 页

32. 图 32 斯利那加街头的兄弟俩

布赖恩·施皮克曼拍摄。经授权使用。第 388 页

33. 图 33 甘地营的一名足球缝制工

足球缝制工。杰勒德·乌克（Gerard Oonk）拍摄。经授权使用。第 400 页

译后记

美国人类学者戴维·兰西先生有诸多作品流传，而这本《童年人类学》可以说是他一生学术研究成果的汇聚之作，也可以说是西方童年人类学的集大成之作；我相信，邂逅本书的读者会在阅读的过程中，自然而然地了解——上述的评语并非夸大之辞。

一

《童年人类学》这部主题丰富、论证详实、旁征博引、独具匠心的大书共有十章，读者们从章节目录、第一章的"本书大纲"、第十章"我们学到了什么?"大体就可以了解全书的重要主题和独到见解。然而，细读其余的章节，读者们会发现，原来人类的童年有着众多的主题，每个主题里都有着人类千姿百态的生活，而那些被记录下来的生活又推动着我们去理解并反思人类童年的当下形态。因而，我个人以为，《童年人类学》实际上在有意引导我们思考一个问题：今日我们所见的童年图景是理所当然的吗?

从表面上看，《童年人类学》试图论证这样一个观点：西方发达国家主流的童年模式是"怪异的"，它迥异于其他社会(尤其是过去的社会)的童年。随着阅读的进展，读者们会渐渐地了解，这一观点不仅是对西方当代童年的"定位"，更是作者思考人类童年当下及未来形态的立足点。

在戴维·兰西看来，西方现代社会是独一无二的"珍视幼儿"的社会；西方现代社会控制人口生育率、承认婴儿的人格、珍视儿童所能给予的情感价值、对儿童进行精细化养育、对儿童游戏进行全面管控、让儿童在学校接受正规教育、对"所谓的"青春期危机进行干预，并不遗余力地发明各种举措去改善儿童的生存条件、提升儿童的福利状况，诸般种种，都是文明发展的成果。然而，与过去(以及现在)某些地区的村庄社会相比，儿童原本丰富多样的生活模式似乎正在逐渐趋向单一，相应地，他们展现生命活力的途径也日益趋同。举例而言，在《童年人类学》中，我们可以看到，原本在"母地"(mother ground)与同伴(混龄)自由玩耍，同时通过观察、模仿而习得成人生活技能及族群文化的儿童，在进入现代学校后，放弃/错过了对族群传统文化的学习；而在某些经济发展存在严重困难的国家/地区里，学校教育系统问题丛生，受过正规学校教育的村庄孩子既没有掌握传统文化，又不具备现代经济生活所需要的工作技能及知识，他们在城市里找不到就业岗位，就只能成为回乡的"big head"(自以为是的人)。这样的现实提醒我们，西方现代模式的童年并不完美，而要建构人类未来的理想童年，我们依然有必要从过去/现在的村庄社会里汲取经验和教训。

《童年人类学》开篇先提及了一个事实：民族志中存在着大量的关于儿童/童年的记录，人类学家应对其予以关注并充分发掘和利用，进而能够从中获得与主流心理发展理论不同的观点。戴维·兰西强调，人类学家认为，"我们对于童年的理解，不论是通俗的，还是科学的，都是基于某个单一且独特的文化的经验和数据。"因而，在《童年人类学》中，他将"珍视幼儿"的社会(大而化之地说，西方现代社会)与"尊崇长者"的社会("传统"村庄社会)进行了细致的对比。

通过梳理和引用众多的民族志记录，戴维·兰西在《童年人类学》中呈现了"传统"/村庄社会中一个令人惊奇的童年面貌：儿童不是小天使(Cherubs)，却(曾)被视为财产(Chattel)、调换儿(Changelings)——这三个单词构成了本书(英文本)的副标题。

综合本书各章中的相关内容，我们可以看到，在过去的人类社会中，成人会计算育儿的成本，并以各种方式消灭"多余"的孩子——"杀婴"曾是人类社会的普遍行为。而且，在"杀婴"的问题上，各个社会都发明了各种文化上可以接受的"民间智慧"：比如，将吵闹的(其实很可能是因为饥饿)或者不想要的婴儿说成是精灵的孩子(即所谓的"调换儿")，加以虐待至死，或者将"它们"弃置野外，任其自生自灭；比如，将婴幼儿甚至是青少年视为能够与幽灵/鬼魂世界沟通的信使，在特定的仪式上，将他们献祭给祖先和神明，以安抚祖先和神明（或者向他们祈福），或者出于同样的理由，将他们捐献给修道院/寺院；又比如，某些孤儿会被族人指控为"巫师"，遭到迫害。

除了施以直接的致命伤害，在很多社会中，成人会以冷漠的态度对待婴儿，与其保持疏远的关系，延迟授予婴儿人格，以此预防婴儿死亡可能对成人造成的情感伤害；事实上，成人对婴儿持有矛盾的情感，他们认为婴儿身处幽灵世界与人类世界之间，一方面它们的生命处于不稳固的状态，因此，需要给予一些特殊的照顾（包括"杀婴"，即将母亲和婴儿隔离在生产的小木屋里，以便秘密消灭成人不愿养育的婴儿），而另一方面它们可能是转世的祖先，成人对它们满怀敬意。上述这些与"杀婴"相关的习俗明确地启示我们，某些社会中的特定做法实际上反映了整个族群的生存境况；它们不仅仅只是"传统"文化的一部分，而且也全面影响着人们对于儿童和童年的认知，从而深刻影响了儿童的生存状态。

我们在《童年人类学》中"看"到了各种光怪陆离（甚至是耸人听闻的）的"轶事"——这并不是戴维·兰西有意要我们对"过去"/"传统"的社会形成某种负面的形象，实际上，它们却是在大多数社会都普遍存在的习俗/做法/事实——其中存在着人类童年的某些（按戴维·兰西的说法）"模式"，比如上文提到的"两个世界"模式（婴儿处于幽灵世界与人类世界之间），比如将家庭不和视为儿童疾病成因的模式，比如幼儿通过观察而非成人的指导来学习手工艺的模式，等等。当然，人类世界既存在儿童受到糟糕对待的社会，也存在着儿童受到精心照料与宽容对待（甚至是宠溺）的社会——某些觅食群体中也存在类似西方现代社会的育儿模式。

在《童年人类学》中，戴维·兰西指出，谋生方式不同的"村庄"社会采取不同的生殖策略——"生产"策略或"存活"策略，要么生育众多却疏于照顾，要么精心照顾以确保个别子女能够存活。在村庄社会中，人们采取"全村育娃"的模式，祖母、同胞、亲属都是婴幼儿的照顾者；孩子需要融入家庭圈，他们通过观察、假装游戏、参与仪式、向同伴学习，以及成人的教导等途径来学习族群文化、掌握生存技能；孩子被家庭视为财产，需要从事跑腿等杂务，也会作为后备劳动力，逐渐承担起养家糊口的责任（如去矿山或工场充当工人或在城市街头谋生等）；孩子们的童年会因家庭的变故而缩短，而且青少年的婚姻安排受到成人的严格管控；还有，当儿童以学徒的身份在手工作坊里学习谋生技能时，师傅基本不予以指导，而是认为他们需要自己"偷走"行业里秘不外传的技能。

我列述这些迥异于现代社会的童年生活事实，是想重申戴维·兰西在《童年人类学》中反复提示的观点：当代精细化的育儿模式并不是绝对的真理。何况当代的童年基本上是围绕着制度化的学校教育建构起来的，或者至少可以说是在现代学校教育制度的阴影笼罩下的，它无可避免地存在着诸多的"病态"。例如，《童年人类学》描述了现代社会童年的各种景象——"直升机父母"、被"育儿焦虑症"困扰的父母、不懂如何与孩子玩游戏的父母……人们将育儿视为一门非常专业且复杂的学问，相应地，儿童也发生了"变异"——比如，他们中的很多人只会在"教练"的指导下玩游戏。

因此，我要着重指出，读者手中这本《童年人类学》并不（仅仅）是一本可供"猎奇"的书，在我看来，它实际上是对人类当代童年的全面反思与预警。这其中，我喜欢作者所解读的"gamesmanship"（游戏机智）一词，我也喜欢他在其早前著作（《嬉戏于母地》，1996 年）中发明的、又在本书中予以详述的另一个术语——母地。在此，我不打算赘述自己对《童年人类学》里某些重要术语的理解，因为我想起了我的一位朋友说，在他所撰写的《课堂生活》的译序中隐藏了一个重大发现……等着细心的读者自己去发现。

我作为本书细心的读者，如果只是留下了一些关于"他乡"童年的印象，那么，实在算不上是有真正的收获——其实，对我本人来说（尤其是有着完整的农村童年生活经验），《童年人类学》所叙述的很多事情没有多少"天方夜谭"的色彩。我个人认为，除了能够给从事儿童/童年研究的相关人士提供的基本且重要的文献目录、研究线索、主流观点之外，这本书的重要价值还在于它提供了全方位(holistic)研究儿童/童年的主题、视角、思路、方法。还有，戴维·兰西在本书中所记述的个人研究经历也充分体现了专业研究者所应该具有的人格特质；而我之所以要特地提一下《课堂生活》，是因为我特别喜欢那本书的"再版序言"，在那篇序言中隐藏着学者应具备何种人格特质、可以如何做研究的秘密。

相比于《课堂生活》那本参与式观察的"人类学"著作，我个人认为，这本《童年人类学》是另一种风格的人类学著作，它的特点非常明显——它是依据文献调查(依托个人深厚学养、独具慧眼、"astonish effort"①)来提取人类行为/思维模式的人类学。这两种风格的人类学著作都是对于人类社会冷静且深刻的观察和批判——它们解构了我们熟视无睹或习以为常的(儿童)日常生活。

二

在谈论了《童年人类学》中让我印象深刻的部分内容之后，我想在此说明一些与译文相关的事情。

首先是"neontocracy"和"gerontocracy"的译法。"neontocracy"是戴维·兰西在《童年人类学》(第1版，2008年)创造的一个术语，意思是"任何一个高度重视幼儿(young children)的社会(尽管从客观角度来看，幼儿的社会效用相对较低)；西方盛行的重视幼儿的做法(practice)"②。也就是说，在本书中，结合具体的语境，我大多数时候将"neontocracy"译为"珍视幼儿"的社会(也有将其译为珍视幼儿主义/观念的情况)。之所以不将其译为"幼儿至上"，是因为"至上"在中文里是"最高；居于首位"的意思——显然，哪怕是在西方现代社会中，幼儿并不"指挥"成人，而是成人"安排"幼儿的生活。相比以往的任何社会，在西方现代社会中，成人确实高度重视

---

① 诺丁汉大学考古学副教授克丽桑蒂·加卢(Chrysanthi Gallou)的评语。参见 Chrysanthi Gallou (2016) The Anthropology of Childhood. Cherubs, Chattel, Changelings (second edition). *Childhood in the Past* 9(1)：82-83.

② 参见相关网站的释义。网址：https://www.wordsense.eu/neontocracy/，最近浏览日期：2023. 8. 10.

幼儿的价值；然而，成人自有其生活，他们的生活不能一概而论为以幼儿为中心/本位。

而"gerontocracy"在英文词典的释义是指由老人（old men）统治的社会——如果只是照字面意思来理解的话，会让人产生误解，因为并不是所有的统治者都是老人，确切地说，"gerontocracy"所涉及的"old men"具体所指的是"elders"——不仅仅是年纪大的人，更是社会等级和身份更高的成人。因而，我将其译为"尊崇长者"的社会——"长者"在中文中指的是年纪大、辈分高、德高望重的人，而且，在很多的社会中，相对于珍视幼儿，人们更加"尊崇"长者，比如，现如今，在中国某些农村中，还流传着（大）家庭聚会小孩不上桌的习俗。换句话说，老人并不一定"统治"，但总是会被"尊崇"，这与幼儿的地位形成了对照。

其次是关于"儿童"的不同表述。通常，按联合国系统的定义（比如《儿童权利公约》），我们将18岁以下的未成年人称为儿童。然而，在《童年人类学》一书的论述中，有众多指称"儿童"的词汇（读者需要结合具体的语境去理解）：

作者在指称"婴儿"（中文指的是"一周岁内的儿童"）时，会使用"infant""baby""newborn"（新生儿，在中文里，特指未满月的婴儿）等词汇，然而最常用的是"it"（在《童年人类学》中，具体指的是传统村庄社会中未被授予人格的新生儿、婴儿或幼儿）。在指称那些能独自行走、被断奶、需要融入同伴群体的孩子时，用"toddler"（学步儿）。作者还常常使用"young child/children"的表述（涉及更长的年龄跨度），大体指的是"early childhood"（童年早期）的儿童或者"preschooler"（学龄前儿童），也就是中文里的"幼儿"——从一足岁到六七岁的小孩子；作者也多次使用"infants and children"（婴儿和儿童）的表述——此处的"children"区别于"teens"/

"teenagers"（青少年）③，也存在"infants and young children"（婴儿和幼儿）的表述。作者在具体的语境中使用"youth"和"young man/men"，基本上是指青少年——准备/刚刚通过成年礼。

对于没有具体所指的"child/children"，我会结合具体的语境，加以翻译。具体来说，在作者概述某个观点时，我多数时候将其中的"child/children"译为"儿童"；而译为"孩子"/"孩子们"，多是在具体的引用案例中（比如，"父母"对应的是"子女"或"孩子"；又比如，哈扎族孩子，阿兹特克人的孩子），或是为了照顾中文的表述习惯（比如整段话都用"孩子"）和语感，便利于阅读。

再次，有一些常见词汇所采用的不是通常的译法。比如，在本书第1节标题中出现的"veto"一词，并不适宜直译为中文里的"否决"（常常是指否定议案/计划），译为"辩驳"（即提出理由或根据来否定对方的意见），更为妥当。比如，"teaching"用在成人-孩子（尤其是父母-子女）之间时，译为"教导"，不译为（在现代学校里的）"教学"——这种区分在本书中是相当明确的。比如，"village"译为"村庄"（在某些具体语境里，译为"村子"），没有译为"乡村"和"农村"——农民聚集的地方，有淡化"农民的"的意思，因为本书里有不少村庄是觅食群体的聚居地，而且似乎作者也特意使用"rural village"这样的表述来指农村。比如，"warrior"译为"勇士"，不译"战士"（本书中所指的并不是在国家军队中服役的军人）或"武士"（避免读者误以为是日本文化中的那种武士）。比如，"free play"译为"自发游戏"，不译为"自由"游戏，避免歧义——孩子们并不是为所欲为的。比如，"observer"译为"观察家"时是指某人长期观察特定事物或有专业研究，而译为"观察者"则是指某人的观察行为是短期的、漫不经心的、走马观花

---

③　在英文文献中，对于儿童发展阶段分期有不同的说法，涉及的具体年龄也有细微的差异。举例来说，在美国疾控中心网站的相关网页（https://www.cdc.gov/ncbddd/childdevelopment/positiveparenting/middle.html）上，就将儿童发展阶段划分为"infants"（0-1岁）、"toddlers"（1-2岁&2-3岁两个阶段）、"preschoolers"（3-5岁）、"middle childhood"（6-8岁&9-11岁两个阶段）、"Young Teens"（12-14岁）、"Teenagers"（15-17岁）。通常，童年早期指的是学龄前幼儿，童年中期大体对应的是小学阶段的儿童，童年晚期相当于青春期。——译者注

的，请读者结合具体的上下文加以理解。读者需要注意的是，作者在行文中喜欢采用某些常见词汇的第 N 种释义。

还有，为了便于读者理解，我在译文中增加了一些限定性词汇和承上启下的连接词。比如，在特定的语境中，尤其是第九章中，将"education"译为学校教育；又如在作者行文中省略或可能疏忽的地方，增加"儿童""社会""村庄"之类的限定。

三

尽管已有陈信宏老师的中译本在前，对我来说，翻译这本书还是非常艰巨的任务。在我的译稿即将付印之际，我倒也可以坦然承认，一开始读这本书时，很多句子我都看不懂。我结合上下文，一遍遍地解析那些费解的句子，琢磨它们真实的意思。实际上，每译完一小节，我都需要花费很长的时间来消解自己无法如期推进这项工作的各种负面情绪。

今年三月份，我写邮件向戴维·兰西教授告知翻译工作已经基本结束，顺便提了一句：刚开始翻译时，我被他的英文"吓坏了"。他回复我说，他在写作《童年人类学》时，一直是在学者和非专业人士这两种类型的读者之间"walk a fine line"——这个精确的、具有表现力的短语，既有小心翼翼、如履薄冰、谨言慎行的意思，也具有权衡利弊、左右逢源、长袖善舞的意味④；"Hence, I stray away from clarity and vernacular language sometimes"，换句话说，他承认，这本书有时偏离了简明易懂的英文表述风格。不过，我也必须说明一下，随着翻译工作的进行，我逐渐意识到，他的大部分用词都是十分准确的，尤其是某些并不是日常释义的单词。

总之，这并不是一本懂英文的中国读者能够顺利阅读的英文著作，因此，中译本有其存在的价值——可以帮助中文读者节省大量的阅读时间、精力以及心力。

如果有"非专业人士"的中文读者想要直接阅读英文本，那么，在此，

---

④ 参见知乎网友的解读。网址：https://zhuanlan.zhihu.com/p/385510632，最近浏览日期：2023.8.10。

我可以提供一些建议：第一，第一章以及第十章都有一部分内容是对全书内容的总结，但是只有在阅读完其他八章的内容之后，才能准确理解其中的某些表述。第二，本书每一节的结尾部分，都意在总结本节并启示下节的主题，但是那些句子基本上都非常精炼，有些用词大有深意，如果读起来太过费劲，大可以忽略。第三，如果发现段落中的某些句子很突兀，没有承上启下的连接词，而且从逻辑上来说似乎也不通，那么，很有可能是作者的某些隐晦的表述未被准确接收，读者遵照常情常理去阅读，基本上也不会有多少偏差。举例来说，作者在正文里有一处这样的表述："In the village, early weaning replaces a sanitary, easily digestible and nutritious food with an alternative that may be none of these"。要是照字面意思来理解，"那些可能不卫生的、难消化的、缺乏营养的食物取代了卫生的、易消化的、营养丰富的食物"显然是不符合常识的，然而，转念一想，此句依然是在说给婴儿断奶的事情，那么"卫生的、易消化的、营养丰富的食物"其实就是"母乳"。

实际上，我是以人类学"门外汉"的身份开始我的翻译工作的，而译完这本书之后，我也只能勉强算是人类学的"票友"——如果人类学学者允许我这么说的话。我要如实地说，过去数年里，我勉力而为的只是用中文"准确"地再现作者的原意——我希望任何受过高等教育的人，都能通过我的译文，顺畅地读完、"准确"地理解这本书。为此，我所完成的这个中译本里有大量的译注，这些译注大体可分为三类：一是对某些重要术语的解读，比如，上文提到过的，在本书中，作者有数处采用"infancy and childhood"的表述，这就有必要对"childhood"作一番说明；二是对某些表述和引用的补充说明，比如本书中常常用"it"来指称新生儿、婴幼儿，其实反映的是(在某些社会中)人们会延迟授予婴幼儿人格的现实，这就需要特地予以解释；三是为非专业人士提供便利而作出的相关说明，比如生物学意义上的"fitness"(适应度)具体是什么意思。

虽然此前我也曾对照着不同中译本去阅读杜威的 *Democracy and Education*，但是，我得老老实实地说，独自承担《童年人类学》的翻译工作，确实是不知天高地厚的无明妄动。事实上，这本书译得极为艰难，主要原因在于我只是略懂英文，并不精通。我不是在译书，而是在"啃"这本书。看不懂的字句，我翻词典、求必应；不知不觉中，《柯林斯高阶英汉双解学习词典》成了我的独宠——"And loved the sorrows of your changing face"。我还采用了一个愚笨的法子：对于那些看不懂的、不符合逻辑和常识的、却有引文出处的句子，我会逐一查找原文……理解并加以"校对"；这是为了让这个中译本明白晓畅而下的笨工夫之一。

上述的这些话，是我这个翻译新手的一点经验和教训。我也希望它们对于英文书的"业余"读者和"跨学科"进行学术翻译的人士会有一点启示。

还有，鉴于我个人的粗浅学识，我的译文可能/难免会有疏失或错谬，请广大读者不吝批评指正。

四

我跟翻译的缘分或许可以追溯到20年前。那时，华东师范大学教育系的邓明言、王建军、黄向阳等老师会用英文材料给我们讲课，顺便也让我们在课上做一点翻译讲解的任务。只是那时丽娃河畔的风光毕竟是适合懒散度日的，老师们也比较从容、随和；在众多师长们的教诲和熏陶下，我只是有了点向善求真的情怀，却未踏踏实实下"厚植学养"的工夫；当然，这种后知后觉的"遗憾"，如今也只能自嘲为年少轻狂的明证。数年前，殷玉新老师截图给我，居然是黄向阳老师在他主译的《教学伦理》一书中提到当年在他的选修课"教育伦理学专题"上，我们这些选课的同学做了一点与翻译相关的事情。其实，我已经完全不记得有过这件事；不过，当年在"小红楼"里上课，与师友们可以常常见面、随意交谈的情形，却是让人十分怀念的。

2016年的某一天，高振宇老师给我打电话，说他们组织了一套与儿童研究有关的丛书要翻译出版，并把入选的书名发给我；其中有一本与儿童（受）教育权相关的著作，那年我刚完成以中国儿童受教育权为主题的课题，也正在修改该课题的书稿，因而，有意在这一方面再做一点相关的事情。然而，高老师说那本书已经有译者了，推荐我翻译《童年人类学》。考虑到自己确实也需要做点翻译的工作来提升一下英文水平，我接受了这个挑战，但面对如此艰难的译事，我没有足够的毅力和恒心。直至2018年，在我的专著即将定稿的时候，北京师范大学出版社的周益群老师开始跟我确认翻译工作的进展……在过去的几年里，在周益群老师的"勉励"下，译稿和校对的工作总算是"如期"完成了。

在本书的翻译过程中，林凌老师对本书相关的德文内容作出了非常细致的解读，周永军老师帮我确认了一些生物学术语的译法，林敏霞老师特地向专业群体征询了"band"（游群）一词的译法，范煜辉老师在留学期间帮忙核实了一些费解的英文内容；还有丁道勇、王加强、武云斐、郑素华、高振宇、杨妍璐、申屠青松、王海红、王占军、殷玉新、俞晓婷、徐倩、李佳宇、张玉婷、张加光、肖光华、陈亚鹏等老师给予了支持和鼓励。

感谢金生鈜、周跃良、王丽华、黄良英、刘迎春、项建英、江淑玲、陈殿兵等老师的关心；感谢浙江师范大学教育学院（还有"儿童文化研究院"）提供的良好工作环境；感谢学院领导和同事们的支持。最后，我要在此说一句，本人第一本译著的顺利完成，得益于傅毅君老师等家人们的长期关爱。

沈俊强

癸卯年立秋

于南雅园·尚夏庙

译者：沈俊强，浙江师范大学教育学院讲师，著有《中国儿童受教育权保护研究：历史进程与国际影响》。

图书在版编目(CIP)数据

童年人类学／(美)戴维·兰西著；沈俊强译. —北京：北京
师范大学出版社，2023.9
(儿童研究译丛/张斌贤，祝贺主编)
ISBN 978-7-303-29173-1

Ⅰ.①童… Ⅱ.①戴… ②沈… Ⅲ.①儿童–人类学
Ⅳ.①C913.5

中国国家版本馆 CIP 数据核字（2023）第 109631 号

北京市版权局著作权合同登记号：图字 01-2018-8429

| 图 书 意 见 反 馈 | gaozhifk@bnupg.com | 010-58805079 |
营 销 中 心 电 话　010-58807651
北师大出版社高等教育分社微信公众号　新外大街拾玖号

TONGNIAN RENLEI XUE

出版发行：北京师范大学出版社　www.bnupg.com
　　　　　北京市西城区新街口外大街 12-3 号
　　　　　邮政编码：100088
印　　刷：北京盛通印刷股份有限公司
经　　销：全国新华书店
开　　本：710 mm×1000 mm　　1/16
印　　张：41.5
字　　数：552 千字
版　　次：2023 年 9 月第 1 版
印　　次：2023 年 9 月第 1 次印刷
定　　价：178.00 元

策划编辑：周益群　　　　　责任编辑：林山水
美术编辑：陈　涛　李向昕　装帧设计：陈　涛　李向昕
责任校对：陈　民　　　　　责任印制：马　洁